Neue Deutsche Geschichte

Herausgegeben von
Peter Moraw, Volker Press, Wolfgang Schieder

Band 7

Die Neue Deutsche Geschichte

*Band 1*
Grundlagen und Anfänge
Deutschland bis 1056

*Band 2*
Aufbruch und Gestaltung
Deutschland 1056–1273

*Band 3*
Wahlreich und Territorien
Deutschland 1273–1500

*Band 4*
Reich und Glaubensspaltung
Deutschland 1500–1600

*Band 5*
Kriege und Krisen
Deutschland 1600–1715

*Band 6*
Das Reich, Österreich und Preußen
Deutschland 1715–1806

*Band 7*
Vom Staatenbund zum Nationalstaat
Deutschland 1806–1871

*Band 8*
Machtstaat und Industriegesellschaft
Deutschland 1871–1918

*Band 9*
Republik und Diktatur
Deutschland 1918–1945

*Band 10*
Teilung und Wettbewerb
Deutschland seit 1945

WOLFRAM SIEMANN

# Vom Staatenbund zum Nationalstaat

## Deutschland 1806–1871

VERLAG C.H.BECK MÜNCHEN

Umschlagentwurf: Bruno Schachtner, Dachau
Umschlagbild: Reichsadler von 1846 als Emblem des Deutschen Bundes

Die Deutsche Bundesversammlung besaß zunächst kein autorisiertes Wappen und auch keine Flagge mit den Farben des Bundes. Erst unter dem nationalen Druck der Revolution erklärte sie sich in ihrem Beschluß vom 9. März 1848 bereit, das Versäumte nachzuholen: „Die Bundesversammlung erklärt den alten deutschen Reichsadler mit der Umschrift ‚Deutscher Bund‘ und die Farben des ehemaligen deutschen Reichspaniers – schwarz, rot, gold – zu Wappen und Farben des Deutschen Bundes.“ Der Reichsadler wurde begriffen als einziges „geschichtliches Symbol der tausendjährigen Einheit der verschiedenen deutschen Stämme“.

Die Umschlagseite zeigt diesen Reichsadler; er hatte übrigens eine eigene Vorgeschichte. Im Jahre 1846 plante die Bundesversamlung, die Ausrüstung der Festungen Ulm und Rastatt mit Kanonen zu verbessern. Da die Geschütze aus den Finanzmitteln des Bundes erworben waren, mußten sie als dessen Eigentum kenntlich gemacht werden. Man faßte deshalb den Beschluß, die Geschützrohre der Bundeskanonen mit einem – bisher nicht existierenden – Emblem des Bundes zu versehen, und beauftragte die Bundesmilitärkommission, eine Zeichnung zu entwerfen. Es heißt dazu in den Protokollen der Bundesversammlung von 1847 zur Ausführung: „Die Zeichnung rührt von dem hiesigen [Frankfurter] Maler und Bildhauer Ballenberger und ist besonders dem Abdrucke eines Siegels von Kaiser Friedrich dem Dritten und einem Holzschnitte Albrecht Dürers nachgebildet.” Der Politische Ausschuß der Bundesversammlung erinnerte sich im März 1848 an diesen Vorgang und schlug das Wappen mit ausdrücklichem Bezug auf die Kanonen in Ulm und Rastatt vor.

Die Deutsche Bibliothek – CIP-Einheitsaufnahme

*Neue Deutsche Geschichte* / hrsg. von Peter Moraw ... –
München : Beck
NE: Moraw, Peter [Hrsg.]

Bd. 7. Vom Staatenbund zum Nationalstaat / Wolfram
Siemann. – 1995
ISBN 3 406 30819 8
NE: Siemann, Wolfram

Mit zwei Karten

ISBN 3 406 30819 8



Gesamtherstellung: C.H. Beck’sche Buchdruckerei, Nördlingen
Gedruckt auf säurefreiem,
aus chlorfrei gebleichtem Zellstoff hergestelltem Papier
Printed in Germany

# Vorwort

Dieses Buch ist zum Lesen bestimmt, nicht zum Nachschlagen. Es steht der akademischen Lehre nahe, weil mich über sieben Jahre hinweg aufmerksame Studentinnen und Studenten in München und Trier ermunterten, verständlich zu bleiben und mich immer wieder dem Elfenbeinturm des Spezialisten zu entreißen. Es ist zugleich der historischen Forschung verpflichtet: Als ich es niederschrieb, stand ich in fortwährendem inneren Dialog mit zahlreichen Kolleginnen und Kollegen. Auf den Schultern anderer zu stehen und weiter zu schauen ist das Gesetz der Forschung. Meine Mitstreiter auf dem Feld der deutschen Geschichte des 19. Jahrhunderts mögen es mir nachsehen, wenn ich sie hier nicht einzeln nenne. Ihre Spuren im Buch sind unverkennbar.

Auch Bücher haben ihre Geschichte. Dr. Ernst-Peter Wieckenberg vom Verlag C. H. Beck hat diesen Band von Anfang an betreut und den Autor mit viel diskretem Charme ermutigt, es zu schreiben und – schwieriger noch – auch abzuschließen. Ohne seinen Zuspruch läge es jetzt nicht da. Peter Schünemann hat das Manuskript kritisch, umsichtig und schnell lektoriert. Danke!

Dieses Buch hat in den Händen dreier Mitarbeiter eine dreifache, gewissenhafte Kritik erlebt: unbestechlich, freimütig und standhaft – zum Wohle des Lesers. Wenn auch die Zeit drängte: die Diskussionen waren lehrreich für alle und haben zudem noch Spaß gemacht. Die Farben der Stifte tränkten das Manuskript wie ein Lebenselixier: Elisabeth Droß mit grün, Wolfgang Piereth mit blau und Nils Freytag mit rot. Ein dreifaches Danke! Trotzdem haftet selbstverständlich nur der Autor für mögliche Fehler.

Mit atemberaubender Geschwindigkeit hat Ursula Birtel-Koltes das Manuskript geschrieben; sie hat dabei alle Tücken moderner Textsysteme und überraschender Wünsche des Autors hervorragend gemeistert; Martin Heeger, Karin Wübbeke und Michael Knauff haben allen Spürsinn und jegliche Energie freigesetzt, um den ungeduldigen Autor mit Büchern und Kopien zu versorgen und auch noch dessen entlegenste Erinnerung an ein Zitat oder einen Titel in einen handfesten Nachweis zu verwandeln.

Für Frau und Kinder verwandelt sich ein bücherschreibender Familienvater zu einem Diogenes in der Tonne: Er denkt (fast) nur an die Sonne seiner Erleuchtung. Ihn mit Geduld ertragen, gar noch jede Zeile des werdenden Werkes neugierig und kritisch ermunternd begleitet zu haben: das danke ich von Herzen Anita, Moritz und Anna.

Dem Verlag C.H. Beck und den Herausgebern danke ich herzlich, daß dieses Buch in der Reihe der „Neuen Deutschen Geschichte“ erscheint.

Trier, im September 1994 *Wolfram Siemann*

# Inhalt

*Zweiter Teil*

## DAS WERDEN DER NATION – ENTSCHEIDUNGEN, EREIGNISSE UND UMBRÜCHE

## ANHANG

# Einleitung

„Niemand kann zweimal in denselben Fluß steigen" – dieser Satz des Heraklit von Ephesos kann auch das Verhältnis des rückschauenden Beobachters zur Geschichte versinnbildlichen. Der Blick auf die Vergangenheit wird durch ihren Fortgang ein anderer. Diese scheinbar schlicht anmutende Erkenntnis ist später auch in das Urteil gefaßt worden, jede Generation müsse sich ihre Geschichte neu schreiben. Ganz so selbstverständlich ist diese Beobachtung allerdings nicht angesichts der Frage, weshalb den bereits vorhandenen zahlreichen Büchern zur deutschen Geschichte im 19. Jahrhundert noch ein weiteres hinzugefügt wird. Da die vorliegende Darstellung mehr ein Panorama als zahlreiche neue Einzelheiten ausbreiten will, kann der Gewinn neben der Unterrichtung über das Vertraute – was man mit Recht erwarten wird – vor allem in der Folge neuer oder noch wenig erprobter Blickwinkel liegen. Die Darstellung ist wie ihr Autor geprägt von der deutschen und europäischen Geschichte nach 1945. Der welthistorische Umbruch von 1989 ist gerade auch für den Blick auf die deutsche Geschichte nicht ohne Folgen geblieben. Als Zeitgenosse das ausgehende 20. Jahrhundert mit seinen tiefgreifenden Wandlungsvorgängen und Krisen zu erleben muß zugleich auch Spuren hinterlassen in den Fragen und der Aufmerksamkeit, die sich auf das 19. Jahrhundert richten. Fünf neue Gesichtswinkel prägen vor allem diese Darstellung:

1. Die staatsrechtliche Wiederherstellung der Bundesländer im deutschen Osten von Mecklenburg bis Thüringen belebt die Neugier auf föderalistische Traditionen, die im Staatsaufbau Deutschlands während des 19. Jahrhunderts zum Leitthema gehörten. Die europaweite Hinwendung zu regionalen Kulturen und Lebenswelten kann jenes Wahrnehmungsvermögen noch schärfen und dazu anregen, die kleineren politischen Einheiten in der deutschen Geschichte – die Länder und Kommunen – deutlicher ins Bewußtsein zu heben, als es unter der streng nationalen Perspektive bisher geschehen ist. Auf diesen Ebenen erscheint die deutsche Geschichte keineswegs als so verspätet oder rückständig oder vormodern, wie es immer noch mit Blick auf die damals fehlenden zentralstaatlichen Institutionen behauptet wird.

2. Die nationale deutsche Geschichte entfaltet sich im 19. Jahrhundert im deutschsprachigen Raum, und hierbei ist zu bedenken, daß die Abstände nach Österreich, aber auch zur Schweiz hin, noch nicht so trennend wirkten, wie es die gegenseitigen staatsrechtlichen Grenzen erscheinen lassen könnten. Nimmt man die Wahrnehmungen wacher Beobachter aus der Schweiz und der Habsburgermonarchie ernst, entwickelte sich die deut-

sche Geschichte im 19. Jahrhundert in einem fortwährenden Prozeß zwischen den Spannungspolen Differenzierung und Integration. Die kulturnationalen Beziehungen verbanden in Austausch und Wechselwirkung auch intensiv den deutschsprachigen Raum; andererseits verstärkte dieser Austausch im Jahrhundert der Nationbildung das Bedürfnis nach einer eigenen, abgrenzbaren schweizerischen, österreichischen und im engeren Sinne deutschen Nationalität.

3. Die deutsche Nationbildung vollzog sich im Austausch und in Berührung mit den europäischen Nachbarn; auf einer höheren Ebene wiederholte sich also der Vorgang von Differenzierung und Integration. Auf dialektische Weise vermochte das Bekenntnis zu größeren Solidargemeinschaften zugleich der ausgrenzenden Selbstfindung zu dienen, etwa in den deutschen Freiheitskriegen, die sich als Teil einer europäischen Oppositionsbewegung gegen das napoleonische Empire richteten, etwa in dem Philhellenismus und der Polenfreundschaft deutscher Patrioten, die damit zugleich in der Zeit der Unterdrückung ihre Wünsche nach einem geeinten deutschen Verfassungsstaat lebendig hielten, so auch in der Anteilnahme für die italienische Einigung, als das deutsche Bundesgefüge in eine Krise kam.

4. Während die ersten drei genannten Perspektiven geeignet sind, den Vorgang der deutschen Nationwerdung komplizierter und komplexer erscheinen zu lassen, bringt der Gesichtswinkel von Natur und Umwelt eine Dimension in die Geschichte des 19. Jahrhunderts, die bisher bestenfalls am Rande Aufmerksamkeit gefunden hat; sie eigens zu beachten entspringt keiner modisch bedingten Attitüde, denn schon die Zeitgenossen des 19. Jahrhunderts, ja, bereits der Frühen Neuzeit, entwickelten Sorge und Gespür dafür, daß die naturgegebene Umwelt nicht nur Objekt menschlichen Handelns, gar der Ausbeutung, sein konnte, sondern des Schutzes vor Raubbau und Verwüstung bedurfte. Die Selbstwahrnehmung der Zeitgenossen ist freilich nur eine Seite; die andere erschließt sich in der Kenntnis der Nachgeborenen, wie staatliche Gesetzgebung, wirtschaftliche Betätigung und Verkehrserschließung Landschaft und Tierwelt tiefgreifend verändert haben.

5. Am Ende des 20. Jahrhunderts gewinnen wir Mitlebenden inzwischen einen so großen zeitlichen Abstand zum 19. Jahrhundert, daß es seinen bisherigen Rang als Drehscheibe der Moderne zu verlieren beginnt und Versuche anheben, den Wandel der modernen Welt seit dem Durchbruch der Industrialisierung in Großbritannien und der Französischen Revolution zeitlich feiner zu gliedern. Die Epoche der „Modernisierung" seit der Zeitenwende zu Ausgang des 18. Jahrhunderts bedarf zunehmend einer neuen eigenen, inneren Gliederung, in der sich das 19. Jahrhundert als eine besondere Periode herauszugrenzen beginnt. Wie weit das berechtigt ist, soll diese Darstellung erproben. Eines legt jedenfalls dieser größere zeitliche Abstand nahe: den Versuch einer zusammenhängenden Epochensicht, welche den Wandel zwischen dem Alten Reich und dem Kaiserreich von

1871 als ganzen auffaßt. Diese Darstellung soll mithin aus den langfristigen Veränderungen im gesellschaftlichen, wirtschaftlichen, kulturellen, politischen und verfassungsgeschichtlichen Bereich jene typischen Elemente hervorheben, die das 19. Jahrhundert innerhalb der „Moderne" als eigene Epoche kennzeichnen.

Denn der neue Blick auf das 19. Jahrhundert rückt davon ab, es in *allen* seinen Dimensionen in jene großen zeitlichen Blöcke aufgehen zu lassen, durch welche die Jahre 1815 und 1848 wie tiefe Trennlinien hindurchschneiden, so unentbehrlich solche Epocheneinschnitte sind, um politische Entwicklungen zu gliedern. Jürgen Kocka hat diese neue Konzeption für die Entstehung der modernen Lohnarbeiterschaft erprobt, indem er den Wandel zwischen der „Schwellenzeit" um 1800 und der Zeitgrenze um 1870/75 als ganzheitlichen behandelt.[1] Die vorliegende Darstellung weitet den Blick über eine einzelne gesellschaftliche „Klasse" hinaus auf die Dimensionen von Staat, Wirtschaft, Umwelt, Gesellschaft und Kultur im 19. Jahrhundert aus; sie erkennt in den ersten zwei Dritteln des 19. Jahrhunderts eine „Schlüsselzeit", „denn in ihnen versank in Deutschland allmählich ein großer Teil der traditionellen ökonomischen und sozialen Ordnung und machte neuen Kräften Platz, die dann im letzten Drittel des Jahrhunderts, stärker noch im 20. die Herrschaft übernahmen."[2] Dem langsamen „Versinken" alter Ordnungen ist das Aufscheinen der neuen zur Seite zu stellen, und weil diese In- und Auseinanderentwicklung zeitlich verwoben erfolgte, ließ dieser Wandel zeitweilig Tradition und Moderne nebeneinander herlaufen. Wie selten sonst trifft hier die inzwischen fast sprichwörtliche „Gleichzeitigkeit des Ungleichzeitigen" den eigentümlichen Gang der deutschen Geschichte im 19. Jahrhundert. Ihn als ganzen zu verfolgen hilft, ihn zu erkennen. Das Außerordentliche und Aufregende dieses Wandels liegt in seiner Allmacht, alle Lebenssphären zu durchdringen, welche Menschen im 19. Jahrhundert handelnd beeinflußten oder leidend erlebten. Dem Leser begegnen diese Bereiche in den sieben Kapiteln des ersten Teils, der die übergreifenden Strukturen sichtbar machen soll. Das zeitliche Ineinander läßt sich gedruckt freilich nur durch ein erzähltes Nacheinander fassen. Doch das geschieht im Rhythmus der historischen Dynamik. Zu Beginn des Jahrhunderts ging die Initiative gesellschaftlichen Wandels von den deutschen Einzelstaaten aus. Die aufgeklärten Beamten nötigten vielen widerstrebenden gesellschaftlichen Gruppen Reformen geradezu auf. Mit dem Fortschreiten des Jahrhunderts, massiv im Durchbruch der Julirevolution des Jahres 1830, ging die Initiative an die gesellschaftlichen Kräfte über, die durch Unruhen und Aufstände, durch bürgerliche Öffentlichkeit in Parteien, Presse und Parlamenten Veränderungen forderten und auf wachsende Defensive der staatlichen Handlungsträger stießen, gipfelnd in der Revolution von 1848/49. Dieser Dynamik folgt die Anordnung der Kapitel, beginnend bei den deutschen Staaten, die zunächst dazu beitrugen, die alte ständisch-agrarische Ordnung aufzulösen und die entstehende bürgerliche, am Markt orientierte voranzutreiben. Von den Einzelstaaten gingen zunächst die ersten Schritte der inneren Angleichung und Annäherung aus, bis sich „die Nation" ihre eigenen Foren im Ringen um Vereine und Publizität der Medien schuf. Der Wandel einzelner gesellschaftlicher Gruppen, der Wandel im Umgang mit der Natur, die Veränderung der Religion und Kultur in weitem Sinne – alle diese Dimensionen menschlichen Handelns haben an jenem „Versinken" und „Aufscheinen" teil. Zu dem neuen Blick auf das 19. Jahrhundert wird also auch gehören, es aus dem zu ausschließlichen Erklärungsnotstand zu lösen, mit dem es dem Zweiten Kaiserreich seit 1871 und der deutschen Entwicklung im 20. Jahrhundert dienen mußte; es wird stärker eingebunden erscheinen in die noch fortdauernden frühneuzeitlichen, alteuropäischen Traditionen.[3]

*Erster Teil*

# VON DER STÄNDEORDNUNG ZUR STAATSBÜRGERGESELLSCHAFT – ENTWICKLUNGEN UND STRUKTUREN

# I. Das Deutschland der Staaten und Landschaften

Die deutsche Geschichte im 19. Jahrhundert auf dem Wege „vom Staatenbund zum Nationalstaat“ erscheint im Horizont angesehener historischer Gesamtdarstellungen in erster Linie aus der Vogelperspektive. Wie wichtig auch die Geschichte der einzelnen deutschen Länder war, ist dabei zumeist gegenwärtig, doch findet deren Entwicklung selten eigene Aufmerksamkeit. Das ist begreiflich angesichts der Buntscheckigkeit der deutschen historischen Landkarte; Regionen der Rückständigkeit und Stagnation wechselten einander ab mit solchen der politischen und industriellen Unrast, läßt man den Blick etwa über so unterschiedliche Territorien wie Mecklenburg, Pommern, das Rheinland, Thüringen, Schlesien, Baden bis nach Böhmen und Tirol schweifen. In der Regel erscheint der landesgeschichtliche Beitrag nur bei solchen Vorkommnissen, die auf die ganze Nation ausstrahlten. Dieses Kapitel will demgegenüber, wenn auch notwendigerweise nur skizzenhaft, festhalten, was sich dem historischen Gedächtnis eines Landes für den behandelten Zeitraum als besonders kennzeichnend eingeprägt hat.

Föderative Besonderheiten erklären aber nicht, warum sich die deutschen Staaten im 19. Jahrhundert in ihren politischen und gesellschaftlichen Verhältnissen einander annäherten und auf diese Weise zur späteren Bildung einer Staatsnation beitrugen. Denn die einzelstaatliche Politik in Deutschland steuerte – eher unwillentlich, als absichtsvoll gelenkt – im Laufe des 19. Jahrhunderts auf eine stärkere nationale Zusammenbindung hin.

Zwei fundamentale Gegebenheiten schufen so viele Gemeinsamkeiten, daß diese die Nationbildung vorantrieben. Da war erstens die Existenzkrise, welche die deutsche Staatenwelt seit dem Ausbruch der Kriege mit dem revolutionären Frankreich im Jahre 1792 bis zum Ende der napoleonischen Herrschaft in Europa (1815) erfaßte. Den drohenden Untergang vor Augen, setzten Preußen und die deutschen Mittelstaaten in dieser Epoche Kräfte der Erneuerung frei, welche während der nachfolgenden inneren Entwicklung über alle Verschiedenheiten hinweg gemeinsame Muster vorprägten. Die Reformära schuf die Voraussetzungen für eine sich verdichtende nationale Matrix.

Bereits hier bereitete sich eine Sonderentwicklung Österreichs in der Geschichte der deutschen Einzelstaaten vor; denn während der napoleonischen Ära reichte die Bedrohung dort nicht so tief an die Wurzeln staatlicher Existenz wie bei den übrigen, so daß die zaghaften Reformversuche um 1809 nicht einen gesamtstaatlichen Modernisierungsprozeß freisetzten.

Der Abstand zur inneren Entwicklung der übrigen deutschen Staaten wuchs. Erst die Revolution von 1848/49 erschütterte die Gesamtmonarchie derart tiefgreifend, daß sie in der neoabsolutistischen Ära zwischen 1850 und 1860 eine vergleichbare Kraftanstrengung zu staatlichen Reformen aufbrachte.

Eine zweite national angleichende Kraft lag in dem sich in den deutschen Staaten seit 1814 mehr und mehr ausbreitenden Konstitutionalismus, der die Reformimpulse zumindest teilweise auch über die Zeiten der Restauration hinweg rettete. Hier gingen die Mittel- und Kleinstaaten voran, aber auch auf diesem Feld gelang der preußischen Monarchie früher als der österreichischen bereits 1848 dauerhaft der Anschluß an den Weg zum modernen Verfassungsstaat, während die Habsburgermonarchie sich erst im Jahre 1861 zu einem echten konstitutionellen Staat wandelte, nachdem die innere Entwicklung der übrigen deutschen Staaten sich ihr in vieler Hinsicht bereits entfremdet hatte. Der Blick auf das werdende Deutschland der Staaten und Landschaften erhellt mithin auch die immer noch unzureichend gelöste Frage, warum Österreich schließlich im Jahre 1866 ohne schwerwiegende innere Erschütterungen und Proteste aus der entstehenden deutschen Staatsnation ausschied.

## 1. Die territoriale Revolution der deutschen Staatenwelt

Deutschland erlebte in der Epoche zwischen 1792 und 1815 einen Umbruch, der zu Recht den Namen einer territorialen Revolution erhalten hat; diese zog Staaten, Herrschaften, historische Räume, alte Loyalitäten und überkommene Anschauungen in ihren Sog: Sie war Ausdruck für den Zusammenbruch der alteuropäischen, feudal geprägten Agrar- und Adelsgesellschaft, wenn deren Traditionen auch noch weit in das 19. Jahrhundert hineinreichten. Vordergründig äußerte sich dieser Zusammenbruch als Ergebnis von Kriegen und „Länderschacher“. Die damit verbundene, tieferliegende Sinnkrise wurde nur den wacheren Zeitgenossen bewußt, während jedermann am eigenen Leibe Kriege, Teilungen und Annexionen zu spüren bekam. Das Jahr 1792 barg dabei zwei geradezu symbolträchtige Ereignisse: die Krönung des Habsburgers Franz II. zum letzten Kaiser des Heiligen Römischen Reiches Deutscher Nation im Frankfurter Dom und die Kriegserklärung des revolutionären Frankreich an die mitteleuropäische Vormacht des Ancien Régime, an Österreich. Innerhalb der Kette von Kriegen und wechselnden Koalitionen setzte die französische Annexion des linken Rheinufers einen wichtigen Markstein (1801), denn die Fürsten, die dort ihrer Besitzungen verlustig gingen, machten sich hektisch auf die Suche nach Entschädigungen im rechtsrheinischen Deutschland. Sie betrachteten die dort gelegenen geistlichen Fürstentümer, die Reichsgrafschaften, Reichsritterschaften, Reichsstädte und viele andere Miniaturherrschaften gewissermaßen als Konkursmasse des Alten Reiches, die mit der Niederlegung der Kaiserwürde durch Franz II. und der von Napoleon betriebenen Gründung des Rheinbundes im Jahre 1806 vollends dem Zugriff der Mächtigeren preisgegeben war. Selbst neuere historische Darstellungen schwanken noch in dem Urteil, ob sie dem Alten Reich nicht doch mehr Substanz und Lebenskraft – namentlich wegen des rechtsschützenden Charakters seiner Verfassung – zusprechen sollen, als bisher geschehen, oder ob sie den von diesem Umbruch ausgehenden Modernisierungsdruck betonen sollen.

Die territoriale Revolution machte eine grundlegende Neugestaltung durch Reformen notwendig, die wesentliche Elemente moderner Staatsbildung vereinigten. Dabei wirkten durchaus unterschiedliche Motive bei der Neugestaltung in Süd- und Westdeutschland mit, für die sich der Name Rheinbundreformen im Kontrast zur Reformtätigkeit im nördlichen Preußen eingebürgert hat.

### *a) Die Rheinbundstaaten*

Der Rheinbund war ein Teil des hegemonialen Systems, mit dem Napoleon in Europa seine Herrschaft etablierte. Die am 12. Juli 1806 begründete Konföderation umfaßte zunächst 16 Reichsstände, die sich von Kaiser und Reich losgesagt hatten und dem „Protektor" Napoleon unterstellten. In der Zeit seiner größten Ausdehnung umschloß er schließlich alle deutschen Staaten außer Preußen, Österreich, Schwedisch-Pommern und dem dänischen Holstein. Die Rheinbundfürsten handelten jedoch nicht lediglich als Marionetten des französischen Kaisers, sondern sie besaßen im Landesinneren einen eigenen Wirkungsspielraum. Hierbei ist zu beachten, daß es drei Kategorien von Rheinbundstaaten gab.

Zur ersten Gruppe zählten die napoleonischen *Modellstaaten;* hier regierten Verwandte Napoleons, im neugeschaffenen Königreich Westphalen etwa der Bruder Jérôme, im Großherzogtum Berg der Schwager Joachim Murat, schließlich im Großherzogtum Frankfurt als Nachfolger Karl Theodor von Dalbergs der Stiefsohn Eugène Beauharnais. Diese Staaten sollten durch eine vorbildliche Rechts- und Gesellschaftspolitik den übrigen ein Muster geben.

Zur zweiten Kategorie gehörten die *süddeutschen Mittelstaaten,* voran Bayern und Württemberg, außerdem Baden und Hessen-Darmstadt. Ihre Rolle übertraf die von Satelliten, denn sie waren echte Verbündete, die mit Napoleon durch das Band der Staatsräson verbunden waren. Er schützte ihren Machtzuwachs und ihre territoriale Unverletzlichkeit, was etwa angesichts der umfangreichen österreichischen Gebiete, die Bayern sich einverleibt hatte, gewiß keine bloße Formsache war. Sie ließen sich durch das französische Vorbild zu inneren Reformen inspirieren, gingen dabei aber durchaus eigene Wege. Bayern und Württemberg besaßen immerhin soviel

Selbständigkeit, daß sie die Verwirklichung der Bundesverfassung verhindern konnten.

Zur dritten Kategorie waren diejenigen zu rechnen, die sich nach dem Juli 1806 noch durch sogenannte *Akzessionsverträge* dem Rheinbund anschlossen wie Sachsen, die sächsischen und thüringischen sowie die nord- und mitteldeutschen Kleinstaaten. Diese Zwerge sowie auch Lippe-Detmold, Schaumburg-Lippe, Reuß, Schwarzburg und Waldeck überlebten, weil sie Eingang in die Rheinbund- und später noch in die Bundesakte gefunden hatten. Die Staaten dieser dritten Gruppe ließen ihre innere, vorwiegend altständische Struktur weitgehend unangetastet.

### *b) Die Reformen*

Nicht alles, was die Rheinbundstaaten an Reformen ins Werk setzten, war neu. Sie befanden sich teilweise in den älteren Traditionen des aufgeklärten Reformabsolutismus; führende Reformpolitiker wie der bayerische Staatsminister Maximilian Joseph Graf von Montgelas, aber auch der preußische Staatskanzler Karl August Fürst von Hardenberg verkörperten dieses Fortwirken während der Rheinbund- und preußischen Reformära.

Reformpolitik dieser Prägung wollte den staatlichen Herrschaftsanspruch in allen Dimensionen der weitgehend noch ständisch geprägten Gesellschaft durchsetzen. Sie duldete keine Gewalten eigenen, aus älterem Herkommen begründeten Rechts, kurzum: sie richtete sich gegen noch fortbestehende Hoheitsrechte der Kirchen, Städte und des Adels. Das Monopol öffentlicher Gewalt gilt als wichtigstes Kennzeichen moderner Staatsbildung.

Die Rheinbundreformen gingen darüber hinaus, denn sie hatten – ihrer Absicht nach – einen universalen Charakter, indem sie Staat, Gesellschaft und Wirtschaft nach einem funktionalen, aufeinander abgestimmten Konzept umgestalten wollten. Tatsächlich aber erfaßten sie nicht in gleicher Weise alle Bereiche. Typisch ist vielmehr, daß der Aufbau moderner Staatlichkeit vor allen anderen Reformbemühungen den Vorrang erhielt. Das Vorherrschen der Staatstätigkeit gerade auf der Ebene der Länder prägte denn auch im Laufe des 19. Jahrhunderts die innere Entwicklung Deutschlands. Kennzeichnend ist die „Ungleichmäßigkeit des Modernisierungsschubs“ (Hans-Peter Ullmann), denn die staatliche Entwicklung eilte dem sozialen und wirtschaftlichen Wandel voraus; erheblich später – verstärkt nach der Julirevolution von 1830 – formierten sich die Staatsbürgergesellschaft und der geschlossene wirtschaftliche Markt. Auch die notwendige politische Beteiligung des Bürgertums hielt nicht mit der Steigerung staatlicher Potenzen Schritt. Den Staat nach innen wie außen leistungsfähiger zu machen hieß zunächst, die öffentliche Gewalt neu zu organisieren. Die Substanz der rheinbündischen Reformen konzentrierte sich dabei auf sieben Politikfelder.

1. Man schuf eine rationale *Verwaltungsorganisation*, denn angesichts der bunt zusammengewürfelten Herrschaften in den neuen Flächenstaaten bedurfte es auch neuer Formen des Regierens und Herrschens.

Das läßt sich gut am südwestdeutschen Raum verdeutlichen, wobei nüchterne Zahlen Wucht und Tragweite der Veränderungen nur erahnen lassen. Aus rund 200 Territorien und Gebietssplittern von sehr unterschiedlichem Herrschaftscharakter entstanden zwei Mittelstaaten und zwei Kleinstaaten: das Königreich Württemberg, das Großherzogtum Baden und die kleinen Fürstentümer Hohenzollern-Sigmaringen und Hohenzollern-Hechingen.

Da war zunächst der Gebietszuwachs rational zu bewältigen. Zwischen 1802 und 1810 vervierfachte sich die Fläche Badens; sie wuchs von rund 3900 qkm auf etwa 15 000 qkm an. Württemberg hatte das Territorium von 9500 qkm des alten Herzogtums im neuen Königreich auf 19 500 qkm mehr als verdoppelt. Parallel dazu hatte sich in Baden die Bevölkerung vervierfacht, in Württemberg ungefähr verdoppelt.

Den süddeutschen Rheinbundreformen ist gemeinsam, daß sie nach unterschiedlichen Versuchen sich schließlich am französischen Vorbild orientierten. An die Spitze der Verwaltung traten Ministerien; diese gliederten sich nach Ressorts und bekamen klare Zuständigkeiten. Ihnen wurden Mittelinstanzen nachgeordnet, die zwischen Zentrale und Lokalbehörden standen. Der Entscheidungsgang verlief hierarchisch. Das Land wurde nach geographischen Gebietseinheiten eingeteilt. Erst jetzt verwandelte sich das einzelne Land in einen zentralistisch regierbaren Flächenstaat; erst jetzt war Gebietsherrschaft ohne Enklaven und eigenberechtigte Herrschaftsträger möglich.

Dabei schloß die Modernisierung des Behördenwesens vielfältige einzelne Maßnahmen ein, darunter vor allen Dingen die Entwicklung eines öffentlichen Dienstrechtes. In jener Reformära entwickelten die süddeutschen Rheinbundstaaten die organisatorischen Strukturen, mit denen sie das ganze Jahrhundert hindurch verwaltet wurden.

Was hieß vor diesem Hintergrund überhaupt Modernität des Staates? Er galt nicht mehr wie im Ancien Régime gleichsam als patrimoniales Eigentum des Herrschers, sondern rückte versachlicht als ein eigenes Rechtssubjekt neben die Person des Fürsten: Der Staat wurde rechtlich von der Person des Regenten gelöst. Nicht mehr das persönliche Regiment des Fürsten, sondern die Beamtenschaft wurde zum eigentlichen Träger der Reformpolitik.

Das machte es notwendig, rationale Normen zu entwickeln, nach denen die höhere Beamtenschaft gebildet und tätig wurde. In der Rheinbundära liegen die Anfänge des modernen Berufsbeamtentums, das praktisch unkündbar, in seinem sozialen Status hervorgehoben und materiell abgesichert wurde – bis hin zur Einrichtung einer Witwenkasse für die Hinterbliebenen. Die bayerische Dienstpragmatik vom Jahre 1805 ging hier als

Muster voran. „Privilegierung und Disziplinierung“ (Bernd Wunder) gehörten zum Tenor des neuen Beamtenstandes. Er ruhte auf eigenen Laufbahnvoraussetzungen (Höhere Schule, Studium, Erste Staatsprüfung, Vorbereitungsdienst, Zweite Staatsprüfung) und auf einem eigenen Disziplinarrecht.

2. Es setzten *Bildungsreformen* ein. Das entsprach dem Bedürfnis, schnell über jenes zuverlässige, kompetente Beamtentum zu verfügen, das einen rational organisierten Verwaltungsapparat zu steuern befähigt war. Das Bildungswesen seinerseits gliederte sich von den Volksschulen über die Gymnasien zur Universität. Aus den ohne Rücksicht auf historische Traditionen zusammengeführten Untertanen der neu entstandenen Territorien sollte der gleichmäßig ausgebildete bayerische, württembergische oder badische Staatsbürger werden.

3. Organe der *Repräsentation* förderten die Integration der Einwohner zu einem Staatsvolk. Die Rheinbundstaaten des ersten und zweiten Typs tendierten dahin, Verfassungsstaaten zu werden. Französische Juristen hatten für das Königreich Westphalen eine Konstitution ausgearbeitet, die im Jahre 1807 in Kraft trat. Napoleon begrüßte sie mit dem Kommentar: „Welches Volk wird unter die preußische Willkürherrschaft zurückkehren wollen, wenn es einmal die Wohltaten einer weisen und liberalen Verwaltung gekostet hat? Die Völker Deutschlands, Frankreichs, Italiens, Spaniens verlangen staatsbürgerliche Gleichheit und liberale Ideen“.[4]

Gewiß, vieles davon blieb Papier, aber nicht alles. Die Rheinbundreformen waren in Teilen ihrer Zeit voraus und erzeugten mitunter das Gegenteil des Gewollten. Das zeigte sich drastisch bei den Versuchen mit der Verfassung in Westphalen. Das Wahlrecht richtete sich dort nach der Höchstbesteuerung. Nach französischen Maßstäben hätte man auf diese Weise viele Bürgerliche begünstigt. In Deutschland stand die Kapitalisierung und Kommerzialisierung des Bodens jedoch erst am Anfang; in Westphalen rangierte noch der Adel auf den Listen der Höchstbesteuerten weit vorn, weil es an einem wirtschaftskräftigen Bürgertum mangelte. Folglich dominierte er auch in der gewählten Kammer. Hier lehnte er die Reformgesetze zur Beseitigung der Steuerprivilegien ab und verstieß damit gegen den verfassungsmäßig garantierten Gleichheitsgrundsatz, der keine Privilegien mehr zulassen wollte. Die gewählten Vertreter handelten also gegen die Grundsätze derjenigen Verfassung, der sie ihr politisches Mandat verdankten; sie betrieben Obstruktion. Das war möglich, weil die Verfassung auf eine andere soziale Zusammensetzung der Bevölkerung zugeschnitten war – sie kam zu früh.

Wie Westphalen 1807 als erster Staat auf deutschem Boden, so beeilte sich Bayern, im Jahre 1808 durch eine solche moderne Verfassung eine Volksvertretung einzuführen. Das Moderne bestand gerade darin, daß nicht mehr das ständische Prinzip maßgeblich war, wie es noch der Reichstag des Alten Reichs verkörpert hatte, sondern das repräsentative. Die

Abgeordneten galten als Vertreter ihres Volkes, nicht mehr ihres Standes. Darin gingen die westphälische und bayerische Verfassung als Vorstufen den süddeutschen Verfassungen zwischen 1818 und 1820 voran.

4. Die Verfassungen formulierten *staatsbürgerliche Rechte.* Sie enthielten als zukunftsweisendes Element die verfassungsmäßige Sicherung von Grundrechten. Dazu gehörten Gleichheit vor dem Gesetz, gleichmäßige Besteuerung, gleicher Zugang zu öffentlichen Ämtern, Freiheit der Person und des Eigentums, wenigstens in Ansätzen Pressefreiheit, Gesetzmäßigkeit der Rechtspflege und Gewissensfreiheit; dieses letzte Recht war besonders wichtig, weil es angesichts der konfessionellen Buntscheckigkeit in den Territorien den inneren Religionsfrieden gewährleisten sollte.

Das Konzept des modernen Staatsbürgertums war eingebettet in eine umfassende *Justizreform.* Das äußerte sich in der Gerichtsorganisation, die in ihrer voll entwickelten Form einen dreistufigen Instanzenzug erhielt, sowie in der Strafjustiz und im Privatrecht. Es brach die Zeit der Gesetzbücher an: Der Anspruch des Staates, ausschließlich das Recht zu setzen, beeinträchtigte dabei die nunmehr auf den Staatsbürgerstatus niedergedrückten alten Herrschaftsträger mit ihren überkommenen historischen sogenannten „wohlerworbenen Rechten": den Adel und die Kirchen. Am schwierigsten ließ sich das öffentliche Rechts- und Gewaltmonopol des Staates gegenüber fortbestehenden Rechten des niederen landsässigen und mehr noch des hohen, ehemals reichsständischen Adels durchsetzen. Die Politik der süddeutschen Staaten ging dahin, bisherige Steuervorrechte, Befreiungen vom Militärdienst, einen besonderen Gerichtsstand sowie Kirchen- und Schulaufsichtsrechte dem Adel zu entziehen. Damit befanden sie sich in dauerhaftem Widerspruch zu Garantien der Rheinbundakte und der nachfolgenden Deutschen Bundesakte (Art. 14), welche dem ehemals reichsständischen Adel (den Standesherren) im Rahmen der tradierten Agrarverfassungen auf ihren Grundherrschaften Verwaltung, Rechtsprechung und Polizeigewalt zusicherten. Im Dorf war vom deutschen Süden bis zum preußischen und schlesischen Osten vielfach immer noch der Adlige der Herr.

Es gehörte gleichermaßen zum Programm der Rheinbundreformen, die Kirchengewalt einem neuen – staatskirchlichen – System zu unterwerfen. Wo Klöster vorhanden waren, hoben die süddeutschen Regierungen sie auf, zogen deren Verwaltung, Rechtsprechung, Patronatsrechte, Besitzungen und Einkünfte an sich. Die wirtschaftlichen und sozialen Folgen dieser Säkularisationen sind noch wenig erforscht. Freilich darf man sich diesen Vorgang nicht so einseitig vorstellen, denn mit der Besitzergreifung übernahm der Staat auch die teilweise auf dem Klostervermögen liegenden hohen Schulden und Pensionslasten.

5. Die Rheinbundstaaten bahnten eine – zumeist steckengebliebene – *Agrarreform* an. Sie sollte einhergehen mit der Durchführung des Code Napoléon, also des Zivilgesetzbuches, das keine Feudalverfassung mehr

kannte. Das gelang dauerhaft aber allein in den linksrheinischen, nach 1815 an Preußen und Bayern zurückgefallenen Gebieten. Wo in den napoleonischen „Modellstaaten" der Code eingeführt worden war, wurde er nach 1815 wieder zurückgenommen, und die süddeutschen Staaten hatten standhaft auf ihrer eigenständigen Gesetzgebung beharren können.

6. Die *Wirtschafts- und Finanzreformen* verbreiterten die Existenzgrundlage für ein modernes Wirtschaftsbürgertum. Die Säkularisation begünstigte diesen Prozeß, denn Bürgerliche kauften die Klostergüter; wo adlige Privilegien im Erbrecht aufgehoben wurden, ließ sich der Boden veräußern und kapitalisieren; auch Gewerbefreiheit sollte den Spielraum für bürgerliches Wirtschaften eröffnen.

Waren die Reformen in Verwaltung und Justiz geeignet, effektivere Instrumente staatlicher Herrschaft bereitzustellen, diente die Reorganisation der öffentlichen Finanzen dem Zweck, den neuen Staaten überhaupt erst einmal eine verbesserte materielle Basis zu schaffen. Auch hier reichte der Wandel bis in das Grundsätzliche: Erstmals wurden die privaten Finanzen des Fürsten und die öffentlichen des Staates rechtlich getrennt. Durchsetzung der öffentlichen Finanzgewalt bedeutete zugleich die Zurückdrängung aristokratischer Herrschaft, denn Grund- und Standesherren hatten bis dahin zahlreiche steuerliche Rechte und Privilegien innegehabt. Der Staat zog die gesamte Finanzhoheit an sich, die sich an der Spitze in einem Finanzministerium konzentrierte und von dort an Mittel- und Unterbehörden weitergeleitet wurde. Die überkommene Haushaltsführung verlor durch Territorialgewinne, Verwaltungsreformen und Ausgabenwachstum ihre alte Überschaubarkeit. Einnahmen und Ausgaben mußten in einem jährlichen Staatshaushalt gegeneinander aufgerechnet werden. Beispielhaft regelte das Badische Steueredikt von 1808 die Reformgrundsätze durch „Entprivilegierung, Vereinheitlichung und Verstaatlichung des Steuerwesens" (Hans-Peter Ullmann). Durch allgemeine und gleiche Steuerpflicht büßte auch der Adel seine Privilegien ein.

Angesichts der Schuldenexplosion während der Rheinbundära mußte die Schuldenverwaltung ihren Charakter ändern, sich lösen von der Person des Regenten und zu einer öffentlichen Schuld werden, die ihren weiteren Kapitalbedarf marktwirtschaftlichen Grundsätzen zu unterwerfen und bei Banken sowie auf den Kapitalmärkten einzutreiben hatte. Nicht zufällig stiegen gerade während der Rheinbundzeit die öffentlichen Ausgaben außerordentlich; Herrscherhaus und Hofstaat betrieben einen größeren Aufwand, der Militärbedarf wuchs wegen der Teilnahme an den napoleonischen Kriegen; Reform der Verwaltung bedeutete auch Vermehrung von Stellen, höhere Besoldungen und Pensionen. Schließlich entwickelte sich auch der Schuldendienst zu einer permanenten Quelle des Geldbedarfs.

7. Die besonderen militärischen Anforderungen des Rheinbundes zogen die *allgemeine Wehrpflicht* nach sich; auch dies entwickelte sich zu einer

integrierenden Klammer der neuen Staaten, obgleich für die Bessergestellten noch viele Schlupflöcher der Stellvertretung offenblieben.

Die Reformen setzten insgesamt Modernisierungsimpulse frei, die weit in das 19. Jahrhundert hineinreichten. Sie fügten die neugebildeten Staaten innerlich zusammen; sie erschlossen Ressourcen in einem bisher nicht gekannten Maße, wobei allerdings zu bedenken ist, daß die Reformen selbst auch eine neue Kostenlast schufen, die ihrerseits nur durch neue Reformen – speziell auch die neuartige Staatsschuldenverwaltung – zu bewältigen waren. Aber die rationalere und effektivere Planung setzte doch zugleich bürgerliche Initiative frei, begann bäuerliche Abhängigkeiten aufzulösen und stiftete ein Staatsbewußtsein, das nun auch „Nationalgeist" hieß und nicht „Deutschland", sondern den Einzelstaat meinte. Die Reformen befreiten den einzelnen zum Staatsbürger und unterwarfen ihn zugleich unmittelbar dem Arm staatlicher Macht. Sie erzeugten Protest bei den Betroffenen, in Bayern etwa bei den von Österreich abgetrennten Tirolern, bei den katholischen Fakultäten, bei der militärisch ausgebeuteten Landbevölkerung. Eine moderne polizeistaatliche Überwachung sicherte in allen süddeutschen Rheinbundstaaten den Reformprozeß ab. Am verhaßtesten war die Geheime Polizei im Königreich Westphalen, welche die aufkommenden Aufstandsbewegungen im Keim ersticken sollte. Hier äußerte sich ein dem modernen Staat innewohnender – potentiell totalitärer – Wille, Gebietsherrschaft über das Staatsvolk als Zwangsherrschaft wahrzunehmen.

Andererseits war aber auch der Weg zu einer Volksrepräsentation angebahnt. Hinter diesen konnte der Deutsche Bund seit 1815 nur schwerlich zurück. In dieser Perspektive zeigte sich die andere Seite moderner Staatstätigkeit: Sie koordinierte politische Beteiligung der gesellschaftlichen Gruppen. Die napoleonischen Modellstaaten konnten sich nicht halten, wohl aber die süddeutschen Rheinbundstaaten Bayern, Württemberg, Baden und Hessen-Darmstadt. Sie entwickelten sich zu Schwerpunkten des deutschen Frühkonstitutionalismus und der liberalen Bewegung. Preußen blieb zunächst ohne Verfassung und rief seit 1823 seine altständischen Provinziallandtage ins Leben. Die Rheinbundstaaten hatten dagegen bereits die Tendenz zu Verfassungsstaaten in sich.

## 2. Der Konstitutionalismus der Länder

So vielgestaltig sich auch die einzelnen deutschen Staaten entwickelten, folgten sie doch alle während der Lebensdauer des Deutschen Bundes dem Weg zu einer konstitutionellen Ordnung. Dies war für die deutsche Geschichte geradezu ein Signum des Jahrhunderts. Die Bundesakte von 1815 hatte dazu in ihrem berühmten Artikel 13 den Auftrag erteilt: „In allen Bundesstaaten wird eine landständische Verfassung stattfinden". Und die Wiener Schlußakte von 1820 hatte dieses Gebot noch bekräftigt, indem sie vorschrieb, es habe „die Bundesversammlung darüber zu wachen, daß diese Bestimmung in keinem Bundesstaate unerfüllt bleibe" (Art. 54).[5]

In der Praxis sind die Einzelstaaten dieser Norm unterschiedlich schnell und intensiv nachgekommen. Bis 1824 hatten bereits 29 der insgesamt 41 Staaten des Deutschen Bundes diese Pflicht erfüllt. Die französische Julirevolution von 1830 führte zu einem zweiten Konstitutionalisierungsschub in Deutschland: Noch weitere acht Staaten kamen bis 1841 hinzu, so daß in der Revolution von 1848 nur vier Staaten eine Gesamtstaatsverfassung fehlte: Hessen-Homburg, Oldenburg, Preußen und Österreich. In den beiden deutschen Großstaaten existierten allerdings seit den 1820er Jahren ständische Vertretungen auf der Ebene der Provinzen, aber eben keine Verfassung für den Gesamtstaat.[6]

Es bestand bei den Zeitgenossen jedoch keineswegs Einigkeit darüber, was „landständisch" eigentlich bedeute. Darüber kam es auf den Konferenzen in Karlsbad 1819 zu einer prinzipiellen Kontroverse, die zugleich die durchbrechende Restauration anzeigte. Der Publizist und engste Berater des österreichischen Staatskanzlers Klemens Fürst von Metternich, Friedrich von Gentz, propagierte dort mit einer Denkschrift unter dem Titel „Über den Unterschied zwischen den landständischen und Repräsentativ-Verfassungen" eine restriktive Interpretation. Der Begriff „landständisch" befand sich darin in einem Gegensatz zu „repräsentativ". Landständische Verfassungen waren für Gentz „durch sich selbst bestehende Körperschaften", so wie der Adel, der Klerus, die Universitäten, die Städte durch sich selbst bestünden. Deren Abgeordnete wirkten als Vertrauensmänner im Interesse jeweils ihres Standes, nicht aber als Delegierte einer Gesamtnation. Eberhard Weis hat diese Art der Bindung ein imperatives Mandat genannt, für das die Gewissensfreiheit eines Abgeordneten unerheblich war. Gentz deutete also landständisch als altständisch, folglich so organisiert, wie es auch der alte Reichstag vor 1806 gewesen sei, gegliedert nach einzelnen Kurien mit getrennten Abstimmungen. Er rechnete also mit fortlebenden Resten von ständischen Vertretungsorganen aus dem Alten Reich. Die neuere Forschung hat solche Kontinuitäten verstärkt ermittelt. Gentz verfolgte aber einen doktrinären Zweck, indem er mit der Bezeichnung „repräsentativ" zugleich den „verkehrten Begriff" der Volkssouveränität zurückweisen wollte. Diese führte für ihn folgerichtig zu modernen Erscheinungen des Parlamentarismus wie Ministerverantwortlichkeit, Öffentlichkeit der Landtage, Pressefreiheit und Petitionsrecht. Alles das sei ständischen Verfassungen alten Typs fremd. Tatsächlich sah Gentz die kommenden Konfliktpunkte der Landtage zutreffend voraus. Trotzdem war er nicht im Recht, denn die Bundesakte hatte offengelassen, wie der Begriff „landständisch" zu füllen sei, weil den Delegationen auf dem Wiener Kongreß 1815 die damit verbundenen Auslegungsprobleme noch nicht bewußt gewesen waren. Beide Lesarten waren möglich und wurden in der Praxis später verwirklicht. Der Typ der Repräsentation erwies sich als der modernere und häufigere. Von ihrem Entwicklungsgrad her besehen lassen sich bis 1848 in Deutschland drei verschiedene Verfassungslandschaften unterscheiden: 1. Länder ohne Gesamtstaatsverfassung wie Österreich, Preußen, Hessen-Homburg und Oldenburg; 2. Länder mit altständischen Verfassungen wie beide Mecklenburgs, Hohenzollern-Hechingen, die drei anhaltinischen und die vier reußischen Fürstentümer, außerdem die vier Stadtrepubliken Lübeck, Hamburg, Bremen und Frankfurt, die ihre altständisch-patrizische Verfassung beibehalten hatten; 3. die 23 Länder mit Repräsentativverfassungen.

Landtagsgeschichte der einzelnen deutschen Staaten findet besonders deshalb immer mehr Aufmerksamkeit, weil im frühen Konstitutionalismus die Anfänge im Ringen um kodifizierte Verfassung und Rechtsstaat liegen. Die Geschichte der Parlamente erfaßt über den Rahmen der traditionellen Verfassungsgeschichte hinaus Themen wie Wahlwerbung, Wahlprozeduren; Parlamentspraxis mit Geschäftsordnung, Rederecht, Sitzordnung, Publikum; die Arbeitsweise parlamentarischer Kommissionen, Haushaltspolitik der Kammern und Gesetzgebung im konkreten Verfahren. Unmöglich läßt sich das für alle Einzelstaaten hier ausbreiten. Zu vielgestaltig boten sich die Verfassungen dar; vier unter ihnen erreichten allerdings Modellfunktion, indem sie für das sogenannte „konstitutionelle Deutschland" standen, von dem für Metternich und den gesinnungsverwandten preußischen Kabinettsminister Wilhelm Ludwig Fürst zu Sayn-Wittgenstein so zahlreiche Gefahren für das übrige Deutschland ausgingen. Sie erregten seit dem ersten Zusammentreten ihrer Kammern soviel Aufsehen, daß mehrere Bundesbeschlüsse gerade ihre Rechte immer mehr beschneiden sollten. Es waren die Verfassungen der süd- und südwestdeutschen Staaten Bayern (1818), Baden (1818), Württemberg (1819) und Hessen-Darmstadt (1820).

*Beweggründe für die Verfassungsgebung.* – Die Publizistik der Freiheitskriege und auch die aus der Not geborenen fürstlichen Aufrufe an die Bevölkerung hatten Hoffnungen auf politische Mitsprache erregt, die sich in Spuren sogar noch in der Bundesakte niedergeschlagen hatten. Die neuen Verfassungen entsprachen einer Zeittendenz, in der die Erschütterungen der Französischen Revolution von 1789 noch nachbebten.

Schwerer wog aber das Interesse der regierenden Fürsten, den wiedergewonnenen oder behaupteten, teilweise beträchtlich erweiterten Staat zu sichern. Denn ein kurzer Blick in die Vergangenheit mahnte die führenden Aristokratien der verbliebenen deutschen Mittel- und Kleinstaaten in den Jahren 1814/15, daß eine existenzgefährdende Epoche hinter ihnen lag. So war es beispielsweise gar nicht sicher, ob es 1814 nach der engen Anlehnung an Napoleon noch einen Staat Nassau geben würde, nachdem Territorien wie das mehr als doppelt so große Fürstentum Fürstenberg mit seinem uralten schwäbischen Adelsgeschlecht mediatisiert und Baden zugeschlagen wurden. Als erster deutscher Staat erließ deshalb gerade das Herzogtum Nassau am 1. September 1814 eine solche Konstitution, um Bemühungen standesherrlicher Häuser zunichte zu machen, die Landeshoheit wiederzugewinnen, solange noch der Wiener Kongreß tagte. Standesherren – der mediatisierte hohe Adel – hatten selbst einmal Landeshoheit und Sitz im Reichstag des Alten Reiches besessen. Eine Gesamtstaatsverfassung vermochte nun Rechte der Fürsten gegenüber dem übrigen Adel zu definieren und Landeshoheit sowie Staatseinheit zu fixieren. Der deutsche Konstitutionalismus seit 1814 setzte also in dieser Hinsicht die Ziele der Rheinbundreformen fort.

Baden, das neue Großherzogtum, war in seiner Zusammensetzung einer der künstlichsten Staaten. Überdies drohte die Dynastie auszusterben, und Bayern erhob Erbschaftsansprüche. So kam es geradewegs zu einem Verfassungswettlauf zwischen beiden Staaten. Baden folgte Bayern zwar mit drei Monaten Verspätung, aber doch mit dem Erfolg, daß die Verfassung den badischen Staatsbestand fixierte.

Die neuen Verfassungen ließen zugleich die gerade in Süddeutschland höchst zusammengestückelte Einwohnerschaft der neuen Mittelstaaten zu einer geschlossenen Bevölkerung zusammenwachsen. Der berühmte Jurist Anselm von Feuerbach urteilte für Bayern: „Erst mit dieser Verfassung hat sich unser König Ansbach, Bayreuth, Würzburg und Bamberg usw. erobert. Jetzt sollte man einmal kommen und uns zumuten, eine andere Farbe als Blau und Weiß zu tragen";[7] und der Freiburger Staatsrechtler Karl von Rotteck befand für das neue Baden: „Wir waren Baden-Badener, Durlacher, Breisgauer, Pfälzer, Nellenburger [...]. Fortan sind wir ein Volk, haben einen Gesamtwillen und ein Gesamtleben".[8] Während das altständische Prinzip zuvor noch zusätzliche Schnittlinien in die Bevölkerung gezogen hatte, schuf das repräsentative nun Einheit und entsprach somit auch der Staatsräson.

Wohl das wichtigste Motiv lag weiterhin aber in der fortdauernden Finanznot. Alle deutschen Staaten einschließlich Österreichs waren durch die napoleonischen Kriege verschuldet. Außerdem kostete die Modernisierungspolitik der staatlichen Neuschöpfungen viel zusätzliches Geld: für den Ausbau des Bildungswesens mit Schulen und Universitäten, für Gewerbeförderung, später für die Mitfinanzierung des Eisenbahnbaus. Zur Schuldenschöpfung und Erhebung neuer Steuern bedurften die Regenten der Stände, denn diese mußten zustimmen, um notfalls zu bürgen und zu haften. Das Steuerbewilligungsrecht war bereits das vornehmste der altständischen Landtage gewesen.

*Die Grundprinzipien des Konstitutionalismus.* – Das Vorbild der modernen süddeutschen Repräsentativverfassungen lieferte die französische „Charte Constitutionnelle" vom 4. Juni 1814, auf welche die zurückgekehrten Bourbonen nach der endgültigen Vertreibung Napoleons ihre Herrschaft in Frankreich aufbauten. Nach ihrem Modell erhielten auch die deutschen Verfassungen folgende Elemente: das „monarchische Prinzip“ als staatsrechtliche Legitimation, wonach die Souveränität in der Person des Fürsten vereinigt gedacht und nicht vom Volke hergeleitet wurde, einen Grundrechtskatalog, eine Volksvertretung mit zwei Kammern, ein – äußerst restriktives – Zensuswahlrecht sowie grundlegende Rechte für das Parlament, wie Öffentlichkeit der Verhandlungen, Periodizität, Mitwirkung bei der Gesetzgebung, Steuerbewilligungs- und Petitionsrecht.

Die Fürsten bestanden so kompromißlos auf dem „monarchischen Prinzip“, weil schon die ersten Jahre der Erfahrung mit den neuen Landtagen gezeigt hatten, welcher Konfliktstoff freigesetzt wurde, wenn die erwachende bürgerliche Gesellschaft anfing, politische Ansprüche anzumelden. Forderungen gab es viele: Verfassungseid des Militärs, mehr Einfluß auf die Gesetzgebung, Ausdehnung des Wahlrechts, Unabhängigkeit der Abgeordneten und Diäten, mehr Pressefreiheit, Öffentlichkeit der Kammerverhandlungen und freie politische Vereinsbildung – alle Ansprüche liefen darauf hinaus, auch die Stellung der Parlamente zu stärken und die politische Macht zu parlamentarisieren. Der mächtige Hebel der Kammern lag dabei im Steuerbewilligungsrecht, das mehrfach in Verfassungskonflikten eingesetzt wurde, am schärfsten im preußischen der 1860er Jahre.

Die Fürsten wollten die Kammern überdies von jedem Zugriff auf Heer und Verwaltung fernhalten. Nur wenn Monarch und Kammern nicht als gleichgewichtige und gleichberechtigte Kräfte galten, konnte das gelingen. Das hatte die Wiener Schlußakte prinzipiell geregelt, indem sie vorschrieb, es bleibe „die gesamte Staatsgewalt in dem Oberhaupte des Staats vereinigt“. Der Monarch könne „nur in der Ausübung bestimmter Rechte an die Mitwirkung der Stände gebunden werden“, aber nicht generell.[9] Daraus folgte, daß der Monarch als primäres Staatsorgan, die Kammer aber nur als sekundäres wirkte. Während die Lehre von der Gewaltenteilung Gesetzgebung und ausführende Gewalt als gleichberechtigte Kräfte voraussetzte, verlangte das monarchische Prinzip, dem Landesherrn die letzte Entscheidung in allen Fragen – durch ein absolutes Vetorecht – vorzubehalten. Die monarchische Gewalt war ihm nach dieser Lehre weder vom Volk noch von der Volksvertretung delegiert: Sie bestand *vor* der Verfassung und stammte unmittelbar von Gott. Dieser Grundsatz blieb, jedenfalls der Theorie nach, in der gesamten deutschen Verfassungsgeschichte des 19. Jahrhunderts verpflichtend. Die Verfassung diente nicht der Begründung, sondern allein der Begrenzung politischer Macht. Das monarchische Prinzip verwarf als Gegenlehre den demokratischen Satz, alle Staatsgewalt gehe vom Volke aus.

Das Zweikammersystem stärkte das aristokratische Element, denn in den Ersten Kammern saßen mit erblichem Sitz und mit Stimme die Standesherren, außerdem Vertreter der Kirchen und Universitäten sowie vom Monarchen erblich oder auf Lebenszeit berufene Mitglieder, wie hohe

Beamte. In den Zweiten Kammern saßen hingegen Vertreter des niederen Adels und der Städte des Landes, insgesamt die nach dem Zensuswahlrecht bestimmten Abgeordneten.

Das Zensuswahlrecht steuerte die Zusammensetzung der Landtage. Eine genaue Aufschlüsselung Dieter Langewiesches für Württemberg erweist vor allem die Angehörigen des Bürgertums als Abgeordnete: Staatsbeamte, Gemeindebeamte, Kaufleute, Fabrikanten, Bankiers, Rechtsanwälte, Notare, hin und wieder Pfarrer, Oberlehrer, Gutsbesitzer und Gutspächter. Nur vereinzelt sah man Bauern und Angehörige des Kleinbürgertums wie Wirte, Handwerker und Elementarlehrer. Typischerweise überwogen in den frühkonstitutionellen Landtagen mit mindestens der Hälfte der Abgeordneten die Gemeinde- und Staatsbeamten, in Württemberg nahmen sie während aller sechs Wahlperioden zwischen 1820 und 1848 durchweg mindestens zwei Drittel, einmal sogar 85% der Sitze ein. Das gewerbliche Bürgertum aus Handwerkern und Kleinhändlern war selten abkömmlich, weil es den heimischen Betrieb nicht herrenlos zurücklassen konnte. Die Beamten hingegen wurden während der Zeit ihres Mandats beurlaubt, waren dadurch freilich von der Bewilligung der Regierung abhängig.[10]

Die Periodizität bildete ein Fundament für Stellung und Arbeit der Landtage, denn diese durften nicht ad hoc zu einem bestimmten Zweck, etwa lediglich zur Geldbewilligung, einberufen und dann wieder entlassen werden. Im Gegenteil waren sie konzipiert als Verfassungsorgane von Dauer, was ihnen beträchtliches Eigengewicht verlieh.

Die Mitwirkung bei der Gesetzgebung war begrenzt; die Kammern hatten fast ausnahmslos nicht die Gesetzesinitiative, wie es für heutige Parlamente selbstverständlich ist, durften von sich aus also keine Gesetze einbringen. Sie mußten bearbeiten, was ihnen vorgelegt wurde, wirkten eben nur mit, und auch hier nur in begrenztem Rahmen. Drei wichtige Bereiche blieben ihrer Kompetenz vorenthalten: die Diplomatie mit den Außenbeziehungen des Staates (Entscheidung über Krieg und Frieden, Staatsverträge), die Verwaltung (Beamtenschaft und Polizei) und das Heer. Hier lagen die eigentlichen Zentren staatlicher Macht, von denen aus der Staat auch physische Zwangsgewalt einsetzen konnte. Welche Minister der Fürst ernannte, welche Beamten eine Stelle im Staatsdienst erhielten, wie die Polizei ausgestattet war, wann sie oder das Militär eingesetzt wurden: das ging die Kammern nach der Verfassung nichts an.

Trotz aller Einschränkungen ist es nicht berechtigt, von einem Scheinkonstitutionalismus zu sprechen. Die zahlreichen Konflikte um Steuerbewilligung, Ministeranklage, Petitionsrecht, Öffentlichkeit der Kammerverhandlungen und Vereidigung des Heeres auf die Verfassung sprechen dagegen, ebenso die Schulung der oppositionellen Abgeordneten im parlamentarischen Geschäft, so daß sie 1848 als erfahrene Politiker zur parlamentarischen Elite gehören konnten. Wo aber der Weg, die monarchische Macht zu parlamentarisieren, in den Einzelstaaten beschritten wurde, unterband ihn der Deutsche Bund wie im Falle Kurhessens 1852 oder der betroffene Staat selbst wie Preußen im Verfassungskonflikt von 1862 bis 1866.

*Konfliktfelder als Folgen der Ungleichzeitigkeit.* – Im Spektrum der Reformen hatte der staatliche Zugriff absolute Priorität. Die dadurch hervorgerufene – bereits in der Rheinbundzeit angebahnte – Ungleichzeitigkeit der Entwicklung in Gesellschaft, Wirtschaft und Verfassung barg zugleich jene großen Themen und Konflikte, welche für die innere Entwicklung der deutschen Einzelstaaten im 19. Jahrhundert prägend wurden. Die Konflikte entfalteten sich im magischen Viereck von staatlicher Herrschaft, gesellschaftlicher Ebenbürtigkeit, wirtschaftlicher Gleichberechtigung und politischer Mitwirkung. Zu den Themen des Jahrhunderts zählten in den Einzelstaaten Stärkung der parlamentarischen Rechte der Zweiten Kammern, Bindung und Kontrolle der Verwaltung durch Parlament und Justiz, Ausbau der Selbstverwaltung, Sicherung der Grundrechte, hier vor allem der Presse- und Vereinsfreiheit, Durchführung der Bauernbefreiung oder mehr noch: Ersetzung der Ständeordnung durch ein marktorientiertes Wirtschafts- und Gesellschaftssystem, Umwandlung des alten Herrschaftsträgers Reichskirche in eine Dienstleistungsinstitution, die sich der Seelsorge, „Sozialhilfe“, Kranken- und Altenpflege annahm.

## 3. Das „Dritte Deutschland“

Die zuvor in allgemeinen Grundzügen beschriebenen Spannungsfelder einzelstaatlicher Politik, die Reformperspektiven, die Verzögerungen, Widerstände und miteinander in Widerstreit liegenden gesellschaftlichen Kräfte tauchten in der Geschichte der Einzelstaaten in den mannigfachsten Nuancierungen und Konstellationen wieder auf. Eine Umschau unter ihnen soll mit dem deutschen Föderalismus auf konkrete Weise vertraut machen, bevor sich der Blick in den folgenden Kapiteln auf die durchgehenden Trends in Wirtschaft und Gesellschaft hin weiten wird.

Seitdem Preußen in der zweiten Hälfte des 18. Jahrhunderts zur zweiten deutschen Großmacht in Europa aufgestiegen war, verdichtete sich im Laufe des 19. Jahrhunderts der Wunsch nach einem „Dritten Deutschland“, in dem sich die mittleren und kleineren Staaten gegenüber dem Dualismus Österreichs und Preußens zu einer eigenständigen, engeren Verbindung zusammenschließen sollten. Mit wechselnder Energie förderten nach den Freiheitskriegen zunächst Württemberg, nach der Revolution von 1848/49 verstärkt Bayern und Sachsen dieses Konzept, das den Namen „Trias“ erhielt. Die vielfältigen Sonderinteressen überwogen jedoch stets die Gemeinsamkeiten, so daß selbst in der Phase des territorialen Umbruchs 1866 der von Österreich und Frankreich unterstützte Plan eines „Südbunds“ der deutschen Staaten südlich der Mainlinie letztlich scheiterte.

### *a) Die süddeutschen konstitutionellen Staaten*

*Bayern.* – Im Jahre 1806 hatte Bayern mit der Königswürde und dem Zerfall des Alten Reiches die äußere und innere Souveränität erworben. Das geschah um den Preis eines Bündnisses mit Frankreich, das Bayern schwere Militärlasten abforderte; mehrfach mußten bayerische Truppen für Napoleon kämpfen, besonders im Tiroler Volksaufstand des Jahres 1809, der als Fanal einer österreichischen Erhebung gegen die französische Vorherrschaft wirkte, dann vor allem auch im Rußlandfeldzug 1812. Der von der Aufklärung geprägte Staatsminister Montgelas (seit 1799) legte während dieser Zeit durch sein umfassendes Reformprogramm die innenpolitischen Grundlagen für das moderne Bayern, das Franken, Schwaben, Pfälzer und Altbayern erstmals unter einer gemeinsamen Verfassung vereinigte.

Der Zusammenbruch des napoleonischen Empire verlief für Bayern glimpflich, weil König Maximilian I. Joseph noch vor der entscheidenden „Völkerschlacht" bei Leipzig im Oktober 1813 in das Lager der Verbündeten gegen Napoleon wechselte und sich dafür den Besitzstand garantieren ließ (Vertrag von Ried). In komplizierten Verhandlungen mit Österreich gab Bayern Vorarlberg, Tirol, das Innviertel und Salzburg im Tausch gegen die Rheinpfalz, das Großherzogtum Würzburg und das Fürstentum Aschaffenburg wieder preis (1816). Damit hatte es seine endgültige Form gefunden und galt fortan im Deutschen Bund als dritte Macht nach Österreich und Preußen. Für eine Großmacht zu schwach, für einen Mittelstaat zu bedeutend, schwankte die bayerische Politik zwischen europäischen Ambitionen – etwa in dem griechischen Königtum des zweiten Sohnes Ludwigs I., Otto, seit 1832 – und einer führenden Rolle im Dienste der Trias-Politik in Deutschland.

Die Verteidigung der staatlichen Unabhängigkeit und die innere Konzentration blieben die Leitwerte der bayerischen Politik auch unter den Nachfolgern von Montgelas seit 1817. Im Innern trug die Einteilung in acht Regierungsbezirke (1817 als Kreise, revidiert 1837) mit je einem Regierungspräsidenten an der Spitze dem Gewicht der historischen Landschaften Rechnung, die zusammengefaßt wurden in Ober- und Niederbayern, Oberpfalz, Ober-, Mittel- und Unterfranken, Schwaben und der Pfalz. Diese Gliederung hat mit Ausnahme der 1946 an das Bundesland Rheinland-Pfalz gewechselten linksrheinischen Pfalz bis heute Bestand – auch dies ist ein Hinweis für die fundamentale Bedeutung des föderativen Staatsbildungsprozesses in der ersten Hälfte des 19. Jahrhunderts.

In der Frühphase zwischen 1815 und 1819 hatten die Reformimpulse noch Kraft, besonders die Ansätze zur politischen Beteiligung der Bevölkerung, wie sie im Gemeindeedikt von 1818 und vor allem in der Verfassung vom 26. Mai desselben Jahres zum Ausdruck kamen. Die Konstitution erschien den Anhängern des Frühliberalismus als Vorbote einer Zeit des Fortschritts, und auch Bayerns Zurückhaltung, die restaurativen Karlsbader Beschlüsse im Land nur mit einem gleichzeitig geäußerten Verfassungsvorbehalt zu publizieren, bestärkte sie in dieser Sicht. Die Rheinpfalz entwickelte sich mit ihren französischen Traditionen und dem Sonderrecht des Code Napoléon zu einem Schwerpunkt der liberalen und demokratischen Bewegung, die 1832 im Hambacher Fest und dem in Zweibrücken gegründeten Preß- und Vaterlandsverein ihren Höhepunkt fand. Die Politisierung des Mittelstands von der bürgerlichen Intelligenz bis zu Angehörigen des Handwerks und Handels rief zwiespältige Reaktionen im konservativen Teil der Bevölkerung und vor allem beim König hervor.

Wie kaum ein anderer Herrscher des Vormärz betrieb Ludwig I. (1825–1848) trotz Verfassung und Landtag eine zielstrebige, autokratische, in alle Bereiche hineinregierende Politik, die liberale und restriktive Elemente vereinigte. Förderung von Kunst und Wissenschaft bekundete sich im Ausbau Münchens zu einer europäischen Kulturstadt, in der Denkmalspflege nach griechischen Vorbildern, die – wie die Befreiungshalle bei Kelheim und die Walhalla bei Regensburg – zugleich die deutsche Kulturnation feiern sollten; sie äußerte sich in der Verlegung der Universität Landshut aus der Provinz in die Residenz nach München (1826). Der Zeittendenz entsprechend, innerhalb größerer Wirtschaftsräume zu operieren, befürwortete er die Bildung von Zolleinigungen, zunächst 1828 gemeinsam mit Württemberg, seit 1834 als Mitglied des Deutschen Zollvereins, wodurch sich Bayern in seiner wirtschaftlichen Entwicklung nach Norden orientierte und von Österreich abschnitt.

Die Julirevolution rückte andererseits die bayerische Innenpolitik immer näher an den Repressivkurs des Deutschen Bundes heran, so bereits 1831/32 mit unterdrückenden Maßnahmen gegen die Presse, vollends mit dem Kabinettswechsel im Jahre 1837, als der König dem als klerikal und zugleich konservativ angesehenen Karl von Abel die Leitung des Ministeriums übertrug. Die innenpolitischen Repressionen verschärften die politische Opposition im Lande, unterstützt noch durch die berüchtigte Affäre des Königs mit der spanischen Tänzerin Lola Montez, die in den Augen konservativer Beobachter das Ansehen der Monarchie diskreditierte.

Die Revolution von 1848/49 bedeutete in doppelter Hinsicht eine Lösung, indem Ludwig I. zugunsten seines Sohnes Maximilian II. zurücktrat und dieser unverzüglich mit einem Bündel an Reformmaßnahmen den revolutionären Aufruhr abfing. Die wichtigste beseitigte die Reste der Feudalverfassung und kam den Bauern entgegen. Wie stark sich bayerisches Sonderbewußtsein inzwischen entwickelt hatte, zeigte sich in einem auch unter den konstitutionellen Liberalen weit verbreiteten bayerischen Verfassungspatriotismus; mit Skepsis und Vorbehalten standen sie einer zu unitarischen Nationaleinigung gegenüber. Mehr als dreiviertel der bayerischen Abgeordneten in der Frankfurter Nationalversammlung lehnten eine kleindeutsche Reichseinigung ohne Österreich ab, indem sie sich bei der

Wahl des preußischen Königs Friedrich Wilhelm IV. zum deutschen Kaiser der Stimme enthielten.

Nach der Niederschlagung der Reichsverfassungskampagne in der Rheinpfalz begann auch in Bayern eine Dekade massiver Reaktionspolitik gegen Presse, politische Vereine und einzelne Oppositionelle, doch zugleich förderte Max II. die industrielle Erschließung des Landes durch den forcierten Ausbau des Eisenbahnnetzes und die Ansiedelung von Fabriken. Im Deutschen Bund trat Bayern unter dem langjährigen Ministerpräsidenten Ludwig Freiherr von der Pfordten für eine selbstbewußte Triaspolitik ein. Der unerwartete Tod Max' II. im Jahre 1864 brachte den erst neunzehnjährigen, politisch unerfahrenen Sohn auf den Thron, der als Ludwig II. sich mehr der Musik Richard Wagners und der Errichtung von historisierenden Schlössern als der aktuellen Politik widmete, die in diesen Jahren auch für Bayern in eine kritische Phase trat, als sich der Konflikt Preußens und Österreichs am Bundestag zuzuspitzen begann.

Im innerdeutschen Krieg 1866 stand Bayern zwar auf seiten Österreichs, doch in der nachfolgenden Friedensregelung teilte es nicht das Schicksal norddeutscher Staaten; es blieb erhalten und konnte mit Unterstützung Bismarcks selbst der drohenden Abtretung von Teilen Frankens, die der preußische König Wilhelm I. wünschte, entgehen. Die Wendung in den deutschen Verhältnissen führte auch zu einem abrupten, nun an Preußen orientierten Kurswechsel. Unter dem neuen Ministerpräsidenten Chlodwig Fürst zu Hohenlohe-Schillingsfürst – dem späteren Reichskanzler – erlebte das Land innenpolitisch die Wiederaufnahme der 1849 abgeblockten, in den 1860er Jahren allmählich wieder angeregten Reformen: Gewerbefreiheit, Freizügigkeit, eine liberale Gemeinde- und Schulordnung, öffentliche Armen- und Krankenpflege und Wiederanschluß an die preußische Zollpolitik wurden nun durchgeführt. Der Kurs war so entschieden liberal, daß er den leidenschaftlichen Protest der konservativ-klerikalen Bayerischen Patriotenpartei hervorrief und dieser 1869 zu einer oppositionellen Mehrheit gegen die Regierung in der Abgeordnetenkammer verhalf – ein bisher einzigartiger Vorgang im Konstitutionalismus.

Außenpolitisch war der Weg in die Reichseinigung vorgezeichnet, den nach dem Deutsch-Französischen Krieg Bismarck mit diplomatischem Geschick gebahnt hatte; denn er sicherte Bayern im neuen Deutschen Reich Reservatrechte zu (Militär, Gesandtschaftsrecht, Eisenbahn-, Finanz- und Postverwaltung) und bewog Ludwig II. zugleich, mit einem von ihm – Bismarck – entworfenen Schreiben dem preußischen König Wilhelm I. die deutsche Kaiserkrone anzubieten. Darin kam symbolisch die Schlüsselstellung Bayerns für die Reichseinigung zum Ausdruck.

*Württemberg.* – Auch das moderne Württemberg wurzelt nach äußerem Umfang und innerem Aufbau in der napoleonischen Ära. Der Aufstieg seines Herrschers Friedrich vom Herzog (1797) über den Kurfürsten

(1803) zum König (1806) versinnbildlicht zugleich den Ausbau des Staates. Bis 1815 erweiterte er die schwäbischen Kernlande um annektierte geistliche Gebiete, Reichsstädte, Reichsritterschaften, Reichsfürstentümer und die vorderösterreichischen Lande. Die außergewöhnlichen Lasten im Dienste der Kriege Napoleons zwangen den König angesichts der Armut des Landes zu einschneidenden Eingriffen in die überkommenen Rechte der alten Stände. Der willensstarke Monarch vereinigte Rationalismus und absolutistische Despotie, um Alt- und Neuwürttemberg zu einem zentralistisch regierten Staat zusammenzuführen. Das umfangreiche Spektrum der Verwaltungs- und Gesellschaftsreformen sicherte er ab durch ein System der Überwachung und Bespitzelung.

Nach dem Zusammenbruch des napoleonischen Empires blieb das oberste Ziel die Konsolidierung des neuen Staats. Dazu diente auch das Mittel der Verfassungsgebung. Württemberg erlebte im Vorfeld der Restauration zwischen 1815 und 1819 einen für deutsche Staaten dieser Zeit beispiellosen Verfassungskonflikt, als die alten Stände der patrizischen Altwürttemberger und des hohen Adels aus Neuwürttemberg sich dem Oktroy einer fortschrittlichen Verfassung im Jahre 1815 widersetzten: Sie beriefen sich auf ihr „altes Recht" und verlangten statt eines Repräsentativsystems ihre altständische Landesvertretung zurück. Erst nach dem Tod Friedrichs (1816) einigte man sich unter seinem liberaleren Nachfolger Wilhelm schließlich im Jahre 1819 auf einen – gleichfalls im deutschen Konstitutionalismus einzigartigen – Verfassungsvertrag zwischen Ständen und Monarch. Das Zustandekommen dieser Verfassung bekundete zweierlei: den Übergang zum Rechts- und Verfassungsstaat, der durch eine entwickelte Bürokratie, weitreichende Selbstverwaltungsrechte der Gemeinden und beträchtliche Mitwirkungsrechte des Landtags lebte, außerdem aber auch den starken Rückhalt freiheitlicher, teils rückwärtsgewandter, teils neuer liberaler und demokratischer Traditionen im Lande. Sie kamen nach der Julirevolution 1830 in zahlreichen Volksvereinen, oppositionellen Zeitungen und einer lebhaften Politik des 1833 einberufenen Landtags zum Ausdruck. Wurden sie auch durch ein autokratisches Regiment vorübergehend zurückgedrängt, gingen sie doch nicht unter. Gegen die evangelische Landeskirche und die von ihr getragene rationalistische Theologie regte sich der Widerstand der Pietisten, die im Glauben an einen unmittelbaren Eingriff der göttlichen Gnade die Erweckung predigten und zugleich zur Verbreitung religiöser Literatur und wohltätiger Vereinsarbeit aufriefen. Die Liberalen und Demokraten meldeten sich energisch wieder in der Revolution von 1848 zu Wort, als Württemberg zahlreiche revolutionäre Volksversammlungen erlebte und der König zeitweilig erwog, das Land zu verlassen. In der Frühphase der Revolution griff der Bauernaufruhr von Baden auf das württembergische Franken über. Früh hatten sich Liberal-Konstitutionelle und Demokraten in Vereinen voneinander getrennt. Der öffentliche Druck bewog den König schließlich zur Annahme der Reichsverfassung. Zahlreiche Kontakte bestanden zu den Aufständischen in Baden und in der Pfalz, die durch allgemeine Volksbewaffnung die Durchsetzung der Reichsverfassung zu erkämpfen versuchten. Stuttgart diente schließlich als letzter Tagungsort der aus Frankfurt abgezogenen Nationalversammlung, des „Rumpfparlaments", bis es durch württembergische Truppen im Juni 1849 gewaltsam aufgelöst wurde.

Auch in dem Übergang zur Reaktion hatte die Regierung mit unüberbrückbaren Gegensätzen zu kämpfen, die sie von der demokratischen Politik dreier verfassungsändernder Landesversammlungen trennten. Erst der 1851 nach vorrevolutionärem Wahlrecht gebildete Landtag lenkte auf den Kurs der Regierung ein, die sich energisch für eine Wiederherstellung des Deutschen Bundes einsetzte. Auch Württemberg blieb nicht von einer schweren inneren Repression verschont, bis im Zuge der gesamtdeutschen „Neuen Ära" seit 1858/59 das Land durch bahnbrechende Reformen in den 1860er Jahren das nachholte, was 1848/49 gescheitert war, darunter vor allem die Einführung des allgemeinen, gleichen, unmittelbaren und geheimen (Männer-)Wahlrechts (1868). Die Mehrheit der Bevölkerung und Abgeordneten neigte traditionell seit 1848 einer Lösung der Deutschen Frage in Verbindung mit Österreich zu. Ein massiver Stimmungswandel zugunsten Preußens setzte dann aber nach der Niederlage Österreichs und der Bundestruppen im Jahre 1866 ein.

Erst nach 1848 gelang es der bürgerlichen Führungsschicht, dem dicht bevölkerten, über Jahrzehnte hinweg von der Auswanderung gezeichneten, kleinbäuerlich und handwerklich geprägten Land Wege aus der wirtschaftlichen und sozialen Not zu weisen. Dazu trugen der Abschluß der bäuerlichen Grundentlastung, die energischere Förderung des Gewerbes und überhaupt die Industrialisierung bei, deren Schwerpunkte in der Textilindustrie und der dezentralisierten, aus Handwerksbetrieben hervorgegangenen Kleinindustrie lagen.

*Baden.* – Der historische Raum des 1806 mit Rückhalt Napoleons gebildeten Großherzogtums Baden ist als „Musterkarte der verflossenen Reichsherrlichkeit" (Willy Andreas) bezeichnet worden, weil es um die alten Markgrafschaften Baden-Baden und Baden-Durlach als Kernlande herum eine Unzahl verschiedener, für das Alte Reich typischer Gebilde erwarb: Hochstifte, Städte, Herrschaften, Landgrafschaften, Grafschaften, Reichsstädte, ja sogar ein Reichstal (Zell am Harmersbach), dazu Abteien, Propsteien, eine Deutschordenskomturei, ein Malteser Großpriorat, Fürstentümer und Reichsritterschaften. Aus einem unbedeutenden Kleinstaat war ein Mittelstaat geworden, der später im Deutschen Bund nach dem Kaisertum Österreich und den fünf Königreichen immerhin an siebter Stelle rangierte.

Landschaftlich, rechtlich, wirtschaftlich, gesellschaftlich, konfessionell – in jeder Hinsicht erwies sich das Land als künstliches Gebilde, und doch bewirkte die effektive Verwaltungspolitik im Geist systematischer Organisation (1809), inspiriert vor allem durch den bedeutenden Staatsminister Sigismund Freiherr von Reitzenstein, daß aus einem patriarchalisch-absolutistischen ein liberal-konstitutioneller Staat werden konnte. Er wurde schließlich gar zum Kern- und Musterland des Liberalismus und zu einem dauerhaften Schauplatz demokratischer, ja radikaler revolutionärer Aktionen und Tendenzen. Man hat in der ursprünglichen, aus dem 18. Jahrhundert herrührenden Zersplitterung des Landes sogar eine Erklärung gesucht, warum der deutsche Südwesten im 19. Jahrhundert so lebhafte liberale und demokratische Kräfte freisetzen konnte: Die Zersplitterung von Herrschaft begünstigte die äußere und innere Unabhängigkeit der Einwohner, die bei zu hohem herrschaftlichen Druck leicht ausweichen und auswandern konnten. Hinzu kamen freilich auch Bildungsniveau, Nähe Frankreichs und der Schweiz und schließlich starke ständische Traditionen, im Falle Badens mit seinen zwei Dritteln katholischer Bevölkerung auch der Widerstandsgeist gegen staatskirchliche Eingriffe.[11]

Baden stand in engster Nähe zur Politik Napoleons, was sich nicht zuletzt in der Ehe Großherzog Karls mit dessen Adoptivtochter Stephanie Beauharnais ausdrückte. Durch die geschickte Diplomatie Reitzensteins und die Anlehnung der badischen Politik an Rußland, bekräftigt durch die Ehe der Schwester Karls mit Zar Alexander I., blieb der territoriale Bestand des Landes auf dem Wiener Kongreß unberührt.

Die eigentliche Integration vollbrachte jedoch erst die im Jahre 1818 verkündete Verfassung, die als die freiheitlichste unter den frühen Konstitutionen gilt. Sie ermöglichte ein parlamentarisches Leben, das durch so prominente Abgeordnete wie Karl von Rotteck und Karl Theodor Welcker als Exponenten des Liberalismus in ganz Deutschland Aufsehen erregte.

Vor allem unter dem gebildeten, gemäßigt liberalen Großherzog Leopold (1830–52) wurde das Land nach der Julirevolution von 1830 und wieder im Vorfeld der Revolution von 1848 zu einer Plattform öffentlichen bürgerlichen Oppositionsgeistes. Das Pressegesetz von 1831 – das liberalste im Deutschen Bund – gab dazu den Spielraum, wurde aber durch Bundesbeschluß wieder beseitigt. 1831 forderte Welcker im badischen Landtag die Förderung der deutschen Nationaleinigung. In Baden kündigte sich die Erschütterung von 1848 am lebhaftesten an: in dem Treffen der Demokraten unter Leitung des Anwalts Friedrich Hecker in Offenburg, in der Versammlung von Liberalen Südwestdeutschlands im Oktober 1847 in Heppenheim.

Eine große Volksversammlung in Mannheim formulierte zu Ausbruch der Revolution 1848 in Deutschland am 29. Februar erstmals die dann überall umlaufenden „Märzforderungen". Fortan schaute man in der Revolution unverwandt nach Baden: Agrarunruhen und antisemitische Ausschreitungen im März, republikanischer Revolutionsversuch Heckers und Gustav von Struves im April, Ausrufung der deutschen Republik von

Lörrach aus durch Struve im September 1848, Schwer- und Schlußpunkt der Reichsverfassungskampagne im Sommer 1849 bis zur Kapitulation der Revolutionäre in der Festung Rastatt am 23. Juli 1849.

Seit der Niederschlagung der Revolution in Baden vor allem durch preußische Truppen datiert die Abhängigkeit des Landes von dem mächtigen Staat im Norden. Preußisches Militär erhielt Besatzungsrecht im Lande, Standgerichte vollstreckten blutig die Niederschlagung und weckten lang anhaltende Ressentiments gegen die Besatzer.

Gleichwohl entwickelte sich eine weitgehend selbständige Innenpolitik des Landes. Bereits im Vormärz hatte das Land die verkehrsgünstige Lage am Rhein genützt und verbessert, indem der Oberrhein „korrigiert", hochwassersicher und für die Dampfschiffahrt nutzbar gemacht worden war. Förderung der Fabrikenansiedlung, besonders des Textilgewerbes, der berufspraktischen Ausbildung (Polytechnische Hochschule in Karlsruhe 1825) und des Eisenbahnbaus verbesserten die Infrastruktur des Landes. Die nachrevolutionäre Ära verstärkte noch diese Entwicklung.

Die Reaktionsdekade ab 1849 führte im Land zu schweren Verfolgungen, die noch überlagert wurden durch einen zähen, unerbittlichen Kulturkampf mit der katholischen Kirche, wobei Einigungsversuche auf der Grundlage eines Konkordats mehrfach scheiterten, nicht zuletzt am Widerspruch des Landtags. Mit der „Neuen Ära" und der durchgreifenden inneren Lockerung entwickelte sich Baden zu einem parlamentarischen Rechtsstaat, wie in einem Bündel an Reformgesetzen sichtbar wurde: volle staatsbürgerliche Gleichstellung der Juden, Einrichtung eines Verwaltungsgerichtshofs, Gesetzesinitiative und das Recht der Ministeranklage für den Landtag, allgemeines, gleiches, geheimes Männerwahlrecht, Erweiterung gemeindlicher Selbstverwaltung – insgesamt ein Wandel, der Ausdruck war für den „Liberalismus als regierende Partei" (Lothar Gall), mit dem der Spielraum des konstitutionellen Systems wie nirgends sonst bisher in Deutschland ausgedehnt worden war.

Ungeachtet einer starken österreichfreundlichen Haltung in der öffentlichen Meinung behielt der Großherzog seinen an Preußen orientierten Kurs unverändert bei. Die Ehe Friedrichs I. mit Luise, der Tochter des preußischen Königs Wilhelm I., mochte diese Verbindung noch bestärkt haben. Baden widersprach den österreichischen Bundesreformplänen 1863 und enthielt sich bei der Mobilmachung gegen Preußen in der Bundesversammlung der Stimme. Nach 1866 bemühte sich die badische Regierung um Beitritt des Landes zum Norddeutschen Bund. Es wurde im Prozeß der Reichseinigung zur wichtigsten Stütze Bismarcks in Süddeutschland.

### *b) Die hessischen Staaten*

*Kurhessen.* – In der ehemaligen hessischen Landgrafschaft gingen das calvinistische Hessen-Kassel und das orthodox-lutherische Hessen-Darmstadt seit dem Einigkeitsvertrag von 1648 getrennte Wege. Das blieb über die Rheinbundzeit hinweg bis weit in das 19. Jahrhundert hinein so. Der Landgraf Karl von Hessen-Kassel hatte noch zu Ausgang des 18. Jahrhunderts seinem Land zu einem berüchtigten Ruf verholfen, indem er hessische Soldaten an kriegführende Parteien, etwa im amerikanischen Unabhängigkeitskrieg, „vermietete". Mit dem Reichsdeputationshauptschluß wurde die Landgrafschaft in ein Kurfürstentum umgewandelt. Es ging unter, als der Herrscher sich in seiner Abneigung gegenüber der Französischen Revolution weigerte, dem Rheinbund beizutreten. Napoleon vereinigte Kurhessen mit Braunschweig, Teilen Westfalens, Hannovers und Preußens zum Königreich Westphalen mit der Residenz in Kassel. Der Kurfürst floh nach Prag ins Exil. Das Land entwickelte sich zum Zentrum des Widerstands gegen die französische Herrschaft, der 1809 in einem Aufstand, an dem auch eine kurhessische Legion beteiligt war, gipfelte. Mit dem Sturz Napoleons kehrte der Kurfürst Wilhelm I. zurück und leitete eine Restauration härtesten Ausmaßes ein, selbst den Zopf führte er als einziger Herrscher im Deutschen Bund bei seinen Truppen wieder ein. Zwischen 1816 und 1830 arbeitete Jacob Grimm, unterstützt von seinem Bruder Wilhelm, als Kurfürstlicher Bibliothekar und Zensor in Kassel.

Die versprochene Verfassung erhielt das Land freilich nicht. Das geschah erst unter dem Druck der Julirevolution, als der Marburger Professor Sylvester Jordan eine Konstitution mit dem sonst nicht üblichen, antiständischen Einkammersystem – der fortschrittlichsten im Vormärz überhaupt – formulierte. Durch die reaktionäre Politik des 1832 berufenen Ministers Hans Daniel Hassenpflug unterlief die Regierung jedoch den Konstitutionalismus; als sie nach einer Denunziation noch 1839 Jordan der angeblichen Nichtverhinderung des Frankfurter Wachensturms beschuldigte und ihn für sechs Jahre inhaftierte, erregte sie über Kurhessen hinaus die deutsche Öffentlichkeit, die sich über das polizeistaatliche System empörte. Kurhessen war besonders durch die Wirtschaftskrise der 1840er und 1850er Jahre betroffen, denn es war ein armes Land, mit kargen Böden, starker Besitzzersplitterung durch die Realteilung, mit schwachem Handwerk und einer Woll- und Leinenmanufaktur im Niedergang.

Die Revolution entzündete sich 1848 angesichts der wirtschaftlichen, sozialen und politischen Spannungen in Hanau in offenem Aufruhr und breitete sich von dort auf die meisten kurhessischen Städte aus. Das Land stürzte nach der Revolution 1850 abermals in eine Krise, als die reaktionäre Politik des wiederberufenen Hassenpflug die Steuerverweigerung der Stände und – nach Verhängung des Kriegszustandes – den Rücktritt fast des gesamten Offizierskorps provozierte. Nur durch eine herbeigerufene Bundesexekution und eine vom Deutschen Bund widerrechtlich oktroyierte neue Verfassung im Jahre 1852 vermochte der Kurfürst seine Oberherrschaft über das Land zurückzugewinnen. Wieviele Probleme in der Revolution von 1848 ungelöst geblieben waren, offenbarte die in den 1860er

Jahren wiederbelebte politische Opposition, die gegen „einen ganzen Sündenkatalog sträflicher Rückständigkeiten" anging.[12] Sie forderte Verbesserungen im Eisenbahnbau, Gewerberecht, bei den Volksschulen, Beamtengehältern, mehr Religionsfreiheit, eine liberalere Pressepolitik sowie die definitive Ablösung bäuerlicher Abhängigkeiten. Im Jahre 1866 verurteilten die Stände die österreichfreundliche Politik des Kurfürsten und forderten den Anschluß an Preußen. In der Tat besetzten preußische Truppen das Land und führten den Kurfürsten als Gefangenen nach Stettin ab. Das Land ging in der neugebildeten preußischen Provinz Hessen-Nassau auf.

*Hessen-Darmstadt.* – Im Gegensatz zum Kurfürstentum gehörte die Landgrafschaft Hessen-Darmstadt als Mitglied des Rheinbundes zu den Gewinnern, als es galt, linksrheinische Verluste durch hohe Entschädigungen auszugleichen. Der Herrscher avancierte 1806 zum Großherzog und vermochte sein erweitertes Territorium auch in den Deutschen Bund hinüberzuretten. Wenn auch widerstrebend, erließ der Großherzog 1820 eine Verfassung, die ihn freilich nicht daran hinderte, eine konsequent restaurative Politik zu betreiben. Das hing mit den gesellschaftlich erstarrten Verhältnissen zusammen, die das Land teilten in Domaniallande (landesherrlichen Grundbesitz), in Gebiete der Standesherren und Ritterschaften sowie in das rechtlich fortschrittlichere Rheinhessen. Hessen-Darmstadt, vor allem die Provinz Oberhessen, zählte neben Nassau zum Armenhaus des Deutschen Bundes, aus dem in den 1840er und 1850er Jahren ganze Dörfer nach Amerika auswanderten, nachdem selbst die übliche Landgängerei und die Bettelfahrten über ganz Europa die Existenz nicht mehr sichern konnten. Hatten die Demagogenverfolgungen bereits den radikalen Flügel der burschenschaftlichen Bewegung, die „Gießener Schwarzen", an der Landesuniversität zu zerschlagen versucht, richtete sich die politische Unterdrückung nach Aufständen der bäuerlichen Bevölkerung Oberhessens im Jahre 1830 gegen die revolutionäre politische Opposition, als deren Berühmtester der Dichter Georg Büchner 1834 mit seiner „Gesellschaft der Menschenrechte" und dem sozialrevolutionären Manifest des „Hessischen Landboten" hervorgetreten war. Während Büchner ins Schweizer Exil fliehen konnte, wurde sein Mitstreiter, der Butzbacher Schulrektor Friedrich Ludwig Weidig, zu einem Opfer politischer Willkürjustiz. Im Vorfeld der Revolution von 1848 gewann die liberale Opposition in der Person Heinrich von Gagerns einen einflußreichen Wortführer. Die nachrevolutionäre Politik des Ministerpräsidenten Reinhard Dalwigk zu Lichtenfels vermochte die Märzerrungenschaften weitgehend zurückzunehmen und die Opposition zu zersplittern, konnte aber nicht verhindern, daß mit der „Neuen Ära" der liberale Deutsche Nationalverein seit 1859 und die Fortschrittspartei seit 1861 kräftigen Rückhalt bei den Bürgern des Landes erwarben. Nachdem das Großherzogtum 1866 auf Seiten Österreichs gegen Preußen Krieg geführt hatte, konnten nur die engen verwandtschaftlichen Beziehungen zum russischen Zarenhaus und englischen Hof sein Überleben garantieren.

*Nassau.* – Auch die vormaligen Fürsten von Nassau verdankten dem Rheinbund, daß aus ihrer Herrschaft mit zahlreichen eingesprengten und angrenzenden kleineren Herrschaften ein unteilbares, souveränes Herzogtum wurde. Noch bevor der Wiener Kongreß seine Beratungen beendet hatte, verkündigte Nassau im September 1814 als erster deutscher Staat eine frühkonstitutionelle Verfassung, wie auch bei den süddeutschen Staaten vor allem mit dem Ziel, das bunt zusammengewürfelte Land zu vereinheitlichen. Es zählte zu den ärmsten Gebieten Deutschlands, denn es verfügte nur über geringe gewerbliche Einnahmen aus dem Weinbau und dem Betrieb der Bäder in Wiesbaden, Schlangenbad, Schwalbach und Ems. Aus den Armutsgebieten, vor allem aus dem Westerwald, verließen so viele Auswanderer das Land, daß selbst der Herzog sich des Problems annahm und im Jahre 1844 für den „Verein zum Schutze deutscher Auswanderer in Texas" eintrat. Als politische Unruhen 1848 in Wiesbaden in der Revolution gipfelten, übernahm der Herzog das prominente Mitglied der Kammer, August Hergenhahn, der die Opposition und Erhebung anführte, als Ministerpräsidenten in das Kabinett. Die revidierte demokratische Verfassung von 1849 mußte aber unter dem Druck der Reaktion wieder weichen. Gegen den Widerstand der Stände stellte sich die Regierung 1866 auf die Seite Österreichs und bezahlte das mit dem Untergang des Landes, das Preußen als Provinz angegliedert wurde.

Abgesehen vom Rheingau, von der Bergstraße mit ihrem günstigen Klima und der fruchtbaren Wetterau teilten die hessischen Staaten die ärmlichen Mittelgebirgslandschaften mit ihren kargen Böden, welche die Einwohner nötigten, für Teile des Jahres die Röhn, den Vogelsberg, Westerwald oder Odenwald zu verlassen und sich in den Ebenen als Wanderarbeiter, etwa beim Mähen und Dreschen, zu verdingen. Auch die Mischung der Konfessionen und Glaubensrichtungen war auffällig, schaut man auf die annektierten katholischen Gebiete von Fulda und Kurmainz, auf die evangelische Union der Lutheraner und Reformierten in Rheinhessen, auf das neugegründete Bistum Limburg (als Teil der Oberrheinischen Kirchenprovinz) oder auf die starke evangelisch-pietistische Bewegung im Westerwald.

*Landgrafschaft Hessen-Homburg.* – Dieses merkwürdige Bundesland verdient als Beispiel für Extreme innerhalb der deutschen Bundeswelt Aufmerksamkeit. In der Rheinbundzeit war es 1806 mediatisiert worden und dem Gebietshunger des erfolgreichen Nachbarn Hessen-Darmstadt zum Opfer gefallen. 1815 erlebte es als Landgrafschaft und souveränes Mitglied des Deutschen Bundes seine staatliche Auferstehung. Es bestand eigentlich nur aus zwei kleinen abgesonderten Gebietsteilen um Homburg und Meisenheim, stellte aber durch seine geographische Lage den Inbegriff der Zersplitterung Deutschlands in Zollgrenzen dar, wie sie Friedrich List bereits 1821 gegeißelt hatte. Denn dieses Miniaturgebiet grenzte an Nassau, Hessen-Darmstadt, Kurhessen, Frankfurt, die preußische Rheinprovinz, die bayerische Rheinpfalz und schließlich noch an Oldenburg, das im Fürstentum Birkenfeld eine Enklave hatte – insgesamt an sieben verschiedene Bundesländer.

Außerdem erregt es Aufsehen, weil es abweichend von allen anderen Kleinstaaten bis zum Ende des Bundes als absolute Erbmonarchie regiert wurde, wenn auch der Fürst 1815 gleichfalls ein Verfassungsversprechen gegeben hatte. Danach widerstand er aber allen Anstürmen zu einer Konstitutionalisierung, obwohl auch die Landgrafschaft im bewegten Rhein-Main-Gebiet nicht davor verschont blieb. Schon 1830 wurde sie von der Julirevolution erfaßt; 1848 erlebte sie die Homburger Bürgerversammlung, aber der Fürst weigerte sich, 1849 die Reichsverfassung anzuerkennen; er überstand sogar eine militärische Reichsexekution der Provisorischen 1848er Zentralgewalt, als er zunächst deren Beschluß, die Homburger Spielbank zu schließen, nicht ausführte. Erst 1850 ließ er sich eine Verfassung abringen, die er im Zuge der Reaktion schon zwei Jahre später wieder aufhob; er herrschte fortan absolutistisch, bis sein Land durch Aussterben des Herrscherhauses 1866 schließlich doch an Hessen-Darmstadt fiel und mit diesem noch im gleichen Jahr das Schicksal teilte, in Preußen aufzugehen.

*Frankfurt.* – Nach seinem Untergang als Reichsstadt verdankte Frankfurt sein Wiederaufleben dem Willen Napoleons, es zur Hauptstadt des Rheinbundes zu machen. Der ehemalige Reichserzkanzler und nachfolgende Fürstprimas im Rheinbund, Karl Theodor von Dalberg, regierte das neue, zum Großherzogtum avancierte Staatsgebiet ganz nach den Prinzipien der napoleonischen Reformen. 1813 konstituierte sich Frankfurt als „Freie Stadt", die nur durch den Widerstand Österreichs und Preußens davor bewahrt blieb, großbayerischen Plänen anheimzufallen. Die traditionsreiche ehemalige Reichsstadt konnte als Wahl- und Krönungsort der deutschen Kaiser und als die symbolische Hauptstadt des Rheinbundes etwas von ihrer Sonderstellung in den neuen Deutschen Bund hinüberretten, indem sie zum Sitz der Deutschen Bundesversammlung erhoben wurde. Mit ihren damals 40000 Einwohnern galt sie als Bank- und Börsenstadt par excellence, man denke nur an die Namen der dort ansässigen Bankiers Bethmann und Rothschild.

Die besondere Lage als quasi neutrales Territorium hatte die deutschen Großmächte bewogen, hier das Zentrum des Bundes aufzuschlagen, da Berlin oder Wien als Präjudiz für die nationale Vorherrschaft nicht in Frage kamen. Die heimliche Bundeshauptstadt geriet im April 1833 in den Mittelpunkt der Politik und Öffentlichkeit, als der Sturm auf die Frankfurter Hauptwache das Signal für eine allgemeine Revolution in Deutschland setzen sollte. Auch später stand sie als Symbol für Freiheit, Demokratie und deutsche Einheit, denn die vormärzlichen Feste und Versammlungen mit nationaler Ausstrahlung suchten bevorzugt Frankfurt als Veranstaltungsort auf, bis es gar 1848 zum parlamentarischen Zentrum der Revolution aufstieg. Nach der Reaktionsdekade zog Frankfurt nochmals die Hoffnungen auf eine nationale Reform auf sich, einerseits durch die Gründung des Deutschen Nationalvereins im Jahre 1859, dann aber vor allem durch das groß angelegte, von Österreich betriebene Bundesreformprojekt auf dem Frankfurter Fürstentag 1863. Während ein prominenter Sohn der Stadt, Goethe, bereits 1775 nach Weimar übergesiedelt war, stand der kritische Publizist Ludwig Börne in seinem Pariser Exil zwischen 1830 und 1837 noch mit seiner Heimatstadt in Verbindung.

*Luxemburg und Liechtenstein.* – Beide Bundesstaaten, die nicht mehr zum hessischen Raum gehörten, teilen das Geschick, als einzige nach dem Ende des Deutschen Bundes in Form souveräner Staaten bis heute fortzubestehen. Das frühere Herzogtum Luxemburg hatte sich unter französischer Herrschaft in ein Departement („des Forêts") Frankreichs verwandelt. Durch den Wiener Kongreß wiederhergestellt, war es durch eine komplizierte staatsrechtliche Regelung bis 1866 dem Bund eingegliedert: Es hatte in dem niederländischen König ein ausländisches Oberhaupt erhalten, das zugleich – in Personalunion – als Großherzog von Luxemburg Bundesmitglied war. König Wilhelm I. der Niederlande hatte es als Entschädigung für seine nassauischen Erblande erhalten und entgegen dem Bundesrecht eine Verfassung verweigert, indem er es von Anfang an als holländische Provinz verwaltete. Tatsächlich war das Land aber vielfach auf den Bund bezogen, zunächst als Standort einer Bundesfestung, seit 1843 als Mitglied des Deutschen Zollvereins und später auch durch das Eisenbahnnetz.

In der Julirevolution 1830 drohte ihm eine militärische Bundesexekution, weil die aufständische Bevölkerung sich an das neue Königreich Belgien mit dessen freiheitlicher Verfassung anschließen wollte. Der niederländische König rief den Bund um Hilfe an, konnte aber schließlich nur erreichen, daß der Konflikt durch eine Teilung des Landes 1839 beigelegt wurde: Der vorwiegend wallonischsprachige Teil im Gebiet der Ardennen ging an Belgien über; der hauptsächlich deutschsprachige Teil blieb als selbständiges Bundesland bestehen, das 1841 endlich auch eine eigene Verfassung erhielt. Die Revolutionsbewegung liberalisierte sie 1848 nach dem Vorbild der belgischen Konstitution, doch die Regierung beendete einen zähen Kampf mit der Kammer unter dem Schutz der Reaktion und beseitigte 1856 das fortschrittliche Modell zugunsten einer restriktiven Ordnung, die der Kammer kaum noch Handlungsspielraum ließ.

Nach der Auflösung des Bundes war das Land in seiner Existenz bedroht, denn der französische Kaiser Napoleon III. versuchte es aufzukaufen. Bismarck war zunächst nicht gegen diesen Plan. Als dieser aber vorzeitig bekannt wurde, rief er in Deutschland eine heftige nationale Protestbewegung hervor. Bismarck blieb davon nicht unbeeindruckt und reihte sich mit seiner auch öffentlich im Norddeutschen Reichstag gestützten Ablehnung in eine „Gesamtheit der Fürsten und des Volkes" ein, wie es in der national erregten Terminologie hieß. Man erkennt in diesem Wandel während der „Luxemburger Krise" den Übergang des preußischen Ministerpräsidenten von einer einzelstaatlichen Interessen- zu einer deutschen Nationalpolitik. Preußen geriet darüber mit Frankreich bis hart an den Rand eines Krieges, den der preußische Generalstabschef Helmuth von Moltke als Präventivschlag bereits plante. Bismarck verhinderte das. Schließlich wurde Luxemburg 1867 als neutrales Land unter europäischer Garantie anerkannt, wobei Preußen seine Besatzungsrechte aufgab und die Festung geschleift wurde. Letztlich verdankte das Großherzogtum auf paradoxe Weise der nationalen Erregung in Deutschland und der preußischen Mitwirkung seine Rettung als souveräner Staat.

*Liechtenstein* bildete mit seinen 159 qkm und einem Bundeskontingent von 91 Scharfschützen und einer Verfassung (1818) das kleinste Bundesland; als Mitglied des Rheinbundes hatte es dank dem besonderen Wohlwollen Napoleons überlebt. Der Fürst stammte aus altem österreichischen Geschlecht und regierte sein Ländchen von seiner „Hofkanzlei" in Wien aus, wo er gewöhnlich residierte. Es galten die österreichischen Gesetze, Währung und Maße im Land; 1852 trat es auch dem österreichischen Zoll- und Steuergebiet bei. Die Liechtensteiner Fürsten waren gleichwohl in der deutschen Geschichte bedeutsamer, als das Miniaturterritorium vermuten ließ: Sie besaßen in Österreichisch-Schlesien, Mähren, Ungarn, in der Steiermark und Lausitz große Standesherrschaften und tauchen dadurch in der Wirtschaftsgeschichte häufig auf. 1866 erhielt das Land seine volle, bis heute geltende staatsrechtliche Souveränität.

### *c) Das Königreich Sachsen und die Staaten Thüringens*

*Königreich Sachsen.* – Auch für das alte Kurfürstentum Sachsen bedeutete die napoleonische Politik eine schicksalhafte Zeitenwende. Im Jahre 1806 war es noch an der Seite Preußens in den Krieg gegen den französischen Kaiser getreten und teilte die schwere Niederlage bei Jena und Auerstedt. Anders als Preußen ging Sachsen jedoch staatlich gekräftigt aus dem Zusammenbruch hervor: Napoleon erhob es unter der Bedingung, dem Rheinbund beizutreten, zum Königtum und stellte überdies die alte dynastische Verbindung zu Polen wieder her. Denn der nach drei Teilungen durch Rußland, Preußen und Österreich zerstörte polnische Staat erlebte – in verkleinerter Form – als Großherzogtum Warschau seine Wiedergeburt, ausgestattet mit einer fortschrittlichen Verfassung nach französischem Vorbild. Er wurde nun wieder wie in der Frühen Neuzeit durch Personalunion mit Sachsen verbunden; nicht nur machtpolitisches Kalkül, sondern auch die besondere persönliche Sympathie des Königs Friedrich August I. (1806–27) zu Napoleon hat sich hierbei ausgewirkt. Das wurde ihm zum Verhängnis, als er in der Stunde des Umschwungs im Herbst 1813 zu lange am napoleonischen System festhielt, während ihn die preußische und russische Kriegspropaganda bereits als Oberhaupt eines Staates angriff, der die deutschen Interessen verraten habe, und einzelne sächsische Truppenteile schon zu den Alliierten übergingen. Zeitweise drohte Preußen nach der Gefangennahme des Königs, ganz Sachsen zu annektieren, bis auf dem Wiener Kongreß – um einen erneuten Krieg zu vermeiden – das Land geteilt wurde und Preußen über die Hälfte des Gebietes im Norden zwischen Wittenberg und Görlitz (die spätere Provinz Sachsen) mit fast der Hälfte der zwei Millionen Einwohner erhielt.

Trotz der Zugehörigkeit zum Rheinbund hatte das Königreich im Innern in Verfassung und Verwaltung den Entwicklungsstand des 18. Jahrhunderts weitgehend beibehalten; der König regierte selbstherrlich und absolutistisch, obwohl das wirtschaftlich weit entwickelte Land der Reformen bedurft hätte. Erst die Julirevolution von 1830, bei der es zu Aufständen in Dresden und Leipzig kam, erschütterte den „absolutistischen Privilegienstaat" (Karl-Georg Faber) so nachhaltig, daß er mit einem Reformpaket bis 1835 den Übergang in das bürgerlich-liberale Zeitalter meisterte. Die Verfassung von 1831 sicherte mit ihrem Kompromiß aus landständischen Überlieferungen und moderner Repräsentation den Staatsumbau. Sachsen entwickelte fortan intensiv die gewerbliche und technische Ausbildung, förderte die Industrie und modernisierte den Landbau, so daß die Bevölkerungzahl bis 1855 wieder ihren alten Stand von zwei Millionen erreichte. Das kulturelle Klima war angesichts der internationalen Bedeutung Leipzigs als Messestadt des Buchhandels unter einer milden Zensur liberal gestimmt; religiöse Bewegungen wie die evangelischen „Lichtfreunde" und die „Deutschkatholiken" bestärkten in den 1840er Jahren die Neigungen zum Widerspruch gegen Orthodoxie und Konservatismus.

Die Revolution 1848 wurde im Lande getragen von zahlreichen städtischen Vereinen, die der demokratisch-republikanischen Richtung zuneigten und Anhänger bis in die Reihen der Beamtenschaft und des Militärs fanden. Einen blutigen Höhepunkt erreichte die Bewegung im Mai 1849 in Dresden, als König Friedrich August II. (1836–54) sich weigerte, die Reichsverfassung anzunehmen, und einen revolutionären Aufstand provozierte, so daß er flüchten mußte. Preußische Truppen schlugen den Widerstand der Provisorischen Revolutionsregierung blutig nieder. Eine hochorganisierte politische Polizei unterdrückte in der Reaktionsdekade alle Spuren der Märzbewegung.

Der neue Ministerpräsident Friedrich Ferdinand Freiherr von Beust (1849–66) suchte bald die enge Annäherung des Landes an Österreich; zugleich formulierte er das Konzept einer Triaspolitik, die er zusammen mit den anderen deutschen Mittelstaaten – letztlich freilich erfolglos – zu festigen suchte. Im innerdeutschen Krieg verharrte Sachsen auf der Seite Österreichs; es ging nur wegen der Fürsprache des österreichischen Kaisers Franz Joseph anläßlich der Friedensverhandlungen mit Preußen territorial unversehrt aus dem Konflikt hervor.

In den zwei Jahrzehnten vor der Reichsgründung entwickelte sich Sachsen weiter zum Industriestaat, befördert durch die neue Organisation der Aktiengesellschaften, gestützt auf ein kapitalintensives Bankenwesen. Das Land zeigte die typische Kluft zwischen einem kapitalistischen Wirtschaftsbürgertum und einem entstehenden Fabrikarbeiterproletariat. Frauen- und Kinderarbeit sowie das einhergehende Wohnungselend etwa trugen der Stadt Chemnitz den Ruf eines „sächsischen Manchester" ein und verschärften die „Arbeiterfrage", die immer mehr Fürsprecher fand, so daß Sachsen seit den 1860er Jahren zu einem Schwerpunkt und Vorbild der entstehenden Arbeiter- und Gewerkschaftsbewegung mit ihren zahlreichen Selbsthilfeorganisationen (Hilfskassen, Konsumvereinen) wurde. Die Karriere des in Köln geborenen Drechslermeisters August Bebel nahm im Leipziger Arbeiterbildungsverein ihren Ausgang.

*Die Staaten Thüringens.* – Thüringen galt seit jeher als das „grüne Herz Deutschlands", denn es war reich an Bergen, Wald und Dauergrünland. Aber es fehlte weitgehend an Bodenschätzen oder fruchtbaren Äckern, so daß sich mit dieser Landschaft weniger die Geschichte eines wohlhabenden Bauerntums oder einer prosperierenden Bürgerlichkeit verband als vielmehr die Geschichte der kleinen Leute. Realteilungen und Bevölkerungswachstum hatten den Anteil unterbäuerlicher Landbewohner in den Dörfern vielfach um mehr als die Hälfte ansteigen lassen; als Häusler, Dorfhandwerker oder Dienstpersonal lebten sie nur vom Tagesverdienst und den Naturaleinkünften aus ihrem Kleinbodenbesitz oder aus Pachtung.

Bismarck nannte die hier beheimateten regierenden Fürsten spöttisch des Reiches „Zaunkönige". Wer heute über die Kleinräumigkeit dieser Staaten in Deutschland spöttelt, wird freilich zu bedenken haben, daß ebensolche Zwerggebilde in unseren Tagen auf globaler Ebene in der UNO als voll berechtigte Mitglieder Zutritt erhalten haben. Es ist eine Überlegung wert, welche Umstände die thüringischen Kleinstaaten eigentlich überleben ließen. Während die zentralstaatliche Provinzialverwaltung eines einzigen Herzogtums Thüringen vermutlich die Leistungsfähigkeit seines Territoriums ausgezehrt hätte, wirkte der „Staatspluralismus der Kleinresidenzen" wie ein „Schwamm",[13] indem er für kleine Wirtschaftskreisläufe sorgte, welche die knappe Liquidität optimal nutzten. Die zweifellos kostspieligen Hofhaltungen schufen überdies auch im Bereich der Dienstleistungen und Bautätigkeit Aufträge für Handwerk und Handel.

Der Thüringer Wald durchzieht das Land in nordwestlich-südöstlicher Richtung von Eisenach bis Oberfranken. Er wirkte nicht nur als geographische Wasserscheide, die Werra und Weser sowie Saale und Elbe trennte, sondern er schuf auch historische Räume mit unterschiedlichen Entwicklungen, wobei das südliche Drittel sich mehr nach Franken hin, das nordöstliche Zweidrittel mehr nach Sachsen hin orientierte.

Insgesamt gilt Thüringen als das Extrem deutscher Teilungsgeschichte. Gegen Ende des Alten Reiches (1775) bestand ein Thüringen im engeren Sinne: Es umfaßte die Wettinisch-Ernestinischen Herzogtümer Sachsen-Gotha-Altenburg, Sachsen-Weimar-Eisenach, Sachsen-Coburg-Saalfeld, Sachsen-Meiningen und Sachsen-Hildburghausen. Hinzu kamen die Fürstentümer Schwarzburg-Rudolstadt, Schwarzburg-Sondershausen und Reuß jüngere und ältere Linie. Im Jahre 1826 starb das Haus Sachsen-Gotha-Altenburg aus, so daß sein Besitz an die übrigen sächsischen Herzogtümer fiel. Es gab fortan das Großherzogtum Sachsen-Weimar-Eisenach und die Herzogtümer Sachsen-Coburg-Gotha, Sachsen-Meiningen und Sachsen-Altenburg. Daneben bestanden die Reußischen und Schwarzburgischen Lande weiter.

Dieses Thüringen der Kleinstaaten bestand bis zum Jahre 1918 fort und ging erst im Jahre 1920 in dem neu gebildeten Freistaat Thüringen auf. Die Kleinräumigkeit bestimmte zugleich das Städtebild, in welchem Residenzstädte, Manufaktur-, Industrie- und Landstädte mit größerem ackerbaulichen Umland nebeneinander existierten. Jena mit Sitz der Landesuniversität nahm noch eine besondere Stellung ein. Jene territoriale Zersplitterung verkörperte das historisch Untypische, indem sie jenem für das 19. Jahrhundert typischen Prozeß fortschreitender Zentralisierung der Verwaltung und staatlichen Räume nicht erlag.

Die Grenzen Thüringens entsprangen historisch-dynastischen Umständen, nicht der naturgeographischen Logik. Es frappiert geradezu, daß die thüringischen Fürstentümer ihren politischen Bestand über die gewaltsame politische „Flurbereinigung“ Napoleons hinwegretteten, mehr noch: Sie widerstanden dem Ansturm der Revolution von 1848 ebenso wie dem Zugriff Bismarcks im Jahre 1866, als dieser vor der Annexion größerer deutscher Staatsgebiete nicht zurückschreckte.

Die wirtschaftliche Entwicklung des Landes zog ihre Vorteile aus den großen Veränderungen des 19. Jahrhunderts: Die Beseitigung der Zollschranken mit der Gründung des Deutschen Zollvereins im Jahre 1834 belebte den Handel, der in den 1840er Jahren einsetzende Bau von Eisenbahnlinien half, die Kleinräumigkeit zu überwinden, etwa die notwendige Kohle und das Eisen als wichtigste Energiequelle vieler Industriezweige nach Thüringen zu befördern. Das Land entwickelte eine leistungsfähige Maschinenbauindustrie und spezialisierte sich auf die Porzellan-, Spielwaren-, Glas- und Textilfabrikation. Einen Glanzpunkt setzte im Jahre 1846 Carl Zeiss in Jena durch die von ihm begründete optische Glastechnik, die er zusammen mit Ernst Abbe und Otto Schott weiterentwickelte. Für Artikel vom Mikroskop bis zum Brillenglas, für Porzellan und Elektrotechnik entwickelte sich Jena zu einem Inbegriff.

Zuvor schon war Jena unter dem lähmenden Schirm der Restauration in den Augen Metternichs als unbequemer politischer Unruheherd hervorgetreten, fanden doch hier die bald verbotenen Burschenschaften lebhaftes Echo, das nach dem spektakulären Wartburgfest mit nationalen Forderungen und abschreckender Bücherverbrennung ganz Deutschland erregte. Das Großherzogtum Sachsen-Weimar-Eisenach mit seiner freisinnigen Verfassung von 1816 hatte diese „Umtriebe" auf seinem Territorium geduldet; sein Herrscher Karl August, der Goethe nach Weimar gezogen und seine Residenz zu einem geistigen Zentrum Deutschlands gemacht hatte, sah sich wegen der angeblichen „Demagogen" infolge der „Karlsbader Beschlüsse" schweren Beschuldigungen und Drohungen der restaurativen Regierungen ausgesetzt.

### *d) Das Königreich Hannover und die norddeutschen Staaten*

*Königreich Hannover.* – Wie Bayern im Süden, dominierte Hannover als viertgrößter deutscher Staat unter den Mittel- und Kleinstaaten im Norden. Gleich einem Relikt aus der vornationalen Frühen Neuzeit ragte seine Personalunion mit dem Königreich Großbritannien in das frühe 19. Jahrhundert hinein. Nachdem der hannoversche Kurfürst Georg Ludwig als Georg I. im Jahre 1714 die Thronfolge in Großbritannien übernommen hatte, herrschte der britische König fortan zugleich als Kurfürst (seit 1814 als König) über Hannover, das aber nicht Teil des Britischen Reiches wurde: Es blieb Teil des Alten Reiches wie auch später des Deutschen Bundes und wurde von Hannover aus durch ein Geheimes Ratskollegium bei starker Mitwirkung der Stände regiert. In napoleonischer Zeit war sein vorübergehender Untergang besiegelt, als es im Königreich Westphalen und dem bis an die Nordseeküste reichenden Territorium des französischen Kaiserreichs aufgegangen war. Während dieser Zeit befanden sich große Teile der hannoverschen Armee in England und kämpften von dort aus als „Königlich Deutsche Legion" auf den Kriegsschauplätzen Europas gegen Napoleon; sie trugen zuletzt entscheidend zu dessen Niederlage bei Waterloo 1815 bei.

Die Verbindung zu England sicherte die Wiederherstellung der Personalunion und des Staates Hannover, der bereits 1814 zum Königreich erhoben wurde. Durch die Annexion ehemaliger Grafschaften und geistlicher Fürstentümer (Osnabrück, Hildesheim) stellte sich auch hier das Problem innerer Integration. Sie wurde auf dem Wege der Restauration gelöst, indem der Adel wieder seinen beherrschenden Einfluß erhielt und ihn auch im Rahmen der 1819 oktroyierten Verfassung geltend machen konnte. Erst die Erschütterungen der Julirevolution mit Unruhen im Land und Aufstandsversuchen in Göttingen führten zu einer zeitgemäßen Verfassung (1833); die längst fällige Bauernbefreiung wurde eingeleitet, wobei das traditionelle Erbrecht, das die Höfe ungeteilt ließ, unangetastet und so eine leistungsfähige Landwirtschaft erhalten blieb. Hannover war bis in die Mitte des Jahrhunderts reiner Agrarstaat, der Getreide, Vieh und Leinen exportierte und seine überseeischen Einfuhren aus England bezog. Durch diese wirtschaftspolitische Unabhängigkeit gegenüber Preußen konnte es sich bis 1854 dem Beitritt zum Zollverein entziehen und demgegenüber die norddeutschen Staaten (Oldenburg, Braunschweig, Schaumburg-Lippe) in einem „Steuerverein" an sich binden.

Als nach kompliziertem dynastischen Erbrecht 1837 die Personalunion mit England aufgelöst wurde, trat der Thronfolger Ernst August seine Herrschaft mit einem Staatsstreich an, indem er die Verfassung von 1833 aufhob. Der Protest von sieben Göttinger Professoren, die der König unverzüglich ihres Amtes enthob, machte den Skandal zu einer nationalen Angelegenheit, in die sich Bundesversammlung, Presse und die hannoverschen Stände einschalteten.

In dieser Krise formierte sich eine politische Opposition mit dem Osnabrücker Bürgermeister Johann Karl Bertram Stüve an der Spitze. Es war ein genialer Schachzug des als reaktionär verschrieenen Monarchen, Stüve zu Beginn der Revolution 1848 das Innenministerium zu übertragen. Mit weitreichenden Verfassungs- und Rechtsreformen und einer klugen Innenpolitik gelang es ihm, den Sturm der Revolution im Königreich gedämpft zu halten.

Die anschließende Reaktionsdekade begann unter dem Thronfolger Georg V. (1851–66) mit polizeistaatlichen Verfolgungen, der Restauration der Verfassung von 1840 und einer Stärkung der Ritterschaft. Das geschah ungeachtet der nun einsetzenden Industrialisierung, für die die Gründung der staatlich geförderten Georgsmarienhütte bei Osnabrück (1856) ein Markstein wurde.

In der innerdeutschen Krise zwischen Österreich und Preußen lehnte Georg V. ein preußisches Neutralitätsangebot ebenso wie ein späteres Ultimatum, sich zu verbünden, ab und mußte schließlich die militärische Besetzung des Königreichs hinnehmen. Dessen Annexion und Umwandlung in eine preußische Provinz zwang den König zur Flucht ins österreichische Exil. Der preußischen Politik erwuchs in dem neugewonnenen Landesteil eine lebhafte „welfische" Widerstandsbewegung, in der sich Adel, Bauern und Kleinbürger vereinigten und 1866 in der Deutschhannoverschen Partei konstituierten. Doch auch prominente Wortführer eines preußenfreundlichen Nationalliberalismus stammten aus Hannover, so der Vorsitzende des Deutschen Nationalvereins und der nationalliberalen Fraktion im Reichstag Rudolf von Bennigsen sowie der spätere preußische Finanzminister Johannes von Miquel.

*Braunschweig.* – Das gleichfalls 1815 wieder restituierte Herzogtum Braunschweig erhielt unter Karl II. (1815–30) bereits 1820 eine gemäßigt liberale Verfassung, die auch Bürger und Bauern am Landtag beteiligte. Doch machte sich der Herzog in der Folgezeit so viele innere Feinde einschließlich der Landstände, daß man während der Julirevolution 1830 sein Schloß anzündete und ihn unter spektakulären Umständen aus dem Land trieb. Das Maß seiner Mißwirtschaft, die Versuche, mit revolutionären Parolen die Herrschaft wiederzuerringen und der geschlossene Widerstand im Lande führten zu dem beispiellosen Vorgang, daß auch Metternich und die Bundesversammlung die Fakten akzeptierten und den Thronwechsel auf den in preußischen Diensten ausgebildeten Bruder Wilhelm (1830–84) sanktionierten. Dessen energische Reformpolitik führte zu einer günstigen inneren Entwicklung: Bauernbefreiung, bereits 1838 Bau einer Staatseisenbahn, Übertritt zum Zollverein im Jahre 1842 und ein besonnenes Eingehen auf die nationalen Forderungen in der Revolution 1848 sicherten dem Land eine dauerhafte Stabilität, deren liberale Prägung auch durch keine Reaktion getrübt wurde. Es bot manchem nach 1849 vor politischen Verfolgungen in Preußen und Hannover Zuflucht und Schutz. Das Land entging dem Schicksal Hannovers, weil der Herzog sich ohne Zögern der preußischen Bundespolitik anschloß und 1866 gegen die von Österreich beantragte Exekution stimmte.

*Oldenburg.* – Es kann verwundern, wie in der deutschen Staatenwelt auf engem Raum nebeneinander fortschrittlich-liberale (Braunschweig) und altständisch-restaurative Zustände bestehen konnten. Das Herzogtum (ab 1829 Großherzogtum) Oldenburg gehörte zu den vier deutschen Staaten, die bis 1849 in patriarchalisch-absolutistischer Weise ohne Staatsgrundgesetz regiert wurden. Es besaß durch seine europaweiten dynastischen Beziehungen in kritischen Situationen Rückhalt bei den verwandten Fürstenhäusern in Rußland und Dänemark. In der Revolution 1848 entluden sich die inneren angestauten Spannungen jedoch durch soziale Unruhen: Landarbeiter aus dem Norden des Landes und Heuerleute aus dem Süden übten soviel öffentlichen Druck aus, daß der Großherzog eine Verfassung zugestand.

Die Regierung suchte vor der geographischen Umklammerung durch das mächtigere Hannover traditionell Rückhalt bei Preußen, um den freien Zugang zur Nordseeküste zu sichern. Obwohl es durch einen Anteil von 30% Katholiken im Süden des Landes starke Sympathien für Österreich gab, stand die Regierung im Krisenjahr 1866 auf seiten Preußens, das dessen Souveränität auch im Norddeutschen Bund respektierte.

*Die Hansestädte.* – Auch nach dem Ende des Alten Reiches blieben Hamburg, Bremen und Lübeck als Freie und Hansestädte erhalten. Die Besetzung durch französische Truppen und die Abschließung vom englischen

Markt und Handel ruinierten zahlreiche Firmen. Widerstandskämpfer gegen Napoleon vereinigten sich in einer „hanseatischen Legion" und leisteten ihren Städten dadurch einen Dienst, daß diese auf dem Wiener Kongreß ihre Souveränität wiedererlangten. In Erinnerung an das alte Schutzbündnis der drei Städte behielten sie den Titel „Freie und Hansestädte" bei.

In der Zeit des Deutschen Bundes weiteten sie ihre Handelsbeziehungen, abgesichert durch eine Kette von Verträgen und diplomatischen Vertretungen, weltweit aus. Die aufkommende Dampfschiffahrt steigerte die wirtschaftlichen Möglichkeiten beträchtlich. Lübeck war dabei besonders auf den Handel mit Dänemark orientiert, Hamburg mit England und Lateinamerika; Bremen konzentrierte sich auf den Verkehr mit Nordamerika und wurde zum überragenden Auswandererhafen. Die Städte konkurrierten um die Einrichtung großer Linien für den Fracht- und Personenverkehr, der seit den 1850er Jahren zunehmend in getrennten Handelshäusern abgewickelt wurde. Alte zunftmäßige Formen der Handwerker-Bruderschaften und die zwischen 1813 und 1818 restaurierten altständisch-patrizischen Verfassungen samt den alten Rezessen und ungeschriebenen Gewohnheitsrechten hatten bis 1848 Bestand. Erst die Revolution führte zu einer inneren Demokratisierung der Senate und Bürgerschaften und zu einer Aufhebung der Rechtsungleichheit zwischen Stadt- und Landbewohnern. 1867 traten alle drei Städte dem Norddeutschen Bund bei.

*Schleswig und Holstein.* – Diese Länder bereiteten dem Deutschen Bund in der Zeit seines Bestehens das größte außenpolitische Problem und trugen damit zu dessen, aber auch zum eigenen Niedergang bei. Zugleich offenbarten sie, wieviel Emotionen und zerstörerische Kräfte das nationale Prinzip, wenn es sich mit einer modernen Staatsverfassung verband, freisetzen konnte, so daß Menschen, die über Jahrhunderte friedlich miteinander gelebt hatten, sich verfeindeten und auch vor Kriegen gegeneinander nicht zurückschreckten. Aus der späteren Nationalstaatsperspektive betrachtet, welche die Staatsmänner des Wiener Kongresses 1815 aber noch keineswegs teilten, lag bereits in der Wiederherstellung Schleswig-Holsteins ein Geburtsfehler, indem Schleswig zum Territorium Dänemarks und Holstein zu demjenigen des Deutschen Bundes gehörte, beide Herzogtümer aber durch eine ältere gemeinschaftliche Ständeverfassung miteinander verbunden waren. Der Auftrag des Bundes, eine landständische Verfassung zu erlassen, bewog die Ritterschaft Holsteins, den dänischen König zu bitten, daß auch Schleswig in die Verfassungsberatungen einbezogen würde. Die traditionelle „Untrennbarkeit" der Herzogtümer schien das zu gebieten.

Noch unter dem Eindruck der Freiheitskriege verlieh der Historiker Friedrich Christoph Dahlmann diesen Wünschen einen nationalpolitischen Sinn, indem er sie mit dem historischen „deutschen Recht" zu begründen versuchte. Damit gelangte das nationale Prinzip in die Debatte. Unter dem Druck der Julirevolution von 1830 erhielten die Herzogtümer 1834 eine

Provinzialständeverfassung, die auch Bürger und Bauern für die beiden Landtage zuließ; diese tagten allerdings getrennt. Im Rahmen der Verhandlungen über die zeitüblichen Reformvorhaben (Verwaltung, Finanzen, Bürgerrechte) prägte nun die nationale Zugehörigkeit immer mehr die Auseinandersetzungen. Auch die Dänen, die in Nordschleswig überwogen, begannen fortan darauf zu pochen, Dänisch als gleichberechtigte Amtssprache einzuführen. Als „Eiderdänen" schlossen sich Nationalliberale zusammen, die ein Dänemark vom Öresund bis zur Eider forderten.

Der Dauerkonflikt brach offen aus an dem beharrlich wiederholten Versuch des dänischen Königs Christian VIII. (1839–48), Schleswig durch eine Gesamtstaatsverfassung in den dänischen Staat einzubeziehen. Erstmals äußerte er diesen Plan 1846 in einem „offenen Brief". Die Deutschen in Schleswig reagierten darauf mit dem Wunsch, das Herzogtum in den Deutschen Bund aufzunehmen. Die Grenzlandfrage entwickelte sich zu einer mächtigen nationalen Bewegung in Deutschland, in der Sänger und Turner auf Massenveranstaltungen ein „deutsches" Schleswig propagierten.

In Verbindung mit der Revolution von 1848 spitzte sich der Konflikt zu, als sich in Kiel eine revolutionäre Provisorische Regierung etablierte und die Frankfurter Nationalversammlung sich einschaltete, indem sie Schleswig zum Bundesland erklärte und, gestützt auf die ehemaligen Bundestruppen, in Krieg mit Dänemark trat. Die nationale Erregung erreichte im September 1848 ungeahnte Dimensionen in Deutschland. Auch nach dem Waffenstillstand von Malmö (26. August 1848) führten revolutionäre Schleswig-Holsteiner bis in den Juli 1850 den Krieg gegen Dänemark weiter. Unter Einschaltung Englands und Rußlands wurde 1852 im Londoner Vertrag der Status quo wiederhergestellt und nur Holstein wie zuvor dem Deutschen Bund zugeordnet.

Der Konflikt brach wieder aus, als Dänemark 1863 erneut versuchte, Schleswig in eine dänische Gesamtverfassung einzubeziehen; er gipfelte in dem Krieg, den Österreich und Preußen gegen Dänemark mit dem Resultat führten, daß die Herzogtümer vollends unter die Verwaltung des Deutschen Bundes gestellt wurden. Wie diese zu gestalten sei, entzweite Preußen und Österreich und bot den Anlaß für den innerdeutschen Krieg 1866. Schleswig-Holstein wurde in diesem Jahr preußische Provinz.

*Mecklenburg.* – Mecklenburg zerfiel in zwei Großherzogtümer, die in ihren inneren Verfassungsverhältnissen voneinander getrennt waren; äußerlich benannten sie sich nach der jeweiligen Residenz Mecklenburg-Strelitz und Mecklenburg-Schwerin. Die traditionell starken Stände bildeten die gemeinsame Klammer beider Länder, die in einem landesherrlich-ständischen Kondominat zueinander standen und über eine gemeinsame Ständeversammlung verfügten. Beide Herzogtümer waren 1808 dem Rheinbund beigetreten, überdauerten die napoleonische Ära relativ unbeschadet, wenn auch der Herzog Friedrich Franz I., den Napoleon aus dem

Land getrieben hatte, erst durch die Fürsprache Zar Alexanders I. wieder nach Schwerin zurückkehren konnte. Durch den Wiener Kongreß zu Großherzogtümern erhoben, hatten sie auch im 19. Jahrhundert stärker als alle anderen deutschen Staaten Elemente der frühneuzeitlichen Feudalordnung konserviert. Das vollständig von der Landwirtschaft geprägte Gebiet zerfiel in das großherzogliche „Domanium", die Rittergüter und die Städte. Wenn auch 1820 Leibeigenschaft und Gutsuntertänigkeit aufgehoben worden waren, dauerten die realen und persönlichen Vorrechte des Adels fort. Städtisch-bürgerliche Traditionen blieben schwach und gingen bestenfalls von der ehemaligen Hansestadt Rostock und den beiden Residenzen aus. Impulse der Industrialisierung hinterließen kaum Spuren; das Land verharrte in verfassungsrechtlicher und gesellschaftlicher Stagnation und galt zugleich als Land der Junker und Tagelöhner. Der historischen Erinnerung hat sich insbesondere das politische Schicksal des Mundartdichters Fritz Reuter eingeprägt, der unter den preußischen Demagogenverfolgungen zu leiden hatte und der neben John Brinckmann und Fritz Stavenhagen dem Plattdeutschen zu literarischem Rang verholfen hat. Die Revolution von 1848 blieb lediglich Episode, denn das im Jahre 1849 beschlossene Staatsgrundgesetz wurde bereits 1850 wieder außer Kraft gesetzt, und die alte restaurierte landständische Verfassung überdauerte bis zur Revolution von 1918.

## 4. Preußen

### *a) Staatsbildung und Reformen*

Das napoleonische Herrschaftssystem hatte seit dem Tilsiter Frieden von 1807 Preußen auf die Gebiete östlich der Elbe begrenzt und dadurch auf das Maß einer drittklassigen Mittelmacht herabgedrückt. Daß Preußen dem keineswegs entsprach, bewies die ungeheure Energie, durch innere Reformen das Schicksal des Staates wieder zum Besseren zu wenden. Die europäische Neuordnung von 1815 schien diese Anstrengungen zu belohnen, indem sie ein räumlich weit ausgreifendes, territorial aber zersplittertes Preußen als Vielvölkerstaat hinterließ. Hier lebten fortan Ostpreußen, Polen, Schlesier, Pommern, Brandenburger, Westfalen, Rheinländer, Sachsen und Sorben unter einer Herrschaft miteinander. Die Integration, die zunächst nur in der Person des Monarchen eine gemeinsame Klammer hatte, erfolgte aber nicht zusätzlich durch eine Verfassung, wie es im konstitutionellen Süddeutschland geschah, sondern bürokratisch, also durch rationale Verwaltungsorganisation von der Spitze her. Das Land wurde eingeteilt in Provinzen, zunächst zehn, die sich seit 1822 auf die folgenden acht reduzierten: 1. Preußen (= das vereinigte Ost- und Westpreußen), 2. Posen, 3. Schlesien, 4. Pommern, 5. Brandenburg, 6. Sachsen, 7. Westfalen und 8. Rheinland. 1866 nach dem innerdeutschen Krieg traten noch als drei weitere Provinzen Schleswig-Holstein, Hessen-Nassau und Hannover hinzu. Alle verkörperten besondere Landschaften, die ein regionales, oft noch vielfach in sich zersplittertes Eigenleben führten.

Zusammengebunden waren sie durch die Verwaltung, zunächst durch den Oberpräsidenten in jeder Provinz; diese acht Oberpräsidenten arbeiteten gleichsam als Kommissare des Ministeriums in der Provinz. Sie kontrollierten die Provinzialstände und die ihnen untergebenen sogenannten „Regierungen". Denn die gesamte Monarchie war in 25 Regierungsbezirke mit je einer „Regierung" an der Spitze eingeteilt worden. Hier lag das Rückgrat der Provinzialverwaltung. Als Vertretungskörperschaften erhielt das Land für jede Provinz einen sogenannten Provinziallandtag. Im Gegensatz zu den süddeutschen Landtagen dominierte in den preußischen Provinziallandtagen nicht das Beamtentum, sondern der adlige Guts- und Grundbesitz. Auf unterster Ebene der 325 Kreise schließlich gab es die Kreistage, die sich vorwiegend aus Rittergutsbesitzern zusammensetzten. Als exekutiver Arm des Staates auf der Ebene der Kreise wirkte der adlige Landrat. Er kontrollierte die Kreisstände, die Städte, Landgemeinden und Gutsbezirke. Diese Provinzial- und Kreisstände unterschieden sich von den süddeutschen Landtagen, weil bei ihnen der Gedanke einer Volksrepräsentation schwächer ausgebildet war; die Abgeordneten sprachen in der Regel für ihren Stand, tagten mitunter auch separat in verschiedenen Kurien, deren Voten getrennt eingeholt wurden. Sie arbeiteten regional isoliert und ließen, wie in der Habsburgermonarchie, eine Gesamtrepräsentation schmerzlich vermissen. Nur wenn die Regierung Schulden aufnehmen wollte, bestand der Zwang, alle einzelnen Provinziallandtage zu einem gemeinsamen „Vereinigten Landtag" zusammenzurufen; so schrieb es das Staatsschuldengesetz von 1820 vor.[14] Die Regierung sah sich im Jahre 1847 zu diesem Schritt genötigt, als private Unternehmer das Risiko scheuten, eine Eisenbahnstrecke von Berlin in das gewerblich kaum entwickelte Ostpreußen zu finanzieren. Dieser noch in getrennten Kurien nach Hochadel, Rittergutsbesitzern und Städten tagende Vereinigte Landtag bereitete den Boden für den Konstitutionalismus, den Preußen anders als die konkurrierende deutsche Großmacht Österreich seit der Revolution von 1848 dauerhaft übernahm. Wenn das Reaktionsregime 1850 die Verfassung auch revidierte und mit starken monarchischen Vorbehaltsrechten durchsetzte, beschritt es doch nicht staatsstreichartig den Weg zurück in den Absolutismus. Polizeistaatliche Methoden untergruben im Reaktionsjahrzehnt das konstitutionelle Leben Preußens, bis mit der „Neuen Ära" sich das Abgeordnetenhaus zu einer mächtigen politischen Kraft entwickelte, indem es über vier Jahre einen an die Grundlagen des Staates gehenden Verfassungskonflikt mit der Regierung durchfocht und dabei die politische Parteibildung im Lande kräftig belebte.

Die Kraft zur Integration erwuchs Preußen aus einem historisch epochalen Reformwerk. Als geistige und politische Urheber traten der nassauische Reichsfreiherr Karl vom Stein und der Hannoveraner Karl August Freiherr von Hardenberg hervor. Ihr besonderer Anteil am Gesamtwerk ist nicht leicht zu ermitteln. Beide hatten als Zukunftsbild einen modernen Staat vor Augen, der bereit war, seinen Einwohnern auf allen Ebenen politische Mitwirkungsrechte einzuräumen. Die Dimensionen dieses Unternehmens sind aufs Ganze gesehen schwer abzuschätzen, denn die programmatische Formulierung in Denkschriften sowie der Erlaß der fundamentalen Edikte – seit 1806 vom beginnenden Umbau der Verwaltung bis zum Verfassungsversprechen von 1815 – geschahen in relativ kurzer Zeit; die Ausführung zog sich aber unterschiedlich schnell und intensiv in einer Unzahl von regulierenden Edikten und bei einzelnen Reformbereichen bis über zwei Generationen hin, etwa bei der Aufhebung gutsherrlicher Privilegien und der Einrichtung einer Landgemeindeverfassung. Aus der Verzögerung sprach die föderative Realität Preußens, die in den einzelnen Provinzen dem Programm mit wechselndem Erfolg widerstand. Auch im historischen Rückblick bleibt demgegenüber immer noch die Geschlossenheit des immanenten Reformwillens und seiner Ziele faszinierend. Zu den inhaltlichen Schwerpunkten gehörten

- die erwähnte Straffung der Staatsstruktur durch die Neuorganisation der Regierungsspitze und Verwaltung,
- Einführung der städtischen Selbstverwaltung (19. November 1808),
- Reform der Landgemeinde- und Kreisverfassung (zunächst teilweise gescheitert),
- Agrarreform (9. Oktober 1807 mit zahlreichen nachfolgenden „Regulierungen"),
- Einführung der Gewerbefreiheit (28. Oktober 1810),
- Finanz- und Gewerbereformen (1810–12),
- staatsbürgerliche Gleichstellung der Juden (11. März 1812),
- Heeresreform zur Einrichtung eines zentralen Kommandos, Einführung der allgemeinen Wehrpflicht und Formierung einer Landwehr (Gerhard Johann David von Scharnhorst und August Neithardt von Gneisenau 1807–15),
- Bildungsreform mit allgemeiner Schulpflicht, Lehrerbildung, staatlicher Schulaufsicht, Reform des Gymnasiums und der Universitäten (Wilhelm von Humboldt, 1809/10),
- Verfassungsversprechen: die „Verordnung über die zu bildende Repräsentation des Volks" (22. Mai 1815).[15]

Einzelne Reformen werden wegen ihrer wegweisenden Bedeutung auch über Preußen hinaus in den später folgenden strukturellen Kapiteln ausführlich gewürdigt. Im folgenden sollen die Kurzcharakterisierungen der einzelnen Provinzen verdeutlichen, wie heterogen und widersprüchlich Preußen sich lange Zeit noch darbot, von föderativen und regionalen Schranken so sehr durchzogen, daß sich die Entwicklung dieses Gebildes zu einem Gesamtstaat eigentlich erst im 19. Jahrhundert vollzog, als es zugleich auch nach „Deutschland" hineinwuchs. Das widerspricht allerdings manchen Klischees vom zentralistischen Einheitsstaat, welche bereits die Zeitgenossen in die Welt setzten.

### *b) Preußen im Aufriß: die Provinzen*

*Brandenburg.* – Unter den ostelbischen Provinzen Preußens fand das geschlossene Gebiet in der Mitte des Staates an Elbe und Oder schon im 18. Jahrhundert die besondere Fürsorge der preußischen Könige. Das 1793 fertiggestellte „Brandenburger Tor" verriet mit seinem Namen die Richtung, wohin sich die aufstrebende Metropole Berlin öffnete. An der Mark Brandenburg haftete ehedem die Kurwürde der preußischen Herrscher. Sie hatte als Schauplatz der napoleonischen Feldzüge schwer zu leiden und beherbergte einen uralten, der Gutsherrschaft verbundenen Adel, der ungeachtet der Agrarreformen zäh an seinen überkommenen Rechten festhielt.

Eingebettet in ein weitverzweigtes Netz von Wasserläufen und Kanalbauten, durchzogen seit 1838 zusätzlich die aus allen Richungen auf Berlin zulaufenden Eisenbahnlinien das Land. Die wirtschaftliche Entwicklung in der Provinz erhielt dadurch Impulse, die auf ganz Preußen ausstrahlten; sie fand Ausdruck in Einrichtungen wie dem landwirtschaftlichen Mustergut Albrecht Daniel Thaers in Möglin und Organisationen wie dem „Verein zur Beförderung des Gewerbefleißes in Preußen" (1821).

Die Hauptstadt übte auf die Provinz einen Industrialisierungssog aus, angebahnt durch die 1837 angesiedelte Lokomotiv- und Maschinenfabrik August Borsigs und die Telegraphenbauanstalt des Werner von Siemens (1847). Dabei waren die vielfältigen Impulse Berlins unübersehbar: das Vorbild der 1810 eingerichteten Reformuniversität nach den Ideen Wilhelm von Humboldts, die Wirkung der Berliner literarischen Salons, das Aufsehen der ersten Allgemeinen Deutschen Gewerbeausstellung (1844), die Banken, der Sitz des Deutschen Zollvereins (seit 1834). In der Revolution 1848 wurde die Metropole zum Brennpunkt der Barrikaden- und Verfassungsrevolution, Zentralort für nationale Kongresse und das entstehende Parteileben. Seit der Jahrhundertmitte entwickelte sich die expandierende Fabrik- und Handelsmetropole zu einem vom Hofe mehr und mehr unabhängigen Gravitationszentrum, von wo aus Ferdinand Lassalle 1862 sein „Arbeiterprogramm" verkündete und die ersten deutschen Gewerkschaften sich konstituierten. 1867 wurde Berlin erst Hauptstadt des Norddeutschen Bundes, dann 1871 des Deutschen Reiches. Das urbane Leben in der Residenz geriet in wachsende Spannung zur ländlichen Existenz des märkischen Adels; Theodor Fontane hat dieses Verhältnis in kritischer Distanz und feiner Ironie in seinen „Wanderungen durch die Mark Brandenburg" (1862–82) literarisch festgehalten.

*Pommern.* – Suchte man im 19. Jahrhundert nach einer Region, um den Namen „Ostelbien“ als Inbegriff der Rückständigkeit ausweisen zu können, deutete man auf Pommern als Land der Junker und Tagelöhner. Es war durch den Dreißigjährigen Krieg schrecklich verheert worden; hier hatte härteste Leibeigenschaft geherrscht, verbunden mit dem sogenannten „Bauernlegen“, durch das Großgrundbesitzer die Bauern von ihren Höfen vertrieben. Zu eigenem Selbstbewußtsein verhalfen in Vorpommern die Universität Greifswald, die Stadt Stralsund, die schon Wallenstein erbittert getrotzt hatte, und besonders Ernst Moritz Arndt, der in den Kriegen gegen Napoleon als publizistischer Heros für die Befreiung Preußens und Deutschlands warb.

*Ost- und Westpreußen.* – Durch kontinuierliche Abholzung war Ostpreußen zu einem der waldärmsten Gebiete Deutschlands geworden. Die Bewaldung ging zwischen 1800 und 1900 von 33% auf 17% zurück. Fruchtbare Böden ließen die Landwirtschaft zur wichtigsten Ertragsquelle werden. Vor allem Ostpreußen hatte durch die napoleonischen Heere, besonders durch den Durchmarsch der Großen Armee 1812 nach Rußland, sehr gelitten. Durch die ungünstige Randlage mußte die Provinz hart gegen die Konkurrenz kontinentaler und überseeischer Exporteure kämpfen, und im Fortgang des Jahrhunderts mehrten sich die Rufe nach einem Schutzzoll. Die Provinz galt wegen des schleppenden Ausbaus der Chausseen als rückständig, und den in den 1840er Jahren entstehenden privaten Eisenbahngesellschaften des Westens erschien sie als zu riskante Region für Investitionen, so daß der preußische Staat die Finanzierung der bedeutsamen Bahnverbindung zwischen Berlin und Königsberg 1847 übernehmen mußte. Zellstoffindustrie und Schiffsbau siedelten sich dann erst nach der Jahrhundertmitte an.

Besonders Ostpreußen war geprägt durch Spannung zwischen konservativer Beharrung der großen Gutsherrschaften und Reformantrieben, die vom aufgeklärten Beamtentum innnerhalb eines Kreises adliger und bürgerlicher Liberaler ausgingen. Zentrale Reformedikte (Bauernbefreiung, Städteordnung) wurden von hier aus verkündet, nachdem der Hof nach 1806 vor Napoleon hierher geflüchtet war. Im Februar 1813 ging von hier das Signal zur allgemeinen Erhebung gegen Napoleon aus. Die Wirksamkeit Immanuel Kants, Steins, Arndts und liberaler Beamter bürgte für Reformbereitschaft, und der langjährige Oberpräsident der Provinz Theodor von Schön (1824–41) verlieh ihr auch in der Restauration Rückhalt.

Bereits vor der Revolution von 1848 äußerte sich in Königsberg eine liberale Opposition mit dem späteren Präsidenten der Paulskirche Eduard Simson und dem demokratischen Arzt Johann Jacoby als bekannten Fürsprechern; 1847 arbeitete man mit den Liberalen des Rheinlands zusammen. Seit 1849 eröffnete die politische Presse in Westpreußen den Polen, in Ostpreußen den Litauern ein eigenes Forum. Auch nach der Reaktionsdekade behielt der politische Liberalismus in Form der Deutschen Fortschrittspartei in der Provinz einen Rückhalt, vor allem durch so prominente Wortführer wie den Rechtsanwalt Max von Forckenbeck und den Adligen Leopold von Hoverbeck.

Die große Mehrheit der Provinz sprach deutsch, doch in zweisprachigen Regionen erfolgten Religions- und Leseunterricht zweisprachig, also auch in Polnisch oder Litauisch. Erst verhältnismäßig spät wurde die Dominanz der deutschen Sprache durch Verfügungen (1865, 1873) durchgesetzt. Die Pfarrer in den Grenzregionen hielten noch länger an der Praxis fest, in der jeweiligen Volkssprache zu predigen, und widerstanden vordringenden Bestrebungen der „Germanisierung".

*Posen.* – Keine andere preußische Provinz entsprach so wenig den neuen Ansprüchen des 19. Jahrhunderts nach nationaler Geschlossenheit wie das Posener Land. Mehrere Siedlungsbewegungen hatten Deutsche und Polen hier zusammengeführt, so daß sich geschlossene Sprachgebiete kaum ausmachen ließen: Deutsche waren bereits im Mittelalter zugezogen, in der Frühen Neuzeit ergänzt um niederländische Glaubensflüchtlinge. Deutsche Bauern fanden hier vor dem wachsenden Druck der Gutsherrschaft in Pommern und Brandenburg Zuflucht. Schlesische Protestanten suchten Glaubensschutz auf den noch ungenutzten Sandböden, und der polnische Adel rief deutsche Handwerker in die Kleinstädte des Landes.

Nach der Episode des von Napoleon gestützten Großherzogtums Warschau erhielt Preußen durch die Teilungsverträge des Wiener Kongresses Posen als Verbindungsstück zwischen Ostpreußen und Schlesien zugesprochen unter der Bedingung, Sprache und Religion der Polen unangetastet zu lassen. 1817 zählte man 553000 Katholiken, 242000 Protestanten und 52600 Juden, von denen insgesamt 35% zur deutschen Bevölkerung gerechnet wurden.

Durch den 1824 gebildeten Provinziallandtag erhielt der großgrundbesitzende polnische Adel zunächst beträchtlichen Einfluß, bis ihn die zentralistische preußische Bürokratie zurückdrängte. Fast die Hälfte der Nutzfläche lag in den Händen des adligen Großgrundbesitzes, und die nur schleppend durchgeführte Bauernbefreiung brachte – wie auch in den anderen ostelbischen Gebieten Preußens – ein verarmtes Landvolk und einen selbständigen bäuerlichen Mittelstand hervor. Für die Kleinbauern bestanden die Feudalabhängigkeiten bis 1850 fort.

Das Handwerk, vor allem das Tuchgewerbe mit dem Zentrum in Lodz, mußte im Vormärz ums Überleben kämpfen, denn nach Rußland waren die traditionellen Absatzmärkte durch hohe Schutzzölle abgeschnitten, und die entstehende west- und mitteldeutsche Textilindustrie zeigte sich dem Handwerk Posens überlegen.

Der polnische Adel unterstützte den Warschauer Aufstand 1830 und den polnischen Unabhängigkeitskrieg, der in Deutschland viele Sympathien fand. Die nachfolgende preußische Politik unter dem Oberpräsidenten Eduard Heinrich von Flottwell reagierte darauf mit einer forcierten Germanisierungspolitik, die gleich zwei Fronten aufriß: Sie zog erstens den Kölner Konfessionskonflikt um Mischehen zwischen Katholiken und Protestanten ins Land, was bis zur Verhaftung des Erzbischofs von Gnesen führte. Die Lage entkrampfte sich erst durch die versöhnliche Politik Friedrich Wilhelms IV. und die Entlassung Flottwells 1841. Dessen Politik belebte zweitens Tendenzen der Deutschen und Polen in der Provinz, ihre eigene Nationalität kämpferisch gegeneinander abzuheben. Rückkehrende polnische Emigranten und ein entstehender polnischer bürgerlicher Mittelstand trugen zur nationalen Bewußtwerdung bei. Die Wünsche der polnischen Kleinbauern und Landarbeiter, geleitet durch die kritische bürgerliche Intelligenz, richteten sich seit den 1840er Jahren zunehmend auf wirtschaftliche, soziale, kulturelle Autonomie und letztlich auf die „nationale Reorganisation" eines selbständigen Königreichs Polen.

In der Revolution 1848 gipfelten erstmals die nationalen Spannungen, als die deutsche Bevölkerung die Eingliederung der Provinz in den Deutschen Bund verlangte. Der offene Gegensatz zwischen Deutschen und Polen brach im Streit um eine Demarkationslinie aus, die 1848 Posen in einen größeren deutschen Teil im Westen und kleineren polnischen im Osten trennen wollte. 1851 aus dem Deutschen Bund wieder ausgegliedert, erlebte die Landwirtschaft der Provinz durch die Ostbahn einen Aufschwung, wobei sich eine neue Schicht deutscher agrarischer Großunternehmer bildete, die in den 1860er Jahren ein Gegengewicht in den entstehenden polnischen Bauernvereinen erhielten. Die deutsche Einheitsbewegung verschärfte die Spannungen, als die Polen der Provinz, verstärkt seit dem Warschauer Aufstand von 1863, ihre Sympathien für ein selbständiges Königreich zu erkennen gaben. Als die gesamte Provinz 1867 vom Konstituierenden Reichstag in den Norddeutschen Bund aufgenommen wurde, geschah das gegen den Protest der Polnischen Fraktion. Die eigentliche Erschütterung stand der Provinz durch den Kulturkampf des frühen Kaiserreichs noch bevor. Polnisches und katholisches Selbstbewußtsein gerieten nun in eine gemeinsame Front gegen die deutsche Politik.

*Schlesien.* – An Schlesien wird ersichtlich, wie vielgestaltig und spannungsreich sich die Verhältnisse allein in einer Provinz Preußens darboten, wobei beharrende und vorwärtstreibende Bestrebungen aufeinanderstießen. Die Kleinbauern in Mittel- und Niederschlesien, darunter die vielen nebenerwerblich als Weber und Spinner tätigen Gärtner und Häusler, verharrten bis 1848 in der Abhängigkeit energischer Rittergutsbesitzer, ohne von den zahlreichen Feudallasten befreit zu sein.

Das Textilgewerbe Schlesiens, besonders an den dichtbesiedelten Rändern des Sudetengebirges beheimatet, machte durch seinen Niedergang im Vormärz in ganz Deutschland von sich reden, vor allem durch den Weberaufstand des Jahres 1844, der auf die Elendsgebiete der Spinner und Weber aufmerksam machte. Andererseits entwickelte sich im gemischtsprachigen Oberschlesien seit dem Beginn des 19. Jahrhunderts eine moderne Montanindustrie, die als erstes geschlossenes Industrierevier auf dem europäischen Festland betrachtet wird. Ehemals in der Landwirtschaft tätige Adlige (Magnaten) verwandelten sich zu Industrieunternehmern, die mit Zink- und Eisenhütten, Steinkohlenzechen und dem Ausbau der Eisenbahnen das Landschaftsbild prägten. In der zweiten Jahrhunderthälfte machte diese Industrie eine nachhaltige Konzentration zu großen Hütten- und Bergbaukonzernen durch. Trotz der Verkehrsanbindung an den Westen verlor die Provinz samt ihrer Stapel-, Handels- und Umschlagmetropole Breslau ihre herausragende Stellung als Tor zum Osten. Zahlreiche alte Breslauer Großhändler wanderten ab nach Berlin und Mitteldeutschland. Rittergutsbesitzer, wie sie Gustav Freytag in seinem Roman „Soll und Haben" beschrieben hat, kauften sich andererseits in Schlesien ein.

Diese bevölkerungs- und gewerbereiche Provinz brachte mit Breslau einen lebhaften politischen Mittelpunkt hervor, der zentrale Tendenzen des Zeitalters aufnahm. Im kirchlichen Bereich war die katholische Aufklärungstheologie Johann Anton Theiners ebenso zu vernehmen wie die kirchentreue Bewegung im Kölner Mischehenstreit; einen Gipfel öffentlicher Kirchenkritik im Vormärz erreichte aber der 1844 exkommunizierte Kaplan aus der kleinen schlesischen Ortschaft Grottkau, Johannes Ronge, der sich als zweiter Luther verstand; er geißelte die Austellung des „Heiligen Rocks" in Trier 1844 als Aberglauben und wurde zum Gründungsvater zahlreicher deutschkatholischer Gemeinden in ganz Deutschland. Schließlich machte der Protest des Breslauer Theologen und Universitätsprofessors Johann Gottfried Scheibel die Provinz zur Geburtsstätte der sogenannten Altlutheraner, die sich der amtlich verordneten Vereinigung von Lutheranern und Reformierten verweigerten und deshalb politische Verfolgung und das Los der Auswanderung auf sich nahmen.

Die Bereitschaft zu öffentlichem Bekenntnis und zu politischer Teilnahme führte bereits im Vormärz zu zahlreichen Kontakten mit Liberalen und Demokraten in Ostpreußen und der Rheinprovinz; ihre Zivilcourage forderte prominente Opfer, darunter den Breslauer Stadtgerichtsrat Heinrich August Simon, den Fabrikanten Friedrich Wilhelm Schlöffel und den demokratischen Grafen Oscar Heinrich Carl Reichenbach. Als Demagoge bezichtigt, wurde der Breslauer Germanist Heinrich Hoffmann von Fallersleben – der Dichter des „Liedes der Deutschen" – seines akademischen Lehramts enthoben.

In der Revolution 1848 entwickelte sich Schlesien zu einem lebhaften politischen Mittelpunkt, eingeleitet durch Bauernaufstände in der Provinz, fortgeführt durch Barrikadenkämpfe im Mai 1849 in Breslau und mit einer in „Rustikalvereinen" organisierten Bauernschaft im Hintergrund. Die Reaktionsdekade unterbrach nur vorübergehend die politischen Aktivitäten des wirtschaftlich erstarkten bürgerlichen Mittelstands; im preußischen Verfassungskonflikt der 1860er Jahre stritt er auf seiten der Fortschrittspartei in vorderster Linie, voran der Journalist Julius Stein, der Grünberger Rudolf Haym und der Breslauer Abgeordnete Franz Ziegler – allesamt alte Achtundvierziger. Der Mitbegründer der organisierten deutschen Arbeiterbewegung, Lassalle, verdankte seine ersten Eindrücke von Arbeiterelend im Übergang vom Pauperismus zur Fabrikarbeit den mittel- und niederschlesischen Notquartieren. 1869 trieb das Scheitern des ersten deutschen Bergarbeiterstreiks im niederschlesischen Kohlenrevier die enttäuschten Arbeiter der Partei Lassalles zu.

*Sachsen.* – Die 1815 gebildete Provinz Sachsen vereinigte eine ungemeine territoriale Vielfalt mit den unterschiedlichsten historischen Traditionen; ehemals sächsische Landesteile, dem Königreich Sachsen 1815 durch Preußen abgepreßt, geistliche und Standesherrschaften, Teile des untergegangenen Königreichs Westphalen forderten die Energie der preußischen Verwaltung zur Integration heraus, wobei französisches Zivilrecht, sächsisches Lehnsrecht, preußisches Allgemeines Landrecht sowie regional geltende Gewohnheiten und Gesetze zunächst nebeneinanderher existierten. Besondere Widerstände boten sich dar in den alten Anhänglichkeiten der Bevölkerung an das sächsische Herrscherhaus und in dem unwilligen vormals sächsischen Adel. Zusätzlich entluden sich konfessionelle und theologische Spannungen: Die freigemeindliche Bewegung der 1840er Jahre hatte ihre Brennpunkte in Halle, Nordhausen und vor allem Magdeburg, wo sich 1841 die Gesellschaft der „Protestantischen Freunde" („Lichtfreunde") vom orthodoxen Protestantismus losgesagt hatte. Massenhafte Kirchenaustritte und neue Gemeindegründungen mit demokratischer Verfassung verliehen dem oppositionellen liberalen Bürgertum der Provinz bereits vor 1848 eine wirkungsvolle politische Plattform. Die Universität Halle war zwar bis zur Mitte des 19. Jahrhunderts vorwiegend Theologenuniversität, erwarb sich aber durch so aufbruchsbereite Geister wie Arnold Ruge und Ernst Theodor Echtermeyer mit den kritischen „Hallischen Jahrbüchern für deutsche Wissenschaft und Kunst" (gegr. 1838) auch über die Provinz hinaus Gehör.

In der Revolution 1848 entwickelte sich Halle zum Sammelpunkt zahlreicher Kongresse politischer Vereine, wobei der gemäßigt konstitutionelle Liberalismus vorherrschte. Auch nach der Reaktionsdekade dominierten – mit einem vorübergehenden Zwischenspiel der Fortschrittspartei – die Nationalliberalen bei wachsendem Gewicht konservativer Abgeordneter für den preußischen Landtag.

Die günstigen wirtschaftlichen Voraussetzungen halfen die Kräfte der Provinz zu vereinheitlichen. Die fruchtbaren Böden ließen die Hälfte zur landwirtschaftlichen Nutzfläche werden, deren Erzeugnisse (Weizen, Zukker, Kartoffeln, Schlachtvieh) den Bedarf der benachbarten westlichen

Provinzen und Berlins befriedigten. Die relativ umfassende Betriebsgröße der Höfe machte aus den Bauern landwirtschaftliche Unternehmer, die sich in agrarischen Kapitalgesellschaften zusammenschlossen. Die Mittel- und Kleinbauern erprobten nach der Jahrhundertmitte die neue Organisationsform der Genossenschaften. Außerdem stützten die reichhaltige Gewerbetätigkeit und aufkommende moderne Industrie die Wirtschaftskraft der Provinz: das Salinenwesen um Halle, die seit 1839 in Bitterfeld abgebaute Braunkohle, der traditionsreiche Maschinenbau, der von den Eisenhüttenwerken des Harzes seinen Ausgang genommen hatte, sowie die in den 1860er Jahren entdeckte Verwertung der Kalisalze als Grundlage für eine chemische Industrie. Die günstige geographische Lage in der Mitte Deutschlands, vernetzt durch Eisenbahn, Kanäle, Elb- und Saaleschiffahrt, half der Provinz, in der zweiten Jahrhunderthälfte den industriellen Standard der Rheinprovinz und Westfalens zu erreichen.

*Westfalen.* – Der historische Raum Westfalen war vor 1816 nie eine politische Einheit gewesen. Die neugebildete preußische Provinz erbte allein aus vier vormaligen Staaten Teile: vom Kaiserreich Frankreich, das weit nach Norddeutschland hineinreichte, von dem Königreich Westphalen, dem Großherzogtum Berg und vom Großherzogtum Hessen-Darmstadt, ganz zu schweigen von den tieferen historischen Formationen der Bistümer Münster, Paderborn und des zum Erzbistum Köln gehörigen geistlichen Herzogtums Westfalen. Territorien, Konfessionen, Landschaften mischten sich mit widersprüchlichen politischen Traditionen, und erst die rastlose Reform- und Verwaltungstätigkeit des überragenden Oberpräsidenten Ludwig Freiherr von Vincke (1816–44) in Gemeinschaft mit dem Präsidenten (Landtagsmarschall) des westfälischen Provinziallandtags, Reichsfreiherr vom Stein, schufen Grundlagen für ein aufkommendes westfälisches Provinzialbewußtsein.

Das Land war zugleich geprägt durch drei unterschiedliche Wirtschaftslandschaften. Die traditionsreiche märkische Region lebte von Eisenverhüttung und Textilgewerbe. Mit der Einführung englischer Verkokungsverfahren trat die Steinkohle von hier aus ihren Siegeszug als Basisenergie der Industrialisierung im Ruhrgebiet an, das nach der Jahrhundertmitte zum Inbegriff der modernen kapitalistisch geprägten Schwerindustrie der Zechen, Hochöfen, der Konzerne und Aktiengesellschaften wurde. Die entstehende Arbeiterbewegung fand in dem „Westfälischen Dampfboot“ (1845–48) ein frühes sozialistisches Presseorgan, das auf die sozialen Kosten der Industrialisierung aufmerksam machte, während der Lipper Ferdinand Freiligrath weit über Westfalen hinaus als politischer Sänger der demokratischen Republik bekannt wurde.

Die nördlich gelegene Gewerbelandschaft um Minden, Ravensberg und Osnabrück verwertete den heimischen Flachs und Hanf zur Leinenproduktion, die als Nebenerwerb in Heimarbeit den Kleinbauern dazu verhalf, ihre krisenanfällige Existenz zu sichern. Die vom Pauperismus bedrohten Weber und Kleinbauern richteten ihre Hoffnungen auf die christlich geleitete „Innere Mission“, die hier im Umkreis einer neupietistischen evangelischen Erweckungsbewegung ihren Anfang nahm und einer Kernlandschaft des westfälischen Konservativismus entstammte.

Das katholisch geprägte Münsterland und Paderborner Land boten die Grundlage für ergiebige Landwirtschaft und Viehzucht. Durch das westfälische Anerbenrecht hatten die Bauern ihre Höfe im Erbgang geschlossen gehalten und rentable Betriebsgrößen bewahren können. Sie nutzten bald nach 1850 die technischen Erkenntnisse der modernen Agrarwissenschaft und verfochten ihre Interessen in einem Netz von Bauernvereinen. In dieser Region gab noch der alte westfälische Adel den Ton an. Seine Landschaft und bedrohte Existenz fanden in den Dichtungen der Annette von Droste-Hülshoff epischen Ausdruck, während das westfälische Dorfleben in den Werken Karl Immermanns wiederzufinden ist.

Der politischen, wirtschaftlichen und sozialen Dreiteilung der Provinz entsprachen die verschiedenen Antworten auf die Herausforderungen der Zeit, aber insgesamt fanden im Revolutionsjahr 1848 Aufstände und revolutionäre Unruhen nur begrenzten Rückhalt, bemühten sich doch Bürger- und Bauernwehren darum, die Ruhe wiederherzustellen. Zahlreiche Pius-Vereine und konstitutionelle Klubs sprachen auch mehr für die gemäßigte bis beharrende Kraft Westfalens in der Revolution. Aber im Märkischen fand sie doch beträchtlichen Zulauf, besonders im Mai 1849, als die frisch einberufene Landwehr für die Reichsverfassung kämpfen wollte und in Iserlohn mit einem Blutbad von den regulären preußischen Linientruppen niedergeworfen wurde.

*Rheinprovinz.* – Ein größerer Gegensatz als zwischen den östlichen Provinzen Preußens und den Rheinlanden ist innerhalb eines einzelnen deutschen Staates im 19. Jahrhundert wohl kaum denkbar. Die westlichste Provinz war am stärksten durch den französischen Nachbarn geprägt. 1794 hatten die Revolutionstruppen allein im Rheinland rund 150 traditionsreiche Territorien überrannt. Zwischen 1801 und 1814 gehörte das gesamte linksrheinische Gebiet unmittelbar zum französischen Staat. Nach dem Rückfall an Preußen verteidigten die katholischen Rheinländer energisch die Errungenschaften aus der französischen Ära, so die französische Gemeindeverfassung und den Code Napoléon, der die Gleichheit vor dem Gesetz, Mündlichkeit und Öffentlichkeit der Gerichtsverhandlungen und ein liberales Presserecht garantierte.

Das Rheinland zeigte sich politisch regsamer, geprägt durch ein selbständiges Wirtschaftsbürgertum und eine kritische oppositionelle Intelligenz. Das bekundete bereits in den Freiheitskriegen der journalistisch glänzend gemachte „Rheinische Merkur“ des Joseph Görres, der Reformen und nationale Hoffnungen predigte. Die preußischen Demagogenverfolgungen trafen in vorderster Linie Bonner Professoren (die Gebrüder Welcker und Arndt).

Der Rheinische Provinziallandtag entwickelte sich zu einem bedeutenden politischen Forum, gestärkt durch das rheinische Wirtschaftsbürgertum, das im Vormärz Verbindungen mit den Liberalen in Ostpreußen, Schlesien und Sachsen knüpfte und beharrlich die versprochene Verfassung für ganz Preußen einforderte.

Beträchtliche Spannungen entluden sich in konfessionellen Fragen: dem Streit um die Mischehe seit 1837, um die Wallfahrten zum „Heiligen Rock" nach Trier 1844 und um die evangelische Rheinisch-Westfälische Kirchenordnung (1835). Die Rheinprovinz erregte durch die Kriegsgefahr während der Julirevolution 1830 und die „Rheinkrise" 1840 die nationale Öffentlichkeit. 1848 reagierte sie – vor allem durch die Arbeiterunruhen in Köln – früher als die übrigen Landesteile auf den Ausbruch der Revolution. Die politischen Gegensätze entzündeten sich an der nationalen Frage, in der Protestanten und Liberale ein Kleindeutschland befürworteten, die Katholiken ein großdeutsches Reich mit Österreich vorzogen. Der Zwiespalt zog sich hin bis zum umstrittenen Entschluß Bismarcks, 1866 in einen Krieg gegen Österreich einzutreten.

Die dichtbesiedelte Rheinprovinz vereinigte große wirtschaftliche Gegensätze. Das traditionsreiche Gewerbegebiet im Aachener Raum, in Barmen und Elberfeld und im Bergischen entwickelte sich zu einem Zentrum der Schwerindustrie, zu dem das neuerschlossene Ruhrgebiet als ein weiteres Industrierevier hinzutrat, wobei Köln seine überragende Stellung als Knotenpunkt von Handel, Verkehr und Kapital behielt. Die älteren Gewerberegionen im Siegerland, Westerwald und in der Eifel fielen demgegenüber zurück, und die verelendenden Gebiete an der Mosel und im Hunsrück trieben viele Winzer und Kleinbauern zur Auswanderung.

Im Laufe des Jahrhunderts entwickelte sich auch in der Rheinprovinz ein eigenes Regionalbewußtsein; zahlreiche neugegründete museale, naturhistorische, Altertums- und Kunstvereine trugen dazu bei, aber auch die Universität Bonn (seit 1818) und die Düsseldorfer Kunstakademie (seit 1819). Sängerfeste, das Kölner Dombaufest (1842) oder Abgeordnetentage in den 1860er Jahren rückten die Rheinprovinz immer wieder in den Brennpunkt nationaler Aufmerksamkeit.

### *c) Konstitutionalismus oder Beamtenreform: Warum scheiterte das Verfassungsversprechen von 1815?*

Ähnlich wie für Österreich stellt sich auch für Preußen die Frage, warum nach 1815 eine Verfassungsgebung scheiterte. Noch unter dem Eindruck der Befreiung von der napoleonischen Herrschaft hatte König Friedrich Wilhelm III. am 22. Mai 1815 sein berühmtes Verfassungsversprechen gegeben, auf das ihn die politischen Oppositionellen im Vormärz beständig zu verpflichten versuchten. Der König hatte zugesichert: „Es soll eine Repräsentation des Volks gebildet werden“, und motiviert hatte er es mit der Absicht, den Zustand bürgerlicher Freiheit und die gerechte, auf Ordnung bauende Verwaltung fester zu begründen, insgesamt aber die Eintracht zwischen Regent und „preußischer Nation“ zu befestigen. Die Verfassung des „preußischen Reichs“ sollte in Form einer schriftlichen Urkunde, wie es seit der Amerikanischen Revolution für konstitutionelle Staaten kennzeichnend wurde, verbrieft werden.[16]

Die Beratungen darüber zogen sich hin. 1817 ereignete sich das Wartburgfest. Konservative Kreise deuteten die anwachsende Politisierung als Frucht des neuen, sich ausbreitenden Konstitutionalismus. Auch bestand eine Parallele zu den inneren Verhältnissen Österreichs, denn in Preußen kam es gleichfalls zu einer Adelsreaktion. Besonders die ostpreußischen, die pommerschen und altmärkischen Stände wünschten nach 1815 ihre ständischen Provinzialrechte wiederhergestellt. Sie wollten eine aus autonomen Provinzen zusammengesetzte Monarchie, keinen „Einheitsstaat“, vor allem keine bürgerlich-liberalen Institutionen.

In der Tat stockte die angebahnte Verfassungsgebung. Statt dessen ergingen nacheinander in den Jahren 1823/24 Anordnungen, die vorschrieben, sogenannte Provinzialständeversammlungen einzurichten. Mithin existierten alsbald nebeneinander in jeder Provinz Vertretungen, in denen Stände herkömmlichen Sinns als Interessenvertreter des ritterschaftlichen und städtischen Grundbesitzes auftraten.

Politisch standen diese Landtage fast durchweg auf der konservativen Seite; überdies verhielten sie sich ausgeprägt partikularistisch: In Posen war man national-polnisch, in Brandenburg märkisch-feudal, in Westfalen und im Rheinland westdeutsch-klerikal. Verschiedene Rechtskreise, linksrheinisch sogar noch vom Code Napoléon geprägt, unterschiedliche Konfessionen und Sprachen, differierende Traditionsbestände – alle diese Besonderheiten hätten sich, wären sie erst in einer gesamtstaatlichen Körperschaft vertreten, zentrifugal auswirken müssen. Reinhart Koselleck diagnostizierte: „Die Sozialstrukturen differierten von Saarbrücken bis Memel derartig, daß es unwahrscheinlich war, ein handlungsfähiges Parlament zu erhalten, das einen sozial gerechten Ausweg aus der bestehenden Finanznot hätte finden können.“[17] Auch hier wie in Österreich bildete die Finanzfrage mithin den Brennpunkt des Interesses und staatlichen Impulses. In jenem zusammengestückelten, auseinanderstrebenden Gebilde namens Preußen entwickelte sich die Verwaltung in zunehmendem Maße zum Repräsentanten des ganzen Staates. Die Verwaltung wuchs in die Rolle einer Ersatzrepräsentation. Ihre soziale Zusammensetzung bestärkte noch diesen Vorgang, denn Adel und Bürgertum waren in den preußischen Behörden vereint wie in den süddeutschen Kammern die Abgeordneten, anders aber als in den späteren vom Guts- und Grundbesitz beherrschten Provinziallandtagen.

Preußen erhielt nach der plausiblen Deutung Kosellecks deshalb keine Gesamtstaatsverfassung, weil das politische Programm der reorganisierten Verwaltung die altständische Gesellschaft zerschlagen wollte. Preußen betrieb unter allen deutschen Staaten im wirtschaftlichen Bereich, der ja am frühesten die materiellen Interessen trifft, die liberalste Politik. Gewerbefreiheit verschreckte die alten Zunftbürger, der freie Boden- und Arbeitsmarkt richtete sich gegen den alten Adel als herrschenden Stand auf dem Lande. Ständische Mitwirkung hätte unter den Zeichen der Zeit nach 1815 die Reaktion mehr gefördert, als es dem liberalen Beamtentum recht sein konnte, das die Prinzipien rigoroser Wirtschaftsliberalität umsetzen wollte. Eine liberale Verfassung im westlichen Sinne hätte ihre Absichten untergraben.

Die Verwaltung nahm deshalb in Preußen die Rolle eines Quasi-Parlaments ein, so daß eine Kennzeichnung des Herrschaftssystems nach 1815 als Absolutismus die Sache nicht recht trifft. Zwar stand der König als Inhaber der Staatsgewalt an der Spitze des Staates und übte ein persönliches Regiment aus, aber er war doch beschränkt durch die Verwaltung, welche die Einheit und Kontinuität des Staates verbürgte. Dieser Verwaltungsstaat hatte mit dem monarchischen Absolutismus teilweise gebrochen. Seit 1808 hatte Preußen ein Ministerialsystem. An der Spitze standen die fünf klassischen Ressortministerien: Äußeres, Inneres, Finanzen, Justiz und Kriegswesen. Was heute wie selbstverständlich in der Organisation der Regierungsgeschäfte erscheint, nahm hier in Preußen und in Deutschland seinen Anfang: Jeder Minister war allein zuständig, selbständig, vollverantwortlich, jedenfalls der Theorie und Absicht nach nicht durch Nebenbehörden gehemmt. Die Ämter gliederten sich nach fachlichen Gesichtspunkten, nicht etwa nach Provinzen. Die Minister hatten das unmittelbare Vortragsrecht beim Monarchen; keine Kabinettsräte sollten sich als graue Eminenzen mehr dazwischenschieben. Die Minister bildeten das Staatsministerium.

Parallel wirkte seit 1817 als Ersatz für die fehlende Vertretung der beratende Staatsrat. Zu ihm gehörten Prinzen des königlichen Hauses, Minister, Militärs, Oberpräsidenten, ehemalige Minister, andere hohe Beamte, Vertreter der Kirchen und Universitäten. Formell führte der König den Vorsitz, faktisch der Staatskanzler und seit dem Tode Hardenbergs 1822 ein eigener Präsident. Dieser Staatsrat übte einen so starken Einfluß auf die Gesetzgebung aus, daß der König kein Gesetz bewilligt hat, dem der Staatsrat widersprochen hätte.

Eigentlich befand sich die preußische Verfassungspolitik in einem ausweglosen Dilemma, denn eine Verfassung setzte eine bürgerliche, an gesamtstaatlichen Interessen orientierte Gesellschaft voraus, aber diese existierte noch nicht, so daß die Verwaltung an ihrer statt, sie gewissermaßen vorwegnehmend, handelte. Der Weg zu einer Teilnahme der Nation an der Politik führte über die Brücke einer „bürokratischen Erziehungsdiktatur“

(Thomas Nipperdey).[18] Es prägte das weitere Schicksal Preußens im 19. Jahrhundert, daß seine Verwaltung, die sich als staatstragend erfahren hat, gegenüber den auf bürgerliche politische Emanzipation drängenden Kräften auch weiterhin lange als der „sanior pars", der verständigere Teil, im politischen Konflikt auftrat, und hinzu kam, daß in Preußen bis in die 1860er Jahre wie in keinem anderen deutschen Staat wirtschaftliche Dynamik und politisch defensives Verhalten gegeneinander und nebeneinander wirkten.

## 5. Österreich

Der Gedanke an das österreichische Kaisertum, vor allem in Gestalt des letzten Kaisers Franz Joseph, weckt Vorstellungen von der Habsburgermonarchie in historischer Atmosphäre des Fin de Siècle, wie sie in zahlreichen literarischen Zeugnissen von Weltrang Gestalt gewonnen hat, etwa in Joseph Roths „Radetzkymarsch", in Robert Musils „Der Mann ohne Eigenschaften", in den Erinnerungen von Elias Canetti oder Stefan Zweig. Insbesondere Roths Roman hat die Weite des Landes eingefangen, wenn etwa der Baron von Trotta in den galizischen Sümpfen nahe der russischen Grenze über die Einförmigkeit seines Offiziersdienstes nachdenkt, in der Nähe das Dorf, umgeben von Bauern und Kleinhändlern. Nur einmal am Tag erreicht eine Eisenbahn diesen äußersten Zipfel des Riesenreiches, und dieses hat – so erfährt der Leser – nur einen echten Mittelpunkt: den Kaiser. Und ebenso erlebt es der Baron, als er einmal in die Metropole nach Wien kommt.

Gemessen an der vielhundertjährigen Geschichte der Habsburger war das *österreichische* Kaisertum aber recht jungen Datums. Es kam auf, als es mit dem Heiligen Römischen Reich deutscher Nation zu Ende ging; noch als „amtierender" Römischer Kaiser nahm Franz II. am 11. August 1804 die Würde eines österreichischen Kaisers an. Das war ein Verfassungsbruch; er zeigte allerdings: Franz II. erwartete offensichtlich das Ende des Reiches – das dann 1806 tatsächlich eintrat – und war bestrebt, dem napoleonischen Geltungsanspruch, Kaiser zu sein, etwas Gleichwertiges entgegenzusetzen. Denn kurz zuvor im selben Jahre hatte sich Napoleon zum Kaiser der Franzosen gemacht und damit zugleich imperiale Anklänge an die karolingische Herrschaft laut werden lassen.

Das Kaisertum symbolisierte zugleich die Unteilbarkeit des Gesamtreichs. Ein Hausgesetz, die sogenannte Pragmatische Sanktion von 1713, hatte die Unteilbarkeit rechtlich festgelegt, aber in der Realität bestand die Monarchie aus einem Konglomerat einzelner Herrschaften und Länder.

### a) Die historischen Landschaften

Unter der habsburgischen Krone vereinigten sich Königreiche, Fürstentümer, Grafschaften und Herrschaften – alle hatten ihre überlieferten Statuten, Titel und Privilegien. Immerhin setzte sich die staatliche Modernisierung in Österreich soweit durch, daß sie das ganze Land in Form von großen Verwaltungsbezirken erfaßte. Nach 1815 wurde die gesamte Monarchie in zwölf Provinzen („Gubernien") gegliedert. Sie mißachteten aber teilweise die Ländergrenzen. So waren beispielsweise Salzburg und Oberösterreich, Tirol und Vorarlberg, Kärnten und Illyrien, Ungarn und Kroatien in Verwaltungseinheiten zusammengelegt worden.[19]

Mit Blick auf den Deutschen Bund ist es wichtiger, Österreich nach der historisch überkommenen und auch nach 1815 noch prägenden Gliederung in Länder zu betrachten. Alle späteren Diskussionen um „Kleindeutschland" und „Großdeutschland" hatten nur das „deutsche Österreich" im Blick. Das waren aber lediglich die zum Bund gehörigen Länder; sie hatten vormals zum Alten Reich gezählt und lagen diesseits des Flusses Leitha; noch heute heißt das Österreich des Deutschen Bundes in der Forschung bisweilen „Cisleithanien". Dieses stand im Gegensatz zu „Transleithanien", den bundesfremden Gebieten, die außerdem noch mit dem habsburgischen Kaiserreich verbunden waren, nämlich Ungarn, Siebenbürgen, Galizien, Kroatien, Slawonien, Dalmatien und das oberitalienische Lombardo-Venetien.

Wie weit sich Deutsch-Österreich erstreckte, wurde den Abgeordneten der Frankfurter Nationalversammlung 1848/49 plötzlich einschneidend bewußt, als sie darüber zu entscheiden hatten, welches Gebiet das neue Deutsche Reich umfassen sollte. Zum Deutschen Bund gehörten:

1. das Erzherzogtum Österreich (mit Ober- und Niederösterreich),
2. das Herzogtum Steiermark,
3. das Herzogtum Kärnten,
4. das Herzogtum Krain,
5. Friaul (= Görzer Kreis),
6. Triest,
7. die Grafschaft Tirol (mit Trient und Brixen) und Vorarlberg,
8. das Herzogtum Salzburg,
9. das Königreich Böhmen,
10. das Markgraftum Mähren,
11. Österreichisch-Schlesien.

Welches Eigengewicht diese historischen Landschaften besaßen, zeigt ihr Fortleben als prägende Einheiten in Form von „Bundesländern" innerhalb der heutigen Bundesrepublik Österreich, jedenfalls soweit sie ihr noch angehören. Wenn Österreich nach 1866 auch einen eigenen Weg der Staatsbildung einschlug, bekundet sich in seinem heutigen Staatsaufbau doch das Erbe seines im 19. Jahrhundert noch mit dem übrigen Deutschland verbundenen Föderalismus.

### *b) Deutsch-Österreich im Aufriß: die Länder*

*Österreich unter der Enns.* – Das heutige Niederösterreich besaß unter den österreichischen Ländern als Kernland seit je ein besonderes Gewicht, denn hier – in Wien – befanden sich Residenz des Kaisers und Sitz der zunächst landesfürstlichen, später zentralen Hofbehörden. Das Land hatte beträchtlich unter den napoleonischen Kriegen zu leiden. Andererseits förderte die von Napoleon verhängte Handelsblockade gegenüber England (Kontinentalsperre), daß sich in Niederösterreich bereits nach 1808 geschützt vor englischer Konkurrenz eine Großindustrie auf der Grundlage von Maschinen entwickeln konnte. 1816 lief die erste Dampfmaschine, die den Bau von Eisen- und Metallwarenfabriken begünstigte. Auch die Dampfschiffahrt auf der Donau seit 1818 und der Eisenbahnbau (1840 von Wien aus) förderten die Frühindustrialisierung.

Die Landwirtschaft profitierte von der neuen Fruchtwechselwirtschaft; der Adel wandelte sich vom Grund- und Gerichtsherrn zum Gutsherrn, der seine Güter intensiv bewirtschaftete und sich überdies als Unternehmer am Bergbau und an Banken beteiligte. Die Restauration nach 1815 begünstigte eine kulturelle Refeudalisierung, die literarisch teilweise ihren Ausdruck in der Romantik und im Biedermeier fand. Andererseits führten gemeinsame wirtschaftliche Interessen Vertreter des Handels und der Industrie, den Adel und Intellektuelle zusammen, wie sich an dem 1839 in Wien gegründeten „Niederösterreichischen Gewerbeverein" zeigte. In den 1840er Jahren meldete sich im niederösterreichischen Landtag eine Allianz von liberalen Adligen und Bürgerlichen zu Wort, die Bürgerrechte, Bauernbefreiung und eine moderne Verfassung forderten. Der niederösterreichische Landtag machte sogar europäische Geschichte. Er tagte im Landhaus in der Herrengasse in Wien. Am 13. März 1848 kristallisierte sich alle politische Unruhe, die durch die französische Februarrevolution über die Monarchie hereingebrochen war, auf das Landhaus. Der Landtag trat an eben diesem 13. wieder zusammen und wurde von den massenhaft versammelten Demonstranten als diejenige Instanz angesehen, die vor dem Kaiser die neuen Märzforderungen zu vertreten habe. Mit dem Sturm auf den Sitzungssaal begann die Märzrevolution in Österreich.

*Österreich ob der Enns und Salzburg.* – Oberösterreich war weitgehend von der Landwirtschaft geprägt. Auf den Bauern lastete weniger als in anderen Ländern der Druck ihrer Grundherren, weil sich deren Rechte zersplittert hatten und die Adligen weniger intensiv die Eigenwirtschaft betrieben. Trotzdem wurden die Bauern gerade hier im Jahre 1848 besonders unruhig. Seit 1815 richteten sie sich in Aufständen und mit Petitionen gegen ihre Grundherren und deren Beamte. Erst die allgemeine Grundentlastung im Revolutionsjahr 1848 vermochte ihre Wünsche zu befriedigen.

Das Land bot auch Anknüpfungspunkte für die Frühindustrialisierung, denn es verfügte über einige traditionsreiche gewerbliche Schwerpunkte, besonders das Salinenwesen im Salzkammergut, die Eisen- und Hüttenwerke in den Tälern von Enns, Steyr und Krems und den Holzhandel um Wels. Die erste Pferdeeisenbahn auf dem Kontinent wurde hier 1827 eingerichtet.

*Salzburg* war ein altes Erzbistum des Heiligen Römischen Reichs gewesen, das mit der allgemeinen Aufhebung der Reichskirche unterging. Zwischen 1803 und 1815 stritten Bayern und Österreich um die Herrschaft, bis es 1816 als Provinz dem Lande Oberösterreich zugeschlagen wurde. Erst 1850 wurde es als selbständiges Kronland hergestellt, 1861 auch besiegelt durch eine eigene Verfassung.

*Steiermark.* – Die Steiermark führte wegen ihrer Grenzlage seit der Frühen Neuzeit den Namen „Hofzaun des Reiches". Einfälle der Türken und Ungarn hatten dazu beigetragen, daß sich bereits frühzeitig ein starkes Reichs- und Landesbewußtsein ausgebildet hatte. Die hier besonders drükkende Gutsherrschaft war bereits im 18. Jahrhundert durch Reformen unter Maria Theresia und Joseph II. gemildert worden, blieb aber in ihren Resten bis 1848 ein gravierendes Problem. Salzbergbau und besonders das Berg- und Eisenwesen gehörten zu den frühgewerblichen Kennzeichen des Landes, konzentriert um den Erzberg bei Eisenerz.

Mit der kulturellen und wirtschaftlichen Entwicklung des Landes verband sich der Name Erzherzog Johanns. Als Bruder Kaiser Franz' I. und kommandierender General organisierte er für Tirol, Kärnten und die Steiermark die österreichische Landwehr und die Verteidigung gegen Napoleon. Nach 1815 machte er Graz zu einem geistigen Mittelpunkt, wo sich ungeachtet politischer Restauration technische, historische und Lesevereine entfalten konnten.

Während es in den übrigen österreichischen Ländern unter dem absolutistischen Regiment Franz' I. an Initiative und Bewegungsspielraum fehlte, setzte der Erzherzog in der Steiermark ein ganzes Spektrum an Reformen frei. Dazu gehörten die 1817 gegründete Landwirtschaftsgesellschaft, welche über moderne Anbaumethoden unterrichtete, die Orientierung von Eisenverarbeitung und -bergbau am englischen Vorbild, die Förderung von Industrie und Gewerbe durch Ausstellungen, die Gründung einer Arbeiterkrankenkasse (1838), der Bau der Südbahn nach Wien. Die im Vormärz gelegten Grundlagen ermöglichten einen außergewöhnlichen industriellen Aufschwung seit den 1850er Jahren und machten das sich rasch urbanisierende Land zu einem Zentrum der Schwerindustrie.

Die umfassende Reformpolitik hatte den Erzherzog weit über die Steiermark hinaus bekannt werden lassen und trug dazu bei, daß ihn die Frankfurter Nationalversammlung 1848 für geeignet hielt, im Rahmen der neubegründeten Provisorischen Zentralgewalt – der ersten deutschen Reichsregierung – das Amt des Oberhaupts (des „Reichsverwesers") zu übernehmen.

In der zweiten Hälfte des 19. Jahrhunderts brach der bisher verborgene nationale Gegensatz zwischen der deutschen Bevölkerung und der slowenischen Minderheit in der Südsteiermark aus. In der Steiermark lebten neben den 64% Deutschen 36% Slowenen (1851).[20] Bereits im Landtag von 1848 forderten die Slowenen erstmals, aus den von ihnen besiedelten Gebieten ein eigenes Königreich Slowenien zu bilden. Als 1857 Marburg (Maribor) zum Sitz eines Bistums wurde, entwickelte sich diese Stadt zum Mittelpunkt der steirischen Slowenen.

*Kärnten.* – In vergleichbarer Lage befand sich Kärnten als Grenzland gegen Osten und Süden. Es entwickelte ein beträchtliches Landesbewußtsein durch die Nähe der stets gefährdeten „Militärgrenze", aber auch durch seinen protestantischen Adel, durch ein entwickeltes Städtewesen und durch die frühgewerbliche Edelmetall- und Eisengewinnung. In Kärnten lebten 30% Slowenen (1851).

Das Land beteiligte sich am Tiroler Volksaufstand gegen Napoleon und erlebte danach eine französische Besetzung, die einen weitreichenden Umbau in der Verwaltung einleitete sowie Zünfte und Vorrechte des Adels abschaffte. Nach 1815 wurden die Rechte der Landstände aber wieder restauriert. In der Revolution 1848 verteidigte der provisorische Landtag die bedrohte Selbständigkeit des Landes Kärnten; er sah sich andererseits aber wie die Steiermärker mit den Forderungen konfrontiert, aus dem südlichen Kärnten und der Krain ein eigenes Königreich Slowenien zu errichten. Der Landtag setzte dem das dann auch verwirklichte Postulat von der Unteilbarkeit des Herzogtums „in seinen historischen Grenzen" entgegen.

*Tirol.* – Tirol besaß von alters her eine historisch begründete Sonderstellung, die auch in der Errichtung einer eigenen Universität in Innsbruck als kulturellem und wissenschaftlichem Mittelpunkt zum Ausdruck kam (1669). Seine Handelsbeziehungen orientierten sich stark nach Süden, wobei die berühmten Bozener Messen ein Umschlagplatz waren, der mit Venedig und Verona konkurrierte. Neben der im Heimgewerbe betriebenen Baumwollspinnerei bot der Silberbergbau lange Zeit eine Quelle des Wohlstands. Der selbständige Bauernstand behauptete sich gegenüber dem Adel und hatte sogar Sitz und Stimme im Landtag.

Als Folge des napoleonischen Systems geriet das Land 1806 an Bayern. Die neuen Herren erregten durch Eingriffe in die Verwaltung und kirchlichen Verhältnisse lebhaften Widerstand der vorwiegend bäuerlichen Bevölkerung. Diese bildete den Rückhalt für den von Tirol ausgehenden

Aufstand gegen die bayerische Herrschaft 1809. Das Bauernaufgebot stand unter der Leitung des Gastwirts Andreas Hofer, der den Kampf eigenmächtig weiterführte, nachdem die österreichischen Truppen, geleitet von Erzherzog Johann, bereits gegen die vereinten französischen und bayerischen Heere hatten kapitulieren und einen Waffenstillstand annehmen müssen. Hofers Kampf erweiterte sich zum Freiheitskampf gegen die napoleonische Herrschaft und erregte dadurch bis weit nach Norddeutschland hinein die nationalen Leidenschaften. Seine Hinrichtung in Mantua (1810) machte ihn zum Volkshelden und nationalen Märtyrer. 1814 fiel das Land wieder an Österreich zurück und erhielt als erstes eine landständische Verfassung, die es immerhin erlaubte, politische Wünsche öffentlich auf legale Weise vorzubringen.

Die Revolution 1848 erfaßte das Land kaum durch eine innere Aufstandsbewegung, brachte aber die innewohnenden nationalen Gegensätze zum Ausbruch. Da neben den 56% Deutschen 44% italienischsprechende Bevölkerung lebte, wurde der territoriale Bestand des Landes in Frage gestellt, nicht zuletzt sogar im Frankfurter Parlament. Die Demokraten votierten dort für eine Befreiung der im Gebiet von Trient lebenden Italiener („Welschtirol") und befürworteten deren Eingliederung in einen italienischen Staat. In Italien forderten Wortführer des „Risorgimento" – wie die nationale italienische Befreiungsbewegung hieß – eine Grenzziehung am Brenner. Diese Ansprüche blieben zunächst jedoch folgenlos.

*Vorarlberg.* – Österreich hatte bis 1815 zahlreiche Gebiete in Schwaben und am Rhein besessen, die unter dem Namen „Vorderösterreich" zusammengefaßt werden; zu diesem Komplex gehörte ursprünglich auch das Land Vorarlberg, das von dort aus nach Tirol gewissermaßen eine Brücke darstellte. Nach dem endgültigen Verlust jener habsburgischen Vorlande von Süddeutschland abgetrennt (1815), schärfte sich das Bewußtsein von einer eigenständigen Stellung Vorarlbergs. In dem von der Landwirtschaft geprägten Land waren die Bauern von alters her so unabhängig und rechtlich frei wie diejenigen Tirols, nachdem noch bestehende Abhängigkeiten durch freiwillige Ablösungen beseitigt worden waren. Die Landesverteidigung war genossenschaftlich organisiert und trug unter bayerischer Besatzung zum gemeinsamen Tiroler Aufstand von 1809 bei. Es fiel 1814 an Österreich zurück und konnte sich als selbständiges Land schließlich dauerhaft behaupten, als es 1861 auch eine eigene Landesverfassung erhielt. Weil die Bauernbefreiung schon weit gediehen war, rief die Revolution 1848 keine große Unruhe im Land hervor.

*Böhmen und Mähren.* – Böhmen besaß eine altständische Verfassung. Die böhmischen Landstände beriefen sich gar auf eine Landesordnung von 1627, also mitten aus der Zeit des Dreißigjährigen Krieges. Der Konflikt der Stände mit dem Kaiser hatte ja seinerzeit den Ausbruch des Krieges provoziert. Das Land war gekennzeichnet durch seine gemischten Nationalitäten, die hier seit den Anfängen mitteleuropäischer christlicher Geschichte zusammenlebten. Für das Jahr 1851 berechnete man einen Anteil von 40% Deutschen und 60% Tschechen. Das schwierige Nebeneinander wurde als das „Nichtverstehen der Eigenart der einen durch die andere Gruppe" beurteilt, das „eine ständig wiederkehrende Erscheinung in der böhmischen Geschichte" sei.[21] Mit dem Anbruch des „Völkerfrühlings" 1848 schien sich kurzzeitig die Hoffnung einer „Verbrüderung" zu bewahrheiten; tatsächlich aber grenzten sich unter dem mächtigen Druck des Staatsbildungsprozesses hier wie auch in anderen deutschen Ländern mit gemischten Bevölkerungen die Nationalitäten gerade durch die Revolution schärfer voneinander ab. Die Tschechen forderten 1848 zunächst noch lediglich mehr Autonomie unter der habsburgischen Oberherrschaft, wollten aber keinesfalls in ein „Deutsches Reich" integriert sein.

In *Mähren* lag der Anteil der Deutschen mit 28% noch beträchtlich niedriger, doch entwickelte sich hier das Nebeneinander erheblich ruhiger, denn die mährisch-deutschen Siedlungsgebiete bildeten im Gegensatz zu den böhmisch-deutschen keinen zusammenhängenden Raum, so daß beide Landessprachen gleichberechtigt anerkannt waren. Überdies hatte sich das nationale Bewußtsein noch nicht so scharf entzweit, sprach doch jeder Gebildete deutsch und zumeist auch tschechisch, während andererseits „verfassungstreue Mährer slawischer Nationalität" sich unter der Verfassung von 1867 zunächst noch als Deutsche bezeichneten. Bei den Wahlen zur Frankfurter Nationalversammlung 1848 bestanden aber auch hier beträchtliche Vorbehalte.

### *c) Absolutismus in der Stagnation*

Bereits der römisch-deutsche Kaiser Joseph II., der Herrscher des österreichischen Reformabsolutismus, hatte versucht, diese Vielfalt der Länder durch einen zentralistischen Einheitsstaat zusammenzuschweißen, weitgehend vergeblich, wie sich herausstellte. Wie aber wurde Österreich regiert? An der Spitze stand seit 1814 die *Staatskonferenz*. Sie entsprach keineswegs einem Gesamtministerium, welches andere deutsche Staaten während dieser Zeit einzurichten begannen. Es handelte sich vielmehr um einen Ausschuß mit Begutachtungs- und Vorschlagsrecht. Regiert wurde von den sogenannten Hofstellen aus, nicht von Ministerien.

Die wichtigste Hofstelle nach außen hin war die *Staatskanzlei*, zuständig für auswärtige Angelegenheiten. Sie stand unter der Leitung des Staatskanzlers Fürst von Metternich. Die *Vereinigte Hofkanzlei* behandelte innere Angelegenheiten, die *Oberste Justizstelle* Rechtsgeschäfte, die *Hofkammer* die Finanzen, der *Hofkriegsrat* war für das Militär zuständig, die Polizeiverwaltung lag bei der *Obersten Polizei- und Zensurhofstelle*.

Worin der Unterschied zwischen Hofstellen und den modernen, beispielsweise in Preußen gebildeten Ministerien lag, läßt sich gut an der Polizeihofstelle verdeutlichen. Lange Zeit war in der Forschung umstritten, wem sie unterstand: etwa der Vereinigten Hofkanzlei? Diese war ja für innere Angelegenheiten zuständig. Aber vertrug sich das mit der Vorstellung vom Metternichschen System, das gerade durch seine Geheimpolizei berüchtigt war? Andere sagten deshalb, die Polizeihofstelle habe Metternich direkt unterstanden. Zweifellos ist es wichtig zu wissen, in wessen Verantwortlichkeit eine für innere Verhältnisse so einflußreiche Behörde lag. Tatsächlich unterstand sie keiner der beiden Behörden. Als Hofstelle war sie, wie die übrigen Zentralstellen auch, dem Kaiser direkt untergeordnet. Gerade das unterschied das österreichische Regiment von einem Gesamtministerrat, in welchen die einzelnen Minister eingebunden waren, so daß kollegiale Beratung und Kabinettsbeschlüsse daraus folgten. Diese bestimmten dort den Kurs der Regierung und verpflichteten die Ressortminister.

Beim Regiment der Hofstellen in Österreich verkehrte jeder Behördenchef unmittelbar mit dem Kaiser, und diejenige Stelle hatte das meiste Gewicht, deren Leiter des Kaisers größtes Vertrauen genoß. Dieses System begünstigte geradezu die Rivalität der Hofstellen. Nicht so sehr die Ressortkompetenz, sondern das Wort des Kaisers entschied, so daß gar eine Persönlichkeit, die keiner Hofstelle vorstand, zur mächtigsten Instanz der Innen- und Finanzpolitik aufsteigen konnte. Das gelang dem Vertrauten des Kaisers, Franz Graf von Kolowrat. Als Staatsminister wuchs er zu Metternichs schärfstem Rivalen heran, so daß keineswegs eine so monolithische Regierungsweise an der Spitze der Monarchie herrschte, wie es nach außen den Anschein hatte.

Diese Hofbehörden regierten das Riesenreich. Dabei bestimmte das Prinzip der Zentralisation die Herrschaft in der Habsburgermonarchie. Die Landesbehörden („Gubernien") waren streng an die von oben kommenden Weisungen gebunden und mußten im Zweifelsfall zurückfragen. Das gleiche Prinzip verlängerte sich hinab zu den Kreisbehörden; nur bei der Lokalverwaltung übte der örtliche grundherrliche Adel die Gerichtsbarkeit und Wirtschaftsverwaltung.

Das System war außerordentlich unbeweglich, weil der Kaiser stets fürchtete, hintergangen zu werden; durch dauernde Kontrollen verzögerte er Handlungen, wenn er die Beauftragten nicht im Nachhinein bloßstellte. Die Folge war nach einem Urteil Friedrich Walters, „daß der Staat langsam abstarb und das öffentliche Leben unter einem Berg nicht erledigter Akten erstickte".[22] Nach dem Tode Franz' I. erstarrte das System vollends, da unter dem geistesschwachen Nachfolger Kaiser Ferdinand Österreich nur noch verwaltet, nicht mehr regiert werden konnte, wie Metternich selbst erkannte und eingestand.

Trotz der fortschreitenden Zentralisation in der Verwaltung konnte doch nicht jede historische Individualität und Eigengewalt in den Ländern abgetötet werden; der hohe Adel in Böhmen und Ungarn sowie die Stände in den übrigen Erbländern meldeten sich zu Wort. Die ständischen Vertretungen der Provinzen entwickelten sich im Vormärz zu Kristallisationspunkten einer zaghaften Opposition. Vor diesen Foren forderten die tragende Aristokratie und das Beamtenbürgertum Reformen. Hier erwarben einzelne Nationalitäten der Monarchie, besonders Tschechen und Ungarn, politisches Selbstbewußtsein, ganz im Gegensatz zu den landständischen Kammern in Mailand und Venedig, die so wenig Rechte besaßen, daß sie politisch bedeutungslos waren.

Die Ungarn mußten anders als die Italiener nicht mehr um ihre staatliche Einigung kämpfen, wohl aber um mehr Unabhängigkeit. Ungarn besaß eine alte feudalistisch-ständische Verfassung. Der in Preßburg tagende Reichstag bildete den Mittelpunkt. Er bestand aus zwei Häusern: der Magnatentafel und der Ständetafel. In der Ständetafel konnte sich der Redakteur Ludwig Kossuth als Wortführer der Opposition profilieren. Er focht vor allem für Presse- und Versammlungsfreiheit. Seine Rede vom 3. März 1848 im Preßburger Reichstag forderte den modernen Verfassungsstaat. Die Rede wurde in Wien am 13. März vor dem niederösterreichischen Landtag verlesen – am Tag des Revolutionsausbruchs. Nicht zuletzt diese Rede provozierte den Rücktritt Metternichs.

Auch die deutsch-österreichischen Provinzen kannten landständische Körperschaften: Ober- und Niederösterreich, Salzburg, Steiermark, Kärnten und Krain, Tirol und Vorarlberg. Überall dominierte der Adel; das städtische Bürgertum hatte nur geringen Anteil; in Tirol saßen, alter Tradition gemäß, auch Bauern in der Vertretung.

Heinrich Lutz charakterisierte den Zustand des Riesenreichs als „unreformierbare Altertümlichkeit dieses ebenso ehrwürdigen wie einmaligen Konglomerats von Ländern mit den unterschiedlichsten nationalen und sozialen Gegebenheiten“.[23] Der verstorbene Wiener Historiker zeichnete dabei ein bemerkenswertes Bild Metternichs als eines Reformers, der an der Engstirnigkeit des Kaisers Franz und an dem Gewicht adliger Interessen im Innern scheiterte. Metternich habe versucht, Landtage neu zu errichten und bestehende Ständeversammlungen zu beleben. Unmittelbar nach 1815 plante er die Gründung eines Reichsrats, der aus den Abgeordneten der einzelnen Landtage bestehen und Budget sowie Gesetzgebung kontrollieren sollte. Damit hätte die Monarchie im Prinzip eine Gesamtstaatsvertretung, gewissermaßen einen „Vereinigten Landtag“, bekommen und sich auf den Weg des Konstitutionalismus begeben. Doch der Staatskanzler, der aus einer reichsgräflichen Familie des Rheinlandes stammte, besaß in Österreich keine Hausmacht unter den beherrschenden Adelsgruppen, schon gar nicht eine Reformpartei wie etwa Hardenberg in Berlin. Sein mächtigster Gegenspieler, Graf Kolowrat, verfügte hingegen über jenen Rückhalt beim einheimischen Adel; überdies gelang es Kolowrat, als Staats- und Konferenzminister zum Präsidenten der Budgetkommission aufzusteigen. Er verteidigte die Interessen des grundbesitzenden Adels, nämlich dessen patrimoniale Rechte über abhängige Bauern, und verhinderte wirkungsvoll Liberalisierung, Grundentlastung und Gewerbefreiheit, kurzum eine Modernisierung Österreichs analog zu derjenigen Preußens, die das Land auch hätte finanzkräftiger werden lassen. Dadurch verharrte Österreich auf der politisch-sozialen Stufe des 18. Jahrhunderts. Seit den napoleonischen Kriegen steckte es in einer tiefen Finanzkrise, die es wegen fehlender Produktivität des Landes nicht beheben konnte.

### *d) Wachsendes Reformgefälle und Selbstausgrenzung*

Im Deutschen Bund außerhalb Österreichs setzten sich demgegenüber ineinandergreifende Tendenzen durch: technische Modernisierung, gesellschaftlicher Wandel in Form der Bauernbefreiung und beginnender Gewerbefreiheit sowie Emanzipation des Bürgertums, das sich ungeachtet aller politischer Repression in der liberalen und nationalen Bewegung äußerte. Solche Tendenzen hätten die aus dem 18. Jahrhundert fortbestehende Adelsherrschaft in Österreich herausfordern und in Frage stellen müssen.

Es entstand ein „Gefälle an Reform und Modernität zwischen Österreich und dem außerösterreichischen Deutschland" (Lutz). Metternichs Versuch, 1819/20 staatsstreichartig das Ruder im Deutschen Bund herumzuwerfen, folgte einer tieferen Logik: Nachdem sein Vorhaben einer innerösterreichischen Modernisierung im Jahre 1817 gescheitert war, blieb nur die restaurative Wende, um das Reformgefälle zwischen Bund und Österreich „aus einem Minus in ein Plus für die Macht Wiens zu verwandeln".[24] Die restaurative Wende im Bund sollte die verkrusteten Sozialstrukturen innerhalb Österreichs konservieren helfen, nachdem diese sich nicht durch „Reformen von oben" hatten aufbrechen lassen. Metternichs Motiv, auf eine Gesamtstaatsverfassung für Österreich zu verzichten, diente dem Zweck, „die bestehende Soziallage zu stabilisieren".[25]

Die Habsburgermonarchie schien eine Generation später abermals einen solchen Kurs einzuschlagen, als österreichische Truppen im Land die Revolution von 1848 niedergerungen hatten und der Staat zum Neoabsolutismus übergegangen war. Aber anders als nach 1820 setzte nach 1850 in einem System der Polizeistaatlichkeit jener Prozeß innerer Modernisierung ein, der die gesellschaftlich widerstrebenden Kräfte überwand und so unwillentlich die Voraussetzungen für den Übergang zum Konstitutionalismus seit 1860 schuf. Zu jener Zeit war die Differenz zu „Kleindeutschland" aber unüberbrückbar geworden. Es ließ sich jener über zwei Generationen gelaufene Prozeß innerer struktureller Angleichung im übrigen Deutschland nicht mehr aufholen. Zwei fundamentale Ausgangsvoraussetzungen standen am Anfang des 19. Jahrhunderts, als sich die Wege zwischen Österreich und dem übrigen Deutschland zu trennen begannen:

1. Anders als bei den übrigen deutschen Staaten reichte die Erschütterung der Habsburgermonarchie während der napoleonischen Ära nicht tief genug – geradewegs an die Substanz –, um einen vergleichbaren Reformschub freizusetzen. Das leistete erst die Revolution von 1848/49, in der das Reich kurzzeitig tatsächlich zu zerfallen drohte. 2. Die habsburgischen Länder Deutsch-Österreichs besaßen wegen ihrer langen Geschichte mehr Homogenität und Stabilität als die vielfältig zusammengestückelten Neuterritorien der anderen deutschen Staaten um 1815. Der Vorzug verkehrte sich in einen Nachteil: Es konnte weiter punktuell und bruchstückhaft gewirtschaftet und verwaltet werden, ohne vorerst eine neue politische Plattform schaffen zu müssen. Der moderne Konstitutionalismus im übrigen Deutschland sowie die Reformverwaltung als Ersatzträger und Wegbereiter eines Konstitutionalismus in Preußen beförderten dort die Assimilierung; erst verspätet nach einer kurzen Episode von 1848/49 gelangte Österreich dahin: während der Reformperiode zwischen 1861 und 1867. Da war es aber für den Weg zu einer gemeinsamen Staatsnation aufgrund der jahrzehntelangen Abschirmung vermutlich bereits zu spät.

# II. Bevölkerungsbewegungen

## 1. Die „Bevölkerungsexplosion"

Geborenwerden, Heiraten, Gebären und Sterben erschienen den Menschen der Frühen Neuzeit wie ein gottgegebener Lebensrhythmus, der als Schicksal zu ertragen, nicht aber zu beeinflussen war. Doch dieser Glaube verlor in der zweiten Hälfte des 18. Jahrhunderts unter den aufgeklärten Beobachtern mehr und mehr an Rückhalt, als die Bevölkerung in vielen Teilen des Alten Reichs stetig zu wachsen begann und die Erkenntnis reifte, daß soziale – veränderbare – Umstände auf die Bevölkerungsentwicklung einwirkten. Den Zeitgenossen des 19. Jahrhunderts erstand das Schreckbild einer „Bevölkerungsexplosion". Katastrophendiagnosen begleiteten diese größte Herausforderung des Jahrhunderts, die als elementarer Impuls alle Lebensbereiche von Grund auf umwälzte.

Wie sich zeigte, gab es nur wenige Möglichkeiten, das Bevölkerungswachstum zu beeinflussen. Hemmend wirkten die altbekannten Menschheitsgeißeln: Hunger oder Seuchen und Kriege. Wo die Menschen nicht verhungerten, wie es in den 1840er Jahren in den ärmsten Regionen Deutschlands noch geschah, erlagen viele einer Folge von Epidemien, zu denen erstmals seit 1830 in Deutschland noch die Cholera kam. Das 19. Jahrhundert erlebte jedoch keine Heimsuchung nach Art des „Dreißigjährigen Krieges"; die meisten Opfer auch unter der deutschen Bevölkerung, mehr als die Kriege von 1866 und 1870/71, forderten freilich die europäischen Feldzüge Napoleons, an denen Deutsche als Soldaten an beiden Fronten beteiligt waren. Neue Auswege, welche man seit Ende des 18. Jahrhunderts zu erproben begann, hießen Auswanderung, Steigerung der Produktivität – zunächst im Ausbau der Landwirtschaft, später durch die Früchte der Industrialisierung – sowie gesetzliche Maßnahmen, um die Zahl der Geburten pro Familie zu senken.

Ob es sich tatsächlich um eine „Bevölkerungsexplosion" gehandelt hat, entscheidet der Maßstab des Betrachters. Zwischen 1806 und 1871 nahm die deutsche Bevölkerung jährlich durchschnittlich um ein Prozent zu. Das mutet geradezu bescheiden an im Vergleich zu heutigen Erfahrungen, nach denen die Bevölkerung der „Vierten Welt" jährlich um zwei oder gar drei Prozent wächst. Im Unterschied zu den vorausgegangenen Jahrhunderten in Europa bedeutete das Bevölkerungswachstum des 19. Jahrhunderts aber doch zumindest „eine beachtliche Beschleunigung" (Wolfram Fischer):[26] Um 1815 lebten im Gebiet des Deutschen Bundes 24 Millionen Menschen; 1871 waren es knapp 40 Millionen, oder anders ausgedrückt: Am Anfang der Periode lebten 45 Personen auf einem Quadratkilometer, am Ende waren es deren 76. Noch nie zuvor hatte sich die Bevölkerungszahl im Lauf von rund 70 Jahren oder gut zwei Generationen fast verdoppelt. Den beobachtenden Zeitgenossen erschien diese neu erfahrene Beschleunigung als eine ungeheure Krise.

### *a) Die Ausgangslage: Bevölkerungsverhältnisse im labilen Gleichgewicht*

Die absolutistischen Regierungen, die noch der frühneuzeitlichen Wirtschaftslehre des Merkantilismus folgten, bewerteten Bevölkerungsreichtum als ein Maß für die potentielle Macht eines Staates. Sie kalkulierten, viele Menschen bedeuteten zugleich viele Steuerzahler und Soldaten. Dementsprechend hatten etwa die preußischen Könige eine gezielte sogenannte Peuplierungspolitik betrieben: Sie riefen Verfolgte anderer Staaten – die Hugenotten aus Frankreich, die Protestanten aus Salzburg – ins Land und boten ihnen in den wenig besiedelten preußischen Ostprovinzen Land zum Ausbau an. Auch die ersten Anfänge der Statistik dienten dem Interesse, berechnen zu können, was ein Staat wert und wie mächtig er sei. Diese Lehre von der Macht der Staaten konnte nur so lange bestehen, wie sich Geburtenzahlen und Todesfälle nahezu die Waage hielten, weil das ein schwaches Bevölkerungswachstum durch Geburtenüberschuß garantierte; so entsprach es der frühneuzeitlichen Epoche. Eine Grundtatsache der Demographie besagt nämlich, daß das Bevölkerungswachstum von dem zur Verfügung stehenden Nahrungsspielraum abhängt; dieser schließt die vorhandenen Erwerbs- und Ernährungsmöglichkeiten ein. Bis zum Beginn des Bevölkerungswachstums in der zweiten Hälfte des 18. Jahrhunderts hatte sich ein zwar labiles, aber doch dauerhaftes Gleichgewicht zwischen Geburten und Todesfällen eingestellt. Es begann bereits gegen Ende des 18. Jahrhunderts zu zerbrechen. Wo es gelang, den Nahrungsspielraum zu vergrößern, etwa durch Eroberung von Land oder durch den Ausbau der bisherigen Brache, durch bessere Arbeitsorganisation oder durch Technisierung, reagierte die Bevölkerung darauf mit Gründung neuer Familien. Durch die Geburtenzunahme wuchs die Bevölkerung, bis sie an die Grenzen des Nahrungsspielraums gelangt und das Gleichgewicht auf einer höheren Basis wiederhergestellt war.

Mißernten, nachfolgende Hungersnöte und Krankheiten konnten den Nahrungsgewinn wiederum einschränken. Durch die Zunahme an Todesfällen trat wieder ein Ausgleich ein. Blieben die Ernährungsmöglichkeiten auf längere Dauer schlecht, so gingen ganze Familien zugrunde; es wurden weniger neue Familien gegründet, die Zahl der Geburten und schließlich die der Bevölkerung sank. Auch durch Seuchen und Kriege stiegen die Sterbeziffern. Sie konnten dem Tod so weit in die Hand arbeiten, daß sich abermals Nahrungsspielraum für neue Familien eröffnete.

In dieses labile Gleichgewicht griffen neben dem Nahrungsspielraum noch soziale und rechtliche Verhaltensleitbilder steuernd ein: Eine Familiengründung war abhängig von einer sogenannten Erwerbsstelle. Das veranschaulicht sehr schön die überkommene Lebensweise im Handwerk. Bis ins 18. Jahrhundert hinein schrieben die Zunftverfassungen strikt vor, nur derjenige Handwerker dürfe eine Familie gründen, der ihr auch ein gesichertes Auskommen bieten könne. Bis dahin lebten Gesellen ledig im Hause des Meisters; die Zunft regelte, wann ein Geselle eine Meisterstelle übernehmen und Frau und Kinder haben durfte.

Der Schweizer Dichter Gottfried Keller hat dieser Lebensform in seiner Novelle „Die drei gerechten Kammacher" (1856) humorvoll und mit heiterer Ironie literarische Gestalt verliehen; er stellte dar, was es bedeutete, wenn drei ledige Handwerksgesellen der ebenfalls ledigen Tochter des Meisters nachstellten, um sie und das handwerkliche Geschäft eines Tages übernehmen zu können. Dabei waren die Verhältnisse im Hause des Meisters so kärglich, daß die drei Gesellen miteinander ein Bett teilen mußten und sich ihre Arbeitszeit nach der wechselnden Nutzung des Bettes suchten. Ähnliche, an eine Erwerbsstelle gebundene Ehebeschränkungen existierten im bäuerlichen Lebensbereich, wo der junge Bauer erst den Hof übernehmen mußte, bevor er an eine Ehe denken konnte.

Zu dieser Hürde für eine Eheschließung traten zahlreiche sozial steuernde Kontrollen. Die außereheliche Geburt wurde gesellschaftlich stark diskriminiert. Die moralische Katastrophe, ein „gefallenes Mädchen" geworden zu sein, ist in Goethes „Faust" (1808) in Gestalt des Gretchen zum Thema der Weltliteratur geworden; die Tragödie spiegelt die historischen Normen am Ausgang des 18. Jahrhunderts wider, als das Problem der Kindsmörderin die Zeitgenossen erregte. Zusätzliche Schranken konnten die Heiratsgesetze der einzelnen deutschen Länder aufrichten; auch die Gemeinden setzten Hindernisse, indem sie die Qualität einer Erwerbsstelle prüften, bevor sie einem Neubürger das Recht zur Niederlassung und Heimat gewährten. Alle diese Erschwerungen zögerten das Heiratsalter hinaus, das – übrigens eine europäische Besonderheit – traditionell spät lag.

Drei Merkmale kennzeichneten mithin die Ausgangslage vor Beginn der sogenannten Bevölkerungsexplosion: 1. hohe Sterblichkeit, vor allem der Säuglinge und Kleinkinder; 2. hohe Fruchtbarkeit in der Ehe; ledige Frauen heirateten durchschnittlich mit 22 Jahren und brachten zwischen fünf und sieben Kinder zur Welt; 3. wuchs die Bevölkerung verhältnismäßig langsam, jährlich kaum mehr als um ein halbes Prozent.

### *b) Die Krisenprognosen des Thomas Robert Malthus*

In diese relativ statischen Verhältnisse kam im letzten Drittel des 18. Jahrhunderts Bewegung, so daß man erstmals im frühindustrialisierten England daran zu zweifeln begann, ob die Bevölkerungszahl eines Staates tatsächlich das treffende Maß für den Reichtum der Staaten sei. Der anglikanische Geistliche und Nationalökonom Thomas Robert Malthus hatte als erster die sich darin ankündigende Zeitenwende wahrgenommen und auf neuartige Weise gedeutet. 1798 veröffentlichte er seine berühmten Thesen zum „ehernen Bevölkerungsgesetz" in einer Schrift mit dem Titel „Essay on the Principle of Population". Sie fand ungeheuren Widerhall und machte ihn in den Augen seiner Kritiker zum Katastrophenphilosophen. Einen Sturm des Protests erntete er, weil er versuchte, die Sinnlosigkeit, ja sogar Schädlichkeit, einer besseren Armenunterstützung für England nachzuweisen, da diese den Nahrungsspielraum erweiterte, das Bevölkerungswachstum vorantrieb und die unausweichlich nachfolgende Hungersnot auf einem höheren Bevölkerungsniveau etablierte. Malthus forschte nach dem Verhältnis von Bevölkerungsentwicklung und Nahrungsspielraum. Er stellte die Frage, welche die nachfolgenden Nationalökonomen des 19. Jahrhunderts, etwa David Ricardo, John Stuart Mill, Friedrich List, Karl Marx und Gustav von Schmoller, zur Suche nach immer neuen Lösungen herausforderte: Was passiert, wenn die Bevölkerung schneller zunimmt als die Erschließung von Nahrungsquellen, und worauf beruht der Wohlstand einer Nation?

Malthus antwortete darauf mit einem vermeintlichen Gesetz, das er überdies noch in mathematische Formeln kleidete. Er behauptete, die Bevölkerung wachse grundsätzlich in geometrischer Progression (die Folge lautet 1, 2, 4, 8 usw.). Zu diesem Wachstum gelangt man in der Tat, wenn jedes Ehepaar vier überlebende Kinder in die Welt setzt und diese es ihren Eltern gleichtun. Die Schaffung von Nahrungsressourcen hingegen ließ sich seiner Meinung nach jedoch selbst bei optimistischer Berechnung nur in arithmetischer Steigerung vermehren (Folge 1, 2, 3, 4). Sollte dieses Gesetz tatsächlich gelten, war eine Übervölkerungskatastrophe unvermeidlich.

So verstanden die Zeitgenossen Malthus, und sie hatten dabei an den eigentlich wichtigen Botschaften des originellen Kopfes vorbei gelesen. Im Kontext seiner Gesamtargumentation war dieses angebliche „Gesetz" eher als eine Nebensache zu betrachten. Denn Malthus forschte danach, von welchen sozialen Bedingungen die Bevölkerungsentwicklung abhing. War sie solchen tatsächlich unterworfen, dann ließen sie sich auch beeinflussen, kontrollieren und verändern. Das war die eigentlich wichtige Entdeckung. Malthus arbeitete wie ein Sozialwissenschaftler, indem er statistische Daten über Geburten aus Taufregistern zusammentrug; er machte darauf aufmerksam, wie wichtig das Heiratsverhalten für die Bevölkerungsentwicklung sei und wie dieses Verhalten von moralischen Vorschriften und der gesellschaftlichen Stellung – ob Arme oder Bürger – abhänge. Der Zölibat oder die Pflicht zur späten, dann aber existentiell gesicherten Heirat waren solche Normen. Das unterschiedliche Verhalten bäuerlicher Hoferben, städtischer Kontorangestellter und industrieller Fabrikarbeiter erklärte ihm die unterschiedliche Bevölkerungsentwicklung in den verschiedenen europäischen Staaten.

### c) Anfänge der modernen Bevölkerungsstatistik

Heute sind die Ursachen des neuen Bevölkerungswachstums besser bekannt. Trotzdem hat es die Natur der überlieferten Quellen bisher noch nicht zugelassen, über begründete Vermutungen hinauszugelangen, weil genaue Daten fehlen; ohne hinreichend dichte statistische Zahlenreihen läßt sich aber keine Bevölkerungsgeschichte schreiben. Auch im Bereich der historischen Statistik stellt das beginnende 19. Jahrhundert eine Wetterscheide dar. Zwar existieren aus den beiden früheren Jahrhunderten Landesbeschreibungen oder Staatskunden, die auch Zahlenmaterial aufbereitet hatten, wollten sie damit ja die angebliche „Macht der Staaten" ermitteln. Doch es fehlte dahinter der lenkende, zentrale datensammelnde Arm des Staates, so daß man vor 1800 von einer „vorstatistischen Zeit" (Peter Marschalck) spricht. In mancher Hinsicht hatte Preußen bereits Pionierarbeit geleistet, indem es seit 1688 sogenannte Populationslisten führte, welche die Bevölkerungsbewegungen nach Taufen, Trauungen und Todesfällen festhielten. Seit 1722 erfaßten sogenannte „historische Tabellen" die preußische Bevölkerung auch nach beruflichen und familiären Gesichtspunkten. Diese Art von Datensammlung erhielt den Namen „Tabellenstatistik". Sie erfolgte in der Regel ohne speziellen Anlaß und auch nicht periodisch. Um zu vergleichen und auf mögliche Ursachen von Bevölkerungsveränderungen zurückzuschließen, bedarf es aber gerade jener periodischen Datenerhebungen. Die frühen preußischen Sammlungen dienten fiskalischen und militärischen Zwecken; dabei standen die datensammelnden Statistiker mitunter vor unüberwindlichen Schwierigkeiten, wenn sich beispielsweise dickköpfige Bauern weigerten, Angaben über ihre Familien zu machen, oder wenn sie schlichtweg nicht zu sagen wußten, wieviel Kinder sie nun hatten und wie alt diese waren.

Eine feste Basis erlangte die Statistik erst zu Beginn des 19. Jahrhunderts durch die Gründung sogenannter statistischer Büros. Sie schufen eine institutionelle Grundlage und entwickelten neue Strategien der Datenerhebung, welche Statistik zur Wissenschaft machten. Preußen richtete als erster deutscher Staat im Jahre 1805 das berühmte Statistische Büro in Berlin ein. Wo die Quellen anderer Staaten bereits versiegen, kann Preußen deshalb oft noch für Wirtschafts- und Sozialhistoriker die gewünschten Zahlen liefern, so daß es nicht nur als bedeutender Flächenstaat, sondern mehr noch durch seine günstige Überlieferung in quantifizierenden Untersuchungen zur deutschen Geschichte des 19. Jahrhunderts erheblich überrepräsentiert ist. Andere deutsche Staaten folgten mit vergleichbaren Statistischen Büros nach: Bayern im Jahre 1808, Württemberg 1820, Österreich 1829, Sachsen 1850 und Baden 1852. Deren Publikationen und Zeitschriften unterrichteten freilich nur über die einzelnen Staaten – wie aber ließen sich Aussagen für „Deutschland" treffen? Die Gründung des Zollvereins im Jahre 1834 bedeutete hier einen wesentlichen Fortschritt, denn die ihm angeschlossenen Staaten hatten in Berlin ein Zentralbüro des Zollvereins eingerichtet, das fortan amtliche, staatsvergleichende innerdeutsche Statistiken lieferte. Erst die Einführung der Reichsstatistik im Jahre 1872 stellte dann auch für die quantifizierend arbeitenden Wissenschaftler eine nationale Einheit her. Angesichts der ziemlich desolaten Situation der Statistik – besonders für die Zeit vor 1850 – ist vor Zahlengläubigkeit zu warnen, zumal auch die bereits vorliegenden amtlichen Sammlungen zahlreiche methodische Mängel enthalten, die oft zu Schätzungen und Extrapolationen zwingen, ganz zu schweigen von den Fehlern schon bei der Erhebung: Nachweislich gaben Ortsgemeinden in Preußen 1816 ihre Einwohnerzahl zu niedrig an, um die erwarteten daran geknüpften steuerlichen Leistungen möglichst gering zu halten. Vergleiche zwischen den deutschen Staaten haben außerdem mit den unterschiedlichen Maß- und Währungssystemen zu kämpfen.

### *d) Die Suche nach Erklärungen für das Bevölkerungswachstum*

Bei allen Vorbehalten dieser Art haben sich aber doch bestimmte Erklärungen für das tatsächlich feststellbare Bevölkerungswachstum als besonders plausibel herauskristallisiert, während andere weitgehend fallengelassen werden mußten. Vor allem drei Erklärungen sind fragwürdig geworden.

1. Die *Industrialisierung* löste das Bevölkerungswachstum in Deutschland nicht aus, denn dieses begann bereits im letzten Viertel des 18. Jahrhunderts. Außerdem erfaßte das Wachstum nicht nur industrielle, sondern gerade auch frühgewerbliche (protoindustrielle) und agrarische Gebiete.

2. Die *Fortschritte der Medizin* wirkten sich in den ersten zwei Dritteln des 19. Jahrhunderts erheblich weniger aus, als lange Zeit vermutet wurde. Wichtiger war demgegenüber bessere Ernährung breiterer Bevölkerungskreise, die dadurch auch widerstandsfähiger gegen Krankheiten wurden. Dazu trugen die allmähliche Steigerung der landwirtschaftlichen Produktion und mehrere überdurchschnittlich gute Ernten im letzten Drittel des 18. Jahrhunderts bei.

3. Auch eine angeblich sinkende *Säuglings- und Kindersterblichkeit* beschleunigte nicht, wie lange angenommen, das Bevölkerungswachstum, denn die Säuglingssterblichkeit nahm zwischen 1820 und 1870 in verschiedenen deutschen Staaten, wo sie nicht stagnierte, sogar noch zu, wie etwa in allen preußischen Provinzen. Sie schwankte zwischen 17 Prozent in Preußen und 32 Prozent in Bayern und Berlin. Das bedeutete konkret: Ein Viertel bis ein Drittel aller Geborenen überlebte nicht das erste Jahr. Seit der Jahrhundertmitte wuchs die Säuglingssterblichkeit sogar noch auffallend, und das lag an der nun beschleunigten Verstädterung mit allen ihren

hygienisch bedrohlichen Begleiterscheinungen, aber auch an der rückläufigen Neigung der Mütter, ihre Kinder zu stillen. Erst im Jahre 1885 sank die Säuglingssterblichkeit wieder auf den Wert von 1850, bis sie dann zu Ende des 19. Jahrhunderts drastisch zurückging. Alle Hinweise zusammengenommen, wuchs die Bevölkerung in Deutschland bis zur Reichsgründung 1871 noch weitgehend nach dem frühneuzeitlichen Muster, also bei zugleich hohen Geburten- und Sterbezahlen.

Die Suche nach den Ursachen des Bevölkerungswachstums mußte sich mithin darauf konzentrieren, wo sich in Deutschland der Nahrungsspielraum erweitert und wo sich die Zahl der Erwerbsstellen vermehrt hatten, um neue Familien gründen zu können. Das war in den drei Gebieten der Realteilung, der Protoindustrialisierung und der Bauernbefreiung der Fall.

Anders als in den meisten übrigen deutschen Landschaften herrschte in Südwestdeutschland das eigentümliche Erbrecht der *Realteilung*. Nach dem Tod eines Stelleninhabers wurde sein Hof unter seine männlichen Nachkommen aufgeteilt; hatte er drei Söhne, folgte daraus, daß aus einer Familienstelle drei wurden. Die Voraussetzung, eine Familie zu gründen, war dann sozial gegeben und akzeptiert. Das bedeutete aber einen Wechsel auf die Zukunft, denn in mehreren Erbgängen zerstückelte sich der Besitz immer mehr, so daß ein Erbteil letztlich eine Familie ökonomisch nicht mehr trug. Dann drohten sozialer und wirtschaftlicher Abstieg. Das durch das Erbrecht begünstigte Bevölkerungswachstum erzeugte einen Druck, dem zu entgehen sich nur zwei Wege anboten: Entweder man verband die kleingewordene Landwirtschaft noch mit einem Gewerbe oder Handwerk als Nebenerwerb oder man wanderte aus. Realteilungsgebiete lagen in Württemberg, Baden und in der Pfalz, also in solchen Gebieten, wo die Bevölkerung in der Tat bereits zu Ausgang des 18. und zu Beginn des 19. Jahrhunderts stark angewachsen war. Früher als anderswo setzten in den Realteilungsgebieten Südwestdeutschlands schon im letzten Drittel des 18. Jahrhunderts merkliche Auswanderungen nach Übersee ein.

Gegen Ende des 18. Jahrhunderts hatte sich vor allem in Schlesien, Westfalen, Brandenburg und dem Rheinland eine Hausindustrie herausgebildet, die als Heimgewerbe auf der Basis des Verlagssystems arbeitete: Ein Verleger oder Zwischenhändler lieferte Rohstoffe und übernahm dafür die in Heimarbeit produzierten Waren, in der Hauptsache Textilien oder Kleineisenerzeugnisse. Der Verleger fand auf dem Land in den unterbäuerlichen Schichten billige Arbeitskräfte, die auf solchen Nebenerwerb angewiesen waren. Sie existierten außerhalb des städtischen, in Zünften organisierten Handwerks, das für den örtlichen Markt produzierte. Diese frühgewerbliche vorindustrielle Heimindustrie hat in der Forschung den Namen „*Protoindustrialisierung*“ erhalten, weil sie der eigentlichen Industrialisierung zeitlich vorauseilte, sie aber durch die Förderung gewerblicher Techniken und eine Infrastruktur des Vertriebs begünstigte. Der Aufschwung dieser Heimindustrie schuf zahlreiche neue Erwerbsstellen, welche es der im ländlichen Gewerbe tätigen Bevölkerung erlaubten, neue Familien zu gründen. Jedoch waren diese neuen Erwerbsstellen ökonomisch außerordentlich anfällig; es war typisch für sie, daß alle Familienmitglieder in die Heimarbeit eingespannt wurden. Das Heiratsalter lag niedrig, und die Geburtenzahlen übertrafen diejenigen der übrigen bäuerlichen Bevölkerung bei weitem.

Die bäuerlich-gewerblichen Kleinexistenzen der Realteilungsgebiete und ebenso der Hausindustrie gerieten in eine schwere Krise, als der ausgebaute Nahrungsspielraum erschöpft war und die neu geschaffenen Erwerbsstellen die von ihnen lebenden Familien nur noch kümmerlich trugen. In den 1830er und 1840er Jahren trat in Deutschland jener Fall ein, den Malthus vorhergesagt hatte, wenn eine Bevölkerung an die Grenzen des vorhandenen Nahrungsspielraums stieß. Die zeitgenössische Presse brachte der deutschen Öffentlichkeit die erschreckende Tragweite dieser neuen Armut ins Bewußtsein, indem sie über die Hungersnot im Ravensberger Gebiet und in Schlesien berichtete, die im Jahre 1844 in dem Aufstand der Weber gipfelte. Zugleich begann in den 1840er Jahren die Zahl der Auswanderer drastisch in die Höhe zu schnellen.

Die Erkenntnis, in wie starkem Maße Realteilung und vorindustrielles Heimgewerbe das Bevölkerungswachstum bereits in den letzten beiden Jahrzehnten vor 1800 angeregt hatten, entkräftet „eine außerordentlich zählebige Legende" (Hans-Ulrich Wehler),[27] die *preußischen Reformgesetze*, welche seit dem Oktoberedikt 1807 die Bauernbefreiung und die Kapitalisierung des Bodens einleiteten, hätten die deutsche „Bevölkerungsexplosion" der ersten Hälfte des 19. Jahrhunderts verursacht. Trotzdem läßt sich kaum bestreiten, daß auch diese Reformen anregende Impulse ausgelöst hatten. Denn die Agrarreformen erzeugten gleich in zweierlei Hinsicht Arbeitskräftemangel: Die Gutsherren ließen sich, indem sie auf ihre Rechte verzichteten, von den weniger vermögenden Bauern nicht durch Geldleistungen, sondern durch Land entschädigen; dieses nun zusätzlich zu bewirtschaften, bedurfte es neuer Arbeitskräfte. Außerdem schritt der Landesausbau unkultivierten Bodens, der bereits zu Ende des 18. Jahrhunderts weitere Einwanderer in die preußischen Ostprovinzen gezogen hatte, noch voran, so daß neue Bauernhöfe entstanden. Andererseits gingen in den preußischen Ostprovinzen mehr als 100000 Bauernstellen verloren, nachdem die Bauern wegen der Landabtretungen an die Gutsherrn teilweise ihre Höfe nicht mehr halten konnten. Die neue Arbeitsverfassung und intensivere Anbaumethoden erweiterten aber insgesamt den Nahrungsspielraum so beträchtlich, daß er, unterstützt durch die wegfallenden Heiratsbeschränkungen, in den ersten drei Jahrzehnten des 19. Jahrhunderts zum Bevölkerungswachstum beitrug.

Überblickt man das räumliche Muster und die zeitliche Gliederung der Bevölkerungsentwicklung in Deutschland im 19. Jahrhundert insgesamt, so heben sich drei Zeitperioden ab.[28] Die erste Phase von ca. 1806 bis 1840 war geprägt durch eine „agrarische Bevölkerungswelle“ (Jürgen Kocka); das Wachstum konzentrierte sich auf die agrarischen Großlandschaften in West- und Ostpreußen, Posen, Pommern und Mecklenburg. In den 1840er Jahren verwandelten sich diese Gebiete allmählich von Zuwanderungs- in Auswanderungsregionen. Zeitlich parallel vermehrte sich aber auch im Süden Deutschlands die Bevölkerung, und zwar schneller, als es die kleingewerbliche und kleinbäuerliche Wirtschaft verkraften konnte, so daß hier besondere Schwerpunkte des Pauperismus und der Auswanderung lagen. Die 1840er und 1850er Jahre als zweite Phase der Bevölkerungsentwicklung waren geprägt durch Mißernten, Hungerkatastrophen und Epidemien, so daß in ihnen das Bevölkerungswachstum stagnierte, teilweise gar zurückging. Seit den 1860er Jahren begann die „industrielle Bevölkerungswelle“, was heißt, der Impuls zu weiterem Bevölkerungswachstum ging nun von den industriell entwickelten Gebieten aus, so vor allem von Sachsen, Anhalt, dem Rheinland, Westfalen und schließlich auch von Braunschweig und Nassau.

## 2. Die Auswanderung

### *a) Die Anfänge*

Wie die „Bevölkerungsexplosion“ gehört die Auswanderung zum Signum der deutschen Geschichte im 19. Jahrhundert. Nie zuvor hatten so viele Deutsche ihre angestammte Heimat verlassen. Die weitaus größte Zahl der Auswanderer, mehr als 90%, zog es nach Übersee in die Vereinigten Staaten. Insgesamt lassen sich aus dem Bewegungsablauf der deutschen Überseewanderung zwischen 1816 und 1900 fünf Phasen deutlich herausheben.

Die Zeit von *1816 bis 1830* glich einer Anlaufperiode, wenn auch bereits seit dem Ende des 18. Jahrhunderts Auswanderungen aus dem deutschen Südwesten in Gang gekommen waren. Die Jahre 1816/17, von denen an hinreichende statistische Daten vorliegen, gehörten zu den großen Krisenjahren des Jahrhunderts, geprägt von einer katastrophalen Mißernte und nachfolgender bitterer Hungersnot. Zwischen 1816 und 1819 verließen rund 25000 Deutsche ihr Land nach Übersee. Im dann folgenden Jahrzehnt pendelte die Zahl der Auswanderer zwischen 3000 und 5000 Personen jährlich. Das war in diesen Dimensionen zwar ein Novum, aber verglichen mit dem, was noch kam, konnte man jene Zahlen geradezu vernachlässigen.

Die zweite Phase reichte von *1831 bis 1841*. Im Gefolge der Julirevolution von 1830, besonders im Jahr 1832, stiegen die Zahlen deutlich an. Die neuere Forschung hat die beigemischten Sozialrevolten in der Bewegung dieser Jahre aufgedeckt. Vergleicht man die Preise wichtiger Grundnahrungsmittel wie Roggen und Kartoffeln mit den Auswanderungsziffern, so kann man beobachten, daß diese in einer Zeit auffälliger Teuerung anstiegen. Im Juni 1832 stellte der hessen-darmstädtische Staatsminister du Thil einen Zusammenhang zwischen politischer Erregung und sozial-ökonomischer Lage her – das Hambacher Fest lag gerade erst eine halbe Woche zurück: „Was mir, neben der Organisation, die mich zu täglichen Sitzungen nötiget, jetzt viel Sorge und Geschäft macht, ist der Brotmangel und die Teuerung der Lebensmittel – immer eine schwierige Erscheinung für eine Regierung, aber jetzt !!!".[29] Das Jahrzehnt wurde zum Vorboten der wirtschaftlichen und sozialen Strukturkrise des Pauperismus; sie ließ die Zahlen der Auswanderung sprunghaft emporschnellen.

### *b) Die wachsende Infrastruktur: Vereine, Zeitungen, Agenturen*

Der Aufbruch in großen Dimensionen vollzog sich während der dritten großen Welle zwischen ca. *1842 und 1857*. Zu einem Massenereignis konnte Auswanderung freilich erst werden, nachdem sie organisierte Gestalt und eine wirkungsvolle Infrastruktur gewonnen hatte. Das geschah in den für das 19. Jahrhundert typischen Formen: durch Bildung von Auswanderervereinen oder -gesellschaften und durch Information, sei es durch spezielle Auswandererzeitungen oder durch bestimmte Bücher. Man wußte inzwischen mehr über die Zielgebiete jenseits des Ozeans. Auswandererbriefe erschienen in der lokalen Presse und galten als besonders glaubwürdig. Pionierarbeit leistete bereits im Frühjahr 1833 die Richersche Universitätsbuchhandlung in Gießen; sie warb im „Gießner Anzeigeblatt" wiederholt für eine kleine Schrift mit der „Aufforderung und Erklärung in Betreff einer Auswanderung im großen aus Teutschland in die nordamerikanischen Freistaaten". Das Heft erlebte rasch zwei Auflagen und wurde in allen Teilen Deutschlands gelesen. Es stammte aus der Feder des Hofgerichtsadvokaten Paul Follenius und des Pfarrers Friedrich Münch. Paul Follenius war der jüngere Bruder des radikalen Gießener Burschenschafters und Professors Karl Follen, der in die Demagogenverfolgungen verwickelt war und in die Schweiz hatte flüchten müssen. Die Autoren trennten kaum zwischen politischen und wirtschaftlichen Beweggründen, leiteten sie ihre Schrift doch damit ein, es sei die Gießener Auswanderungsgesellschaft gegründet worden „zu dem Zweck, nach und nach ein Stück neues Deutschland auf amerikanischem Boden zu gründen, dorthin den besten Teil der damals in großer Menge vorhandenen europamüden Deutschen zu ziehen und ein frisches und freies deutsches Volksleben in der neuen Welt erstehen zu lassen".[30]

Die große Zahl neugegründeter Auswanderergesellschaften und -zeitungen fällt allerdings in den Beginn und die Folge der großen Agrarkrise von 1846. Im Jahre 1847 stiegen die Auswandererzahlen in eine bisher nicht gesehene Höhe von 80000 Personen. Parallel dazu erschienen nun neue Auswandererzeitungen, seit 1846 etwa die „Allgemeine Auswanderungszeitung" im thüringischen Rudolstadt, ein Jahr später „Der deutsche Auswanderer" in Darmstadt, im Revolutionsjahr 1848 in Leipzig die „Deutsche Auswanderungszeitung". Zugleich entstanden neue Vereine und Beratungsbüros in Karlsruhe, Dresden, Berlin, Stuttgart, Leipzig und Hamburg.

Auswanderung zu organisieren entwickelte sich zu einem eigenen Gewerbe, betrieben von Agenten, die sich oft anrüchiger Methoden bedienten und die Unwissenheit und Notlage ihrer Kunden ausnutzten. Ein amtliches Gütesiegel konnte hier werbewirksam die Seriosität glaubhaft machen, mitgeteilt in Lokalzeitungen, in welche die Auswanderer-Agenturen ihre Annoncen einrückten. Die Einrichtung regelmäßiger Schiffahrtslinien half, den ständig wachsenden Strom der Abreisenden zu bewältigen.

Informationsbroschüren erreichten auch die Unterschichten, vor allem aber Briefe von ausgewanderten Verwandten und Bekannten, welche eine sogenannte Kettenwanderung auslösten. Es sind Zeichnungen überliefert, die Herren im Bratenrock zeigen, wie sie in einer bäuerlichen Stube den Bauersleuten Amerikabriefe vorlasen. Sie prägten das Amerikabild der Daheimgebliebenen. Mancher ehemals arme Schlucker aus dem Kartoffelland Deutschland ließ dann die Neue Welt in Amerika wie ein Schlaraffenland erscheinen.[31]

### *c) Die Ursachen*

Soziale Mißstände und akute wirtschaftliche Not müssen deshalb zu den Hauptursachen der Auswanderung gerechnet werden. Der Blick in einzelne Kommunen bestätigt das allenthalben. Der Bürgermeister von Wetzlar etwa ließ wöchentlich die Preise bei den Bäckern und Metzgern in der örtlichen Zeitung veröffentlichen. 1854/55 lag der Brotpreis am höchsten, eben in demselben Jahr, als die Auswanderung in Deutschland ihren Gipfel erreicht hatte. Die Auswanderer mußten bei ihren örtlichen Behörden eine Genehmigung einholen, vor allem, um zu beweisen, daß sie keine Schulden oder mittellose Kinder zurückließen. Manche Gemeinden beteiligten sich an den Kosten für die Überfahrt, wenn die Empfänger bereit waren, zugleich auf jegliche fernere Armenunterstützung zu verzichten, und erklärten, aus Amerika nicht mehr heimzukehren. Die Regierung des Großherzogtums Baden veranstaltete im Jahre 1850 eine gründliche Umfrage, um zu erkunden, welches die ärmsten Gemeinden im Lande seien, um diese dann mit einer Unterstützung zur geschlossenen Auswanderung zu bewegen. Man kalkulierte, auf diese Weise Kosten für Armenunterstützung und die Unterhaltung von Zuchthäusern einzusparen – insgesamt eine besonders drastische Art, Sozialpolitik zu betreiben. Die überlieferten Gemeindeprotokolle verdeutlichen, wie sich hinter den Zahlen von Zehntausenden – 1854 verließen 239000 Menschen Deutschland – einzelne menschliche Schicksale verbargen; auch verraten sie den Personenkreis: Inhaber kleiner und kleinster Bauernstellen, Tagelöhner, Dienstknechte und -mägde, Kaufleute, bestimmte Handwerker, deren Gewerbe überfüllt waren, bevorzugt Schuster, Schneider und Tischler.

Dennoch wird man politische Beweggründe nicht allein bei den prominenten Wortführern verfolgter Parteien oder bei den Teilnehmern der Freischarenaktionen und Reichsverfassungskampagne von 1849 finden, welche nach dem Scheitern der Revolution ins Ausland flüchten mußten. Denn die Revolution hatte die deutsche Bevölkerung bis in die einfachen Schichten hinein politisiert und Hoffnungen erregt, eine vom Volk legitimierte nationale Regierung würde auf der neuen Grundlage staatlicher Einheit auch die jahrzehntealten sozialen und wirtschaftlichen Mißstände beheben können. Das bekundeten allein schon die zahllosen Petitionen von Bauern und Handwerkern an die Frankfurter Nationalversammlung. Das Scheitern der Revolution und die Wiederherstellung des Deutschen Bundes schienen die Uhr der Politik wieder in die vormärzliche Zeit zurückzudrehen, jedenfalls keine moderne Politik zu verheißen. So mag auch die enttäuschte Hoffnung einfacher Bürger, Handwerker und Bauern die Auswanderung nach 1849 beeinflußt haben. Doch Deutschland erlebte gerade in jenem Reaktionsjahrzehnt der 1850er Jahre den Durchbruch der Industrialisierung, deren Früchte recht bald die Neigungen zur Auswanderung dämpften. Außerdem bremsten die sogenannte Weltwirtschaftskrise von 1857/58 und der Beginn des Amerikanischen Bürgerkriegs (1861–1865) die Ströme in die Neue Welt.

Danach folgten noch einmal zwei Wellen der Auswanderung, zwischen *1866 und 1872* sowie zwischen *1880 und 1893*, wobei in einzelnen Jahren bis zu 140000 Menschen das Land verließen. Inzwischen hatten sich freilich die Herkunftsregionen verschoben, denn immer mehr Menschen verließen das ostelbische Preußen, das ehedem Zuwanderungsland gewesen war. Nun strömten die Bauernsöhne und Tagelöhner von dort in die industrialisierten Regionen Deutschlands oder nach Übersee.

Ihre deutlichsten Spuren hinterließen die deutschen Einwanderer im amerikanischen Mittelwesten, der über und über bedeckt ist mit „Little Germanies". Die meisten Auswanderer suchten Siedlungsorte, wo bereits Deutsche lebten. Aus dem gleichen Ort zu kommen, die gleiche Konfession zu teilen, den gleichen Dialekt zu sprechen, geleitet durch die Briefe und die ihnen nachfolgenden Kettenwanderungen: das alles bestimmte die Verteilung der Deutschen auf der amerikanischen Landkarte. Dort finden sich noch heute Holstein, Hannover, Fulda, Berlin, Wien, Elbing, Altona, Minden, Bebra, Kiel, Frankfort, Emden, Luther, Bismarck, Humbold, Strasburg, Tilsit, Bremen, Leipzic, Munster, Bingen, Schaumburg, Friesland, Posen, Hamburg, Heidelburg, Mannheim, Oldenburg – diese Reihe ließe sich noch lange fortsetzen. Sie folgte der schönen Formel, die Horst Rößler dafür gefunden hat: „Aus Melle in Westfalen nach New Melle in Missouri".[32]

## 3. Urbanisierung und Kommunalpolitik

### *a) Von der Verstädterung zur Urbanisierung*

Neben Bevölkerungsexplosion und Industrialisierung prägt besonders die Urbanisierung den Blick des heutigen Betrachters auf das 19. Jahrhundert. Wie es für die deutschen föderativen Verhältnisse typisch ist, löst sich beim genaueren Hinschauen das Bild in zahlreiche Besonderheiten der Länder und Regionen auf, bis der Betrachter schließlich nur mehr eine Summe einzelner Stadtbiographien wahrzunehmen glaubt, und das teilweise zu Recht. Denn man darf sich die Urbanisierung in Deutschland nicht als einen einheitlichen Vorgang vorstellen; die preußischen Städte im Westen wuchsen schneller als die im Osten, Groß- und Mittelstädte mehr als Landgemeinden und Kleinstädte. Agrarstädte verharrten im traditionalen Muster, Industriegemeinden zogen weitere Zuwanderer an. Ballungsgebiete verdichteten sich noch mehr, so das Ruhrgebiet, die Gegenden des Niederrheins, des Bergischen Lands, um Aachen, ferner das Rhein-Main-Gebiet, Berlin und die sächsischen und schlesischen Industriereviere.

Trotzdem zeichnen sich übergreifende Konturen ab. Viele deutsche Kommunen durchliefen während des 19. Jahrhunderts einen Wandel von der Verstädterung zur Urbanisierung; diese schließt nämlich mehr ein als bloßes Städtewachstum: Denn Urbanität beruhte auf einer qualitativ neuen Infrastruktur, einem inneren Versorgungs- und Dienstleistungssystem, das immer mehr Städte sich seit der Jahrhundertmitte aneigneten. Dazu zählten Stadtplanung, die sogenannte „Städtetechnik" mit ihren Dienstleistungen wie Gas-, Wasserversorgung und Abwässerbeseitigung sowie Anfänge einer Daseinsfürsorge.

*Erste Wachstumsimpulse.* – Residenz- und Garnisonsstädte, einzelne Universitäts- und Handelsstädte zeigten bereits Ende des 18. Jahrhunderts eine auffallende Bevölkerungszunahme. Sie hoben sich freilich als Ausnahmen ab von dem Bild des Niedergangs, das die meisten Städte damals boten, eingeschnürt in starre Zunftordnungen und Privilegien, in enge rechtliche Verfassungen und räumliche Grenzen.

Für dieses stagnierende Städtewesen bedeutete die Jahrhundertwende eine „Schwellenzeit".[33] Die napoleonischen Kriege und Umwälzungen samt der Kontinentalsperre belasteten zwar auch die Städte, setzten aber ebenso neue Reformimpulse frei, wie es beispielhaft in der preußischen Städteordnung des Freiherrn vom Stein vom November 1808 zum Ausdruck kam, die dem englischem Vorbild folgte und den Bürgern „selfgovernment" beibringen wollte. Viele Städte, vor allem die alten Reichsstädte, verloren in der territorialen Revolution ihre Selbständigkeit; andererseits erlebten sie einen neuen Geist der Öffnung. Praktisch entsprach es den Interessen des Handels und Verkehrs, aber es hatte zugleich symbolhafte Bedeutung, als viele Städte nach 1800 ihre alten Befestigungsanlagen, die Stadtmauern, Tore und Gräben, beseitigten; sie hatten auch ihren militärischen Sinn verloren, nachdem die modernen Kriege in ganz anderen Dimensionen geführt wurden. Die Städte verzichteten darauf, sich zum flachen Land hin abzugrenzen, und wandelten sich zur offenen Bürgergemeinde, die es immer schwerer machte zu definieren, was eigentlich Stadt sei. Das hart verteidigte Bürger- und Niederlassungsrecht verlor im Laufe des Jahrhunderts seine Kraft, der allgemeine Trend ging von der Bürgergemeinde mit Stadtrecht zur Einwohnergemeinde. Die Reichsstatistik seit 1871 bestätigte diesen Wandel nachträglich, indem sie den rechtlichen Stadtbegriff aufgab und einen statistischen zugrunde legte, der eine Ansiedlung von mehr als 2000 Einwohnern zur Stadt machte.

Das im 18. Jahrhundert anhebende, in der ersten Hälfte des 19. Jahrhunderts sich beschleunigende Bevölkerungswachstum in Deutschland erfaßte aufs Ganze gesehen zunächst Land und Stadt ziemlich gleichmäßig. Die Vorstellung, die Städte hätten gleich einem Magnet die Bevölkerung angezogen und das umliegende Land entvölkert, ist also irrig. Im Gegenteil: die Bevölkerung in Stadt und Land nahm bis zur Jahrhundertmitte nahezu parallel zu, und es waren generell nicht die zunächst oft noch wenig seßhaften Zuwanderer, sondern die innerstädtischen Unterschichten, welche die Bewohnerzahl wachsen ließen. Dies veränderte bereits das Stadtbild, und man spricht von „innerer Verstädterung", weil hier vorhandene Gebäude erweitert oder umgebaut und die noch freien Flächen neu besiedelt wurden. Vereinzelt ist aber schon der Drang in das städtische Umland, die sogenannte Feldmark, zu beobachten.

Auch wirkten bereits in der vormärzlichen Verstädterung Impulse, welche die wachsende Dynamik nach der Jahrhundertmitte erklären. Sie entfalteten sich in „Pionierregionen",[34] die bereits auf eine vorindustrielle Gewerbetradition zurückschauen konnten; dazu zählten Sachsen, das Bergische Land und das Textilgewerbegebiet um Krefeld und Mönchengladbach. Hinzu kamen neue Regionen, welche durch die neuverwendete Dampfkraft von den Standortvorteilen, die früher die energieliefernden Wasserläufe boten, unabhängig wurden. Ältere Handwerksbetriebe verwandelten sich in industrielle Fabriken und begannen, neue Einwohner anzuziehen. Die wichtigsten Impulse gingen seit den 1830er Jahren vom Eisenbahnbau aus, denn die neuen Lokomotiv- und Waggonfabriken befanden sich in den jungen Industrievierteln der Städte, etwa in Berlin, Dresden, München, Esslingen bei Stuttgart, Linden bei Hannover, Karlsruhe und Kassel – insgesamt Residenzstädte oder auf diese bezogene Ortschaften. Lag der Bahnhof am Ortsrand, entstand an der Verbindung zum Zentrum als „Neustadt" ein rasch wachsendes Bahnhofsviertel.

*Städtetypen und Wachstumsrhythmen.* – Obwohl die Auswanderung aus Deutschland in den 1850er Jahren einen Gipfelpunkt erreichte, änderte sich gleichwohl die Art des Städtewachstums auf qualitative Art. Die Stadtbevölkerung wuchs im Vergleich zu derjenigen auf dem Land nicht mehr parallel, sondern schneller, in manchen Regionen wie im Königreich Sachsen oder im Ruhrgebiet geradezu sprunghaft. Industrie und Eisenbahnbau zogen neue Arbeitsplätze in der Verwaltung, Dienstleistung und beim Handel nach sich und lockten mittelständische Zuwanderer an. In den überfüllten Teilen der Altstädte entstanden Slumviertel, jenseits der Altstadt neue Arbeiter-, Bürger- und Villenviertel. Das waren in der Regel die alten, zentral gelegenen Bürgerstädte.

Ganz anders entwickelten sich Ansiedlungen „auf der grünen Wiese"; wagemutige Unternehmer hatten sich aus übergeordneten Erwägungen für einen solchen vorteilhaften Standort entschieden, der günstige Verkehrswege sowie Kohle- und Eisenvorkommen vereinigte. Daraus entstand nicht selten eine „planlose Durchmischung von Industriebetrieben, Verkehrsanlagen, Versorgungsleitungen, Abraumhalden und Wohnquartieren".[35] Solche Ansiedlungen entstanden in den Ruhr- und Saarregionen, in Oberschlesien und Sachsen; aus manchem bedeutungslosen Ackerbürgerstädtchen wuchs auf diese Weise bereits in den 1860er Jahren eine kräftig expandierende Siedlungszone.

Zwischen diesen extremen Formen der traditionalen alten Bürgerstädte und der künstlichen, industriebedingten Ansiedlungen befand sich die große Zahl der ländlichen Klein- und Mittelstädte, die einerseits ihre Jugend an die neuen Ballungszonen verloren, andererseits aber auch von jenen profitierten, weil sie vermehrt ihre landwirtschaftlichen Erzeugnisse dorthin liefern konnten.

Überblickt man das Städtewachstum im 19. Jahrhundert insgesamt, zeichnet sich ein Dreigenerationenrhythmus ab: In der ersten Generation von 1806 bis ca. 1840 verdichtete sich entsprechend dem allgemeinen Bevölkerungswachstum die Besiedlung auf dem Land und in den Städten ziemlich parallel. Seit den 1840er Jahren bis zur Reichsgründung 1871 gewann das Wachstum in den Städten gegenüber dem Land die Oberhand; die größten Städte wuchsen nun schneller als die mittleren und die kleinen. Eisenbahnen und industrielle Standorte trieben diese Entwicklung voran. Auch im deutschen Süden und in Österreich kam jetzt die Verstädterung in Gang. Erste Wanderungen aus der näheren Umgebung der Städte schlugen auch zu Buche. Die Bevölkerungsverdichtung wurde besonders augenfällig in den deutschen Großstädten mit mehr als 100000 Einwohnern. Gab es um 1800 nur deren drei im Bereich des Deutschen Bundes, nämlich Wien, Berlin und Hamburg, so waren es im Jahre 1875 fünfzehn: Wien, Berlin, Hamburg, Dresden, München, Prag, Triest, Köln, Leipzig, Königsberg, Magdeburg, Stuttgart, Hannover, Bremen und Frankfurt. In der Generation seit der Reichsgründung 1871 bis 1900 beschleunigte sich dann noch einmal die Verstädterung in Deutschland in einem Maße, wie es in den zwei Generationen zuvor nicht der Fall gewesen war. Nun trieben auch die Fernwanderungen vor allem aus den agrarischen Regionen im Nordosten in die Industriegebiete Mittel- und Westdeutschlands die Verstädterung kräftig voran.[36]

## *b) Der Zwang zur „Städtetechnik"*

*Hygienische Verhältnisse und Kanalisation.* – Die Verstädterung ertrug nur ein begrenztes Maß der Zusammenballung, darüber hinaus wurden die vielen, auf engem Raum versammelten Menschen zum Problem. Denn gegenüber früheren Jahrhunderten änderte sich in den Städten während der ersten Hälfte des 19. Jahrhunderts zunächst nur soviel, daß immer mehr Menschen enger beieinander lebten. Immer noch galt die Erfahrung, daß man auf dem Lande ein höheres Lebensalter als in der Stadt erreichen konnte. Unrat, mangelnde Hygiene und Gestank prägten in einem heute kaum vorstellbaren Ausmaß das Dasein in der Stadt. Wie am Beispiel Berlins gezeigt wurde, leitete man Abwässer, Unrat und Fäkalien in innerstädtische Senkgruben ab, und nachts kamen Abfuhrwagen, die den Inhalt der Gruben zur Spree transportierten, in die während der 1820er Jahre jährlich an die 200000 Eimer Fäkalien von der Jungfernbrücke aus entleert wurden.[37]

Gassen und Höfe dienten zur körperlichen Entleerung; die weithin unbefestigten Straßen waren bedeckt von Abfällen, Pferdekot, Tierkadavern und demzufolge Ungeziefer aller Art, vor allem Ratten. Unzureichend versiegelte Leichengruften in den Kirchen und auf den städtischen Friedhöfen verströmten Verwesungsgeruch. Misthaufen im Innenhof eines Mietshauses waren keine Seltenheit. Andererseits dienten innerstädtische Brunnen, Zisternen und die natürlichen Wasserläufe von alters her als Quellen des täglichen Trink-, Wasch- und Löschwassers.

Die langsam heranreifenden Erkenntnisse über die verheerenden Folgen verunreinigten Wassers und die verbreitete Furcht vor krankmachenden Gerüchen und Ausdünstungen („Miasmen") gebaren unter dem wachsenden Druck der Verstädterung zahlreiche Ideen und Projekte zur „Stadtsanierung": Misthaufen und Tiere wurden aus den Ortschaften verbannt; private Schlachtbänke hatten öffentlichen Schlachthäusern mit kontrollierter Fleischbeschau zu weichen. Begräbnisse im Innern der Stadt wurden untersagt und die Friedhöfe vor die Stadtmauern verlegt. Darin bekundete sich zugleich ein tiefgreifender Mentalitätswandel, denn fortan wollte man nicht täglich dem Tod ins Angesicht schauen, mit den Toten auf gemeinsamem Raum leben, wie es altem christlichen Verständnis entsprach; mit den Friedhöfen wurde das „memento mori" ausgegrenzt. Das folgte zwar aufgeklärtem Denken, verletzte aber religiöse Gefühle und rief vielerorts Protest hervor.[38]

Seit der Jahrhundertmitte bemühten sich die Kommunen verstärkt um die Probleme von Wasserversorgung, Abfallbeseitigung und Straßenverschmutzung. Die seit 1830 in deutschen Städten grassierende Cholera wurde frühzeitig mit dem Schmutz der Städte in Verbindung gebracht, zumal die Zeitgenossen glaubten, daß sie sich bevorzugt in den Städten und nicht auf dem Land ausbreite. Großstädte wie Hamburg, Berlin, München und Frankfurt begannen, Trinkwasserleitungen und Abwässersysteme zu bauen. Private Gewerbebetriebe und Kommunen errichteten städtische Wasserwerke. Berlin (1852/53), Altona (1854) und Magdeburg (1858) machten den Anfang, und sie sahen die Erkenntnis bestätigt, daß mit sauberem Wasser die Thyphussterblichkeit sank. Die Idee, Berlin mit unterirdischen Wasserleitungen zu versorgen, wurde in den 1850er Jahren ebenfalls realisiert. 1862 besaßen bereits ca. 20000 Haushalte bei einer Gesamtbevölkerung von rund 700000 Menschen einen Anschluß an die Versorgung des Wasserwerks.

Das Problem, auf welche Weise die Abwässer beseitigt werden sollten, erregte demgegenüber die Stadtöffentlichkeit noch für Jahrzehnte. Es trieb die wissenschaftlichen Experten in einen Streit untereinander; die Hygieniker befürworteten, die Abfallstoffe durch eine Schwemmkanalisation aus der Stadt zu entfernen. Die Agrarchemiker, in Kenntnis der Lehren Justus Liebigs, verwiesen auf den biologischen Wert der Dungstoffe; die dem Acker entzogenen Substanzen müßten ihm durch den Gebrauch menschlichen Düngers wieder zugeführt werden, andernfalls betreibe man Raubbau; England sei gerade dabei, sich zu ruinieren, Rom und andere große Reiche seien daran zugrunde gegangen. Sie plädierten für eine Entsorgung durch bewegliche Metalltonnen, in denen Fäkalien gesammelt und sofort desinfiziert werden sollten.

Die Einwände gegen die Schwemmkanalisation waren beträchtlich; viele zweifelten an der Sicherheit und Dichtigkeit der Röhren, befürchteten eine unmerkliche Grundwasserverpestung und bezeichneten sie überhaupt als „Pesthröhren", welche die gesamte Stadtluft verseuchen würden. Erst 1873 beschloß die Berliner Stadtverordnetenversammlung, das System der Schwemmkanalisation zu bauen, und 20 Jahre später war Berlin an dieses System angeschlossen.[39]

*Öffentliche Beleuchtung.* – Auch die öffentliche Beleuchtung der Straßen gehörte zur neuen Städtetechnik. Obwohl einzelne europäische Hauptstädte wie Paris oder London bereits in früheren Jahrhunderten damit begonnen hatten, herrschte in deutschen Städten bis an die Schwelle des 19. Jahrhunderts des Nachts Dunkelheit. Es kam einer Zeitenwende gleich, daß es nun möglich war, den städtischen Tag bis in die Nacht hinein zu verlängern.

Diese Erfahrung hatte sich den Zeitgenossen nachdrücklich eingeprägt; der Dichter des literarischen Realismus, Wilhelm Raabe, hatte ihr in seinem 1864 veröffentlichten Roman „Der Hungerpastor" literarische Gestalt verliehen, als er den Kleinstädter Hans Unwirrsch in Begleitung eines preußischen Leutnants auf dem Fußweg nach Berlin ziehen ließ. Aus der Finsternis der Landschaft erhob sich vor den beiden Wanderern die Residenzstadt durch einen feurigen Schein und ein fortwährendes dumpfes Grollen und Summen. Die Wanderer durchschritten nach und nach die noch im Bau befindlichen Vorstadtviertel: „Die Menschen und die Laternen auf ihrem Wege hatten sich von Minute zu Minute vermehrt; jetzt standen die zwei Reisenden vor einem der Tore des Teiles der Stadt, der, wie der Leutnant sich ausdrückte, fertig war. Soldaten auf Wache! Laternenreihen, die ebenfalls auf Wache zu sein schienen! Menschen im Überfluß – ungeheuer viel Menschen! [...] Hans Unwirrsch [...] stand und gaffte über den Platz, der vor ihm sich ausbreitete, er starrte auf die lichterhellten vier Straßen, die auf diesen Platz ausmündeten und deren Anfang in unendlichster Ferne zu liegen schien. Ungeheuer viele Menschen! Neustadt war doch auch ein ziemlich bevölkerter Ort, aber dies ging noch über Neustadt hinaus; das ging über alles hinaus, was der Herr von Malthus jemals geschrieben hatte."[40]

Die literarische Figur nahm Urbanität wahr, Menschenmassen, Betriebsamkeit, die Planmäßigkeit einer Stadtanlage mit zentralen Plätzen, die Erleuchtung durch die neuartigen Gaslaternen; während in den Landgemeinden und Kleinstädten nachts Finsternis herrschte, hatten Berlin, Hannover, Dresden und Leipzig bereits seit den 1820er Jahren damit begonnen, die großen Straßen zu beleuchten. Neu errichtete Gaswerke produzierten das erforderliche Leuchtgas; private Unternehmer und städtische Kämmerer erkannten darin lukrative Einnahmequellen, denn Gas diente bald nicht nur der Beleuchtung, sondern auch dem häuslichen Heizen und Kochen. Hier erwies sich einmal mehr die Jahrhundertmitte als Schwelle der Urbanisierung, denn bei den Gaswerken kam es seit den 1850er Jahren zu einem regelrechten Gründungsboom. Allein zwischen 1855 und 1860 schnellte die Zahl der preußischen Städte mit Gasversorgung von 13 auf 39 empor; im Jahre 1877 gab es im Deutschen Reich bereits 481 Gaswerke.[41]

### *c) Wohnungsbau und Stadtplanung*

Das 19. Jahrhundert brachte die freie Verfügbarkeit über das Grundeigentum – auf dem Land und in der Stadt. Der Boden wurde seiner älteren rechtlichen und herrschaftlichen Bindungen entkleidet, so daß er als teilbare und kapitalisierbare Ware den Regeln des Marktes unterworfen war. Seit den 1840er Jahren florierte das Geschäft mit Grundstücken, wo Boden für Eisenbahntrassen und Bahnhöfe gebraucht wurde. Die Preise stiegen, oft begleitet von heftigen Spekulationen, um das Zehn- bis Fünfzehnfache. Neben privaten Bauherren begannen auch sogenannte „Terraingesellschaften" Bauerwartungsland so billig wie möglich aufzukaufen; dann erschlossen sie es, teilten es in Parzellen auf und bebauten es, um aus Vermietung, Verpachtung oder Weiterverkauf den gewünschten Gewinn zu erzielen. Optimaler Ertrag ließ sich aus mehrstöckigen Massenwohnanlagen ziehen, die sich in Vorderhaus, Seitenflügel und Hinterhaus gliederten. Bereits in den 1820er Jahren wurden die ersten dieser langen Häuser, die später „Mietskasernen" hießen, am Berliner und Elberfelder Stadtrand errichtet. Jürgen Reulecke berichtet von fünf Mietskasernen, die in der Berliner Vorstadt bis zu 2500 Menschen in rund 400 Stuben beherbergten, wobei dort mitunter auch noch Webstühle aufgestellt waren.[42]

*Das Experiment mit gemeinnützigen Wohnungsbaugesellschaften.* – Aufmerksame sozialkritische Zeitgenossen befürchteten, mit solcher Siedlungsweise werde auf engstem Raum ein Proletariat zusammengepfercht. Ihre Gegenvorschläge zum Wohnungsbau verdeutlichen, wie die Generation zwischen 1840 und 1870 an einer Wegmarke stand, an der sich entschied, ob die Menschen in den wachsenden Städten mehrheitlich in den „eigenen vier Wänden" oder dauerhaft zur Miete wohnen würden. Der Berliner Professor für abendländische Sprachen, Victor Aimé Huber, entwarf ein Wohnungsbaukonzept, das eine ernstzunehmende Alternative zu dem sich bahnbrechenden gewinnorientierten Mietwohnungsbau darstellte. Politisch gehörte er zu solchen Sozialkonservativen, die ein besonderes Gespür für die soziale Frage zeigten und sie mit korporativen Selbsthilfeeinrichtungen der Arbeiterschaft lösen wollten. Huber plante, die Arbeiter in kleinen Häusern mit höchstens vier Wohnungen in den neu entstehenden Vorstädten anzusiedeln; die Bebauung sollte durch Gartenland aufgelockert sein und rund 100 solcher Häuser sollten eine Siedlungsgenossenschaft bilden. Diese größeren Einheiten wollte er durch urbane Zentren zusammengehalten wissen: ein Zentralgebäude für Versammlungen und Schulunterricht, Badeanstalten, Back- und Waschhäuser, Einkaufsläden, Bibliothek und Lesehalle, Betsaal, Anschluß an die Gas-, Heizwasser- und Wärmeversorgung – alles das sollte in genossenschaftlicher Verwaltung den Siedlern zur Verfügung stehen. Auch zur Finanzierung hatte Huber klare Vorstellungen. Unter dem Eindruck der Notjahre der 1840er stehend, rechnete er mit der Bereitschaft zu bürgerlicher Mitverantwortung. Sozialdenkende Privatpersonen, der Staat und auch Banken sollten das Unternehmen auf Aktienbasis unterstützen. Die Arbeiter hätten durch regelmäßige Einzahlungen in etwa dreißig Jahren vom Mieter zum Miteigentümer werden können.

Die 1847 gegründete „Berliner Gemeinnützige Baugesellschaft", deren Schriftführer Huber wurde, setzte dessen vielversprechendes Projekt in die Tat um. In mehreren Gegenden am Stadtrand Berlins entstanden solche Kleinhaussiedlungen, und man wird es dem Impuls der Revolution zuschreiben können, daß die Anfang 1849 begonnenen Bauten bereits 123 Mietparteien mit rund 600 Personen Unterkunft gaben. Trotzdem scheiterte das Vorhaben. Die einsetzende reaktionäre Innenpolitik hatte in zweifacher Weise daran teil: Wo der revolutionäre Druck der Straße die Notwendigkeit zu sozialem Engagement ursprünglich dringend vor Augen geführt hatte, wurde dieses angesichts nachfolgender „Ruhe und Ordnung" gelähmt oder gedämpft; mehr noch wirkten Unterstellungen aus den Kreisen der Regierung sowie der Haus- und Grundbesitzer, die den Wunsch nach genossenschaftlich erworbenem Wohneigentum als sozialistische, wenn nicht gar „kommunistische Tendenzen" diffamierten, was jeden Bürger beunruhigen mußte, der nicht in den Ruch der „Communisten-Verschwörungen des 19. Jahrhunderts" geraten wollte, deren sich nun beispielsweise ein so betiteltes, berühmt-berüchtigtes Fahndungsbuch der nachrevolutionären politischen Polizei annahm.[43] Hinzu kam, daß der nun anbrechende Konjunkturaufschwung des 1850er Jahrzehnts mit Gewinnchancen lockte, welche den gemeinnützigen Charakter der Berliner Wohnungsbaugesellschaft untergruben. Die Aktionäre ließen sie mehrheitlich fallen, und auch der Berliner Magistrat stellte sich gegen eine öffentliche Förderung der Baugesellschaft. Der „einzige nennenswerte Versuch in der Anfangsphase der Urbanisierung in Deutschland, planend und steuernd in die Verhältnisse einzugreifen", war gescheitert.[44]

Hinzu kam: Wohnung war ein langfristiges Gebrauchsgut, das ein hohes Anlagekapital erforderte. Die Lohnabhängigen für sich konnten es nicht aufbringen. Die Baufinanzierung wurde mithin in der Epoche zwischen 1840 und 1870 zum Grundproblem für das Konzept eines breitgestreuten Wohneigentums. Bezeichnenderweise entstanden in den 1860er Jahren zwar sehr viele Spar- und Darlehensvereine, Konsum- und Produktivgenossenschaften, aber nur sehr wenige Baugenossenschaften. Die genossenschaftliche Strategie scheiterte auch, weil sich eben nicht genug Kapital beschaffen ließ und weil die Frage der Solidarhaftung im Genossenschaftsrecht noch ungeklärt war; geringes Eigenkapital und fehlende öffentliche Hypothekenbanken mit günstigen Finanzierungsbedingungen setzten zaghaften Versuchen enge Grenzen.

Mehr Erfolg war jenen gemeinnützigen Baugesellschaften beschieden, an denen sich vor allem Unternehmer finanziell beteiligten, weil ihnen an einem seßhaften qualifizierten Facharbeiterstamm gelegen war. Diesen wollten sie mit Wohnungen an ihr Unternehmen binden, denn in konjunkturellen Aufschwungphasen mußten viele Unternehmen um ihre Facharbeiter bangen, die abzuwandern drohten, wenn sie nicht durch Lohnerhöhungen oder Angebote von Wohnungen zum Bleiben verlockt wurden. Im betrieblichen Wohnungsbau orientierte man sich zunächst mehr noch am Kleinhaustyp, vermischte ihn aber zugleich mit erzieherischen Absichten, durch welche die Arbeiter in der Wohnkolonie zu einer kollektiven betrieblichen Identität gelangen sollten. Das bekannteste Beispiel für ein realisiertes Konzept eines solchen Wohnbauprogramms vor 1870 ist der Bau betrieblicher Wohnstätten durch das Unternehmen von Alfred Krupp.[45]

*Stadtplanung und gesundheitsgemäße Wohnungen.* – Die öffentliche Hand verhielt sich also gegenüber der Frage, welches Eigentum in der freigesetzten Verstädterung entstand, indifferent. Ihre regulierenden Eingriffe bewegten sich zunächst noch im Rahmen der überkommenen staatlichen Wohlfahrts-„Policey", die sich um bauliche Sicherheit und Schutz gegen Feuergefahr sorgte. Großangelegte Stadtplanung hatte bis ins 19. Jahrhundert hinein zunächst nur bei der großzügigen Anlage der Residenzstädte stattgefunden, in denen repräsentative Plätze und Straßenfluchten planvoll aufeinander bezogen wurden.

Nach Haushaltsuntersuchungen früher Wohnstatistiker lebte die typische Heimarbeiterfamilie des 19. Jahrhunderts in zwei Räumen, wobei getrennte Schlafräume für Kinder und Eltern fehlten. Wohnte man im eigenen Haus, waren weitere Zimmer untervermietet. Ländliche Bergarbeiter und Industriearbeiter mit ländlichem Nebenerwerb verfügten demgegenüber eher über ein eigenes Häuschen mit drei Zimmern und einer Küche. Strenge Wohnungsnot herrschte bei jugendlichen Fabrikarbeitern beiderlei Geschlechts, die ohne Familienanbindung in Gemeinschaftsunterkünften leben mußten. Städtewachstum bedeutete seit den 1840er Jahren vor allem, mehr Mietshäuser zu bauen. Die frühen Wohnungsstatistiken des 19. Jahrhunderts schienen darauf hinzudeuten, daß Wohnungen immer stärker belegt wurden. Tatsächlich wurden aber die Gebäude höher, der Mietshausbau mehrgeschossig. Insgesamt war die Wohnraumversorgung in den Gewerbestädten mit raschem industriellem Wachstum schon um die Jahrhundertmitte kritisch, aber von einem allgemeinen Wohnungselend kann man vor der Phase der Hochurbanisierung, die mit der Reichsgründung einsetzte, noch nicht sprechen.

Anregungen zu menschenwürdiger Bauweise kamen zunächst aus der Öffentlichkeit. Hellsichtige Zeitkritiker wie der genannte Huber oder der schlesische Demokrat Alexander Schneer hatten bereits in den 1840er Jahren die Wohnungsnot beklagt. Bettina von Arnim führte in ihrer Schrift „Dies Buch gehört dem König" von 1843 König Friedrich Wilhelm IV. das Berliner soziale Elend am Beispiel der Wohnungsnot vor Augen. In der reichhaltigen Literatur der frühen Wohnungsbautheoretiker verlagerte sich der Beobachtungshorizont von den Nöten des Pauperismus zur sozialen Lage der industriellen Arbeiterschaft. Die neue Perspektive etablierte sich in den 1850er Jahren. Allerdings wuchs erst langsam das Bewußtsein, daß Überbevölkerung der Altstädte und hohe Belegungsdichte Gefahren für die Hygiene hervorriefen. Bereits die Zeitgenossen erkannten, daß die hohe Sterblichkeit bei den Unterschichten weniger auf schlechte Ernährung als auf widrige Wohnbedingungen zurückzuführen sei. Mitte der sechziger Jahre warnten Fachlexika bereits vor krankmachenden Sümpfen, Kanälen ohne frische Wasserströmung und Abzugsgräben nahe den Häusern, wie es besonders in Großstädten zu beobachten war, und zugleich entwickelten sie das Ideal einer gesundheitsgerechten Wohnung. Eine solche sollte mindestens aus zwei Zimmern mit Küche, Speisezimmer und Holzgelaß und einem kleinen Vorflur bestehen; die Räume sollten hell, am besten südwärts gelegen, trocken, warm und gut zu durchlüften sein. Den Zeitgenossen war bereits klar, daß mehr Licht und Luft in einer Familienwohnung der Gesundheit förderlich sei. Genaue wissenschaftliche Untersuchungen, wie schlechte Wohnverhältnisse und Krankheit zusammenhingen, befanden sich erst in den Anfängen, wobei der Münchner Max Pettenkofer frühzeitig Baunormen und Wohnungsstandards entwickelte, etwa Vorschriften über Straßenbreiten und Abstand zwischen den Häusern, um eine regelmäßige Durchlüftung des Stadtviertels sicherzustellen. Zwischen 1850 und 1860 wurde in Deutschland das Ideal des kleinen, eigenen Familienhauses mit Garten diskutiert; man orientierte sich am englischen Cottage-Modell, wobei sich die Diskussion auf die Alternative Kleinhaus oder Mietskaserne zuspitzte. Freilich erwiesen sich solche Konzepte, die bürgerliche Villenkolonie als Vorbild für eine Arbeiterwohnreform zu nehmen, als Illusion.

Nach der Jahrhundertmitte, mit dem Durchbruch der Urbanisierung, delegierten die Einzelstaaten stadtplanerische Aufgaben immer mehr an die Kommunen, und diese begannen, Fluchtlinien von Straßen und die Gestaltung von Fassaden festzulegen. Ein preußischer Erlaß von 1855 wurde hier zu einem Markstein: Er übertrug den Kommunen ausdrücklich die Kompetenz, Bebauungspläne aufzustellen. Seit den 1850er Jahren regelten Baupolizeiordnungen (Berlin 1853), wie Feuergefahren und Seuchen abzuwenden seien, wie hoch Häuser errichtet werden, wieviele Stockwerke sie haben durften und wie groß die Hinterhöfe zu sein hatten. Die lichte Höhe der Räume und der Mindestabstand der Gebäude wurden geregelt. Da die Bauherren, gemessen an der Ausdehnung ihrer Gebäude entlang der Straße, an den Straßenbaukosten beteiligt wurden, gingen sie in Berlin, München, Hamburg und Frankfurt dazu über, Baublöcke zu errichten, die sich an der Straße schmal, dafür aber um so weiter in die Tiefe erstreckten. Das förderte unwirtliche Hinterhöfe und Proletarierviertel in den Ballungszonen. Kritik daran blieb zunächst folgenlos, wie die Zeitschrift „Der Arbeiterfreund" erfuhr, die im Jahre 1866 Maßstäbe für menschenwürdiges Bauen entwickelte.

### *d) Armenpflege*

Armenpflege gehörte schon immer in den Aufgabenbereich der Städte. Die überkommenen Formen der milden Gaben und der Barmherzigkeit hielten den neu einströmenden Zuzüglern und dem innerstädtischen Bevölkerungswachstum nicht mehr stand. In Preußen wurde die Lage noch dadurch erschwert, daß die Behörden Freizügigkeit als wirkungsvollstes Mittel gegen den Pauperismus empfahlen, was den Druck auf die Städte noch erhöhte. Als Anfang der 1850er Jahre eine letzte bittere Ernährungskrise

Deutschland heimsuchte, entwickelten im Jahre 1852/53 Elberfelder Fabrikanten ein Armenpflegesystem, das über Deutschland hinaus beispielhaft wirkte und sich seit den 1860er Jahren immer weiter ausbreitete. Nicht mehr die christlich-patriarchalische Fürsorge leitete die Hilfe, sondern Daseinsfürsorge wurde Teil der städtischen Verwaltung, welche die Armenfürsorge von einem zentralen kommunalen Amt aus besorgte. Man teilte die Stadt in Armenpflegebezirke ein; eine städtische „Deputation" wachte über die Vorsteher dieser Bezirke; die Vorsteher wiederum kontrollierten die ehrenamtlichen Armenpfleger, die sich jeweils einer begrenzten Zahl von Armenfamilien annahmen. Fürsorge und Sozialdisziplinierung gingen Hand in Hand, denn die Armenpfleger vermittelten Arbeitsplätze, prüften Lebenswandel und Kirchenbesuch und entschieden dann darüber, ob die Familien weiter Unterstützung erhalten sollten. Lange bevor sich der Zentralstaat in den 1880er Jahren der Sozialversicherung der Arbeiter annahm – und das war im europäischen Vergleich bereits eine Pionierleistung –, legten die Kommunen die Grundlagen für eine öffentliche Sozialpolitik. Sie fügte sich ein in den grundlegenden Wandel, der durch Stadtplanung, Städtetechnik und Daseinsfürsorge die Struktur der kommunalen Verwaltung prägte. Die neuere Forschung hat die zunächst unmerkliche und dann fortschreitend beschleunigte Urbanisierung wahrgenommen, die dem Ausbau der Städte entsprang und ihr wachsendes Leistungsangebot begründete. Unterhalb der „Hohen Politik" zwischen Reaktion und nationaler Einigung eröffnete sich dem Bürgertum in den Städten ein Wirkungsfeld, dem ein neu entstehendes städtisches Beamtentum diente.

### *e) Stadtverfassung und politische Kultur*

Wie sehr die Stadt seit dem Beginn des 19. Jahrhunderts politisch und rechtlich ihre Stellung veränderte, zeigte sich besonders an den Städteordnungen, die die einzelnen deutschen Staaten nach und nach erließen. Seit dem ausgehenden Mittelalter leiteten die Städte ihr Recht aus Statuten, Verträgen oder Privilegien her, welche von den Stadt- oder Landesherren ausgegangen waren; diese gründeten eine Siedlung und verliehen ihr Stadtrecht; sie vergaben standesbezogene Privilegien. Die neuen Städteordnungen des 19. Jahrhunderts hingegen galten landesweit und garantierten, zumindest teilweise, die demokratische Beteiligung des Staatsbürgers an einer konstitutionellen und letztlich parlamentarischen Herrschaft; die Städteordnungen entsprachen dem Geist des Konstitutionalismus und bildeten die neue Staatsverfassung gewissermaßen im kleinen ab. Dabei entstand in allen deutschen Staaten ein prekäres Ringen zwischen dem Maß staatlichen Eingriffs und dem Radius kommunaler Autonomie. Der Impuls zu politischer Mitverantwortung des Bürgers ging zunächst von der staatlichen Reformbürokratie aus, verlagerte sich aber im Laufe des Jahrhunderts mehr und mehr auf die Kommunen, in deren Handlungsraum sich die bürgerlichen Kräfte vom Staat zu emanzipieren begannen.

*Drei Typen von Stadtverfassung.* – Die erste Städteordnung in Deutschland erschien im November 1808 in Preußen und verdankte dem Reichsfreiherrn vom Stein ihr Entstehen. Sie entsprang der inneren Katastrophe Preußens nach der Niederlage gegen Napoleon. Um Kräfte zum Wiederaufbau des Staates zu mobilisieren, appellierte sie an „Gemeinsinn" und Mitverantwortung der Bürger bei der Gestaltung der öffentlichen Angelegenheiten. Freilich kalkulierte sie auch mit der Opferbereitschaft der Stadtbürger, die dem Staat angesichts der auferlegten Kontributionen Napoleons aus der finanziellen Misere helfen sollten. Das Prinzip war das Entscheidende.

Die Realität entwickelte sich ungeachtet dieses Musters, wie für die deutschen Verhältnisse typisch, föderativ und vielgliedrig. Es bildeten sich im großen gesehen drei verschiedene kommunale Verfassungstypen in Deutschland heraus: die Magistrats-, die Bürgermeister- und die Ratsverfassung. Ihre Bezeichnungen teilen mit, welches Organ das maßgebliche politische Schwergewicht besaß. Die preußische Städteordnung war als *Magistratsverfassung* nach dem Prinzip der Gewaltenteilung aufgebaut, in der die Stadtverordnetenversammlung und der gewählte Magistrat an der Selbstverwaltung gemeinsam beteiligt waren. An der Spitze des Magistrats stand der Bürgermeister, der wie die besoldeten Magistratsmitglieder vom Staat bestätigt werden mußte. Die Städte standen zwar fortan generell unter der Aufsicht des Staates, aber sie besaßen das Recht, über Steuern und Ausgaben zu entscheiden.

Der Konstitutionalismus im kleinen bekundete sich in der Art der Wahl: die Stadtbürger wählten nicht mehr nach Korporationen, sondern rein formal nach Distrikten, und ihre Repräsentanten hatten ein freies Mandat. Wenn auch nicht mehr als fünf Prozent der Einwohner das Wahlrecht besaßen, verkörperten die Stadtverordneten doch das moderne Repräsentativprinzip, indem sie beanspruchen konnten, für die Gesamtheit der Bürger zu sprechen. Die preußische Städteordnung von 1808 wurde mehrfach revidiert (1831, 1845, 1853); sie dehnte schließlich ihren Geltungsbereich nahezu auf die ganze Monarchie aus; sie strahlte zugleich aus auf andere deutsche Staaten wie Sachsen, Mecklenburg, Oldenburg, Braunschweig und Bremen. Dabei war kennzeichnend, daß man zwischen Städten und Landgemeinden unterschied; erst 1891 erhielten auch die Dorfgemeinden eine eigene Verfassung, die sie vor allem im Osten der direkten Unterwerfung unter die Gutsherrschaft entzog.

Die preußische Rheinprovinz bewahrte hingegen ihr Erbe aus französischer Zeit: die sogenannte *Bürgermeister- oder Mairie-Verfassung.* Entsprechend der zentralistischen französischen Kommunalverfassung wirkte hier der „Maire" als staatlich ernannter Verwaltungsleiter der Gemeinde neben einem von den Bürgern gewählten Rat. Der Bürgermeister war mithin Gemeindevorstand, Leiter der Geschäfte und Ratsvorsitzender in einer Person, und das ebenso in den Städten wie in den gleichartig geordneten ländlichen Einzelgemeinden. Diese Bürgermeisterverfassung galt über die Rheinprovinz hinaus im Großherzogtum Hessen, in Anhalt, einzelnen Gemeinden Westfalens und Sachsens sowie in den meisten thüringischen Herzogtümern.

In den süddeutschen Staaten Baden, Württemberg und Bayern regierte die *Ratsverfassung*, welche nur den kollegialen, aus Wahlen der Bürgerschaft gebildeten Gemeinderat als beschließendes und zugleich ausführendes Organ der Gemeinde kannte. Die Gemeindebürger wählten gleichfalls den Bürgermeister, der allein durch die Wahl ein beträchtliches Ansehen besaß, auch hatte er den Vorsitz im Rat inne, aber die Beschlußkompetenz lag in dieser Stadtverfassung allein beim Stadtrat, der in den Landgemeinden Gemeinderat hieß.

*Politische Dynamik der Kommunen.* – Wenn sich auch im Laufe des Jahrhunderts die einzelnen Stadtverfassungen territorial unterschiedlich entwickelten, gilt es den Blick für die fundamentalen Gemeinsamkeiten dieser Ordnungen zu bewahren, setzten diese doch maßgeblich Triebkräfte für die Entfaltung der bürgerlichen Gesellschaft im 19. Jahrhundert frei. Die Stadtverfassungen brachen mit dem Absolutismus, indem sie ein Recht auf autonome Verwaltung der eigenen örtlichen Aufgaben und Bedürfnisse anerkannten; sie arbeiteten nach dem Prinzip der Repräsentation; das machte Wahlen erforderlich, und die gewählten Abgeordneten waren in ihrem Mandat und Wirken für die Stadt frei. Das Badische Gemeindegesetz von 1831 formulierte am klarsten das Prinzip der städtischen Selbstverwaltung: „Jede Gemeinde hat das Recht, die auf den Gemeindeverband sich beziehenden Angelegenheiten zu besorgen und ihr Vermögen selbst zu verwalten.“[46] Damit war zugleich das zentrale Problem kommunaler Politik im 19. Jahrhundert fixiert: die Frage nach dem Umfang kommunaler Angelegenheiten. Denn dieser erweiterte sich kontinuierlich, vor allem nach dem Durchbruch der Urbanisierung, die viele neue Aufgaben in den Sog kommunaler Politik zog, wobei der ständig wachsende Finanzbedarf das politische Gewicht der Städte beträchtlich verstärkte.

Gingen zu Beginn des Jahrhunderts die Reformimpulse von den staatlichen Bürokratien Preußens und der Rheinbundstaaten aus, so verlagerte sich die Dynamik seit den 1830er Jahren mehr und mehr auf die Städte, die sich zum Fundament und Forum gesellschaftlicher Mobilisierung entwikkelten, wobei Traditionalität und Modernität mitunter merkwürdige Verbindungen eingingen. Dienten anfangs noch in die Landschaft eingebundene Anlagen wie die Wartburg (1817) oder das Hambacher Schloß (1832) als Brennpunkt erster politischer Demonstrationen mit Massenwirkung, verlagerten sich die Schauplätze fortan auf die großen Plätze und repräsentativen Alleen der Residenzstädte und heranwachsenden Großstädte. Städte wurden zu Zentren nationaler Feiern und bürgerlich-liberalen Protests; zwischen Städten als Sammlungsorten flochten die vormärzlichen Liberalen ihr Kommunikationsnetz, das sie befähigte, sich auf den Versammlungen 1847 in Offenbach und Heppenheim, 1848 in Frankfurt zusammenzuschließen. Die Gasthäuser der Städte dienten als Schauplätze, um Kandidaten für die frühkonstitutionellen Wahlen in Baden und Württemberg nach 1830 zu mustern, mehr noch gingen im Revolutionsjahr 1848 die Impulse zur Vereins- und Fraktionsbildung von den Versammlungssälen der Gasthäuser aus. Das gesamte Vereinswesen des Jahrhunderts, seien es bürgerliche Geselligkeitsvereine, Branchen-, Berufs- oder Gewerbevereinigungen, bedurfte der Städte. Die fortdauernde Leserevolution hatte ihre zentralen Brückenköpfe der Publizistik und Journalistik in Berlin, Augsburg, Dresden, Leipzig, Köln, Hamburg, München und Mannheim. Nicht nur die Großstädte, sondern auch die mittleren und kleinen Orte im Gebiet des Deutschen Bundes waren überzogen mit einem Netz von Sortimentsbuchhandlungen, welche die wachsende Gier des Jahrhunderts nach positivem Wissen befriedigen konnten. Und auch die Obrigkeiten der einzelnen Staaten reagierten mißtrauisch und zunehmend defensiv gegenüber der in den Städten in Gang gekommenen Mobilisierung. Alle Einzelstaaten folgten dem Trend, den Städten die kommunale Polizei für die innere Sicherheit zu entziehen und sie in staatsabhängigen städtischen Polizeidirektionen zu konzentrieren. Und unter den Städten setzte ein Wettlauf um Standortvorteile, letztlich um Überlebenschancen ein, wenn es darum ging, in den Einzugsbereich von Industrie und Eisenbahn zu gelangen.

Die Verstädterung und mehr noch die Urbanisierung hatten ihren Preis, und dieser war erborgt von einem neuen Umgang mit der Natur. Die Grenze zwischen Natur und Gesellschaft, zwischen „Land" und Stadt wurde schärfer gezogen, denn die systematische Reinigung der Stadt bedeutete „die Etablierung einer neuen Stadtgrenze",[47] und dem Umland wurde im Vertrauen auf die Regenerationsfähigkeit der Natur auf dem Weg über die Flüsse der Unrat und Abfall anheimgegeben; die Abgase der fossil erzeugten Energie in den neuen Industrieanlagen gingen in die scheinbar grenzenlos aufnahmefähige Atmosphäre; in der Existenzweise der neuen Städte zählte Natur vor allem als Ressource, deren man sich bediente, um zu überleben.

### *f) Stadtverfassung in Österreich*

Bürokratischer Absolutismus und adlige Herrschaft lasteten vor der Revolution von 1848 so schwer auf den Gemeinden Österreichs, daß diesen selbst zaghafte Ansätze einer Selbstverwaltung fremd geblieben waren. Die meisten Dörfer und Märkte waren als untertänige Verbände der adligen Grundherrschaft unterworfen. Der Grundherr ernannte Gemeindefunktionäre, welche das Gemeindevermögen verwalteten und die lokale Polizeigewalt ausübten. Die meisten Städte zählten zu den landesfürstlichen Gemeinden, die unter Joseph II. durch die Magistratsverfassung von 1783 zwar eine bescheidene gemeindliche Selbstverwaltung erhalten hatten; jedoch fiel sie dem nachfolgenden obrigkeitsstaatlichen Zentralismus zum Opfer, der die ursprünglich gewählten Bürgermeister und Magistratsräte zu staatlich ernannten Berufsbeamten machte. Es wurde bürokratisch kontrolliert, schwerfällig entschieden und kostspielig verwaltet. In ihrer Bürgerferne oder gar Bürgerfeindlichkeit[48] verfolgten die österreichischen Kommunen im Vergleich zu denen der anderen deutschen Staaten geradezu einen Sonderweg, welcher die Spannung zwischen bürgerlicher Gesellschaft und Staat ständig erweiterte. In wissenschaftlichen Lesezirkeln Wiens fanden die Ideen des deutschen Frühkonstitutionalismus Eingang und stärkten den Ruf nach einer Reform des Gemeindewesens. Kritische Oppositionelle erblickten darin eine Lebensfrage der Monarchie, und das britische Modell des „selfgovernment" wurde lebhaft als wünschenswertes Ziel der österreichischen Reform diskutiert. In der Revolution von 1848 gehörte deshalb der Ruf nach Gemeindeautonomie zu den zentralen politischen Forderungen.

Während der Revolution bildeten sich in der Tat in den städtischen Zentren gewählte Repräsentativorgane, welche die bisherigen Hürden verdrängten. Der erste Artikel des provisorischen Gemeindegesetzes vom 17. März 1849 lautete folgerichtig: „Die Grundfeste des freien Staates ist die freie Gemeinde". Doch dieses Gemeindegesetz, das für alle nichtungarischen Länder der Monarchie gelten sollte, versagte, weil der neoabsolutistische bürokratische Zentralismus den Ausbau der Gemeindeverfassung lähmte. Lediglich in den Gemeinden der österreichischen und böhmischen Erblande wurden Ortsgemeinden konstituiert und Gemeindewahlen durchgeführt. Doch auch hier wurden die Gemeindeausschüsse seit 1852 zu dienenden Gliedern der Zentralbehörden degradiert. Erst mit Anbruch der konstitutionellen Ära seit 1860 erhielt auch die Gemeindeselbstverwaltung in Österreich neues Leben und fand 1862 in dem Reichsgemeindegesetz ihren Ausdruck. In den 1860er Jahren erlebte die gemeindliche Selbstverwaltung Österreichs einen Höhepunkt, bis sie durch die Entstehung von Massenparteien und des Proletariats in eine Krise geriet, so daß man von einem „Niedergang der gemeindlichen Selbstverwaltung" (Werner Ogris) sprechen kann.

# III. Die Trennung von „Land und Herrschaft“: die Entstehung der marktorientierten Agrarwirtschaft

In den 1820er bis 1840er Jahren erschien im Leipziger Verlag von Georg Wigand eine Serie von zehn Reisebeschreibungen. Diese zehn Bücher erfassen die deutschen Landschaften Sächsische Schweiz, Schwaben, Franken, Thüringen, Harz, Riesengebirge, Steiermark mit Tirol, das Donau-, das Rheingebiet und schließlich Ost- und Nordsee. Die ganze Serie hieß: „Das malerische und romantische Deutschland“. Sehr schön dokumentiert diese Auswahl, daß zum damaligen Deutschlandverständnis wie selbstverständlich auch das benachbarte deutschsprachige Österreich hinzugehörte. Diese historischen Reiseführer zeigen Land und Leute, sind ausgestattet mit zahlreichen Kupferstichen, die Städte, Burgen, Klöster und Landschaften abbilden – alles noch ohne Eisenbahn und Fabriken. Trotz ihrer romantischen Verklärungen spiegeln diese Berichte doch zutreffend die Tatsache wider: Deutschland war bis weit in das 19. Jahrhundert hinein noch vorwiegend ein Land der Bauern. Wirtschaftshistoriker haben den Anteil der drei großen Berufsbereiche geschätzt; danach arbeiteten im Gebiet des Deutschen Bundes in der ersten Hälfte des Jahrhunderts 60% der Bevölkerung in der Landwirtschaft, 25% im Gewerbe, also im Industriehandwerk, Bergbau und Verkehr, 15% im Dienstleistungssektor. Die Reiseberichte sind auch darin treffend, daß sie das Leben in zahlreichen Kleinstädten dem Dasein der Ackerbürger auf dem Lande naherückten. Der Zwang zum Nebenverdienst zog die gewerblichen Kleinbetriebe in diese Ackerbürgerstädte. Die Berichte künden noch wenig von der großen Zeitenwende, denn sie sind weiterhin vorwiegend belebt von den alten Herrschaftsträgern, die als unmittelbar gegenwärtige Gewalten den Alltag des Volkes bestimmten: die Grafen, Bischöfe, Herzöge, ehemaligen Reichsritter. Diese erfüllten noch mehr die Vorstellungswelt der ländlichen Bevölkerung als das Zukunftsbild einer staatsbürgerlichen Gesellschaft, deren Umrisse zunächst erst die Gebildeten in Bürgertum und Adel erkannten.

## 1. Der Adel

Im 19. Jahrhundert jedoch geriet der europäische und insbesondere auch der deutsche Adel in eine schwere Legitimations- und Existenzkrise, nachdem er für mehr als ein Jahrtausend als herrschender Stand die Geschicke der europäischen Geschichte bestimmt hatte. Die historische Forschung hat demgegenüber lange Zeit dem Fortwirken und Wandel des Adels in der sich verbürgerlichenden Gesellschaft erstaunlich wenig Aufmerksamkeit geschenkt.[49] Auch herrschen Zweifel, ob er für das 19. Jahrhundert noch als gesellschaftlich einflußreiche Gruppe zu bewerten sei. In der Formel vom „Bürgertum und starken Staat" (Thomas Nipperdey) als der zentralen Auseinandersetzung des 19. Jahrhunderts hat der Adel sich bereits verflüchtigt; hinter der Gegenüberstellung von „Adelsmacht und Bürgertum" (Arno J. Mayer) hingegen verbirgt sich die Sicht, die nationalen Aristokratien in Europa hätten bis zum Ersten Weltkrieg als tatsächlich herrschende Klasse soviel Widerstandskraft und Einfluß besessen, daß sie erfolgreich die Emanzipation des Bürgertums und die Liberalisierung der Gesellschaft verhindert hätten. Ohne Mayers extreme Schlußfolgerungen zu teilen, bestätigen neueste Forschungen ihn doch darin, daß der Adel im „Kampf um das Obenbleiben" insgesamt „recht erfolgreich" gewesen sei.[50]

Freilich laufen alle pauschalen Aussagen Gefahr, den Adel als eine geschlossene Gruppe einzuschätzen. Tatsächlich bietet er sich in zahlreichen Schattierungen dar, wenn man ihn von seinem inneren Rechtsverständnis her zu begreifen versucht. Nach der „Deutschen Encyclopädie" des Jahres 1778 galt es zu berücksichtigen, ob die Adelsqualität aus der Geburt erwuchs (Geschlechtsadel) oder vom Landesherrn verliehen war (Brief- oder Amtsadel). Das alte Herkommen des Adels verlieh Sozialprestige und rechtlichen Vorzug, war deshalb durch die sogenannte Ahnenprobe nachzuweisen. Beträchtliche Schranken bestanden zwischen dem höheren Adel (Kaiser, Kurfürsten, Herzöge, Fürsten, Grafen) und dem niederen Adel (Reichsritterschaft, landsässiger Adel). Freilich erschien der Begriff des „niederen Adels" im Kreis seiner Angehörigen als kränkend, legte man doch gegenüber dem Bürgertum Wert auf die gemeinsamen Privilegien, etwa unbesteuert Landgüter besitzen zu dürfen. Doch auch hier öffnete sich eine Kluft: Als Territorialherr hatte der hohe Adel formell ein ganzes Gebiet in Besitz und konnte Land und Leute regieren, der niedere Adel hingegen durfte nur über ein Ritter- oder Landgut herrschen und war dem hohen Adel dienstpflichtig und untertan – ausgenommen es handelte sich um Reichsritter, die dem Kaiser unmittelbar unterstanden. Eine Besonderheit der deutschen Adelsgesellschaft waren ihre geistlichen Mitglieder, die als Erzbischöfe, Bischöfe und Äbte gleichfalls Landesherrschaft ausüben konnten. Überdies erwuchs dem landsässigen Adel im Patriziat der Städte, das mitunter auch dem Adel zugerechnet wurde, eine weitere Konkurrenz.

Die ständische Rechtsordnung reichte zurück bis ins Mittelalter. Sie entsprach nicht mehr den Bestrebungen der modernen Staaten, die ihre Souveränität von einem geschlossenen Territorium her definierten; ein solcher Staat konnte keine lokalen, unabhängigen Gewalten in seinem Inneren dulden. Moderner Staat im Zeitalter des Absolutismus hieß: Konzentration der Staatsgewalt kraft einer zentralisierenden Bürokratie in einer einzigen Hand. Das war zu weiten Teilen mehr Theorie als Praxis. Die Französische Revolution von 1789, stärker noch die durch sie ausgelösten Revolutionskriege seit 1792, verstärkten in der Folge jenen Konzentrationsprozeß, der bereits vom Absolutismus eingeleitet worden war. Denn durch die grundlegende Umwälzung der mitteleuropäischen Mächteverhältnisse schmolz der Adel als regierender Stand auf eine kleine Schicht zusammen. Die Kriege wirkten unmittelbar auf den Zerfall der Reichsverfassung zurück. Das Ausscheiden Preußens aus der Front der Alliierten durch seine Neutralität seit 1795, die Preisgabe von Mainz durch den Kaiser an die Franzosen, die geheimen Verzichterklärungen, wonach Reichsterritorium abgetreten wurde – vor allem das linke Rheinufer –: alle diese Vorgänge bereiteten den Umbau und schließlich Abriß des Reiches vor. Die Frage lautete endlich nur noch, wer durch welche „Konkursmasse" entschädigt werden sollte. Auf der Seite der Verlierer standen Reichsritterschaft, Reichsstädte und regierender Klerus. Der sogenannte Reichsdeputationshauptschluß von 1803 – das letzte große Reichsgesetz – besiegelte das Schicksal des zahlreichen kleinen Reichsadels, der nun zum Untertanenstand herabgedrückt wurde. Von Rechtlichkeit, gemessen an den Prinzipien der Reichsverfassung, konnte keine Rede sein. Historische Darstellungen betonen deshalb politische Notwendigkeiten: Verwaltungszentralisierung und Schaffung einheitlicher Wirtschafts- und Rechtsgebiete im Zuge der modernen Staatsbildung.

Die neugebildeten Rheinbundstaaten Württemberg, Baden und Bayern vollzogen jenen Mediatisierungsprozeß zu ihren Gunsten. Als wahrhaft revolutionäre Maßregel gegenüber dem Adel erschien dabei das bayerische Adelsedikt von 1808. Durch seine Norm definierte der monarchische Staat, wer als adlig zu gelten habe und wer nicht. Bei einer Sozialgruppe, die so entschieden auf Rang und Form achtete, wurde das als offene Diskriminierung angesehen. Alte bayerische Geschlechter argumentierten, was es denn mit Urkunden zu beweisen gelte, wo doch der gute Name für den Adel bürge: Besonders provozierend wirkte, daß der neu nobilitierte Briefadel seine Adelsqualität leichter nachweisen konnte als jene Familien, die ihre Rechte aus früheren Zeiten mangelnder Schriftlichkeit herleiten und so auf ihren guten Namen, auf Tradition und Gewohnheit, auf die sogenannten „wohlerworbenen Rechte" verweisen mußten.

Rechtmäßig ging es ebensowenig bei der Säkularisierung der alten Reichskirche und des mit ihr verbundenen Adels zu. Eigentumsrechte mochten zunächst als Grund herhalten, freilich nicht lange, denn das Entschädigungsargument (die eingebüßten linksrheinischen Gebiete) verlor in dem Moment seine Kraft, als diese Regionen nach dem Sturz Napoleons wieder an Deutschland zurückfielen. Aber die Mächte auf dem Wiener Kongreß restaurierten nicht, wie es die „Herren Oratoren für die katholische Kirche Deutschlands" in einer Petition an den Kongreß gewünscht hatten. Rechtmäßig war dieser Vorgang nicht, aber er wurde doch rechtswirksam.

Als besondere Gruppe des ehemals regierenden hohen Adels, der

Reichsstandschaft im alten Reichstag besessen hatte, rückten die sogenannten Standesherren ins Blickfeld der Politik. Ein guter Teil ihrer Hoheitsrechte blieb ihnen noch ungeschmälert: Gerichtsbarkeit, Feudalabgaben, Ebenbürtigkeit mit dem regierenden Adel, eigener Gerichtsstand. Bereits die Rheinbundakte von 1806 garantierte den Standesherren ausdrücklich solche Sonderrechte. Die Betroffenen, erbost über die Mediatisierung, lenkten teilweise ihren ehemaligen Reichspatriotismus um in ein militantes Nationalbewußtsein, das sich gegen Napoleon richtete. Vor allem als Napoleon stürzte, entwickelten sich im Adel Restitutionsbestrebungen, und man bediente sich dabei des modernen Mittels der Propaganda mit Flugschriften. Diese verbargen Standesinteresse hinter dem allgemeinen nationalen. Sie beschworen „Teutschland" und dessen Schicksal.

Die Mediatisierten bildeten beim Wiener Kongreß eine eigene Lobby, die ihnen bei der Rückgewinnung ihrer Landesherrschaft helfen sollte. Doch alles Petitionieren und Antichambrieren fruchtete nichts, um die volle Hoheitsgewalt wiederherzustellen. Ganz erfolglos blieben freilich jene Rückgewinnungsversuche nicht, wurden die Standesherren doch in der neuen Verfassung des Deutschen Bundes als eine Gruppe besonderen Rechts behandelt, die in der Bundesakte als die „privilegierteste" bezeichnet wurde. Der Artikel 14 garantierte ihnen den Fortbestand adliger Hoheitsrechte im Regionalen. Sie erwarben dadurch bundesrechtlich jene Eigenschaft, die Heinz Gollwitzer „Unterlandesherrschaft" genannt hat. Die Standesherren schoben sich in ihren Territorien als Zwischengewalten zwischen Landesfürsten und Untertanen. Wenn auch formalrechtlich privilegiert, fühlten sie sich tatsächlich sozial und politisch deklassiert. Die regionalen Schwerpunkte dieser rund 80 Familien lagen in Franken, Schwaben, in der Wetterau und in Nordwestdeutschland, einzelne auch in Altbayern und in Sachsen.

Die Standesherren unterschieden sich untereinander wie die Angehörigen des niederen Adels beträchtlich durch ihre Lebensführung. Da waren die ländlich oder kleinstädtisch Zurückgezogenen, oft der Jagd ergeben, der eigenen Haushaltsführung gewidmet. Sie hoben sich ab von den Hofwürdenträgern in den Residenzen; andere wiederum dienten als Offiziere, wieder andere als Staatsmänner und Politiker, nicht zuletzt auch als Abgeordnete in den einzelstaatlichen Landtagen.

Es gehört zu den Paradoxien des Jahrhunderts, daß der Adel sich gerade dort zu behaupten wußte, wo er zugleich die Macht der Monarchie, die ihn mediatisierte, gegenüber dem Bürgertum stärkte: im fortschreitenden deutschen Konstitutionalismus. Die Französische Revolution von 1789 hatte das monarchische System insgesamt ins Wanken gebracht, spätestens nachdem Ludwig XVI. 1793 hingerichtet und Frankreich Republik geworden war. Napoleon hatte durch sein Kaisertum diese Gefahr zunächst gebannt; er hatte einen neuen Adel gestiftet und damit die Existenz eines Adels überhaupt gerechtfertigt.

Durch die gesamteuropäische Verfassungsrestauration des Jahres 1815 blieb das monarchische System in Europa erhalten, aber es wurde, vor allem in vielen deutschen Mittel- und Kleinstaaten, gebändigt in der Gestalt des Konstitutionalismus. Dessen Verfassungen sahen sogenannte Landstände oder Landtage vor, in der Regel geteilt in zwei Kammern. Die Erste Kammer bekam die Funktion eines mit dem hohen Adel besetzten Oberhauses. Diese Ersten Kammern verliehen dem Adel einen fortdauernden politischen Einfluß; die meisten Zweiten Kammern hielten überdies einen bestimmten Anteil, in Württemberg beispielsweise ein Achtel der Abgeordnetensitze, für den niederen Adel frei. Der Adel konnte also durchaus auch in der bürgerlich beherrschten Zweiten Kammer den dort geäußerten Interessen des „Dritten Standes“ entgegentreten.

Paradox war außerdem, daß diese Adelsrepräsentanz Traditionen der alten landständischen Vertretungen wiederbelebte, die bis in die Frühe Neuzeit zurückreichten und dem Willen entsprungen waren, die fürstliche Macht, vor allem durch das Instrument der Steuerbewilligung, zu begrenzen. Der Absolutismus hatte diese ständischen Vertretungsrechte weitgehend vernichtet. Unter den Bedingungen des 19. Jahrhunderts erhielt der Adel erneut ein Forum ständischer Vertretung, nun aber in der Regel mit dem Ziel, die monarchische Macht gegenüber dem vordringenden Bürgertum zu stärken.

Hier lag ein wesentlicher Unterschied zum industriell fortgeschrittenen England, jedenfalls im Vormärz. Dort bildete sich eine gemeinsame Interessenbasis zwischen Aristokratie und Bürgertum heraus, gestützt auf den Welthandel, die Kolonien und die expandierende Wirtschaft. In Deutschland traten die Adelsinteressen in den Ersten Kammern und die des Beamten-Bürgertums in den Zweiten Kammern auseinander. Dieses System des Konstitutionalismus mit den darin verankerten geburtsständischen Vorrechten blieb erhalten bis zum Jahre 1918. Der Adel behauptete sich hier als bevorrechtigte Gruppe, und es ist zu Recht festgestellt worden, daß er in den Kammern ebenso wie in der Hofgesellschaft unabdingbar zum Wesen des Konstitutionalismus gehörte, weil er ohne ihn seinen monarchischen Charakter verloren hätte und „zum revolutionären Staat“ geworden wäre.[51]

Privileg und Sonderstellung des Adels verletzten seit 1789 zunehmend das Rechtsempfinden des „Dritten Standes“, der sie immer mehr in Frage stellte. Der Zwang, seine Besonderheit als Adel zu legitimieren, wuchs im Laufe des Jahrhunderts noch beträchtlich. Ließen sich im Mittelalter Zweifel am besonderen Geburts- und Geblütsrecht des Adels durch Spiritualisierung noch sozial entschärfen, verlor der Hinweis auf den besonderen göttlichen Auftrag bereits im Umkreis der Bauernkriege der Frühen Neuzeit an Überzeugungskraft, lautete doch damals bereits ein populäres Lied: „Als Adam grub und Eva spann, wo war denn da der Edelmann?“ Doch trotz späterer, teilweise schärfster Adelskritik von seiten aufklärerischer

Schriftsteller wurde der Adel als Institution bis in die zweite Hälfte des 18. Jahrhunderts hinein nicht erschüttert. Das vollbrachten erst die Kameralwissenschaften, die Physiokratie und die Revolutionsprogrammatik, deren Menschenrechte keinen Raum für Vorrechte durch Geburt übrigließen. Wenn überhaupt noch Adel, dann sollte nur noch derjenige aus Verdienst gelten dürfen. Wo Adlige zu Mitbürgern erklärt wurden, mußte wahrer Adel freilich auch dem Bürgerlichen erreichbar sein. Leistung und Verdienst statt Geburt und Privileg bahnten den Weg zur freien Ämterzugänglichkeit.

Die Angriffe auf den Adel wirkten doppelseitig: Sie trafen die Angesprochenen und verliehen den Angreifern zugleich das Gefühl eigener Identität. Das erfuhren die Mainzer Jakobiner von 1792 ebenso wie später die politischen Liberalen des deutschen Vormärz. Man versicherte sich durch Kritik zugleich der Grundzüge eines bürgerlichen Normensystems. Vertreter der politischen Romantik, etwa der Freiherr Joseph von Eichendorff, versuchten sich demgegenüber an einer Rettung des Adels. Aber als Legitimation diente gleichermaßen die neue Basis: der Adel des Geistes, bevorzugt kraft sittlicher Qualitäten – letztlich begründete sie weiterhin die Existenz einer Elite.

Die angebahnte Reduzierung adliger Herrschaftsrechte gipfelte in der Revolution von 1848/49. Die zahlreichen Petitionen der Landgemeinden aus ganz Deutschland an die Frankfurter Nationalversammlung offenbarten, in welchem Maße die Landbevölkerung dem landsässigen und standesherrlichen Adel noch zu Diensten und Abgaben verpflichtet war. Das galt selbst für Preußen, das in der Bauernbefreiung sonst unter allen deutschen Staaten am weitesten fortgeschritten war, nicht aber in weiten Teilen seiner Provinz Schlesien. Erst die Revolution entkleidete den Adel seiner restlichen Herrschaftsrechte.

Der Streit um die bäuerlichen Jagdlasten offenbarte, warum die Klagen über den Adel so lebhafte Leidenschaften wachriefen. Die Bauern beanstandeten die Wildhege, die Dienste bei der Jagd, die sogenannte Jagd auf fremdem Boden, welche über ihre Äcker ging, und nicht zuletzt die scharfen Strafen im Falle von Wilderei, für die ihnen das Unrechtsbewußtsein fehlte. Die Hartnäckigkeit, mit welcher der Adel die wirtschaftlich kaum erhebliche Jagd verteidigte, verwies auf deren besondere Funktion als Statussymbol und Selbstbestätigung in einer Zeit, die alles einzuebnen schien.

Überdies gehörte das Jagdrecht zu jenen vielen Berechtigungen, die im Inbegriff der Grundherrschaft enthalten waren. Sie bezeichnete das komplexe Ineinander von Boden- und Herrschaftsrechten. Grundherrschaft – eine Begriffsprägung des 19. Jahrhunderts – diente als Trennungsbegriff, um zu verstehen, welche adeligen Hoheitsfunktionen der modernen Staatsbildung vorausgegangen waren.

Der ostelbische landsässige Adel, das sogenannte Junkertum, hatte die besondere Form der Gutsherrschaft entwickelt. Zwar hatte auch der Standesherr Karl Fürst von Oettingen-Wallerstein als Sprecher seiner Standesgenossen im Revolutionsjahr 1848 eine lebhafte Petitionskampagne für die Rechte des Adels eingeleitet und sie danach beim restituierten Deutschen Bundestag in zäher Beharrlichkeit fortgeführt; jedoch übertrafen ihn die preußischen Junker in dem Grad der Abwehr- und Reaktionsbereitschaft im Revolutionsjahr und danach. Keine andere Adelsgruppe erwies sich als so rege, organisations- und lobbyfähig in Abwehr der Zeittendenzen wie gerade der ostelbische preußische Adel. Bismarck stand hier nur für vielfältige Agitationen und Aktionen seiner Standesgenossen. In ihnen lebte ein Stück jener Adelsopposition fort, mit der die preußischen Monarchen seit dem Großen Kurfürsten rangen. In Preußen hielten sich denn auch – anders als in Österreich – noch Sonderrechte wie Steuerfreiheit oder gutsherrliche Polizei, weil sie nach der Revolution von 1848 wieder restauriert worden waren.

Die Angriffe auf den Adel erreichten in der Revolutionszeit ein bisher nicht gekanntes Ausmaß in Deutschland. Die Debatten in der Paulskirche bildeten davon nur ein kleines Segment. Aber auch dort wurde schon die Bandbreite der Positionen von der Bewahrung bis zur Aufhebung der Aristokratie gut sichtbar. Die Debatte über den Adel erschien vielen Rednern in der Frankfurter ebenso wie in der Berliner Nationalversammlung geradezu als Wendepunkt oder Schlüsselphase, wo sich entschied, ob die Revolution gebändigt werden könnte oder – wie 1792 – entfesselt würde. Unverkennbar bemühten sich die konstitutionellen Liberalen, dem Adel mit Rücksicht auf die deutsche Geschichte einen besonderen Platz im Staatsleben zu bewahren, wenn man auch behauptete, seine Privilegien abschaffen zu wollen. Vergangenheitsbilder dienten als historisch gewendete Utopien. Sie sollten dem Adel eine besondere Stellung innerhalb der mehrheitlich erstrebten konstitutionellen Monarchie erhalten. Trotzdem ließ die Majorität der Paulskirche sich schließlich hinreißen, den Adel „als Stand“ abzuschaffen, was immer man auch darunter verstand. Dadurch beschleunigte das Parlament den Zeittrend: den Strukturwandel von der geburtsständischen Herrschaftsordnung zum bürgerlichen Berufssystem.

Der Adel verfolgte freilich keineswegs eine einheitliche politische Richtung; unter den Reihen der konstitutionellen Liberalen und den Befürwortern eines nationalen Verfassungsstaates fanden sich so prominente Persönlichkeiten wie der Standesherr Karl Fürst zu Leiningen, der erste Ministerpräsident der Provisorischen Zentralgewalt von 1848, Heinrich Freiherr von Gagern, der respektheischende Parlamentspräsident in der Paulskirche, ja selbst der Vertraute Friedrich Wilhelms IV., Joseph Maria von Radowitz, der Preußen noch zu einer kleindeutsch-liberalen Reichseinigung zu drängen versuchte, nachdem der König die von Frankfurt aus angebotene Kaiserkrone bereits abgelehnt hatte. Auch der Österreicher Anton Ritter von Schmerling, zweiter Reichsministerpräsident von 1848 und Exponent der Konstitutionalisierung Österreichs in den 1860er Jahren, ist hierher zu rechnen. Christof Dipper hat jene Tendenzen des Adels in dem Begriff des „Adelsliberalismus“ zusammengefaßt. Dieser war vor allem in solchen Regionen des Deutschen Bundes beheimatet, wo das Bürgertum nur schwach entwickelt war, etwa in Ostpreußen und Schlesien, nicht aber im Rheinland und in Westfalen, wo der Adel stärker altständisch-konservativen Neigungen folgte.

Der Adel war also nicht nur in sich selbst vielfach gegliedert, sondern er unterschied sich auch nach den jeweiligen deutschen Staaten, wo er beheimatet war. Wie herb sich für den ehemals regierenden Adel die Mediatisierung und Unterordnung unter den württembergischen König ausnahmen, veranschaulicht der Ausspruch des 1807 geborenen Konstantin von Waldburg-Zeil-Trauchburg: „Lieber Sauhirt in der Türkei als Standesherr in Württemberg!“[52] Hofrang, Hoffähigkeit und Residenzpflicht dienten dem Herrscher als Instrument der Disziplinierung und Privilegierung. Das Zweikammersystem eröffnete andererseits dem opponierenden Adel Betätigungsmöglichkeiten, wie sie der Monarch ursprünglich gewiß nicht vorgesehen hatte. Wie ausdauernd und lebhaft solche Opposition gegen die Regierung ausfallen konnte, zeigte der Widerstand der württembergischen katholischen Standesherren gegen die staatskirchlichen Tendenzen der Krone.

Wohin man schaute, nach Württemberg, Bayern, Österreich oder Ungarn: überall hatten die Fürsten mit einem gegliederten Adel zu tun, der untereinander zentrifugale Tendenzen entwickelte. Die Monarchen erstrebten demgegenüber, ihn zu integrieren, etwa den alten reichsständischen und reichsfreien Adel in Franken und Schwaben in den altbayerischen. Allenthalben ließ sich auch eine neuentstehende politische Oberschicht der Referendare, der Ministerialbeamten und des niederen Adels beobachten. Hier war der Typ des modernen Beamten gefragt, mit Staatsprüfung und juristischer Schulung. Durch wirksame gesellschaftliche Filter war gewährleistet, daß sich das emporsteigende Bürgertum dem Adel anpaßte. Diese staatstragende Oberschicht war aber abzugrenzen von jener gesellschaftlichen Führungsschicht, die sich als hoffähiger Adel versammelte.

Der Adel war in besonders elementarer Weise durch den Übergang von der Ständeordnung in die kapitalorientierte Marktgesellschaft betroffen, denn alter Tradition entsprechend beruhte die Sicherheit eines adligen Geschlechts auf dauerhaftem Landbesitz. Indem der Boden sich als bewegliche Ware und Gegenwert zu Kapitalien behandeln und verhandeln ließ, eröffnete er die Möglichkeit zu Spekulation und Gewinn, aber auch zu wirtschaftlicher Unproduktivität, Stagnation und Verarmung. Der Agrarkapitalismus in Preußen mit der zugehörigen hohen Mobilität des Bodens bewirkte, daß sich von den 12339 Rittergütern um 1850 nur noch 7023 in adligem, aber 5316 in bürgerlichem Besitz befanden.[53] Der adlige, ehemals erbliche Stand der Ritter zerfiel, weil er allmählich, aber fortschreitend verarmte, zumal die große Mehrheit der Landjunker so wenig wohlhabend war, daß unter den Zeitgenossen sogar Warnungen vor einem „Adelsproletariat“ umgingen.[54]

In seinem „Kampf um das Obenbleiben“ (Rudolf Braun) verblieben dem Adel im 19. Jahrhundert in Deutschland zahlreiche Wirkungsfelder, die er als traditionelle Existenzgrundlagen behaupten oder gar noch erweitern konnte. Hofdienste, Offizierslaufbahn, Bodenbesitz, teilweise durch das Erbrecht unteilbar und gesichert, Entschädigungsleistungen aus der Ablösung, spezielle Haus- und Erbgesetze, besondere Berücksichtigung in den Landtagen, in der Diplomatie und hohen Verwaltung: alle diese Statusvorteile lassen an einem generellen Niedergang des Adels im 19. Jahrhundert zweifeln. Wo tatsächlich Verarmung eintrat, konnte das zweifellos andere, mitunter auch ältere Ursachen haben als den Wandel von der Geburtsaristokratie zur Leistungselite.

*Adel in Österreich.* – Der Wandel vom Herrschaftsstand zur Funktionselite konnte Gewinn verheißen, aber auch Krise und Niedergang bedeuten; das erweist der Vergleich zwischen dem niederösterreichischen und böhmischen Adel. Der Adel Niederösterreichs gliederte sich in fünf Stufen: in den einfachen Adel, der ohne und mit Prädikat („Edler von“) verliehen werden konnte, in Ritter, Freiherren, Grafen und Fürsten.[55] Wichtiger als diese Feingliederung war auch in Österreich, wer sich zum hohen Adel rechnen durfte. Einfacher Adel und Ritter zählten zum niederen Adel, Freiherren, Grafen und Fürsten zur Hocharistokratie. Bemerkenswerterweise gab es in Österreich keine Standesherren; das war folgerichtig, denn in der Habsburgermonarchie fielen römisch-deutscher Kaiser und Landesherr zur Zeit des Alten Reiches zusammen, so daß der österreichische Adel immer schon mediat, mithin dem eigenen Landesherrn unterworfen war. Über politischen und gesellschaftlichen Einfluß entschied, ob man zu den Nobilitierten oder zum sogenannten „ständischen Adel“ gehörte. Wer Güter in Niederösterreich besaß, konnte sich in ein sogenanntes Gültbuch und daraufhin in die Landtafel eintragen und so in den Kreis des ständischen Adels einbeziehen lassen. Dadurch erhielt er Sitz und Stimme im Landtag. Wem der Kaiser den Adelstitel verliehen hatte, der konnte diesen Nachweis nicht führen und blieb von den ständischen Kollegien folglich ausgeschlossen. Nobilitierte unterlagen außerdem der niederösterreichischen Landesregierung als Gerichtsinstanz, während der landständische Adel ein landmarschallisches Gericht beanspruchen konnte, also eine ständische Institution. Beide Adelsklassen waren mithin durch die fehlende Ebenbürtigkeit getrennt. Es war freilich auch nicht schwierig, in Österreich geadelt zu werden, denn die Interessenten mußten lediglich – wenn auch mitunter hohe – Gebühren für die Nobilitierung zahlen. Beamte und stärker noch Offiziere bekamen einen Gebührennachlaß.

Hellmuth Feigl hat die Frage verfolgt, warum sich in Niederösterreich anders als etwa im östlichen Preußen keine Gutsherrschaft entwickeln konnte. Die Chancen dazu hätte es zweifellos gegeben, denn die Herrschaftsrechte des Landesherrn waren in diesem Land schwach ausgebildet, weil sie in der Mehrzahl an die örtlichen Grundherren übergegangen waren. Freilich gelang nicht die Konzentration von Hoheitsrechten, wie es für eine starke Gutswirtschaft typisch war. Die tieferen Ursachen lagen in landschaftlichen Verhältnissen, welche die Herrschaftsstruktur beeinflußten. Unterschiede in der Gestalt und Beschaffenheit des Bodens und auch des Klimas schufen jeweils besondere Voraussetzungen für die Landwirtschaft, geprägt durch die Kleinräumigkeit weiter Teile Niederösterreichs. Die Ebenen des Tullner und des Marchfeldes waren fruchtbar und dienten als Kornkammern der Großstadt Wien; die Kalkvoralpen und Teile des Waldviertels eigneten sich demgegenüber nur unzureichend für Ackerbau. In einzelnen Regionen gedieh die Weinrebe vorzüglich, in anderen wiederum nicht. Das Gebiet der Kalkvoralpen war ausgezeichnet für die Viehzucht, andere Gebiete hingegen waren dafür zu trocken und brachten nur mäßigen Graswuchs hervor. Weite Teile des Landes konnten auch zur Forstwirtschaft genutzt werden; andere dagegen hatten steppenartigen Charakter und deshalb nur geringen Baumwuchs. Diese Unterschiedlichkeit des Landes zog jeweils besondere Typen von Herrschaftsbezirken (Dominien) nach sich, die sich nebeneinander und überdies zerstreut entfalteten. Dieser Streubesitz führte zu vielen rechtlichen Überschneidungen. Es war keineswegs selten, daß ein Bauer eines Dorfes einem Grundherrn untergeben war, während ein anderer Herrschaftsträger die Dorfobrigkeit innehatte. Für die Bauern erwies sich die Zersplitterung der Herrschaftsrechte durchaus als nützlich, denn indem sie mehreren Obrigkeiten gegenüberstanden, deren Interessen sich im einzelnen Fall nicht immer deckten, konnten sie den frühneuzeitlichen gutswirtschaftlichen Tendenzen, die sich in Ostelbien, Böhmen und Ungarn durchgesetzt hatten, erfolgreich trotzen. Sie profitierten insbesondere von der sensationellen Bauernbefreiung, die der Bauernsohn Hans Kudlich mit dem berühmten Gesetz vom 7. September 1848 im konstituierenden österreichischen Reichstag in Wien durchgesetzt hatte. Auch die Gegenrevolution tastete es später nicht mehr an. Es schuf anders als das preußische Oktoberedikt von 1807 stabile Eigentumsverhältnisse; dort hatten die Bauern je nach Qualität ihres Besitzrechtes ein Drittel bis zur Hälfte ihres Gutes an den ehemaligen Grundherren abtreten müssen. In Österreich hob man 1848 Abgaben und Leistungen hoheitlichen Ursprungs ohne Entschädigung auf. Aus den übrigen – realen, mit dem Grundbesitz verbundenen – Leistungen wurde der Kapitalwert errechnet. Diesen drittelte man: auf ein Drittel mußten die ehemaligen Grundherrn, mithin der Adel, verzichten, was einer Teilenteignung gleichkam; das zweite Drittel mußten die ehemaligen Untertanen in langjährigen Raten bezahlen; das verbleibende Drittel übernahm die öffentliche Hand. Die Grundentlastung bewirkte zumindest in Niederösterreich keine

Veränderungen der ländlichen Besitzstruktur; die Bauern konnten sich freikaufen und ihren Grund als volles Eigentum erwerben, die Adligen sich aber nicht als Gewinner betrachten.

Im Unterschied zu Niederösterreich waren die landwirtschaftlichen Güter in Böhmen beträchtlich größer; mehr als zwei Drittel der Herrschaften und Güter lagen in der Hand des Adels. Sie wurden nach gutswirtschaftlichen Prinzipien verwaltet. Auch hier gliederte die Aristokratie sich in Ständeadel und Nobilitierte. Angehörige des Ständeadels mußten gleichermaßen Herrschaften und Güter besitzen, mit denen sie in die Landtafeln eingetragen waren. Der nobilitierte Adel genoß dementsprechend geringeres gesellschaftliches Prestige. Freilich nutzte er vielfach die Chance, Güter, die in den Landtafeln verzeichnet waren, zu erwerben. Dadurch stieg er in den Ständeadel auf. Auf diese Weise zählten mehrere Repräsentanten des Wirtschaftsbürgertums – Großhändler, Unternehmer und Bankiers – zum böhmischen Ständeadel, darunter etwa die Brüder Moses und Juda Porges, jüdische Baumwollfabrikanten; Albert Klein, ein bekannter mährischer Industrieller und Großgrundbesitzer; Franz Ringhoffer, Maschinenfabrikant und Güterbesitzer und Philipp Schöller, Großindustrieller und Gutsbesitzer. Im Jahre 1848 zählte nahezu die Hälfte aller in Böhmen lebenden Adelsfamilien bereits zum Neuadel.[56]

Aber nicht nur das Großbürgertum stieg in den Adel auf: es ist ein böhmisches Charakteristikum, daß auch der überkommene grundbesitzende Adel in den meisten Industriezweigen ein Übergewicht hatte. Adlige Industrieunternehmer prägten das Bild der böhmischen Wirtschaft. Seit dem Ende des 18. Jahrhunderts verlagerten sie dabei ihre Aktivitäten von der Textil- zur Lebensmittelindustrie, die als Rohstoffbasis die Gutswirtschaft benötigte. Nach den Forschungen von Milan Myska bewahrte der Adel seinen Vorrang auch während der Industriellen Revolution, denn in den 1840er Jahren lagen 59% aller Eisenhütten in seiner Hand, und diese produzierten zwei Drittel des Roheisens im Land. Am Kohlenbergbau beteiligten sich adlige Grundbesitzer zu 50% an der Produktion.[57] Graf Wilczek, der Großherzog von Toskana und Graf Larisch hielten 1841 nahezu ein Viertel der Kohlenförderung in Böhmen, Mähren und Österreichisch-Schlesien in ihrer Hand. Auch in anderen Zweigen der Industrialisierung begegnete man in Böhmen dem Adel. Insgesamt war er dort wesentlich stärker in den Prozeß der modernen kapitalistischen Industrialisierung verwickelt, als man bisher angenommen hatte. Ein Teil des Kapitals aus der bäuerlichen Grundentlastung war diesen Aktivitäten zugeflossen. Indem er während der ersten Hälfte des 19. Jahrhunderts eine führende Rolle in der Modernisierung Böhmens einnahm und die technologischen Fortschritte nutzte, erschien er im Vergleich zu den zahlreichen defensiven Rückzugsgefechten des Adels in den meisten anderen deutschen Staaten als Außenseiter.

## 2. Überkommene grundherrliche Beziehungen zwischen Adel und Bauern

Als Erbe der Frühen Neuzeit, wenn nicht teilweise gar des Mittelalters, vermengten sich in der ländlichen Wirtschaft die Dimensionen von Ökonomie, Herrschaft, Eigentumsrecht und Sozialverfassung. Das war geradezu typisch für die überkommene aristokratisch-feudalbestimmte Ständeordnung. Kritische Zeitbeobachter nahmen noch vielfältige Relikte wahr, für die sie mit einem Kampfbegriff den „Feudalismus" verantwortlich machten. Die Auflösung der ländlichen Feudalordnung war das zentrale Thema in der ersten Hälfte des 19. Jahrhunderts. Sie signalisierte die endgültige Trennung der uralten Verquickung von „Land und Herrschaft" (Otto Brunner), also den Übergang zum Agrarkapitalismus. Aus ihm ging ein freies, von adliger Oberherrschaft unabhängiges Bauerntum hervor.

Um die Nöte, Interessen und Ziele der Betroffenen, um die Merkmale jenes Umbruchs genauer zu verstehen, ist es vorab notwendig, auf jene Reste der Feudalverfassung und die mit ihr verbundene Grund- und Gutsherrschaft näher einzugehen, soweit sie die ländlichen Verhältnisse in Deutschland noch prägten. Zum Feudalismus gehörte das bis ins Mittelalter zurückreichende Strukturprinzip der Lehnspyramide. Feudum heißt ja soviel wie Lehen. Ursprünglich stand zunächst der Adel formell in lehnsrechtlicher Beziehung zum Fürsten. Spätestens in der Mitte des 18. Jahrhunderts hatte der Adel das völlige Eigentumsrecht am Boden gewonnen, und zwar einschließlich der in seiner Herrschaft stehenden Bauernhöfe. Auch das Verhältnis zwischen Grundherren und Bauern wurde in den Formen einer Lehnsbeziehung begriffen, obwohl Bauern eigentlich nicht lehnsfähig waren. Es entstand also die Situation, daß der Adel das ihm untergebene Land spätestens seit dem 18. Jahrhundert zu eigen hatte, wohingegen der feudale Unterbau zwischen adligem Grundherrn und Bauern weiter erhalten blieb.

Für diese Art der Beziehung hat sich der freilich nicht unbestrittene Begriff der *Grundherrschaft* mit einer Variante als Gutsherrschaft eingebürgert. Der grundlegende Wandel wird deutlich, wenn man sich den Abstand zum modernen Eigentumsbegriff vergegenwärtigt. Im modernen Sinn bedeutet Eigentum an Grund und Boden soviel wie Sachherrschaft über ihn; man kann ihn kaufen, veräußern, als Ware benutzen und behandeln, oder man verfügt über Grund und Boden kraft eines Pachtvertrages, der in den Bereich des Sachenrechts gehört. In den Verhältnissen der Grundherrschaft bedeutete das Recht an Grund und Boden zugleich Herrschaft über die auf diesem Boden lebenden Leute. Deshalb wurde Grundherrschaft auch als „Herrschaft über Land und Leute" definiert. Nicht allein der Besitz eines Landes begründete die Grundherrschaft, sondern es mußte eine adlige Standesqualität hinzukommen, und diese schloß politische Herrschaftsrechte ein. Die Grundstruktur feudaler Beziehungen zwischen Grundherren und Bauern konzentrierten sich im wesentlichen auf vier rechtliche Komponenten.

1. Die *grundherrliche Abhängigkeit:* Dem Recht des Grundherrn am Boden stand ein Nutzungsrecht des Bauern gegenüber. In der Weise, wie dieses Nutzungsrecht ausgestaltet war, so günstig oder ungünstig war die Lage des Bauern; entweder besaß er das Land zu Erbpacht oder auf Lebensdauer oder auf eine bestimmte Zahl von Jahren.

2. Die *personenrechtliche Bindung:* Sie war ein wichtiger Bestandteil des Lehnssystems, weil in ihr die Herrschaftsbeziehung zum Ausdruck kam. Aus ihr rührte die Leib- und Schutzherrschaft her, die Leibeigenschaft; auf der personenrechtlichen Bindung beruhten Beschränkungen der bäuerlichen Freizügigkeit und die Verpflichtung zu wirtschaftlichen Dienstleistungen, die nichts mit der Überlassung des Bodens zu tun hatten: die Verpflichtung zu Herrendiensten.

3. *Hoheitsaufgaben,* also Verwaltungs- und Gerichtsaufgaben. Der Grundherr konnte sich als Gerichts- und Polizeiherr wie eine Zwischengewalt zwischen Fürst und Untertan schieben.

4. Das *kirchliche Patronatsrecht,* also das Recht, eine Kirche zu bauen, zu unterhalten und mit einem Pfarrer zu besetzen. Das schloß Verpflichtungen der Gemeindeglieder zu Hand- und Spanndiensten ein, um die Kirche zu erhalten, und zu Abgaben, um den Pfarrer und Küster zu bezahlen.

Aus den rechtlichen Abhängigkeiten erwuchsen wirtschaftliche Leistungen der Bauern an den Feudalherrn. Sie waren in dreierlei Form möglich:

1. als *Dienstleistungen* in Form körperlicher Arbeit (Frondienste, auch „Fronden“ genannt); darunter fielen die sogenannten Handdienste oder – wenn der Bauer ein Pferdegespann hatte – die Spanndienste; dazu gehörten auch Gesindezwangsdienste; diese hatten die Bauernkinder als Gesinde auf den Gütern und in den Haushalten der Adligen zu leisten.

2. als *Naturalleistungen;* Getreide, Flachs, tierische Produkte befriedigten den Bedarf der feudalherrlichen Haushalte oder vermehrten deren Verkaufsmengen.

3. als *Geldleistungen;* seit dem 18. Jahrhundert waren – weniger im deutschen Osten als in den Westgebieten – viele Dienst- und Naturalleistungen in Geldabgaben verwandelt worden, so daß sich das Verhältnis des Bauern zum Grund- und Gerichtsherrn zumeist auf die Ebene von Renten reduziert und versachlicht hatte. Es gab nur selten ein Arbeitsverhältnis oder gar die Leibeigenschaft im wörtlichen Sinne.

Westlich der Elbe dominierte die Grundherrschaft im engeren Sinne. Für sie war typisch, daß sich die Rechte zwischen einzelnen Berechtigten aufsplitterten. Grundherren waren hier der Landesherr, die Kirche, der Adel und auch Stadtbürger; sie hatten ihr Land an die Bauern ausgegeben und lebten von den daraus fließenden Einkünften.

Eine weitere Besonderheit gehörte zum Feudalsystem: die weitgehende

Erstarrung der Agrarverhältnisse in den Dörfern. Die Nutzung des Bodens geschah nach unwandelbaren Regeln, und dazu zählten

– die historisch entstandene Gemengelage der Äcker und der Flurzwang; von beiden Rechtsverhältnissen hing ab, wann die Viehbestände der einzelnen Bauern jeweils auf den Weideflächen grasen durften;

– die gemeinsame Nutzung großer Teile des Dauergrünlandes, der sogenannten Allmende. Die Allmende verlieh der Feudalverfassung einen genossenschaftlichen Zug, und sie kam vor allem den Kleinstbauern zugute.

Die Wirklichkeit war erheblich komplizierter, als es die hier gegebene idealtypische Systematik vermuten läßt. Diese war hervorgegangen aus den intensiven Mühen von Rechtsexperten, welche sich als Mitglieder des Volkswirtschaftlichen Ausschusses der Frankfurter Nationalversammlung mit einer Unzahl bäuerlicher Petitionen auseinanderzusetzen hatten und sich in dem Dschungel von Abhängigkeiten, Privilegien, Dienstleistungen und Geldansprüchen Klarheit verschaffen wollten.

Die Grundherrschaft hatte in Gestalt der *Gutsherrschaft* noch eine Sonderform gebildet. Diese konzentrierte sich in Europa auf die Gebiete östlich der Elbe zwischen Kiel und Reval, zwischen Wien und Kiew. In ihr wurde der Bauer zum mittelbaren, zum mediaten Untertan gegenüber dem Landesherrn. Grund-, Leib- und Gerichtsherrschaft lagen in der einen Hand des gutsherrlichen Adels. Zu dieser rechtlichen Privilegierung kam dessen ökonomische Stellung: Er bewirtschafte seine Güter als geschlossene Besitzkomplexe in der Form der Eigenwirtschaft. In den zurückliegenden Jahrhunderten hatten die Gutsherrschaften umliegendes Bauernland aufgekauft oder annektiert. So waren große Gutsbetriebe entstanden. Bereits seit dem 18. Jahrhundert waren sie zu intensiver Produktion für den Markt übergegangen, und dazu wurde die bäuerliche Arbeitskraft stärker als unter der Grundherrschaft für herrschaftliche Zwecke ausgenutzt. Die Bauern mußten verstärkt Frondienste sowie Gesindezwang der Bauernkinder leisten und waren überdies in ihrer persönlichen Freizügigkeit beschränkt.

Was Eigenbewirtschaftung des Gutsherrn bedeutete, veranschaulicht sehr schön eine Instruktion des märkischen Adligen Friedrich August von der Marwitz, die er am 6. April 1813 für seinen Wirtschaftsinspektor ausgearbeitet hatte. Marwitz leistete seinen Dienst im königlichen Heer und regelte für die Zeit seiner Abwesenheit die Geschäfte auf dem Gut. In seiner Aufstellung wird deutlich, daß dem Gut nicht nur Dienstboten, Hirten und Schäfer unterstanden, sondern auch Schmied, Stellmacher, Feldhüter und Nachtwächter. Marwitz schrieb bis ins Detail die Fruchtfolge vor, gab zu beachten, ob die Felder schwer waren, ob es sich um Bruchfelder handelte und wieviel Morgen mit welchen Früchten und Getreidesorten zu bestellen waren.[58]

## 3. Agrarreformen und „Bauernbefreiung"

Die grundherrschaftlichen Beziehungen zwischen Adel und ländlicher Bevölkerung gehörten seit dem Mittelalter zum gemeineuropäischen Erbe. In Jahrhunderten hatte sich dieses System aufgelöst, freilich ungleich schnell, so daß europaweit ein Gefälle von Ost nach West zu beobachten war. Es werden darin drei Entwicklungszonen unterschieden.[59] Die *erste Zone* umfaßte jene Gebiete, in denen Reformen, wenn sie überhaupt stattgefunden hatten, steckengeblieben waren. Es waren dies die Länder sozialen Stillstands: Iberien, Süditalien, die österreichische Monarchie samt Ungarn sowie Polen und Rußland.

Eine *zweite Zone* bildeten jene Länder, in denen die adligen Herrschaftsrechte auf legale Weise abgelöst wurden, und zwar entweder durch Geldentschädigung oder Landabtretung. Die Staaten des Deutschen Bundes nahmen auf diese Weise eine Zwischenstellung ein und verkörperten alle Varianten zwischen Guts- und Grundherrschaft, wobei der Auflösungsprozeß feudaler bäuerlicher Abhängigkeiten in der ersten Hälfte des 19. Jahrhunderts fortschritt und in der Revolution von 1848 seinen Abschluß fand.

In den Gebieten der *dritten Zone* waren die grundherrlich-genossenschaftlichen Verfassungen auf dem Lande bereits bis zum Anfang des 19. Jahrhunderts zerschlagen worden. Das war so in Großbritannien, in Irland und den Küstenländern, wo sich freie Bauern gehalten hatten wie in Friesland und Norwegen; außerdem betraf es die Gebiete des Code Napoléon: Frankreich und die vorgelagerten Länder – die Niederlande, das spätere Belgien und die linksrheinischen Territorien.

Auch dies sind freilich grobe Vereinfachungen, denn die Rechtsverhältnisse waren von Region zu Region höchst kompliziert, und ebenso verwikkelt war der Vorgang, Restbestände der feudalen Bindungen richtig zu erkennen und aufzulösen. Stets handelte es sich nämlich um – reale oder verwandelte – Leistungen und Abgaben, und das hieß um überkommene materielle Ansprüche des Adels. Dennoch lassen sich Grundzüge herausstellen, nach denen die Agrarreformen vorgenommen wurden. Man kann folgende Phasen und Teilabschnitte unterscheiden:

1. die Aufhebung der persönlichen Bindungen; das betraf vor allem die Beschränkung der Freizügigkeit und den Gesindezwangsdienst sowie die Erbuntertänigkeit, die im Westen Leibeigenschaft hieß. In Preußen leitete das berühmte Oktoberedikt von 1807 diesen Prozeß ein; Mecklenburg folgte 1820 als letztes deutsches Territorium nach.

2. Die Umwandlung der Dienste und naturalen Abgaben in geldliche Entschädigungen. Das hieß: Die Fronarbeit verwandelte sich nach diesem Freikauf in Lohnarbeit.

3. Die Verleihung des vollen Eigentumsrechts am Boden. Das war der

wichtigste und schwierigste Teil der Reformmaßnahmen, denn hier bewegte man erhebliche Vermögenswerte. Weniger kostspielig wäre es gewesen, die ehemals herrschaftliche Abhängigkeit der Bauern in ein freies Pachtverhältnis zu verwandeln. Das hätte aber ein unsicheres Besitzrecht für die Bauern erzeugt. Es entsprach dem Trend des Jahrhunderts, volles Eigentumsrecht herzustellen. Dafür aber mußten die Bauern bezahlen.

In Preußen, also dem größeren Teil Norddeutschlands, hatte das Regulierungsedikt von 1811 zwei Wege eröffnet: Bei dem ersten wurde das bisher geteilte Recht am Boden – zwischen dem Grundherrn, der das Obereigentum hatte, und dem Bauern, der das Nutzungsrecht hatte – zum Maßstab einer realen Teilung des Bodens. Hatte der Bauer den Besitz zu Erbrecht, mußte er ein Drittel der Fläche an den bisherigen Grundherrn abtreten; hatte er kein Erbrecht, mußte er die Hälfte des Bodens hergeben. Dieses belastete den Bauern erheblich, denn es verminderte seine Betriebsfläche. Bei kleinen Höfen führte die Landabgabe dazu, daß eine normale Bauernfamilie ihren Lebensunterhalt von dem Hof nicht mehr bestreiten konnte. Die Zahl ehemaliger Kleinbauern, die zu Landarbeitern herabsanken, vergrößerte sich. Hatte er allerdings Erfolg, so war der Hof frei von Schulden; er konnte in die intensivere Nutzung der verbliebenen Flächen investieren. Im Osten ließ sich durch Landesausbau noch unkultivierten Bodens der Hof auch wieder vergrößern.

Der zweite Weg der Entschädigung lautete: Der Bauer bekam das bisher geteilte Eigentum ganz in seine Hand; der Hof blieb ungeteilt; dafür hatte er eine Entschädigung zu zahlen. Diese kam übrigens zu den Entschädigungszahlungen für die ehemaligen Naturalleistungen und Dienste noch hinzu.

Dieser Vorgang, „Ablösung" genannt, erfolgte in der Regel in einer Spanne von 20 Jahren. Er belastete die Bauern beträchtlich, denn einerseits fehlten noch die Mittel, die Produktivität zu steigern, wie der erst allmählich verbreitete Mineraldünger; andererseits lagen gerade in den 1820er Jahren die Agrarpreise sehr niedrig. Die Bauern mußten wegen Überschuldung oft ihre Höfe veräußern, und die bisherigen Grundherren konnten die Güter leicht in ihre Hände bekommen, denn sie hatten unter den Interessenten den geringsten Barbetrag aufzubringen, standen ihnen doch als Gläubigern noch weitere Ablösungsforderungen zu.

In Preußen vollzog sich die Auflösung der feudalen Ordnung in Etappen über die Edikte von 1807, 1811, 1816 und 1821. Hinzu kam eine Flut von Ausführungsbestimmungen. Insgesamt war dies ein langwieriger, zäher Prozeß, keine Reform in einem großen Wurf. Trotzdem wurde dieser Staat bei den Agrarreformen zu einem Vorreiter des wirtschaftlichen Liberalismus im Deutschen Bund. Zwar waren auch im deutschen Süden seit Ausgang des 18. Jahrhunderts Maßnahmen gegen die Restbestände der Feudalordnung unternommen worden, jedoch beschränkten sie sich im wesentlichen auf die Aufhebung der ohnehin nicht mehr drückenden Leibeigenschaft. Baden war 1783 vorangegangen; zwischen 1808 und 1820 folgten Bayern, Württemberg und Hessen-Darmstadt nach. An der grundherrschaftlichen Verfassung hingegen war wenig gerührt worden. Der zeitliche Schwerpunkt der Bauernbefreiung lag in West- und Süddeutschland nach 1815, sieht man einmal vom linken Rheinufer ab, wo Napoleon tätig gewesen war.

### *a) Die Unterlandesherrschaft der Standesherren*

Besondere Beharrungskraft bewiesen die Territorien mit Standesherren. Diese ehemaligen Reichsfürsten und Reichsgrafen waren selbst ursprünglich Landesherren eigenen Rechts gewesen und verfügten mitunter über großen grundherrlichen Besitz. Die Bundesakte hatte ihnen in ihrem Artikel 14 eine stattliches Maß an Hoheitsrechten erhalten: die zivile und die Strafgerichtsbarkeit, bei großen Besitzungen gar bis zur zweiten Instanz, die Forstgerichtsbarkeit, die Ortspolizei sowie die Aufsicht über Kirchen, Schulen und Stiftungen. Durch diese fortdauernden Hoheitsrechte wirkten die Standesherren gewissermaßen wie eine Zwischenobrigkeit, die den bäuerlichen Untertanen von seinem Landesherrn trennte. Das mochte wie ein Anachronismus anmuten, dokumentiert aber einmal mehr, wie sich der modernisierende Staat und ständische Herrschaftstraditionen im 19. Jahrhundert noch eine Zeitlang in einer Gemengelage befanden.

Das schuf schwerwiegende Konflikte, denn im Grunde bestand zeitweilig Unvereinbares nebeneinander fort, wie es am Beispiel des Großherzogtums Baden besonders augenfällig wird. Hier herrschten zwei der mächtigsten mediatisierten Fürsten, der Fürst von Fürstenberg und der Fürst von Leiningen. Da sie jeweils über mehr als 70000 Untertanen geboten, unterstand allein ihnen ein Siebtel der badischen Bevölkerung (rund eine Million). Ihre Bauern mußten Abgaben an die Standesherren und an den Großherzog leisten; verglichen mit den bloß landesherrlich verpflichteten Bauern, wurden sie doppelt belastet. Das empfanden sie als eine schreiende Ungerechtigkeit. Bezeichnenderweise lagen in der Revolution 1848 die Hauptunruheherde bäuerlicher Aufstandsbewegungen in eben diesen standesherrlichen Gebieten in Baden, im Odenwald und im bayerischen Ries.

Generell war in den süddeutschen Staaten die Auflösung der alten Agrarverfassung vor 1848 steckengeblieben. Das lag nicht ausschließlich an den Standesherren, denn auch aus den Reihen des übrigen grundherrlichen Adels, der Kirche, ja selbst von den Regierungen kam hinhaltender Widerstand, da sie oft als größte Grundherren auf Einnahmen aus Zehnten und Grundrenten angewiesen waren. Wo Dienste und Naturalabgaben in Geldleistungen umgewandelt worden waren – und das war die Regel –, kämpften die Berechtigten um möglichst vorteilhafte Entschädigungszahlungen. Eine entschädigungslose Aufhebung betrachteten sie als sozialrevolutionären Eingriff in ihr Eigentum.

### *b) Der Impuls der Revolution von 1848/49*

Wieviel an Feudalresten 1848 noch fortbestand, offenbarten die Bauern mit einer Flut von Petitionen aus allen Teilen Deutschlands an die Frankfurter Nationalversammlung und an die Landesparlamente. Der vom Paulskirchenparlament eingesetzte Volkswirtschaftliche Ausschuß hielt die Klagen über Mißstände mit nur wenigen Vorbehalten für berechtigt. Sein Berichterstatter, der preußische Landwirtschaftsexperte Wilhelm Adolph Lette, verband sein Resümee zu den „in allen deutschen Staaten noch mehr oder weniger vorhandenen sogenannten Feudalverhältnissen" gar mit einer zutreffenden Revolutionsanalyse: „Weil bei jeder Revolution die materiellen und sozialen Interessen des Volkes, welche diesem näher liegen als die politischen Ideen, stets die eigentlichen, in tiefstem Grunde wirkenden Faktoren der Bewegung sind, ergriffen diese letzteren bei den Märztagen selbst den von Überresten des Feudalstaates am meisten bedrückten Bauernstand im südlichen und südwestlichen Deutschland und teilweise in Schlesien, wo die unabgelösten gutsherrlichen Berechtigungen am meisten auf ihm lasteten."[60] Man muß hinzufügen, daß nicht nur materielle und soziale, sondern auch psychologische Motive und das verletzte Rechtsbewußtsein mächtige revolutionäre Antriebskräfte werden konnten.

Die revolutionären Gesetzgeber in den Landtagen und in der Frankfurter Nationalversammlung beeilten sich denn auch, durch weitreichende Agrargesetzgebungen die Reste des feudalen Herrschaftsverbandes aufzuheben oder, wo nötig, mit Hilfe komplizierter Berechnungen gegen Entschädigungen ablösen zu lassen. Viele bürgerliche Abgeordnete erhielten hier erstmals einen Begriff von den schwierigen Rechtsbeziehungen zwischen grundherrlichem Adel und bäuerlicher Landbevölkerung. Das Frankfurter Parlament erklärte in den Grundrechten vom 27. Dezember 1848 schließlich allen Lehens-, Untertanen- und Hörigkeitsverband, die Patrimonialgerichtsbarkeit, die grundherrliche Polizei, persönliche Dienste („Fronden") und Abgaben für aufgehoben; Grundlasten konnten gegen geldliche Entschädigung aufgehoben werden. Der Wiener Reichstag war bereits im September 1848 auf die erfolgreiche Agitation des populären Bauernführers Hans Kudlich hin in der „Aufhebung der Feudalverhältnisse" durch spektakuläre – und, wie dargelegt, für die Bauern günstigere – Beschlüsse vorausgegangen.

Man hat diese Wirkung der Revolution von 1848/49 als „Zeitenwende" und als „Ende des Mittelalters" bewertet. Die Revolution bedeutete hier, wie auch in anderen Lebensbereichen vielfach zu beobachten, keinen Einbruch, sondern sie beschleunigte eine bereits lang angelaufene, in den preußischen und Rheinbundreformen konzipierte Entwicklung; der durch rechtliche und soziale Beziehungen ehemals gebundene Grundbesitz wurde freigesetzt und zur Ware gemacht, mit der man handeln und

Gewinn erwirtschaften konnte. Sämtliche feudal-ständischen Strukturen mußten der individualisierten Staatsbürger- und Eigentümergesellschaft weichen.

*c) Soziale Folgen*

Über die sozialen Folgen dieses fundamentalen Wandels ist heftig gestritten worden, schon unter den Zeitgenossen. Bereits von der Marwitz gehörte zu den frühen Mahnern vor den sozial zerstörerischen Wirkungen des modernen Agrarkapitalismus. In einer Ansprache an seine Bauern der Gemeinde Friedersdorf am 4. Oktober 1818 warnte er davor, wie nachteilig es sei, „wenn der Grundbesitz wie eine Kaufmannsware immer aus einer Hand in die andere gehet, das könnet Ihr hier herum bei so vielen Eurer Nachbarn sehen! Es wird einer dem andern von Tage zu Tage fremder, es entstehet ein ewiges Umherziehen und es bekümmert sich ein jeder nur um den Gelderwerb. Wer dabei Glück hat, der kann bestehen; wer Unglück hat, der bleibt verlassen; den Armen und Schwachen fehlt der Vater, der für sie sorgt.“[61] Die patriarchalische Herrschaftsbeziehung zwischen Gutsbesitzer und Bauern schloß Rechtspflege, Fürsorge für Seelenheil und Erziehung sowie Armenpflege ein. Der moderne Staat – so lautete die Anklage – zerstöre die Sozialbeziehungen und werfe die Individuen auf sich selbst zurück. Tatsächlich aber trat an die Stelle der überkommenen Ständeordnung auf Dauer nicht der schrankenlose Wirtschaftsliberalismus, sondern der interventionistische Sozialstaat. Doch dieser zeichnete sich den Zeitgenossen erst im Zweiten Kaiserreich am Horizont ab. Freilich hat die neuere Forschung auch jenen schlagkräftigen Vorwurf, die Bauernbefreiung, also die Herstellung freien bäuerlichen Eigentums, habe ein massenhaftes Landarbeiterproletariat erzeugt, angezweifelt.

Schon für Preußen, das frühzeitig bereits seit 1805 eine staatliche Statistik aufbaute, sind die Folgen der marktorientierten Bauernbefreiung schwer abzuschätzen; denn auch hier fehlen zuverlässige statistische Daten. Eine Gewinn- und Verlustbilanz wird mindestens drei verschiedene Aspekte zu berücksichtigen haben:

1. Die Gutsbesitzer – das war ein Hauptergebnis der Reform – gewannen in beträchtlichem Umfang Land hinzu. Ostdeutschland war dadurch in einigen Provinzen vorherrschend Guts- und nicht Bauernland geworden.

2. Das mittlere Bauerntum, also die spannfähigen, selbständig existenzfähigen Bauern, konnte sich in Ostdeutschland behaupten. „Es hat Opfer gebracht, aber es ist nicht das Opfer der Reform geworden“ (Thomas Nipperdey).[62] Man schätzt, daß allein in den östlichen Provinzen Preußens 30000 bis 40000 Bauernhöfe verlorengegangen sind.[63] Wo diese mittleren Bauern aber standhielten, konnten sie ihre Einbußen zum Teil wettmachen durch erhöhte Produktion oder Landesausbau.

3. Wie für das mittlere Bauerntum waren die Folgen auch für die Klein-

bauern zwiespältig. Sie sollen in den östlichen Provinzen Preußens zwischen 70000 und 80000 nicht spannfähige Besitzstellen verloren haben; rechnet man die Verluste der mittleren und Kleinbauern zusammen, waren östlich der Elbe rund 12 bis 15% der ländlichen Besitzstellen den Reformen zum Opfer gefallen. In den westelbischen Gebieten waren die Verluste an Bauernland geringer. Freilich darf man eine verblüffende Tatsache nicht übersehen: Obwohl viele kleinbäuerliche Stellen eingingen, entstand andererseits auch eine gute Zahl neuer Höfe. Gab es 1816 rund 533000 Kleinbauern mit bis zu 15 Morgen Land, so stieg die Zahl der Höfe bis zu 30 Morgen Land vor 1849 auf 1,392 Millionen an.[64] Diese nicht spannfähigen Kleinbauern waren bis zur Revolution von 1848 von der Ablösung ausgenommen, so daß die Gutsbesitzer weiterhin von ihnen Dienste beanspruchen, ihre Stellen einziehen oder aufkaufen konnten. Hier herrschte also das alte Feudalsystem teilweise noch fort, das zu den klagenden Petitionen an die Frankfurter Nationalversammlung geführt hatte.

Aus diesem Kleinbauerntum rekrutierten sich die eigentlichen Opfer der Reform, abgedrängt in die Landarbeiterschaft; ihr sozialer Abstieg begründete im wesentlichen „die Basis des sozial-ökonomischen Machtgewinns der Gutsbesitzer".[65]

Oft wird übersehen, daß die Agrarreformen mit ihrer Privatisierung des Bodens auch tief in die innerdörflichen Sozialstrukturen eingriffen. Denn sie beseitigten die in Jahrhunderten überkommenen, gemeinschaftlich genutzten Einrichtungen, die sogenannten Allmenden. Diese Formen genossenschaftlichen Eigentums sicherten gerade den ärmeren Schichten des Dorfes Weiderecht für ihr weniges Vieh, Holzlese zum Heizen oder die sogenannte Schweinetrift, um die Schweine, den Wald als Weide nutzend, mit den Eicheln zu mästen. Diese Nutzungsrechte boten den Ärmsten des Dorfes in Krisenzeiten einen letzten Rest an Existenzsicherung. Sie protestierten deshalb besonders lebhaft gegen deren Beseitigung. Die mittleren und großen Bauern bemächtigten sich der Allmenden, wenn nicht, wie im Osten, der Löwenanteil an den Gutsbesitzer ging. In der Revolution von 1848 versuchten Kleinbauern, diesen Vorgang wieder rückgängig zu machen; sie beriefen sich auf ihr altes gutes Recht, nun freilich bisweilen eingekleidet in die Parolen der Zeit; die Bauern sprachen von „Communismus" und hatten ihre alte dörfliche Allmende vor Augen.

### *d) Vom Ende der Agrarkrisen „alten Typs" zu industriellen Konjunkturzyklen*

Wie bei keinem anderen Erwerbszweig hingen Gedeih und Verderb in der Landwirtschaft von den Geschicken der Natur ab. Auch hierin führte das 19. Jahrhundert zu einem säkularen Wandel, indem die Bauern mit Hilfe einer neu entstehenden wissenschaftlichen Agrikulturchemie lernten, die Natur wenigstens teilweise zu beherrschen, statt ihr in unberechenbarer

Weise ausgeliefert zu sein – ein Fortschritt, dessen ökologische Folgen die Zeitgenossen damals angesichts kurzfristiger beeindruckender Erfolge nicht überschauen konnten.

Wie vor allem Agrarhistoriker gezeigt haben, lassen sich in den Jahrhunderten europäischer Geschichte wiederkehrende Wirtschaftsabläufe feststellen, die periodisch in Krisenjahren gipfelten. Der vormärzliche Pauperismus bildete dabei den Schlußpunkt einer jahrhundertelangen, im Spätmittelalter einsetzenden Entwicklung. Solche „Agrarkrisen älteren Typs“ (Wilhelm Abel) bestimmten im Grunde die menschliche Gesellschaft, solange Bauern versuchten, dem Boden einen Ertrag zum eigenen Lebensunterhalt abzuringen. Die Natur beherrschte die wirtschaftliche Entwicklung; schlechte Witterung und Mißernten lösten allgemeine Hungerjahre aus und trieben die Preise für landwirtschaftliche Erzeugnisse heftig in die Höhe. Nachfolgende Teuerungen zwangen die weniger bemittelten Zeitgenossen, ihr Einkommen nur für das Allernotwendigste, das tägliche Brot, auszugeben. Sie verzichteten deshalb in solchen Zeiten bevorzugt auf die Anschaffung von Gütern, die einen zeitlichen Aufschub vertrugen: auf handwerkliche Erzeugnisse. Die aus der Agrarkrise hervorgegangene Teuerungsnot zog mithin in den neueren Jahrhunderten eine Gewerbe- und Handelskrise nach sich.

Gute Ernten hingegen verbilligten die Lebensmittel und erlaubten, Angebote des Handwerks wahrzunehmen. Zu starker Preisverfall aber brachte den bäuerlichen Erzeugern ebenfalls Not, so daß ihre Kaufkraft gleichermaßen im gewerblichen Bereich ausfiel. Auch hiermit ging ein Einbruch beim Handwerk einher, nun aber infolge einer agrarischen Überproduktionskrise. Kurz gesagt: In den Wirtschaftskrisen älteren Typs beherrschten Natur und Entwicklung der Landwirtschaft auch alle übrigen Wirtschaftsbereiche.

Die erste Hälfte des 19. Jahrhunderts sah noch solche Agrarkrisen. Besondere Einschnitte lagen in den Jahren 1805/06, 1816/17 und 1830. Die schlimmste Krise des alten Typs erfaßte Europa in den Jahren 1846/47, als eine katastrophale Mißernte, verschärft durch eine Pilzkrankheit bei den Kartoffeln, die Preise für Nahrungsmittel ungeheuer ansteigen ließ. In den ärmsten Gegenden Deutschlands, etwa in Schlesien, verhungerten die Menschen. Geradezu dramatische Dimensionen erhielt die Krise deshalb, weil sie die Kartoffel erfaßte, die im Vergleich zum Getreide auf geringeren Anbauflächen größere Erträge brachte und so zum Volksnahrungsmittel geworden war.

Noch im Auslauf der Agrarkrisen älterer Art begegnet Mitte der 1840er Jahre erstmals in Deutschland ein grundsätzlich neuartiger Typ wirtschaftlicher Bewegung. Er verdankte seine Dynamik zwischen Boom und Depression nicht Naturereignissen, sondern dem von Menschen getätigten Wirtschaften. Das waren die ersten modernen Industriekonjunkturen in Deutschland, getragen von der Sachkapitalbildung im Eisenbahnwesen.

Kapital- und Zinsbewegung sowie die Entwicklung von Wertpapieren signalisierten den neuartigen Charakter dieser Konjunkturen. Sie entwickelten sich in den modernen Wirkungszusammenhängen von Investitionstätigkeit, Einkommensbildung und Konsum.

Die Revolution von 1848/49 in Deutschland fiel in eine doppelt kritische Situation, denn zwischen 1846 und 1848 überlagerten sich phasenverschoben eine agrarische Hungerkrise älteren Typs und eine industrielle Konjunkturkrise modernen Typs. Die eine führte zur Hungersnot, die andere zu Zusammenbrüchen von Handelshäusern und zu größeren Entlassungen während der März- und Aprilwochen des Jahres 1848. Diesen Doppelcharakter der Wirtschaftskrise zu kennen ist nicht unwesentlich, um viele soziale Probleme der Revolutionszeit zutreffend zu verstehen. Im Hinblick auf die Landwirtschaft ist die Jahrhundertmitte freilich eine „Zeitenwende" (Wilhelm Abel), weil es seitdem keine allgemeine Hungersnot aufgrund der Agrarkrise älteren Typs in Deutschland mehr gegeben hat. Es herrscht ein Konsens in der neueren Forschung, daß der Durchbruch der Industrialisierung eine erneute allgemeine Hungersnot wesentlich hatte verhindern helfen. Als zwischen 1853 und 1855 die Ernten wiederum recht schlecht und die Preise für Nahrungsmittel hoch waren, blieben die Folgen regional begrenzt, weil der wachsende Verkehrsverbund durch die Eisenbahnen innereuropäisch ausgleichend wirkte und lebensrettende Dienste leistete.

# IV. Der Umgang mit der Natur: die ökologische Revolution

## 1. Das „hölzerne Zeitalter" und Epochen der Umweltgeschichte

Für den fundamentalen Wandel vom 18. zum 19. Jahrhundert hat man bevorzugt den Begriff „Revolution" gewählt. Das ist angebracht, wenn man darunter eine tiefgreifende Transformation versteht, die keineswegs in einem Ereignis oder wenigen Jahren kulminieren mußte, sondern auch in zeitlicher Dehnung gesellschaftlicher und politischer Entwicklungen ihre ganze Wirkung entfalten konnte. Von England ausgehend, erfaßte die „Industrielle Revolution" den Kontinent; die Bewegung seit 1789 in Frankreich eröffnete ein gemeineuropäisches Zeitalter der politischen Revolutionen; das Ende der frühneuzeitlichen Ständeordnung kündigte sich in der „Agrarrevolution" an, die auch als „Bauernbefreiung" gewertet wurde. Viel zu wenig hingegen ist bisher bedacht worden, daß sich seit dem 18. Jahrhundert auch eine „ökologische Revolution" Bahn gebrochen hat; seitdem änderte sich von Grund auf der menschliche Umgang mit der Natur – oder im weiteren Sinne: der Umwelt –, in welcher der Mensch als natürliches Wesen jeweils zugleich zum Objekt eigenen Handelns wurde. Neue Prinzipien und Praktiken bestimmten den Umgang mit den Wäldern, den Äckern, Gewässern, der Luft, der Landschaft und auch der Tierwelt. Aus der Sicht heutiger Kulturkritiker gerät das 19. Jahrhundert geradezu auf eine Anklagebank, indem es als Quelle langfristiger Entwicklungen begriffen wird, deren naturgefährdende Wirkungen heute offen zutage liegen. Es wird hingewiesen auf die vielfältigen Folgen der Industrialisierung (Säuerung von Seen und Wäldern durch Schadstoffe, Belastung der oberen Luftschichten durch Ausstoß von Kohlendioxid mit dem erwarteten sogenannten Treibhauseffekt), auf die Bevölkerungsexplosion mit der stark in die Landschaft eingreifenden Verstädterung, auf die neuen Leitwerte des materiellen Gewinns und des ungehemmten ökonomischen Wachstums, und allem liege eine gewaltige Ausbeutung natürlicher Rohstoffe und Energien zugrunde. Wer sich freilich nur aus einem solchen zeitgebundenen, aktuellen Krisenbewußtsein an die Vergangenheit richtet, blickt in sie wie in einen Spiegel und sieht nur sich selbst. Die Motive und Erwartungen, die Menschen des 19. Jahrhunderts bewogen, auf neue Weise in die Natur einzugreifen, waren zu vielfältig, um sie lediglich als Gewinninteresse bewerten zu können.

Umweltgeschichte setzt andere zeitliche Zäsuren als etwa die Geschichte der Industrialisierung oder der politischen Ereignisse. Die üblichen zeitlichen Einschnitte der politischen Geschichte wie 1789, 1848 oder 1871 zählen bei ihr ziemlich wenig. Es hebt sich vielmehr die Zeitspanne vom frühen 18. Jahrhundert bis zur Mitte des 19. Jahrhunderts, also von ca. 1700 bis 1850, ab; in ihr wandelte sich der menschliche Umgang mit den vier elementaren Umweltmedien Wald, Boden, Luft und Wasser auf grundlegende Weise.

Jener Umgang war während dieser Epoche gekennzeichnet von dem „Streben nach maximaler Nutzung *regenerativer* Ressourcen".[66] Leben und Wirtschaften beruhten also auf Quellen, die sich nicht endgültig verzehrten, sondern stets wieder aufbauten. Der Volkswirtschaftler Werner Sombart hat dafür den bildhaften Ausdruck vom „hölzernen Zeitalter" geprägt. Er verdeutlicht den alles überragenden Rang des Waldes, welcher als wichtigster Energieträger diente, als Weide für das bäuerliche Vieh, als Humuslieferant für die Äcker, als Vorratslager für den Baustoff Holz. Freilich haben Menschen schon seit Urzeiten, nicht erst seit dem 18. Jahrhundert, so gelebt. Dieses Jahrhundert hebt sich aus dem Fluß der Zeit aber als ein besonderes hervor, weil sich in ihm der Umgang der Zeitgenossen mit dem Wald und ihr Zeitbewußtsein auf charakteristische Weise änderten. Das Streben, die Wälder und das Holz maximal zu nutzen, stieß in jenem Jahrhundert nämlich erstmals an Grenzen. Die Zeitgenossen machten die Erfahrung der „Holznot" und begannen, das bevorstehende Ende ihrer Energieressourcen zu befürchten. Über das Jahrhundert hinweg mahnte eine Flut von Traktaten und Flugschriften, dem Raubbau am Wald entgegenzutreten und durch sorgfältiges Wirtschaften Brennholzmangel zu vermeiden. Kritische Autoren ermittelten als Ursachen den wachsenden Holzbedarf durch die Bevölkerungsvermehrung, „holzfressende Fabriken und Manufakturen",[67] Schäden durch den Wildverbiß, durch Nebennutzungen wie Schweinemast und Viehweide im Wald, Holzverschwendung, Schädigung durch Abtragen der Humusschicht, die als Dünger für die Felder benutzt wurde. Auch den Haushalt der Hausfrau sparten die Ratschläge, sorgsam mit Holz umzugehen, nicht aus.

Diese Art der Energienutzung geschah dezentral. Technischer Fortschritt beruhte in der Regel darauf, daß mehr Hände mit wachsender Arbeitsteilung sich die Herstellung gewerblicher Artikel teilten. Mechanisierung beschränkte sich auf ganz simple Vorgänge. Diese Wirtschaftsweise des 18. und frühen 19. Jahrhunderts entsprach dem Stadium der „Protoindustrialierung" im Bereich des Heimgewerbes und Manufakturwesens. „Industrie" bedeutete in jener Phase noch „Gewerbefleiß". Bis in die erste Hälfte des 19. Jahrhunderts erblickte man technischen Fortschritt vor allem darin, durch neue Erfindungen Holz sparen zu können.

Oberflächlich besehen könnte es scheinen, das Wirtschaftsleben jener Zeit habe sich im Zustand ungestörter Harmonie zur Natur befunden. Man könnte an ein Gleichgewicht denken, in dem Holzverbrauch und

Wachstum der Wälder in Balance zueinander standen. Schaut man jedoch genauer hin, so stellt man fest, daß die Menschen diesen labilen Gleichgewichtszustand nicht genau ermitteln konnten und deshalb leicht erschütterten. Der damals entzündete Gelehrtenstreit, ob die zahllosen Warnungen vor drohender Holznot der tatsächlichen Ausbeutung der Wälder entsprachen oder ob sie übertrieben waren, dauert bis heute an. Reagierten die Menschen damals auf eine bereits eingetretene oder lediglich auf eine in der Zukunft befürchtete Not? Wie dem auch gewesen sein mag: Den Zeitgenossen stand bereits die Umweltabhängigkeit ihres Wirtschaftens vor Augen, und sie nahmen es als Krise wahr.

Die besorgniserregenden Prognosen ermunterten die Regierungen und Forstpraktiker des ausgehenden 18. Jahrhunderts, durch einen neuartigen – den wissenschaftlichen – Umgang mit dem Wald das Problem zu meistern. „Wissenschaftlich" hieß aber vor allem, die Nutzung der Wälder ökonomisch berechenbar zu machen, um frühzeitig die Schwelle zum Raubbau hin zu erkennen. Ökonomie und Ökologie wurden nicht als Gegensatz, sondern als notwendige Zwillinge betrachtet. Wissenschaftlich bedeutete fortan: genaue Taxation, Vermessung der Forsten mit Karten, exakte mathematische Berechnung der Areale, Verzeichnis der Art des Bewuchses und der jeweiligen Bodenqualität. Der nassauische Oberforstrat Georg Ludwig Hartig formulierte in einem Lehrbuch im Jahre 1804 als Maßstab der Waldnutzung, „daß die Nachkommenschaft wenigstens eben so viel Vorteil daraus ziehen kann, als sich die jetzt lebende Generation zueignet. Eine solche, möglich hohe und immer gleiche, also *nachhaltige* Benutzung der Wälder kann aber bei einer willkürlichen Bewirtschaftung und Holzabgabe aus den Forsten nicht stattfinden."[68] Verantwortungsvoller Umgang mit dem Wald erwachse nicht aus geschätzten Erfahrungswerten und Augenmaß, sondern aus genauer Kalkulation, um dem Raubbau zu wehren, ihn überhaupt erst zu erkennen. Das Prinzip der Nachhaltigkeit war ein ethisches und zugleich ökonomisches Richtmaß. Bei Hartig hieß es: „Aus den Waldungen des Staates soll jährlich nicht mehr und nicht weniger Holz genommen werden, als bei guter Bewirtschaftung mit immerwährender Nachhaltigkeit daraus zu beziehen möglich ist."[69] Daraus sprach die Hoffnung, Nutzung und Regeneration in einer gleichbleibenden Balance halten zu können; diese Lehre versagte freilich vor unkalkulierbaren Einbrüchen, wie sie für die Natur, die kein Laboratorium ist, charakteristisch sind. Schlechte Ernten, Naturkatastrophen, Stürme und Krankheitsbefall ließen sich nicht vorausberechnen.

Diese beginnende Verwissenschaftlichung im Umgang mit der Natur hatte vielfältige Konsequenzen: Die einzelnen deutschen Staaten entwikkelten ein differenziertes Forstrecht und bauten ihre Forstverwaltung aus; Waldbau erfolgte nach den Regeln der Betriebswirtschaft, welcher alte bäuerliche Berechtigungen wie die genossenschaftlichen Nutzungen im Rahmen der Allmende zum Opfer fielen. Dieser grundlegende Wandel im

Umgang mit der Natur, sie berechenbar zu machen, wurde zuvor besonders am Medium des Waldes beschrieben; er äußerte sich aber gleichermaßen im Umgang mit Boden, Luft und Wasser und rückt das 18. und die erste Hälfte des 19. Jahrhunderts erheblich näher zusammen, als man es bisher zu sehen gewohnt ist.

Der wohl tiefstgreifende Einschnitt der Umweltgeschichte lag für Deutschland in der Mitte des 19. Jahrhunderts. Von da an begann die massenhafte Nutzung der Steinkohle, welche den alten Energieträger Holz ersetzte. Seit jener Epoche des sogenannten Take-off (ca. 1850–ca. 1875) erhielt die deutsche Wirtschaft dasjenige Profil, das für sie bis in die jüngste Vergangenheit kennzeichnend war: anfänglich Schwerindustrie, dann Chemie- und Elektroindustrie. Energiemangel war plötzlich kein Problem mehr, denn Deutschland besaß reiche Kohlevorräte. Die Faszination der Dampfmaschine, gar der fahrenden als Eisenbahn, wurde zum Urerlebnis einer ganzen Generation. Freilich trat an die Stelle der überwundenen Furcht vor der Holznot das Bewußtsein, in einer neuen Krise zu leben. Die wachsenden Städte um die Fundstellen der Kohleförderung und der jungen Industrie schufen neue Probleme, welche nachhaltig die Umwelt belasteten. Frühe Konflikte wegen industriell erzeugter Rauchverschmutzung zählten ebenso dazu wie die verhängnisvollen Zusammenhänge zwischen Verstädterung, Trinkwasserverseuchung und Ausbreitung der Cholera. In der zweiten Hälfte des 19. Jahrhunderts erweiterte sich die zunehmende Störung zwischen Umwelt und Mensch um die Nebenwirkungen der entstehenden kommunalen Umweltpolitik. Dazu zählten die dargelegte Einführung der städtischen Kanalisation, die Errichtung von Krankenhäusern und Schlachthöfen. Eine ständig wachsende Hygienebewegung aus Kommunalpolitikern und Medizinern versuchte, Gesundheits- und Arbeitsschutz, Wohn- und Umweltprobleme ganzheitlich zu begreifen und zu bewältigen. Allein die räumliche Verdichtung von Menschen stellte bereits eine Herausforderung an die Umwelt dar.

Die dritte Epoche der Umweltgeschichte reicht von ca. 1875 bis ca. 1905, als sich die Großstädte im Rahmen des modernen Industriestaates ausbildeten und die Zahl der in Großstädten lebenden Bevölkerung dramatisch wuchs. Wie in keiner historischen Epoche zuvor bedeutete diese Urbanisierung zugleich auch „Raumaneignung und Raumbeherrschung" (Jürgen Reulecke), welche sich die umgebende Natur und Landschaft unterwarfen.

## 2. Der alte und neue Umgang mit dem Boden

Kaum ein Autor erregte die Politiker und frühen Nationalökonomen seiner Zeit so nachhaltig wie der erwähnte Robert Thomas Malthus. Seine Bevölkerungstheorie hatte einen fatalistischen Grundzug und schien im Zeitalter des heraufkommenden Pauperismus die bevorstehende Katastrophe zu prophezeien. Vergleichbar der Holznot in der Forstwirtschaft diskutierten die Zeitgenossen Wachstumsgrenzen und drohende Erschöpfung landwirtschaftlich genutzter Böden. Von alters her war den Bauern die Erfahrung geläufig, daß bestellte und abgeerntete Böden sich erholen mußten. Sie begründete die traditionelle Dreifelderwirtschaft: Die Bauern teilten die Flur in drei Schläge ein und bebauten sie in feststehender Reihenfolge mit Wintergetreide (Weizen oder Roggen) und Sommergetreide (Gerste oder Hafer), während der dritte Teil einmal in drei Jahren brach lag und lediglich als Weide für das Vieh diente. Brache war notwendig, um dem Boden ohne zusätzliche Düngung eine Phase der Regenerierung zu gönnen.

Wie beim Umgang mit dem Wald wandelte sich nun auch die Haltung gegenüber dem Boden. Da die Naturkundler bisher an eine unerklärliche Lebens- und Zeugungskraft des Ackers geglaubt hatten, konnten sie nicht erklären, warum diese nachlasse und woher sie ihre Reserven beziehe. Erst ein neuer, der wissenschaftliche Zugang vermochte mit Theorie, Erfahrung und Experimenten aufzuklären, welchen Eigenschaften der Boden seine Produktivität verdankte und wie sich diese wiederherstellen und verbessern ließ. Ende des 18. Jahrhunderts versuchte man, den Nahrungsspielraum zu erweitern, indem man die Brache mit Klee und Hackfrüchten bebaute. Klee führte dem Boden wieder Nährstoffe zu, und die Hackfrüchte konnten an das Vieh verfüttert werden, das auf diese Weise nicht mehr mit Waldfrüchten oder durch die Weide ernährt werden mußte, sondern im Stall gehalten werden konnte. Der erhöhte Dunganfall kam wiederum dem Acker zugute. Die Hackfrüchte erforderten zugleich, den Boden tiefer zu bestellen, was ihn auf längere Dauer ergiebiger machte. Risikofreudige Landwirte konnten den mißtrauischen Bauern die steigende Produktivität durch Klee- und Kartoffelanbau handgreiflich vorweisen.

Den eigentlichen Durchbruch zu einer neuen Landwirtschaftswissenschaft bewirkte aber Albrecht Daniel Thaer aus Celle, der es sich als Außenseiter – er war ursprünglich Arzt – zum Ziel gesetzt hatte, im Bereich der Landwirtschaft die Gesetze der Natur zu erkennen. Thaer hatte das landwirtschaftliche Schrifttum aus England gründlich studiert und daraus die Überzeugung entnommen, erst in Verbindung mit den Kenntnissen der Chemie lasse sich eine wissenschaftliche Lehre des Ackerbaus entwickeln. 1809 schrieb er: „Wir können jetzt manche Wahrheiten, die wir nach unseren Beobachtungen auf dem freien Felde und Wirtschaftshofe nur ahnten, evident erweisen, und manche angenommene Vorurteile widerlegen. Deshalb muß sich der wissenschaftliche Vortrag der Ackerbaulehre unerläßlich auf richtige physikalische und chemische Begriffe gründen, und wir müssen durch sie so tief wie möglich auf den Grund der Erscheinungen zu kommen suchen“.[70] Thaer begründete ein landwirtschaftliches Lehrinstitut bei Celle. Später folgte er einem Angebot des preußischen Staatskanzlers Hardenberg und richtete auf dem Rittergut Möglin zwischen Berlin und Frankfurt an der Oder ein Versuchsgut ein, wohin von weit her Landwirte kamen, um sich in den neuen Lehren unterrichten zu lassen. Thaer begründete die wissenschaftliche Bodenkunde; zugleich lehrte er aber, wie ein landwirtschaftliches Gut nach betriebswirtschaftlichen Gesichtspunkten betrieben werden mußte, um größtmöglichen Gewinn abzuwerfen. Er veröffentlichte zwischen 1808 und 1812 ein vierbändiges Hauptwerk mit dem Titel: „Grundsätze der rationellen Landwirtschaft". Man kann es als Geburtsurkunde einer Landwirtschaft betrachten, die rein wettbewerbswirtschaftlichen Prinzipien expandierender Märkte folgte. Thaer bezeichnete die Landwirtschaft darin als ein Gewerbe, „welches zum Zweck hat, durch Produktion (zuweilen auch durch fernere Bearbeitung) vegetabilischer und tierischer Substanzen Gewinn zu erzeugen oder Geld zu erwerben. Je höher dieser Gewinn *nachhaltig* ist, desto vollständiger wird dieser Zweck erfüllt. Die vollkommenste Landwirtschaft ist also die, welche den möglich höchsten, *nachhaltigen* Gewinn, nach Verhältnis des Vermögens, der Kräfte und der Umstände, aus ihrem Betriebe zieht. Nicht die möglich höchste Produktion, sondern der höchste reine Gewinn, nach Abzug der Kosten – welches beides in entgegengesetzten Verhältnissen stehen kann – ist Zweck des Landwirts und muß es sein, selbst in Hinsicht auf das allgemeine Beste".[71]

Dieses Konzept nahm das Ergebnis der übergreifenden Zeitwende vorweg, die sich als staatlich forcierter Wandel von der Ständeordnung zu einer Marktwirtschaft von Privateigentümern darbot; das erfordete zugleich auch einen Wandel im ökonomischen Denken. Genügte es bisher weitgehend, in einem geordneten landwirtschaftlich geprägten Lebensverband (im Idealtyp dem sogenannten „ganzen Haus") Güter und Geld vor allem für den Eigenbedarf zu erwirtschaften, war es unter den Bedingungen freier Eigentümer notwendig, die Produkte am Markt anzubieten.

Man verstand Thaer freilich oft falsch, indem man seiner Orientierung landwirtschaftlicher Produktion am Gewinn zwangsläufig Ausbeutung oder Schädigung der Natur unterstellte. Wie die Forstwirte kannten die frühen Landwirtschaftswissenschaftler das Prinzip der „Nachhaltigkeit", also das Gebot, auf Raubbau zu verzichten und den Boden so schonend zu nutzen, daß er auch kommenden Generationen in gleichem Maße dienen könne. Thaer selbst sprach eine solche Warnung aus: „Häufig fallen halb ausgeführte Urbarmachungen, wobei man den Boden mehr erschöpfte als bereicherte, in ihr Nichts zurück; der Grund wird schlechter, wie [!] er vorher war; eine vorher freilich sterile Schafabtrift, ein rauhes Gesträuch wird nun ganz in eine Sandwehe verwandelt; das Beispiel steht abschreckend Kind und Kindeskindern vor Augen; das Kapital, die Arbeit, der Dünger ist dem urbaren Acker entzogen."[72]

Thaers Anregungen riefen ein lebhaftes Echo hervor, das sich in einer über ganz Deutschland verteilten Schülerschar fortsetzte. Dem Braunschweiger Reformator der Landbauwissenschaft Carl Sprengel gelang erstmals der experimentelle Beweis, daß Mineralstoffe die elementare Düngesubstanz darstellten. Statt der nun widerlegten alten „Humustheorie" begründete Sprengel die Lehre von der Mineralstoffernährung der Pflanzen. Er schrieb Lehrbücher, gründete eine land- und forstwirtschaftliche Fachzeitschrift und erhob die Düngelehre zum Lehrprogramm einer landwirtschaftlichen Lehranstalt.[73]

Doch nicht dieser – fast vergessene – Pionier der neuen Wissenschaft vom Landbau, sondern der Chemiker Justus Liebig popularisierte das Programm Thaers und die von Sprengel bereits entwickelten Düngelehren in Deutschland und weit darüber hinaus. Im Jahre 1840 veröffentlichte er das bahnbrechende Werk „Die Chemie in ihrer Anwendung auf Agrikultur und Physiologie". Darin formulierte er als entscheidende Erkenntnis: „Als Prinzip des Ackerbaues muß angesehen werden, daß der Boden in vollem Maße wieder erhalten muß, was ihm genommen wird". Liebig prognostizierte auch richtig die kommende industrielle Verfertigung von Kunstdünger; er schrieb, es werde eine Zeit nahen, wo man den Acker mit einer Auflösung von Wasserglas (kieselsaurem Kali), mit der Asche von verbranntem Stroh, wo man ihn mit phosphorsauren Salzen düngen werde, „die man in chemischen Fabriken bereitete, gerade so wie man jetzt zur Heilung des Fiebers und der Kröpfe Präparate gibt".[74] Liebig und seine Anhänger sahen sich gleichsam in der Rolle eines Arztes, der eine Schwächung oder Krankheit des Bodens therapierte. Sie lebten und argumentierten in der Erfahrung, daß der zeitgenössische Ackerbau Raubbau mit den Böden betrieb. Diesem wollte man entgegenwirken – in aufgeklärter Weise und in Distanz zu allen romantischen Naturphilosophien, welche die Urkraft in der Natur suchten, aber nicht erklären konnten, wovon die Pflanzen in ihrem Wachstum abhängig waren.

Eine Theorie zu entwickeln, um sie zu streiten und sie zu publizieren ist eines; ihr die Kraft einer gesellschaftlichen Bewegung zu verleihen verlangt neue Initiativen. Wie ist es zu erklären, daß die Erkenntnisse Thaers und Liebigs binnen einer Generation verbreitet und praktisch angewendet wurden, obwohl doch gerade die bäuerliche Bevölkerung dafür bekannt war, sich Neuerungen nur zögernd zu öffnen? Der Umgang mit dem Boden konnte nur in dem Maße revolutioniert werden, wie das neue Wissen popularisiert wurde. Wie das konkret geschah, verdeutlichen die Aktionen des sächsischen Landwirtschaftswissenschaftlers Adolph Stöckhardt, der mit Vorträgen zur Theorie Liebigs zu den Bauern aufs Land ging, wo sie seine „chemischen Feldpredigten", wie er es nannte, zu hören bekamen. Unterstützt vom Landwirtschaftlichen Verein in Chemnitz, richtete er 1845 eine Petition an den Sächsischen Landtag. Stöckhardt nannte seine Pioniertat zu Recht „die erste Kundgebung dieser Art aus einer noch einsamen Zeit". Fünf Jahre nach dem Erscheinen von Liebigs Buch wertete Stöckhardt in der Petition den Wandel in den landwirtschaftlichen Ansichten als einen „Umschwung"; er registrierte bereits einen Anklang der

„neuen Ideen in der ganzen zivilisierten Welt“. Das Vorbild Englands übte dabei noch faszinierende Kraft aus. In Furcht vor Konkurrenz warnte Stöckhardt eindringlich, den benötigten Dünger – er dachte an Knochenmehl – nach England auszuführen, wodurch er „für unser Vaterland verloren“ sei. Statt dessen beziehe man auf teure Weise den Guano von den Inseln der Südsee. Liebig halte Vorträge in England; ein anderer deutscher Chemiker habe den ehrenvollen Auftrag erhalten, auf der Insel „die fabrikmäßige Darstellung von mineralischen künstlichen Düngemitteln“ voranzutreiben. Stöckhardt mahnte den Landtag: „Werden bei uns nicht bald ähnliche Veranstaltungen getroffen, so muß wohl die Befürchtung naheliegen, es könne den deutschen chemischen Entdeckungen gehen wie den deutschen Knochen, wir erfahren ihren Wert, ihren Nutzen für die Landwirtschaft erst aus dem Munde des Auslandes“.[75]

Stöckhardt entwarf ein umfangreiches Programm. Er forderte für jede sächsische Kreisdirektion einen staatlich angestellten Chemiker. Dieser sollte auf den Versammlungen landwirtschaftlicher Vereine im Bezirk populäre Vorträge halten, auf Verlangen Boden- und Düngerarten untersuchen und deren Augenmerk auch auf Viehzucht, Brauerei und Brennerei richten. Die sächsische Regierung bewilligte die Stellen für die Kreischemiker. Sie richtete an der Forst- und Landwirtschaftlichen Akademie in Tharandt südwestlich Dresdens im Jahre 1847 einen Lehrstuhl für Agrikulturchemie ein, den sie mit Stöckhardt besetzte. Dieser warf sich mit unbändigem Eifer auf seine neue Tätigkeit, schrieb Bücher, gab Zeitschriften heraus, verfaßte Broschüren auch eigens für den Landmann, betitelt „Chemische Feldpredigten“, wobei diese Überschrift zweifellos doppeldeutig den Acker und den Kriegsschauplatz im Kampf um neue Ideen meinte. Mit Vortragsreisen fuhr er übers Land gemäß seinem Motto: „Ein einziger gelungener mündlicher Vortrag wird oft mehr wirken als dicke Bücher und die besten schriftlichen Auseinandersetzungen“.[76]

Die erste Hälfte des 19. Jahrhunderts ließ aus dem Ackerbau eine Profession werden; der erfahrungsgeleitete Bauer verwandelte sich in einen mit Fachwissen operierenden Landwirt. Zahlreiche neu eingerichtete landwirtschaftliche Versuchsstationen und Ackerbauschulen verliehen diesem Wandel eine institutionelle Basis. Gleichartige Anstalten existierten für Südwestdeutschland im landwirtschaftlichen Institut in Hohenheim (1818), für Bayern in der Land- und Forstwirtschaftlichen Lehranstalt in Weihenstephan (1803), in Österreich in Gestalt einer Professur für Landwirtschaft und Tierarzneikunde an der Universität in Klagenfurt (1808); weitere Lehranstalten entstanden in Idstein (1818), dem genannten Tharandt (1829), im schlesischen Proskau (1847), in Poppelsdorf bei Bonn (1848), in Jena in Verbindung mit der Universität (1826), in Weende bei Göttingen (1851) und bei Königsberg (1858). Diese Institute wurden später zu Landwirtschaftlichen Akademien und Hochschulen erhoben, erhielten aber das letzte wissenschaftliche Gütesiegel dadurch, daß sie fast ausnahmslos mit den benachbarten Universitäten vereinigt wurden.

An dem Programm der landwirtschaftlichen Versuchsstationen, wie es etwa Stöckhardt entwarf, wird der neue professionelle Charakter der Landwirtschaft besonders gut greifbar; er forderte: Untersuchung der Wachstumsbedingungen der Pflanzen, der Bestandteile der Atmosphäre, von Boden und Düngemitteln; Analyse der Bestandteile der Pflanzen, meteorologische Beobachtungen, Anbau neuer Nutzpflanzen, Erprobung landwirtschaftlicher Maschinen und Werkzeuge sowie Entwicklung einer landwirtschaftlichen Betriebswirtschaftslehre. Der neuartige Umgang mit dem Boden deutete auf einen säkularen Mentalitätswandel: Die Natur war nicht mehr durch eine mystische „vis vitalis" belebt, sie war entzaubert. Der Landwirt gewann die Herrschaft über seine Felder, emanzipierte sich damit auch von den traditionalen Hunger- und Teuerungskrisen. Er wurde zu einer Art chemischem Fabrikant, die Landwirtschaft wandelte sich von einer Erfahrungstätigkeit zur Technologie.

Die neue Lehre wurde durch die zeittypischen Formen des Vereinswesens zu einer gesellschaftlichen Kraft. Es bildete sich, über alle deutschen Staaten verteilt, eine Kette landwirtschaftlicher Vereine. Jährlich trafen ihre Mitglieder auf den Versammlungen der deutschen Land- und Forstwirte zusammen. Zahlreiche Fachzeitschriften unterstützten solche Aktivitäten, darunter insbesondere auch Stöckhardts Jahrbuch „Der Chemische Ackersmann", dessen erster Band im Jahre 1855 erschien, also ein Jahr nach dem Gipfel deutscher Auswanderung im 19. Jahrhundert. Noch wurde in Europa, und auch speziell in Deutschland, gehungert; die Sorgen, das Land könne nicht mehr für alle reichen, waren längst nicht gebannt. Um so mehr werden Erleichterung und Hochstimmung begreiflich, mit der der Herausgeber des „Ackersmanns" 1865 den zehnten Jahresband einleitete. Eine Reihe guter Ernten und die Fortschritte in der Bodenbearbeitung ließen ihn von „Wachstum und fruchtbaren Zeiten" sprechen, zu denen auch die Naturwissenschaften maßgeblich beigetragen hätten. Der Erfolg schien der neuen Lehre Recht zu geben; man wußte noch nicht von der Bodenbiologie und dem ökologischen Gleichgewicht der Mikroorganismen im Boden. Man behandelte ihn nicht nach Art eines ökologischen Systems, sondern gleich einer Retorte in einem Laboratorium, und in der Absicht, früheren Schaden und Raubbau abzuwenden, schädigte man durch die neuen Maßnahmen auf ungewollte Weise abermals den Boden. Grundsätzlich modern an der Situation war, daß man nun nicht mehr hinter das empirisch kontrollierte, wissenschaftliche Verfahren zurückgehen konnte, sondern die unvorhersehbaren Nebenwirkungen der wissenschaftlichen Eingriffe in die Natur als neue, ständig auftauchende Risiken wiederum mit wissenschaftlichen Methoden bekämpfen mußte.

## 3. Der Umgang mit der Luft

Die Geschichte der Luftverschmutzung beginnt nicht mit dem 19. Jahrhundert, aber die Industrialisierung, hier genauer die Zeit zwischen 1800 und den 1860er Jahren, stellt eine Schwellenzeit dar, in der Luftverschmutzung und die damit verbundenen Umweltkonflikte ein neues Thema für die Naturwissenschaft, Medizin, Technik und nicht zuletzt die Gesetzgebung wurden. Freilich ist hierbei zu bedenken, daß auch die Wahrnehmung von Luft historisch wandelbaren Deutungsmustern folgt. Für die frühneuzeitlichen Menschen und bis weit ins 19. Jahrhundert hinein erschien Luft als zugleich lebensnotwendiges und potentiell gefährliches Umweltmedium; denn Gestank galt als krankheitserregend, und Luft, die Ausdünstungen aus organischen Zerfallsprozessen aufnahm und vermittelte, schien ein permanenter Gefahrenträger zu sein. Zugrunde lag eine als wissenschaftlich angesehene Miasmenlehre, der zufolge kleine Teilchen in der Luft Krankheiten übertrugen. Ende des 18. und im Laufe des 19. Jahrhunderts erlaubte die neue chemische Interpretation der Luft, sie in ihre Bestandteile zu zerlegen, diese zu messen und einzelne Schadstoffe zu isolieren.

Auch Luftverschmutzung durch Rauchschäden war seit dem Mittelalter in Fällen metallverarbeitender Betriebe bekannt, und die Metropole London galt seit dem 16. Jahrhundert durch die frühe Nutzung von Steinkohle als herausragendes Beispiel dieser neuartigen Luftverschmutzung. In Deutschland wurde sie erst im 19. Jahrhundert zum typischen Merkmal der Industrialisierung, wobei qualmende Schornsteine zwiespältig wahrgenommen wurden als Ursache von Krankheiten und zugleich von wirtschaftlicher Prosperität.[77]

Die Regierungen in den sich früh industrialisierenden Staaten nahmen die wachsenden Gefahren der Luftverschmutzung keineswegs tatenlos hin; sie reagierten in der Regel auf dem Wege der Gewerbegesetzgebung. Frankreich wurde in der napoleonischen Zeit durch das Gesetz zur Regelung gewerblicher Luftverschmutzung von 1810 beispielgebend für den Kontinent und für die nachfolgende Gewerbegesetzgebung anderer europäischer Staaten. Dieses Gesetz unterschied drei Gefährdungskategorien und – das war besonders wichtig – verlangte, daß die Unternehmer ihre Betriebe vor dem Bau und nicht nachträglich genehmigen ließen. Bahnbrechend war das vorgeschaltete Begutachtungsverfahren, in dem wissenschaftliche Sachverständige und auch die Öffentlichkeit gehört werden mußten. Die praktische Durchführung lag in der Hand von institutionalisierten Gesundheitsräten. Deren empirisch und statistisch orientierte Arbeit ließ Frankreich führend auf dem Gebiet der Hygienewissenschaft werden. Die Niederlande und das spätere Belgien übernahmen aus der Zeit vorübergehender französischer Annexion die Leitlinien der französischen

Gesetzgebung, und auch die ehemals napoleonisch besetzten linksrheinischen Gebiete Preußens hatten daran Anteil.

In Deutschland war Luftreinhaltung eine unter verschiedenen wohlfahrtspolizeilichen Aufgaben; Traditionen der älteren Medizinalpolizei und das französische Vorbild gingen zu einem guten Teil in die Gewerbegesetzgebungen der deutschen Staaten des 19. Jahrhunderts ein. Ungeachtet seiner Rückständigkeit in der Industrialisierung entwickelte Bayern im Jahre 1825 landesweit Bestimmungen, welche die Genehmigung und Ansiedlung luftverschmutzender Betriebe regelten. Die damalige Instruktion zum Gewerbegesetz schrieb vor: „Die Anlegung von Fabriken und Manufakturen und neuer bürgerlicher Gewerbe, deren Betrieb lärmend, übelriechend, die Luft verderbend oder das Wasser verunreinigend oder in hohem Maße feuergefährlich ist, soll nicht innerhalb der Städte und Ortschaften und überhaupt nur in gehöriger Entfernung von Wohngebäuden an Plätzen zugelassen werden, wo nach dem – im Zweifel nie zu umgehenden – Gutachten verpflichteter Sachverständiger jede Ungemächlichkeiten, Nachteile und Gefahren möglichst vermieden werden können“.[78] Solche Bestimmungen ließen das wissenschaftliche Gutachter- und Expertentum bei Umweltkonflikten immer bedeutsamer werden und machten politische Entscheidungen abhängig vom Stand chemischer, technischer und hygienischer Forschung, etwa bei dem Problem, mit welchen technischen Verfahren sich chemische Schadstoffe in der Luft isolieren ließen und welche physikalisch meßbaren Schadstoffmengen als Grenzwerte gesundheitlich noch zulässig seien. Wie unsicher und unvollkommen solche Bemühungen freilich waren, zeigen Diskussionen darüber, ob eingeatmete Säuredämpfe gegen Lungenschwindsucht förderlich oder aber gesundheitlich schädlich seien. Erst Erfahrung beseitigte mitunter allen Zweifel, und das teilweise in brutaler Weise, wie es Beobachtungen in französischen Säurefabriken Mitte des 19. Jahrhunderts zeigten; dort stellte man fest, daß die Salzsäure die Vorderzähne der Arbeiter teilweise bis auf die Kieferknochen abfraß.[79]

Andere deutsche Staaten folgten mit allgemeinen Regelungen in ihren Gewerbeordnungen nach und erweiterten dabei zuweilen ihre Vorschriften, die sie bereits seit dem 18. Jahrhundert regional oder für solche Gewerbebetriebe erlassen hatten, die „bösartige“ und gesundheitsschädliche Ausdünstungen erzeugten wie Gerber- und Seifensieder, die mit fäulnisanfälligen Stoffen arbeiteten. Württemberg erließ Richtlinien im Jahre 1828, Preußen mit der Allgemeinen Gewerbeordnung 1845, Österreich 1860 und Sachsen 1861.

## 4. Zwei industrieabhängige Umweltkonflikte: Bamberg und Freiberg

Die neue umwelthistorische Forschung fördert immer mehr Fälle zutage, die deutlich machen, wie früh und grundsätzlich im 19. Jahrhundert in

Deutschland Konflikte um gewerbliche Luftverschmutzung wahrgenommen und ausgetragen wurden, und das geschah keineswegs stets in Regionen gewerblicher Verdichtung. Ein sehr früher Konflikt entzündete sich um den Bau der Bamberger Glashütte im Jahre 1802/03.[80] Noch bevor die kohlebetriebene Glashütte gebaut war, äußerten Bamberger Bürger ihren Protest in der örtlichen Presse, in Denkschriften und Gutachten, in gerichtlichen, bis zum Reichskammergericht durchgefochtenen Einsprüchen; der Widerstand gipfelte in einem kollektiven Bittgesuch von 108 Unterzeichnern, das wohl als eines der frühesten Zeugnisse einer Kollektivpetition gegen die Errichtung eines luftverschmutzenden Betriebes in Deutschland gelten kann.

Die Gegner brachten eine Vielzahl an Argumenten vor: Man berief sich auf die Sorge um die Natur und das Landschaftsbild, die Gefährdung der schönsten öffentlichen Spazierwege durch Kohlenrauch, die Entwertung der Bodenpreise für teures Gartenland, sogar auf die Schäden des Rauchs für die Vegetation. Das zeigte, daß man bereits Kenntnis der chemischen Umwandlungsprozesse von schwefeliger in Schwefelsäure hatte. Freilich wird man diese frühe „ökologische" Sensibilität nicht falsch deuten dürfen, denn bei der relativ bescheidenen Größenordnung der geplanten Hütte konnte die tatsächliche Gefährdung für Vegetation und Gesundheit nur ziemlich gering ausfallen.

Die tieferen Wurzeln dieses Konflikts lagen in dem Widerstand der alteingesessenen städtischen Handwerkerschaft gegen korrupte Methoden und rücksichtslose Geldgier eines umtriebigen Emporkömmlings, der den traditionalen Stadtbürgern als Inbegriff kapitalistischen Spekulantentums und als absolutistisch protegierter Glücksritter erschien. Man schaltete praktizierende Ärzte als Gutachter ein und eröffnete damit den Siegeszug des professionellen Expertentums, wie es sich im Laufe des 19. Jahrhunderts herausbildete: Der medizinischen Urteilskraft hatten sich im Konfliktfall auch Regierung, Verwaltung und Justiz zu unterwerfen, indem die Gesundheit als höchster Wert zur Geltung gebracht wurde, über den zu urteilen nur noch medizinische Sachverständige kompetent seien. Die Regierung entschied entsprechend auf salomonische Weise den Konflikt, denn sie verfügte, daß die Glashütte nicht in der Nähe eines Krankenhauses und der Bamberger Vorstadtgärten, sondern außerhalb der Stadt errichtet werden mußte.

Anders verhielt es sich mit einem Konflikt um die Hüttenbetriebe im sächsischen Freiberg, wo Bauern, Forstleute und die wissenschaftlichen Gutachten von Agrarchemikern und Technikern sich mit den beobachteten umweltschädlichen Emissionen auseinandersetzten.[81] Seit dem Mittelalter verarbeiteten Hütten in Freiberg das Silbererz. Erst die Nutzung von Koks als Energieträger und die Übernahme moderner Flammöfen nach englischer Bauart veränderten jedoch die Verhüttung grundlegend. Nunmehr konnte man die Massenverarbeitung vornehmen, und die bereits früher abgerösteten schwefelhaltigen Steine wurden durch die jetzt vermehrt ausströmenden Schwefelgase zu einem neuartigen Problem. Seit 1845 begann man, mit den leistungsfähigeren Flammöfen in Freiberg zu arbeiten. Bereits ein Jahr später richtete eine Bürgerinitiative der Gemeinde Halsbrücke, wo die Hütte stand, eine Eingabe an das Oberhüttenamt. Die Bürger forderten Schadenersatz für die landwirtschaftlichen Verluste, die sie den Wirkungen des Hüttenrauchs zuschrieben.

Über mehrere Jahre hinweg wiederholten sich die zunächst ergebnislosen Vorstöße der Gemeinde, bis die Regierung schließlich tätig wurde, denn die Hütten befanden sich in Staatshand. Die in der Revolution von 1848 gewonnenen neuen Freiheiten hatten zweifellos den Protest noch beflügelt. Die Regierung stand gewissermaßen in einem Dilemma gegensätzlicher Interessen. Einerseits war sie geneigt, Partei für das eigene Oberhüttenamt zu nehmen; andererseits wiesen Gemeinden und respektable Amtspersonen auf mögliche gravierende Schäden hin, die in der Tat wegen ihrer Bedrohlichkeit behoben werden mußten. Die Regierung suchte den tatsächlichen Schaden auf höchst moderne Weise, nämlich wissenschaftlich durch ein Sachverständigengutachten, zu ergründen und beauftragte damit den bereits genannten Agrarchemiker Stöckhardt. Dieser machte sich vor Ort sachkundig und erkannte den unmittelbaren Zusammenhang zwischen den Schwefeldioxidabgaben und der Schädigung der Pflanzen. Er wies mit Hilfe einer Bariumchlorid-Lösung die Gegenwart von Sulfat und damit von Schwefelsäure (als Oxidationsprodukt von Schwefeldioxid) nach. Wie wenig Stöckhardt ein gefälliges Gutachten verfaßte, das im Sinne der auftraggebenden Regierung den Sachverhalt verharmlost oder beschönigt hätte – was keineswegs selten in solchen Verfahren war –, zeigen allein schon seine Resultate: Er registrierte nämlich auch einen nachteiligen Einfluß auf den Gesundheitszustand der Tiere. Dieser rührte von Ablagerungen des Schwefeldioxids her; überdies setzten sich Bleioxid und Arsentrioxid auf den Futterpflanzen ab. Auch wenn die Mengen nur als geringfügig erschienen, würden sie „schon in kleinen Gaben, zumal bei längerer Zeit fortgesetztem Genusse, feindlich auf den tierischen Organismus einwirken“.[82] Schließlich beobachtete der Gutachter auch Schäden an den von den Emissionen erreichten Gebäuden. Die Strohdächer würden schneller unter bloßem Witterungseinfluß unbrauchbar. Gewissenhaft untersuchte er den abbröckelnden Häuserputz und fand darin eine „bedeutende Menge von schwefelsaurer Magnesia“, die sich durch Verbindung des Putzes mit Schwefeldioxid gebildet hatte.

Weitere Gutachten folgten, außerdem eine Massenpetition sämtlicher Grundstücksbesitzer, der Häusler, Gärtner, Guts-, Vorwerks- und Rittergutsbesitzer an den Landtag. Schließlich zahlte die staatliche Hüttenverwaltung doch Entschädigungen und erkannte damit das Verursacherprinzip an. Eine effektive Lösung glaubte man gefunden zu haben in der Idee, einfach die ableitenden Schornsteine höher zu bauen. Der erhöhte Schlot des Jahres 1861 milderte zwar im Radius von vier Kilometern die schädliche Emission, aber nun meldeten sich die fünf bis sechs km entfernt arbeitenden Forstleute, die „ein auffallendes Erkranken und Absterben" der Bäume feststellten. Die Förster beschrieben ein Schadbild, das typischen Rauchfolgen an Nadelhölzern entspricht. Ein Gutachter schrieb: „Die erkrankten Bäume lassen zunächst nur einzelne entnadelte Zweige erkennen, nach und nach aber erhält die Benadelung eine grüngelbe Farbe und die Krone ein durchgängig lockeres und durchlichtetes Aussehen [...]. Das endliche Absterben erfolgt nicht gleichzeitig an allen Ästen, sondern in der Regel zuerst vom Wipfel herein".[83] Das Sterben der rauchkranken Fichten wurde in dem an die Hütten angrenzenden Wald beschleunigt durch den festgestellten typischen sekundären Befall der Bäume durch Harzrüsselkäfer.

## 5. Die vorindustrielle Umweltkrise: der Raubbau am Wald

Die Forschung wird vermutlich noch weitere gewerblich oder industriell hervorgerufene Umweltkonflikte aufspüren können; sie muten an wie Vorprägungen aktueller Auseinandersetzungen um Luftverschmutzung, sauren Regen und Umweltexpertisen. Aber das Bild trügt, wenn man diesen Ausschnitt für das Ganze nimmt: Die Mehrheit der ländlichen Bevölkerung deutete jene Vorzeichen der Moderne noch auf symbolische, dem 18. Jahrhundert verhaftete Weise; aktuelle Zeitnöte wie die Kartoffelfäule, die Europa 1846/47 erfaßte, Mißernten, Teuerung der Nahrungsmittel und Überschwemmungen schienen für sie herzurühren von einem Wandel, dem der Rauch als Zeichen technischer Neuerungen wie auch die Eisenbahn und Dampfschiffe Ausdruck zu geben schienen. Die Politiker in den meisten kommunalen Magistraten und den Landesregierungen plagte aber nicht die Sorge um Rauchschäden aus Silber- und Glashütten; sie waren umgetrieben von allem, was mit dem Wald zusammenhing, war doch Holzfrevel wie bereits im 18. Jahrhundert auch in der ersten Hälfte des 19. Jahrhunderts noch das alle anderen kriminellen Taten überragende Massendelikt. *Dieser* Umgang mit der Natur lag im Zentrum der Aufmerksamkeit, so daß auch die zeitgenössischen Dichter einen lohnenden Stoff darin erkannten, etwa Friedrich von Schiller, der in der Novelle „Der Verbrecher aus verlorener Ehre" (erstmals 1786 erschienen) einen kleinen Holzdieb zu einem leidenschaftlichen Rächer werden ließ, oder Annette von Droste-Hülshoff, deren Novelle „Die Judenbuche" (1842) den Kriminalfall eines Holzdiebs aus dem Teutoburger Wald behandelt. Hinzu kamen Sorgen um die erwähnte Holznot. Die Umweltwahrnehmung war dem Schicksal des Waldes eng verhaftet. Beispielhaft kommt das in einer Broschüre zum Ausdruck, die der vielseitig anerkannte Naturforscher

Konrad Anton Zwierlein im Jahre 1806 in Würzburg mit dem Titel veröffentlichte: „Vom großen Einfluß der Waldungen auf Cultur und Beglükkung der Staaten mit besonderer Hinsicht auf Polizei". Wälder waren danach Angelegenheit des Staates und öffentlicher Wohlfahrt. Wie lebensnotwendig der Wald sei, leitete er aus der Vorstellung von einem ökologischen Kreislauf her, in welchem Länder, Luft, Witterung, Wasser und vegetabilisches Wachstum eingeschlossen seien: „Die Fruchtbarkeit der Erde hängt bloß von den Bäumen ab, weil sie allein daselbst die Feuchtigkeit des Bodens unterhalten, die Quellen, die Bäche, die stehenden Wässer, die Flüsse und die Ströme vermehren, deren Ausdünstungen die Vegetation fördern".[84]

Kaum solche grundlegenden Erwägungen, sondern Sorge um die forstwirtschaftlich „nachhaltige" Behandlung der Wälder und finanzielle Interessen veranlaßten die Regierungen seit dem 18. Jahrhundert, durch eine Forstgesetzgebung und -verwaltung den Umgang mit dem Wald zu steuern. Die vielen territorialen Gesetzgebungen, noch überformt durch das französische Recht aus napoleonischer Zeit, wuchsen zu einem kaum überschaubaren Dschungel zusammen. Nach der Neuordnung der deutschen Staaten auf dem Wiener Kongreß gingen diese daran, Forstrecht und -verwaltung zu vereinheitlichen. Parallel dazu veranstalteten Privatleute Bestandsaufnahmen der geltenden, aber unüberschaubar gewordenen Gesetzgebung. Der praktische Forstwirt, der Verwaltungsbeamte, der Richter, der Jurist des Forst- und Jagdwesens und der Lehrer an den Forstakademien erhielten nun Nachschlagewerke an die Hand wie die „Systematische Sammlung der Forst- und Jagdgesetze der deutschen Bundesstaaten von den ältesten bis auf die neuesten Zeiten".[85] Solche großangelegten Sammelwerke, die sich handbuchartig nach Ländern gliederten, offenbarten über das enzyklopädische Bestreben hinaus eine neue Dimension des Umgangs mit dem Wald, indem sie zugleich nach seiner „Geschichte" und seiner damit verbundenen rechtlichen Entwicklung fragten.

Das Forstrecht der Länder trug bis zur Revolution von 1848 noch wesentliche Züge der frühneuzeitlichen Ständeordnung und Eigentumsverfassung an sich. Wälder befanden sich als Staatsforsten in der Hand der regierenden Fürsten; adlige Grund- und Gutsherren besaßen ebenso Wälder wie die Gemeinden. Diese ständisch definierten Rechte am Wald überkreuzten sich mit gewohnheitsrechtlichen Ansprüchen der Dorfbewohner, den Wald für eigene Zwecke zu nutzen, und dem Recht des Adels, auf fremdem – bäuerlichem – Grund und Boden jagen zu dürfen. Alles das spiegelte noch eine in komplizierte Herrschafts- und Rechtsbeziehungen eingebettete Sozialordnung wider. Was den informierten Zeitgenossen der Mitte des 19. Jahrhunderts in erster Linie als Schädigung der Natur erschien, offenbaren Vorlesungen der damaligen Forstschulen. Dort lehrte man dreierlei Schädigungen: Erstens solche durch natürliche Ereignisse; das waren extreme Temperaturen wie Frost und Hitze, Beschwerung durch Reif, Eis und Schnee, Stürme, übermäßige Nässe oder Dürre, Flugsand. Zweitens beeinträchtigten schädliche Tiere den Wald. Die dokumentierte Artenvielfalt der Käferplagen des Waldes ist beeindruckend, finden sich doch allein unter dieser Kategorie der Schädlinge vom zweizahnigen Kiefernborkenkäfer bis zum gelbbraunen Blattkäfer 44 Arten. Die dritte Art der Schädigung ging vom Menschen aus.[86] Bezeichnenderweise ließ sich dieser Raubbau am Wald nur aus seiner Geschichte und Eigentumsverfassung herleiten. Bis ins 19. Jahrhundert hinein wirkte die mittelalterliche und frühneuzeitliche Rechtsordnung, indem sie den älteren deutschen oder gar germanischen Eigentumsbegriff, den die Rechtswissenschaftler „Gewere" nannten, konservierte. Ein großer Teil der Waldungen lag danach nicht in der unbeschränkten, freien Verfügungsgewalt seines Besitzers, sondern andere hatten daran Nebennutzungsrechte (Servitute), die es erlaubten, sich Walderzeugnisse anzueignen oder anderweitig den Wald mitzunutzen. In der älteren frühneuzeitlichen Wirtschaftsordnung waren nämlich Wald- und Agrarwirtschaft nicht streng getrennt. Das ist erst ein Ergebnis der Geschichte des 19. Jahrhunderts. Grundsätzlich konnte der Wald nicht nur als Lieferant von Nutz- oder Brennholz betrachtet werden, sondern auch als Acker und Weide. Mast-, Trift- und Streurecht waren etwa solche Nebennutzungen. Ein Bauer im Besitz des Mastrechts durfte seine Schweine in den Wald treiben, damit diese sich von den Samen oder Früchten der Eichen, Buchen und Wildobstbäume nährten. Das Triftrecht gestattete, das Vieh ohne Rücksicht auf das Unterholz und die dort behauste Tierwelt durch den Wald zu treiben, um es zur Weide gelangen zu lassen. Als besonders schädlich betrachtete man das Streurecht; das war die Befugnis, im Walde abgefallenes dürres Laub, Nadeln, Moos und Kräuter aufzusammeln, um es als Unterstreu für das Vieh oder als Düngemittel für die Äcker zu benutzen. Es gehörte Mitte des 19. Jahrhunderts zum Kenntnisstand der Forstakademien, daß derartiger Umgang mit der Natur langfristig Waldsterben hervorrief. Die Begründung lautete zutreffend: „Wenn dem Boden durch Verwesung abfallender vegetabilischer Teile nicht immer neue Stoffe zur Bildung der Dammerde geboten und hierdurch die stets von den Holzpflanzen konsumierten Nahrungs- und Bildungsstoffe nicht immer wieder ersetzt werden können, so ist Erschöpfung der Bodenkraft nächste natürliche Folge. Auf solchem Boden stockende Holzpflanzen aber werden im Wachstume, besonders im Höhenwuchse, zurückgesetzt, oft schon sehr bald gipfeldürr, kümmern eine Zeitlang und sterben endlich an Abzehrung".[87] Der langfristige Wandel der Rechtsordnung seit dem 19. Jahrhundert schloß auch den Wandel des Eigentumsbegriffs ein: Wie durch die Bauernbefreiung in der Landwirtschaft mußte auch im Umgang mit dem Wald die ältere lehns- und deutschrechtlich geprägte Eigentumsordnung dem römisch-rechtlichen Eigentumsbegriff weichen, der eine vollständige Sachherrschaft über das Eigentum einschloß, der die vielen sich überkreuzenden Berechtigungen aber abstreifte. Die alten Berechtigungen – die Servitute – schmälerten die Substanz des Waldes, also auch dessen Wert. In dem Moment, wo der Holzwert des Waldes die wichtigste Größe wurde, war es nötig, diese Nebennutzungen beiseite zu drängen, also den Wald zu schonen, um später bessere Holzerträge zu haben. Indem der Wald Marktobjekt wurde, wuchs das Interesse, ihn zu schützen. Die Revolution von 1848 bedeutete in der Geschichte der Beseitigung dieser Nebennutzungen einen Schlußpunkt. Auf diese Weise fand ein überkommener Raubbau am Walde ein Ende. Die Fachschulen, welche die „Lehre vom Waldschutz und der Forstpolizei" vermittelten, hatten in den vorausgegangenen Jahrzehnten genaue Kenntnisse verbreitet, welche schädlichen Folgen die ererbten Berechtigungen für den Wald hatten. Wie in der Auseinandersetzung mit der Rauchschädigung der Luft ist auch hier jener Vorgang der Verwissenschaftlichung zu beobachten, gefördert durch staatliche Lehrinstitute, welche überhaupt erst Kenntnis und Kritik des Mißbrauchs möglich machten. Für die Kleinstbauern, die existentiell auf solche Nebennutzungen angewiesen waren, um sich in Zeiten der Not überhaupt den Lebensunterhalt zu sichern, war diese Privatisierung des Waldes eine Katastrophe. Was Jahrhunderte lang ihr „gutes altes Recht" war – den Wald als Acker zu benutzen –, hieß nach der neuen Lehre der Forstwissenschaftler Mißbrauch und Schädigung, nach der neuen Lehre der Juristen Holzfrevel und Verbrechen.

Privatisierung und Liberalisierung des Bodenrechts und damit auch des Rechts am Waldeigentum waren die Losungen des 19. Jahrhunderts. Aber die fortschreitende Einsicht, der Mensch selbst sei nur Teil einer ökologischen Kette, die sich in einem labilen, empfindlichen und zerstörbaren Gleichgewicht befinde, weckte Zweifel an dem schrankenlosen Eigentumsrecht. Je mehr der Wald auch in seiner Geschichte begriffen wurde, um so stärker wurden sich aufgeklärte Kritiker der dramatischen Gefahren bewußt, welche den Wäldern durch den Eingriff der Menschen drohten. In einer Debatte des Württembergischen Landtags von 1875 über ein Waldschutzgesetz wurde die Bedeutung des Waldes für alles organische Leben herausgestellt und die Verwüstung ursprünglich waldreicher Regionen Nordafrikas, Palästinas, Italiens und Dalmatiens seit der Antike in Erinnerung gebracht. Es wurde im Landtag als Pflicht des Staates bezeichnet, solchen Zerstörungen entgegenzuwirken, und das auch um den Preis einer „Beschränkung der Eigentums- und Nutzungsrechte der Waldbesitzer".[88]

## 6. Naturwahrnehmung und Eisenbahn

Die Eisenbahn entwickelte sich zu einem Motor der Industrialisierung; sie bewirkte eine Verkehrs- und Transportrevolution. Sie hatte aber auch elementare anthropologische Rückwirkungen, denn sie veränderte das Verhältnis des Menschen zur Natur in der Weise, wie er mit ihr umging und wie er sie wahrnahm. Bisher hatte die organische Natur dem Menschen Schranken gesetzt, wenn er sich fortbewegen oder etwas befördern wollte. Pferde zogen die Postkutsche, Ochsen den Pflug, und das schnellste Transportmittel war immer noch das Pferdegespann vor einem Wagen. Die Dampfkraft emanzipierte den Menschen von der tierischen Zugkraft; zugleich griff er in die Natur ein, indem er ihre Hindernisse durch Aufschüttungen und Tunnels technisch überwand, so daß die Zeitgenossen vermeinten, Eisenbahnschienen seien wie ein Lineal durch die Landschaft gelegt. Mit dem Blick aus dem fahrenden Zug mußten sie auch eine neue Form der Beobachtung von Landschaft erlernen. Der Blick konnte nicht mehr, wie noch zur Postkutschenzeit, lange verweilen und einen Gesichtskreis ausloten, so daß sie zunächst eine Verarmung, eine „Denaturalisierung und Entsinnlichung“ erlebten.[89] Die wachsende Geschwindigkeit wurde wahrgenommen als Reizüberflutung, die man als belastend empfand, bis man lernte, der vorbeifliegenden Landschaft eine eigene Ästhetik abzugewinnen. Die Eisenbahn, die den Zeitgenossen als Inbegriff industriellen Fortschritts erschien, zog zugleich Zivilisationskritik und Technikfeindschaft auf sich, indem sie als Medium industriekapitalistischer Entfremdung von der Natur begriffen wurde.

Das 19. Jahrhundert wurde zu einer Epoche konkurrierender Naturwahrnehmungen. Unter vorindustriellen Verkehrsverhältnissen erschien Natur noch als etwas Gewalthaftes, Gefährliches und Unberechenbares, das als Ungewitter über den Bauern oder den Reisenden zu Fuß hereinbrach; sie lag als Hemmnis zwischen den zivilisierten, bewohnten Räumen, und in abergläubischen Geschichten und Spukerzählungen verdichtete sie sich zu einer magischen, feindseligen Welt.[90] Raum und Zeit wurden nach der menschlichen Fortbewegung zu Fuß vermessen, etwa als eine „Wegstunde“, als bäuerliches „Tagwerk“.

Infolge der von Rousseau beeinflußten Naturphilosophie konnte Natur aber auch als ein Medium der menschlichen Erkenntnis dienen. Die äußere Natur führte die innere menschliche zu sich selbst. Das vollzogen Schriftsteller und Reisende in Naturschilderungen, Maler in Landschaftsbildern, und sie erfüllte mehr und mehr die Neugier, die eigene Heimat durch Wanderungen zu entdecken. Auf diese Weise wandelte sich Natur für die im Vormärz entstehende bürgerliche Wanderbewegung zu einem Quell der Bildung.

Die Natur wurde andererseits zu einem Objekt, das sich unterwerfen, benutzen und als Träger von Rohstoffen für die Industrialisierung ausbeuten ließ; sie wurde erschlossen und zugänglich gemacht. Ausbau der Postlinien, zielstrebiger Straßenbau, Anwendung der neuen Erkenntnisse in der Landvermessung, Fertigung von Straßenkarten und überhaupt die topographische Landesaufnahme, deren Grundlagen im 18. Jahrhundert gelegt worden waren: alles das schien die Natur ihrer unberechenbaren Urgewalt zu entkleiden und sie als beherrschbar zu erweisen.

# V. Die Geburtskrise der „bürgerlichen Gesellschaft" und die „soziale Frage"

## 1. Der Pauperismus im Vormärz

In seiner Reisebeschreibung „Wanderungen durch Thüringen" zeichnete der Schriftsteller Ludwig Bechstein 1838 ein Bild von den Lebensverhältnissen der Bevölkerung, das weit entfernt war von jeder romantischen Idylle des behaglichen Biedermeiers. Er beobachtete: „Alles Wohl und alles Weh, das im Gefolge zahlreicher Fabriken geht, findet sich auch hier; ein armes Volk, auf die Kartoffel als Nahrungsmittel fast einzig hingewiesen, in Mißjahren und harten Wintern oft bitterm Mangel preisgegeben, neben reichen und glücklichen Brotherren. Hier arbeitet alles, Kinder von zartester Jugend an und Greise und Mütterchen sind noch mannigfach tätig. [...] Der mindere Wohlstand läßt uns Scharen von kleinen Kindern selbst bei rauher Temperatur in völliger Nacktheit wie junge Wilde erblicken, in der sie sich jedoch besser ausnehmen als in Lumpen; dabei ist bei aller Armut des Volkes ein reicher Kindersegen bemerkbar: eine Ausgleichung des Himmels für manches andere entbehrte Glück, denn je mehr Hände zur Arbeit, um so besser, es kommen doch in der Regel erst zwei Hände auf einen Mund. Aus diesem Hochlande, sowohl aus dem Meiningischen als noch mehr aus dem Coburgischen Anteile, sind in der neuesten Zeit viele Leute nach Amerika ausgewandert, begüterte und unbegüterte, und es ist zu hoffen, daß es diesem einfachen, tätigen Volke, das gewohnt ist, der Natur ihre Gaben durch Fleiß und Ausdauer abzutrotzen, in der neuen Heimat wohlergehen werde."[91]

In diesem Bericht sind Erscheinungen der vormärzlichen Gesellschaftskrise wie in einem Brennpunkt konzentriert:

- die katastrophale Massenarmut,
- die Unproduktivität heimgewerblicher Arbeit, bei der alle Familienangehörigen anpacken mußten und dennoch kaum ein Mehrgewinn heraussprang,
- die elementare Abhängigkeit von der Natur mit ihren unberechenbaren Ernte- und Witterungszyklen,
- die sozialen Mißstände wie Kinderarbeit,
- die gewaltige Bevölkerungsvermehrung,
- die Diagnose von Zeitgenossen, mit der Fabrikarbeit gehe materielles Elend einher,

– die ultima ratio aus der Not: die Auswanderung.
Die Zeitgenossen bezeichneten diese als ausweglos empfundene Not mit dem Namen „Pauperismus". Er ist in die Forschung eingegangen und steht im Mittelpunkt wichtiger Kontroversen. Manchmal können bereits die Bemühungen der Zeitgenossen um moderne Begriffe an den Kern eines neuen Sachverhalts heranführen, wie es in einem Artikel des Brockhaus-Lexikons von 1846 geschieht; dort steht: „Pauperismus ist ein neu erfundener Ausdruck für eine höchst bedeutsame und unheilvolle Erscheinung, die man im Deutschen durch die Worte Massenarmut oder Armentum wiederzugeben versucht hat. Es handelt sich dabei nicht um die natürliche Armut, wie sie [...] immerfort einzelne befallen mag", sondern der „Pauperismus ist da vorhanden, wo eine zahlreiche Volksklasse sich durch die angestrengteste Arbeit höchstens das notdürftigste Auskommen verdienen kann, auch dessen nicht sicher ist, in der Regel schon von der Geburt an und auf Lebenszeit solcher Lage geopfert ist, keine Aussichten der Besserung hat, darüber immer tiefer in Stumpfsinn und Rohheit versinkt, den Seuchen, der Branntweinpest und viehischen Lastern aller Art, den Armen-, Arbeits- und Zuchthäusern fortwährend eine immer steigende Zahl von Rekruten liefert und dabei immer noch sich in reißender Schnelligkeit ergänzt und vermehrt".[92]

Diese Begriffsdefinition liest sich wie ein ins allgemeine gehobenes Szenario für ganz Deutschland, das Bechstein in konkreter Anschauung in Thüringen wahrgenommen hatte. Bereits seit den späten 1820er Jahren diskutierten Zeitgenossen diesen neuen Pauperismus, wenn ihnen auch das Wort noch fehlte. Mit ihm verbanden sich Vorstellungen von grauenhaftem Massenelend, ländlichem und städtischem Proletariat, von politischer Radikalisierung und anwachsenden „kommunistischen Tendenzen". Die neuere Protestforschung hat deutlich gemacht, daß in der Tat vermehrt seit der Julirevolution des Jahres 1830 von den Unterschichten Tumulte, Aufruhr und gewaltsamer Protest in spontanen Handlungen ausgegangen waren. Die Tatsache des Pauperismus und die zugrundeliegende beträchtliche Bevölkerungsvermehrung, auch ihre Lokalisierung in den Unterschichten, waren bei den Zeitgenossen und sind heute in der Forschung unbezweifelt. Strittig hingegen sind die Ursachen; es konkurrieren im wesentlichen drei verschiedene Erklärungen.

Erste These: Der Pauperismus des Vormärz sei das Ergebnis der frühen Industrialisierung. So deuteten ihn sozialistische Gesellschaftskritiker wie Friedrich Engels, für den der Pauperismus zum Synonym für die Lage des frühen Industrieproletariats wurde. Engels äußerte diese Ansicht 1845 in seinem Buch über „Die Lage der arbeitenden Klasse in England". Seine Deutung, gezogen aus den Erfahrungen in englischen Großstädten und übertragen auf deutsche Verhältnisse, wurde von der orthodox-marxistischen Historiographie übernommen. Freilich stellten auch theoretisch weniger reflektierte Zeitgenossen wie der erwähnte Ludwig Bechstein einen

Zusammenhang zwischen der neuen Massenarmut und der Fabrikarbeit her.

Zweite These: Der Pauperismus sei der Schlußpunkt einer jahrhundertelangen, im Spätmittelalter einsetzenden Verarmung. Er sei noch Ausdruck jener Agrarkrisen alten Typs, die unter dem Druck der Bevölkerungsvermehrung im Vormärz in verhängnisvoller Weise kulminierten. Diese Deutung des Agrarhistorikers Wilhelm Abel mündet in die Schlußfolgerung: Erst die industriewirtschaftliche Entwicklung nach 1848 wies angesichts des Bevölkerungsdrucks einen Weg aus der Not. Die Industrie sei nicht Quelle der Misere, sondern die Rettung – also eine Gegenthese zu Engels.

Dritte These: Der Pauperismus sei die Folge der preußischen Reformen, die das Heiraten und die Freizügigkeit von den gesetzlichen Beschränkungen gelöst und einen Teil der Kleinbauern durch den vordringenden Agrarkapitalismus ins Landarbeiterproletariat herabgedrückt hätten. Die preußischen Reformen hätten überhaupt erst den Bevölkerungsdruck erzeugt. Solche Erklärungen hörte man von wirtschaftsliberaler Seite, etwa von Georg Friedrich Knapp, dem Haupt der liberalen Schule der Agrarpolitik, aber auch von sozialkonservativen, aristokratischen Kritikern wie dem erwähnten Gutsherrn von der Marwitz. Mit diesen Behauptungen wurde den preußischen Reformen allerdings zuviel Verantwortung angelastet; denn es existierte bereits seit dem Ende des 18. Jahrhunderts ein breites, wachsendes Landarbeiterproletariat. Der ländliche Pauperismus entwickelte sich bis zu den 1840er Jahren gerade im sogenannten Alten Deutschland: in Kurhessen, im Spessart etwa, im Westen und Süden, überall dort, wo der bäuerliche Kleinbesitz durch die Nahrungskrisen – die Agrarzyklen alten Typs – heftig erschüttert wurde. Hier lösten sich die Grenzen zwischen klein- und unterbäuerlicher Armut auf. Handwerker, Heimarbeiter, Tagelöhner – alle diejenigen, die durch die Aufteilung der Allmenden mit dem Verlust an Weide und Holz ohnehin schon betroffen waren – bildeten eine Schicksalsgemeinschaft der Pauperisierten. Hinzu kommt: Der deutsche Osten war in der ersten Hälfte des 19. Jahrhunderts immer noch Zuwanderungsland. Die ostelbischen Provinzen Ost- und Westpreußen, Pommern, Posen, Brandenburg und Schlesien zogen eine große Zahl an Einwanderern aus dem Westen an; denn nach Ablösung der bäuerlichen Dienste benötigten die Gutsbetriebe hier permanent Arbeitskräfte.

Keine der drei Thesen enthält die volle Wahrheit, denn die neuartige Massenarmut fügt sich nicht einfachen Erklärungen. Die Anfänge der Krise lagen bereits in dem erkennbaren Bevölkerungswachstum der zweiten Hälfte des 18. Jahrhunderts. Der Schlüssel liegt in jenen Entwicklungen, die den Nahrungsspielraum erweiterten und auf diese Weise zu Heirat, Familiengründung und wachsender Nachkommenschaft ermunterten. Die entscheidenden Impulse gingen von dem vordringenden Agrar- und Handelskapitalismus seit Ausgang des 18. Jahrhunderts aus (Hans-Ulrich Wehler). Marktorientierte Prinzipien halfen, die Landwirtschaft zu modernisieren, dehnten die Bodenkultivierung aus, verbesserten die Produktivität und führten zu wachsenden Erträgen, so daß das Land eine größere Zahl an Landarbeitern, aber auch an Kleinstellenbesitzern trug. Die kameralistische Wirtschaftspolitik des merkantilistischen Preußen förderte diesen Prozeß, indem sie Bauernfamilien auf bisher nicht genutzten Flächen ansiedelte. Für die heimgewerbliche Produktion vor der Industrialisierung – die „Protoindustrialisierung" – war die Herstellung auf dem Wege des sogenannten Verlagswesens typisch. Ende des 18. Jahrhunderts hatte sich bereits ein dicht gewobenes Netz solcher dezentralisierten Gewerbe bis in die abgelegene Kate eines Landarmen, bis in die städtischen Unterschichten ausgedehnt. Das bot einer wachsenden Zahl an Menschen zusätzliche Nahrung und Überlebenschancen.

Gerade diese frühen Formen des Kapitalismus vor der Industrialisierung haben das Bevölkerungswachstum in Gang gebracht. Wachsende Produktivität in Landwirtschaft und Gewerbe erlaubt es deshalb nicht, von einem kontinuierlichen Verarmungsprozeß zu sprechen. Diese Verarmung, der eigentliche Pauperismus der 1830er und 1840er Jahre, setzte ein, als durch das beschleunigte Bevölkerungswachstum die Grenze der Produktivität, die „Sättigungsgrenze der Wirtschaft" (Wehler), erreicht worden war. Erst die fortschreitende Industrialisierung der zweiten Jahrhunderthälfte schuf neue, nicht vorhersehbare Nahrungsspielräume. Pauperismus bezeichnet demnach nicht die sozialen Kosten des frühen Industriekapitalismus, wie Engels meinte; Pauperismus markierte nicht die vorindustriellen Umstände im ausklingenden agrarischen Zeitalter der abendländischen Geschichte, wie es bei Abel anklingt; sondern Pauperismus stellte einen Kulminationspunkt dreier Krisen in den 1830er und 1840er Jahren dar. Es überschnitten sich das sprunghafte Ansteigen ländlicher Armut, die Überbesetzung des Handwerks und der Zusammenbruch der Heimgewerbes.

## 2. Die säkulare Krise des Handwerks und alten Mittelstands

### *a) Ursachen und Verlauf bis 1848*

Das seit dem Mittelalter überkommene Alte Handwerk war mehr als ein gewerblicher Erwerbszweig: es war eine Lebensform. Im 19. Jahrhundert wurde es aus zwei Richtungen auf einmal bedroht: von außen durch die Massenkonkurrenz der industriell verfertigten Produkte, von innen durch den gehäuften Andrang auf Handwerkerstellen, die sogenannte Überbesetzung. Friedrich Engels schilderte in seiner erwähnten Schrift dem deutschen Publikum aus eigener Anschauung und authentischen Quellen eine Entwicklung, die in England bereits weit fortgeschritten war und nun auch Deutschland bedrohte.[93] Er verdeutlichte den grundlegenden Strukturwandel am Stand der ackerbauenden Weber, also jener Mischung aus

Landwirtschaft und Handwerk, wie sie auch in den kleinräumigen Gegenden Deutschlands verbreitet war. Die berühmte „spinnende Jenny“ des Webers James Hargreaves zu Standhill bei Blackburn in Nord-Lancashire revolutionierte im Jahre 1764 die alte Ordnung des Handwerks, weil nun ein einziger Mann 18 Spindeln auf einmal in Bewegung setzen konnte. Im allgemeinen mangelte es an Garn, denn ein einzelner Weber brauchte für seinen Garnbedarf früher die Arbeitsleistung dreier Spinnereien. Durch die Spinnmaschine war auf einmal mehr Garn vorhanden, als die Weber verweben konnten. Textilien konnten billiger werden; das rief eine größere Nachfrage hervor. Weil der Weber an seinem Webstuhl nun mehr verdienen konnte, ließ er den nebenher betriebenen Ackerbau fallen. Als reiner Weber lebte er nun allein vom Arbeitslohn; die Lohnabhängigkeit ließ ihn zum Proletarier werden, die Maschine erzeugte das „industrielle Proletariat“. Die einmal in Gang gesetzte technische Entwicklung schritt innerhalb des einzelnen Gewerbes voran und verbreiterte sich zugleich in immer neue Wirtschaftsbereiche: Der „Jenny“ folgten der spinnende Kettenstuhl und der mechanische Webstuhl. Wie in der Baumwollindustrie drangen nun auch die Maschinen vor in der Strumpfwirkerei, der Spitzenfabrikation, Bleicherei und Druckerei, in der Woll-, Leinen- und Seidenindustrie, in der Eisen- und Kohlenproduktion, in den Töpfereien, kurzum: die Maschine siegte über die Handarbeit. Aber die neue Industrie verwandelte nicht nur Handwerkszeuge in Maschinen, Werkstätten in Fabriken, sondern auch die sozialen Rollen: den Handwerker in einen Arbeiter, den bisherigen Großhändler in einen Fabrikanten, die ehemaligen Meister und Gesellen in Kapitalisten und Arbeiter; ein Teil der bisherigen Mittelklasse drohte ins Proletariat abzugleiten; denn gerade die kleinen Meister erlebten den sozialen Abstieg. Engels verdichtete seine Diagnose zu einer Vision: Industrie bedeute das Todesurteil für das Handwerk; am Ende blieben nur Bourgeoisie und Proletariat übrig. Erst die zweite Jahrhunderthälfte widerlegte diese brillant hergeleitete Halbwahrheit, die eben wegen ihrer Einseitigkeit die Existenznöte des Handwerks und die Ängste gegenüber der vordringenden Industrie schlagkräftig festhielt. Diese erklären die große Zahl an Maschinenstürmen während des Vormärz, und noch im Frühjahr 1848 äußerte sich spontaner revolutionärer Protest im Sturm auf die Maschinen.

Neuere Quellenfunde haben den Blick für die innere Krise des Handwerks in erfreulicher Weise geschärft, wie es vorzüglich das badische Beispiel zeigt; denn das Steuerbedürfnis des badischen Staates hatte zu Recherchen genötigt, welche überhaupt erst einmal die erwerbstätige Bevölkerung ermittelten und dann Rückschlüsse auf die Steuerkraft zuließen. Dazu hatte das Kontrollbüro der badischen Zolldirektion Statistiken verglichen, die ihm aus dem Finanzministerium und den nachgeordneten Behörden der Steuerverwaltung zugegangen waren.[94] Zusammengenommen mit anderen statistischen Daten, kristallisierte sich der vorindustrielle Charakter des Landes heraus. Von den rund 270000 steuerlich erfaßten Erwerbstätigen im Jahre 1829 arbeiteten nur knapp 2% in der fabrikartigen Industrie. Selbst diese wenigen Fabriken hatten aber nur einen sehr bescheidenen Betriebsumfang, beschäftigten sie doch durchschnittlich lediglich 19 Personen. Das Gros der badischen Bevölkerung setzte sich aus Handwerkern und Bauern zusammen, im Jahre 1829 zu 36% aus Handwerkern, zu 38% aus Bauern und Weingärtnern. Aber der Anteil der landwirtschaftlich Tätigen lag noch beträchtlich höher; denn Handwerker mit Landwirtschaft im Nebenerwerb gehörten fast zur Regel. Außerdem erfaßte die Statistik unter den Erwerbstätigen zwar die Bauern, nicht aber die mithelfenden Familienangehörigen sowie die Knechte, Mägde und Tagelöhner.

Zweifellos dominierte die Landwirtschaft, aber das Gewerbe, der sekundäre Sektor, erhielt wegen der Bevölkerungsvermehrung im ersten Jahrhundertdrittel starken Zuwachs. Zwischen 1815 und 1830 stieg die Bevölkerung Badens um über 200000 Menschen; das waren mehr als 20%! Diesen Zuwachs konnte die Landwirtschaft nicht mehr auffangen. Angesichts des erschöpften Nahrungsspielraums drängten die Arbeitssuchenden nun verstärkt ins Handwerk. Das Kleingewerbe wuchs zwischen 1809 und 1829 in Baden fast um 30000 Beschäftigte, also um 38%.

Starkes Bevölkerungswachstum ging also mit noch stärkerer Stellenbesetzung im Handwerk einher; diese Entwicklung setzte sich in den 1830er und 1840er Jahren fort. Zwischen 1830 und 1845 wuchs die Bevölkerung Badens noch einmal um 150000 Menschen, also um 11%; die Zahl der Handwerksmeister nahm jedoch im gleichen Zeitraum um 20,5% zu, stieg also im Verhältnis zur Bevölkerung nahezu um das Doppelte. Bei den Gesellen und Lehrlingen fiel der Zuwachs mit 39% noch höher aus. Es verwundert deshalb kaum, daß es um die Wirtschaftskraft dieses Gewerbes schlecht bestellt war. Von den 60560 tabellarisch erfaßten selbständigen Handwerkern verfügten 89% über kein Betriebskapital; sie und noch weitere 6%, also insgesamt 95% der selbständigen Handwerker, waren von der Gewerbesteuer befreit. Das bedeutet: Die größte Zahl dieser Erwerbstätigen mußte mit äußerst geringem Kapitaleinsatz zurechtkommen; sie lebte in ökonomischer Labilität. Das geht drastisch aus der Relation zwischen Meistern und Gehilfen hervor. Zwischen 1829 und 1844 hatte die Zahl der Gehilfen um knapp 40% zugenommen. Im Durchschnitt kam mithin auf zehn Meister nur vier Gehilfen. Das Kontrollbüro fertigte aus den Einzelangaben eine Übersicht, die zu dem Ergebnis führte: In der Mehrzahl der Gewerbe arbeiteten die Handwerker als Alleinmeister ohne Gehilfen. Der Anteil der Alleinmeister wird – vorsichtig geschätzt – zwischen 60 und 70% gelegen haben. Diese in Zahlen meßbaren Resultate stellen die angebliche Selbständigkeit des Handwerkers in das wahre Licht. Die amtlichen Berichte sahen die Meister auf die Ebene von Tagelöhnern herabgedrückt. Über die gewerbereichste Stadt des Landes, Mannheim, hieß es, dem mittleren Gewerbsmann gehe es dort kaum besser als einem Tagelöhner. Er habe „vor dem Tagelöhner nichts voraus als vermehrte Sorgen, die ihm teils Arbeitslosigkeit, teils der Umstand verursacht, daß er sich vermöge seines Gewerbes besser kleiden soll, eine größere Wohnung braucht“.[95]

Gleichwohl wanderten Angehörige der Landwirtschaft weiterhin in das Kleingewerbe ab. Früher hatten Zunftschranken die Zahl der etablierten Meister beschränkt. Nun hinderte nichts mehr die kapitallosen Meister, eigene Gewerbebetriebe zu gründen; sie ließen sich vermehrt in den Landgemeinden nieder. Diese Handwerker konnten kaum die Grenzen des lokalen Marktes überschreiten. Sie brauchten die Nachfrage der Kleinbauern ihrer unmittelbaren Umgebung. Ob die Ernten zu dürftig (Teuerung) oder zu reich (Preisverfall) ausfielen: das ökonomische Schicksal der Handwerker war im Rhythmus der überkommenen Hunger- und Teuerungskrisen an das Los der Bauern gekoppelt. Angesichts der lokal begrenzten Absatzmöglichkeiten überstieg die Handwerkerdichte das erträgliche Maß. Das war die vielbeklagte Überbesetzung des Handwerks.

Abgesehen von der Teuerung der Lebensmittelpreise kämpfte das Handwerk mit seiner ungünstigen Kreditsituation. Die Meister waren gezwungen, ihren Kunden Kredit zu gewähren, hatten selbst aber Schwierigkeiten, Geld zu leihen. Ein badischer Finanzbeamter schrieb dazu: Kapital gebe es genügend, aber die „Kapitalisten“, wie er die Kapitalinhaber nannte, seien nicht bereit, ihr Geld an Kleinbauern und Handwerker zu verleihen, da diese keine ausreichende Sicherheit böten; sie legten ihr Geld lieber in Staatspapieren an.

Befand sich das Handwerk ohnehin schon in der Verteidigung, so wurde es in seiner Skepsis gegenüber neuen Zeiterscheinungen noch bestärkt, als ihm auch der Eisenbahnbau zu schaden begann. Der Ausbau des Verkehrsnetzes und Transportwesens brach die lokale Isolation auf. Die Waren gelangten nun von auswärts schneller und billiger auch auf den lokalen Markt. Die Handwerker sahen sich so einer verschärften Konkurrenz ausgesetzt. Die Kreditschwierigkeiten trieben kleine Handwerksmeister oft in die Hände von Wucherern.

Insgesamt fügten sich die Nöte des Handwerks in die vormärzliche Krise des Pauperismus, nicht nur in Baden, sondern in allen übrigen strukturschwachen Gebieten Deutschlands auch. Verschärft wurde sie noch durch das Elend der Heimarbeit, einer Sonderform des handwerklichen Betriebs, der besonders unter den Webern verbreitet war. Der schlesische Weberaufstand des Jahres 1844 legte davon Zeugnis ab; ungeachtet aller Zensur gingen Nachrichten darüber wie ein Lauffeuer durch alle größeren deutschen Zeitungen. Die Krise löste in immer schnellerer Folge örtliche Proteste und Tumulte aus, bevorzugt angeführt von Handwerksgesellen, und gipfelte in den Barrikadenkämpfen des Jahres 1848, an denen sich besonders die Lehrlinge und Gesellen des Handwerks beteiligten.

Blickt man auf die ökonomische Entwicklung des Handwerks, scheint die Revolution freilich kein markanter Einschnitt zu sein. Der Gang des Jahrhunderts wies seit den rheinbündisch-preußischen Reformen in die Richtung von Gewerbefreiheit, Freizügigkeit und freiem Niederlassungsrecht in den Gemeinden. Die Verfassungsväter des Paulskirchenparlaments bestätigten das in ihren Grundrechten, die jedoch am 21. August 1851 durch den Deutschen Bund wieder aufgehoben worden waren. Maßgeblich blieben also auch weiterhin die partikularen Landesgesetzgebungen. Nach dem Erstimpuls zu Anfang des Jahrhunderts erfolgte der maßgebende Schnitt für ganz Deutschland erst im Jahre 1869 mit der Verkündung der Gewerbefreiheit für den Norddeutschen Bund und wenig später für das Deutsche Reich.

### *b) Chancen und Risiken in der Industrialisierung*

Der Weg aus der Krise offenbarte sich für das Handwerk in voller Breite erst nach der Jahrhundertmitte, obwohl ihn hellsichtige Zeitgenossen bereits Jahrzehnte früher gedanklich vorweggenommen hatten; so forderte der württembergische Finanz- und Wirtschaftsexperte Moriz Mohl, der Bruder des berühmten Staatsrechtlers Robert Mohl, bereits als 26jähriger im Jahre 1828, eine „Hebung unsers Manufakturwesens", um für die „Überbevölkerung auf dem Lande", die eine allgemeine Klage in Württemberg sei, einen „Ableiter" zu finden.[96] Und der Marburger Nationalökonom und Staatswissenschaftler Bruno Hildebrand, der frühe Kritiker von Friedrich Engels, schrieb in einer Rezension über dessen Buch, nicht ein Zuviel, sondern ein Zuwenig an Industrialisierung veranlasse ganze Landgemeinden, aus dem verarmten Oberhessen auszuwandern. In der Tat boten sich dem Handwerk in dem tiefgreifenden, schmerzhaften Strukturwandel Überlebens- und Entwicklungschancen, die es teilweise gerade der Industrialisierung verdankte. Die These vom zwingenden Tod des Handwerks erwies sich als falsch, denn es eröffneten sich ihm fünf Wege, je nachdem, wie es die Anforderungen der neuen Zeit – wenn auch unter harten Prüfungen – zu bewältigen verstand.

1. Ein Teil des Handwerks wurde durch die industrielle Produktion zunächst bedrängt, dann schließlich verdrängt; dieser Teil erlag der Konkurrenz der Industrie und ging völlig in ihr auf. Er bestimmte stark das Urteil über die Wirkungen der Industrie auf das Handwerk überhaupt. Das betraf konkret Gewerbe wie die Herstellung von Tapeten, Hüten, Knöpfen, Schirmen, Stöcken, Seifen, Lichtern und vor allem Textilien.

2. Das Handwerk behauptete sich im Bereich der persönlichen Dienstleistungen wie barbieren, frisieren, waschen, baden, abdecken (Beseitigung von Kadavern in den Städten); die wachsende, von einigen Ballungszentren abgesehen, dezentral verlaufende Urbanisierung in Deutschland belebte das Bauhandwerk und stärkte alle Gewerbe, welche dem persönlichen

Konsum dienten wie Bäcker, Fleischer, Konditor und Hersteller anderer Lebensmittel. Vom wachsenden Güteraustausch seit der zweiten Jahrhunderthälfte profitierte auch das Handwerk. Es konnte sich also dort ausdehnen, wo die privaten Haushalte aufhörten, sich selbst mit handwerklichen Produkten zu versorgen.

3. Das Handwerk überlebte durch Umbildung und Anpassung, indem es diejenigen Lücken für sich entdeckte, welche die neue, moderne Produktionsweise offenließ, etwa die Reparatur industriell gefertigter Produkte oder auch den expandierenden Kleinhandel.

4. Das Handwerk hielt stand durch Ausweitung und Betriebserweiterung, indem es industrielle Prinzipien wie Arbeitsteilung und Maschinisierung übernahm. Schneider arbeiteten nicht mehr mit Nadel und Schere, sondern mit der Nähmaschine, die ihnen die Fabriken lieferten; sie bezogen das Tuch für die von ihren Kunden bestellten Kleider direkt aus den Tuchfabriken. Die Handwerker führten statt des Wochenlohns den festen Preis für Stückarbeit ein. Schreiner bedienten sich der Kreissäge, Buchdrucker der Vergolderpresse. Auch das Kleingewerbe nutzte nun die Dampfkraft der Maschinen.

5. Es entstanden völlig neue Produktionszweige ohne Bezug zur vorindustriellen Zeit, so vor allem im Maschinenbau, für den es ja in Deutschland typisch war, daß er kleingewerblich organisiert und dezentral verteilt war.

Den Zeitgenossen war der Überlebenskampf des Handwerks in besonders drastischer Weise durch das Elend des Heimgewerbes ins Bewußtsein getreten, aber selbst dieses ging nicht vollständig unter, sondern es spaltete sich ähnlich wie das Handwerk, wenn auch in umgekehrten Proportionen: Der überwiegende Teil der Verlagsproduktion im Heimgewerbe ging in der Industrie auf. Bis über die Jahrhundertwende hinaus hielt sich handwerkliche Heimarbeit, etwa bei Holzfeinarbeiten wie Schnitzereien, bei speziellen Textilproduktionen wie Stickerei und Klöppelei. Später wurde sie zu einem Thema der Sozialpolitik, als sich zeigte, daß sich die Bismarcksche Sozialgesetzgebung an der Industriearbeiterschaft orientierte, der hauptsächlichen Klientel der Sozialdemokratie, während sie die Landarbeiter und speziell das Heimgewerbe ausschloß.

Schien aus der Sicht des Vormärz während einer ersten Konfrontation mit der Industrialisierung das Handwerk einem ausweglosen Prozeß seiner Vernichtung entgegenzugehen, so bemerkten Zeitgenossen bereits in der Generation während des ersten Take-off (1850–73), wo die Überlebenschancen des Handwerks lagen und daß manche Gewerbezweige strukturell geradezu durch die Industrialisierung begünstigt wurden. Das dokumentierte bereits mit hellsichtigen Kommentaren ein Fachmann für die nationalökonomische Entwicklung in Deutschland, Georg von Viebahn; als preußischer Regierungspräsident und Mitglied des Landesökonomiekollegiums hatte er Zugang zu amtlichem statistischen Material, das er im Jahre

1868 in seiner „Statistik des zollvereinten und nördlichen Deutschlands“ veröffentlichte.[97]

## 3. Das Bürgertum

Mit dem 19. Jahrhundert verbindet sich die Vorstellung vom „Durchbruch der bürgerlichen Gesellschaft“ oder auch schlicht vom „Durchbruch des Bürgertums“. Man muß genauer hinschauen, um das richtig zu verstehen. Sicherlich trifft nicht zu, daß das Bürgertum zur zahlenmäßig stärksten Gruppe innerhalb der deutschen Bevölkerung heranwuchs; bis zur Hochindustrialisierung überwog der bäuerliche Anteil. In einem anderen Sinne ist diese Anschauung freilich richtig: In der Kultur und Literatur des 19. Jahrhunderts wurden bürgerliche Normen prägend. Die weitgehend noch von Adligen betriebene Politik der fürstlichen Kabinette und Ministerien setzte sich in wachsendem Maße mit Forderungen und Zielen des Bürgertums auseinander, ja, band sie in die eigenen Handlungskonzepte ein. Die Minister der preußischen und süddeutschen Reformpolitik während der napoleonischen Zeit stützten sich auf die Mitarbeiter einer ständig wachsenden Bürokratie, die sich aus Bürgerlichen rekrutierte. Schließlich durchdrang alle Bereiche der Politik, Gesellschaft und Kultur das Zukunftsmodell einer „bürgerlichen Gesellschaft“, welche als kommende Ordnung mündiger, freier und rechtlich gleicher Menschen gedacht wurde. Insofern wohnte dieser Vorstellung ein utopischer Zug inne, welcher auch den fortschrittsbezogenen Geschichtsphilosophien des Jahrhunderts, etwa von Hegel und Marx, eigen ist, die das bürgerliche Zeitalter als geschichtsnotwendig vorhersagten.

### *a) Der alte Bürgerstand der Städte*

Gelehrte Forschergruppen haben während der zurückliegenden Jahre im internationalen Gespräch eindringlich darüber nachgedacht, was „Bürgertum im 19. Jahrhundert“ eigentlich sei.[98] Experten aus dem anglo-amerikanischen Raum betonten dabei stets die Schwierigkeit, für das deutsche Wort „Bürgertum“ eine sachgemäße Übersetzung zu finden, da sie über keinen Begriff mit einem vergleichbaren sozialen Gehalt verfügten. Sie sprachen demgegenüber von „middle class“, bevorzugt aber von „Eliten“, „den Reichen“ oder „der Oberschicht“. Bürger, Bürgerstand, Bürgertum und Bürgerschaft scheinen also eine Besonderheit der deutschen oder mitteleuropäischen Realität zu sein. Hier gehörte der Begriff des Bürgers zur politischen und rechtlichen Sprache.

Der Bürgerbegriff erschließt sich am besten, wenn man seine Herkunft in der frühneuzeitlichen Ständeordnung aufsucht. In wünschenswerter juristischer Klarheit hat ihn das Allgemeine Landrecht für die Preußischen

Staaten aus dem Jahre 1794 überliefert. Dort steht: „Der Bürgerstand begreift alle Einwohner des Staats unter sich, welche, ihrer Geburt nach, weder zum Adel noch zum Bauernstande gerechnet werden können und auch nachher keinem dieser Stände einverleibt sind."[99] Die Eigenschaft eines Bürgers erwarb man mithin zunächst einmal durch die Geburt, und da dies in der ständischen Ordnung geschah, befand man sich im Gegensatz zum Adel und zu den Bauern. Diese Definition aus der Negation heraus, vor allem gegenüber dem Adel, bewährte sich unter denen, die sich in gemeinsamer Opposition zur restaurativen Politik und der sie tragenden Aristokratie zu einem einenden Bürgerbewußtsein fanden. Diese verbindende Frontstellung brach während der Revolution 1848/49 auf, als „das Bürgertum" sich zu begreifen lernte als ein Konglomerat, das sich aus vielen auseinanderstrebenden Interessengruppen zusammensetzte.

Ein weiteres wichtiges Merkmal mußte aber noch hinzutreten: „Ein Bürger im eigentlichen Verstande wird derjenige genannt, welcher in einer Stadt seinen Wohnsitz aufgeschlagen und daselbst das Bürgerrecht gewonnen hat". Wer Bürger sein wollte, mußte das Bürgerrecht erworben haben, entweder vom Vater ererbt oder durch Aufnahme in die Bürgerschaft; das erforderte den Nachweis, ob man leistungsfähig und vermögend genug war, um selbständig zu sein. Mit dem Stadt- oder Gemeinderecht war die Fürsorge im Falle der Invalidität oder Verarmung verknüpft. Arme hatten deshalb keine Chance, das Bürgerrecht zu erwerben: Sie zählten wie Arbeiter, Tagelöhner, Gesinde und die meisten Handwerksgesellen zu den unterbürgerlichen Schichten. Diese Art Stadtbürgertum verkörperte oft nur die Minderheit unter den Stadtbewohnern, aber es repräsentierte den eigentlichen historischen Kern des Bürgertums. Dazu gehörten Handwerksmeister, meist in Zünften organisiert, wohlhabendere Kaufleute, Ladenbesitzer, Gastwirte, insgesamt also jene Gruppe, für die sich später auch der abwertende Ausdruck *„Kleinbürger"* einstellte, als sie gegenüber dem aufstrebenden Bildungsbürgertum und der Beamtenschaft in den Städten in die Defensive geriet. Das Bedürfnis, sich vor unerwünschten Kostgängern oder Konkurrenten von außen zu schützen, verlieh jenen Stadtbürgern einen streng konservativen Zug, wenn sie darüber zu entscheiden hatten, Freizügigkeit oder Niederlassungsrecht zu liberalisieren. Dieses Bürgertum meldete sich in den Kommunen und deren Magistraten zu Wort; wegen fehlender Abkömmlichkeit hatte es selten Gelegenheit, sich über die Region hinaus in den frühkonstitutionellen Landtagen oder gar in den großen konstituierenden Versammlungen des Revolutionsjahrs 1848 in Frankfurt, Berlin und Wien Gehör zu verschaffen. In den überholten Formen des Alten Reiches konnte es im Extremfall bis zur politischen und sozialen Bewegungslosigkeit erstarren, wie es Jean Paul in seinem Roman „Siebenkäs" beispielhaft an den Zuständen des „Reichsmarktflekkens Kuhschnappel" veranschaulicht hat. Das Bedürfnis, sich allem Neuen zu verschließen, gab ihm in den Augen kritischer Dichter der Romantik den Anstrich des biedermeierlichen „Philisters". Daraus sprach geringe Kenntnis der tatsächlichen sozialen Lage, in welche dieses Stadtbürgertum seit den 1820er Jahren geriet, als viele seiner Angehörigen, besonders die Handwerker, im Sog des vormärzlichen Pauperismus einer Existenzkrise erlagen. Dieses Stadtbürgertum folgte dem gesellschaftspolitischen Leitbild einer Eigentümergesellschaft mittlerer Existenzen. Verfassungspolitisch verhielt es sich zwiespältig. Denn Bürgertum und Liberalismus waren keineswegs – wie bisweilen immer noch angenommen wird – deckungsgleich; das bewiesen die vielen Handwerksmeister, die sich während der Revolution 1848 in den entstehenden konservativen Parteien zu organisieren begannen. Andererseits ließen sie sich auch politisch im liberalen und demokratischen Sinne mobilisieren, wie öffentlich bei der ersten großen Massendemonstration in Deutschland anläßlich des Hambacher Fests im Jahre 1832 sichtbar wurde. Das örtliche Betätigungsfeld aber lag im ständig wachsenden Vereinswesen der Städte, das neueste Reihenuntersuchungen allmählich aufzuhellen beginnen. Geselligkeit, Aufklärung, religiöse Erweckung, Gesang, Turnen, Kunstpflege, berufsbezogene Interessenvertretung – alle diese Zwecke vermochten die Stadtbürger alten Typs im Laufe des 19. Jahrhunderts fortdauernd und teilweise in wachsender Intensität mit Leben zu erfüllen. Das politische Vereinswesen bildete dabei nur eine Variante unter vielen.

Die alte Reichsstadt Wetzlar, lange Zeit Sitz des Reichskammergerichts, verkörpert in geradezu idealtypischer Weise, wie sich eine ursprünglich zugewanderte, akademisch gebildete Funktionselite als „neues Bürgertum" vom traditionalen Stadtbürgertum ausgrenzte. Das vordringende aufklärerische Gedankengut untergrub die ständischen und konfessionellen Barrieren. Vor allem für die standesübergreifende Amtselite der selbstbewußten und wohlhabenden Prokuratoren und Advokaten stifteten Bildung, Gesinnung und Berufsethos neue Gemeinsamkeiten, welche die alte reichsstädtische Bürgerwelt überstiegen und das Wesen der kommenden bürgerlichen Gesellschaft ausmachten. In der alten Bürgerwelt wirkten Familie, Religion, Zunft und Stadt als starre Netze; Bildungshorizont und Weltkenntnis reichten kaum über die Stadtmauern hinaus. Die neuen Bürgerlichen standen zunächst außerhalb der überkommenen Ständegliederung, und ihr Verständnis von Bürgertum zielte auf die „Societas Civilis", auf die Staatsbürgergesellschaft, welche ihre Identität in bürgerlichen Werten fand wie Individualität, Bildung, Leistung, Rationalität, Toleranz und Weltoffenheit. Von diesem neuen Bürgertum, das im Laufe des Jahrhunderts gegenüber dem Stadtbürgertum die Oberhand gewann, gingen die Impulse aus, überregionale Kommunikationsnetze zu bilden und sich in nationaler Weite zu verständigen.[100]

### b) Die Eximierten oder die „neuen Bürgerlichen"

Das Allgemeine Landrecht dokumentiert, daß die überkommene Standesordnung mit ihrer Dreigliederung nicht mehr ausreichte, um den Bürgerstand zutreffend zu beschreiben. Es bestimmte nämlich: „Personen des Bürgerstandes in und außer den Städten, welche durch ihre Ämter, Würden oder besondere Privilegien von der Gerichtsbarkeit ihres Wohnorts befreit sind, werden Eximierte genannt." Darin steckt das lateinische Wort eximere: ausnehmen; es bezeichnet also Bürger, die eigentlich als außerständisch zu betrachten waren, denn sie brauchten wichtige Bedingungen des Bürgerstandes nicht zu erfüllen. Bei ihnen war es nicht notwendig, daß sie wirtschaftlich selbständig waren, ja, sie mußten mitunter nicht einmal in der Stadt ansässig sein. Amt und Würde begründeten den Status eines Eximierten. Das betraf vor allem die akademisch gebildeten Beamten, das neue Bildungsbürgertum in Staatsdiensten. Durch landesherrlich verliehenes Amt wurden sie zu Bürgern. Diese rasch wachsende Zahl der fürstlichen Diener oder Staatsbeamten war von Steuer- und Militärdienst befreit, wählte den Stadtrat nicht mit und stand in unmittelbarer Beziehung zum Landesherrn.

Die rechtliche, geburtsständische Dimension erwies sich für den Bürgerbegriff folglich als zu eng. Immer stärker wurde auch nach der Stellung im Beruf gefragt, wenn von „Bürger" die Rede war. Ursprüngliche Randgruppen drängten in das Bürgertum hinein, wurden zum Stand der „neuen Bürgerlichen". Hierzu traten auch noch die Gründer und Leiter der damals als groß und modern anzusehenden Unternehmen. Die alte merkantilistische Politik hatte ihnen besondere Aufmerksamkeit gewidmet, so daß sie durch fürstliches oder königliches Privileg das Bürgerrecht erhalten hatten. Sie waren von den Vorschriften der Zunftordnung befreit, errichteten ihre Unternehmen auch außerhalb der Stadtgrenzen und übertrafen den traditional gesinnten Stadtbürger nicht selten an Wohlstand, Weitsicht und Ehrgeiz. In Frankreich nannte man diese Gruppe der Wirtschafts- oder Großbürger „Bourgeoisie"; in diesem Sinne wurde der Begriff auch im Deutschen gebräuchlich, bis er, etwa in der Klassenideologie von Marx, obgleich eine winzige Minderheit repräsentierend, zum Bürgertum schlechthin als geschichtsnotwendigem „Hegemon" der Entwicklung im 19. Jahrhundert gemacht wurde.

*Beamten- und Bildungsbürgertum im Staatsdienst.* – Das Beamten- und Bildungsbürgertum im Staatsdienst entwickelte sich von einer außerständischen, nur durch besonderen landesherrlichen Akt berufenen Randgruppe zum neuen Bürgertum, welches das alte überkommene Stadtbürgertum in der überregionalen Öffentlichkeit mehr und mehr verdrängte, ja geradezu marginalisierte. Weil in der Geschichte des ausgehenden 18. und für den größeren Teil des 19. Jahrhunderts die Impulse für den gesellschaftlichen

Wandel angesichts eines schwachen Wirtschaftsbürgertums vorwiegend von der staatlichen Seite ausgingen, gewann das Beamten- und Bildungsbürgertum in Staatsdiensten einen überragenden Einfluß. Es zeigte sich hier, wie der überkommene Bürgertumsbegriff aufgeweicht wurde, denn das Staatsdienerverhältnis lief bestimmten bürgerlichen Prinzipien zuwider, etwa der individuellen – auch materiellen – Unabhängigkeit und Eigenverantwortlichkeit, der Freiheit von obrigkeitlicher Aufsicht bei gesellschaftlichen Initiativen. Wie vertrug sich das mit den bürokratischen Tugenden von Autorität und Gehorsam? Wie sich noch zeigen wird, erhielt das sich wandelnde Verständnis von Bürgertum eine neue integrierende Substanz. Bereits unter dem Regiment des Reformabsolutismus im letzten Drittel des 18. Jahrhunderts, mehr noch aber im Zuge der preußischen und rheinbündischen Reformen suchten die Fürsten die Hilfe einer Bürokratie, die sie von Widerständen des Adels und der Kirche unabhängig machte. Der Zwang, eine politisch, konfessionell und sozial heterogene Bevölkerung innerhalb der neuen Flächenstaaten zu einigen, eröffnete dem „neuen Bürgertum" ein Tätigkeits- und Berufsfeld, das sich zunehmend differenzierte und erweiterte. Die durchorganisierte Justizverfassung, die wachsenden Verwaltungsaufgaben, der Ausbau des Militär-, Universitäts- und Schulwesens verstärkten das bürgerliche Gewicht, drängten den Adel zurück und versuchten auch tendenziell, das Stadtbürgertum botmäßig zu machen. Dieses Eindringen bürgerlicher Mittelschichten in die Staatsverwaltung seit dem Beginn des Jahrhunderts erlebte immer wieder Rückschläge, insbesondere in den Phasen politischer Repression wie in den 1820er und 1850er Jahren. In solchen Zeiten machte sich die Staatsabhängigkeit in besonders schmerzlicher Weise bemerkbar. Das bekamen Professoren, Lehrer und Beamte jeder Herkunft bei ihren Versuchen, in den frühkonstitutionellen Landtagen Oppositionspolitik zu betreiben, ebenso zu spüren wie die politischen Aktivisten der Revolution von 1848/49 in der Zeit danach. Disziplinarverfahren, Amtsenthebungen, Versetzungen waren keine Seltenheit, wobei das öffentliche Aufsehen nicht darüber hinwegtäuschen kann, daß die Mehrheit in den Bürokratien und Parlamenten, sieht man von einzelnen spektakulären Verfassungskonflikten ab, in der Regel willfährig war.

Mit dem Ausbau des Frühkonstitutionalismus erhielt dieses Beamten- und Bildungsbürgertum ein herausragendes politisches Betätigungsfeld in den landständischen Kammern. Gemeinde- und Staatsbeamte dominierten hier mit mindestens mehr als der Hälfte der Vertreter. Freilich entwickelten diese Landtage eine von ihren Schöpfern nicht beabsichtigte Eigendynamik, wenn sie um die Erweiterung des Wahlrechts, ihrer Kompetenzen bei der Steuerbewilligung und Gesetzgebung oder um freie Presse und Geschworenengerichte kämpften. Weil die Verwaltungs- und Justizbeamten von Amts wegen tief in die Funktionsweise des sich modernisierenden Staates eingeweiht waren, konnten sie zu den gefährlichsten Kritikern der

Regierungsgeschäfte werden. Dabei riskierten sie nicht selten ihr Amt und damit ihre bürgerliche Existenz. Der Vormärz hatte auf diese Weise seine prominenten Opfer eines solchen oppositionellen „Kammerliberalismus“, und kein konstitutioneller Staat machte da eine Ausnahme; denn Drangsalierungen erfuhren der Würzburger Staatsrechtler Wilhelm Joseph Behr, die Freiburger Professoren Karl Theodor Welcker und Karl von Rotteck, der Tübinger Staatsrechtler Robert Mohl, der Mannheimer Hofgerichtsrat Johann Adam von Itzstein, der Marburger Staatsrechtler Sylvester Jordan, die „politischen Professoren“ der Universität Göttingen, die im Jahre 1837 wegen ihrer rechtswidrigen Entlassungen einen Proteststurm in der Öffentlichkeit entfachten, und diese Häufung spektakulärer Amtsenthebungen bei den Staatsbediensteten wiederholte sich nach der Niederschlagung der Revolution 1848/49. Bereits im April und Mai 1849 zeigte sich, wie einschüchternd die Staatsabhängigkeit wirkte, da die beamteten Mitglieder der Frankfurter Nationalversammlung eilfertig folgten, als ihre heimischen Landesregierungen sie widerrechtlich aus der Paulskirche abberiefen.

Wohin man aber auch schaut, das Verhältnis zwischen den sich entwikkelnden Staaten und ihren Dienern blieb vieldeutig, so daß es nicht den Stoff hergibt für eine eindimensionale Geschichte des deutschen Untertanengeistes. Welche Lehre das neue Bürgertum aus der Arbeit in den Parlamenten zog, blieb ihm weitgehend überlassen, war es nun der verfassungsmäßig verordnete Kompromiß, der Versuch einer parlamentarischen Zähmung des fürstlichen Regiments – was nicht nur 1848, sondern zunehmend in einzelnen Landtagen auch in den 1860er Jahren gelang – oder war es eine Fundamentalopposition mit deren unkalkulierbaren Risiken. Das Kammerbeamtendasein trug dazu bei, sich in den politischen Grundformen des Liberalismus zu schulen: Pressefreiheit, Schwurgerichte, öffentliche Gerichtsbarkeit und Vereinsfreiheit gehörten zu den dauernd verhandelten Themen. Die Kammern überbrückten fernerhin in persönlichen Kontakten der Abgeordneten verschiedener Staaten die politische Regionalität. Das geschah zunächst auf Landesebene in der Tradition von Verfassungsfesten. In den 1840er Jahren umspann der Wirkungsradius aber nationale Weite. Nach den Versammlungen in Offenbach und Heppenheim 1847 erreichte diese Bewegung einen ersten Höhepunkt in der Versammlung von Landtagsabgeordneten im sogenannten Frankfurter Vorparlament vom Ende März 1848. Diese Abgeordnetentage wiederholten sich nach dem Ende der Reaktionsära in den frühen 1860er Jahren und gaben weitere Impulse zur Nationalisierung der bürgerlichen Mittelschichten. Gemeinsame politische Kultur und Bildung sowie übergreifende, wechselseitige Kommunikation stifteten die Identität des neuen Bürgertums, worin es dem alten überlegen war, zumal ihm wie keiner anderen Gruppe die modernen Medien wie Presse, Flugschrift, Karikatur zu Gebote standen.

Die Beamten blieben während des ganzen 19. Jahrhunderts die dominierende Schicht in den gewählten Parlamenten; ihre Zahl vermehrte sich seit der Jahrhundertmitte jedoch noch, als der Staat immer neue öffentliche Funktionen an sich zog und sie mit neuen Dienstleistungen ausweitete. Post, Telegraphie und Eisenbahn rekrutierten eine neue mittelständisch-kleinbürgerliche Schicht von Beamten, die ihre Söhne oftmals auf das Gymnasium schickten, damit sie dort „Bildung“ als Eintrittsbillet für den gesellschaftlichen Aufstieg erwarben. Seit den 1850er Jahren förderten überdies die wachsenden Städte einen neuen Typ kommunaler Beamten, welche sich der steigenden Probleme der Wohnungsnot, Hygiene und Armenfürsorge, der unehelichen Geburten, Städteplanung und des Straßenbaus anzunehmen hatten.

*Freiberufliche Intelligenz.* – Während sich das traditionale Stadtbürgertum notgedrungen dem Wandel der Zeit anpassen mußte, verdankten die verschiedenen Spielarten der „neuen Bürgerlichen“ ihre wachsende Bedeutung den innovativen Impulsen und Tendenzen des 19. Jahrhunderts. Eine dritte Gruppe, die freiberuflich tätige bürgerliche Intelligenz, reagierte auf die Chancen einer Wachstumsgesellschaft, welche im Zuge der Arbeitsteilung und fortschreitender Differenzierung der Lebensverhältnisse immer neue Berufsbilder entwickelte und es erlaubte, sich mit erworbener Bildung eine selbständige Existenz aufzubauen. Vereinzelt bereits in der ersten Hälfte des 19. Jahrhunderts, vermehrt dann nach der Jahrhundertmitte konnte der wachsende literarische und publizistische Markt auch eine freiberufliche Intelligenz tragen. Dazu zählten Schriftsteller und Dichter wie Heinrich Heine, Ludwig Börne, Ferdinand Freiligrath, Georg Herwegh, Journalisten und Redakteure wie Johann Georg August Wirth, Philipp Jakob Siebenpfeiffer, Julius Fröbel und Karl Marx. Diese bürgerliche Intelligenz lebte in beruflich unsicherer Lage und war in ihrem Lebensunterhalt von den wechselnden Erträgen des literarischen Markts und Verlagswesens abhängig. Der Kulturhistoriker Wilhelm Heinrich Riehl nannte sie „Proletarier der Geistesarbeit“ und rechnete überdies Predigtamtskandidaten, Subalternbeamte und vor allem Volksschullehrer hinzu, die noch selten durch einen dauerhaften Beamtenstatus gesichert waren.

Auch an andere Berufsgruppen ist noch zu denken, an Anwälte wie Friedrich Hecker und Gustav von Struve, an Ärzte wie den Königsberger Demokraten Johann Jacoby, ferner an Apotheker, stellenlose und verhinderte Akademiker vom Studenten bis zum Privatdozenten. Viele von ihnen waren politisch aktiv, denn sie hatten ein geschärftes Gespür für die sozialen Nöte der „handarbeitenden Klassen“. Teilweise lehrte sie ihr Beruf als Armenarzt, Armenadvokat oder Apotheker die Nöte des Volkes. Als Autoren hatten sie vielfache Erfahrungen mit der Zensur und anderen Repressionen der Staatsmacht. Politisch spalteten sie sich seit der Julirevolution von 1830 mehr und mehr von dem reformerischen Konzept der konstitutionellen Liberalen ab und näherten sich nicht selten dem demokratisch-revolutionären Weg.

*Das Wirtschaftsbürgertum.* – Auch das Wirtschaftsbürgertum war als außerständische Gruppe nicht im Stadtbürgertum verwurzelt, obwohl seine Anfänge in die Frühe Neuzeit zurückreichten. Im Gegensatz zu Frankreich und England bildete es in den deutschen Staaten zahlenmäßig nur eine äußerst kleine Schicht, die sich aus den alten Manufakturen und dem Großhandel der traditionsreichen Kaufmannsstädte, später aus den aufstrebenden Zentren der Schwerindustrie rekrutierte. Spediteure, Kommissionäre, Großhändler, Fabrikanten und Bankiers vereinten sich zu einem neuen „Geldpatriziat“ (Veit Valentin), aber wenn man es einfach „Bourgeoisie“ nennt, verfehlt man seine vormodernen Wurzeln und macht es vorschnell zum Exponenten des Industriekapitalismus, zu dem es erst in der zweiten Jahrhunderthälfte wurde.

Die nördlichen Rheinlande waren neben dem Königreich Sachsen und Oberschlesien die bedeutendste Gewerbelandschaft des deutschsprachigen Raumes in der ersten Hälfte des 19. Jahrhunderts. Das Rheinland hatte durch seine Nähe zu den Niederlanden und Nordfrankreich teil am wirtschaftlichen Aufschwung Westeuropas und dem daran hängenden Überseehandel. Hier gediehen das Heimgewerbe im Verlagssystem, Metallverarbeitung, Tuchfabrikation und das Eisenhüttenwesen. Vier zusammenhängende Gewerbelandschaften (das rechtsrheinische Berg, die Regionen um Aachen und Krefeld sowie das Gebiet von Rheydt, Gladbach und Viersen) boten denkbar günstige Voraussetzungen für die Entstehung eines Wirtschaftsbürgertums als regionaler Elite. Sein Werdegang und Wandel sind besonders gut durchleuchtet, so daß es sich auf geradezu idealtypische Weise als Avantgarde einer „Bourgeoisie“ darlegen läßt.[101] Die Art und Weise, wie dieses rheinische Wirtschaftsbürgertum die frühe Industrialisierung wahrnahm und interpretierte, legt ein beredtes Zeugnis ab über den Wandel von den ständisch Eximierten zur „Besitz- und Leistungsklasse“ (Rudolf Boch). Die Wirtschaftsbürger der Epoche zwischen 1815 und 1830 betrachteten den Wirtschaftsaufschwung noch als ein vorübergehendes Ereignis. Sie erkannten den industriellen Fortschritt nicht als Vorboten eines gesamtgesellschaftlichen Wandels. Das Krisenjahr 1830 schien demgegenüber eine Epochenschwelle darzustellen; Industrie galt fortan „nicht mehr als eine Beschäftigungsform unter anderen, sondern wurde als das eigentliche Zentrum der Gesellschaft definiert“.[102] Ackerbau, Handel und Industrie schienen nicht mehr im ausgeglichenen Verhältnis zueinander zu stehen, sondern künftig im Gefolge einer konkurrenzfähigen Industrie. Erwartungshorizont, Wirtschaftsmentalität und auch das Verhältnis zur Natur veränderten sich seitdem nachhaltig. Rechnete man bisher mit der Knappheit der natürlichen Ressourcen, welche der Expansion Grenzen setzte, erwartete man nun ein anhaltendes Wachstum, nicht zuletzt wegen einer möglichen „Emanzipation der Produktion aus den Zwängen der Natur“.[103] Der schnell wachsende Eisenbahnbau in Deutschland erschien zugleich als Symbol und Bürge für diese Erwartung. Das neue Wirtschaftsbürgertum folgte einem „systemischen Industrialisierungsdenken" (Boch), denn es glaubte seit den 1840er Jahren, Deutschland werde sich zum Standort einer nationalen Gesamtindustrie entwickeln. Der preußische Staat rückte im Falle des rheinischen Wirtschaftsbürgertums durch eine Industrieförderungspolitik in die Rolle der helfenden und stützenden Hand. Das geschah nicht zuletzt durch den Ausbau des Aktiengesellschaftsrechts seit 1843. Der stürmische Boom der Industrialisierung während der 1850er und 1860er Jahre – ihr eigentlicher Durchbruch in ganz Deutschland – bestätigte also die lang vorbereitete Meinung der Unternehmer, Wirtschaftswachstum würde von nun an zu einem sich selbst tragenden und beschleunigenden Prozeß fortschreiten.

Seit den 1850er Jahren konnte diese Industrieelite ungeachtet der politischen Reaktion wirtschaftlich prosperieren, denn nun wurden die Kohlevorkommen des Ruhrgebiets systematisch erschlossen; es wurden die Textilindustrie mechanisiert, die Eisen- und Stahlerzeugung modernisiert und die Unternehmensorganisation als Aktiengesellschaft praktiziert. Dabei löste sich diese Schicht sozial zunehmend von dem übrigen Bürgertum ab; repräsentative Geschäfts- und Wohnhäuser, Villen am Stadtrand mit Gärten und Parks, der Erwerb großer Ländereien samt den zugehörigen Herrenhäusern bereiteten eher die Symbiose mit dem Adel vor. Dieses Wirtschaftsbürgertum stand meilenweit über den klein- und unterbürgerlichen Schichten und präsentierte sich zunehmend als eine Klasse, die scharfe soziale und politische Gegensätze in Kauf nahm.

Freilich darf dieser von rheinischen Unternehmern geprägte Typ des Wirtschaftsbürgertums nicht für das Bild der gesamten Gruppe genommen werden, denn in den wirtschaftlich dezentralisierten deutschen Gewerbelandschaften existierten zahlreiche mittelgroße Unternehmen, deren bürgerliche Inhaber jene Schicht von Kaufleuten und noch vorindustriellen Unternehmern verkörperten, die in schroffer Abgrenzung zum Adel ihr Selbstbewußtsein fanden. Sie blickten mit Stolz auf die Früchte ihrer eigenen Leistung und hingen einer selbstbewußten Mittelstandsideologie an, wie sie Lothar Gall beispielhaft an der Familiengeschichte der Mannheimer Bürgerdynastie der Bassermanns beschrieben hat.[104]

Diesem Wirtschaftsbürgertum, das mitunter auf eine lange Familien- und Standorttradition zurückschauen konnte, trat im Laufe der ersten Hälfte des 19. Jahrhunderts ein neues zur Seite, das sich in der Regel aus dem Handwerk emporgearbeitet hatte. Das veranschaulicht musterhaft der Lokomotivenfabrikant August Borsig, der ursprünglich das Zimmerhandwerk gelernt hatte. Er war ein durch und durch praktischer Mensch mit hellem, scharfem Verstand; als Kaufmann, Disponent und Organisator war er unübertrefflich, ohne freilich seinen Mangel an theoretischen Kenntnissen und Fähigkeiten zu verleugnen. Aber er besaß eine geschickte Hand, tüchtige Mitarbeiter auszuwählen, Theoretiker, Werk- und Maschinenmeister, Dolmetscher auf den Reisen nach Frankreich und England, die ihm das Fehlende beisteuerten. Aristokraten, Akademiker und hohe Beamte sahen eher herablassend auf solche neureichen Kaufleute und Fabrikbesitzer ohne Bildung und Kultur herab. Mit dem Durchbruch des industriellen Kapitalismus seit den 1850er Jahren verschwand jedoch allmählich die Geringschätzung für die angeblich ungebildeten Aufsteiger. Auch nahm der Anteil von Unternehmern mit akademischem Studium in den Jahren zwischen 1851 und 1870 von 1,4% auf 37,7% zu.

## 4. Die Industrialisierung

Die Industrialisierung veränderte die menschlichen Existenzbedingungen so tiefgreifend, daß selbst nüchterne Wirtschaftshistoriker, die nicht zu Übertreibungen neigen, in den Dimensionen der Menschheitsgeschichte nach einem vergleichbaren Einschnitt suchen und ihn erst in der Seßhaftwerdung des Menschen während der Jungsteinzeit erkennen. Die in der zweiten Hälfte des 18. Jahrhunderts von England ausgehende Umwälzung prägte seit dem 19. Jahrhundert den Wandel von Wirtschaft und Gesellschaft auch in der deutschen Geschichte und erstreckt sich noch heute mit fortdauernder Dynamik auf alle Kontinente der Erde. Ihr Durchbruch vollzog sich in einem langgedehnten Prozeß, der sich nicht durch ein einzelnes Datum oder Merkmal kennzeichnen läßt. Man wird nach Phasen, Regionen und dem Anteil einzelner Wirtschaftszweige unterscheiden müssen, um seine Eigenart richtig zu erfassen. Ungeachtet aller Vielgestaltigkeit kristallisieren sich dem rückblickenden Wirtschaftshistoriker jedoch fünf elementare Merkmale heraus, welche nach der Definition von Knut Borchardt das Wesen der „Industriellen Revolution“ ausmachen.

Erstens zeichnete sich diese durch neue Produktionstechniken, vor allem durch die dampfgetriebenen Maschinen, aus. Technische Apparaturen und Abläufe gab es bereits vor der Industrialisierung, etwa wenn sich Gewerbetreibende der Wasserkraft bedienten, um Hammerwerke oder Mühlen in Bewegung zu setzen. Die neuen Antriebsmechanismen arbeiteten aber losgelöst von Wind, Wasserläufen, menschlicher und tierischer Arbeitskraft; dampfgetriebene Maschinen ließen sich unabhängig von natürlichen Gegebenheiten einsetzen.

Zweitens stützte sich die neue Funktionsweise auf die bislang wenig genutzten natürlichen Rohstoffe wie Eisen und Kohle; die massenhafte Verwendung der energiereichen Steinkohle verdrängte die Holzkohle und das Holz als Brennstofflieferanten und setzte dem „hölzernen Zeitalter“ ein Ende. Das schonte fortan zwar die bedrohten Waldbestände, belastete aber durch Rauch und Abgase langfristig die natürliche Umgebung, so daß manche Umweltschädigungen der Gegenwart auf jenen folgenreichen Übergang zu massenhafter Nutzung fossiler Energien zurückgeführt werden.

Hinzu kam drittens die arbeitsteilige Produktion in Fabriken. Im Laufe des Jahrhunderts hoben sich dabei „Manufaktur" und „Fabrik" im Sprachgebrauch immer schärfer voneinander ab. Beide nutzten die Arbeitsteilung und hatten sich von den Einbindungen der Zünfte gelöst. In Manufakturen geschah das meiste noch mit der Hand, in Maschinenbauanstalten beispielsweise mit Hammer, Meißel und Feile. Sie verwandelten sich in „Fabriken", wenn sie mit spezialisierten Werkzeugmaschinen zum Drehen, Bohren oder Hobeln, vor allem aber mit der Dampfkraft arbeiteten.

Viertens wandelte sich die vorherrschende Erwerbsform der Masse der Bevölkerung. Typisch wurde die freie Lohnarbeit.

Fünftens war die Industrielle Revolution durch neue Kommunikationstechniken geprägt. Borchardt hat diesen Sachverhalt in einer berühmt gewordenen Formulierung ausgedrückt: „Wollte man dem 19. Jahrhundert einen kennzeichnenden Begriff geben und dabei den Ausdruck Industrialisierung vermeiden, so müßte man es als das Jahrhundert der Kommunikationsrevolution feiern. Mehr noch als die Sachgüterproduktion ist die Verkehrsleistung für Güter, Personen, Nachrichten, Zahlungsmittel, Kapital gestiegen. Die Märkte dehnten sich regional aus, und es traten Personen miteinander in Leistungsbeziehungen, die nie zuvor füreinander erreichbar gewesen sind. Dies ist nicht eine Nebenwirkung der großen Produktivitätssteigerung des 19. Jahrhunderts; man kann es umgekehrt auch als eine ihrer Voraussetzungen bezeichnen."[105]

### *a) Phasen der Industrialisierung im 19. Jahrhundert*

Die Industrialisierung in Deutschland vollzog sich in drei Phasen. In den Jahren zwischen 1800 und ca. 1840 kann man eine Anlaufphase erblicken, welche auch die Bezeichnungen „Vor-", „Früh-" oder „Protoindustrialisierung" erhalten hat. Die drei Jahrzehnte zwischen ca. 1840 und 1873 umfassen den eigentlichen Durchbruch. Die Zeit nach 1873 kennzeichnet die Phase der Hochindustrialisierung im Kaiserreich.

Die erste Phase gibt zu erkennen, daß bereits die vorindustrielle Gewerbetätigkeit dem späteren Durchbruch vorgearbeitet hatte. Bereits gegen Ende des 18. Jahrhunderts zeigten sich Ansätze gewerblicher Massenproduktion mit Arbeitsteilung, ausgeführt in den neuen Manufakturen. Das Verlagssystem hatte bereits Zentren gewerblicher Verdichtung entstehen lassen. Im Umkreis von Manufaktur und Verlag, die beide für den überregionalen Markt produzierten, sammelte sich Handelskapital, das den späteren Übergang zu dem auf Industriekapital angewiesenen Fabriksystem vorbereitete. Seit 1800 entstanden aber auch bereits einzelne moderne Fabriken. Vor allem technisch einfache und erschwingliche, mit wenig Energie arbeitende Maschinen wurden zunächst eingesetzt, besonders die Spinnmaschine für die Garnproduktion, seit den 1830er Jahren auch mechanische Webstühle. Insgesamt entwickelte sich die Industrialisierung in diesem Frühstadium vor allem im Bereich der einfacheren Konsumgüterindustrien, die Textilien, Kleidung, Nahrungsmittel und Schuhe herstellten. Solche traditionsbehafteten Industrien waren aus städtischen Gewerben hervorgegangen. Sie verarbeiteten überdies auch agrarische Produkte und erweiterten dangesichts der wachsenden Bevölkerung ihre Betriebsgröße. Leinen- und Wollmanufakturen, Branntweinbrennereien, Bierbrauereien, Ölmühlen und Tabakfabriken prägten die gewerblich-industriellen Schwerpunkte in jenen deutschen Regionen, wo ehedem alte Manufakturen oder der Großhandel traditionsreicher Kaufmannsstädte das Bild bestimmten.

Ein zeitgenössischer Rückblick aus dem Jahre 1849 umriß zwölf gewerblich-frühindustrielle Zentren in Deutschland. Er nannte Niederösterreich mit Wien als Mittelpunkt, Schlesien, Böhmen, die Lausitz mit Zittau und Görlitz, Obersachsen mit Chemnitz und Plauen, Franken mit den Schwerpunkten Nürnberg, Fürth, Bamberg, Bayreuth, Schweinfurt und Würzburg, das südliche Thüringen, den südöstlichen Harz, Westfalen, das Niederrheingebiet um Krefeld und Aachen, das Mittelrheinische mit Heidelberg und Frankfurt sowie das Schwäbisch-Oberrheinische; hinzu kamen isolierte Orte wie Augsburg, München, Leipzig, Magdeburg, Berlin, Hamburg, Bremen und Stettin.[106]

Aber auch die modernen dampfgetriebenen Maschinen des neuen Zeitalters begannen sich bereits in dieser frühen Phase der Industrialisierung bemerkbar zu machen. Wagemutige Kaufleute hatten sich in England oder Belgien deren Konstruktionen besorgt und versuchten sie nun selbst herzustellen, so schon 1807 die Gebrüder Dinnendahl, die damit anfingen, in Essen Dampfmaschinen zu bauen. Friedrich Harkort hatte in Wetter an der Ruhr 1819 eine „Mechanische Werkstätte“ eingerichtet, welche den Erfahrungshintergrund für die erste literarische Schilderung industriell erzeugter Umweltschäden in Karl Immermanns Roman „Die Epigonen“ abgegeben haben mag. Seit Mitte der 1830er Jahre fand der Dampfmaschinen- und Lokomotivenbau immer mehr Pioniere: in Berlin August Borsig, in München Josef Anton Maffei und in Karlsruhe Emil Keßler.

Der eigentliche Durchbruch der Industrialisierung in der zweiten Phase nach der Jahrhundertmitte war gekoppelt an die Fundstätten für Eisen und Kohle und an den Maschinenbau. Alle drei waren vereinigt im typischen Symbol des Zeitalters: der Eisenbahn, der eine Vorreiterrolle zukam. Nun dominierte die Investitionsgüterproduktion, voran der Maschinenbau, verbunden mit der Ausweitung von Grundstoffindustrien und der Entstehung einer industriellen Infrastruktur, an der sichtbar wurde, daß die Kommunikation zwischen überregionalen Märkten der wirtschaftlichen Entwicklung eine neue Dynamik verlieh.

Wirtschaftshistoriker wie Wolfram Fischer und Knut Borchardt sind der Frage nachgegangen, warum dieser außergewöhnliche Aufschwung sich gerade in den zwei Jahrzehnten nach der gescheiterten Revolution von

1848 vollzog. Manchen gebräuchlichen Erklärungen schenken sie weniger Gewicht, etwa, das deutsche Bürgertum habe politisch resigniert und sich in wirtschaftlicher Aktivität Kompensation verschafft; Goldfunde in Kalifornien hätten den Geldumlauf auch in Europa erweitert; die Auswanderung nach Amerika habe kurzfristig den Arbeitsmarkt entlastet und den Aufschwung begünstigt. Statt dessen betonen sie die Erkenntnis, „daß einmal in Gang gekommenes Wachstum zu den stärksten Erklärungsmomenten weiteren Wachstums gehört".[107] Denn es existiert keine einfache Rangordnung einzelner Erklärungen, sondern das beschleunigte Wachstum der Industrialisierung erklärt sich aus einem System sich steigernder Wechselwirkungen und Rückkoppelungen, in denen bestimmte Sachverhalte sowohl Ursache als auch Wirkung sein konnten. Kohle, Stahlgewinnung, Lokomotiven- und Maschinenbau, der ausgebaute Verkehrsverbund, das investierte Kapital: alle diese Faktoren trieben sich wechselseitig voran. Die von den Eisenbahnen ausgehenden Wechselwirkungen veranschaulichen das plastisch: Eine gebaute Lokomotive konnte Folge bereits vorhandener Eisenbahnen sein, weil das wachsende Verkehrsnetz weitere Exemplare benötigte; die nun folgenden zusätzlich wachstumsfördernden Güter- und Personentransporte mit eben dieser Lokomotive konnten aber die Beförderungstarife verbilligen und so zugleich die Nachfrage nach weiteren Eisenbahnen und noch mehr Transportkapazitäten anregen. Gleiches galt für die zunehmende Vernetzung von Nachrichtenvorgängen, welche auf Wachstum beruhten und dieses zugleich stimulieren konnten. Der Nationalökonom Walt Whitman Rostow gebrauchte für diesen Vorgang 1956 erstmals das Bild des „take off" eines startenden Flugzeugs, das in dem Moment vom Boden abhebt und durch die Luft getragen wird, wenn es genügend Beschleunigung erfahren hat. Auf den Wirtschaftsprozeß übertragen heißt das, ein hinreichend großes Sozialprodukt je Kopf der Bevölkerung gewährleiste für einen begrenzten Zeitraum ein anhaltendes Wachstum.

Unter umweltgeschichtlichem Gesichtspunkt ist festzuhalten, daß die unterschiedlichen Wachstumsvorgänge einen gemeinsamen Indikator hatten: die plötzliche und massenhafte Verwertung neuartiger Energiereserven. Denn diese fossilen Energieträger, konkret die Steinkohle, unterschieden sich von der traditionell benutzten Wasserkraft oder der aus dem Holzfeuer gewonnenen Energie, weil sie erheblich kompakter und leistungsfähiger vorlagen. Erst ihre Nutzung verhinderte die sich immer drohender abzeichnende Energiekatastrophe, welche die Zeitgenossen als „Holznot" bezeichneten.

Man brauchte diese Energie für die Gewinnung von Roheisen, die Erzeugung von Stahl, den Bau von Maschinen, speziell auch Lokomotiven, für den Einsatz der Lokomotiven im Verkehr, der Maschinen bei der Produktion. Hier setzten die verschiedenen Wechselwirkungen an: mehr Verkehr, mehr Güter, mehr Schienen und Lokomotiven, mehr Maschinen, mehr Kapital – alles verdichtete sich für die Generation der Zeitgenossen nach 1848 in der unerhörten Erfahrung scheinbar dauerhaften wirtschaftlichen Wachstums. Das war zunächst nicht gleichbedeutend mit wachsendem Wohlstand der Bevölkerung, wenn auch der Lebensstandard während jener drei Jahrzehnte sich so weit stabilisierte, daß der Pauperismus seinen Schrecken verloren hatte.

### *b) Wachstumszyklen zwischen 1840 und 1873*

Die erste Hälfte des 19. Jahrhunderts war noch beherrscht gewesen von den beschriebenen Agrarkrisen „älteren Typs". Seit Mitte der 1840er Jahre erlebte Deutschland erstmals den neuartigen Typ industriewirtschaftlicher Konjunkturen, die sich zwischen Boom und Depression bewegten. In den drei Jahrzehnten zwischen 1840 und 1870 drängten die Industriekonjunkturen die älteren, agrarisch geprägten Wirtschaftsbewegungen allmählich in den Hintergrund, bis sie im frühen Kaiserreich soviel an Gewicht gewonnen hatten, daß man von echten Konjunkturzyklen sprechen kann, die in einer modernen Volkswirtschaft den Wachstumsverlauf der Gesamtwirtschaft anzeigen.

Ein erster industriell erzeugter Aufschwung erfaßte Deutschland zwischen 1844 und 1848 (Hans-Ulrich Wehler); er ging vor allem vom Eisenbahnbau aus. Die der Revolution folgenden zwei Jahrzehnte zeigten dann eine beispiellose Gründungs- und Investitionstätigkeit in der deutschen Schwerindustrie. Der Eisenbahnbau führte zu einer teilweise explosionsartigen Ausweitung der Wirtschaft. Die zahlreichen wirtschaftlichen Unternehmungen verführten nicht wenige Kaufleute dazu, Handels- und Bankgeschäfte zu verkoppeln, um ihre Gewinnmöglichkeiten trotz mangelnder Liquidität noch ausweiten zu können. Hamburger Kaufleute beispielsweise betrieben in großem Umfang ohne viel Eigenkapital Handels-, Versicherungs-, Reederei- und Bankgeschäfte, und dies nur abgesichert durch sogenannte Akzeptkredite, also nur durch Wechsel. Konnte der Kaufmann wegen Überproduktion seine Waren nicht mehr absetzen und zugleich seinen Zahlungen nicht mehr nachkommen, war sein wirtschaftlicher Ruin nicht ausgeschlossen. Auf diese Weise kam es in Deutschland erstmals im Jahre 1857 zu einer einschneidenden industriell erzeugten Konjunkturkrise, die Hans Rosenberg als „Weltwirtschaftskrise" eingeordnet hat, weil er sie auf internationale, bis nach Amerika reichende Industrie-, Markt-, Kapital- und Konjunkturbewegungen zurückführen konnte.

Gleichwohl war dieser Einbruch nicht so schwerwiegend wie die spätere sogenannte „Große Depression" von 1873, deren Tragweite inzwischen aber auch relativiert worden ist. Charakteristisch für die 1850er und 1860er Jahre bleibt, daß sich die Basis der deutschen Industriewirtschaft, vor allem im Bereich der Schwerindustrie, erheblich verbreiterte. Die deutsche Industrie konnte sich in ihrer Produktion von Eisenbahnen und Stahl sowie auf dem Geld- und Kreditsektor zunehmend aus ihrer vormärzlichen ausländischen Abhängigkeit lösen. Die Schwerindustrie trug in erster Linie diesen Aufschwung, wurde indessen auch unterstützt durch die landwirtschaftliche Produktivität einer Folge von guten Ernten seit dem Ende der 1850er Jahre und durch die Textilindustrie.

Bereits den Zeitgenossen drängte sich der fundamentale Wandel während dieser zwei Jahrzehnte auf, als er selbst bisher wirtschaftlich zurückgebliebene Gebiete wie das Großherzogtum Hessen in die Reihe der Industriestaaten einreihte. Ein hessischer Gewerbebericht von 1864 entwarf im Rückblick das optimistische Bild: „Der bedeutende Aufschwung [!], den die Fabrikindustrie während der letzten Jahrzehnte in unserem Großherzogtum genommen, ist für jedermann so sichtbar und faßbar, daß es kaum statistischer Nachweisungen bedarf, um denselben im allgemeinen zu konstatieren.“[108] Rauchende Schornsteine, überall größere Fabrikgebäude, die wachsende Zahl an Arbeitern und der neuartige Warenverkehr, überhaupt aber die Erfahrung dauerhaften wirtschaftlichen Wachstums schienen für eine neue Zeit zu bürgen. Das Industriezeitalter war angebrochen.

### *c) Leitsektoren und Raummuster der Industrialisierung*

Innerhalb der Industrialisierung erhielten Bergbau, Metallerzeugung und Maschinenbau eine Leitfunktion; sie verkörperten insgesamt den schwerindustriellen Bereich und waren untereinander eng verbunden, so daß sie relativ gleichlaufende Konjunkturentwicklungen zeigten. Auch neue technische und wirtschaftspolitische Innovationen erfolgten zeitlich nahezu parallel. In Preußen wurde staatliche Lenkung innerhalb des Bergbaus 1851 beseitigt und der Weg für den privatwirtschaftlichen Ausbau der Kohleförderung freigegeben. Eisenerz mit Hilfe von Kohle zu verhütten gelang immer erfolgreicher, nachdem man 1847 in Mühlheim an der Ruhr den ersten Kokshochofen errichtet hatte. Die staatlich immer mehr geduldete Unternehmensform der Aktiengesellschaft schuf neue finanzielle Grundlagen für den Aufbau. In den 1850er Jahren wurden immer mehr Schächte zur Kohleförderung erschlossen und Zechen errichtet. Die Metallerzeugung entwickelte sich zum Herzstück der neuentstehenden großen Konzerne. Auch im Hüttenwesen erreichte die Technik seit der Jahrhundertmitte ein fortgeschrittenes Niveau durch die Anwendung des neuen Bessemer-Verfahrens bei der Stahlherstellung, mit dem es gelang, das flüssige Roheisen auf besonders wirkungsvolle Weise zu entkohlen und aus dem Roheisen Stahl zu bereiten.

Kam es im Zusammenhang mit Kohle und Eisen zu Konzernbildungen, so entwickelte sich demgegenüber der Maschinenbau in der Regel aus kleinen familieneigenen Spezialmaschinenfabriken, die mit geringen Betriebsgrößen arbeiteten und über ganz Deutschland verteilt in nahezu jeder mittleren Stadt anzutreffen waren. Die erfolgreichsten Unternehmen mittlerer Größe beschäftigten zwischen 50 und 400 Arbeiter; Hauptstandorte lagen in Berlin, Leipzig, Chemnitz, Hannover, Mannheim und Köln. Die Nähe größerer Abnehmer, etwa die Hütten- und Bergwerke an der Ruhr, an der Saar oder in Oberschlesien, regte zur Bildung neuer Maschinenbauzentren an. Kleinbetriebe lagerten sich aber auch in der Nähe von Gutsbetrieben und gewerblichen Nebenbetrieben in Nord-, Mittel- und Ostdeutschland an, ebenso an die Textilfabriken in Mittel-, Süd- und Südwestdeutschland. Die Impulse von Eisenbahn, Kohle, Eisen und Maschine drängten die ältere Textilindustrie und das Gewicht der landwirtschaftlichen Produktion allmählich in den Hintergrund.

Insgesamt veränderten nicht nur die „wirtschaftlichen Wechsellagen“ (Borchardt) das Bild der deutschen Wirtschaft, sondern unter der geradezu magnetisch wirkenden Anziehung der neuen Industriezentren verlagerten sich auch die räumlichen Muster. Manche Schwerpunkte der Industrialisierung rührten aus der gewerblichen Aktivität vorindustrieller Zeit her wie etwa das Wuppertal oder das Königreich Sachsen. Das Rheinland und das Ruhrgebiet, das in verkehrsgünstiger Lage Kohle und Stahl zusammenbringen konnte, verbesserten jedoch ihre wirtschaftliche Struktur vehement, während eine einst so reiche Provinz wie Schlesien durch seine Randlage zurückfiel. Das Textilgewerbe mußte sich aus der Hauptstadt Berlin zurückziehen, die jetzt zum Standort für Kleiderkonfektion, für Maschinenbau, Banken und Versicherungen wurde. Durch die neuen dampfbetriebenen Maschinen befreiten sich viele Unternehmen von dem Zwang, die Energie aus Wasserläufen der Gebirge zu beziehen, so daß traditionsreiche alte Gewerberegionen wie die Eifel, das Siegerland, der Schwarzwald, der Harz, die Steiermark und der Thüringer Wald günstigeren Standorten das Feld überlassen mußten und gewerblich verfielen.[109]

In Deutschland vollzog sich noch vor der nationalen Einigung ein tiefgreifender, den Charakter der Gewerbelandschaften umwälzender Strukturwandel. Zu Beginn des Jahrhunderts verteilte sich in föderativer Weise die dezentrale Gewerbetätigkeit über ganz Deutschland, an zahlreichen Standorten gebündelt durch Manufakturen, durch das protoindustrielle Verlagssystem und die vielen kleinen, an Wasserläufen gelegenen Gewerbebetriebe. Für das letzte Drittel des Jahrhunderts hatte sich die Verteilung der Industrialisierung innerhalb Deutschlands demgegenüber erheblich verändert. Nach einer Zuordnung Hubert Kiesewetters kristallisierten sich um 1871 – gemessen am Gefälle der Industrialisierung – drei verschiedene, regional verankerte wirtschaftliche Entwicklungstypen heraus: Zum fortgeschrittensten gehörten das Königreich Sachsen, das Rheinland, das Ruhrgebiet und Elsaß-Lothringen, die Rheinpfalz und, wie gesehen, auch ein ehemaliges „Entwicklungsland“ wie das Großherzogtum Hessen. Staaten und Regionen im Übergang zählten zu einem zweiten Typ, der sich gesamtwirtschaftlich noch an der Schwelle der Industrialisierung befand wie Württemberg, Baden, Schlesien, die preußische Provinz Sachsen und

Nassau; einzelne Branchen wirkten hier als Vorreiter für die im Durchbruch begriffene Industrialisierung, wie beispielsweise die in der Forschung vielbeachtete Maschinenfabrik in Esslingen, welche der Industrialisierung Württembergs wichtige Impulse verlieh. Zu einem dritten Typ zählend, hoben sich die Regionen relativer „Rückständigkeit“ heraus, wo zwar einzelne Städte von der Frühindustrialisierung erfaßt waren, man aber insgesamt noch zweifeln konnte, ob das Land auf dem Wege zur Industrialisierung war; hierher gehörten Gebiete wie Hannover, Ober- und Mittelfranken, besonders auch die vorwiegend landwirtschaftlich geprägten Gebiete wie Ost- und Westpreußen, Posen und Mecklenburg.

## 5. Die wirtschaftliche Entwicklung Österreichs

Bereits um 1850 konstatierten die Zeitgenossen ein Wirtschaftsgefälle zwischen Österreich und den übrigen deutschen Staaten. Zu Beginn des 19. Jahrhunderts war das noch nicht so, denn zu jener Zeit lag die Habsburgermonarchie in ihrem wirtschaftlichen Entwicklungsstand nahe bei den später führenden Industrienationen wie Frankreich und Belgien. Die aufgeklärte merkantilistische Politik Maria Theresias und Josephs II. förderte ein lebendiges Manufaktur- und Verlagswesen; Reformen in der Landwirtschaft (Robot-Patent 1772, Aufhebung der Leibuntertänigkeit 1781) und eine fortschrittliche Gewerbepolitik waren geeignet, die Leistungsfähigkeit der Wirtschaft zu stärken. Investitionen für Ausbildung und Verkehr schufen eine damals vorbildliche Infrastruktur.[110] Dieser Standard verkehrte sich in den sechs Jahrzehnten vor 1850 in wirtschaftliche Rückständigkeit, als die anderen Staaten des Deutschen Bundes in ihre entscheidende Phase der Frühindustrialisierung eintraten. Mehrere entwicklungshemmende Faktoren wirkten in Österreich zusammen: Die Bauernbefreiung erfolgte zeitlich erst spät im Jahre 1848; die Gewerbefreiheit mit der Beseitigung der Zünfte kam erst 1859, womit Preußen schon zwischen 1806 und 1810 eingesetzt hatte. Das Schutzzollsystem und die Binnenzollgrenze zu Ungarn hin blieben bis in die 1850er Jahre erhalten. Dadurch schirmte sich die österreichische Wirtschaft von der Weltwirtschaft ab.

Freilich gab es auch in den habsburgischen Ländern frühzeitige Anzeichen der beginnenden Industrialisierung, etwa seit 1800 die Mechanisierung des Textilgewerbes, im Vormärz die Übernahme neuer Fertigungstechniken und -verfahren, der Bau erster Eisenbahnlinien, die neue Finanzierung durch Aktiengesellschaften, doch übernahm man solche Neuerungen nur ansatzweise und bei weitem nicht mit solcher Effizienz wie in den Nachbarländern. Die Habsburgermonarchie hatte ungünstigere Voraussetzungen für eine Industrialisierung. Die Lagerstätten für Kohle und Erz lagen verhältnismäßig weit voneinander entfernt; die hohen Transportkosten erzeugten einen bedeutenden Wettbewerbsnachteil. Damit war die in Böhmen, Mähren, Österreichisch-Schlesien und im österreichischen Kernland aufgebaute Schwerindustrie von Anfang an belastet. Erschwert wurde die Lage zusätzlich durch fortwirkende feudale Traditionen, fehlendes Kapital, die geringe Zahl risikofreudiger Unternehmer, einen umständlichen Instanzenweg der Behörden und schließlich die aktienfeindliche Steuerpolitik der Regierung. Insgesamt erfolgte die Industrialisierung langsam, verzögert, nicht in den rasanten Dimensionen wie in den anderen deutschen Bundesstaaten. Österreich blieb lange der traditionellen kleingewerblich-bäuerlichen Lebensform der vorindustriellen Gesellschaftsordnung verbunden; noch 1910 waren 53% der Erwerbstätigen in der Landwirtschaft tätig. Das Wachstumsmuster war je nach Region jedoch uneinheitlich. In Böhmen, Mähren und Österreichisch-Schlesien, in Teilen Niederösterreichs und der Steiermark konzentrierte sich die Industrie und fand so Anschluß an das westliche Industriesystem, indem sie den dortigen Wachstumsraten und Pro-Kopf-Einkommen durchaus standhalten konnte. Charakteristisch wurde die Spaltung zwischen zurückgebliebenem agrarischen Hinterland und Zonen des industriellen Fortschritts, die etwa drei Zehntel des Landes ausmachten. Das Hauptproblem der österreichischen Wirtschaftspolitik lag darin, die aus diesem Entwicklungsgefälle hervorgehenden Interessengegensätze und Wirtschaftsströme ausgleichen zu können. Verschärft wurden die zentrifugalen Tendenzen durch die sich anlagernden Nationalitäteninteressen.

Weit stärker als bei den übrigen Staaten des Deutschen Bundes setzte die Revolution von 1848 für die Industrialisierung der Habsburgermonarchie eine wichtige Zäsur. Der Sieg über die Revolution bedeutete nämlich nicht nur, im Rahmen der Monarchie die auf deutsche Einigung drängenden gesellschaftlichen Kräfte niedergerungen, sondern auch alle inneren Widerstände gegen wirtschaftsliberale Reformen gelähmt zu haben. In gewissem Maße holte Österreich unter dem neoabsolutistischen Regime der Reaktionsära paradoxerweise den Reformschub nach, den Preußen nach dem Zusammenbruch im Jahre 1806 eingeleitet hatte, aber ohne die dort waltenden Bestrebungen, bürgerliche Beteiligung in den Staatsumbau einzubeziehen. Wie im Preußen der 1820er und 1850er Jahre gingen nun auch in Österreich repressive Innen- und liberale Wirtschafts- und Handelspolitik Hand in Hand; die politische Unterdrückung war zugleich die Stunde der Reformbürokratie: Das neoabsolutistische Regime schuf nun die rechtlichen und administrativen Rahmenbedingungen für einen wirtschaftlichen Aufschwung und ein langfristiges Wirtschaftswachstum, wie es der Take-off-Phase der 1850er und 1860er Jahre in Deutschland entsprach. Dazu gehörten: Förderung des Kreditwesens (Credit-Anstalt für Handel und Gewerbe), Beseitigung der Binnenzollinie zu Ungarn, wodurch ein gemeinsamer österreichisch-ungarischer Wirtschaftsraum möglich war, der nur von einem gemäßigten Schutzzoll umgeben war, sowie die Perspektive niedriger Zollsätze nach außen hin, um den internationalen Handelsaustausch zu erleichtern und einen Anschluß an den Deutschen Zollverein zu erreichen. Es mutet an wie ein Wiederaufleben liberal-josephinischer Traditionen, aus denen heraus sich die Ministerialbürokratie nun auch gegenüber österreichischen Industriellen durchzusetzen begann, die in der gesamten Epoche aus Furcht vor der Konkurrenz des Auslands den Freihandel verabscheut hatten. Die freigesetzten wirtschaftlichen Aktivitäten begünstigten neue Gesellschaftsschichten, die ihre bis dahin gehorteten Ersparnisse nun dem Kapitalmarkt zuführten, Investitionen und damit insgesamt einen Konjunkturanstieg beförderten. Man spricht gar für die 1850er Jahre von einer ersten „Gründerzeit" (Herbert Matis).[111]

Auch Österreich geriet in den Sog der ersten industriekapitalistischen Erschütterung, der sogenannten Weltwirtschaftskrise von 1857; weit schwerer wogen aber die Folgen des Krieges von 1859, wodurch das Land die Lombardei, eine der reichsten Provinzen, als wichtigen Absatzmarkt für Industriegüter verlor. Die frühen 1860er Jahre zeigten in allen wirtschaftlichen Sektoren ausgeprägte Stagnationserscheinungen. Während der neue Konstitutionalismus in Österreich Hoffnungen beim Bürgertum erweckte, erlebte das Land zugleich eine dramatische wirtschaftliche Krise, die vor allem den Eisenbahnbau und die Metallindustrie erfaßte. Erst der Ausgleich mit Ungarn im Jahre 1867 und die Absage an eine deutsche Politik Österreichs eröffnete den Weg für eine zweite „Gründerzeit", die von 1867 bis 1873 reichte und „zu den entscheidensten Epochen in Österreichs Wirtschaftsgeschichte" gerechnet wird.[112] Dieser Wirtschaftsaufschwung wurde mit dem Ausbruch des Deutsch-Französischen Krieges 1870/71 durch eine Kriegskonjunktur noch angeheizt, da die ausländischen Kunden ihren Bedarf vorübergehend in Österreich deckten. Der Durchbruch der industriellen Struktur vollzog sich in Österreich allerdings erst in den letzten beiden Jahrzehnten des 19. Jahrhunderts.

Warum die wirtschaftliche Entwicklung Österreichs in der ersten Jahrhunderthälfte gegenüber derjenigen der übrigen deutschen Staaten zurückfiel, scheint eine Schlüsselfrage zu sein, um sein Ausscheiden aus dem deutschen Staatenverband zu erklären. So sehr das innere Wirtschaftsgefälle, Transportprobleme, geographische und geologische Standortbesonderheiten und Hemmnisse hervorgehoben werden, darf nicht übersehen werden, daß diese Rückständigkeit auch zu einem guten Teil, wenn nicht entscheidend, Frucht bewußter politischer Maßnahmen war. Das Konzept jenes Vormärz-Konservativismus lautete: geringe internationale Wirtschaftsbeziehungen, weitgehende Autarkie der Monarchie, Schutz der Manufaktur und Heimarbeit in den westlichen Gebieten, Niederhalten des geringeren Lebensstandards in den östlichen Provinzen, welche den industriellen Gebieten im Westen und Norden billige Nahrungsmittel und Rohstoffe lieferten. Zu diesem Konzept gehörte, sich im Osten – Ungarn – auf die „feudalen" Gesellschaftsschichten zu stützen, im Westen hingegen mit dem schutzzöllnerischen österreichischen Bürgertum ein Bündnis einzugehen. Das wirkte sich auch auf Österreichs Auslandsbeziehungen aus und isolierte es überdies im Deutschen Bund.[113]

## 6. Der Vierte Stand auf dem Weg zur Lohnarbeiterschaft

Die scheinbar wohlgefügte ständische Ordnung des Adels, der Kleriker, Stadtbürger und Bauern war durch das vermehrte Bevölkerungswachstum bereits zu Ende des 18. Jahrhunderts in eine Krise geraten, weil man schlechterdings nicht mehr von einer Ordnung sprechen konnte, wenn riesige Bevölkerungsgruppen als nicht zugehörig ausgrenzt wurden. Wie schwer sie sich als eine Einheit fassen ließen, zeigen ihre vielen Namen: Sie galten als „außerständisch“, als „Unterschichten“, als „handarbeitende Klassen“; wollte man sie noch mit den Augen der alten ständischen Ordnung sehen, mußte man, um sie alle zusammenzufassen, gewissermaßen nach dem „Dritten Stand“ des Bürgertums noch einen weiteren erfinden, den „Vierten“. Betrachtet man sie von ihrem späteren Stadium zu Ende des 19. Jahrhunderts im Rückblick, verkörperten sie die kommende „Arbeiterklasse“. So verschieden sie waren, so wenig verband sie anfangs ein gemeinsames Bewußtsein – Kötter, Büdner, Einlieger, Häusler, Knechte, Mägde, Heuerlinge, Heimarbeiter als unterbäuerliche Schichten, Gesinde, Tagelöhner, Gesellen, Bergleute, Fabrikarbeiter als städtische Unterschichten.

Bürgertum und Adel begriffen das Schicksal dieses „Vierten Standes“ als die „soziale Frage“. Sie offenbarte eine Krise der gesellschaftlichen Ordnung, die bis in die Familien hineinreichte; diese verkörperten oft nicht mehr als Teil- und Kümmerformen mit vielen unehelichen Geburten, langer Arbeitszeit außer Haus, mit Auflösung der Familienbindung und mit hoher Mobilität. Ihre Zahl wuchs überdurchschnittlich, nachdem Heiratsbeschränkungen fortgefallen waren und sich die Ernährungsmöglichkeiten so weit verbessert hatten, daß sich eine Familie notdürftig durchbringen ließ. Bei ihnen sammelte sich im Vormärz ein Protestpotential, das in der Revolution von 1848 zu den „sozialen Unterströmungen“ gerechnet worden ist. Die Bürokraten der inneren Sicherheit registrierten bei ihnen „Widersetzlichkeiten, Excesse, Crawalle, Tumulte und Skandale“.[114] Die bürgerlichen Zeitgenossen nannten sie „Proletariat“ und gaben dadurch zu erkennen, daß es sich im Gegensatz zu dem alten „Pöbelstand“ um eine historisch neuartige Formation handelte; das war nicht mehr der „Pauper“, der „Ordo plebejus“, den es schon immer gegeben hatte und der als von Gott gewollte, naturgegebene Randgruppe der Ständeordnung galt. Das neue Proletariat flößte dem Bürgertum – erstmals nachhaltiger während der Julirevolution von 1830, durchdringend dann 1848/49 – Furcht vor „Anarchie“ und „roter Republik“ ein, denn es selbst lernte seine Lage als gewordene, gemachte und damit auch veränderbare zu begreifen.

Das 19. Jahrhundert zwischen 1800 und 1871 bedeutete den Weg aus der Ständeordnung in die staatsbürgerliche Gesellschaft, den Wandel einer heterogenen Gruppe von Außenseitern, freilich sehr vieler, zur Arbeiterklasse. Die moderne Sozialgeschichtsschreibung lehrt, wie der Begriff der „Klasse" ohne die ihm oft anhaftende Klassenkampfdoktrin eine sinnvolle sozialökonomische Kategorie sein kann, wenn sie verstanden wird als Bezeichnung für „gesellschaftliche Großgruppen, deren Angehörige die ökonomische Stellung und, daraus folgend, gleiche Interessen teilen, sich – der Tendenz nach – auf dieser Grundlage als zusammengehörig begreifen und entsprechend handeln."[115] Das war ein säkularer Umbruch; zwar änderte sich für den Arbeitenden nicht das Faktum der Abhängigkeit, wohl aber deren Qualität. Zuvor befand er sich in einem Abhängigkeitsverhältnis, das seine Wurzeln außerhalb der Ökonomie hatte, im Hausherrn, im Grund- oder Gutsherrn, im handwerklichen Prinzipal. An ihre Stelle rückte der Lohnherr oder, wie man bald auch schon sagte, der Arbeitgeber. Mit der Ausgestaltung eines Arbeitsmarktes wandelten sich die verschiedenen handarbeitenden Gruppen zu einer Lohnarbeiterschaft, so vielgestaltig sie nach Herkunft, Religion und Bildung auch sein mochten. Obwohl sie vielfach nicht zu einem gemeinsamen Bewußtsein ihrer Lage gelangten, teilten sie doch mehr und mehr das gleiche Los, ihre Arbeitskraft nach Kriterien des Marktes anzubieten. Das läßt sich bei allen sechs großen Teilgruppen nachvollziehen, die sich aus der Gesamtheit des Vierten Standes ausgliedern lassen.[116]

### *a) Gesinde*

Das Gesinde zählte zu der großen Schar zumeist ungelernter Arbeitskräfte. Anders als die heutige Vorstellung nahelegt, konzentrierte es sich keineswegs nur auf die häusliche Arbeit im engeren Sinne. Der weitaus größere Teil arbeitete im gewerblichen und landwirtschaftlichen Bereich. Brau-, Bäcker- und Müllerknechte, Kellnerinnen und Kellner, Ladendiener und Verkäuferinnen waren im Gewerbe tätig; hinzu kamen qualifiziertere Tätigkeiten wie Hauslehrer, Sekretär und Haushofmeister. Der breiten Gesindetätigkeit entsprach die große Hauswirtschaft als Selbstversorgungsbetrieb, wo nähen, backen, waschen, Versorgung des Kleinviehs sowie persönliche Bedienung der „Herrschaft" und Mithilfe in der Landwirtschaft zu den alltäglichen Pflichten gehörten. Die Arbeit des Gesindes unterschied sich vor allem in drei Eigenschaften von derjenigen freier Lohnarbeiter. Erstens unterstand es der Verfügung seiner „Herrschaft", es gehörte zum Haushalt, hatte hier Unterkunft und Verpflegung, war aber – bis 1918 – besonderen Gesindeordnungen unterworfen. Die Preußische Gesindeordnung von 1810 hatte sich zum Muster vergleichbarer Ordnungen in den anderen deutschen Staaten entwickelt; sie ließ auch das Züchtigungsrecht der „Herrschaft" zu und regelte Arbeit und Leben erheblich durchdringender als etwa Vertragsverhältnisse freier Lohnarbeiter. Der Zugriff auf die Person schloß andererseits auch Fürsorge im Krankheitsfall ein. Das Gesinderecht war noch weitgehend vom Herrschaftsbezug der ständischen Ordnung durchdrungen. Es konservierte vorbürgerliche Normen und akzeptierte Rechtsungleichheiten wie das Züchtigungsprinzip durch das 19. Jahrhundert hindurch, während das Bürgertum, dessen wohlhabenderer Teil auch Gesinde hatte, für sich staatsbürgerliche Rechtsprinzipien und Gleichheitsgrundsätze erkämpfte. So besehen spiegelten die Gesindeordnungen, wenn auch wohl in der Regel nicht die häusliche Praxis, „ein gravierendes Defizit an Bürgerlichkeit der deutschen Gesellschaft im 19. Jahrhundert" wider (Jürgen Kocka).[117] Für Dienstmädchen im häuslichen Bereich bot dieser enge Anschluß an die Familie zweifellos Schutz und Geborgenheit; andererseits konnten sie aber auch Gewalt, Verführung und sexueller Ausbeutung ausgeliefert sein, was sich zu einer Katastrophe entwickelte, wenn ein Dienstmädchen ein uneheliches Kind bekam und deshalb aus der Stelle gestoßen wurde. Eine spezielle Studie ermittelte aus 120 dokumentierten Fällen von Kindsmörderinnen im vormärzlichen Deutschland allein 82 Dienstmädchen.[118] Zweitens war die Tätigkeit des Gesindes gekennzeichnet durch die ungemessene Arbeitszeit, die 14 bis 18 Stunden am Tag, von 5.30 Uhr bis 23.00 Uhr, einnehmen konnte; auch ließ sich nicht klar scheiden zwischen Arbeits- und Freizeit. Drittens hatte Gesindetätigkeit in der Regel einen Übergangscharakter, den der weibliche Teil dann durch Heirat beendete.

Im Laufe des 19. Jahrhunderts verschoben sich die Proportionen innerhalb des Gesindes. Der landwirtschaftlich-gewerbliche Anteil schrumpfte; das entsprach der fortschreitenden beruflichen Differenzierung und Professionalisierung, die es nicht mehr erlaubte, qualifiziertere Tätigkeiten dem Gesinde zu überlassen. Offizielle preußische Zählungen schlossen demgemäß in den 1860er Jahren Kontor-Bediente und Markthelfer, Stiefelputzer und Aufwarter, Handlungsdiener, Gewerbsgehilfen und Wirtschaftslehrlinge sowie landwirtschaftliche Deputat-Tagelöhner, aber auch Sekretäre, Verwalter und Schreiber, Hauslehrer und Erzieherinnen vom Gesindebegriff aus. In den 1870er Jahren verengte sich der Gesindebegriff auf häusliche Dienstleistungen. Diese nahmen im Laufe des 19. Jahrhunderts kontinuierlich zu; ein wachsendes potentes Bürgertum konnte sich im eigenen Haushalt Gesinde leisten; überdies war angesichts des Bevölkerungswachstums der Druck in den Unterschichten besonders groß, sich bereitwillig als billig verfügbare Arbeitskräfte dem Gesindedienst anzubieten. Parallel zur Urbanisierung wuchs die Zahl der Haushalte mit Gesinde; zur Jahrhundertmitte war es ein Fünftel (Weimar) bis ein Viertel (Bochum), und im Jahre 1871 verfügten in Berlin 17,3%, in Hamburg 21,6% und in Bremen 24% aller Haushalte über Gesinde.[119] In den 1880er Jahren freilich sank dieser Anteil beträchtlich, als das Gesinde dem Namen von der „industriellen Reservearmee" gerecht wurde und in der Phase der

Hochindustrialisierung in attraktivere, besser bezahlte Beschäftigungen in den Fabriken überwechselte.

*b) Landarbeiter*

Auch diese Gruppe zerfiel je nach Landschaft und Status in sehr verschiedene Personenkreise. In den ostelbischen Gebieten der Getreidewirtschaft hatte sich der *vertraglich gebundene Gutstagelöhner* herausgebildet, der durch die Agrarreformen Anfang des Jahrhunderts aus der Erbuntertänigkeit und den Zwangsdiensten entlassen worden war. Je nach Region hießen sie auch Dienstleute, Insten, Gärtner. Teilweise waren sie zuvor Kleinbauern gewesen, die bei der Agrarregulierung ihren Boden nicht als volles Eigentum hatten erwerben können. Sie hatten mit dem Gutsbesitzer kündbare Verträge geschlossen, in denen sie sich zu ganztägiger Arbeit auf dem Gut verpflichteten. Sie besaßen Anteilsrechte an der Ernte, verfügten über Garten-, Getreideland und eine kleine Viehweide und lebten in der Regel in der Familie, die ihrerseits Gesinde besaß, das sie als sogenannte Scharwerker oder Hofgänger zusätzlich bei der Gutsarbeit einsetzten. Sie befanden sich also in einer Doppelrolle: Gegenüber dem Gutsherrn ein Tagelöhner, stellten sie den eigenen angeworbenen Arbeitern gegenüber den Arbeitgeber dar. Sie arbeiteten im Sommer auf dem Hof und dem Feld, im Winter erledigten sie das ohne Maschinen zeitaufwendige Getreidedreschen. Sie lebten dabei in rechtlich zweifelhafter Situation, und es hing sehr von dem Wohlwollen des Gutsherrn ab, wie es seinen Gutsarbeitern ging. Der Schriftsteller Friedrich Spielhagen schilderte das Leben bei guten und schlechten Herren. Er berichtete, daß sich die Landarbeiter bei guten „sehr viel besser standen, als sie es auf eigenen Füßen getan haben würden. Unendlich viel besser, als etwa die armen Nagelschmiede auf dem Eichsfelde, ja selbst als mancher Thüringer Bauer, der dem Himmel danken würde, wenn er ihm im Laufe des ganzen Jahres soviel Fleisch und Speck bescherte, wie der pommersche halbhörige Knecht allein während der Erntezeit verzehren durfte."[120] Da oft nicht mit barem Geld, sondern in Naturalien, Schwein und Gans entlohnt wurde, da die Kate Teil des Lohnes war, blieben diese Arbeiter praktisch an die Scholle gefesselt, was alles schlechte Herrschaften zum Nachteil ihrer Arbeiter auch ausnutzen konnten.

In Nordwestdeutschland arbeiteten die *Heuerlinge*, die im Status den ostdeutschen Gutstagelöhnern ähnelten. Sie erhielten Haus und Land gegen mäßige Pacht und leisteten dafür Arbeit auf dem Hof des verpachtenden Großbauern. Sie verrichteten in der Regel Teilzeitarbeit, waren also keine ständig beschäftigten Lohnarbeiter, aber unentbehrlich für mittel- bis großbäuerliche Betriebe in den Zeiten der Ernte und Aussaat. Sie sicherten ihren Lebensunterhalt zusätzlich durch gewerbliche Nebentätigkeit, besonders mit der Heimarbeit des Spinnens und Webens.

Eine besondere Gruppe bildeten die Klein- und Kleinstbauern: die

*Häusler* und *Eigenkätner*. Sie waren ähnlich wie die Gutstagelöhner und Heuerlinge nicht in die Hauswirtschaft eines Großbauern eingebunden. Sie lebten mit der Familie im eigenen Haus und bewirtschafteten landwirtschaftlichen Boden im Kleinbesitz oder zur Pacht. Die Grundstücksgröße bewegte sich Anfang des Jahrhunderts zwischen vier und acht Hektar mit der fortschreitenden intensiveren Nutzung des Bodens durch Hackfrüchte, besonders durch die Kartoffel, reduzierte sich die Durchschnittsgröße auf bis zu vier Hektar. Für die Zeitgenossen waren sie weder vollwertige Bauern, denn ihr Kleinbesitz vermochte sie nicht zu ernähren und sie verfügten nicht einmal über ein Gespann, noch galten sie als eigentliche landwirtschaftliche Arbeiter, denn sie leisteten Lohnarbeit nur zeitweise auf Gütern und Bauernhöfen. In Preußen wurden sie in die Ablösung bäuerlicher Dienste und Abgaben als nicht spannfähige Bauern erst nach 1840 einbezogen. Sie litten vor allem unter dem Entzug der Allmende, aber die Auflösung dieses genossenschaftlich genutzten dörflichen Eigentums zog sich verstärkt in den außerpreußischen deutschen Staaten bis weit in die zweite Hälfte des 19. Jahrhunderts hin – zu Gunsten der Kleinstbauern, die insbesondere in Krisenzeiten auf solche Nebennutzungen angewiesen waren. Sie waren über ganz Deutschland verbreitet, sowohl in den ostelbischen Gebieten Preußens als auch im Westen, Südwesten und Süden Deutschlands, wo sich der durch Realteilung zersplitterte Streubesitz häufte. Im Laufe des 19. Jahrhunderts wuchs gerade die Zahl dieser Häusler überproportional, vor allem bis in die 1830er Jahre. Die Erweiterung der Anbaufläche, der Bevölkerungsdruck, die mangelnden alternativen Beschäftigungsmöglichkeiten und Fortschritte mit einer intensiveren Bodenbearbeitung durch die ergiebigeren Hackfrüchte trieben viele Familien in das Häuslerdasein, dessen Chancen sich noch mehrten, als die 1860er Jahre günstige Ernten brachten und in den Ostgebieten die Abwanderung vom Land in die Industrieregionen wieder Arbeitskräftemangel hervorrief und die einzelnen Häuslerstellen aufwertete.

Mit dem Wandel in der Landwirtschaft wuchs der Bedarf an Saisonkräften: an *freien Tagelöhnern* und *Wanderarbeitern*. Sie lebten ohne Grundbesitz, ohne hausherrschaftliche Einbindung und meist auch ohne sichere Verträge. Sie fristeten unter Landarbeitern ihr Dasein am unteren Ende der Armutsleiter und waren gemeint, wenn von ländlichem Proletariat die Rede war. Bereits eine schlechte Kartoffelernte mit den einhergehenden Preissteigerungen vermochte sie in die Not zu stoßen. Sie leisteten in der Heimat Feldarbeit und betätigten sich zugleich als Wanderarbeiter. Sie entstammten meist den ärmeren, gebirgigen Regionen im mittleren und südlichen Deutschland. Zur Ernte gingen sie in die fruchtbaren Täler und Ebenen: aus Tirol, Vorarlberg und von der Schwäbischen Alb ins schwäbische Unterland; aus dem Bayerischen Wald und aus Böhmen nach Niederbayern; von der Röhn, vom Vogelsberg und aus dem Westerwald ins Rheinland; aus der Eifel und dem Hunsrück ins Rhein- und ins Saarland.[121] So, wie Hopfen, Wein, Tabak, Getreide, Kartoffeln und Rüben, Obst und

Gemüse zu verschiedenen Zeiten angebaut wurden, folgten die Wanderarbeiter im Rhythmus der Saison dem Anbau und der Ernte.

Alle diese verschiedenen in der Landwirtschaft tätigen Gruppen einschließlich des ländlichen Gesindes folgten dem Trend des Jahrhunderts zur Lohnarbeiterschaft, und das Bevölkerungswachstum sowie die entstehenden überregionalen Arbeitsmärkte trugen dazu bei. Trotzdem entwikkelten sich weder eine geschlossene Landarbeiterschaft noch ein Bewußtsein der gemeinsamen ökonomischen Lage. Zu zäh hielten sich die regionalen, rechtlichen und sozialen Unterschiede zwischen den einzelnen Teilgruppen. Der häufige Wechsel und die meist ungemessene, den ganzen Tag ausschöpfende Arbeitszeit hemmten gleichermaßen Ansätze, sich solidarisch in der gleichen Lage wahrzunehmen. Dabei verschwand das Problem der Landarbeiterfrage im Laufe des Jahrhunderts keineswegs, denn es sank zwar der Anteil aller in der Landwirtschaft Beschäftigten, deren Zahl – absolut gesehen – nahm aber im ganzen 19. Jahrhundert kontinuierlich zu.

### *c) Heimarbeiter*

Auch die Heimarbeiter führten eine Zwischenexistenz, da sie weder als selbständige Handwerker noch als abhängige Fabrikarbeiter einzuschätzen waren. Heimgewerbetreibende konnten sich nicht als selbständige Handwerker betrachten, weil sie von sogenannten Kaufmann-Verlegern abhängig waren, die ihnen ihre Produkte, in der Regel Rohstoffe, zur Weiterverarbeitung lieferten. Sie hatten keinen breiten Kundenkreis, sondern Auftraggeber; der Verleger war zugleich Abnehmer. Ein Stück Autonomie besaßen sie allerdings doch, weil sie über eigenes Werkzeug verfügten. Sie arbeiteten in der Regel in der eigenen oder gemieteten Wohnung und beteiligten nicht selten die Familienmitglieder oder auch Gesellen und Lehrlinge an der Produktion; diese zielte auf überlokale Märkte.[122]

Das historische Bild der Heimarbeiter wird beherrscht von dem verzweifelten Versuch der schlesischen Weber, sich durch einen Aufstand im Jahre 1844 von der Ausbeutung durch ihre Verleger zu befreien. Das Heimgewerbe bot aber darüber hinaus ein breiteres Spektrum. Es vereinigte mindestens drei verschiedene Typen. Einerseits war es ländlich eingebunden und diente den Heuerlingen oder Häuslern als Nebenerwerb. Diese erlebten besonders scharf den Zusammenbruch der Handspinnerei, die den vordringenden Maschinen weichen mußte. Andererseits vereinte es aber auch qualifizierte Handwerker, die im Verlagssystem arbeiteten: Tuchmacher, Schneidermeister, Messerschleifer – insgesamt Gewerbe, die mit Woll- und Metallverarbeitung zu tun hatten. Sie nahmen im zweiten Drittel des Jahrhunderts allmählich an Bedeutung zu. Schließlich gab es noch die hausindustrielle Teilarbeit in der Stadt, die mit der wachsenden Urbanisierung ihren größeren Abnehmerkreis fand. Als Inbegriff wird die Wiener oder Berliner Näherin genannt, aber auch Schneiderei, Weißnäherei und

Holzverarbeitung im Nebenerwerb gehörten hierzu. Sie prägten besonders das proletarische Erscheinungsbild des Heimgewerbes. Zahlreiche Mißbräuche der Verleger trübten zusätzlich den Eindruck. Sie investierten anders als Kaufleute nicht in Lagerhaltung und Vertrieb, sondern in Rohstoffe und Werkzeuge. Besondere Empörung, die sich 1848 auch gewaltsam äußerte, rief das berüchtigte sogenannte Truck-System hervor; es bezeichnete die Entlohnung durch Ware (Nahrungsmittel, Gegenstände des täglichen Gebrauchs), wobei die Heimarbeiter nicht selten zweitklassige Ware zu überhöhten Preisen erhielten. In Preußen wurde das Truck-System deshalb 1849 gesetzlich verboten. In der Revolution von 1848/49 folgten die meisten Heimarbeiter noch dem Vorbild, selbständige Meister zu werden, und forderten deshalb, Zünfte neu einzurichten, Frauenarbeit zu verbieten und Fabrikgründungen zu erschweren.

Den Zeitgenossen glichen Armut und Heimarbeit wie untrennbare Zwillinge. Auch wenn der schlesische Weberaufstand einen Gipfel des Elends darstellte, das die zeitgenössische Presse und Belletristik kritisch wahrnahm und diskutierte, ist es keine Übertreibung, Armut als Dauerexistenz des Heimgewerbes anzusehen, selbst wenn es nach Zeit, Nachfrage und Branche noch gewisse Unterschiede gab.[123] Die besonderen Umstände drückten den Wert der Heimarbeit: Sie verlangte kaum nennenswertes Kapital zum Eintritt, in der Regel auch kaum besondere Qualifikation; keine Zunftschranken hinderten den Einstieg; die Mitarbeit von Frauen, die geringeres Entgeld als die Männer erhielten, senkte die Löhne. Heimarbeit wurde „zum weit offenen Auffangbecken für die wenig qualifizierten, an der Krise des Pauperismus leidenden Existenzen“.[124]

Zwar ging das Heimgewerbe im Laufe des Jahrhunderts nicht als ganzes unter, aber es erlebte innerhalb seiner einzelnen Branchen beträchtliche Verschiebungen. Stagnation mußte schon als Rückschritt erscheinen, während gleichzeitig das Handwerk, das den neuen Bedingungen der zweiten Jahrhunderthälfte teilweise gewachsen war, in Maßen, die Industrie aber kräftig expandierten. Nicht nur die Industrie, sondern auch die fortschreitende Verstädterung änderte das Berufsmuster des Heimgewerbes. Während Anfang des Jahrhunderts die meisten Heimgewerbetreibenden noch auf dem Lande gelebt hatten und dort in der Handspinnerei und Leinenweberei tätig waren, mußten sie im Vormärz den Zusammenbruch ihrer Gewerbezweige hinnehmen; das Heimgewerbe zog sich aus dem ländlich-landwirtschaftlichen Milieu zurück. Die überlebenden Heimgewerbe im Textil- und Metallbereich koppelten sich demgegenüber immer mehr an städtische Schwerpunkte an. Im Laufe des Jahrhunderts rückten sie der Stellung des Lohnarbeiters näher, als es noch bei den Landarbeitern geschehen war. Die Qualifizierteren unter ihnen hielten sich gegenüber „gewöhnlichen Fabrikarbeitern“ immer noch für überlegen.

### *d) Gesellen*

Es mag verwundern, Handwerksgesellen als Angehörige des „Vierten Standes“ einzustufen, hieß doch ihr Berufsziel, selbständiger Meister zu werden und damit zum Kern des alten Stadtbürgertums zu zählen. Das blieb aber für die größere Zahl der Gesellen ein Wunschtraum; das lag an dem für sie ungünstigen durchgängigen Trend des Jahrhunderts, denn die Handwerkerdichte, gemessen an der Einwohnerzahl, nahm kontinuierlich, beschleunigt seit den 1830er Jahren, zu, wobei die Zahl der Gesellen noch schneller als die der Meister wuchs. Der Pauperismus im Handwerk ist zu einem Signum des Vormärz geworden. Wie andere Lebensbereiche auch erfuhr das Handwerk den Niedergang ständischer Strukturen. Zu Anfang des 19. Jahrhunderts unterschieden sich Gesellen noch deutlich von Lohnarbeitern. Ihre Tätigkeit zählte als Durchgangszeit und Ausbildung. Als Lehrlinge und dann als Gesellen standen sie unter der Hausgewalt des Meisters und den Regeln der Zunft. Gesellen waren „Junggesellen“, denn Tisch und Bettstelle im Haushalt des Meisters erforderten Ehelosigkeit. Viele empfanden die bis ins dritte Lebensjahrzehnt hineinreichende Abhängigkeit als diskriminierend, und dies um so mehr, als sie miterlebten, wie Landarbeiter, Heimarbeiter und Tagelöhner um sie herum, wenn auch mehr schlecht als recht, eine Familie gründen konnten. Das Recht auf eine eigene Schlafstelle und auf persönliche Selbständigkeit gehörte deshalb 1848 zu den Forderungen der Gesellen.

Seit der Mitte des Jahrhunderts wandelte sich das alte Gesellendasein beschleunigt. Immer häufiger erhielten sie den Lohn in bar, schliefen zur Untermiete und lebten nicht mehr im Haushalt des Prinzipals, wie die Meister auch hießen. Mit dem Durchbruch der Industrialisierung griffen nun stärker die Marktgesetze von Angebot und Nachfrage. Die Gesellen lernten die Bezahlung nach Stücklohn und Akkord kennen. Angesichts der Überfüllung im Handwerk boten die Fabriken, die mit fünf bis zehn Mitarbeitern oft noch eine geringe Betriebsgröße hatten, einen willkommenen Ausweg, besonders die gut angesehenen Maschinenfabriken. Die abhängige Lohnarbeit bedeutete zu einem guten Teil auch Befreiung aus den Fesseln von Zunft und Meister und die Chance, nun eine Familie zu gründen.

Das hierarchische Verhältnis von Meister und Geselle verlagerte sich dort, wo der Aufstieg zum Meister ausgeschlossen war, in das Gegenüber von Selbständigem oder Arbeitgeber und Arbeiter. Die Trennung hatte sich während der Revolution 1848 bereits öffentlich angebahnt, als der Frankfurter Handwerkerkongreß sich in eine Meister- und Gesellenversammlung spaltete und die Gesellen sich als „Allgemeiner Deutscher Arbeiterkongreß“ konstituierten. In der Revolution und in den Jahrzehnten danach bekundeten die Gesellen ihr neues Bewußtsein in Streiks für Arbeitszeitverkürzung und Lohnerhöhungen. Die Konjunktur der 1860er und 1870er Jahre begünstigte überdies den Wechsel in die besser bezahlende Fabrik.

Auch die Ausbildung der Lehrlinge und Gesellen veränderte ihren Charakter. Besonders das Lehrlingsdasein war hart zu ertragen, regelte doch erstmals die preußische Gewerbeordnung von 1845 eine reguläre Lohnzahlung für Lehrlinge. Die Zeitgenossen kritisierten den Mißstand der „Lehrlingszüchterei“; das meinte die Einstellung von Lehrlingen als billigen Arbeitskräften angesichts des übermäßigen Arbeitskräfteangebots. War die Lehre etwa mit achtzehn Jahren beendet, folgte ein Gesellendasein bis etwa zum dreißigsten Lebensjahr. Darin waren drei bis fünf Jahre Wanderschaft eingeschlossen. Seit dem 16. Jahrhundert schrieben Zunftordnungen die Wanderpflicht vor, und während Preußen diesen Zwang 1811 teilweise, 1831 vollständig beseitigt hatte, galt er in den meisten anderen deutschen Staaten bis in die Mitte des 19. Jahrhunderts fort. Die Begründung lautete, das Wandern vermittle Anregung, Abenteuer und vor allem Qualifikation und Ausbildung. Die Gesellen wanderten teilweise engräumig in ihrer näheren Heimat, darüber hinaus aber bevorzugt bis in den politisch fortschrittlichen Westen. In der Schweiz, in Frankreich und in Belgien, sogar in London fanden einige Kontakt zu den liberalen, demokratischen und sozialistischen Bewegungen der Zeit. Als im Deutschen Bund seit 1832 jegliche politische Vereinsbildung verboten war, fanden die Gesellen im Ausland Anschluß an die frühsozialistischen Bünde: den Bund der Gerechten, den Bund der Geächteten und den Bund der Kommunisten in Paris, London und bei Wilhelm Weitling in der Schweiz. Die deutschen Regierungen beobachteten das mit großem Mißtrauen, und sogar der Deutsche Bund schritt ein, als er im Jahre 1834 das Gesellenwandern in die Schweiz, nach Frankreich und Belgien verbot, 1837 dieses Verbot noch verschärfte, um den Zustrom unerwünschter politischer Ideen, welche die Untersuchungen der Frankfurter Zentraluntersuchungsbehörde zutage gefördert hatten, abzuschneiden. Viele Gesellen, darunter die prominentesten wie Weitling und Stefan Born, erhielten damals ihre politische Prägung, die sie im Revolutionsjahr befähigte, sich schnell und wirksam am entstehenden politischen Vereinswesen zu beteiligen, das schließlich in der „Allgemeinen Deutschen Arbeiterverbrüderung“ einen Sammelpunkt fand; wie schon auf den Barrikaden der Revolutionskämpfe zählten auch in der Arbeiterverbrüderung die Gesellen zu den aktivsten Mitgliedern.

Jürgen Kocka hat zu Recht darauf hingewiesen, daß über die Qualifikation für den Beruf hinaus das Wandern eine Ventilfunktion entwickelte: Es weitete den Arbeitsmarkt, entlastete die Regionen, in denen die Handwerkerdichte besonders groß war und verhinderte vor allem feste Sozialbeziehungen, die es möglich gemacht hätten, sozialen und politischen Protest fest zu institutionalisieren.

Das Wandern barg auch zahlreiche Risiken. Die Handwerksgesellen waren gemeinsam auf der Straße mit Wanderarbeitern, Hausierern, Spielleuten, Schaustellern, Obdachlosen, insgesamt ausgegrenzten Randgruppen der Gesellschaft, und gerade bei den Ärmeren unter den Gesellen war der Übergang zu Bettel, Landstreicherei und Kriminalität nicht schwer. Die soziale Frage äußerte sich hier in ihrer extremen Konsequenz als „Abstieg ins Lumpenproletariat".[125] Im relativ friedlichen Zeitalter des Deutschen Bundes fehlten die Werber, die noch im 18. Jahrhundert solche Verführbaren und Gescheiterten für das Militär gewonnen hatten.

Auch das Berufsbild der Gesellen geriet in eine Krise, denn sie mußten von ihrem Leitbild, künftig Meister zu werden, Abschied nehmen. Ihr überkommenes Selbstbewußtsein ließ sie sich gegenüber Gesinde, Heimarbeitern und Tagelöhnern, aber auch gegenüber Fabrikarbeit und Zusammenarbeit mit Frauen erhaben fühlen. Die politischen Aktivisten unter ihnen warben jedoch schon in den 1840er Jahren, sich als „Arbeiter" und damit als Verbündete der Unterschichten zu verstehen, mithin des „Vierten Standes", dem dann später Lassalle in den 1860er Jahren die Zukunft versprach.

### *e) Eisenbahn- und Bauarbeiter*

Der Eisenbahnbau in seiner ersten Expansionsphase zwischen 1840 und 1871 schuf einen neuen Typ des Lohnarbeiters: den Eisenbahnarbeiter. Im Deutschen Bund wurden zwischen 1835 und 1870 knapp 25000 km Eisenbahnstrecke gebaut. Die privaten Eisenbahngesellschaften und die staatlichen Eisenbahnbehörden unterhielten Baustellen, an denen mehrere tausend Bauarbeiter zugleich tätig waren. Daneben gab es noch Riesenbaustellen, um die Trockenlegung von Sümpfen, die Kanal- und Dammbauten durchzuführen. Im Prinzip war das keine Neuigkeit, denn auch in der Frühen Neuzeit, verstärkt in der Zeit des Absolutismus, haben große Arbeitermassen Chausseen, Kanäle, Festungsanlagen, Deiche und Häfen gebaut oder Sümpfe trockengelegt.[126] Im Vormärz erweiterte der Eisenbahnbau jedoch die Dimensionen. Wer sich hier einfand, dem ging es oft ums nackte Überleben. Für die schlimmsten Hungerregionen wie Minden, Ravensberg und Schlesien bedeutete der Eisenbahnbau die Rettung. Der größte Teil der Beschäftigten, bis zu 90%, betätigte sich dabei mit Erdarbeiten. Die Arbeiter lebten in Baracken, die aus Brettern zusammengezimmert und zu kleinen Dörfern gefügt waren. Schänken und Viktualienbuden boten Anreize, Entlastung von der schweren Arbeit zu finden. Hier stießen Menschen unterschiedlichster Milieus aus ganz Deutschland zusammen. Gruppenakkord trieb sie wechselseitig zur Arbeit an. Durch ihr dichtes Zusammenleben machten sie die Erfahrung von Kollegialität, und seit den 1840er Jahren waren sie bei den Ordnungsbehörden wegen spektakulärer Protestaktionen gefürchtet, seit 1844 etwa traf man in Preußen besondere polizeiliche Vorkehrungen gerade für die Eisenbahnarbeiter. In einem unterschieden sie sich freilich vom regulären Lohnarbeiterdasein: Sie mußten ständig mit den Baustellen weiterwandern, und letztlich war ihre Tätigkeit auf die Dauer der Bauzeit begrenzt. Sie konnten ein Klassenbewußtsein entwickeln, hatten aber keine Gelegenheit, es in stetige Formen zu binden.

Wenn ein Zeitgenosse sie Anfang der 1850er Jahre als „Auswurf des Proletariats" bezeichnete, täuscht das über die wahre Zusammensetzung und berufliche Herkunft dieser Bauarbeiter hinweg. Eine überlieferte Statistik des Wiener Sicherheitsausschusses aus der Revolutionszeit offenbart, wer sich hinter diesem „Proletariat" tatsächlich verbarg. Wie in Paris hatten die Behörden für Arbeitssuchende – immer ein revolutionäres Protestpotential – öffentliche Erd- und Bauarbeiten ausgeschrieben, in Wien für über 20000 Personen. Um eine Übersicht der öffentlichen Ausgaben zu erhalten, hatte der Sicherheitsausschuß die Beschäftigten aufgeschlüsselt: Von den insgesamt 18561 Beschäftigten (darunter 8218 Arbeiterinnen) stellten die Ungelernten 52,6% (Dienstleute, Handarbeiter, Tagelöhner, Personen ohne Profession); hinzu kamen 0,6% Händler. Die übrigen 46,7% männlichen und weiblichen Arbeiter aber stammten ursprünglich aus qualifizierten Berufen. Die Statistik führt 41 verschiedene Gewerbe vom Anstreicher bis zum Zimmermann auf. Die Krisengewerbe des Revolutionsjahrs waren besonders stark vertreten, an der Spitze die Weber mit 16,4%, gefolgt von Maurern und Druckern.[127] Was im Vormärz bei den Eisenbahnarbeitern als Tumult und Exzeß angesehen wurde, der den Staat in Gefahr zu bringen schien, verlor in den 1860er Jahren an Schrecken, als Streiks zu einem üblichen Mittel konkurrierender Wirtschaftsparteien am Markt zu werden begannen.

### *f) Fabrikarbeiter*

Mit dem 19. Jahrhundert als der Ära der beginnenden Industrialisierung verbindet sich das Bild der Fabrik, die einer wachsenden Arbeiterschaft als Arbeitsstätte diente. Das ist nicht falsch, aber es verkürzt einen langwierigen Prozeß, der die Menschen und ihr Wirtschaften von Grund auf verwandelte. Arbeiter in zentralisierten Gewerbebetrieben (Manufakturen, Fabriken, Bergwerken) waren zu Beginn des Jahrhunderts eine verschwindende Minderheit.[128] Wie schon seit Jahrhunderten gehörten Gewerbe und häusliche Lebenswelt zusammen, sei es im Handwerk, im Heimgewerbe oder als bäuerliche Nebentätigkeit. Die „Manufaktur", wie der alte Ausdruck hieß, verkörperte ein gegenteiliges Modell des Wirtschaftens; sie bezeichnete große Unternehmen, in denen bereits arbeitsteilig produziert wurde, und dies für einen überlokalen Markt. Der Begriff war zunächst noch unscharf, indem er zentrale und dezentrale Unternehmen (etwa das Verlagsgewerbe) einschloß, aber er engte sich im Laufe des Jahrhunderts ein auf den zentralisierten Fabrikbetrieb, wie er im gewerberechtlichen Sprachgebrauch der 1860er Jahre für industrielle Werkstätten mit lohnabhängigen Arbeitern vorkam. In der Manufaktur lag die Wurzel, streng zwischen Haus und Familie einerseits und Arbeitsstätte andererseits zu trennen. Um 1850 gab es noch mehr Gesellen und Lehrlinge als Fabrikarbeiter, die Heimarbeiter überwogen diese sogar um das Doppelte. Um 1875 hingegen stellten Fabrikarbeiter den größten Anteil im Vergleich zu Heimarbeiterschaft, Handwerksgesellen und Lehrlingen. Dabei legten die Arbeiter höchst unterschiedliche Verhaltensweisen und Interessen an den Tag, je nachdem, welchen Branchen sie angehörten.

*Zigarrenarbeiter* konnten auf keine eigenständige, einengende Zunfttradition zurückschauen. Sie produzierten marktorientiert, im Lohnverhältnis und in ziemlich großen Manufakturen, in denen bereits Arbeitsteilung herrschte. Zigarren herzustellen war eine leise Beschäftigung, welche den in großer Zahl versammelten Arbeitern Gelegenheit gab, sich untereinander auszutauschen. Sie waren bekannt für ihr starkes Solidarbewußtsein, traten bereits im Vormärz organisatorisch hervor und orientierten sich in den 1860er Jahren an der Sozialdemokratie. Sie beteiligten sich führend in den entstehenden Arbeiterparteien und Gewerkschaften.

*Buchdrucker und Setzer,* die sich die „Jünger Gutenbergs" nannten und damit auf ihre alte Tradition seit Erfindung des Buchdrucks verwiesen, waren wie der Buchhandel auf die Städte konzentriert. Sie erstrebten, dem kulturellen Anspruch der Ware Buch zu entsprechen, und hatten im Vergleich zu anderen Arbeitern ein gebildet-urbanes Selbstverständnis. Sie hatten sich bereits frühzeitig im Vormärz gegenüber ihren Prinzipalen, wie sie ihre Meister hießen, organisiert; unter nationalen Zusammenschlüssen von Arbeitern waren die Buchdruckervereine 1848/49 und abermals 1866 führend.

Auch die *Bergarbeiter* konnten auf eine berufsständische Tradition zurückschauen. Anders als andere Arbeiter standen sie gewissermaßen im Staatsdienst, weil die Bergwerke vorwiegend in staatlicher Hand lagen; als Bergleute wurden sie deshalb auf den Landesherrn vereidigt. Sie waren in die ländliche Umwelt eingebunden und betrieben nebenerwerblich eine kleine Landwirtschaft als „Kötter" im Ruhrgebiet oder als „Arbeiterbauer" an der Saar. Zum Bild des Bergmanns gehörten ein Stück Acker, Ziege oder Schwein, Federvieh und Taubenschlag. Die Bergleute waren genossenschaftlich organisiert in sogenannten Knappschaften, die in Österreich „Bruderladen" hießen. Diese boten einen breiten Sozialversicherungsschutz für Witwen, Waisen, Krankheit und Alter. Treue zum Landesherrn, kirchlich gepflegte Religiosität und sozialer Schutz begünstigten unter den Bergleuten eine konservative Grundstimmung. Von ihnen gingen keine Unruhen aus. Nach der Jahrhundertmitte bis in die 1860er Jahre hinein verloren sie jedoch zahlreiche ihrer Sonderrechte, während die Bergbauunternehmen nach kapitalistischen Prinzipien umorganisiert wurden, so daß aus den traditionellen Bergleuten die modernen Bergarbeiter wurden.

*Eisen- und Stahlarbeiter* stammten bevorzugt aus ländlichem Milieu, waren ohne handwerkliche Tradition und Qualifikation, so daß sie als angelernte Arbeitskräfte in den Großbetrieben ihre Schwerarbeit leisten mußten. Durch den Bedarf der Eisenbahngesellschaften erlebte dieser Industriezweig eine Hochkonjunktur. Gewaltige Expansionen waren möglich, nachdem man seit den 1840er Jahren Steinkohle und Koks statt Holzkohle als Brennmaterial nutzte. Die Härte der Arbeit mit extremer physischer Erschöpfung und Abnutzung und die lange Arbeitszeit ließen wenig Raum dafür, sich zu gemeinsamen Aktionen zu solidarisieren. Geringe schulische Bildung und der Hintergrund des ländlichen Milieus ließen bei den Hüttenarbeitern keine große Neigung zu Streiks und Protesten entstehen, zumal sie besser als selbst die Bergarbeiter entlohnt wurden.

*Maschinenbauarbeiter* zählten zur „Oberschicht der Fabrikarbeiter" (Kocka). Sie konzentrierten sich vor allen Dingen in den Großbetrieben, die Dampfmaschinen, Lokomotiven, Waggons und alle Arten von Werkzeugmaschinen für die entstehende Industrie produzierten. Um die Jahrhundertmitte beschäftigten die Fabriken im Durchschnitt dreißig Personen. Viele waren aus Handwerksbetrieben hervorgegangen. Die Art der Arbeit erforderte hochqualifizierte Kräfte, die daher auch hohe Löhne erhielten. Nach 1850 schritten viele Betriebe zur Massenfabrikation, die den Übergang vieler Gesellen vom Handwerk in die Fabrik beschleunigte.

Im Gegensatz dazu bedeutete für *Textilarbeiter* die Arbeit in der Fabrik ein elendes Dasein. Von den Zuständen in den Fabriken der Textilindustrie ging die zeitgenössische Kritik an der Fabrikarbeit überhaupt aus. Die Arbeiterschaft war größtenteils ungelernt und mußte sich in die Folgen fortschreitender Arbeitsteilung schicken, die einen immer engeren Arbeitsrhythmus diktierte. Doch scheint nach den Untersuchungen Kockas die eigentliche Bedrückung nicht unbedingt von den Maschinen, sondern vielmehr von den innerbetrieblichen Fabrikordnungen ausgegangen zu sein, die eine ganze Liste an Verboten, Geboten und Strafen aufwiesen. Fremdbestimmung und rücksichtslose Unterwerfung von Arbeitern, die jederzeit leicht ersetzbar waren, prägten das Bild, und dieses hatte Karl Marx vor Augen, als er über die menschenverachtenden Mißstände der Industrie schrieb. In den Textilfabriken hatten die heimgewerblichen und landwirtschaftlichen Unterschichten des Pauperismus Zuflucht gefunden.

Wenn sich die Arbeitsverhältnisse in den einzelnen Branchen auch beträchtlich unterschieden, zeigten alle doch Gemeinsamkeiten, die den konsequenten Weg zur Lohnarbeit widerspiegelten; das waren Arbeitsdisziplin, Besitzlosigkeit der Arbeiter, Arbeit gegen Lohn, das Gegenüber zum Unternehmer, die Zentralisierung der Arbeit an einer Betriebsstätte, das Eigentum an Produktionsmitteln in der Hand der Arbeitgeber, die Trennung von Familien- und Arbeitssphäre. Vor dem Hintergrund des schrecklichen vormärzlichen Pauperismus milderte die Industriearbeit immerhin doch die Not der 1840er und 1850er Jahre, ja, mit Blick auf die Entwicklung zum Kaiserreich hin ist sogar eine bescheidene Verbesserung des

Lebensstandards zu beobachten. So vielfältig und disparat die Fabrikarbeit bis in die 1860er Jahre hinein sich darbot, reicht sie allein doch nicht aus, um die Bereitschaft und Fähigkeit zu kollektivem Protest und zur gewerkschaftlichen oder parteipolitischen Betätigung zu erklären.

## 7. Frauen und Männer

Vor allem vier große normative Tendenzen beherrschten den gesellschaftlichen Wandel im 19. Jahrhundert: die Wege zur Konstitution, Nation, wirtschaftsliberalen (kapitalistischen) Marktordnung und sozialen Gerechtigkeit. Alle vier werden auch gern mit der Herausbildung der „bürgerlichen Gesellschaft" verknüpft. Das trifft nur zum Teil zu, denn diese Zeittendenzen bargen einen emanzipatorischen Impuls, der sich keineswegs auf das Bürgertum beschränkte, sondern letztlich alle gesellschaftlichen Gruppen erfaßte. Den menschenrechtlichen und staatsbürgerlichen Konzepten der Zeit entsprechend, wiesen diese Tendenzen bereits über die sogenannte bürgerliche Gesellschaft hinaus. Das zeigte sich besonders nachdrücklich an der Stellung der Frau in dieser Entwicklung und am Geschlechterverhältnis zwischen Mann und Frau, das im Laufe des 19. Jahrhunderts erstmals zur Disposition stand und als ein Problem sozialer Gleichheit und politischer Emanzipation wahrgenommen wurde. Es ist überdies frappierend, wie und warum Frauen aus dem säkularen Konzept (staats)bürgerlicher Emanzipation überhaupt ausgeschlossen werden konnten, auch, „warum Frauen in ihrer Gesamtheit als letzte, lange nach jüdischen und Unterschichten-Männern, den Status vollberechtigter Staatsbürger und Rechtssubjekte erwarben".[129] Zu Recht ist festgestellt worden, die religiöse Emanzipation der Juden und die soziale des Vierten Standes sei – allein schon in Gedanken – leichter zu vertreten gewesen als die Geschlechteremanzipation, so daß auf dem Jahrhundert die Hypothek einer „Halbierung des Emanzipationsanspruchs" (Ute Frevert) lastet.

Man macht es sich zu leicht, diesen Widerspruch damit abzutun, die Zeit sei noch nicht reif gewesen. Denn bereits im Vormärz fehlte es nicht an aufgeklärten Theoretikern, die – wie Karl Theodor Welcker – scharfsichtig erkannten, was aus dem bürgerlichen Gesellschaftsmodell letztlich für die Stellung der Frau folgte: Prinzipien wie die Menschenrechte und die formale Gleichheit des Rechts, welche das ältere ständische, auf Geburt und Herkommen beruhende Recht anfochten, hätten zwingend auch die Rechtsungleichheit zwischen Frauen und Männern beseitigen müssen.

Die angeblich durch die Natur gegebenen Geschlechterrollen mußten dazu herhalten, die gesellschaftliche und politische Ungleichheit von Mann und Frau zu rechtfertigen. Der Mann sei dank seiner physischen Natur bestimmt für außerhäusliche Erwerbstätigkeit, für militärischen Dienst und schöpferische Leistungen, kurzum als Gründer, Lenker, Ernährer und

Schützer der Familie. Das Geschick der schwächeren, schutzbedürftigen Frau entfalte sich im Haus, beim Gebären, Ernähren und in der Erziehung der Kinder, insgesamt in der Führung des Haushalts. Was als überzeitliche, naturgegebene Ordnung erschien, war ein zeitbedingtes Konstrukt, das die Wirklichkeit nicht selten widerlegte, etwa wenn die Bäuerin, die Spinnerin oder Handwerkersfrau wie selbstverständlich Feld- oder Heimarbeit leisteten, um zum Unterhalt der Familie beizutragen.

Diese Geschlechtertypologie war nicht zeitlos, sondern entsprach dem modernen Typus der bürgerlichen Kleinfamilie des 19. Jahrhunderts, für welche im Zuge der Arbeitsteilung die Trennung von Berufswelt und Familie charakteristisch wurde. Und nicht erst die moderne Arbeitsteiligkeit: die entstehende bürgerliche Öffentlichkeit trug früher schon dazu bei, das häusliche von dem öffentlichen Leben zu trennen, denn auch die entstehende bürgerliche Vereinskultur und die Möglichkeiten, in Kommune oder Landtag politisch Anteil zu nehmen, zogen die Männer aus dem häuslich-familialen Bereich heraus.

### *a) Rechtsstellung*

Die Stellung der Frau im Recht ist weitgehend auch für die Geschichte des 19. Jahrhunderts eine Folge von Rechtsversagungen. Im Privat- und Familienrecht erschien der Mann als „Haus- und Eheherr“; er war der Herr im Recht, seine „Gewalt“ war durch zahlreiche Rechtstitel gesichert. Überdies stellte die Ehe als Rechtsform ein „rechtliches Zwangsgehäuse“ dar (Dirk Blasius), das der Frau den Weg zur vollen Mündigkeit und Rechtsautonomie auf fast allen Gebieten des politischen, gesellschaftlichen und gewerblichen Lebens versperrte.[130] Es wäre jedoch falsch, von den Normen auf die Rechtswirklichkeit zu schließen, denn hier galt die Frau mitunter durchaus als Rechtsperson. Das zeigte sich vor allem an der Auflösung der Ehe, wie sie in Preußen nach den Bestimmungen des Allgemeinen Landrechts von 1794 vollzogen wurde, weil dieses die „Trennung der Ehe durch richterlichen Ausspruch“ zuließ. Bei der Ehescheidung konnte die Ehefrau Rechte beanspruchen, und dies geschah in Preußen nicht einmal so selten. In den sechs Jahren zwischen 1817 und 1822 waren in Preußen 17944 Ehen richterlich getrennt worden; vom Vormärz bis in die 1850er Jahre wurden jährlich 3000 Ehen getrennt (1840 zählte Preußen 14,9 Millionen Einwohner bei 2470100 Ehen).[131] Die Rechte der Frauen kamen bei der Regelung des Unterhalts und überhaupt bei der Definition der Scheidungsgründe zur Sprache. Nach Beobachtungen preußischer Richter in den 1840er Jahren war es in drei von vier Fällen die Frau, welche die Scheidung forderte; weitaus die größte Zahl der Klägerinnen und Kläger stammte aus dem „niederen Bürger- und Bauernstand“, der höhere Bürgerstand war höchstens zu einem Zehntel an den Klagen beteiligt, der Adel noch weniger. Der am häufigsten genannte Scheidungsgrund lautete „Trunkenheit und

Tätlichkeiten“; es folgten „bösliche Verlassung“, „Ehebruch“ und „Versagung des Unterhalts“. Das Allgemeine Landrecht sicherte mithin der verlassenen Ehefrau Hilfe und Stütze im Überlebenskampf zu; es dekretierte die Pflicht des Mannes zum Unterhalt. Der unschuldig geschiedenen Frau stand eine „Abfindung“ oder „standesgemäße Verpflegung“ bis zum Lebensende „aus den Mitteln des schuldigen Mannes“ zu. Wo bei einem mittellosen Mann freilich nichts zu holen war, konnte man auch mit strafrechtlichem Zwang nichts herbeischaffen. Immerhin wurde in der Rechtspraxis die Frau als gleichberechtigtes Rechtssubjekt wahrgenommen und behandelt.

Die Rechtsstellung der Frauen im 19. Jahrhundert war nicht ähnlich einheitlich geregelt wie in Frankreich durch den Code civil von 1804. Deutschland bestand aus unterschiedlichen Rechtslandschaften mit jeweils eigenen Traditionen; entsprechend variierten die Rechte von Frauen. Am stärksten benachteiligt waren Frauen unter dem französischen Recht des Code civil, der im übrigen als besonders fortschrittlich galt und zur napoleonischen Zeit vor allem in den linksrheinischen Rheinlanden und in der Pfalz, dann aber auch im Königreich Westphalen und im Großherzogtum Berg eingeführt worden war. Der zentrale Paragraph lautete: „Der Mann ist seiner Frau Schutz, die Frau ihrem Manne Gehorsam schuldig“. Danach durften Frauen zwar Eigentum erwerben, im Umgang damit waren sie aber vollkommen der Hausherrschaft des Mannes unterworfen. Sie durften nicht vor Gericht auftreten, nicht einmal als Handelsfrauen, und das Eigentum der Frau zu verwalten und zu nutzen lag ausschließlich in der Gewalt des Mannes. Es zeigt die ganze Inkonsequenz dieses bürgerlichen Rechtes, daß es Gleichheit der Staatsbürger herstellen wollte, die Bürgerinnen aber in der Ehe – bildlich gesprochen – strikt dem monarchischen Prinzip des Mannes unterwarf.

Ähnlich weit in der Bevormundung der Ehefrau ging das sächsische Recht, das deutschrechtlichen Traditionen folgte und im Königreich Sachsen sowie in den thüringischen Staaten gültig war.[132] Auch hier konnte die Frau ohne den Beistand des Mannes nicht vor Gericht auftreten; sie bedurfte zu allen Rechtsgeschäften dessen Einwilligung. Das preußische Allgemeine Landrecht hatte demgegenüber Elemente des Gleichheitsprinzips aufgenommen, auch wenn hier der Ehemann ebenso als „das Haupt der ehelichen Gesellschaft“ definiert wurde. Die Frau bedurfte zwar gleichfalls, um ein selbständiges Gewerbe zu betreiben oder einen Arbeitsvertrag abzuschließen, der Einwilligung des Mannes. Aber sie war doch immerhin teilweise zu Geschäften berechtigt und besaß die sogenannte Schlüsselgewalt im Rahmen ihrer hausfraulichen Tätigkeit; überdies war sie als selbständige Rechtsperson anerkannt, wenn ihr Mann verhindert war oder wenn sie über ihr eigenes Eigentum verfügen wollte, sofern dies vorab vertraglich ausdrücklich vorbehalten war. Noch weiter ging das sogenannte Gemeine Recht, das römisch-rechtlichen Traditionen verpflichtet war und in vielen ehemals reichsfreien Städten und deutschen Mittelstaaten wie Oldenburg, Braunschweig, Hannover, Hessen und Württemberg galt. Nach spätrömischen Grundsätzen hatte eine Eheschließung keinen Einfluß auf die Rechtsstellung und Vermögensverhältnisse der beiden Ehegatten; folglich hätte auch die Frau nicht in ihrer Rechts- und Geschäftsfähigkeit eingeschränkt sein dürfen. Durch lokale und landesrechtliche Bestimmungen war dieses für Frauen günstige Recht freilich zugunsten der Stellung des Mannes aufgeweicht worden.

Nicht nur in der Ehe, sondern auch als Unverheiratete blieben Frauen im Rechtsverkehr und Auftreten in der Öffentlichkeit zurückgestellt. Sie blieben ausgeschlossen von öffentlichen Ämtern, konnten weder Bürgschaften noch Vormundschaften übernehmen und durften auch vor Gericht nicht als Zeugen auftreten. Davon ausgenommen blieben in der Regel nur Frauen, die ein kaufmännisches Gewerbe betrieben. Politische Rechte, etwa das Wahlrecht, blieben ihnen ebenso vorenthalten wie die Möglichkeit, in politischen Vereinen oder beruflichen Korporationen mitzuwirken. Die nachrevolutionären Vereinsrechte seit 1850 schlossen Frauen konsequent aus dem politischen Vereinswesen aus und wirkten auf diese Weise dem Aufbruch entgegen, der sich in den Jahren zwischen 1847 und 1849 auch für die Frauen abgezeichnet hatte. Besonderen Handlungsspielraum eröffneten die deutsch-katholischen und freireligiösen Gemeinden den Frauen. Hier hatten sich in Opposition zur Orthodoxie der beiden großen Konfessionen seit 1845 an die 150000 Menschen zusammengeschlossen. Ihre Gemeinden bildeten zugleich eine politische Oppositionsbewegung; in ihr waren Frauen gleichberechtigt: Sie arbeiteten auf allen Ebenen mit, organisierten eigene Frauenvereine und betätigten sich in der Bildungs- und Sozialarbeit. Demokratische und freireligiöse Bewegungen gingen 1848 eine enge Verbindung ein. In der Revolution selbst weiteten sich noch die Möglichkeiten für politisches Handeln, wenn auch Frauen nicht als gewählte Abgeordnete in Frankfurt oder in den Landtagen vertreten sein durften. Aber sie waren als Zuhörerinnen präsent und versuchten, parlamentarische Entscheidungen zu beeinflussen. Sie verfaßten Artikel für die Presse, schrieben Briefe an Abgeordnete und Zeitungen, nahmen an Volksversammlungen teil – in seltenen Fällen redeten sie auch dort –, offenbarten politische Sympathien durch schwarz-rot-goldene Bänder und organisierten sogar Petitionen. Das Äußerste des damals politisch Möglichen innerhalb der Revolutionsbewegung war für Frauen, wenn sie sich nicht an Barrikadenkämpfen und öffentlichen Bekundungen, sondern an der institutionalisierten Revolution beteiligen wollten, sich in Vereinen zu organisieren. Die besonders gut erforschten württembergischen Frauenvereine zogen sich keineswegs auf begrenzte Fraueninteressen zurück, sondern nahmen teil an der politischen und nationalen Bewegung. Sie spendeten Geld und Schmuck für die deutsche Flotte, sie warben für deutsche Waren, plädierten für altdeutsche Mode im Gegensatz zur nun verpönten französischen; sie führten Lotterien zugunsten der Ausrüstung von Bürgerwehren durch und organisierten die Hilfe für die flüchtenden badischen Revolutionäre im Sommer 1849.

Freilich darf auch die Reaktion von seiten der männlichen Zeitgenossen nicht verschwiegen bleiben; nicht einmal die Demokraten von 1848/49 hingen schon dem „Gefährtinnen-Leitbild" (Carola Lipp) an; politisch tätige Frauen sahen sich massiven männlichen Vorurteilen gegenüber. In den Karikaturen der Zeit vergaßen die männlichen Künstler bei dem Thema Frau ihren sonst oft an den Tag gelegten aufklärerisch-kritischen Impetus. Die demokratischen und liberalen Turner sahen in ihren Festen gern die Frauen in ihren Reihen, doch ihre Ideologie und Praxis erwies die Turner als reine Männerbünde. Kurz vor der Revolution begrüßte man die Teilnehmer des Heilbronner Turnfestes mit den Worten: „Unsere Zeit fordert Menschen, Männer, ganze Männer. Brüder, da liegt sie vor Euch in drei Worten, Eure Aufgabe, über die Viele noch nicht ins Reine kommen wollen. Menschen, Männer, ganze Männer!"[133]

Diese Rollenstereotypen waren fest verankert, wurden aber durch die Anfänge der Deutschen Frauenbewegung während der Revolution im Prinzip aufgebrochen. Am weitesten ging Louise Otto im April 1848 mit ihrer neugegründeten eigenen Frauenzeitschrift, die sich das Motto gesetzt hatte: „Dem Reich der Freiheit werb' ich Bürgerinnen". Auf die Mitwirkung von Frauen in der Reichsverfassungskampagne im Sommer 1849 anspielend, hieß es darin: „Wenn die Geschichte dieser Tage einst mit historischer Treue geschrieben wird, dann werden die ‚Frauen Rastatts' einen ehrenvollen Platz in ihr einnehmen".[134] Haussuchungen, Beschlagnahmungen der Vereinskassen und Vereinsverbote setzten dieser ersten organisierten Emanzipationsbewegung von Frauen in Deutschland ein abruptes Ende. Die reaktionären Vereinsgesetze gaben der Repression ihre rechtliche Form. Erst das Reichsvereinsgesetz vom Jahre 1907 beendete diese Benachteiligung. Auch ließ sich mit fortschreitender Industrialisierung und Verstädterung während der beiden Jahrzehnte nach der Revolution die Zunahme der Frauenarbeit nicht verleugnen. Die Angehörigen der Unterschichten, die Dienstmädchen, Mägde, familiären Mithelferinnen bei der täglichen Haus- und Gartenarbeit im ländlichen Raum tauchten mehr und mehr als Kolleginnen von Zigarrenarbeitern, Kattundruckern und Schneidern auf. Männliche Berufsvereine und gewerkschaftsähnliche Organisationen versuchten, Frauen bei sich fernzuhalten. Der Allgemeine Deutsche Arbeiterverein Lassalles befürchtete von der Frauenarbeit den weiteren Ausbau industrieller Arbeitsplätze und bewertete das als einen Mißstand. Die in den 1860er Jahren gegründeten Gewerkschaften der Zigarrenarbeiter und Schneider beriefen sich auf Moral und Sittlichkeit, wenn sie Frauenarbeit bekämpften. Doch folgten die Frauen der allgemeinen Atmosphäre des Aufbruchs im Vereinswesen der 1860er Jahre, indem sie 1865 erneut zu einer organisatorischen Plattform fanden. In diesem Jahr gründete Luise Otto in Leipzig den „Allgemeinen Deutschen Frauenverein“ (ADF). Die Repression der Reaktionsära wirkte nach, indem dieser zweite Anlauf zu einer organisierten Frauenbewegung in Deutschland nun bewußt in Distanz zu politischen Parteien und Verbänden trat; man wollte nun in der Hauptsache Frauen gleiche Bildungs- und Erwerbsberechtigung erstreiten. Vereine in der Region übernahmen das Leipziger Programm. Die bürgerlichen Frauen übersahen dabei nicht die weiblichen Angehörigen der Unterschichten, denn sie kümmerten sich um gewerbliche Fortbildung, Wohnheime, Unterstützungskassen für Arbeiterinnen, Kurse für Säuglingspflege, „Volksküchen“ für Arbeiterfamilien, Kindergärten, Sonntagsschulen für Arbeitertöchter zur Unterrichtung im Stricken, Nähen und in Haushaltsführung. Die neubelebte Frauenbewegung rückte die soziale Fürsorge in den Mittelpunkt und antwortete damit auf die wachsenden Nöte der Urbanisierung, die sich in den Großstädten nicht zuletzt in einer erschreckenden Zunahme der Prostitution äußerte.

Besondere Bedeutung erhielt auch der im Jahre 1866 in Berlin begründete „Verein zur Förderung der Erwerbstätigkeit des weiblichen Geschlechts“, kurz auch „Lette-Verein“ genannt; der konstitutionell-liberale preußische Beamte Wilhelm Adolph Lette hatte ihn ins Leben gerufen und verfolgte damit ein Modell bürgerlicher Sozialreform, das er seit der dramatischen Erfahrung des schlesischen Weberaufstandes von 1844 konsequent verfocht. Sein Berliner Verein stand unter dem Protektorat der preußischen Kronprinzessin und führte ein Arbeitsnachweisbüro sowie einen Verkaufsbasar für weibliche Handarbeiten.

Alle diese Ansätze, Interessen von Frauen vereinsmäßig zu organisieren, dienten der „bürgerlichen Verbesserung“ (Frevert). Diese frühe Frauenbewegung nach der Revolution kämpfte noch nicht entschieden gegen das „polare Modell der Geschlechtscharaktere“, das aus der Verschiedenheit von Mann und Frau das patriarchalische Muster in Familie, Recht und politischem Leben ableitete. Lohnkämpfe, Vorstöße zur Anerkennung innerhalb der gewerkschaftlichen Bewegung und überhaupt die Forderung nach dem Frauenwahlrecht blieben der späteren Entwicklung im Kaiserreich vorbehalten.

### *b) Wandel der Familie im Bildungsbürgertum*

Alle Äußerungen über den Wandel der Familie im Bildungsbürgertum während des 19. Jahrhunderts stehen unter dem Vorbehalt, daß sich die ideologischen, in unzähligen Briefen und Aufsätzen geäußerten Entwürfe nicht mit den tatsächlich gelebten Ehen decken mußten, über die angesichts einer überwältigenden, nicht ausgeschöpften Quellenflut zusammenfassende Aussagen schwer möglich sind. Man wird sich auch diesem Thema nur in idealtypischer Weise nähern können. Im Übergang zum 19. Jahrhundert hin setzte sich das Programm der „häuslichen Glückseligkeit" durch; öffentliche Publizistik beschrieb das Leitbild der bürgerlichen Privatsphäre, in der sich nach der Eheschließung die Gattenliebe und in deren Gefolge die Elternliebe entfalteten. Zuneigung schon vor der Ehe wurde aber immer maßgeblicher zur Heirat.

Doch ging dies lange Zeit noch nicht ohne die Zustimmung der Eltern, vor allem der Eltern der Braut.[135] In der Wirklichkeit war die Freiheit der Wahl eingeschränkt angesichts des drohenden Loses, als „alte Jungfer" unversorgt zu bleiben. Die Söhne des Bildungsbürgertums entgingen früher der Kontrolle der Eltern, wenn der Besuch des Gymnasiums in einer größeren Stadt die Trennung vom Elternhaus erforderte. Konkrete Heiratspläne schmiedeten sie in der Regel erst, wenn die berufliche Position gesichert schien. Und wenn man autobiographischen Zeugnissen entnimmt, wie wenig Zeit und Gelegenheit Jungvermählten gegeben war, sich zuvor kennenzulernen, wird die Liebe als Antrieb zur Heirat nicht viel mehr als Verliebtheit gewesen sein können. Auch hier dürfte das gemeinsame Milieu einen Rückhalt geboten haben.

Auffällig bleibt der deutliche Altersabstand zwischen den Eheleuten. Männer heirateten bei der Erstehe in der Regel im Alter zwischen 31 und 33 Jahren. Bei Frauen lag das durchschnittliche Heiratsalter in der Erstehe im 18. Jahrhundert bei etwa 22 Jahren, stieg dann bis zum Ende des 19. Jahrhunderts auf fast 27 Jahre an. Man erklärt das Hinauszögern der Ehe bei den Frauen damit, daß die steigenden Bildungs- und Berufsmöglichkeiten eine Alternative zur Ehe zumindest offenhielten, vielleicht auch die Bereitschaft steigerten, bei der Auswahl des Ehemanns eine längere, prüfende Verlobungszeit in Kauf zu nehmen.

Auch das Bild des idealen Bräutigams und der idealen Braut wandelte sich zum 19. Jahrhundert hin. Herrschte in den älteren Wunschkatalogen noch das Ideal der tüchtigen Hausfrau vor, die auch weiterhin erwünscht blieb, gewannen im bildungsbürgerlichen Milieu zusätzliche Eigenschaften an Gewicht: Bildung, Fähigkeit zur geistreichen Konversation, Einfühlungsfähigkeit dem Gatten gegenüber, Verständnis für die Kinder. Der ideale Bräutigam mußte vor allem ein sicheres Einkommen nachweisen können. Schüchternheit, Unbeholfenheit, hohes Lebensalter konnten durch eine sichere Berufskarriere ausgeglichen werden. Die vielfältigen Eheratgeber mahnten aber, auf Schönheit und Liebe allein lasse sich keineswegs dauerhaft eine Familie bauen, und auch eine schwache körperliche Konstitution könne sich schließlich als eine Gefahr erweisen.

Der Altersabstand zwischen den Ehegatten von nicht selten zehn und mehr Jahren prägte zusätzlich das Rollenbild, in dem die Braut als erziehbares, anpassungsfähiges Mädchen dem erwachsenen Mann und Lehrer gegenüberstand. War die Frau älter als der Mann, erschien das als ein Regelverstoß, während es im ganzen 19. Jahrhundert als selbstverständlich betrachtet wurde, wenn sich Witwer im fortgeschrittenen Alter sehr viel jüngere Frauen zur Braut nahmen. Ungeachtet aller Liebesheirat gehörte die Überordnung des Mannes in der Ehe zum bürgerlichen Sittenkodex, und die Ratgeber-Literatur empfahl den werdenden Ehefrauen, gegenüber Fremden und Kindern den Schein der Unterwerfung zu wahren, ihn aber durch List zu umgehen.

Das ungleiche Heiratsalter hatte mehrere zwiespältige Folgen: Der Mann war auch im hohen Alter noch durch seine Ehefrau versorgt. Es ist freilich zu bedenken, daß junge Ehefrauen wegen der mit den Geburten verbundenen Risiken erheblich geringere Überlebenschancen hatten als ihre Ehemänner, so daß diese nach dem vorzeitigen Tod ihrer Gattin eine zweite oder gar dritte Ehe eingingen. Umgekehrt war es eher die Regel, daß Frauen im Alter lange Jahre der Witwenschaft durchlebten, nachdem der um so viel ältere Ehemann gestorben war.

Frauen des Bildungsbürgertums heirateten in erheblich jüngerem Alter als Bäuerinnen oder Arbeiterinnen. Wenn man auf diese Weise das späte Heiratsalter als ein Mittel der Familienplanung vernachlässigte, müssen bürgerliche Ehepaare im Laufe des 19. Jahrhunderts andere Formen einer wirksamen Familienplanung gefunden haben. Berechnungen für die bürgerliche Bildungsschicht haben ergeben, daß dort zu Beginn des 19. Jahrhunderts durchschnittlich 6,8 Kinder pro Ehe zur Welt kamen, zu Ende des Jahrhunderts jedoch nur noch 2,8 Kinder.[136] Das verbreitete Mittel zur Familienplanung wird dabei die eheliche Enthaltsamkeit gewesen sein, wobei außer materiellen Erwägungen gewiß auch die Todesfurcht mitgewirkt haben mag, die eine Frau bestimmte, keine weitere Schwangerschaft zu riskieren.

Auch die Kindererziehung folgte neuen Normen. Zwar waren auch Eltern frühneuzeitlicher Familien ihren Kindern emotional zugetan, was mitunter bestritten wurde und nun insbesondere durch Untersuchungen an protestantischen Pfarrersfamilien erwiesen wurde; im 19. Jahrhundert häufen sich jedoch die Zeugnisse, daß Mütter und Väter ihre Kinder mit wachsender Aufmerksamkeit auf ihre einzelnen Entwicklungsphasen hin beobachteten, sich Gedanken über ein Erziehungsprogramm machten und sich bald nach 1800 mit dem vertrauten Du anreden ließen. Erziehungs- und Anstandsbücher wollten überdies die Kinder nach außen hin als Zeugen der Sittsamkeit und Wohlanständigkeit der Familie erscheinen lassen. Erhebliche Opfer wurden gebracht, um den Söhnen die Laufbahn über das Gymnasium und Abitur zum Studium zu eröffnen. Hanns Unwirrschs Karriere aus dem Elternhaus einer Schuhmacherswitwe zum Theologiestudium in Wilhelm Raabes Roman „Der Hungerpastor" gibt dafür ein sinnfälliges literarisches Beispiel. Mit der abnehmenden Kinderzahl erhielten auch die Töchter Chancen für eine bessere Ausbildung.

Der Einhegung der bürgerlichen Familie entsprach zugleich ein Wandel im Umgang mit der Sexualität. „Sexualität" ist ein Kunstbegriff, der erstmals um 1800 auftauchte und zunächst geschlechtliche Unterschiede bei Pflanzen bezeichnete. Dieser enge Sprachgebrauch der Biologie erweiterte sich bald zur Bezeichnung von Fortpflanzung und Geschlechtsunterschieden im allgemeinen und hier insbesondere auch beim Menschen. Der Begriff enthielt zugleich ein neues Denkmuster, das sich von einem älteren, frühneuzeitlichen Umgang mit der Sexualität löste und gewissermaßen eine Doktrin begründete. Der sexuelle Bereich wurde isoliert und erschien nicht mehr, wie in früheren Jahrhunderten, eingebettet in ein Gesamtgefüge des menschlichen Lebens.[137]

Wichtig ist bei diesem Wandel, inwiefern der Staat Aufmerksamkeit für Sexualität entwickelte und regulierend einzugreifen bestrebt war. Nach der bis ins 18. Jahrhundert wirksamen Lehre des Kameralismus wurde Staatsmacht gleichgesetzt mit Bevölkerungszahl; Quelle des Reichtums eines Staates sei eine zahlreiche Bevölkerung, eine fortschrittliche Landwirtschaft und ein produktives Manufakturwesen. Diese Politik erstrebte eine wohlhabende Bevölkerung, nicht aber ein unkontrolliertes Bevölkerungswachstum, so daß Heiratsbeschränkungen und gesetzliche Verbote gegen unehelichen Verkehr das Wachstum ärmerer Schichten verhindern sollten. Die staatlichen Reformen des frühen 19. Jahrhunderts brachten hier einen tiefgreifenden Wandel, denn sie verwirklichten den Grundsatz, alle Untertanen hätten ein Recht auf Ehe und Nachkommenschaft. Zunächst den bürgerlichen Schichten eröffnete sich das Recht auf Heirat, vor allem dem handwerklichen Mittelstand, denn die Auflösung der Zunftordnung beseitigte auch die damit verbundenen Heiratsbeschränkungen. Heirat und Nachkommenschaft erschienen aber als ein Recht der natürlichen Freiheit, die auch zum Konzept der preußischen und der Rheinbundreformen gehörte. Die Beseitigung der ständischen Schranken, mithin auch die Freisetzung der wirtschaftlichen Kräfte, gab zugleich das Bevölkerungswachstum frei und trug auf diese Weise zum vormärzlichen Pauperismus und Arbeitsmangel bei. Für das 19. Jahrhundert wurde charakteristisch, daß sich der Staat bei Ehe und Sexualverhalten aus dem Bereich des äußeren Zwangs und Strafens zurückzog, während die freigesetzte „bürgerliche Gesellschaft" aus sich heraus neue Normen zur Verhaltenssteuerung entwickelte und verinnerlichte, kurzum eine Sexualmoral an die Stelle äußerer staatlicher Regulierungen setzte. Deutsche Pädagogen dachten in einer Flut von Publikationen öffentlich über Sexualität nach. Männer wie Campe, Basedow und Salzmann unterrichteten das gebildete Publikum, wie stark das Sexuelle den Charakter und die Persönlichkeit der Menschen bilde, so daß die Erzieher ihm besondere Aufmerksamkeit schenken müßten.

Der Hinwendung der bürgerlichen Familie zur Privatsphäre entsprach die wachsende Neigung, dem alltäglichen Familienleben durch besondere Ereignisse Akzente zu verleihen. Seit dem Beginn des 19. Jahrhunderts wandelte sich die Weihnachtsfeier zu einem intimen Familienfest mit Weihnachtsbaum und Geschenken. Geburtstagsfeiern, Familienspaziergänge, Ausflüge, ja Ferienreisen der ganzen Familie brachten sie näher zusammen und schufen gewissermaßen ein Gegengewicht zu dem schwindenden Familienzusammenhang, nachdem der Vater und Ehemann mehr und mehr durch die Berufsarbeit der Familie entzogen wurde. Seit der Jahrhundertmitte scheint sich die „schwierige Balance zwischen Beruf und Familie" (Karin Hausen) bei den Männern zugunsten der Berufspflichten verschoben zu haben. Besonders die Akademiker, der Kern des Bildungsbürgertums, konnten erst dann eine Familie gründen, wenn sie über ein Amt oder einen ertragreichen freien Beruf verfügten. Lange Anwartschaften auf eine Anstellung als Beamter, wie es in Preußen seit dem Vormärz die Regel war, differenzierte Laufbahnanforderungen und Prüfungen, aber auch das sich ausweitende Berufsfeld für Hochschulabsolventen werteten die Berufssphäre auf; Beruf und Eheleben traten im Laufe des 19. Jahrhunderts beim Bildungsbürgertum in immer schärfere Konkurrenz. Aber beruflich zu reüssieren genügte allein nicht, weil sich der berufliche Erfolg immer mehr auch mit öffentlichen Verpflichtungen verbinden konnte, die der Familie den Vater noch mehr entzogen; das waren etwa die wachsende Zahl bürgerlicher Vereinigungen mit Namen wie „Harmonie", „Museum" oder „Concordia", die patriotischen Versammlungen, während der zweiten Jahrhunderthälfte immer mehr auch die berufsständischen Vereinigungen.

## 8. Eine Minderheit: die Juden

Die Zersplitterung Deutschlands in viele einzelne souveräne Staaten beeinflußte in elementarer und weitreichender Weise das Schicksal der jüdischen Bevölkerung. Der Föderalismus, dessen Vorzüge in der deutschen Geschichte vielfach greifbar sind, zeigte sich in der Behandlung der jüdischen Minderheit von einer höchst fragwürdigen Seite. Denn ein geeinter, aus einer Revolution hervorgegangener nationaler Verfassungsstaat hätte deren rechtliche Gleichstellung und soziale Integration entscheidend begünstigen können, indem er sie mit einem Schlag und generell begründet hätte. Weil dieser Nationalstaat zunächst fehlte und 1848/49 scheiterte, blieb die zu Beginn des Jahrhunderts einsetzende Emanzipation Stückwerk; die einzelnen Länder führten sie mit unterschiedlicher Energie mehr oder weniger zielstrebig durch. Das zähe Ringen darum sowie die Halbheit und Unentschiedenheit der Gesetzgebungen ermunterten geradezu die Gegner einer rechtlichen und sozialen Gleichstellung und gaben ihnen Zeit und Gelegenheit, ihre intellektuellen und handgreiflichen Waffen zu schmieden; das schuf überhaupt erst eine „Judenfrage", wie sie die Zeitgenossen dann seit den 1840er Jahren diagnostizierten. Das gegenteilige Vorgehen der französischen Nationalversammlung scheint diese These zu bestärken, denn in Frankreich hatte man auf dem Boden des Nationalstaats den erfolgreicheren Weg beschritten und am 28. September 1791 die völlige staatsbürgerliche Gleichstellung der Juden dekretiert.[138] Das entzog frühzeitig vielen Formen des Antisemitismus den Boden.

Das „mosaikartige Deutschland" des 19. Jahrhunderts (Shulamit Volkov) bereitete der jüdischen Bevölkerung eine schwierigere Geschichte.[139] Ende des 18. Jahrhunderts lebten hier – von Österreich abgesehen – zwischen 150000 und 175000 Juden, davon allein in Westpreußen 12000 und in Posen 50000. In den Bundesstaaten konzentrierten sie sich außer in Preußen noch in Bayern (Pfalz, Franken), Hessen und Baden. In der Habsburgermonarchie befanden sich 270000 Juden, viele davon in Böhmen und Mähren, allein 200000 aber in Galizien. Für den mitteleuropäischen deutschsprachigen Raum um 1800 rechnet man folglich mit einer jüdischen Bevölkerung zwischen 400000 und 500000 Personen. Größere jüdische Gemeinden existierten außer in Berlin und Wien besonders in Frankfurt am Main, Mannheim, Hamburg, Glogau, Fürth und Zülz (Oberschlesien); in größeren Städten wohnte etwa ein Viertel; ein weiteres Viertel lebte auf dem Land, die Hälfte hingegen in Kleinstädten.

Die Juden waren um 1800 nur noch selten in abgesonderte Ghettos gezwungen. Sie hoben sich vielfältig ab von der übrigen Bevölkerung: durch eigenes rabbinisches Recht, schulische und religiöse Bildung, durch das jeweils örtlich angeglichene „Juden-Deutsch" (West-Jiddisch), durch die Kleidung; sie traten aber auch als eine Gruppe hervor, die – etwa als „Schutzjuden" – durch Sondergesetze rechtlich benachteiligt, in ihrer Freizügigkeit eingeschränkt waren und besondere „Schutzgelder" zu zahlen hatten.

Einige wenige sogenannte Hofjuden waren im 17. und 18. Jahrhundert als Fabrikant, Bankier, Metall- und Münzlieferant in oberste Schichten aufgestiegen. Sie prägten später stark das Urteil über das Judentum, sind aber gegenüber den Juden insgesamt als Randgruppe zu betrachten; das Judentum lebte zu zwei Dritteln in materieller Not, nur zu einem Viertel in relativ gesicherter Existenz. Wegen zahlreicher Einschränkungen unterlag es einer spezifischen Berufsstruktur: Zunftvorschriften hatten es vom Handwerk ferngehalten (Ausnahme Posen); Land zu besitzen war ihnen lange Zeit verwehrt (Ausnahme Böhmen); wohl die Hälfte der Juden fristete ihr Dasein als Tagelöhner und Gesinde. Bevorzugt betätigten sie sich auch im Handel, weniger im Geld- und Kreditwesen.

Auch dem Judentum verhieß die Philosophie der Aufklärung seit dem 18. Jahrhundert ein gleichberechtigtes Staatsbürgertum. Der soziale Weg dahin führte für viele über den Aufstieg in das Bildungsbürgertum, wie es etwa in Berlin, Königsberg, Breslau, Kassel und Dessau zu beobachten war. Der Berliner Moses Mendelssohn – „der erste wirkliche Deutsch-Jude"[140] – wurde zum beispielgebenden Inbegriff für die Verbindung jüdischer Kultur und deutscher Aufklärungsphilosophie. Die Jüdinnen Henriette Herz und Rahel Levin-Varnhagen pflegten in ihren Berliner Salons zu Ende des 18. und zu Beginn des 19. Jahrhunderts eine Geselligkeit, die Adlige, Bürgerliche, Christen und Juden, Männer und Frauen zusammenführte und einem Ideal entsprach, das Gotthold Ephraim Lessing erstmals

1783 in der Gestalt Nathans des Weisen auf der Bühne eines Berliner Theaters vorgebildet hatte.

Diesem kulturellen Aufbruch hielt die Realität des 19. Jahrhunderts in der Folgezeit nur bruchstückhaft stand. Das zeigte sich bei der gesetzlichen Emanzipation. Schon das Toleranzpatent Kaiser Josephs II. von 1782 wollte Juden und Christen nicht gleichstellen, sondern die Juden lediglich als nützliche Bürger materiell und erzieherisch „verbessern". Die rheinbündischen Reformen zwischen 1807 und 1813 trieben die gesetzliche Emanzipation voran, am weitesten im Königreich Westphalen, das dem französischen Vorbild folgte, wie es auch in den deutschen linksrheinischen Gebieten verwirklicht worden war. Aber nach 1815 wurden diese Gesetze im preußisch gewordenen Westfalen, in den Hansestädten und in Frankfurt wieder zurückgenommen.

Das preußische Emanzipationsedikt von 1812 erklärte Juden zu „Einländern und preußischen Staatsbürgern";[141] dieser beträchtliche Fortschritt wurde jedoch dadurch geschmälert, daß er lange Zeit nur für das damalige durch Napoleon verkleinerte Restpreußen galt, so daß etwa die Juden des 1815 wiedergewonnenen Posen weiter als Schutzjuden unter alten Judenordnungen zu leben hatten, bis das Emanzipationsedikt erst 1847 auch für sie wirksam wurde.

Jedes Bundesland ging nach 1815 in der Judengesetzgebung eigene Wege, obwohl die Deutsche Bundesakte die „bürgerliche Verbesserung der Bekenner des jüdischen Glaubens in Deutschland" und den „Genuß der bürgerlichen Rechte" zugesichert hatte.[142] Unter den feudal bestimmten Rechtsverhältnissen des Alten Reichs war es nichts Auffälliges, einem eigenen Recht unterworfen zu sein. Freiheit hieß „Privileg": Die je besondere Rechtsstellung einer Gruppe war durch die Regeln der ständischen Ordnung definiert. Ein leibeigener gutsuntertäniger Bauer Ostpreußens konnte demnach rechtlich durchaus schlechter gestellt sein als ein Jude der Frankfurter Gemeinde. Der qualitative Bruch – die Sünde wider die Emanzipation und das Menschenrecht – geschah im 19. Jahrhundert in dem Moment, als staatsbürgerliche Gleichheit in den „landständischen Verfassungen" hergestellt wurde, die Juden aber von diesem Prozeß durch eine Sondergesetzgebung ausgegrenzt wurden. Erst die Reichsverfassung vom 28. März 1849 verzichtete auf jegliche Unterscheidungen; denn in ihren „Grundrechten" war nur von „Deutschen" die Rede, die „volle Glaubens- und Gewissensfreiheit" und gleiche Staatsbürgerrechte unabhängig von der Religion besitzen sollten.

Während der Reaktionsära wurden die im Dezember 1848 separat als Gesetz verkündeten Frankfurter Grundrechte wieder aufgehoben (1851), damit zugleich auch die für ganz Deutschland geltende rechtliche Gleichstellung der Juden. In mehreren deutschen Einzelstaaten führte man die alte rechtliche Diskriminierung wieder ein. Erst die 1860er Jahre brachten einen Wandel, als zunächst Staaten wie Bayern, Württemberg und Baden die volle rechtliche Emanzipation herstellten, bis der Norddeutsche Bund sie am 3. Juli 1869 verkündete. Sie wurde 1871 auf das geeinte Deutsche Reich ausgedehnt.

Als Minderheit sahen sich die Juden vielfältigen Anfeindungen ausgesetzt. Durch das Jahrhundert hindurch zog sich eine Spur gewalttätiger Ausschreitungen, die in Krisenzeiten jeweils zunahmen. Im Schatten der Wirtschaftskrise von 1816/17 brachen in Würzburg im Jahre 1819 erstmals sogenannte „Hep-Hep"-Unruhen aus, die sich von dort auf andere deutsche Städte ausbreiteten. Die Wurzel lag weniger in studentischen Aktionen – wie man lange annahm – als in der Sorge des gewerblichen Mittelstands, durch die fortschreitende rechtliche Emanzipation der Konkurrenz jüdischer Bürger in der Stadt ausgesetzt zu sein. Auffällig waren Kommentare der örtlichen Presse, welche die Vorgänge beschönigten oder gar noch mit drohenden Bemerkungen versahen, während der bayerische König selbst, die Kreisregierung und der Würzburger Stadtkommissar den Ausschreitungen entgegentraten; die Regierung handelte keineswegs nur aus Furcht vor Aufruhr und Landfriedensbruch, denn sie schärfte den Stadtbürgern in öffentlicher Versammlung im Rathaus ausdrücklich die Achtung der Bürgerrechte und der Religion ein.

Neue Ausschreitungen ereigneten sich gehäuft während der frühen 1830er Jahre und besonders in der Revolution von 1848, in den Märztagen insgesamt an mehr als 80 Orten in Baden, Württemberg, Bayern, Hessen, Oberschlesien, Posen, Böhmen und Mähren. In Süddeutschland hatten sie ausgesprochen ländlichen Charakter, als sich die Bauern zugleich gegen Adel, Beamte und Juden auflehnten.

In Deutschland vertrauten die Juden – das große Verfassungswerk in Frankfurt vor Augen – „auf das Bürgertum und das ‚gute Volk', welches, im Gegensatz zum pogromierenden ‚Pöbel', den Juden die Brüderhand reichte" (Jakob Toury).[143] Doch auch im Bürgertum zeigten sich seit dem Vormärz Bestrebungen, Juden von den modernen Formen der Selbstorganisation wie Burschenschaften, Vereinen, selbst den deutschen Logen der Freimaurer fernzuhalten. Deren kosmopolitische Anhänger der „Alten Pflichten", niedergelegt in den Statuten der englischen Mutterloge, gerieten in die Minderzahl; die national-konservativen Logen, voran die altpreußischen, grenzten demgegenüber Juden wegen ihres nichtchristlichen Bekenntnisses aus. Die große Liberalität, die Anfang des 19. Jahrhunderts Kreise des Bildungsbürgertums erfaßt hatte, wich zunehmend der „Atmosphäre eines wachsenden Nationalismus" (Volkov).

Die Herausforderung durch die Emanzipation offenbarte zugleich eine innere Krise des Judentums, das sich – ähnlich den christlichen Religionen – einer fortschreitenden Säkularisierung ausgesetzt sah; diese stellte die Bedeutung der überkommenen Glaubensregeln in Frage, die besondere Rolle der Rabbiner, die Ausbildung in eigenen jüdischen Schulen. Die Religion drohte ihres Offenbarungscharakters entkleidet und auf eine bloße Sittenlehre reduziert zu werden. Der Zwang zur völligen Assimilation wurde als Gefährdung der Religion empfunden. Denn völlige Integration – von vielen durch den Übertritt zum Christentum praktiziert – bedeutete zugleich Preisgabe eigener Identität.

Schließlich grenzten sich zwei Richtungen voneinander ab: Ein mosaischer Konfessionalismus versuchte das jüdische Zusammengehörigkeitsgefühl zu stärken; „aufgeklärte“ Juden befürworteten demgegenüber religiöse und rituelle Reformen. Einer ihrer Wortführer, der Prediger an der Reformsynagoge in Berlin, Leopold Zunz, suchte nach einer zeitgemäßen Definition des Judentums und plädierte für eine neue „Wissenschaft des Judentums“, die ihren Ort an den Universitäten finden sollte.

Der anhaltende Kampf an zwei Fronten – innerjüdisch und mit der nichtjüdischen Welt – rief im Laufe des 19. Jahrhunderts eine breit gefächerte eigene deutschjüdische Publizistik hervor. Rund siebzig, teilweise kurzlebige Zeitschriften sind bekannt. Während ihrer vormärzlichen Anfänge waren sie zunächst religiös oder wissenschaftlich, erst während der Revolution 1848 und danach auch deutlich politisch geprägt. Auffällig war der ausbleibende Presseboom im Revolutionsjahr. Orientierte die jüdische Publizistik sich im Kaiserreich zunehmend an bestimmten Zielgruppen, war sie in der Periode zwischen 1848 und 1871 dem Anspruch nach noch universal ausgerichtet. Sie fand ihre Eigenart im Schnittpunkt von religiöser und Familienzeitschrift, betreut von einem einzigen Herausgeber. Die wichtigste Veröffentlichung gab der jüdische Publizist, Prediger und Lehrer in Magdeburg, Ludwig Philippson, heraus; seine wöchentliche „Allgemeine Zeitung des Judentums“ erschien zwischen 1837 und 1922 in Leipzig und entwickelte sich zum bedeutendsten innerjüdischen Informationsorgan für alle Fragen der religiösen Reform, Kultur und Politik. Durch seine Existenz wurde es zum Vorbild für einen Kompromiß, der „eine weitreichende Akkulturation, verbunden mit einer begrenzten Integration“ zuließ.[144]

# VI. Nationbildung durch Kommunikation

Die Deutschen befanden sich im 19. Jahrhundert auf dem Weg zur Staatsnation. Das klingt wenig originell, wird aber zu einem aufregenden Thema, wenn man fragt, welche Voraussetzungen die Bevölkerungen der deutschen Staaten befähigten, sich als Angehörige einer gemeinsamen Nation zu begreifen. Der angesehene Nationalismusforscher Karl W. Deutsch hat die „soziale Kommunikation" als eine elementare Bedingung für das Zusammenwachsen zu einer Nation bezeichnet. Das folgende Kapitel wird diesen Vorgang in drei Dimensionen sichtbar werden lassen:

1. Das entstehende *Verkehrsnetz* ermöglichte es erstmals, daß große, räumlich entfernte Menschenmengen sich *physisch* näherkommen konnten – auf Versammlungen, Festen, Demonstrationen, in revolutionären Freischaren und Heeresaufmärschen, im Tausch des Arbeitsplatzes; es bereitete die mobile Gesellschaft im nationalen Radius vor.

2. Die Revolutionierung der *Printmedien* (Buch, Flugschrift, Zeitung, Bild) erweiterte das Forum der *geistigen* Kommunikation; sie stiftete eine politische Öffentlichkeit, die über die Ländergrenzen hinweg im Rahmen eines nationalen Marktes ihre Konzepte deutscher Einheit austauschte.

3. Das entstehende *Vereinswesen* überspannte die deutsche Kleinräumigkeit, denn es schuf *organisatorische* Brücken, welche die Menschen gleicher beruflicher, wirtschaftlicher, kultureller und politischer Interessen und Ziele zusammenführte. In allen drei Dimensionen entwickelten sich neue Kommunikationsformen, welche die Nationbildung beförderten, indem sie, modern gesagt, zu ihrer Infrastruktur beitrugen.

## 1. Verkehr

### *a) Straßen über Land und in der Stadt*

Als Karl Marx im Februar 1848 sein „Manifest der Kommunistischen Partei" in London veröffentlichte, stand er unter dem Eindruck einer „Umwälzung in der Verkehrsweise". Die Verdichtung der Kommunikation in allen Lebensbereichen erschien ihm geradezu als ein Signum der Moderne, denn auf den „unendlich erleichterten Kommunikationen" beruhte für ihn die „moderne bürgerliche Gesellschaft", wie er seine Gegenwart nannte: „Der Weltmarkt hat dem Handel, der Schiffahrt, den Landkommunikationen eine unermeßliche Entwicklung gegeben." Und wenig später heißt es: „An die Stelle der alten lokalen und nationalen Selbstgenügsamkeit und

Abgeschlossenheit tritt ein allseitiger Verkehr, eine allseitige Abhängigkeit der Nationen voneinander." Marx verwies auf die modernen Verkehrsmittel der Dampfschiffahrt, Eisenbahnen und – zur Nachrichtenübermittlung – auf den elektrischen Telegraphen. Nationale Schranken schienen ihm gesprengt, ein „Weltmarkt" und eine „Weltliteratur" denkbar. In dem ständig expandierenden Kommunikationsraum erkannte er eine wesentliche Bedingung für die Entfesselung von Produktionskräften; in nur drei Generationen hätten sie sich massenhafter und kolossaler entwickelt als in „allen vergangenen Generationen zusammen".[145]

Diese Sicht berührt sich in frappierender Weise mit dem erwähnten Urteil Knut Borchardts, der aus der Sicht moderner Industrialisierungsgeschichte das 19. Jahrhundert als dasjenige der „Kommunikationsrevolution" bezeichnet hat. Marx glaubte Tatsachen zu beschreiben; tatsächlich war es eine Vision, die mitteilte, wie Deutschland aussehen würde, wenn es dem englischen Weg in die Industrialisierung folgte. Sein Vorgriff auf die Zukunft darf nicht über die fortbestehenden Traditionalismen, Rückständigkeiten und Partikularitäten hinwegtäuschen. Sie zeigten sich in allen Bereichen des Verkehrs: auf den Straßen, Schiffahrtswegen, der Post und sogar beim modernsten Verkehrsmittel, der Eisenbahn.

Erste Impulse, einheitliche Verkehrsräume herzustellen, hatten bereits im 18. Jahrhundert die absolutistischen Staaten im Rahmen ihrer merkantilistischen Politik gegeben. Sie begannen Kunststraßen, sogenannte „Chausseen", zu bauen; diese besaßen einen festen Untergrund aus Schotter und waren breit genug, um Gegenverkehr zu erlauben; Straßengräben an ihren Rändern machten sie regenfest. Doch war es um den Zustand der Straßen Anfang des 19. Jahrhunderts in Deutschland schlecht bestellt. Erst die drei Jahrzehnte bis zum Beginn der Eisenbahnzeit 1835 ließen das Verkehrsnetz dichter und besser werden. Seit 1804 erhielt beispielsweise Nürnberg Chausseen nach Fürth, Regensburg, Bamberg und Würzburg. Preußen besaß im Jahre 1816 Chausseen in der Länge von 3938 km; im Jahre 1835 hatte sich der Bestand verdreifacht (12424 km), im Jahre 1870 verneunfacht (34424 km).[146] Freilich verteilten sich die Chausseen sehr ungleichmäßig innerhalb Preußens, was den unterschiedlichen gewerblichen Entwicklungsstand widerspiegelte. Das Land war von einem raumbeherrschenden Markt für die Gesamtmonarchie noch weit entfernt, denn rund 60% ihrer Chausseen befanden sich im Jahre 1816 im Rheinland und in Westfalen, nur 100 km in Ost- und Westpreußen; in den Provinzen Pommern und Posen gab es überhaupt noch keine Chausseen.

Auch in Österreich begann man seit dem Ende des 18. Jahrhunderts mit dem Ausbau der chausseemäßig angelegten Straßen. Die bis dahin sehr vernachlässigten, aber kontinuierlich von Fußgängern und Packtieren benutzten alten Römerstraßen wurden als Pässe neu befestigt, der Brenner schon 1772, der Montgenèvre 1802, der Simplon 1805, der Mont Cenis

1810, der St. Gotthard 1820, der Splügen 1823; neu angelegt wurden das Stilfser Joch 1825, der Julier 1826 und der Furka 1866.

Besondere Probleme bereitete die Finanzierung des Straßenbaus. Teilweise geschah sie durch Straßenbaufonds in den staatlichen Haushalten, aber es bedurfte weiterer Finanzierungsquellen, etwa der Verpachtung von Obstbäumen an den schon bestehenden Straßen. Besonders wichtig waren Wegegelder und Benutzungsgebühren, die nach staatlichen Tarifsätzen in den einzelnen deutschen Ländern beim Befahren bestimmter Straßen erhoben wurden. Diese Straßengelder verlangsamten zusätzlich zu den vielen Zollstationen zwischen den einzelnen Bundesländern den Verkehr. Während der Julirevolution im Jahre 1830 griff die Bevölkerung die Mauthäuser an den Landstraßen an, in Kurhessen wurden sie niedergebrannt. Mehr und mehr verzichteten die Länder auf die Straßengelder, Hessen 1825, Baden 1830, Württemberg 1833, Bayern 1840, Preußen erst 1875, und das auch nur teilweise, da 1920 immer noch 10% der Landstraßen in diesem Land gebührenpflichtig waren. Die Gemeinden verlangten vielfach außerdem besondere Pflastermauten. Je mehr die Eisenbahn seit den 1840er Jahren den Verkehr an sich zog, um so stärker geriet die Gebührenerhebung an den Straßen unter Konkurrenz, daß bald nicht einmal mehr die Mautstellen von den Einnahmen bezahlt werden konnten.

Vom Straßenzustand hing auch die Qualität der Postlinien ab. Seit dem 18. Jahrhundert war Deutschland von einem noch weitmaschigen Netz von Postlinien überzogen; schlechte Straßen behinderten allerdings das Tempo der Beförderung, außerdem die zahlreichen Zollschranken und die oft unpassenden Anschlüsse der Postverbindungen. Durch das Ende des Alten Reiches im Jahre 1806 verlor das traditionsreiche Haus Thurn und Taxis seine Bedeutung für eine zentrale Reichspost. Die einzelnen deutschen Staaten bauten selbständige Postverwaltungen auf und zogen die Post als landesherrliches Hoheitsrecht an sich. Im Laufe des 19. Jahrhunderts, als sich Straßenverhältnisse und Rechtssicherheit verbesserten, wurden sogenannte Schnellposten eingerichtet; im Gegensatz zur alten „ordinären Fahrpost" war bei ihnen die Personen- und Briefbeförderung von der Paketfracht getrennt. Damit entfiel das zeitraubende häufige Umladen der Postwagen. Bis zum Jahre 1827 verfügte Preußen über 114 Schnellpostlinien, die Generalpostmeister Karl Ferdinand von Nagler nach dem Vorbild Frankreichs und Englands seit 1824 eingeführt hatte. Dadurch verkürzte sich die bisherige Reisedauer von Berlin nach Magdeburg beispielsweise von zweieinhalb Tagen auf fünfzehn Stunden. Die Schnellpost verkürzte die Fahrzeit von Berlin über Köln nach München von 130 auf 78 Stunden. Ein Lohnkutscher brauchte von Nürnberg bis München zweieinhalb Tage, die Schnellpost für die gleiche Strecke 24 Stunden. Die Modernisierung des Verkehrssystems durch ein veraltetes Verkehrsmittel führte zu paradoxen Folgen, denn sie machte seinen Protektor Nagler zu einem großen Gegner der Eisenbahnen, weil diese das in Landstraßen angelegte hohe Kapital entwerteten.

Bis in den Vormärz hinein war an manchen Stellen das Straßensystem freilich noch so schlecht, daß an die Stelle der Fahrpost sogenannte Reitpostverbindungen treten mußten, deren es 1821 in Preußen immerhin noch 129 gab. Die Reitposten galten als Schnellverbindung auf schlechten Wegen und gehörten als solche einer schon versinkenden Zeit an; 1856 gab es nur noch zwölf davon in Preußen.

Leben in den Städten beruhte auf Arbeitsteilung. Die Beschäftigten in Handel, Gewerbe oder Dienstleistungen waren darauf angewiesen, ihren Bedarf beim ländlichen Erzeuger weitgehend von außerhalb zu decken. Je mehr sich die Städte im 19. Jahrhundert vergrößerten, um so mehr brauchten sie ein innerstädtisches Verkehrssystem; auch hier brachte die neue Zeit grundlegende Veränderungen. Anfang des 19. Jahrhunderts öffneten sich die Städte, die eingrenzenden Befestigungen und Tore wurden eingerissen. Die langsam seit den 1820er Jahren sich ausbreitende städtische Straßenbeleuchtung bedeutete einen gewaltigen Fortschritt, weil nun anders als bei dem Verkehr über Land die Straßen auch in der Nacht genutzt werden konnten.

Der innerstädtische Verkehr erfolgte seit 1814 in Berlin durch halboffene Droschken. Sie waren freilich nicht geeignet, einen gewissen Massenverkehr zu gewährleisten. Dazu dienten sogenannte Pferdeomnibusse, die sich bald in den größeren Städten durchsetzten, in Berlin seit 1825. Es dauerte allerdings noch weitere vierzehn Jahre, bis sie nach einem festen Fahrplan verkehrten. In Hamburg mußte zunächst der größte Teil der Straßen noch gepflastert werden, bis im Jahre 1835 ein planmäßiger Linienverkehr die Beförderung besorgte. Mangelndes Straßenpflaster, fehlende Gummireifen, der häufig holprige Untergrund legten nahe, die Pferdeomnibusse auf Schienen laufen zu lassen. Das geschah jedoch erst nach der Jahrhundertmitte, in Hamburg 1864, in Berlin ein Jahr später, in Stuttgart 1868; Frankfurt, Leipzig, Dresden, München und Chemnitz folgten in den 1870er Jahren nach, und 1885 besaßen fast sämtliche größeren Städte in Deutschland sogenannte Straßen- oder Trambahnen, die ausnahmslos von Pferden gezogen wurden.

### *b) Wasserstraßen*

Die damaligen Verhältnisse des Straßenverkehrs innerörtlich und über Land setzten dem Warenaustausch und der Beförderung von Personen enge Grenzen. Vor allem Massengüter waren für den Transport über die Straße ungeeignet. Dafür war man auf die Schiffahrtswege angewiesen. Eben deshalb konnten Großstädte, die zur Versorgung ihrer Bevölkerung auf einen großdimensionierten Warenaustausch angewiesen waren, nur an Strömen oder sonstigen schiffbaren Gewässern entstehen. Die merkantilistischen Herrscher des 18. Jahrhunderts, welche die Wirtschaftskraft des gesamten Staatsgebietes heben wollten, förderten deshalb insbesondere die Binnenschiffahrt. Österreich etwa erließ 1770 eine Donau-Schiffahrtsordnung und begann systematisch mit der Flußregulierung. Preußen bemühte sich, das Wasserstraßensystem der Elbe mit der Oder zu verbinden; in den Freiheitskriegen 1812/13 wurden die großen Transporte auf dem Wasser durchgeführt. Auf dem Rhein herrschte schon in der Frühen Neuzeit Massenverkehr, vor allem zwischen Koblenz und Andernach, wo die Gebirgsflöße zu sogenannten Holländer-Flößen zusammengebaut wurden. Die Holzmassen hatten dann ein Gewicht von bis zu 3000 Tonnen. Das größte Schiff des Mittelrheins hingegen vermochte um 1800 nur 150 Tonnen zu laden.

Aber auch der Transport zu Schiff war nach heutigen Vorstellungen äußerst langwierig, mußten doch die Frachtschiffe vom Ufer aus mit der speziellen Technik des Treidelns mit Zugtauen stromaufwärts gezogen werden. Das besorgten eigens in Zünften zusammengeschlossene privilegierte Schifferhandwerker. Befördert wurden mit einem Schiff etwa 100 Tonnen Fracht, gezogen von durchschnittlich 24 Pferden. Schiffsfahrten von Wien nach Linz dauerten je nach Jahreszeit im Sommer vierzehn, im Spätherbst 25 Tage, von Passau nach Regensburg neun bis fünfzehn Tage. Diese alte Technik und damit die Zunft der Treidler mußte im 19. Jahrhundert den Dampfschiffen weichen. Seit 1816 hatte der Bremer Reeder Friedrich Schröder die ersten verkehrstüchtigen Dampfschiffe bauen lassen: die „Weser“ und die „Prinzessin Charlotte“. Die Preußisch-Rheinische Dampfschiffahrtsgesellschaft eröffnete 1827 einen regelmäßigen Verkehr zwischen Köln und Mainz und stellte 1838 den ersten eisernen Rheindampfer in den Dienst. In Österreich wurde 1829 die erste Kaiserlich-Königliche Privilegierte Donau-Dampfschiffahrtsgesellschaft gegründet; ihr folgte 1835 eine Königlich-Bayerisch-Württembergische Donau-Dampfschiffahrtsgesellschaft. Weitere Gründungen erhöhten den Personen- und Stückgutverkehr beträchtlich. Die bisher selbständigen Pferdehalter wurden durch den Dampfbetrieb beschäftigungslos. Vor allem die Treidler taten sich in der Revolution von 1848 deshalb durch massive Maschinenstürme hervor, indem sie Dampfschiffe zerstörten.

Andererseits geriet die Binnenschiffahrt in Konkurrenz zur Eisenbahn, der gegenüber sie sich aber durch die stabileren und zugleich leichteren neuentwickelten Eisenschiffe behaupten konnte; bereits 1845 wurden 400-Tonnen-Kähne für den Rhein gebaut. Freilich verschärfte sich fortan der Wettstreit um die Verkehrswege zwischen Eisenbahn und Binnenschiffahrt. Davon wurden auch die großen Projekte des Kanalbaus erfaßt, welche bereits die Fürsten des Absolutismus zur Verkehrsentwicklung verfolgt hatten. Das preußische Kanalnetz verdoppelte sich in der Zeit zwischen 1785 und 1835. Im Vormärz wurde eines der wichtigsten Kanalbauvorhaben auf deutschem Boden – die Verbindung zwischen Rhein und

Donau – verwirklicht; Karl der Große hatte bereits mit einem solchen Projekt begonnen; Joseph II. plante, Wien auf solche Weise zum Mittelpunkt eines europäischen Wasserstraßennetzes werden zu lassen. 1836, ein Jahr nach dem Bau der ersten Eisenbahnlinie in Deutschland, begann man mit der Errichtung des Rhein-Main-Donau-Kanals, der den Namen „Ludwig-Kanal" erhielt. Übertriebene Sparsamkeit trug zu seinem Mißerfolg bei: Der Kanal war zu klein berechnet, konnte nur Schiffe bis höchstens 100 Tonnen befördern; die Anschlußstellen zur Donau und zum Main hin waren ungenügend, so daß eine Fahrt von Amsterdam nach Wien über den Ludwig-Kanal bis zu zwei Monaten dauern konnte. Die „Amsterdam en Weenen" etwa legte am 18. Juni 1846 in Amsterdam ab und erreichte Wien erst am 9. August.[147] Auf diese Weise war der Kanal gegenüber der Eisenbahn nicht mehr konkurrenzfähig; die Erträge deckten nicht einmal die Betriebskosten und mußten noch aufgebessert werden durch Verpachtung der Obstbäume am Kanal und Einnahmen aus der dortigen verhältnismäßig ungestörten Fischzucht. In der Phase der Hochindustrialisierung während des Kaiserreichs Ende des 19. Jahrhunderts kam es zu einer Periode neueren Kanalbaus in Deutschland; zwischen 1880 und 1910 entstanden der Dortmund-Ems-Kanal, der Oder-Spree-Kanal, der Rhein-Herne-Kanal, der für die Flotte bedeutsame Kaiser-Wilhelm-Kanal, und man begann mit der Neckar- und Main-Kanalisierung, um auf diese Weise die isolierten einzelnen Wasserstraßen in ein weitmaschiges Netz einzubinden, nachdem die Konkurrenz mit der Eisenbahn nur noch auf einigen wenigen leistungsfähigen Flüssen lohnte.

### *c) Eisenbahnen*

Vergegenwärtigt man sich die Schwerfälligkeit und Widrigkeiten der überkommenen Verkehrsmittel, wird man den Zeitgenossen nachempfinden, warum sie von der Wirkung der Eisenbahnen so überwältigt waren und mit ihnen ein neues Zeitalter angebrochen sahen. Der Nationalökonom Friedrich List wurde denn auch nicht müde, systematisch für die Errichtung von Eisenbahnen in Deutschland zu werben, seitdem er sie 1824 in England kennengelernt hatte. Er prognostizierte treffend die revolutionären Folgen für die Volkswirtschaften. 1833 veröffentlichte er in Leipzig eine Schrift „Über ein sächsisches Eisenbahnsystem als Grundlage eines allgemeinen deutschen Eisenbahnsystems". Er war seiner Zeit voraus, denn erst zwei Jahre später fuhr die erste Eisenbahn mit Dampflokomotive auf deutschem Boden die sechseinhalb km lange Strecke zwischen Nürnberg und Fürth. Die Festredner wünschten dieser „Ludwigsbahn" genannten Strecke, sie möge Ausgangspunkt eines deutschen Eisenbahnnetzes werden. Die Gesellschafter der Bahn hatten freilich die volkswirtschaftliche Bedeutung nicht richtig erkannt, indem sie sie nur für die Personenbeförderung vorsahen und Gütertransporte ablehnten, sieht man einmal von den gefälligkeitshalber täglich mitbeförderten zwei Fässern Bier zum Fahrpreis dritter Klasse für eine Person ab.

Auch darf man die Widerstände gegen die neue Technik nicht unterschätzen. Windmühlenbesitzer klagten, die Eisenbahn würde ihnen den Wind abziehen. Bauern verlangten vor Gericht eine Entschädigung, weil ihre Äcker durch Rauch geschädigt würden. Einzelne Dörfer gingen tätlich gegen die Planungs- und Bauarbeiter vor. Fuhrhalter in Baden wurden damit getröstet, ihnen verblieben die Fuhren bei Nacht, da die Eisenbahnen nur bei Tag unterwegs seien.

Auch veränderte der Bau der Eisenbahnlinien in vielfältiger Hinsicht das Gesicht der Landschaft. Die geringe Fähigkeit der Eisenbahnen, Steigungen zu überwinden, machte es notwendig, Tunnel zu bauen. Am ersten Eisenbahntunnel in Deutschland bei Oberau für die Leipzig-Dresdner Eisenbahn wurde drei Jahre gebaut, bis er in einer Länge von 512m 1838 fertiggestellt war. Bis zu 700 Arbeiter hatten hierbei Beschäftigung gefunden. In Österreich fuhren erste Eisenbahnen von Wien nach Deutsch-Wagram (1837) und von Wien nach Brünn (1840). Bereits 1841 verfügte ein Dekret der Hofkanzlei ein Eisenbahnbauprogramm, nach dem die Hauptstrecken dem Staat, die verbindenden Nebenstrecken der Privatinitiative überlassen waren.

Die Finanzierung der Eisenbahnen erwies sich als ein Hauptproblem, und während des ganzen 19. Jahrhunderts konkurrierten hierbei private Gesellschaften und staatliche Haushalte. So beeindruckend im Rückblick auch die ungeheuren Wachstumsraten beim Ausbau des Schienennetzes, in den Zahlen der Personenbeförderung, in den Frachtraten, den bewegten Kapitalien und gegründeten Gesellschaften erscheinen mögen, dürfen darüber nicht die vielfältigen Regionalismen und die sich wechselseitig teils anspornenden, teils lähmenden Bestrebungen übersehen werden. An vorderster Stelle stand die Konkurrenz zwischen Staat und Privatgesellschaften; die erste Staatseisenbahn auf deutschem Boden wurde 1838 von Braunschweig nach Wolfenbüttel gebaut. Die Strecken von München nach Augsburg (1839), von Mannheim nach Basel (1838), vom französischen Forbach ins preußische Neunkirchen (1847) wurden von den deutschen Einzelstaaten getragen. Andererseits existierten im Jahre 1847 bereits 27 privatwirtschaftliche Eisenbahnunternehmungen mit einem Streckennetz von 3200 km in Preußen. Acht Bahnen erhielten staatliche Zuschüsse.

Das Prinzip des Privateisenbahnbaus wirkte sich verhängnisvoll auf die Entwicklung eines einheitlichen Schienennetzes in Deutschland aus. Wo die Privatwirtschaft große Gewinne erwartete, wie etwa im Westen, entstand ein sehr dichtes Netz, in dem zahlreiche Bahnen miteinander konkurrierten. Die Privatgesellschaften suchten nach günstigen Strecken und ignorierten verkehrsarme Gebiete. Das begünstigte zusätzlich die wirtschaftlich entwickelten Regionen und benachteiligte die zurückgebliebenen. Im Westen hatten die Bergisch-Märkische, die Köln-Mindener und die Rheinische Eisenbahngesellschaft ihr Streckennetz in schärfstem Konkurrenzkampf ausgebaut, teilweise in wirtschaftlich unsinniger Weise, wie auf der Strecke zwischen Düsseldorf und Hagen, auf der die Rheinische Bahn und die Bergisch-Märkische Eisenbahn 55 km lang die Bahnstrecken nebeneinander herlaufen ließen. Das Eisenbahnnetz im Osten dagegen wies erhebliche Lücken auf; sollten strukturschwache Gebiete durch Eisenbahnbau entwickelt werden, fanden sich dafür keine privaten Unternehmer. Hier mußte der Staat einspringen, wie im Fall der preußischen Regierung, die vergeblich versucht hatte, Unternehmer für die Ostbahn von Berlin über Danzig nach Königsberg zu finden. Die wirtschaftliche Armut des Zielgebietes der Bahn schreckte die privaten Unternehmer ab, so daß die Regierung über Staatsschulden die neue Linie finanzieren mußte. Nach dem preußischen Staatsschuldengesetz von 1820 war sie dabei auf den Vereinigten Preußischen Landtag angewiesen, den sie schließlich im Jahr 1847 einberufen mußte, um die entstehenden Schulden decken zu lassen. Mit diesem Schritt öffnete sie der Parlamentarisierung Preußens das Tor.

Die Eisenbahnpolitik der Einzelstaaten folgte jedoch nur solange übergeordneten Interessen, wie sie sich innerhalb der eigenen Staatsgrenzen bewegte. Der deutsche Föderalismus schlug sich nämlich in teilweise bizarren Streckenführungen der Eisenbahn nieder.[148] Beispiele dafür finden sich aus allen Gegenden Deutschlands. Dabei zeigte sich, wie die Streckenführung in den Sog machtpolitischer und zugleich kommerzieller Interessen geriet. Sehr schön offenbart das die Strecke von Berlin über Magdeburg in das Ruhrgebiet. Sie folgte auf umständlichen Wegen dem engen Braunschweigischen Staatsgebiet, um nicht das für Preußen feindliche Hannoversche berühren zu müssen, obwohl dieses eine viel günstigere Streckenführung geboten hätte. Freilich verloren dadurch Einbeck und Detmold die einstige beherrschende wirtschaftliche Stellung in ihren Räumen. Die Strecke von Heidelberg nach Würzburg folgte nicht dem von der Natur vorgezeichneten kürzesten Weg den Neckar aufwärts, sondern bog bei Neckargemünd in das Elsenz-Tal ab, verlor 130m Steigung und mußte sich durch zwei Tunnel nach Neckarelz quälen, nur um das hessische Ausland im Neckartal zu umgehen. Mecklenburg versuchte eine Eisenbahnverbindung zwischen Lübeck und Schwerin zu verhindern, um seine Häfen vor Konkurrenz zu bewahren. Der Bayerische Landtag beschloß 1843 den Bau einer Süd-Nord-Bahn, um der Eisenbahnstrecke von Leipzig über Kassel nach Frankfurt den Güterverkehr abspenstig zu machen und zusätzlich noch denjenigen von Berlin und Prag an sich zu ziehen. Die Streitigkeiten zwischen Baden und Württemberg waren notorisch, so daß Baden über 31, Württemberg über 41 blind endende Stichbahnen verfügte. Es entspricht auch nicht dem Bild eines zeitlich schnell zusammenwachsenden, vom Druck der Industrialisierung angetriebenen Eisenbahnnetzes über die nationalen Grenzen hinaus, wie es Marx so zwingend vorhersehen wollte, denn die Verbindung aus den Bundesländern nach Österreich schloß sich 1848 ausgerechnet ganz im Osten bei Oderberg an; diejenige in die Niederlande über Emmerich kam 1856 zustande, nach Frankreich über Forbach 1852, in die Schweiz über Basel 1858. Nicht planmäßig, sondern nach territorialen und nationalen Grenzen entwickelten sich die Eisenbahnnetze. Der größeren Wirtschaftlichkeit wegen wurden Umwege in Kauf genommen, um abseits liegende Orte noch anzubinden. Es ist ein besonders spannendes Kapitel der deutschen Kommunalgeschichte, den Wettstreit einzelner Städte um den Anschluß an die Eisenbahn zu verfolgen. Die bayerische Stadt Weiden in der Oberpfalz ruhte sogar nicht eher, bis sie den Streit mit Augsburg und Nürnberg um die Streckenführung Anfang der 1860er Jahre vor den Bayerischen Landtag gebracht hatte. Weiden erhielt seinen Bahnhof und konnte sich in den nachfolgenden Jahrzehnten durch die angelockte Industrie bestätigt sehen.

Trotz aller föderativen und kommunalen Besonderheiten, trotz Nebeneinander staatlicher und privater Interessen gelang es bereits in der Frühzeit, einheitliche Normen, etwa in der Spurweite, herbeizuführen; darin lag eine sehr entscheidende Voraussetzung, um Massentransporte durch ganz Deutschland durchführen zu können. Diese Tendenz zur Vereinheitlichung fand ihren organisatorischen Rückhalt in dem 1847 gegründeten Verein Deutscher Eisenbahnverwaltungen. Seine Mitglieder tauschten Betriebserfahrungen aus und gewährleisteten einheitliche Gleisspuren, Brükken- und Tunnelprofile. Auch wurden die Tendenzen, die Eisenbahnen innerhalb eines Staatsgebietes zusammenzufassen, übermächtig, und die ersten Vorstöße zu einer Verstaatlichung gingen von den Einzelstaaten aus. Um den Plänen Bismarcks zuvorzukommen, eine einheitliche Reichseisenbahn durchzusetzen, verstaatlichten Bayern 1875 und Sachsen 1876 Teile ihrer Eisenbahnlinien. Preußen folgte diesem Trend, und viele andere deutsche Staaten zogen nach. Ungeachtet zahlreicher Zusammenlegungen gab es im Jahre 1909 in Deutschland noch sieben eigenständige Staatsbahnnetze.

Ab 1847 erschien der „Telegraph für Post-, Eisenbahn- und Dampfschiffsverbindungen in Deutschland und den angrenzenden Ländern". Er erhielt 1850 amtlichen Charakter und verzeichnete – gleichsam als erstes mitteleuropäisches Kursbuch – die Fahrpläne von 200 Eisenbahnlinien mehrerer europäischer Länder. Auf seine Weise symbolisierte der „Telegraph" die nationale Verkehrseinheit, die hier in einer Übersicht vorlag, wenn es auch noch kein national zusammenhängendes Verkehrsnetz gab. Die Eisenbahnen beeinflußten bereits die Bewegung großer Menschenmassen während der Revolution von 1848. Die durchschnittlichen Reisegeschwindigkeiten von etwa 40 km/h erschienen den Zeitgenossen schon wie der Sprung in ein neues Zeitalter. Betrachtet man den Ausbau des deutschen Eisenbahnnetzes seit 1840, lag der größte Aufschwung, welcher auch den Zeitgenossen als besonders rasant erschien, im ersten Jahrzehnt nach 1840 (1840: 549 km, 1850: 6044 km), als sich das Eisenbahnnetz mehr als verzehnfachte. In den folgenden Jahren bis 1870 wuchs es in jedem Jahrzehnt beinahe um das Doppelte (1860: 11633 km, 1870: 19575 km). Die gewaltigen volkswirtschaftlichen Folgen sind im Zusammenhang mit der wirtschaftlichen Entwicklung Deutschlands bereits dargelegt worden.

### *d) Nachrichtenverkehr*

Verkehr bedeutete stets auch Kommunikation, also Austausch von Nachrichten. Seit dem Altertum bis in den Anfang des 19. Jahrhunderts hinein galt der Grundsatz, daß keine Nachricht schneller sein konnte als das schnellste Verkehrsmittel, mit dem man sich auf die Reise begab. Das erklärt, warum das englische Kabinett von dem Sieg bei Waterloo am 18. Juni 1815 erst vier Tage später erfuhr und die Londoner „Times" an jenem 22. Juni lediglich von Gerüchten sprach. Die Vossische Zeitung berichtete von dem Einzug der Alliierten in Paris 1814 erst zwölf Tage später, und die Nachricht von der Abdankung des französischen Königs Karl X. zu Ausbruch der Julirevolution von 1830 erreichte Berlin erst sieben Tagen nach dem Ereignis. Versuche, diese Zeitgrenze zu durchbrechen, geschahen mit sogenannten optischen Telegraphen, welche mit Hand- oder Feuerzeichen arbeiteten. Auch Napoleon und Metternich versuchten sich in solchen Techniken. Als effektives und weitreichendes Nachrichtenmittel konnte aber nur die elektrische Telegraphie gelten; sie setzte sich durch, nachdem Werner von Siemens 1847 ein Verfahren entdeckt hatte, die elektrischen Kupferdrähte zu isolieren und dadurch unterirdisch zu verlegen. Seit dem 24. Juli 1848 – mit Sicherheit als Mittel zur Revolutionsbekämpfung – wurden elektrische Telegraphenlinien von Berlin bis nach Frankfurt am Main und bis zur belgischen Grenze verlegt. Aus politischen und militärischen Gründen hielten die Regierungen in Deutschland von Anfang an die Telegraphenlinien unter staatlicher Aufsicht. Schließlich wurden diese aber doch bereits in den 1850er Jahren auch der Öffentlichkeit zugänglich gemacht. Die neu entstehenden Nachrichtenbüros, in Deutschland vor allem das Wolffsche, machten sich diese technische Errungenschaft zunutze. Es entstand eine neue Dimension des Nachrichtenaustauschs.

## 2. Zeitung, Buch und Öffentlichkeit: der entstehende Markt der Meinungen

### *a) Alphabetisierung, Lesegesellschaften, Leihbibliotheken*

„Wie Buchhandel und Schriftstellertum, so hatte um 1800 auch das Lesepublikum die Schwelle zwischen Früher Neuzeit und Moderne überschritten."[149] Dieses zutreffende Urteil Reinhard Wittmanns beruht auf der Beobachtung, daß noch zu Ende des Alten Reichs zwischen den 1780er und 1790er Jahren eine „Leserevolution" stattgefunden habe.

Den Gedanken an ein entstehendes Massenpublikum haben die Buchhandelshistoriker inzwischen relativiert. Die von zahlreichen Zeitgenossen beklagte, um sich greifende „Lesesucht" übertrieb die Tatsachen, denn es erweiterte sich – anders als bei dem Wort „Revolution" zu erwarten – der Kreis des lesenden Publikums in jenen Aufklärungsjahrzehnten nur bescheiden. Erst das Ende des 19. Jahrhunderts brachte jenes Massenpublikum hervor, das zur modernen Kulturindustrie des Kaiserreichs gehört und es rechtfertigt, von einer „zweiten Leserevolution" (Wittmann) zu sprechen.

Das Revolutionäre um 1800 lag in einem gewandelten Leseverhalten, das sich nicht mehr intensiv auf nur wenige Bücher wie die Bibel, eine Erbauungsschrift und ein Werk aus der Hausväterliteratur beschränkte, sondern das extensive Formen annahm, weil das Leseinteresse sich vielen Titeln zuwandte. Außerdem gehörte zu jener ersten Leserevolution, daß das lesende Publikum, die entstehende Öffentlichkeit, neue Formen entwickelte, die extensives Lesen überhaupt erst erlaubten: die Lesegesellschaften und die Leihbibliotheken.

Grund genug besteht, an einem Massenpublikum zu zweifeln, denn wer konnte überhaupt lesen? Der bereits mehrfach angesprochene unterentwickelte Stand der Statistik jener Zeit erlaubt auch hier nur grobe Schätzungen. Danach waren Mitte des 18. Jahrhunderts im deutschsprachigen Raum etwa 10% der Bevölkerung alphabetisiert, um 1770 etwa 15% und um 1800 etwa 25%; 1840 seien es 40%, 1870 75% und um 1900 schließlich gar 90% gewesen.[150] Regionaluntersuchungen zwingen zu vielen Einschränkungen, verhelfen aber leider nicht zu Aussagen über generelle Trends. Zweifellos herrschten zwischen Stadt und Land, zwischen den ungarischen Gebieten der Habsburgermonarchie und dem von der Residenzstadt Wien geprägten Niederösterreich, zwischen Ostpreußen und den preußischen Rheinlanden immense Unterschiede.

Genauere Angaben liegen immerhin für die preußischen Provinzen vor: Im Jahre 1816 besuchten im Rheinland 50% der Heranwachsenden die Schule, in Westpreußen 40%, in Posen nur 20%; die jeweilige Lesefähigkeit wird nicht weit von diesen Zahlen entfernt gewesen sein. Eine im Jahre 1871 durchgeführte Volkszählung in Preußen ergab, daß 86% der über Zehnjährigen schreiben und lesen konnten, aber auch hier nach Regionen äußerst unterschiedlich: in Ostpreußen waren es 72%, in Westpreußen und Posen 60%.[151]

Schaut man auf einzelne Ortschaften, gelangt man zu verblüffenden Beobachtungen. In der Osnabrücker Kirchengemeinde Menslage konnten um 1800 nahezu alle Landbewohner lesen. Im pietistisch geprägten Laichingen auf der Schwäbischen Alb besaßen Ende des 18. Jahrhunderts 94,5% aller

Familien vom ärmsten Weber bis zum reichsten Bauern mehr als zwei Bücher. In Tübingen besaßen nur 15% der Haushalte überhaupt kein Buch.[152]

Von allen Unterschieden abgesehen, gilt die allgemeine Feststellung, daß der wesentliche Durchbruch zur Lesefähigkeit bei dem größeren Teil der Bevölkerung erst im Laufe des 19. Jahrhunderts bis 1871 geschah. Die entscheidenden Fortschritte einer allgemeinen Alphabetisierung hingen von einer durchgehenden Entwicklung des Elementarschulwesens ab, und diese erfolgte in allen deutschen Staaten erst im Laufe des 19. Jahrhunderts.

Ein Wandel im Leseverhalten kündigte sich auch in dem Vorgang an, daß die Zahl der Leihbibliotheken diejenige der Lesegesellschaften (mehr als 200) überstieg. Zu Lesegesellschaften hatten sich Personen zusammengeschlossen, die ohne Gewinninteressen gemeinsam auf preiswerte Weise Lesestoff erwarben: Bücher, Zeitungen und Zeitschriften im Abonnement. Ihre Leseräume boten sich zugleich als Stätten an, wo sich die aufgeschlossenen Leser untereinander mit Ideen und Anregungen austauschten. Die gewinnorientierte Leihbibliothek bot kaum Geselligkeit und förderte das anonyme Lesen allein zu Haus. Die Anonymität des Lesepublikums veränderte auch die Qualität des Buchhandels und Verlagswesens, wo man seine Abnehmer immer weniger kannte und deshalb zu spekulativen Auflagen ermuntert wurde, in der Hoffnung, die größere Zahl ließe sich doch noch am Markt absetzen. Die Marktorientierung des Buchhandels wuchs.

Das Lektüreangebot von Leihbibliotheken verrät viel über Geschmack und Vorlieben des Publikums. Es enttäuscht jeden, der die Klassiker und andere „hohe Literatur" in aller Hände geglaubt hat. Die Forschungen Georg Jägers, Jörg Schönerts und Alberto Martinos führten zu dem ernüchternden Resultat, daß in der sogenannten Goethe-Zeit unter der Belletristik Ritter-, Räuber- und Gespenstergeschichten sowie empfindsam-rührselige Liebes- und Familienromane bevorzugt wurden.

Diese Leihbibliotheken, die mitunter das Ansehen von „Giftbuden" hatten, gerieten in der zweiten Jahrhunderthälfte mehr und mehr in eine Existenzkrise, weil sie dem billigen Fortsetzungsroman im Familienblatt oder im Feuilleton der Tageszeitung weichen mußten. Die Lesegesellschaften, die stärker anspruchsvolle Belletristik und Fachliteratur vermittelt hatten, wandelten bereits in der ersten Jahrhunderthälfte ihren Charakter, indem sie unter altem Namen wie „Harmonie", „Museum" oder „Casino" in die Vereine der bürgerlichen Honoratioren des Vormärz übergingen. Überdies wuchsen in den 1830er und 1840er Jahren neuartige Lesevereine nach, mit denen kirchliche und private Organisationen in Orts- und Dorfbibliotheken in ihrem Sinne die breitere Bevölkerung versorgen und beeinflussen wollten. Vor allem christliche Erbauungsschriften fanden so in den Jahrzehnten der Rekonfessionalisierung ihre Abnehmer.

Überblickt man den Anteil einzelner Sachgebiete an der gesamten Buchproduktion, so errang die Belletristik sogar in der zweiten Jahrhunderthälfte nur bescheidene 8 bis 10%, während wie von alters her gewohnt die theologisch-religiösen Werke mit fast jeder sechsten Neuerscheinung an der Spitze standen. Ihnen folgten Schulbücher, Jugendschriften, Jurisprudenz und dann erst die Schöne Literatur. Freilich erfassen diese Angaben nicht das breite, oft durch Hausierer vertriebene Kleinschrifttum.

### *b) Krise des Buchhandels: die Konkurrenz der Medien*

Wenn mehr Menschen lesen können und sich zugleich der literarische Markt erweitert, sollte auch die Buchproduktion beständig ansteigen. Dieser Trend schien sich in der ersten Hälfte des 19. Jahrhunderts tatsächlich zu bewahrheiten: Im Jahre 1805 gab es im deutschen Buchverkehr 4181 Neuerscheinungen. Die Buchproduktion überschritt im Jahre 1837 bereits die 10000 Titel und erreichte 1843 mit 14039 Neuerscheinungen einen Gipfel. Doch dann setzte ein merkwürdiger Vorgang ein: Die Zahl jährlicher Neuerscheinungen stagnierte und schrumpfte schließlich sogar (1845: 13008, 1846: 10536, 1848: unter 10000 Titel); erst 1878 erreichte die Zahl wieder den Höchststand von 1843.[153]

Die Entwicklung der Buchproduktion war wegen mehrerer struktureller Ursachen in eine Krise geraten. Politische und staatswirtschaftliche Schriften drängten die Belletristik, darunter besonders die Romane, zurück. Technische Neuerungen, vor allem die von Friedrich König konstruierte Schnellpresse, revolutionierten seit Ende der 1820er Jahre die Medienlandschaft. Weil der einzelne Papierbogen nicht mehr durch eine flache Satzform bedruckt werden mußte, sondern unter einem rotierenden Zylinder, dem die Druckform aufgelegt war, hindurchgezogen werden konnte, ließ sich der Druckvorgang automatisieren und erheblich beschleunigen. Viele hochqualifizierte Buchdrucker wurden überflüssig und arbeitslos. Trotzdem ließen sich jetzt Massenauflagen von Büchern und Zeitschriften herstellen, die nun auf Verdacht („spekulativ") in größerer Zahl aufgelegt wurden. Der Verleger Carl Joseph Meyer konnte zunächst in Gotha, dann in Hildburghausen mit seinem Bibliographischen Institut die Idee einer „Miniaturbibliothek deutscher Klassiker" verwirklichen, indem er Hindernisse durchs Urheberrecht übersprang und Klassikertexte, die als Buch im originalen Verlag sehr teuer waren, in mehreren Lieferungen zu Zehntausenden drucken und überdies noch durch tüchtige Hausierer massenhaft verbreiten ließ.

Für Medien kleinen Umfangs wie Zeitungen, Zeitschriften und ebensolche Lieferungen brachen Jahrzehnte der Prosperität an. Populäre Informationsblätter wie das 1833 gegründete „Pfennig-Magazin der Gesellschaft zur Verbreitung Gemeinnütziger Kenntnisse" befriedigten das wachsende Bedürfnis nach praktischem Wissen. Immer mehr solcher Groschenbibliotheken florierten.

Auch der Zeitungsmarkt wandelte sich, indem die Tagesblätter einen regelmäßigen Feuilletonteil aufnahmen. Auf diese Weise lösten sich dicke Romane in Einzelportionen auf. Seit den 1850er Jahren entstand eine neuer Zeitschriftentyp, die sogenannte Familienzeitschrift, darunter als berühmteste die von dem Demokraten Ernst Keil 1855 gegründete „Gartenlaube"; sie alle stillten gleichfalls das Bedürfnis nach Roman, Erzählung und Sachartikeln. Das Buch geriet mehr und mehr in die Defensive, am stärksten im Revolutionsjahr 1848, als Aufmerksamkeit und Geld zumeist durch die aktuelle Journalistik absorbiert wurden. Reinhard Wittmann berichtet über den Schriftsteller Johannes Trojan, der als Redakteur des satirischen „Kladderadatsch" im Jahre 1866 eine plausible Rechnung aufgemacht hat: Er bezog ein Jahresgehalt von 600 Talern; ein Roman broschiert kostete zwischen fünf und acht Talern; ein Band aus der billigen Ausgabe von Goethes Werken im Cotta Verlag war für vier Taler zu haben, und nun kalkulierte Trojan: „Für dieselbe Geldsumme, die ein einbändiger Roman kostet, hat man ein Vierteljahr lang eine tägliche Zeitung und ein belletristisches Journal, das heißt, man hat neben dem unentbehrlich gewordenen Nachrichtenmaterial drei Romane, ein halbes Dutzend Novellen und drei Schock [je 60 Stück] Feuilletons".[154] Die journalistischen kleinen Formen verdrängten auf diese Weise teilweise das Buch, erweiterten aber für ihren Bereich Auflagen und Leserkreis.

Die Krise verschärfte sich noch dadurch, daß immer mehr Sortimentsbuchhandlungen an dem Kuchen Buchmarkt teilhaben wollten. Denn nach der Organisation des Buchhandels im 19. Jahrhundert bezahlten die Sortimentsbuchhandlungen den Verleger in der Regel auf Kondition: Sie bekamen Neuerscheinungen zur Ansicht zugestellt, leiteten diese an interessierte Käufer weiter und zahlten erst auf der nächsten jährlich stattfindenden Buchmesse, sofern sie das Buch behalten wollten und dann nicht zurückgehen ließen. Kapitaleinsatz und unternehmerisches Risiko lagen beim Verleger, da die Buchhandlungen nicht sofort netto nach Erhalt zahlten. Sortimentsbuchhändler riskierten wenig, wenn sie in das Gewerbe einstiegen, und nicht selten kombinierten Buchhandlungen bei schmalen Erträgen ihr Geschäft noch mit einem Laden für Lebensmittel oder Schreibwaren. Überdies gingen die jährlich remittierten, oft zerlesenen oder angestoßenen Bücher vom Verleger in das Antiquariat, das nun seinerseits zur Konkurrenz des Buchhandels wurde, indem es relativ neue Bücher zu Schleuderpreisen auf den Markt bringen konnte. Weil die Zahlen über jährliche Neuerscheinungen nichts zu den Auflagen mitteilen, lassen sich solche Bewegungen der Ware Buch nicht mehr konkret und quantitativ verfolgen. Diese gefährliche Entwicklung im Buchhandel verschlimmerte sich noch dramatisch mit der Einführung der Gewerbefreiheit im Jahre 1869. Zuvor war es in der Regel notwendig, zur Gründung einer Buchhandlung eine Konzession bei der Behörde einzuholen. Als sich hier die Schleusen vollends öffneten, ging die Krise des Sortimentsbuchhandels an die Substanz der Branche überhaupt.

Die neuartige Mobilisierung der Medien und des Vertriebs hatte noch zwei weitere frappierende Folgen: Sie ermöglichte erstmals, die schriftstellerische Existenz unabhängig von einem Amt oder fürstlichen Mäzen auf die Erträge des Marktes zu stützen; die Anfänge des selbständigen, nur von Honoraren lebenden Schriftstellers und Journalisten liegen im Vormärz. Als prominenteste kann man Karl Gutzkow und Wilhelm Raabe, als heute weniger bekannte Autorin Fanny Lewald nennen. Wie hart das tägliche Brot erschrieben wurde, verraten die Briefe Gutzkows und die minutiösen Tagebücher Raabes. Die zahlreichen Veröffentlichungen trugen den Autoren mitunter auch den anrüchigen Ruf eines Vielschreibers ein. Wenn das bei Raabe auch ungerecht erscheint, gab es doch eine gute Anzahl an Schriftstellern, die von solchen Einkünften mehr schlecht als recht leben konnten und in den Augen Riehls „Proletarier der Geistesarbeit" waren.

Zweitens lernten die Autoren, sich auf den literarischen Markt und den spekulierenden Buchhandel einzustellen. Hellsichtig bemerkte Gutzkow gar 1836: „Es ist nicht Philosophie, Bedürfnisse zu befriedigen, sondern Bedürfnisse zu schaffen".[155] Die Autoren machten sich die Gesetze des Marktes zu eigen, indem sie mit den Bedürfnissen des Publikums und den spezifischen Anforderungen des Mediums Feuilleton rechneten. Geradezu spannend ist dabei zu verfolgen, wie das Publikationsmedium Familienzeitschrift oder Feuilleton als Periodikum die ästhetische Gattungsform diktierte. Bereits Heine wußte damit trefflich umzugehen: Alles, was später in Buchform erschien, hatte er zuvor mindestens einmal in einer Zeitschrift oder einem Almanach drucken und sich honorieren lassen. Heine kalkulierte mit neuen, für literarische Texte bisher ungebräuchlichen Praktiken, indem er Textformen vorsah, die sich leicht zergliedern, kombinieren, erweitern, umschreiben und wieder veröffentlichen ließen.[156]

Was bei Heine Pioniertat war, gehörte für die Autoren des poetischen Realismus zum Alltagsgeschäft: Das Medium beherrschte die Literatur, bevorzugte einsträngige, chronologisch durcherzählte Handlungen mit wenig Personen, gliedernden Zwischenüberschriften; unerwünscht waren seltene Wörter, geschachtelte Sätze, ausländische Zitate, und die modernen Literaturhistoriker fragen besorgt, wann und wie oft die Feuilleton-Redakteure gegen den Willen der Autoren die Schwelle zur Trivialisierung überschritten, etwa, wenn Keller „Züricher Novellen" statt „Zürcher Novellen" schreiben mußte. Der Markt favorisierte auf diese Weise spannende Prosaerzählungen mittlerer Länge und Novellen, verschmähte Lyrik, Dramatik und das Versepos. Bot sich zu Beginn des 19. Jahrhunderts das Niveaugefälle der Belletristik zwischen Goethes „Faust" und dem Roman „Rinaldo Rinaldini, der Räuberhauptmann" dar, den Goethes Schwager Christian August Vulpius verfaßt hatte, so präsentierte es sich in der Kaiserzeit zwischen den Polen von „Kulturbuch" und „Massenbuch".

## c) Staat, Medien und Meinungsfreiheit

Von der Zensurbehörde zum Pressebüro, vom Zensor zum Staatsanwalt: so lauten die Extreme, zwischen denen sich der staatliche Umgang mit der ständig wachsenden Medienwelle entwickelte. Betrachtet man deren Entfaltungsbedingungen nicht aus der Sicht des Staates, sondern von der in Bewegung geratenen Gesellschaft her, reicht die Formel vom Kampf um Pressefreiheit nicht aus. Die ältere „Preßfreiheit" überstieg noch das Recht der Zeitungsjournalisten zur ungehinderten Publikation, wie heute nicht selten „Pressefreiheit" verstanden wird, denn die alte, aus der Frühen Neuzeit herstammende „Preßfreiheit" barg noch das konkrete Bild der Druckerpresse und meinte alle Druckerzeugnisse, welche die Presse verlassen hatten: Bücher, Stiche, Zeitschriften, Zeitungen, Broschüren usw. Noch treffender wäre freilich der nicht gebräuchliche Ausdruck Mitteilungsfreiheit, weil er den medialen Aspekt, die Art der Verbreitung, einschließt; dazu gehörte das Recht der freien mündlichen Rede, aber auch die Freiheit, seine Meinung mit sinntragenden bildhaften Symbolen zu äußern. Seit der Erfindung des Buchdrucks läßt sich dabei die Auflösung der Mediengrenzen beobachten, und mit ihnen zerfiel zugleich auch das fiktiv als Einheit gedachte Publikum. Die kritisch lesende, kulturell gebildete Öffentlichkeit lag von Anfang an im Meinungsstreit mit dem „gemeinen Mann" oder mit dem „Bauerngeschrei", wie man die öffentliche Gegenmeinung abwertete, die sich in Balladen, Pasquillen, Ritualen, Festen, in regelwidrigen Versammlungen und Demonstrationen äußerte. Auch hatte die Frühe Neuzeit bereits ein höchst kompliziertes Kommunikationsgeflecht hinterlassen: Von der Kanzel verbreiteten die Prädikanten die neuen Ideen mündlich. Mancher Prediger las aus Druckschriften seine reformatorische Predigt ab. Hausierer boten ihre Titel zum Kauf auf Märkten an, indem sie daraus Kostproben vorlasen. Öffentliche Diskussionen über den Inhalt von Flugschriften sind bezeugt. In Gasthäusern wurde die Bibel kontrovers ausgelegt. Die städtische Obrigkeit brandmarkte das als Winkeldiskussionen. Außerdem trugen mündliche Berichte und Gerüchte die Nachrichten weiter; Flugschriften provozierten durch ihren agitatorischen und parteilichen Ton zu erregten Unterredungen. Flugblätter und Einblattdrucke in Reimen leiteten hinüber zur Darbietung als Gesang. Spottlieder verfemten den angestammten Glauben. Visuelle Medien waren gegenwärtig; Einblattdrucke, Buchillustrationen oder Bilderbogen regten die Schaulust an. Geistliche, weltliche Spiele, Prozessionen, Volksfeste und öffentliche Zeremonien unterstützten das gedruckte Wort und Bild. Erzeugnisse der Massenherstellung tauchten bereits auf: kleine Andachtsbilder, Bilderbogen, illustrierte Einblattdrucke. Lesen, Vorlesen und Memorieren gingen Hand in Hand. Bereits in der Frühen Neuzeit existierte, was oft für die Entstehung einer öffentlichen Meinung seit Ausgang des 18. Jahrhunderts übersehen wird, nicht mehr die konsistente einheitliche öffentliche Meinung.[157]

Herrschten bis zum Ende des Dreißigjährigen Krieges 1648 noch bevorzugt konfessionelle Themen und Motive vor, so rückten seit dem 18. Jahrhundert mehr und mehr politische Gegenstände in den Vordergrund. Die Französische Revolution von 1789 erweiterte Zahl und Palette der Medien; als Novum fügte sie insbesondere die politische Symbolik hinzu. Botschaften, die ohne das gedruckte Wort auskamen, dienten in Zeiten verstärkter Schriftzensur als beliebtes Ausweichmittel. Politische Gesinnungen und Bestrebungen äußerlich – auch am Körper – zu bekunden war neu. Die Trikolore versinnbildlichte die Nation; französische Maibäume, Kokarden, Bänder, Tücher wurden mit großer Sympathie bei den Revolutionsfreunden in Deutschland, zunächst bei den deutschen Jakobinern, nachgemacht, bald aber von der erstarkenden deutschen Nationalbewegung bereichert um die Farben schwarz-rot-gold, um Anstecknadeln, Münzen, Medaillen, Karikaturen und Bilder auf Pfeifenköpfen und Spielkarten. Alle diese gegenständlichen Symbolträger dokumentieren eine lebhaft praktizierte Meinungs- und Mitteilungsfreiheit, die tief in die Alltagswelt hineinreichte. Die Revolutionen von 1830 und 1848 zeigten Hochkonjunktur in der Nachfrage gerade nach diesen Medien.

Diesen Sachverhalt medialer und kommunikativer Spielräume zu betonen ist notwendig, um die Kommunikationskontrolle nicht einseitig auf das gedruckte Wort zu begrenzen. Seit der Frühen Neuzeit versuchten die einzelnen größeren deutschen Staaten mit wechselndem, eher geringem Erfolg, die gesamte Sphäre der Herstellung vom Drucker und Druckort über den Druck selbst bis hin zur Verteilung und Auslieferung zu kontrollieren. Aufmerksamkeit galt auch den Vertriebswegen sowie allen am Vertrieb Beteiligten vom Autor über Drucker und Buchhändler bis zum Hausierer.

Im Umkreis der Französischen Revolution versuchten die einzelstaatlichen Gesetzgebungen, durch stets verfeinerte Verbote mit den Neuerungen Schritt zu halten. Erstmals aber während der napoleonischen Herrschaft regierte in den Rheinbundstaaten konsequente Kommunikationskontrolle. Die Normen, mit denen zensiert wurde, überschreiten unsere heutige mit Zensur verbundene Vorstellung beträchtlich. Aus der Praxis der deutschen Rheinbundzeit haben sich idealtypisch sieben Zensurfelder isolieren lassen: Erstens sollte Zensur die entstehende öffentliche Meinung politisch kontrollieren. Der Staat und sein Regent mußten vor Angriffen geschützt werden. Das war Präventivpolizei. Zweitens mußte Zensur den Konflikt zwischen Staat, Konfessionen und Kirchenkritikern mildern, neutralisieren oder verhindern; hier leistete sie ein Stück Religionspolitik. Drittens kümmerten sich die Zensoren um das ästhetische Niveau literarischer Produktionen; sie unterdrückten derbe, im Dialekt geschriebene, ihrem Geschmack zuwiderlaufende oder schlicht auch populäre Schriften und betrieben mithin Literaturkritik. Viertens wollten sie dem, was sie „Wahre Aufklärung“ nannten, gegen Tendenzen der Schwärmerei und des

Aberglaubens zum Sieg verhelfen; sie leisteten auf diese Weise Bildungspolitik. Fünftens bemühten sie sich darum, wissenschaftlich vertretbarem Standard bei akademischer Fachliteratur zur Geltung zu verhelfen. Sie korrigierten inhaltlich, machten Publikationsvorschläge, kurzum sie übten Fachkritik. Sechstens wollten die Zensoren die unteren Stände der Gesellschaft und die Jugend vor schlechter Literatur und Sitte bewahren. Ihnen wurde ausdrücklich Schrifttum verboten, das Gelehrten zugänglich blieb. So arbeitete etwa die österreichische Zensurpraxis, die im Vormärz Berechtigungsscheine an Gelehrte austeilte, damit sie verbotene Druckerzeugnisse trotzdem lesen konnten. In gewisser Weise war das eine sozialbedingte Zensur; ähnlich wirkte die sogenannte Zwanzig-Bogen-Klausel des Bundesbeschlusses gegen die Presse von 1819, der Bücher über 320 Oktavseiten von der Vorzensur ausnahm. Man wähnte, solche dicken Bücher seien nicht Lesestoff der einfachen Leute. Die aktive Steuerungsabsicht lag in der noch zu verbessernden Volkserziehung. Schließlich wachten siebtens Zensoren darüber, daß die heimische Buchproduktion vor unberechtigten Nachdrucken geschützt blieb. Hier betrieben sie Gewerbepolitik.

Mithin errichteten Maßstäbe des Geschmacks, der Ästhetik, Unterhaltung, gewerblicher Interessen, religiöser, sozialer und fachwissenschaftlicher Natur in der Praxis des frühen 19. Jahrhunderts die Schranken der Kommunikationsfreiheit. Im Laufe des Jahrhunderts gewann freilich das Politische als Maßstab immer mehr Oberhand. Die Praxis bewies zugleich, daß Zensur, die verhinderte, zugleich anderes duldete und förderte. Hier lag das Einfallstor für die moderne Beeinflussung der Meinung Andersdenkender: die Propaganda, die seit der Französischen Revolution als Begriff und Sache präsent und erstmals von Napoleon als wirkungsvolles Instrument benutzt wurde. Sein Vorbild machte Schule bei den deutschen Regierungen, so daß fortan neben der Vorzensur bei den deutschen Großstaaten Preußen und Österreich und einigen Mittelstaaten, voran Bayern, Versuche zur Beeinflussung der Tagespresse durch regierungsabhängige, willfährige Organe einherliefen. Mit hohen Kosten bewerkstelligt und nie von durchschlagendem Erfolg gekrönt, gehört die Pressepolitik aktiver Steuerung untrennbar zur Mediengeschichte hinzu, verstärkt in der zweiten Hälfte des 19. Jahrhunderts, wo „Preßleitungskomitees", „Preßbüros", „literarische Kabinette" und wie sie sonst noch hießen, Journalisten zu bestechen oder eigene Blätter zu lancieren versuchten.[158]

Auch im Bereich der Zensur herrschte in Deutschland Föderalismus, so daß sie mitunter der Lächerlichkeit preisgegeben wurde und wird. Das verfälscht deren wahre Tragweite. Zunächst einmal gelang es erstmals durch den Bundesbeschluß von 1819, bundeseinheitlich, also für ganz Deutschland, Normen zum Umgang mit der Presse zu dekretieren. Dabei galt nach der Zwanzig-Bogen-Klausel für die leichtgängigen Schriften, die Flugblätter, Zeitungen und Journale, generell die Vorzensur. Und gerade diese wirkte sich sehr empfindlich aus, konzentrierte sie sich doch auf Organe, denen aus kommerziellen Rücksichten an periodischem Erscheinen gelegen sein mußte. Der renommierte Verleger Cotta und seine ebenso angesehene Augsburger „Allgemeine Zeitung", die zeitweise 4000 Exemplare im österreichischen Raum absetzte, beachtete ängstlich Hinweise des Staatskanzlers Metternich, ebenso aber auch der preußischen oder bayerischen Behörden, um kein Postverbot für den Absatzraum eines so großen Staates zu riskieren und die ökonomische Basis zu verlieren. Neueste Forschungen haben bewiesen, wie weit und wirkungsvoll die Eingriffe in die konkrete Redaktionsarbeit reichten.[159]

Bundesbeschlüsse und ausführende Instruktionen für Zensoren der Einzelstaaten verfeinerten dabei kontinuierlich das Zensurinstrumentarium. Die in Frankreich angewandten neuen Propagandatechniken hinterließen dabei ihre Spuren auch bei den deutschen Behörden, die ihre Zensurdoktrinen immer wieder revidieren mußten. Das beweist eindrucksvoll der Bundesbeschluß vom 5. Juli 1832, der nun auch die Erkenntnis widerspiegelte, politische Symbolik sei etwas Strafwürdiges: „Das öffentliche Tragen von Abzeichen in Bändern, Kokarden und dergleichen, sei es von In- oder Ausländern, in andern Farben, als jenen des Landes, dem der, welcher solche trägt, als Untertan angehört, – das nicht autorisierte Aufstecken von Fahnen und Flaggen, das Errichten von Freiheitsbäumen und dergleichen Aufruhrzeichen – ist unnachsichtlich zu bestrafen".[160] Die gewundene Formulierung über die „anderen Farben" meinte schlicht die neuen – für die Staatsjuristen unaussprechlichen – schwarz-rot-goldenen Farben: das Symbol für den deutschen Nationalstaat.

Durch die technischen Erfindungen, vor allem durch die Schnellpresse, erreichte das Tagesschrifttum solche Dimensionen, daß die Zensoren ihrem Geschäft kaum noch gewachsen waren, ganz abgesehen von den zahlreichen illegal, unter der Hand verteilten und umlaufenden Flugschriften. Selbst die schwerfällige Bundesversammlung registrierte, daß die herkömmlichen Techniken der Vorzensur versagten, und Preußen versuchte bereits 1846 am Bundestag, die Vorzensur durch das sogenannte Justizsystem abzulösen, nach dem Autor, Verleger, Buchhändler und Verbreiter strafrechtlich, also durch den Staatsanwalt, belangt werden sollten. Die Revolution von 1848/49 fegte dann die noch bestehenden Zensurgesetzgebungen hinweg.

Es ist freilich ein Irrtum zu meinen, Pressefreiheit sei eine bleibende Errungenschaft des Jahres 1848 geworden. Zwar war die Vorzensur äußerlich fortgefallen. Die preußischen Verfassung von 1850 etwa verhieß: „Jeder Preuße hat das Recht, durch Wort, Schrift, Druck und bildliche Darstellung seine Meinung frei zu äußern. Die Zensur darf nicht eingeführt werden; jede andere Beschränkung der Preßfreiheit nur im Wege der Gesetzgebung",[161] aber die Praxis widerlegte sie. Denn Meinungskontrolle existierte auf subtilere Weise fort, besonders in der Vorschrift der Landespressegesetze, von jedem periodischen Druckwerk ein Pflichtexemplar bei der jeweiligen Ortspolizeibehörde des Druckorts zu hinterlegen. Zeitungen und Zeitschriften wurden dort vor der Auslieferung schnellstens durchgesehen und gegebenenfalls beschlagnahmt. Für diese Arbeit gab es beispielsweise in Berlin zwischen 1848 und 1870 ein eigenes sogenanntes Druckschriftenbüro. Gleiches galt für Württemberg und Österreich. Wie weit diese Praxis in allen deutschen Staaten reichte, ist noch unerforscht. Hinzu kam: Wo zuvor der Zensor mit seinem Placet die Verantwortung übernahm, mußten nun Autor, Verleger, Buchhändler, ja sogar der Sortimenter entscheiden, ob ein Druckerzeugnis staatsgefährlich, unsittlich oder gotteslästerlich war. Sie mußten Zensurnormen verinnerlichen.

Richtete sich vor 1848 die staatliche Maßnahme vordringlich gegen das Buch und den Text, seltener gegen Autor und Verleger, so zielte sie jetzt konsequent auf die Person, die kriminalisiert wurde. Die Methode war effektiver, weil man so nur die relevanten Fälle herausgriff. Wo ursprünglich der Zensor vor endgültiger Drucklegung aufgrund der Druckfahnen strich, änderte oder gänzlich ablehnte, konnten nun verlustreiche Beschlagnahmen der gesamten Auflage, Anklage wegen Hochverrats und Haft in Betracht kommen. Im Jahre 1853 wurde der Historiker Georg Gottfried Gervinus wegen seiner „Einleitung in die deutsche Geschichte" in einen solchen Musterprozeß verwickelt; die Anklage lautete: Aufforderung zum Hochverrat und Gefährdung der öffentlichen Ruhe und Ordnung. Die exzerpierten Textstellen in der Anklageschrift des Staatsanwalts lasen sich wie die früheren Textbeanstandungen des Zensors.

Rechtshistoriker heben als Merkmal des aufsteigenden modernen Staats gern seine Verrechtlichung hervor. Gegenüber der Meinungsfreiheit war es in der Epoche nach dem Zensor, nach 1848 also, eher die Verstrafrechtlichung. Die deutsche Geschichte zwischen 1933 und 1945 hat gezeigt, daß die Herrschaft von Gesetzen keineswegs automatisch den Rechtsstaat verbürgen muß. Das österreichische „Preßpatent" vom 4. März 1849 hat diese Erkenntnis in die schlagende Paradoxie gepackt: „Jedermann hat das Recht, durch Wort, Schrift, Druck oder bildliche Darstellung seine Meinung frei zu äußern. Die Presse darf nicht unter Zensur gestellt werden. Gegen den Mißbrauch der Presse wird ein Repressivgesetz erlassen".

Wenn das Rechtssystem repressiv beschaffen war wie in der reaktionären Zeit nach 1848, konnte folglich unter Zensurfreiheit eine Kommunikationskontrolle fortdauern, die empfindlicher wirkte als der frühere Eingriff des Zensors. Es sind Aussagen von Buchhändlern aus den 1850er Jahren überliefert, in denen es heißt: „Jetzt bei Preßfreiheit sind wir viel schlimmer daran als früher unter der Zensur".[162] Die Reaktionsdekade der 1850er Jahre entwickelte Eingriffstechniken, die in den einzelnen deutschen Staaten bis zum Erlaß des Reichspressegesetzes von 1874 fortbestanden und den Behörden als Instrumente dienen konnten. Neben den erwähnten Pflichtexemplaren war die Drohung, die Gewerbekonzession zu entziehen, ein mächtiges Mittel, denn darüber mußte kein Gericht befinden, sondern allein die Verwaltungsbehörde. Ein Beschluß der Bundesversammlung schrieb 1854 allen deutschen Staaten vor, den Kautionszwang für Periodika einzuführen. Dabei setze er die Kaution um so höher fest, je höher die Auflage und je häufiger die Erscheinungsweise waren. Daran ging manches Blatt zugrunde.

Der Beschluß griff dort, wo die Landesgesetze die Kautionspflicht noch nicht eingeführt hatten. Das zeigte besonders drastisch der Fall des Herzogtums Braunschweig. Dieser kleine Staat hatte nämlich als einziger im Deutschen Bund die Grundrechtsartikel von 1848 nicht unterschiedslos aufgehoben, sondern den Artikel über die Pressefreiheit ungeschmälert in Geltung gelassen. Nun mußte auch das Herzogtum die Kautionspflicht verhängen. Der Verleger der demokratischen „Blätter der Zeit" stellte daraufhin seine Zeitung ein, und der Abschied nehmende Chefredakteur klagte, die tiefere Absicht sei, „jede Opposition, die den Namen verdient, überhaupt unmöglich zu machen".[163] Die repressiven Pressebestimmungen zielten vor allem auf die Kleinstaaten, welche Nischen für oppositionelle Aktionen boten, und vermochten sie auch zu treffen. Österreich und Preußen ihrerseits hatten eigene Pressegesetze erlassen und ließen den Bundesbeschluß unpubliziert.

Ähnlich wirkten die neubelebten Stempelsteuern für Zeitungen, denen gemäß jede abgelieferte Zeitungsausgabe einen gebührenpflichtigen Stempel erhalten mußte. Sehr wirkungsvoll ließ sich auch der Entzug des staatlichen Postversands einsetzen. Kein Gericht mußte bei einer unliebsamen Zeitung bemüht werden, wenn man den Abonnenten durch die Sperre des verbilligten Postvertriebs ein Blatt vorenthielt; der Verleger konnte dem nur durch den kostspieligen Versand unter Couvert entgehen. Ausländische Zeitungen, also auch Erzeugnisse aus anderen deutschen Bundesstaaten, ließen sich auf dem Verwaltungswege ohne Gerichtsbeschluß verbieten. Strenge Überwachung des Hausierhandels sollte den Informationsstrom auf Jahrmärkten und Straßen unterbinden. Zeitungen konnte man auch kurzfristig polizeilich beschlagnahmen. Hoben die Gerichte solche Maßnahmen nach vierzehn Tagen oder später wieder auf, war das freigegebene Blatt bereits veraltet.

Mit der „Neuen Ära" in Preußen seit 1858 und der nachfolgenden „Tauwetterperiode" in den anderen deutschen Staaten wurde die Praxis gelokkert; die Mittel bestanden aber fort. Erst das Reichspressegesetz von 1874 setzte im Deutschen Kaiserreich vielen Mißbräuchen ein Ende. Vor allem die Stempelsteuern, die Pflicht zur Gewerbekonzession im Buchhandel und die Kaution wurden abgeschafft. Gleichwohl gelang es auch dann noch, mit Mitteln des Strafrechts mißliebige Publikationen von Staats wegen wirkungsvoll zu verfolgen; das bewiesen der Kulturkampf gegen die katholische Kirche in den 1870er Jahren und das Sozialistengesetz gegen die Sozialdemokratie im Jahrzehnt danach.

## 3. Vereine und Parteien: die Neukorporierung der Gesellschaft

Mit dem Alten Reich ging 1806 eine Lebensordnung unter, deren Regeln, Anschauungen und Zukunftsbilder den nachgeborenen Generationen immer unverständlicher wurden. Wie nirgends sonst verdichtete sich der Umbruch im Wechsel der leitenden Ordnungsmodelle: Die uralte, vorstaatliche Einheit des „Standes", der Selbstgewißheit und Recht in der Gruppe gestiftet hatte, wich seit dem ausgehenden 18. Jahrhundert dem modernen, auf die „Gesellschaft" bezogenen „Verein". Vereine zu bilden wurde zu einem Hauptthema der entstehenden (staats)bürgerlichen Gesellschaft des 19. Jahrhunderts.

Was hatte einen „Stand" ausgezeichnet?[164] Er grenzte sich von den anderen Ständen, aber auch von den außerständischen Schichten durch viele Merkmale ab: Ihm kam ein eigenes Recht zu; seine Angehörigen hatten Teil an einer gemeinsamen Erwerbswelt, Lebensführung und Ehre; man heiratete untereinander und feierte miteinander, war durch gleiche Bräuche verbunden. So vielgestaltig ein Stand in seinem Innern auch sein mochte: diese Ordnung im Großen erschien als gottgegeben und erweckte äußerlich einen statischen Charakter, auch wenn neue Entwicklungen des 18. Jahrhunderts sie zunehmend zu sprengen begannen.

Der frühneuzeitliche – „absolutistische" – Staat hatte den Angehörigen eines Standes Körperschaftsrechte verliehen; sie bildeten Korporationen, etwa als Städte, Zünfte oder Universitäten. In dem Maße, wie die Ständeordnung zerfiel, verloren die Korporationen ihre bindende Kraft. Bereits im Laufe des 18. Jahrhunderts (verstärkt in seinem letzten Drittel) zogen Gelehrte den Vorrang des Adels und die geburtsständische Ordnung überhaupt in Zweifel. Eine zunächst kleine Schicht aufgeklärter Bürger beanspruchte für sich das Recht zum freien und autonomen Zusammenschluß – ohne Bewilligung oder Einfluß des Staates –, um in einem solchen Verein nach frei gesetzten Regeln gemeinsam zu wirken. Der Freiwilligkeit und Gleichheit der Mitglieder lagen die Prinzipien der naturrechtlichen Staats- und Gesellschaftslehre zugrunde. Man war auf natürliche Weise gleich als menschliches Wesen und wurde in gesellschaftlicher Weise gleich durch Bildung, Wissenschaft und „Aufklärung", die zu erwerben keine Privilegien der Geburt oder des Standes hindern konnten. Dieser neue Rang von Wissenschaft und Bildung veränderte in fundamentaler Weise die Wahrnehmung von Politik und den Umgang mit ihr. Die zuvor als statisch vorausgesetzte Schöpfungsordnung erschien nunmehr als veränderbare und verbesserungsbedürftige Lebenswelt.

Die Ausdrücke für diese neuartigen Vereine waren vielfältig; sie schwankten zwischen „Gesellschaft", „Sozietät", „Akademie", „Club", „Bund", „Assoziation" oder „Genossenschaft". Dahinter verbargen sich zahlreiche unterschiedliche Vereinszwecke, die sich im Laufe des 19. Jahrhunderts immer weiter ausgliederten und unter denen der politische nur einer von vielen war. Handels-, Erwerbs- und Sprachgesellschaften, vor allem aber auch die aufklärerische Akademiebewegung, machten im 18. Jahrhundert von sich reden. Im letzten Drittel des Jahrhunderts verdichteten sich die Wünsche, „Bildung" zu erwerben, zu einem ganzen Netz publizistisch untereinander verbundener Lesegesellschaften; aber die neuen Vereine förderten über die literarische Bildung hinaus auch die Aufklärung in der Praxis des Arbeitslebens, wie zahlreiche landwirtschaftliche Sozietäten, patriotische Vereine und sogenannte „sittlich-ökonomische Gesellschaften" oder „Gesellschaften zur Beförderung der Künste und nützlichen Gewerbe" bekundeten.

Je mehr die ständischen Bindungen nachließen, um so weiter breitete sich jenes neue Vereinswesen aus, das seit dem Vormärz, vermehrt durch den Impuls der Revolution von 1848 und den nachfolgenden Durchbruch der Industrialisierung, massenhafte Dimensionen anzunehmen begann.

### *a) Der Weg von regionalen Vereinen zu nationalen Verbänden*

Die sich auflösende Ständeordnung schuf den Spielraum für neuentstehende Gewerbe-, Handels-, Landwirtschafts-, Branchen- und Berufsverbände. Das Aufkommen der berufsständischen Interessenverbände war gekoppelt mit einem Vorgang, der für das 19. Jahrhundert neuartig war und mit dem Begriff „Professionalisierung" bezeichnet wird. Verschiedene Veränderungen trafen hier aufeinander: der Ausbau des Schul- und Universitätswesens, wachsende Arbeitsteiligkeit im Wirtschaftsleben, Differenzierung in der Verwaltung und der Wille von Bürgern, sich frei von staatlicher Bevormundung zu organisieren und das eigene Berufsprofil schärfer auszubilden. Die Aufgliederung der Berufe bedeutete zugleich ihre Abgrenzung gegeneinander. Qualifikationen, Standards und Zertifikate begannen genauer zu bestimmen, was die Zugehörigkeit zu einer „Profession" ausmachte. Davon betroffen waren vor allem Mediziner, Juristen, Ingenieure, Chemiker, Lehrer (Gymnasium und Universität) und Geistlichkeit.

Deutschland erlebte hierin anders als etwa England oder die Vereinigten Staaten keine kontinuierliche, sondern eine fragmentierte Entwicklung, wobei staatlicher Einfluß und obrigkeitliches Mißtrauen die Entstehung selbstbewußter, in nationaler Weite agierender Interessenverbände bis in die Kaiserzeit hinein wenn nicht lähmten, so doch entscheidend verzögerten. Nach zaghaften Ansätzen im Vormärz brachte die Revolution von 1848 den Durchbruch zu nationalen Dachverbänden, aber diese gingen unter dem Druck der Reaktion wieder unter und gewannen erst mit Anbruch der „Neuen Ära" 1858 erneut Konturen. Überdies hat es den Anschein, daß zu starker staatlicher Föderalismus die Entstehung nationaler Interessenverbände beeinträchtigte. Hinzu kam, daß auf ganz Deutschland bezogene Organisationen während der Zeit des Bundes generell das Mißtrauen der deutschen Regierungen erregten.

Die ersten zaghaften Versuche der Mediziner, sich berufsständisch zu organisieren, wiesen noch zurück auf die Tradition der aufgeklärten wissenschaftlichen Gesellschaften, so die „Hufelandsche Gesellschaft" in Berlin (1810), die „Gesellschaft für Natur- und Heilkunde" (1810), beide noch regional verwurzelt. Mit nationalem Anspruch trat die „Versammlung Deutscher Naturforscher und Ärzte" hervor (1822); es folgte die „Versammlung Deutscher Philologen und Schulmänner" (1837). In gewisser Weise die nationale Bewegung von 1848 vorwegnehmend, entstanden in den 1840er Jahren zahlreiche neue Berufsverbände: der „Verein Deutscher Tierärzte" (1841), der „Deutsche Anwalttag", der 1844 in Mainz zunächst vergeblich, dann 1846 in Hamburg erfolgreich begründet wurde, in der Revolution 1848/49 der „Allgemeine Deutsche Apothekerverein", der „Deutsche Anwaltverein", der „Allgemeine Deutsche Lehrerverein".

Diese Verbände hatten viel nationales Pathos übernommen, das die Dringlichkeit des Zusammenschlusses als zeitgemäß erscheinen lassen sollte. In der Reaktionszeit versuchte man, solche Assoziationen völlig abzustreifen und nur die engen Standesinteressen herauszustreichen wie der 1856 gegründete „Verein Deutscher Ingenieure".

Ein neuer Anlauf erfolgte ab 1858, als sich der „Zentralverein Deutscher Zahnärzte" (1859), der „Deutsche Juristentag" (1860) und die „Deutsche Chemische Gesellschaft" (1867) bildeten. Hinter dieser leicht zu erweiternden Zahl berufsständischer Interessenverbände standen elementare Fragen, die für die jeweiligen Berufe einheitlicher Regelungen bedurften. Für die Ärzte konzentrierte sich die Diskussion in der Frage einer „Medizinalreform", die vorschreiben sollte: Aufhebung der Teilung in Ärzte und Wundärzte, einheitliche Universitätsausbildung und Examina, Verbot medizinischer Praktiker wie dörflicher Kräuterheiler, Gleichstellung mit Ärzten in Staatsdiensten, Erfordernis einer Gymnasialausbildung, Standesvertretung durch eine freiwillige Vereinigung und nicht durch eine staatlich kontrollierte Korporation. Die Juristen plädierten für die freie Advokatur als unabhängigen Juristenberuf, für Anwaltskammern, für ein einheitliches Bürgerliches Gesetzbuch, für freie, unabhängige Rechtsprechung, klare Gesetze durch ein gewähltes Parlament und Öffentlichkeit der Gerichtsverhandlungen. Die Botschaft für die Lehrer lautete Schulreform, wie sie ihr großer Reformer Adolf Diesterweg seit den späten 1830er Jahren gefordert hatte, wobei um Schulkonzepte gerungen wurde: Einheitsschule gegen mehrgliedriges Schulsystem von der Volksschule bis zum Gymnasium, Seminar- und Universitätsausbildung mit qualifizierender Lehramtsprüfung, Anhebung der armseligen Gehälter der Volksschullehrer. Die Ingenieure wünschten Reformen der technischen Erziehung sowie Anhebung der Polytechnischen Schulen zu Technischen Hochschulen, die den Universitäten gleichgestellt sein sollten.

Alle diese Bestrebungen waren ambivalent, indem sie zur Beglaubigung nach dem Staat riefen, aber die Unabhängigkeit von ihm wollten. Durchgängig ist der Trend zur Akademisierung der Berufe erkennbar, dann auch zur Formierung einer Lobby mit nationaler Plattform. Es ist zu Recht darauf hingewiesen worden, daß diese Versuche nicht nur durch staatlichen Widerstand aufgerieben wurden, sondern auch durch unzureichende Koordination, fehlende Bekanntschaft der potentiellen Mitglieder untereinander und mangelnde Bereitschaft zur Mitarbeit, was nicht weiter verwundert angesichts der noch schwach ausgebildeten nationalen Kommunikationsmöglichkeiten. Man wird diesen Prozeß der Professionalisierung zwischen Vormärz und Reichsgründung trotzdem nicht als gescheitert betrachten können, hat er doch dazu beigetragen, in Bergen von Fach- und Reformliteratur die Berufsbilder zu überdenken und neu zu definieren. Auf dieses Erbe konnten die Interessenverbände des Kaiserreichs zurückgreifen.[165]

Vereinsbildung war keineswegs nur eine Organisationsform des Bürgertums, obwohl dieses die Wege geebnet hatte. Bis zur Revolution 1848 war auch die ländliche Oberschicht in mindestens einem der vielen aufkommenden Vereine organisiert, was einige Zahlen augenfällig machen können. Zwischen 1801 und 1820 waren in Preußen lediglich acht landwirtschaftliche Vereine gegründet worden, bis 1830 gab es 23, bis 1840 schon 109, bis 1850 bereits 160, und im Jahre 1856 existierten in Preußen 408 landwirtschaftliche Vereine mit insgesamt 40563 Mitgliedern. 1845 breiteten sich 1680 Wohltätigkeitsvereine über Preußen aus, und ähnlich entwickelte sich das Netz der Gewerbe- und Unterstützungsvereine. Schließlich erfaßte die Vereinsbewegung als ein Massenphänomen die Bevölkerung bis hin zur Handwerksgesellenelite der entstehenden Arbeiterschaft.[166] Kontinuitäten und Vielgliedrigkeit des Vereinswesens erschließen sich vollends erst auf der Ebene der Kommunen; für Elberfeld beispielsweise ließen sich zwischen 1775 und 1848 rund neunzig verschiedene Vereine nachweisen, welche ein breites Spektrum an Zwecken verfolgten: gesellige, religiöse, patriotisch-nationale, kulturell-wissenschaftliche, ökonomische, sozialfürsorgerische. Die aktuelle Forschung ist dabei, das Vereinswesen auf dieser Ebene noch weit differenzierter zu erschließen.

Das Vereinswesen des Vormärz begann sich in den 1850er und 1860er Jahren noch erheblich weiter aufzufächern, wobei es einer zwiespältigen Spannung zwischen wirtschaftsliberalem Aufschwung und innenpolitischer Repression unterlag. Denn die nach 1849 einsetzende Reaktion unterdrückte für ein Jahrzehnt nahezu sämtliche Vereinsbestrebungen, sofern sie Tendenzen zu nationalen Dachverbänden äußerten. Während die Anfänge politischer Parteibildung in dieser Zeit wieder erstickt wurden, entwickelte sich das Vereinswesen im vorpolitischen Raum hingegen kaum gebremst. Die sich verdichtenden Kommunikations- und Verkehrsverhältnisse, nicht zuletzt durch Eisenbahnen, Post und aufkommende Telegraphie, sowie der wirtschaftliche Take-off führten zwischen 1850 und 1873 im Vereinswesen zu einer wahren „Gründungswelle" (Klaus Tenfelde). Die Vereinsbewegung wurde zu einem Massenereignis und ließ keinen Lebensbereich aus. Es betätigten sich Versicherungen, Sparkassen, konfessionelle Laienorganisationen, Handwerker- und Arbeiterbildungsvereine, Schützen-, Turn- und Geselligkeitsvereine; man fand sich zusammen zur Bildung, Musik, Volksmission, zur Fürsorge für Arme, Wöchnerinnen und Kinder. Die Reihe ließe sich beliebig fortsetzen und auffächern.

Klaus Tenfelde hat elementare Leistungen ermittelt, mit denen das vielfältige Vereinswesen seinen Beitrag beim Übergang von der ständischen Agrar- zur staatsbürgerlichen Industriegesellschaft leistete.[167] Es übernahm Ordnungsfunktionen, die zuvor von Stand, Korporation oder Zunft erbracht worden waren. Es trug dazu bei, durch Statuten, Abstimmungen und Selbstfinanzierung demokratische Formen der Willensbildung auf unterster lokaler Ebene einzuüben. Vereine halfen dabei, öffentlich Interessen vorzubringen; sie prägten Rollenbilder, formten Eliten und förderten in bestimmten Berufsgruppen die Professionalisierung. Sie erweiterten den Spielraum individueller Entfaltung und wirkten schließlich auch als Instrument sozialer Kontrolle der Vereinsmitglieder untereinander. So bunt sich das Vereinswesen dabei im einzelnen darbot, förderte es in dem föderativen Deutschland vor dem Nationalstaat aufs Ganze gesehen doch eine innere Angleichung. Das geschah durch die strukturell gemeinsamen Funktionen, aber auch durch die Tendenz, sich auf nationaler Ebene zu konstituieren.

### *b) Vom politischen Verein zur Partei*

Durchweg waren alle Vereinsbildungen seit dem Ende des 18. Jahrhunderts latent politisch, beanspruchten sie doch gegenüber dem Staat einen eigenständigen Freiraum der „Vergesellschaftung". Einen offen politischen Charakter entwickelten sie allerdings dort, wo sie Ansprüche an den Staat und dessen Regierung stellten. Das erschütterte allerdings das Politikmonopol, das alle absolutistischen deutschen Staaten durchsetzen wollten und auf dem auch die späteren konstitutionellen Staaten seit 1814 beharrten, indem sie die ganze Souveränität des Staates in der Person des Fürsten vereinigt sahen.

Es gab in der Geschichte des 19. Jahrhunderts mehrere Phasen, in denen die gesellschaftliche Erregung sich zur Parteibildung verdichten wollte, aber alle Anläufe dieser Art wurden durch politische Repression immer wieder erstickt, weil die deutschen Regierungen eine autonome politische Parteibildung außerhalb ihrer kontrollierenden Hand nicht duldeten. Erst die 1860er Jahre boten Spielraum und Bedingungen, daß sich Parteien auf Dauer im deutschen Staatsleben einrichten konnten. Angesichts dieser Konstellation ist es müßig, darüber zu streiten, welche Organisation in welchem Jahr in der deutschen Geschichte die erste echte Partei gewesen sei. Wichtiger ist vielmehr, zu verfolgen, wie in diesem fragmentierten Prozeß politischer Vereinsbildung Konstellationen und Merkmale auftauchten, die als Bausteine kommender Parteien wirken konnten.[168]

Deutsche Jakobiner, die leidenschaftlichen Anhänger französischer Revolutionsideale, machten als erste den Schritt zur offenen politischen Vereinigung, zum „Club". Der wichtigste war die „Gesellschaft der Freunde der Gleichheit und Freiheit" in Mainz, gegründet im Jahre 1792. Sie forderten Mitbeteiligung an der Gesetzgebung und beriefen sich auf die „Rechte aller vernünftigen Menschen".

Doch diese Vereinsbildung vollzog sich unter dem Schirm französischer Revolutionsheere. Die eigentliche Keimzelle einer politischen Partei lag in dem sogenannten „Tugendbund", den junge Akademiker, Beamte und Offiziere, Adlige und Literaten im April 1808 in Königsberg als einen „sittlich-wissenschaftlichen Verein" ins Leben gerufen hatten. Diese Gründung lag auf der Schwelle zwischen den überkommenen aufgeklärt-gelehrten „Gesellschaften" des 18. Jahrhunderts und den neuentstehenden politischen Vereinen in Preußen. Napoleons Heere und Erfolge hatten soviel Widerstand mobilisiert, daß der Ruf nach Sammlung unüberhörbar wurde. Der „Tugendbund" ist für die weitere Betrachtung nicht wegen seiner Taten von Bedeutung, sondern weil sich an seinem Beispiel erstmals die prinzipiellen Probleme offenbarten, welche für die deutschen Regierungen bei der Auseinandersetzung mit entstehenden Parteien tonangebend blieben.

Der Bund trug Elemente des Bildungsvereins, wenn er seine Satzung überschrieb mit „Verfassung der Gesellschaft zur Übung öffentlicher Tugenden oder des sittlich-wissenschaftlichen Vereins". Aber bereits seine Statuten wiesen ihn als Kernzelle einer Partei aus, denn er forderte Mitsprache in politischen Fragen und wollte die Staatsverwaltung von der „Willigkeit im Volk" abhängig machen. Der Verein postulierte für sich einen staatsfreien Raum und zugleich das Prinzip der Öffentlichkeit. Intern stellte er Gleichheit her, denn, obwohl im Ständestaat existierend, akzeptierte er keine Ständeschranken: „In dem Verein hört jeder Unterschied des Standes und Amtes auf". Die Satzung trug den Charakter einer Verfassungsurkunde und bildete für die innere Organisation des Vereins gewissermaßen die Staatsverfassung nach. Er gab sich konstitutionelle Formen, denn nach den Statuten hatte er einen „Gewalthaber" – das war ein Vereinsamt –, der „Gesetze" erlassen sollte, die dann für „Provinzialkammern" – auch dies eine Vereinsinstitution – verbindlich sein sollten; die Gesetze waren zu publizieren. Im bisher unpolitischen Raum übte dieser Verein also politische Verhaltensweisen ein. Dazu diente auch eine Vereinszeitschrift; sie sollte „Denk- und Gewissensfreiheit, deutsche Sitten und deutsche Sprache" vertreten.[169] Sie kombinierte mithin Grundrechte und nationalen Impetus.

Die preußische Regierung war sich sehr klar bewußt, daß diese Vereinsbildung etwas grundsätzlich Neuartiges darstellte. Aber sie war sich zunächst unschlüssig, wie zu reagieren sei. Die außergewöhnliche Zeitsituation der vollständigen politischen und militärischen Niederlage erklärt es, daß König Friedrich Wilhelm III. sein anfängliches Zögern überwand und die Satzungen des „Tugendbundes" genehmigte. Seine Berater hatten allerdings die Tragweite scharf erkannt, denn am meisten beanstandeten sie aus den Statuten folgenden Satz: „Er [der Verein] bildet keine eigene Macht im Staat und „statum in stato", vielmehr ist *vernünftige* Unterwerfung unter die Anordnungen der Regierung ausschließlich Bedingung seiner eignen Wirksamkeit". In einem differenzierten staatlichen Gutachten zu der Satzung wurde jener Vorbehalt formuliert, der für die deutschen Regierungen zwei Generationen lang unausgesprochen Richtschnur blieb, wenn sie sich mit politischen Vereinen auseinandersetzten: Es sei die „Tendenz aller gesellschaftlichen Vereine dieser Art, früher oder später statum [!] in stato [!] zu werden".[170] Die staatlichen Ratgeber sahen zutreffend das Politikmonopol des Kabinetts in Frage gestellt. Sie rügten, die „Gesellschaft" maße sich, „unter dem Vorwande, die Staatsgewalt in Veredelung und Beglückung des Volks zu unterstützen, eigenmächtig eine Art von polizeilicher Aufsicht über alle Staatsbürger und im Lande befindlichen Fremden an, zu welcher die Berechtigung nur aus wesentlichen Hoheitsrechten des Staates fließen kann". Sie erkannten auch hellsichtig, daß die Formulierung *„vernünftige Unterwerfung"* die Regierung und den Staat von dem Urteil dieses Vereins abhängig machte. Die monarchische Regierungsweise hätte sich dem Urteil eines bürgerlich-adligen Vereins zu unterwerfen, der ein Recht auf Kritik und Mitsprache in politischen Angelegenheiten anstrebte.

Danach trachteten in der Tat alle in den Freiheitskriegen entstehenden politischen Vereine. Dazu zählte auch die Burschenschaft, deren Anfänge bis in das Jahr 1811 zurückreichten. Ihr Entwurf einer „Ordnung und Einrichtung der Burschenschaften" übernahm aus den Satzungen des „Tugendbundes" das Bekenntnis zu Gemeinsinn und zur politischen Freiheit und Einheit Deutschlands. Im Rahmen dieser Vereinsbestrebungen trat die Burschenschaft gleichfalls offen als Organisation mit nationalem Wirkungsanspruch auf. Indem es Pflicht sein sollte, sich deutsch auszubilden, für Volk und Vaterland zu kämpfen und sich in Waffen zu üben, emanzipierten sich ihre Angehörigen vom Staat. Die Tendenzen zur politisierten Vereinsbildung und Volksbewaffnung griffen auf die Turnbewegung über. Wo die Zeitumstände es erforderten, bildeten sich diese neuen Vereine als geheime Gesellschaften, die im verborgenen agierten, solange die napoleonische Herrschaft noch ungebrochen war. 1814 konnten sie dann ans Licht treten. Hierher gehörten die sogenannten „Deutschen Gesellschaften", für die Ernst Moritz Arndt Statuten entwikkelt hatte, die als Modell für vaterländisch-freiheitliche Vereine dienen konnten. Solche entstanden in den befreiten Städten des Mittelrhein-Main-Neckar-Gebiets in nicht geringer Zahl.

Doch als die von Napoleon ausgehende Bedrohung vorüber war, besannen sich die Regierungen auf ihr Herrschaftsmonopol. In Nassau urteilte man deshalb über die „Deutschen Gesellschaften": „Es ist eine ebenso unvernünftige als gesetzwidrige Idee, wenn Privatpersonen glauben mögen, berufen oder ermächtigt zu sein, einzeln oder auch in Verbindung mit andern selbständig oder unmittelbar so jetzt als künftig zu den großen Nationalangelegenheiten Deutschlands mitzuwirken".[171]

Politik blieb Staatssache, keine Angelegenheit für sogenannte Privatpersonen. Der politisch beteiligte Bürger hatte hier keinen Platz. Friedrich Wilhelm III. handelte deshalb auch nur konsequent, als er 1816 in Preußen „geheime Gesellschaften" verbieten ließ und mit Bezug auf den „Tugendbund" feststellte, er habe den „Parteigeist mit gerechtem Mißfallen bemerkt", habe den „Tugendbund" in der Stunde großer Gefahr nur deshalb genehmigt, weil er geholfen habe, „Patriotismus" und Mut zu befördern, um die Gemüter aus dem Unglück zu erheben. Jetzt seien aber geheime Verbindungen – und da schloß er auch den Tugendbund ein – nur schädlich. Fortan war wieder die Ruhe erste Bürgerpflicht.[172]

Diese erste Phase politischer Parteibildung in der deutschen Geschichte wurde mit den Karlsbader Beschlüssen von 1819 und den dann einsetzenden Demagogenverfolgungen in ganz Deutschland abrupt beendet, so daß die verbleibenden Aktivisten entweder in den Untergrund gehen mußten (wie die exponierte Burschenschaft) oder ins außerdeutsche Exil nach Straßburg und in die Schweiz. Immerhin waren den hellsichtigen Zeitbeobachtern und den staatlichen Skeptikern Neuartigkeit und Tragweite des Phänomens bewußt geworden, für das sie nun auch im Jahre 1815 den Ausdruck „politische Partei" gebrauchten. Der Historiker Barthold Georg Niebuhr erkannte, daß sich absolutistisches Regiment und politische Parteien nicht vertrugen; zutreffend prophezeite er den Gang des Jahrhunderts zum Konstitutionalismus: „Politische Parteien (...) müssen in jedem Staate entstehen, wo Leben und Freiheit ist".[173]

Bereits die Frühphase politischer Vereinsbildung in Deutschland zwischen 1806 und 1819 lehrte, welche sechs Merkmale erfüllt sein mußten, daß sich aus politischen Vereinen selbständige Parteien bilden konnten. Der Übergang zur Partei erforderte erstens den *freien Zusammenschluß*, der keine exklusiven Berechtigungen zuließ, wie sie die Zünfte, Stände oder Landsmannschaften der Studenten abnötigten. Zweitens verfolgte der Verein *politische Ziele*, die er in einem eigenen, in der Regel schriftlich fixierten Programm niederlegte. Drittens *warb er in der Öffentlichkeit* mit der Absicht, Anhänger zu gewinnen und zu erhalten, um in einen politischen Wettbewerb treten zu können. Viertens *strebte er nach Macht*, um politische Willensbildung zu beeinflussen und politische Ämter zu übernehmen. Fünftes bedurfte er einer festen, dauerhaften *Organisation* und sechstens beteiligte er sich an *Wahlen.*

Wie stark die Entwicklung von Parteien in allen deutschen Bundesstaaten gehemmt und verzögert wurde, wird daran ersichtlich, daß in Phasen oder Regionen politischer Auflockerung und Liberalisierung stets nur einige Bedingungen zusammentrafen. Allein während der Revolution von 1848/49 waren alle Voraussetzungen gleichzeitig gegeben, aber hier nur so kurz, daß die Parteien wiederum in ihren Ansätzen steckenblieben.

Die Auswirkungen der Julirevolution von 1830 in Deutschland erschütterten, gleichsam in einem Vorlauf zu 1848, die politische Ordnung immerhin so weit, daß kurzzeitig der Wunsch nach einer nationalen Partei wieder realisierbar schien. Im Januar 1832 begründeten die Publizisten Johann Georg August Wirth und Philipp Jakob Siebenpfeiffer im pfälzischen Zweibrücken auf der Basis einer Aktiengesellschaft einen Förderverein für die freie Presse, den sie „Preß- und Vaterlandsverein" nannten. In einem an ganz Deutschland gerichteten Aufruf traten sie am 3. Februar 1832 an die Öffentlichkeit, riefen zum Widerstand gegen die Aristokraten und zur „Wiedergeburt Deutschlands" auf, wobei sie in Ermangelung eines nationalen Parlaments in den Journalisten die Fürsprecher der Nation erkannten. Das originelle Konzept fand überraschende Resonanz, denn mehr als 5000 Mitglieder brachten monatlich 1750 Gulden auf und ermöglichten eine umfangreiche Produktion und Verbreitung liberalen Schrifttums. Wie mächtig der Impuls zur Parteibildung ausfiel, geht aus dem Echo hervor, sein Vorbild in Filialvereinen zu übernehmen. Ausstrahlend von der Rheinpfalz, entwickelte der Preß- und Vaterlandsverein weit über Deutschland verteilt ein Netz an Filialen, nachgewiesen in Dresden, Tübingen, Göttingen, Detmold, Bremen, Hamburg, Schwerin und Stralsund.

Organisationsgrad, Mitgliederzahl, geographische Reichweite, Programmatik, Satzung und Aktionsfähigkeit rückten den Preßverein in eine Sonderstellung gegenüber dem übrigen Vereinswesen in der Ära vor 1848. Die neue Forschung erkennt in ihm den weit entwickelten „Prototyp einer Parteiorganisation" (Cornelia Foerster).[174] In der Führungsgruppe hatten sich Journalisten, pfälzische Landtagsabgeordnete, Advokaten, Kaufleute und Handwerksmeister zu einer ersten vereinsmäßig organisierten politischen Partei in Deutschland zusammengefunden. Abstrakt ausgedrückt hieß das: Die politische Emanzipation des Bürgertums war dabei, eine neue Qualität zu erreichen. Konkret zeigte sich das über den Preß- und Vaterlandsverein hinaus in zahllosen Wahlvereinen, die sich überall dort örtlich bildeten, wo seit 1830 in einzelnen Bundesstaaten Landtagswahlen stattfanden, am lebhaftesten in Württemberg.

Die Regierungen erkannten die neue Qualität der Auseinandersetzung um ihr Politikmonopol; sie waren nicht bereit, es preiszugeben. Die bayerische Regierung verbot deshalb kurzerhand am 1. März 1832 den Preß- und Vaterlandsverein, und zwar mit der Begründung, daß „die Verfassung den Staatsbürgern nirgends das Recht einräumt, politische Assoziationen in willkürlicher Weise einzugehen".[175] Der Bundestag übernahm für ganz

Deutschland das Verbot. Das hinderte den Verein allerdings nicht, im Geheimen weiter zu operieren und seine berühmteste Tat zu inszenieren – die Organisation der Hambacher Festtage vom 27. bis 30. Mai 1832. Denn nach der Unterdrückung des Vereins drängte die publizistische Energie in die offene Aktion, und diese fand ihre zeitgemäßen Formen in Volksfesten und Banketten.

Die Bundesversammlung reagierte erstaunlich rasch am 5. Juli 1832 mit einem Bundesbeschluß, der unter anderem verfügte: „Alle Vereine, welche politische Zwecke haben oder unter andern Namen zu politischen Zwekken benutzt werden, sind in sämtlichen Bundesstaaten zu verbieten".[176] Von diesem Datum an bis zur Revolution von 1848 herrschte in Deutschland ein absolutes Parteienverbot, das freie politische Organisation nur noch im Ausland, im politischen Exil in der Schweiz, in Paris, Brüssel oder London, zuließ; in Deutschland blieb nur der langfristig erfolglose Weg in den Untergrund, wie das Schicksal des Dichters Georg Büchner und des Pfarrers Ludwig Weidig beispielhaft zeigte. Parteibildung war, wenn überhaupt noch lebensfähig, in die Grauzone zwischen staatlicher Duldung und Illegalität abgedrängt. Vereinigungen lebten nun im vor- oder kryptopolitischen Kleid, dessen eigentliche Farbe selten durchschimmerte und sich auf diese Weise dem Zugriff entzog. Lesezirkel, Turn-, Gesang- und Schützenvereine konnten nationales und politisches Gedankengut pflegen und durch überregionale Kommunikation und Reisetätigkeit verbreiten und bestärken, aber das geschah alles ohne jene festen organisatorischen Konturen, deren entstehende Parteien letztlich bedurften.

So stark das Bedürfnis nach politischer Vereinigung war, wie ja ihr vehementer Durchbruch in der Revolution 1848 bezeugte: für die Zeit unter der Repression nach 1832 läßt sich doch nur von *politischen Strömungen* sprechen. Diese fanden unterschiedliche, wechselnde Brückenköpfe im öffentlichen Leben; als solche dienten die Foren der Landtage, repräsentiert durch mutige Abgeordnete; in dieser Weise wirkte die politische Publizistik von den Tageszeitungen über die Flugschriften bis hin zu räsonierenden Zeitschriften, und zwar jeweils öffentlich zugespitzt durch prominente Wortführer.

Ungeachtet mangelnder Strukturen ist die vormärzliche Ära für die Parteibildung in Deutschland außerordentlich bedeutsam, weil sich in dieser Zeit jenes „fünfgliedrige Parteiensystem" (E. R. Huber) ausbildete, das für die weitere Geschichte Deutschlands im 19. Jahrhundert und darüber hinaus prägend wurde. Es ist zu unterscheiden zwischen dem Konservativismus, dem Liberalismus, dem demokratischen Republikanismus, dem Sozialismus und dem politischen Katholizismus. Man kann eher von richtungweisenden Konstellationen sprechen, in denen sich viele Zwischenbildungen und Variationen im Wechsel der Zeit zusammenfanden, wie es auch nicht anders sein konnte, wo Parteirichtungen mehr auf publizierten Äußerungen von einzelnen als auf organisierten Formen beruhten.

### *c) Die fünf Hauptrichtungen entstehender Parteien im Vormärz*

Im folgenden sollen diese Richtungen am Beispiel jeweils einer prominenten Persönlichkeit des Vormärz und ihres Werks erläutert werden. Jedes dieser Werke beantwortet auf eine kennzeichnende Weise die Frage, wie politische Herrschaft zu rechtfertigen und herzuleiten sei. Die persönliche Biographie offenbart zugleich etwas von der gesellschaftlichen Matrix, aus der heraus die politischen Konzeptionen entwickelt werden konnten oder mußten. Darin lag zugleich etwas Typisches, das mit dem neuartigen, von der Ständeordnung abgelösten Vereinswesen verbunden war: Zukunftsentwürfe auszubreiten, welche die Gegenwart als makelhaft, veränderbar und verbesserungsbedürftig auswiesen und zugleich in einem unterschiedlich weitreichenden Glauben an die Gestaltbarkeit der Gegenwart und an den Fortschritt in der Zukunft wurzelten.

*1.) Konservativismus und Haller.* – Karl Ludwig von Hallers Hauptwerk „Restauration der Staatswissenschaft" erschien seit 1816 in mehreren Bänden und gab der Epoche der Restauration ihren Namen. Haller, geboren im Jahre 1768, erlebte als 21jähriger die Französische Revolution. Als er im Jahre 1854 starb, war er Zeitgenosse aller drei großen europäischen Revolutionen seit 1789 geworden. Er stammte aus einer traditionsreichen, ratsfähigen, altetablierten Berner Familie. Bereits mit sechzehn Jahren war er in die Staatskanzlei der Republik Bern eingetreten. Anfangs durchaus liberal gesonnen, vergingen ihm derartige Vorlieben nach der napoleonischen Invasion, die ihn um Amt und Karriere brachte. Immerhin nahm er 1806 eine Professur für Vaterländische Geschichte und Staatsrecht in Bern an. Nach totalem Mißerfolg als akademischer Lehrer zog er sich 1817 von der Universität zurück. Sein Hauptwerk hingegen fand alsbald ein so großes Echo, daß die erste Auflage schnell vergriffen war. Es war „der radikalste und konsequenteste Entwurf einer Politik gegen den zeitgenössischen Verfassungsstaat" (Hartwig Brandt) und gegen die zugrundeliegenden Vorstellungen der Aufklärung. Er beantwortete darin die Frage nach der Legitimierung von Herrschaft auf konservativer Basis im buchstäblichen, bewahrenden, vom Gegebenen ausgehenden Sinne: Herrschaft bedürfe keiner Legitimation, denn sie sei immer schon da, sei natur-, mithin gottgegeben. Aus der göttlichen Ordnung leite sich ebenso das Gottesgnadentum des Herrschers wie die Hausgewalt des Hausvaters her, denn jeder sei von Gott an seine Stelle gesetzt, weil es keinen Staatsvertrag gebe, sondern nur Privatverträge, die Eigentum stifteten.

Dieser Konservativismus lehnte konsequent die Ideen des Rationalismus und der Aufklärung ab, also jene Ideen von 1789, denen gemäß Herrschaft abgeleitet, teilbar, gar vom Volke abhängig erschien. Er ist gekennzeichnet durch Legitimismus, denn das echte Recht ist das alte, unverjährbare, wohlerworben oder ererbt; es darf nicht gebrochen, sondern nur fortentwickelt werden. Daraus folgt ein Traditionalismus, der bei jeder Änderung von dem Bestehenden als dem Gültigen auszugehen habe. Der Monarch verdankte sein Amt keinem Vertrag, keiner Verleihung durch Wahl, nicht dem Volk, sondern allein Gott.

Unter dem Einfluß dieser Ideen war der preußische König Friedrich Wilhelm IV. erzogen worden; sie beherrschten dessen engsten Ratgeberkreis. Bereits das Beispiel Hallers zeigt, wie die Begründung von Herrschaft und die Stellung des Monarchen als solche zentralen Fragen zu gelten haben, von deren Beantwortung es abhängt, in welcher Weise die anderen Verhältnisse der Staatsverfassung geregelt werden. Sie bestimmen das Gewicht von Landtagen, die Rechte des Volkes, die zugestandenen Möglichkeiten zu politischer Veränderung und Entwicklung.

*2. a) Der konstitutionelle Liberalismus und Dahlmann.* – Bereits seit der Julirevolution von 1830 und den Kundgebungen auf dem Hambacher Fest von 1832 kristallisierten sich im Liberalismus zwei Flügel heraus, die mit den Prädikaten konstitutionell und parlamentarisch begrifflich voneinander abgehoben werden. Beide Varianten akzeptierten die Monarchie auf verfassungsmäßiger Grundlage als Staatsform, aber sie unterschieden sich darin, wie sie politische Herrschaft und darin die Stellung des Monarchen legitimierten. Friedrich Christoph Dahlmann verkörperte den konstitutionellen Typ des Liberalismus. Geboren im Jahre 1785, stammte er aus einer Wismarer Familie von Rechtsgelehrten. 1812, mit 27 Jahren, erhielt Dahlmann einen Ruf auf eine Professur für Geschichte an der Universität Kiel. Er betätigte sich hier zugleich als Sekretär der Schleswig-Holsteinischen Prälaten und Ritterschaft. Hier lernte er altüberkommene, noch arbeitsfähige Ständevertretungen kennen. Er deutete deren Traditionen als fortwirkendes, historisch begründetes angelsächsisches – und noch weiter zurückgreifend –, als ursprünglich germanisches Recht. Er sah mithin die Grundlagen „deutscher Freiheit" historisch begründet und hielt nichts von modernen Menschenrechten und französischen Verfassungen. Deshalb heißt sein Liberalismus historisch geprägt, und das Attribut „konstitutionell" meint, daß nach diesem Staatsverständnis der Monarch das verbindliche, letzte Wort im Herrschaftsvollzug haben sollte, aber nicht wie bei Haller kraft autonomen Rechts, sondern nach Maßgabe einer historisch verwurzelten Verfassung.

Strenggenommen war Dahlmann Politologe mit historischer Perspektive. Sein Hauptwerk erschien 1835 und trägt den Titel: „Die Politik, auf den Grund und das Maaß der gegebenen Zustände zurückgeführt". Auch dieser Titel spiegelte das Bedürfnis wider, an das Bestehende anzuknüpfen. Dahlmanns Verfassungsdenken hatte eine traditionalistische Dimension, welche diesen Liberalismus in Verbindung mit seinem heftigen Affront gegen die Ideen von 1789 dem Konservativismus naherückte. Zwischen beiden Richtungen bestanden gewisse ideologische Brücken. Doch darf nicht übersehen werden, daß für Dahlmann die Verfassung als Fundament der Freiheit und des Rechts wirkte. Er gehörte zu den Göttinger Sieben von 1837, die gegen den Staatsstreich des Hannoverschen Königs Ernst August protestierten und darüber ihr Amt verloren. Ihre Argumente waren im strengen Sinne rechtskonservativ: Sie orientierten sich an der bestehenden Verfassung, und das war diejenige von 1833, die das Königreich als Folge der Julirevolution erhalten hatte. Ernst August hatte sie 1837 einseitig aufgehoben. Dahlmann bewertete das als Rechtsbruch und forderte die Wiederherstellung des verfassungsmäßigen Rechtszustandes.

Dennoch kam nach seiner Anschauung dem Monarchen innerhalb der Machtverteilung im Staat das Übergewicht vor der Ständekammer zu. Ein Abschnitt in Dahlmanns Buch über die „Politik" heißt: „Die königlichen Rechte". Darin behält er ausschließlich dem Wort des Königs vor, die gesamte Exekutive – also Verwaltung, Diplomatie und Heer – aus eigener Vollmacht zu lenken. Er schreibt: „Ein Parlament, welches die Kriegsmacht befehligt, ist der Krone Sturz". Zum Recht der Ständeversammlung befand er: „Der König beruft die Ständeversammlung und hat das Recht, sie nach Gefallen zu vertagen, zu entlassen und aufzulösen. Permanente Ständeversammlungen sind der Krone Sturz". So war es folgerichtig, daß nach seiner Sicht der König bei Gesetzen der Kammer das absolute und nicht das aufschiebende (suspensive) Veto besitzen mußte. Diese Variante des Liberalismus betonte stark die Rechte des Staates; sie hatte einen ausgesprochen gouvernementalen Zug. Dahlmann sah eher den Staat als die Freiheit in Gefahr. Das erklärt sein Verhalten im Jahre 1848: Am 5. Dezember 1848 hatte König Friedrich Wilhelm IV. für Preußen einseitig eine Verfassung oktroyiert. Er löste die bestehende Berliner Verfassunggebende Nationalversammlung widerrechtlich auf. Dahlmann billigte das, denn er sah die Versammlung der Anarchie verfallen. Deshalb gestand er dem preußischen König in dieser Situation „das Recht der rettenden Tat" zu, also auch den Verfassungsoktroy, weil anders der Staat untergehe.

*2. b) Der parlamentarische Liberalismus und Rotteck.* – Der konstitutionelle Liberalismus war vorwiegend in Norddeutschland beheimatet. Er kontrastiert mit einem süddeutschen parlamentarischen Liberalismus, den in herausragender Weise Karl von Rotteck verkörperte. Rotteck war der Sohn eines von Kaiser Joseph II. geadelten Arztes. Geboren im Jahre 1775, war er zehn Jahre älter als Dahlmann, sieben Jahre jünger als Haller. Er starb 1840. Im Jahre 1798, mit 23 Jahren, erhielt er eine Professur für Allgemeine Weltgeschichte an die Universität Freiburg. „Allgemeine Weltgeschichte" lautete auch der Titel seines neunbändigen Werkes, das er zwischen 1812 und 1827 veröffentlichte. Es erreichte zu Lebzeiten des Verfassers die damals schier unglaubliche Auflage von rund 100000 Exemplaren. Rottecks Weltgeschichte war selbst in entlegenen badischen Bauernhäusern vorzufinden. Bahnbrechend für den vormärzlichen süddeutschen Liberalismus wurde das von ihm – zusammen mit Karl Theodor Welcker – herausgegebene „Staats-Lexikon". Es erschien zwischen 1834 und 1843 und wurde gewissermaßen zur Bibel des Frühliberalismus.

Ein Aufsatz aus dem Jahre 1819 mit dem Titel „Ideen über Landstände" verdeutlicht besonders gut, daß im Vergleich zu Dahlmann bei Rotteck nicht der Monarch, sondern das Parlament das Übergewicht hatte. Er bezeichnete den Regenten als die „positiv eingesetzte Staatsgewalt", das Volk aber als deren „natürlichen oder ursprünglichen Inhaber".[177] Die Gewalt des Fürsten erschien lediglich als übertragene; er war Beauftragter. Das Volk aber verlieh sie, denn es besaß die Souveränität. Etwas, was lediglich übertragen ist, kann man allerdings auch zurücknehmen. Das Volk in Gestalt der Ständevertretung auf der einen Seite und der Regent mit Regierung auf der anderen standen sich konkurrierend gegenüber. Rotteck berief sich nicht auf historisch überkommene Rechte, sondern auf das ursprüngliche, natürliche Recht, im Klartext: auf Menschenrechte. Gottesgnadentum lehnte er aus Prinzip ab. Diesem parlamentarischen Liberalismus ging es um Kontrollrechte der Volksvertretung mit der Tendenz zur Parlamentsherrschaft. Für die Monarchie sprach im wesentlichen nur noch, daß in ihr das höchste Staatsamt gewissermaßen als überparteiliche Institution dem Streit der Parteien enthoben schien.

*3.) Demokratischer Republikanismus und Fröbel.* – Hier war es nur ein Schritt, um auch die Institution des Monarchen für überflüssig zu erklären. Das geschah im demokratischen Republikanismus, den Julius Fröbel verkörpert. Fröbel lebte von 1805 bis 1893, war also eine Generation jünger als die zuvor genannten Drei. Er stammte aus Thüringen und war Neffe des heute bekannteren Pädagogen Friedrich Fröbel, der die Idee des Kindergartens in die Welt gesetzt hatte. Julius Fröbel wurde 1836 Professor der Mineralogie in Zürich. Einige Jahre später gab er seine akademische Tätigkeit auf und gründete 1841 einen Verlag, der den Namen „Das literarische Comptoir" trug und in Winterthur beheimatet war. Der Verlag wurde binnen kurzem zu einem der bedeutendsten Umschlagplätze deutschen demokratischen Gedankenguts im politischen Exil. Die beiden Antipoden Haller und Fröbel illustrieren durch ihre Biographie und Tätigkeit sehr schön, wie die Schweiz ungeachtet ihrer staatlichen Souveränität als wichtiges Handlungsfeld diente und als bedeutsamer Ideenlieferant innerhalb der deutschen vormärzlichen politischen Theorie wirkte. 1848 als Mitglied der Frankfurter Nationalversammlung betätigte sich Fröbel führend in der Organisation des demokratischen Vereinswesens. Er emigrierte 1849 in die Vereinigten Staaten.

Er formulierte seine politischen Prinzipien geschlossen erstmals 1846 in seinem zweibändigen Werk „Neue Politik". Das klang wie eine Anspielung auf Dahlmanns „Politik". Für Fröbel lag die Souveränität uneingeschränkt beim Volk; durch keine Vertragskonstruktion könne sie ihm wieder „abgelistet werden": „Der Sitz der Ausübung der Souveränität sei im Staate, wo er wolle, ihre Ausübung geschehe nach dieser oder jener Geschäftsordnung – immer gehört die Souveränität der Gesamtheit aller Individuen an, welche die Staatsgesellschaft bilden".[178] Was für heutige demokratische Verfassungen selbstverständlich erscheint, klang damals revolutionär, denn da war kein Platz mehr für erbliche Fürsten. Schon bei süddeutschen Jakobinern, dann beim radikalen Flügel der Burschenschafter fanden sich solche Anschauungen. Nach der Julirevolution kamen sie im Umkreis des Hambacher Festes vermehrt zum Durchbruch. Sie konnten sich allerdings publizistisch überwiegend nur im Ausland artikulieren. Zu den Prominenten unter den Literaten dieser Prägung zählten Heinrich Heine, Ludwig Börne, Ferdinand Freiligrath, Georg Herwegh und Arnold Ruge, unter den Politikern vor allem Gustav von Struve und Friedrich Hecker.

*4.) Der Sozialismus und Weitling.* – Rationale Organisation des Staates auf demokratischer Basis stieß dort an ihre Grenzen, wo im Laufe der 1830er und zunehmend noch der 1840er Jahre die „soziale Frage" und die Lage des „Vierten Standes" als Probleme unübersehbar wurden. Kollektive Besitzlosigkeit, Verelendung bei Landarbeitern und Kleinbauern, Handwerksgesellen und kleinen Handwerkern, bei Tagelöhnern und kleinen Händlern brachten neue gesellschaftliche Lösungsversuche hervor, wo das frühliberale Erwartungsmodell einer klassenlosen Staatsbürgergesellschaft nicht mehr trug. Hier setzte die Parteirichtung des Sozialismus an. Karl Marx, geboren 1818, zählte bis zu seiner Übersiedelung nach Paris Ende 1843 noch zu den demokratischen Republikanern vom Schlage Arnold Ruges, wenn sich das dann auch schnell änderte. Währenddessen hatte der Magdeburger Schneidergeselle Wilhelm Weitling bereits unter den Handwerksgesellen und Arbeitern in der Schweiz großen Anklang und Anhang gefunden. Geboren im Jahre 1805, war er generationsgleich mit Fröbel; er starb im Jahre 1871. Er hatte die neuartigen sozialen Aufstände des Zeitalters als Augenzeuge während der Julirevolution 1830 in Dresden wahrgenommen. Als Schneidergeselle wanderte er über Leipzig nach Wien, war mehrere Jahre in Paris und ging dann 1841 in die Schweiz. 1848 kehrte er zurück nach Deutschland; wie Fröbel emigrierte auch er 1849 in die Vereinigten Staaten.

Weitling war Autodidakt. Viel lernte er bei den französischen Frühsozialisten in Paris aus deren Versammlungen und Gesprächen. Bei der gerade entstehenden Arbeiterbewegung fanden die Entwürfe des exkommunizierten Priesters de Lamenais großen Anklang, vor allem dessen Verkündigung eines innerweltlichen Gottesreiches. Religiöses Sprachgut, Beispiele und Wendungen aus der Bibel waren den wandernden Gesellen vertraut.

Solche Formeln kamen auch Weitling mehr entgegen als philosophisch-abstrakte Entwürfe. Hier lagen die Wurzeln seiner Utopie einer urchristlichen Gütergemeinschaft, die er für den „Bund der Gerechten" in Paris in einer besonderen Schrift im Jahre 1839 formulierte. Sie hieß „Die Menschheit, wie sie ist und wie sie sein sollte" und erschien in einer Auflage von 2000 Stück. In zehn „Grundsätzen" verdichtete er darin sein politisches Evangelium. Es griff an die Wurzeln einer Gesellschaft, die auf privatem Eigentum beruhte. Weitlings Leitstern hieß Gleichheit. Für ihn trat die „Gesellschaft" an die Stelle des Staates. Diese Gesellschaft kannte im Zustand ihrer Vollkommenheit keine Regierung, sondern nur noch Verwaltung, keine Gesetze, nur noch frei erfüllte Pflichten, keine Strafen, nur noch Heilmittel. Er glaubte, ähnlich wie der Italiener Giuseppe Mazzini, die friedfertige vereinigte Menschheit könne die Schranken der Nationalität überwinden. Er plädierte für „gleiche Verteilung der Arbeit" und vergaß – eine seltene Ausnahme im Spektrum vormärzlicher politischer Theorien – auch nicht die Frauen: „gleiche Erziehung sowie gleiche Rechte und Pflichten beider Geschlechter nach den Naturgesetzen".

An der Lehre Weitlings ist nicht so sehr entscheidend, ob sie sich verwirklichen ließ; wichtig für ihre historische Fortwirkung war, daß sie ein gemeinsames Bewußtsein schuf, in der gleichen Lage und mit gleichen Interessen zu leben, kurzum: ein Klassenbewußtsein. Weitling überzeugte besonders dadurch, daß er wußte, wovon er sprach, wenn er sich an seine Schicksalsgenossen richtete und prophezeite: „Heute sehen wir den Bauern oft seine Schuhe in die Hand nehmen, um sie nicht auf der Landstraße zu zerreißen, und der Handwerksbursche schleppt sein Bündel mühsam in der Welt herum wie die Schnecke ihr Haus, und doch mangelt es weder an Pferden und Wagen noch an Schuhen. Solche Selbstschindereien werden wir nicht mehr nötig haben".[179] Beiläufig zeigt sich hier zugleich, daß das Reisen zu Fuß eine Standesqualität ausdrückte: Der Bürger und der Adlige benutzten auf der Reise die Kutsche.

*5.) Der politische Katholizismus und Görres.* – Joseph Görres gehörte neben Ernst Moritz Arndt zu den bedeutendsten deutschen Publizisten während der Freiheitskriege. Ehemals „roter Republikaner" und Jakobiner im linken Rheinland, wandelte er sich im vormärzlichen Bayern zum Exponenten des politischen Katholizismus. 1776 in Koblenz geboren, war er nur ein Jahr jünger als Rotteck. 1827 hatte er einen Ruf als Professor an die Universität München angenommen. Hier scharte er den sogenannten Görres-Kreis um sich, der mit den „Historisch-Politischen Blättern" als eigener Zeitschrift sich ein vielbeachtetes Sprachrohr des frühen Konservativismus schuf. Den Anstoß für die Bewegung des politischen Katholizismus freilich bot ein spektakuläres Ereignis: die Verhaftung des Kölner Erzbischofs Droste zu Vischering im Zusammenhang mit dem preußischen Mischehenstreit, in dem die Kirche die bisher verbürgte katholische Erziehung der Kinder durch den Staat gefährdet sah. Die Verhaftung des Erzbischofs im Jahre 1837 erschien als ein Attentat des preußischen Staates auf die Kirche.

Görres löste nun mit einer Streitschrift des Titels „Athanasius" eine innerdeutsche Flugschriftenpolemik aus, wie sie in diesen Dimensionen zu einem einzigen Thema neu und unerhört war. In rund 300 Schriften nahmen Wortführer der öffentlichen Meinung teils für den Erzbischof Stellung, teils gegen ihn. Görres machte dabei durch Vereinfachungen aus einem Gelehrtenstreit ein Volksproblem. Der katholische Teil der Bevölkerung folgerte daraus, daß er sich publizistisch wappnen und organisieren müsse, um sich zu behaupten. Hier lagen Anfänge eines politischen Selbstbewußtseins im deutschen Katholizismus, dessen Tradition sich im Jahre 1870 in der katholischen Partei des Zentrums verfestigte.

### *d) Parteibildungen in der Revolution von 1848/49*

Die hier beschriebenen fünf „Parteirichtungen" bieten Konturen für den politischen Meinungsstreit des Vormärz, sind jedoch letztlich idealtypische Abstraktionen. Die neueste Forschung ist aber unterhalb dieser Ebene der Ideengeschichte inzwischen tief in die vormärzlichen Kommunikationsnetze der entstehenden politischen Eliten vorgestoßen. Diese verständigten sich über ihre politischen Interessen auf regelmäßigen Zusammenkünften nach Art des Hallgartener Kreises, der sich in den 1840er Jahren auf dem Gut des badischen Abgeordneten Johann Adam von Itzstein im Rheingau einfand, auf Festen wie der Berliner Huldigungsfeier für Welcker (1841), in örtlichen Bürgergesellschaften, die zu verwandten Vereinigungen in anderen Städten selbst über weite Entfernungen – von Ostpreußen nach Baden oder ins Rheinland – Kontakt aufnahmen. Überdies eröffneten Regionaluntersuchungen wie etwa zum badischen Ettlingen oder württembergischen Esslingen, daß sich bereits in den zwei Jahrzehnten vor 1848 kommunale Beziehungsgeflechte aufgebaut hatten, die zur Bildung politischer Vereine im Revolutionsjahr nur aktiviert zu werden brauchten.

Im März 1848 herrschte dann erstmals in nationaler Weite Vereinsfreiheit; nur sie erlaubte die Bildung echter politischer Parteien in Deutschland. Wie bei der Presse ist auch bei den Vereinen die regionale Streuung beeindruckend; dabei begegneten auf örtlicher Ebene immer wieder die gleichen strukturellen Vorgänge, die bereits für die Freiheitskriege als Merkmale entstehender Parteien gekennzeichnet worden sind. Aus der unermeßlichen regionalen Vielfalt kristallisierten sich jedoch wieder jene fünf bekannten Hauptrichtungen heraus. Nun strebte jede von ihnen über ihre lokalen Anbindungen hinaus zu nationalen Dachverbänden.

Am stärksten zerfielen die Sammlungsversuche der *Arbeitervereinigungen*, die sich auf drei Organisationen verteilten: auf den sozialrevolutionären, früher weit überschätzten Marxschen „Bund der Kommunisten", der als Splittergruppe bald keine Rolle mehr spielte und sich im Mai 1848 auflöste, die Handwerker- und Gesellenbewegung sowie schließlich die

„Allgemeine Deutsche Arbeiterverbrüderung" unter der Leitung des Schriftsetzers Stephan Born.

Die *demokratischen Vereine* hatten sich als erste in den Apriltagen 1848 konstituiert und sich in der Phase, als die Revolution in die Defensive geriet, im November 1848 im sogenannten „Zentralmärzverein" zusammengeschlossen; damit bekundeten sie ihre Absicht, an den Prinzipien der Umgestaltung Deutschlands, wie sie die Märzforderungen vorzeichneten, festzuhalten. Dieser Zentralmärzverein war unter allen anderen politischen Organisationsbemühungen des Revolutionsjahrs einzigartig, weil er in konkreter politischer Arbeit Angehörige der Frankfurter Nationalversammlung und der Dachorganisation außerparlamentarischer demokratischer Vereine zusammenführte. Dieter Langewiesche erkannte in dieser Verbindung von Abgeordneten und Vereinsmitgliedern zu Recht die erste ausgebildete Partei in Deutschland.

Die Dachorganisation der *konstitutionellen, gemäßigt liberalen Vereine* schien im „Nationalen Verein" eine gleiche Tendenz zu verfolgen wie der Zentralmärzverein, blieb aber in ihrer politischen Tätigkeit kraftlos. Den Liberalen von 1848 war es schwergefallen, sich von der Notwendigkeit politischer Parteien in einem parlamentarischen System zu überzeugen. Denn sie hegten immer noch die im vormärzlichen Kammerliberalismus erworbene Hoffnung, ein echter Volksvertreter wirke nur für das Allgemeinwohl und meide jeden „Parteigeist", wie man abfällig sagte. Das Revolutionsjahr lehrte manchen Liberalen schmerzhaft, es könne auch Abgeordnete anderer politischer Ausrichung geben, die mit gleichem Recht das allgemeine Wohl zu erstreben beanspruchten, sofern dies auf dem Boden der Verfassung geschah.

Der *politische Katholizismus* sammelte sich in der Bewegung der „Pius-Vereine", die von Mainz aus Petitionsbewegungen und Organisationsbestrebungen der deutschen Katholiken leiteten und in dem seit 1848 stattfindenden Katholikentag ihr jährliches gemeinsames Forum fanden.

Die *konservativen Vereine,* in der jüngsten Forschung nachhaltig behandelt, hatten vor allem ihre Schwerpunkte in Preußen und Bayern, aber viele örtliche konstitutionelle Vereine standen deren Tendenzen keineswegs fern. Die konservativen Vereine gelangten nicht zu einer nationalen Dachorganisation, obwohl auch bei ihnen Versuche der Zentralisierung erkennbar waren, etwa im Umkreis des ersten Evangelischen Kirchentags in Wittenberg (21. bis 23. September 1848).

Die Lebhaftigkeit des Vereinswesens im Revolutionsjahr, vor allem wenn dessen regionale Ausprägungen bedacht werden, rechtfertigt das Urteil, daß breite Teile der Bevölkerung 1848 erstaunlich politikfähig waren, als sie ihre Erfahrungen aus dem vormärzlichen bürgerlichen, teilweise kryptopolitischen Vereinswesen nun ungehindert zur Geltung bringen konnten. Dabei bestätigte sich erneut die Beobachtung aus den Tagen des Frühkonstitutionalismus: Wo gewählte Parlamente bestehen, setzt unausweichlich ein Prozeß der Parteibildung ein. Nur gewaltsamer Eingriff von außen, etwa durch obrigkeitliche Verbote, kann ihn unterbrechen. Mitglieder der konservativen Parteien wie der engste Berater Friedrich Wilhelms IV., Ernst Ludwig von Gerlach, erkannten hellsichtig, wie unvermeidlich die Begründung politischer Parteien sei. Geradezu lehrbuchartig formulierte der Magdeburger Oberlandesgerichtsrat: „Die Bildung einer Partei hat den Zweck, alle Anhänger einer allgemein-grundsätzlichen politischen Richtung zu gemeinsamem Wirken zu vereinigen und hierdurch dieser Richtung den Sieg über abweichende zu verschaffen“.[180]

### *e) Zwischen Reaktion und Reichsgründung 1850–1871*

Gerade weil das Vereinswesen der politischen Betätigung während der Revolutionszeit als wirkungsvollste Plattform gedient hatte, strebten die nachrevolutionären Regierungen in Deutschland danach, es in den Jahren zwischen 1849 und 1852 durch Gesetze zu disziplinieren oder ganz zu unterdrücken. Nicht genug damit, erließ der Deutsche Bund am 13. Juli 1854 einen Beschluß zum Vereinswesen, dessen nähere Vorgeschichte noch im dunkeln liegt. Der wichtigste Satz in diesem Bundesbeschluß bezog sich auf politische Vereinsbildungen und lautet: „Jede Verbindung mit anderen Vereinen ist unstatthaft“. Er formulierte das sogenannte Affiliationsverbot. Wo es noch nicht geschehen war, mußten die Landesgesetzgebungen jetzt diese Regelung übernehmen, die es örtlichen Vereinen untersagte, Verbindungen zu Zweigvereinen – den Filialen – aufzunehmen oder sich gar einer nationalen Dachorganisation anzuschließen, wie es während der Revolutionszeit übliche Praxis geworden war. Dieses Affiliationsverbot blieb bis in das Kaiserreich hinein wirksam, nicht zuletzt auch zur Zeit des Sozialistengesetzes. Selbst in Perioden innenpolitischer Lockerung wie während der 1860er Jahre blieb es in den Einzelstaaten in Kraft, so daß die Entstehung der Arbeitervereine und Gewerkschaften von einer lebhaften Spitzel- und Überwachungstätigkeit örtlicher Polizeibehörden begleitet wurde. Ob in Hamburg, Preußen oder Bayern: die stets anwesenden Polizisten notierten minutiös die Verhandlungen einzelner Vereine und waren aufgrund des fortbestehenden Verbots, Zweigvereine zu bilden, jederzeit ermächtigt, einen solchen Verein aufzulösen, wenn er politische Absichten und die Tendenz zu erkennen gab, Verbindungen zu Filialvereinen zu knüpfen. Das dokumentieren für Bayern, Sachsen, Hamburg, Bremen, Württemberg oder Preußen – um nur einige zu nennen – entsprechende Polizeiakten in den Archiven. Für die Freie Stadt Hamburg ist auf diese Weise der reichhaltigste Archivbestand politisch-polizeilicher Tätigkeit überliefert.

Man kann fragen, wie das politische Vereinswesen der Revolutionszeit die Nationbildung befördern konnte, offenbarte sie doch eine zunehmende Zersplitterung der Gesellschaft in konkurrierende Interessengruppen. Das Wiederaufleben der Vereinstätigkeit nach dem Abklingen der Reaktion seit

1858 beweist schlagend, daß die einmal gemachte Erfahrung, als Deutsche demonstriert, publiziert, verhandelt und gestritten zu haben, sich nicht mehr auslöschen ließ, auch durch keine noch so modernen Polizeimethoden. In der Reaktionsdekade war wieder jener – aus Restauration und Vormärz bekannte – Mechanismus in Erscheinung getreten, daß nationale Wünsche in das Kleid ausländischer Befreiungsbewegungen gekleidet wurden.

Das nachhaltigste Signal ging diesmal von Italien aus. Denn der dortige Einigungskrieg löste heftige nationale Emotionen in Deutschland aus und trieb die 1849 unterdrückte Parteibildung wieder voran. In der Presse, auf Versammlungen, Abgeordnetentagen und politischen Festen formierten sich die Richtungen, und erneut schieden sich die Meinungen an der Frage der deutschen Einigung mit oder ohne Österreich. Nach dem Vorbild der italienischen „Società nationale“ konstituierte sich im Juli 1859 in Frankfurt am Main der „Deutsche Nationalverein“. Der Name war Programm und zielte auf ein Deutschland unter Preußens Führung. Die Großdeutschen begegneten diesem Vorstoß im Oktober 1862 mit der Gegengründung des „Deutschen Reformvereins“, gleichfalls in Frankfurt.

Alle großen nationalen Themen der 1860er Jahre gingen nun in die politischen Vereinsbildungen ein: die Schleswig-Holstein-Frage, der preußische Verfassungskonflikt, die Rolle Preußens im Österreichisch-Italienischen Krieg, der Dualismus zwischen der Habsburgermonarchie und Preußen, die Reformbedürftigkeit des Deutschen Bundes, der anbrechende Kulturkampf mit der katholischen Kirche. In den großen Dimensionen der deutschen Parteiengeschichte lag die Bedeutung der 1860er Jahre in dem Faktum, daß die Regierungen, voran die beiden deutschen Großmächte, von ihrem prinzipiellen Parteienvorbehalt abrückten. Preußen hatte das Eis gebrochen, indem es 1859 die Bildung des Deutschen Nationalvereins mit Zweigniederlassungen in ganz Deutschland guthieß. Es verletzte das Bundesrecht (Bundesvereinsbeschluß von 1854) und stellte die gesellschaftlichen Kräfte, die sich in Parteien organisierten, als willkommene Helfer in seinen Dienst. Damit war ein Handlungsspielraum eröffnet, in dem sich die fünf Hauptrichtungen wieder entfalteten.

Die *Liberalen und Demokraten* traten im Nationalverein anfangs gemeinsam auf. Konstitutionelle Liberale und republikorientierte Demokraten bezeichneten sich zunächst als „nationale Partei“; ihre neue Vereinigung verfügte über eine feste Organisation mit Satzung, eingeschriebenen Mitgliedern und Vorstand, aber ihr mangelte es an einem wichtigen Parteimerkmal: dem Willen, sich an Wahlen zu beteiligen. Sie wirkte als propagandistische Sammlungsbewegung.

Die Mitglieder des Deutschen Reformvereins kamen bevorzugt aus den deutschen Mittelstaaten, nahmen sich der katholischen Anliegen des Südens an und unterstützten die österreichische Bundesreformpolitik. Beiden nationalen Vereinigungen wird man nicht die liberale Grundrichtung absprechen können. Sie standen im Grunde für die „politische Konstituierung des deutschen Bürgertums“ (Shlomo Na’aman).

Den Übergang zur entwickelten Partei vollzog die „Deutsche Fortschrittspartei“; sie hatte ihr Gründungsprogramm am 6. Juni 1861 formuliert, um sich damit ein halbes Jahr später an den Wahlen zum Preußischen Abgeordnetenhaus zu beteiligen. Die Fortschrittspartei entwickelte sich zur parlamentarischen Truppe im Aufmarsch gegen die preußische Heeresreform. Doch die nationalen Erfolge Bismarcks in den Kriegen von 1864 und 1866 zerrissen diese Liberalen in zwei Flügel. Die „Nationalliberale Partei“ sah fortan in der Politik des preußischen Ministerpräsidenten die Garantie für liberale Reformen und nationale Einigung. Der demokratische Rest lebte zunächst als Fortschrittspartei weiter.

Es war typisch für die wiederbelebte Parteienlandschaft, daß sie über die Grenzen eines Einzelstaates hinausstrebte. Im deutschen Süden, wo der Reformverein stark verwurzelt war, bildeten sich auch Niederlassungen nach preußischem Muster, so etwa 1863 die „Deutsche Fortschrittspartei in Bayern“. Trotzdem ging es auch föderalistisch zu, wie die Spaltung des württembergischen Liberalismus zeigte, als sich am Dreikönigstag 1866 (6. Januar) die „Demokratische Partei“ ihr Programm gab und sich als „Deutsche Volkspartei“ bald auf ganz Süddeutschland ausdehnte. In Sachsen gründeten August Bebel und Wilhelm Liebknecht 1866 die „Sächsische Volkspartei“, die über Arbeiterbildungsvereine eine Allianz zwischen Arbeitern und Liberalen herstellen wollte.

*Die Arbeiterparteien* waren eine Antwort darauf, daß das Experiment mit den Arbeiterbildungsvereinen mißlang. Ob National- oder Reformverein, Fortschritts- oder Deutsche Volkspartei: die hier organisierten Liberalen und Demokraten repräsentierten die Elite von Bildung und Besitz, die Honoratioren. Der Unterschichten im „Vierten Stand“ nahm man sich in der Erwartung an, daß besitzlose Handwerker durch geeignete Bildung in den besitzenden kleinen Mittelstand gehoben werden könnten und die „Soziale Frage“ sich dadurch von selbst löse. Dieses vormärzliche, durch die entstehende industrielle Lohnarbeiterschaft widerlegte Gesellschaftsmodell traf durch die Agitation von Lassalle auf ein Gegenmodell. Er bezeichnete den „Vierten Stand“ als den letzten in der historischen Chronologie, als den Stand der Zukunft, der das eigentliche Volk verkörpere. In seiner weltgeschichtlichen Chronologie gehörten die beiden ersten Stände – Adel und Geistlichkeit – dem Mittelalter an, der bürgerliche Dritte Stand der Gegenwart, während sich dem Vierten Stand bereits die Morgenröte der Zukunft eröffnete.[181]

Lassalle gelang es, die in den Bildungsvereinen gebundenen Arbeiter für sich zu gewinnen. Sie ließen die Anschauung von der führenden Rolle des Bürgertums fallen und folgten dem Programm von der Herrschaft des

Arbeiterstandes, wie es in den Statuten des am 23. Mai 1863 gegründeten „Allgemeinen Deutschen Arbeiter-Vereins" (ADAV) niedergelegt war. Von Anfang an beanspruchte er, Arbeiterpartei zu sein, auch wenn er sich im Namen noch an den Nationalverein anlehnte.

Der Nationalverein reagierte mit einem Gegenangriff, indem er die bisher isoliert tätigen Arbeiterbildungsvereine in einer zentralen Organisation zusammenzog: im „Vereinstag Deutscher Arbeiter-Vereine" (VDAV). Der Nationalverein förderte ihn intellektuell und finanziell. Er wollte die Politisierung der Arbeiterbildungsvereine verhindern, bewirkte aber das Gegenteil: Seine Gegengründung entwickelte sich zu einer zweiten Arbeiterpartei, besonders seit dem Jahre 1867, als sie August Bebel zu ihrem Vorsitzenden gewählt hatte. Im Jahr darauf machte sich auch der Einfluß des bei Marx in London geschulten Wilhelm Liebknecht bemerkbar.

Mitglieder der Bebelschen Volkspartei, des VDAV und einige abtrünnige Mitglieder des ADAV hoben im Jahre 1869 auf dem Eisenacher Kongreß eine neue „Sozialdemokratische Arbeiterpartei" (SDAP) aus der Taufe. Die trotzdem noch fortbestehende Spaltung in zwei Arbeiterparteien der Anhänger Lassalles und Bebels endete erst im Jahre 1875 auf dem Vereinigungsparteitag in Gotha. Die dort entstandene „Sozialistische Arbeiterpartei Deutschlands" nahm offiziell erst 1891 den Namen „Sozialdemokratische Partei" an. Sie erblickte ihre Geburtsstunde im Jahre 1863. Binnen zwölf Jahren hatte sich eine für ganz Deutschland einheitliche sozialistische Arbeiterpartei konstituiert. Deutschland war in dieser Hinsicht keine „verspätete Nation", sondern unter den europäischen Staaten – etwa Frankreich oder Italien – führend.

Eine je besondere Form der Vereinigung stellten die entstehenden *Gewerkschaften und Genossenschaften* dar. Den aufkommenden Arbeiterparteien verwandt und doch von ihnen verschieden, erhielten sie einen bedeutenden Anteil bei der Neukorporierung der Gesellschaft im Bereich der Unterschichten und des Mittelstands. Bereits im Revolutionsjahr 1848 schwankte die „Allgemeine Deutsche Arbeiterverbrüderung" zwischen Interessenvertretung von Arbeitern und Arbeiterpartei. In den 1860er Jahren war es dann entschieden: Zwischen 1865 und 1869 bildeten sich die ersten gesamtdeutschen Berufsgewerkschaften aus. Dabei konkurrierten zwei einander ausschließende Konzepte: ein sozialreformerisches und ein sozialrevolutionäres. Anhänger Lassalles gründeten 1865 den „Allgemeinen Deutschen Zigarrenmacherverein"; ein Jahr später folgte der „Deutsche Buchdruckerverband". Als einzelne deutsche Staaten das für Arbeiter bestehende Koalitionsverbot aufhoben, begann der Aufbau von Gewerkschaften auf breiter Front. Der ADAV beschloß im Herbst 1868 die Bildung von „Arbeiterschaften".

Der VDAV trieb demgegenüber den Aufbau von „Internationalen Gewerksgenossenschaften" voran. Deren Vorbild war die Idee der Genossenschaft, wie sie seit 1848 der Politiker Hermann Schulze aus dem sächsischen Delitzsch propagiert hatte. Zum Konzept gehörten Selbsthilfe der Arbeiter, weil man staatlicher Sozialpolitik mißtraute, und der Aufbau von Kranken-, Begräbnis-, Invaliden- und Altersunterstützungskassen. Ihre Anhänger teilten als gemeinsames Prinzip die Auffassung, Arbeiter und Unternehmer seien grundsätzlich durch gemeinsame Interessen verbunden.

Der Magdeburger Kaufmann Max Hirsch, hervorgegangen aus der Fortschrittspartei und dem liberalen Flügel der Arbeiterbewegung, gründete nach seiner Bekanntschaft mit den englischen Trade Unions gemeinsam mit dem Berliner Abgeordneten Franz Duncker Gewerkvereine, die sich 1869 als Hirsch-Dunckersche Gewerkvereine gesamtdeutsch konstituierten. Ihre Doktrin von der Interessengemeinschaft zwischen Arbeitern und Unternehmern hinderte sie allerdings nicht daran, 1869 den Streik der Waldenburger Bergarbeiter im niederschlesischen Kohlerevier zu unterstützen. Der erfolglose Ausgang erschütterte die Bewegung so stark, daß sie sich fortan auf das Unterstützungswesen konzentrierte.

Der *politische Katholizismus* hatte gleichermaßen unter der Politik nach 1849 zu leiden. Die parteiähnlichen Strukturen der Pius-Vereine konnten sich nicht fortentwickeln. Immerhin blieben die seit 1848 stattfindenden Katholikentage als nationaler Sammelpunkt erhalten. Als einziges politisches Wirkungsfeld verblieb dem Katholizismus in der Reaktionsdekade die Arbeit in den Landtagsfraktionen. Im Preußischen Abgeordnetenhaus formierte er sich 1852 zu einer Katholischen Fraktion. Sie reagierte erbittert auf Erlasse des Kultusministers, welche die Volksmission der Jesuiten und das Studium preußischer Theologen am Collegium Germanicum in Rom einschränkten. Erinnerungen an den Kirchenstreit von 1837 wurden wach. 1859 gab sich diese Gruppe den Namen „Fraktion des Zentrums (Katholische Fraktion)“. In diesem wichtigen Schritt auf dem Weg zu einer politischen Partei lag zugleich als Programm, die Mitte zwischen den Extremen anzustreben und gegebenenfalls auch mit Konservativen oder Liberalen zu stimmen. Das Zentrum band unterschiedliche soziale Schichten an sich: Angehörige des westfälischen Adels, rheinische Kaufleute und Kleinbürger, Arbeiter und Bauern.

Vorläufer des Kulturkampfs provozierten in den süddeutschen Ländern die Gründung katholischer Parteien. Als die badische Regierung 1864 durch Gesetz die staatliche Schulaufsicht einführen wollte, löste sie heftigen kirchlichen Widerstand aus, der ein Jahr später in Heidelberg und kleineren Städten die Entstehung der „Katholischen Volkspartei“ vorantrieb. Ein ähnliches Gesetz führte 1869 in Bayern zur Bildung der „Bayerischen Patriotenpartei“.

Im Jahre 1870 mit der Verkündigung der Unfehlbarkeit des päpstliches Lehramts auf dem I. Vatikanischen Konzil verschärften sich die konfessionellen Gegensätze allenthalben in Deutschland. Im Dezember 1870 bildete sich in Preußen – im Abgeordnetenhaus und im Reichstag – die Zentrumsfraktion. Sie verfügte im Gegensatz zu modernen Parteien über keine eigene Parteiorganisation, sondern stützte sich für ihre Öffentlichkeitsarbeit auf katholische Vereine, den Klerus und die Katholikentage.

Auch die *Konservativen* hatten bereits im Sommer 1848 zu eigener Vereinsorganisation angesetzt. In Preußen versammelten sie sich um die Berliner „Neue Preußische Zeitung" – die sogenannte „Kreuzzeitung". Während der Reaktionsdekade vereinte sich eine Gruppe liberal-konservativer Abgeordneter um das „Preußische Wochenblatt". Diese „Wochenblatt-Partei" bejahte – im Gegensatz zu ihren altständischen Vorläufern – grundsätzlich die preußische Verfassung und protestierte lebhaft gegen die 1851 verfassungswidrig restaurierten alten Provinzialstände. Deshalb stellte ihr die politische Polizei mehrfach nach. Zur Zeit der „Neuen Ära" entstammten einige der Minister ihren Reihen.

Die Entfremdung zwischen altständischen und konstitutionellen Konservativen endete in einer Spaltung, vergleichbar der Trennung der Liberalen. Denn Bismarcks Verfassungs- und Einigungspolitik rief auch unter den Konservativen schwere Konflikte hervor. Der Kreis um die „Kreuzzeitung" befürwortete eine Politik gemeinsam mit Österreich. Die nationale kleindeutsche Politik, verbunden mit der Annexion souveräner Herrscherhäuser in Norddeutschland, erschien ihnen als Bruch mit den Prinzipien der Legitimität und des Bundesrechts. Sie lebten in dem Dilemma, sich im Parteienstaat Regeln unterwerfen zu müssen, obwohl sie ihn eigentlich ablehnten und beseitigen wollten.

Diejenigen Konservativen, die sich hinter Bismarck stellten, schlossen sich im Juli 1866 zur „Freikonservativen Partei" zusammen. Man kann sie als Fortsetzung der „Wochenblatt-Partei" betrachten. Ihr gehörten hohe Beamte an, die zwischen Regierung und Nationalliberalen vermittelten und oft für die entscheidende Mehrheit sorgten. Im Deutschen Reichstag ab 1871 nahmen sie den Namen „Deutsche Reichspartei" an, während die sogenannten Altkonservativen weiterhin gegen Bismarcks Politik opponierten. Aber auch sie mußten sich den Spielregeln des modernen Parteienstaats unterwerfen, so daß sie sich mit der Reichsgründung abfanden und 1876 die „Deutsche Konservative Partei" gründeten. Sie stießen aber auf die Konkurrenz anderer Kräfte: in katholischen Gegenden auf das Zentrum, in Südwestdeutschland gar auf die Nationalliberalen. Deshalb blieben sie im wesentlichen auf das Deutschland östlich der Elbe beschränkt. Sie bedurften keiner eigenen Organisation, denn sie stützten sich auf die Kriegerverbände und teilweise auf die protestantische Kirche. Die Partei dominierte beim Adel am Hof, im Militär und in der Verwaltung.

Um 1870 war das ursprünglich während des Vormärz nur in Richtungen faßbare „Fünfparteiensystem" voll ausgebildet und bestimmte fortan die

Politik des Kaiserreichs mit; es teilte sich in sozialistische Arbeiterbewegung, Linksliberale (früher Demokraten), Nationalliberale, Zentrum und Konservative (gespalten in Frei- und Deutschkonservative). Das qualitativ Neue zu Ende der hier umrissenen Epoche lag in der prinzipiellen Toleranz politischer Parteien. Sie erhielten zwar keinen Verfassungsrang – das geschah erst mit dem Grundgesetz der Bundesrepublik Deutschland –, aber sie hatten doch ein rechtliches Fundament errungen. Das Wahlgesetz des Norddeutschen Bundes von 1869, das vom Deutschen Reich übernommen wurde, nahm immerhin Notiz von den Parteien, wenn es ausdrücklich erlaubte, Wahlvereine zu bilden. Es lautete: „Die Wahlberechtigten haben das Recht, zum Betrieb der den Reichstag betreffenden Wahlangelegenheiten Vereine zu bilden und in geschlossenen Räumen unbewaffnet öffentliche [!] Versammlungen zu veranstalten".[182]

Wie man den Stand des Parteiwesens zur Reichsgründungszeit bewertet, hängt maßgebend vom Urteil über das Tempo in der deutschen Parteiengeschichte ab. Vom Alten Reich her gesehen, stellt sie sich dar als eine Folge staatlich bewirkter Verhinderungen und – revolutionär erzwungener – vorübergehender Konzessionen, bis in die 1860er Jahre hinein. Das war Verzögerung und vereitelte die Entstehung eines auf Parteien fußenden Parlamentarismus, aber zugleich auch das Zusammenwachsen als Nation, wie die mehrfach gescheiterten, hier beschriebenen Anläufe der politischen Vereine zu nationalem Zusammenschluß seit 1813 bewiesen. Die Verzögerung provozierte zugleich die Überstürzung, als in den 1860er Jahren die Parteibildung lebhaft wieder einsetzte. Die nun ablaufenden Polarisierungen und Spaltungsprozesse haben zweifellos den „Übergang von einer breiten Volkspolitik zu einer Klassenpolitik beschleunigt" (Gerhard A. Ritter).[183]

# VII. Kultur: das Ringen um Glauben, Wissen und Tradition

Die Kultur in Deutschland während des 19. Jahrhunderts war ebenso vielgestaltig wie die föderative Staatenwelt mit ihren vielen kleinen und großen Residenzen. Jede für sich war ein Mittelpunkt der Literatur, Musik, Bildung und Wissenschaft oder wollte es jedenfalls darstellen, auch wenn keine an den „Musenhof von Weimar" heranreichte. Außenstehenden wurde diese Eigenart deutschen kulturellen Lebens besonders deutlich bewußt, vor allem im vergleichenden Blick auf das Nachbarland Frankreich mit seinem alles überstrahlenden Zentrum Paris. Die Tochter eines Schweizer Bankiers, des ersten bürgerlichen Finanzministers unter Ludwig XVI., Jacques Necker, hat als eine solche Beobachterin von außen das kulturelle Deutschland zu Beginn des 19. Jahrhunderts beschrieben: Germaine de Staël-Holstein prägte in ihrem 1810 fertiggestellten Buch „De l'Allemagne" das Wort vom „Vaterland des Denkens"; das war nicht beiläufig dahingesagt, sondern rührte aus Erfahrungen, die sie einmal in einem Erlebnis veranschaulichte: „Ich habe Wirtsleute und Torschreiber kennengelernt, welche die französische Literatur kannten. In Dörfern sogar findet man Leute, die im Griechischen und Lateinischen unterrichten könnten. Keine noch so kleine Stadt, die nicht eine beträchtliche Bibliothek hätte".[184] In Paris sei „die Elite des Reichs" vereinigt, aber: „Da die ausgezeichnetsten Männer Deutschlands nicht in einer und derselben Stadt versammelt sind, so sehen sie sich beinahe gar nicht und stehen nur durch ihre Schriften miteinander in Verbindung; jeder tummelt sich in der eigenen Bahn und entdeckt in der großen Region des Altertums, der Metaphysik und Wissenschaft unaufhörlich neue Gegenden".[185] Daraus sprach jener kulturelle Föderalismus, der so viele Energien freisetzte und so manchem Dichter, Denker und Künstler einen Broterwerb sicherte. Es ist nun demgegenüber aufregend zu beobachten, wie aus dieser Vielheit heraus kulturelle Annäherungen erfolgten, die den Weg zur Staatsnation ebneten.

## 1. Erziehung in Schulen, Bildung in Universitäten

Auch in der Entwicklung von Bildung und Erziehung bedeutete der Übergang ins 19. Jahrhundert eine Epochenschwelle. Man sprach gar von einer „kopernikanischen Wende", von der an der „epochale Prozeß des Beschulens" begann. Wie Bildung als Ausbildung universal zu werden strebte, läßt sich in der Tat in der Ära bis zur Reichsgründung 1871 nachvollziehen, und dies auf fundamentale Weise in der Entwicklung des Volksschulwesens. Hier ist es hilfreich, sich vergleichend und in gewissermaßen idealtypischer Weise das überkommene Schulwesen, wie es sich noch im 18. Jahrhundert darbot, und die in Bewegung geratenen „modernen“ Erziehungsverhältnisse gegenüberzustellen.[186]

### *a) Schulen*

Die alte Erziehungswelt vereinte folgende Merkmale: Es bestand noch keine allgemeine Schulpflicht, so daß nur verhältnismäßig wenige Menschen lesen konnten. Die Schule als eigenständige Einrichtung war noch schwach entwickelt; Schüler wurden ungetrennt nach Altersstufen unterrichtet; ein pädagogisch-didaktischer Plan war die Ausnahme, das einfache „Schulehalten“ die Regel. Lehrer übten ihre Beschäftigung ohne eine spezifische Vorbildung, waren schlecht besoldet und meist auf einen Nebenerwerb angewiesen. Im Mittelpunkt des Unterrichts standen religiöse Inhalte; das Schulwesen befand sich weitgehend in kirchlicher Hand, unterlag der sogenannten „geistlichen Schulaufsicht“. Die Ausbildung orientierte sich an ständischen Mustern, vermittelt in speziellen Bauern-, Bürger- und Gelehrtenschulen. Nur in Ausnahmen gelang es, mit Hilfe von Bildung die ständischen Schranken zu überwinden. Beispiele aus dem Leben wie Jung-Stilling oder aus der Literatur wie Karl Philipp Moritz' Romanfigur „Anton Reiser“ erregten als etwas Besonderes das Aufsehen der Zeitgenossen. Während die Schriftkultur vorwiegend ein Elitenphänomen war, herrschte in der breiten Bevölkerung die mündliche, auf den lokalen Horizont begrenzte Kommunikation vor. Nur extreme historische Umstände wie beispielsweise die Freiheitskriege vermochten beide Sphären einander anzunähern.

Die ersten zwei Drittel des 19. Jahrhunderts brachten jene Veränderungen, die es rechtfertigen, von einem fundamentalen Wandel und zugleich von einer zusammenhängenden Entwicklung zu sprechen, die alle deutschen Staaten erfaßte, wenn auch in Preußen die Dynamik besonders ausgeprägt war: Allgemeine Schulpflicht und Alphabetisierung der gesamten Bevölkerung wurden zum Richtmaß aller öffentlichen Erziehung, deren sich nun der Staat, mit kirchlichen Institutionen konkurrierend und sie zurückdrängend, immer mehr annahm. Die Städte erhielten solche Erziehungsanstalten, daß man nun von einem Schulsystem sprechen konnte. Schule wurde selbst auf dem flachen Land, wenn auch mit beträchtlicher zeitlicher Verzögerung, eine dauerhafte Einrichtung. Mehr und mehr unterschied man nach Altersklassen, während sich die Gliederung nach Jahrgangsklassen erst in der Zeit des Kaiserreichs vollends durchsetzte. Was Unterrichten sei und solle, wurde Thema kritischer Reflexion; vor allem eine geregelte Lehrerausbildung beförderte derartige Überlegungen zu Didaktik und Lehrplänen. Mit der wachsenden Zahl der Lehrerseminare verwandelte sich das nebenberufliche Unterrichten zu einem vollgültigen Beruf mit eigenem Ethos. Die Lehrer begannen, sich als Stand oder moderner: als

Berufsstand zu verstehen und zu organisieren; ungeachtet aller staatlichen Versuche, sich die Lehrer botmäßig zu machen, erkämpfte die wachsende Lehrerbewegung auch für sich die zeittypischen Formen der Interessenvertretung, nämlich Vereine, Fachzeitschriften und Petitionen an Landtage, Regierungen und in der Revolution 1848 massiv auch an die Frankfurter Nationalversammlung. Ihre Krönung fanden die verschiedenen Organisationsversuche 1871 im Zusammenschluß zum Deutschen Lehrerverein.

Wie in anderen Bereichen ist es auch für das Elementarschulwesen kennzeichnend, daß zwischen 1806 und 1871 beide hier idealtypisch geschilderten Bildungsstadien teilweise noch nebeneinanderher bestanden und miteinander rangen. Ungleichzeitigkeiten im selben Jahrhundert springen auch zwischen den einzelnen deutschen Bundesstaaten in die Augen. Was man als Defizite der preußischen Bildungspolitik im 19. Jahrhundert kritisiert hat, kann man geradezu beispielhaft auch als Zeugnis dafür nehmen, wie Traditionales und Neues eine Zeitlang nebeneinanderher existierten. Es wurde beanstandet, das Schulwesen auf dem Land hinke der Entwicklung in den Städten um fünfzig Jahre hinterher, weil dort an der einklassigen Dorfschule und überkommenen Schulverfassung festgehalten wurde. Staatliche Kontrolle reichte nicht aus, um zu jeder Jahreszeit, auch etwa zur Ernte, den regelmäßigen Schulbesuch durchzusetzen, so daß die Landbevölkerung in der Lesefähigkeit zurückgeblieben war. Schlechte Lehrergehälter machten vielfach die Nebenbeschäftigungen noch unentbehrlich, gar nicht zu reden von der Sorge um das Alter angesichts kärglicher Pensionen, Witwen- und Waisenversorgung. Die Lehrinhalte waren noch lange religiös und von den Idealen des Obrigkeitsstaates durchsetzt. Überhaupt waren Schulen nicht in den Prozeß gesellschaftlicher Demokratisierung hineingezogen, sondern statt dessen lediglich zum Objekt der Verwaltung reduziert worden.

Neue Untersuchungen haben gezeigt, daß sich das Volksschulwesen keineswegs passiv am Gängelband staatlicher Instruktionen entwickelte. Im Gegenteil gingen aus dem Bildungswesen, dessen Grundlagen der Staat zweifellos verbesserte, eigenständige Impulse hervor, die ihrerseits wiederum kritisch auf staatliche Behörden einzuwirken versuchten. Augenfällig wurde das an der politisierten Lehrerbewegung, sogar an den Schulbehörden, deren Beamte vom theologischen Rationalismus geprägt waren, aber auch an der Gestaltung von Lehrbüchern und nicht zuletzt in Initiativen, die von kommunaler Seite aus an die Schulen gerichtet wurden. Beim genauen Hinsehen löst sich die *Volksschule* in ein buntes Bündel von Spielarten auf, von der einklassigen Landschule über die Armenschulen der Städte bis hin zu mittleren oder höheren Volksschulen mit mehreren Klassen. In größeren Städten existierten bereits zu Beginn des 19. Jahrhunderts Schultypen, die sich nach verschiedenen gesellschaftlichen Schichten gliederten.

Am sichtbarsten zeigte sich seit 1806 in Preußen die staatliche Reformpolitik des Volksschulwesens in der Einrichtung sogenannter Lehrerseminare, in denen die künftigen Lehrer durch einen speziellen Unterricht auf ihren Beruf vorbereitet wurden. Man kann den Ausbau dieses Systems der Studienseminare geradezu als Indikator für die Ausweitung der Volksschulbildung werten. 1806 existierten in der gesamten preußischen Monarchie elf solcher Seminare, 1819 waren es 24, 1840 bereits 38. Die 1840er und 1850er Jahre, die Revolution überspannend, stellten demgegenüber eine Phase bildungspolitischer Stagnation dar, die auch das Attribut der „dunklen Mitte" erhalten hat; Sorgen vor der Politisierung der Lehrer mochten vor und nach der Revolution einen beträchtlichen Anteil daran gehabt haben. 1848 zählte man 42 Lehrerseminare, 1860 47, ein Jahr nach der Reichsgründung aber 64.[187] Die Zahl der jährlich ausgebildeten Seminaristen wuchs von 1800 (1822) auf 4786 (1870). Das hieß nun nicht, alle neueingestellten Lehrer seien ausschließlich aus den Seminaren gekommen; um 1860 verfügten erst zwei Drittel der Lehrer über eine abgeschlossene Seminarausbildung.

Wie auch immer, die Früchte der staatlichen Bemühungen waren unübersehbar; Schulpflicht und besser ausgebildete Lehrer ließen den bereits beschriebenen Alphabetisierungsgrad in der Bevölkerung steigen. Fragt man nach den Bedingungen, die eine hohe Alphabetisierung begünstigten, stößt man auf große Bevölkerungsdichte, fortgeschrittene Urbanisierung, ausgewogene Eigentumsverhältnisse, ausgebreitetes Handwerk, Vorwiegen des Protestantismus, fehlende gemischtsprachige Besiedlung; Alphabetisierung wurde behindert oder verzögert in den vorwiegend agrarischen Regionen mit Großgrundbesitz, geringer Bevölkerungsdichte und wenig Städten, dazuhin mit einem hohen Anteil von Polen und Katholiken. Freilich wird man sich hüten müssen, voreilig einen Zusammenhang zwischen Konfession und Lesefähigkeit herzustellen.

Man darf nicht den europäischen Entwicklungsstandard außer acht lassen; im Vergleich zu Frankreich oder England konstatierten schon die Zeitgenossen einen „Vorsprung Preußens". Die „Edinburgh Review" schrieb gar im Jahre 1833: „We English people are the lowest, the German people the highest in the scale of knowledge", und sie war damit nicht die einzige.[188]

Immer wieder versuchte die preußische Regierung, über Vorschriften für die Seminare staatsloyale Volksschullehrer auszubilden. Einen Höhepunkt erreichte diese Politik durch die Erziehungsdekrete, welche der preußische Referent im Kultusministerium Ferdinand Stiehl für die Volksschulen entworfen hatte; sie bekämpften seit 1854 die angeblich einseitige Verstandesbildung und unterwarfen die Volksschullehrer wieder der alten geistlichen Schulaufsicht. Diese Regulative blieben bis 1872 in Kraft und entsprachen ähnlichen bildungspolitischen Tendenzen der anderen deutschen Staaten dieser Zeit.

Es ist kennzeichnend für die Widersprüchlichkeit der Entwicklung, daß sich ungeachtet der disziplinierenden Schulpolitik die Lage der Lehrer, nicht zuletzt ihre Bezahlung, verbesserte. Letztlich erwies sich das Bildungskonzept, die breite Masse der Bevölkerung auf einem minimalen Ausbildungsstandard der Volksschulen halten zu wollen, als kraftlos und unzeitgemäß. Die gesellschaftliche Entwicklung, an der auch der Staat partizipieren mußte, forderte rationale Lerninhalte und Leistungsorientierungen, so daß die staatliche Seminarpolitik mit den neuen „Allgemeinen Bestimmungen“ von 1872 dem Rechnung trug: Der Religionsunterricht wurde verringert, die Realien erhielten breiteren Raum, und es war nun möglich, wahlweise eine Fremdsprache, in der Regel Französisch, zu lernen.

Im Bereich von Erziehung und Bildung herrschten alte Ansprüche der Kirchen. Diese waren zwangsläufig betroffen, als die Staaten sich im 19. Jahrhundert des Ausbildungswesens bemächtigten. Größten Einfluß besaßen die Kirchen noch im Elementarschulwesen. Beim Typ der traditionellen Kirchengemeindeschule war der Lehrer auf Zeit gedungen, beaufsichtigt vom Ortsgeistlichen. Er arbeitete in der einklassigen Volksschule, die als Konfessionsschule auf dem Land die Regel war. Die Kinder lernten lesen, schreiben, rechnen und vor allem Christen- und Tugendlehre. Sie wuchsen so in die bäuerliche oder handwerkliche Lebensweise hinein, und das oft nur im Winter, weil sie im Sommer in Landwirtschaft oder Gewerbe mitzuarbeiten hatten.

Die Ausbildung der Elementarschullehrer war miserabel; bezahlt wurden sie auf dem Niveau eines Tagelöhners, so daß sie auf Nebentätigkeiten angewiesen waren, als Kirchendiener (Mesner), in der Landwirtschaft oder bei Privatunterricht in den Städten. Wilhelm Raabe hat das besondere Dilemma eines solchen Volksschullehrers plastisch geschildert. In der „Chronik der Sperlingsgasse“ ersteht in der Person Otto Roders das Bild eines Schulmeisters, der sich als „der junge Gelehrte“ begreift, den „die Gespenster: Lebensnot und Zweifel und vergebliches Streben“ verfolgen, der mit seinem „Wissensdrang“ schließlich doch nur „in ein kleines abgelegenes Walddorf oder an die Armenschule einer großen Stadt“ verschlagen wird. Der Armenschullehrer Silberlöffel in dem Roman „Der Hungerpastor“ spiegelt diesen nach Emanzipation drängenden Volksschullehrer wider, der dem Druck seiner elenden Lebensumstände schließlich erliegt. Riehl schloß neben Journalisten und Literaten auch diese aufstiegsorientierten, aber karrieregehemmten Lehrer in seine „Proletarier der Geistesarbeit“ ein.

Seit dem Beginn des 19. Jahrhunderts versuchten die deutschen Staaten, voran Preußen und Bayern, dieses Schulwesen auszubauen, zu verbessern und zu verstaatlichen. Schulpflicht sollte gelten. Bayern begründete bereits 1809 staatliche Lehrerseminare. Ein Mindestmaß an Professionalität verdrängte den alten autodidaktischen Schulmeister. Es dauerte aber noch über 1848 hinaus, bis in der Praxis die Aufsicht der Geistlichen schwand und die Elementarlehrer auch zu Staatsdienern und damit nach Bezahlung und Prestige angehoben wurden. Seit den 1840er Jahren kämpften Lehrervereine darum.

Eine tiefe Kluft lag zwischen dem elementaren und dem höheren Schulwesen. Das höhere Schulwesen des 19. Jahrhunderts in Deutschland war durch das preußische Vorbild geprägt, wie es in der Reformzeit seit 1806 ausgebildet worden war, genauer gesagt in der Süvernschen Gymnasialordnung von 1812. Danach wurde das humanistische Gymnasium zum Regeltyp. Man versprach sich von dem Rückgriff auf die Antike eine allgemeine, umfassende Bildung, die im Medium der alten Sprachen zu erwerben sei. Der Unterrichtskanon sah vor: Latein, Griechisch, Deutsch und Mathematik. Die Ausbildung sollte nicht zweckbezogen sein; auf das bürgerliche Berufsleben hingegen sollten Fachschulen vorbereiten. Der Gymnasiallehrer war in erster Linie Philologe. 1834 führte Preußen das Abitur als einzig zulässige Qualifikation für das Universitätsstudium ein. Das Abitur wurde zum Eintrittsbillet in die höheren Ränge der Bildungsschicht, und Bildung führte nach damaliger liberaler Anschauung zum gesellschaftlichen Aufstieg, war das Vehikel auch der wenig Bemittelten zur Emanzipation.

Dieses deutsche humanistische Gymnasium stand jenseits der Naturwissenschaften. Bildung verengte sich auf literarisch-historische Kultur. Es beförderte „die Trennung von zwei Kulturen in der modernen Welt",[189] den Gegensatz von humanistischer Bildung einerseits, Technik, Wirtschaft, Industrie und Naturwissenschaft andererseits.

Die Entwicklung des Gymnasiums verkörpert zugleich ein Stück Sozialgeschichte des Bürgertums. Denn es setzte von seinen Lehrinhalten her allgemeine, nationalweit gültige Maßstäbe und Denkgewohnheiten; es bildete das Bewußtsein einer nationalen Bürgerschicht. Die Träger dieser Ausbildung, die Gymnasiallehrer, formten sich zu einer Gruppe mit elitärem Standesbewußtsein, das sich auf akademische Bildung, ein angesehenes Beamtenverhältnis und fortdauernde wissenschaftliche Tätigkeit stützte.

Eine Trennlinie im deutschen Bürgertum offenbarte sich zwischen der beamteten und der freiberuflichen Bildung. Die Gymnasiallehrer grenzten sich statusbewußt ab von der freiberuflichen Intelligenz, vom mittleren Wirtschaftsbürgertum, entschieden auch vom Volksschullehrer. Das Gymnasium schuf einen neuen Stand der Gebildeten sowohl in Gestalt seiner Lehrer als auch der Schüler. Bildung wurde zugleich Chance sozialen Aufstiegs und Werkzeug sozialer Abgrenzung.

Auf die Dauer ließ sich das Bedürfnis nach berufsbezogenen Ausbildungsstätten aber nicht übergehen. Oftmals ergriffen wirtschaftlich aktive Bürger, Kaufmannskorporationen und Handelskammern in handels- und industriereichen Städten die Initiative: Sie gründeten kommunale Real- und Mittelschulen. Seit den 1820er Jahren entstanden Gewerbeschulen. In Hohenheim bei Stuttgart wurde 1818 eine landwirtschaftliche Fachschule gegründet, in Berlin 1821 ein Gewerbeinstitut zur Ausbildung von Technikern eingerichtet, in München 1827. Diese Bildungsinstitutionen wurden auf Hochschulebene ergänzt durch sogenannte Polytechnische Institute, zuerst 1815 in Graz und Wien, dann 1825 in Karlsruhe. Man wird die Dimensionen dieser staatlichen Ausbildungsförderung für das Gewerbe nicht überschätzen dürfen, blickt man etwa auf das Berliner Gewerbeinstitut, das zwischen 1820 und 1850 rund hundert Schüler besucht hatten; solche bescheidenen Anstrengungen haben „die wachsende Entfremdung zwischen dem Verwaltungsstaat und dem liberalen Wirtschaftsbürgertum im Vormärz nicht verhindert" (Karl-Georg Faber).[190]

### *b) Universitäten und Wissenschaften*

In der Umbruchphase zu Beginn des 19. Jahrhunderts erlebten die Universitäten gleichfalls einen grundlegenden Wandel. Zuvor waren sie korporativ organisierte und schulmäßig ausbildende Anstalten. Sie leisteten ihre traditionelle Aufgabe, Staatsbeamte auszubilden: Juristen, Theologen, Ärzte und die neu hinzukommenden Gymnasiallehrer. Wie beim Gymnasialwesen schlug sich auch im Universitätsbereich das neuhumanistische Bildungsideal nieder. Die Universitäten wandelten sich zu wissenschaftlichen Bildungsanstalten. Zweckfreie Forschung erschien erstrebenswert. Die alte Philosophische Fakultät – bisher nur ein Propädeutikum – wurde eine voll- und gleichberechtigte Fakultät. In ihr dominierten die historisch-philologischen Fächer. Die Naturwissenschaften, die ja aus der Philosophischen Fakultät hervorgingen, gewannen erst in der zweiten Hälfte des 19. Jahrhunderts mehr Gewicht.

Der Reformschub im Universitätsbereich zeigte sich in der ansehnlichen Zahl an Neu- oder Wiedergründungen: 1810 in Berlin; 1811 in Breslau; 1818 in Bonn; 1806 Reaktivierung der verfallenen Universität Heidelberg, 1811 Reform in Tübingen; 1826 schließlich Verlegung der alten bayerischen Universität Ingolstadt-Landshut nach München.

Auch hier lohnt der – von Madame de Staël beobachtete – deutsche Föderalismus ein genaueres Hinsehen. Wieviele Universitäten gab es eigentlich, und in welchen Ländern befanden sie sich? Im Jahre 1789 zählte das Alte Reich – auf dem Territorium des späteren Kaiserreichs von 1871 – 35 Hochschulen. Vierzig Prozent der damals 7900 Studenten konzentrierten sich auf Halle, Göttingen, Jena und Leipzig, der Rest verteilte sich – im Durchschnitt jeweils 150 Studenten – auf die übrigen Universitäten.[191] Der Zusammenbruch des Reiches, die napoleonische Ära und die Neubildung der deutschen Staatenwelt verringerten die Zahl um rund die Hälfte: auf neunzehn Universitäten, die dann das 19. Jahrhundert über Bestand hatten und um 1870 schließlich etwas über 13 000 Studenten ausbildeten.

Im Königreich Preußen allein schon lagen sechs (Berlin, Bonn, Breslau, Greifswald, Halle, Königsberg), im Königreich Bayern drei (Erlangen, München, Würzburg), im Großherzogtum Baden zwei (Freiburg, Heidelberg), in den übrigen Staaten jeweils eine, nämlich im Königreich Hannover (Göttingen), Königreich Sachsen (Leipzig), Königreich Württemberg (Tübingen), Großherzogtum Hessen (Gießen), in Kurhessen (Marburg), im Großherzogtum Sachsen-Weimar-Eisenach (Jena), Großherzogtum Mecklenburg-Schwerin (Rostock) und als besonderem Bundesmitglied im Königreich Dänemark (Kiel).[192]

In den Jahren zwischen 1800 und 1871 veränderten sich die deutschen Universitäten radikal „in ihrer Struktur, ihrer Bildungsphilosophie und gesellschaftlichen Funktion" (R. Steven Turner). Nach 1815 gerieten sie im Zusammenhang mit den entstehenden Burschenschaften und den Demagogenverfolgungen in das Visier staatlicher Behörden, die schließlich durch eine Reihe von Bundesbeschlüssen seit 1819 die Tätigkeit der Professoren und Studenten zu disziplinieren und zu überwachen versuchten. Spektakuläre Aktionen wie Johann Gottlieb Fichtes „Reden an die deutsche Nation" im Jahre 1808, der Aufruf des Leipziger Professors Wilhelm Traugott Krug im Jahre 1821, sich als Philhellene am Befreiungskampf der Griechen zu beteiligen oder der Protest der Göttinger Sieben im Jahre 1837 gegen den Verfassungsbruch des Landesfürsten prägten das Bild des deutschen „politischen Professors", der in Ermangelung freier Parlamente vor der Öffentlichkeit freimütig für die deutsche Nation das Wort ergriff.

Den Vormärz beherrschte der Antagonismus zwischen Staat und Hochschule; nach 1848/49 wurde er noch einmal kurzzeitig für zehn Jahre wiederbelebt, als politische Professoren des Revolutionsjahrs ihre Ämter verloren, anderen Verfolgungen ausgesetzt waren oder sich das freie Wort versagen mußten. Doch erlebten die Universitäten seit der zweiten Jahrhunderthälfte einen tieferliegenden Strukturwandel, der das ursprüngliche Spannungsverhältnis zum Staat lockerte. Die positiven Wissenschaften weiteten sich aus und spezialisierten sich zugleich; Geistes-, Natur- und technische Wissenschaften fanden neue Standorte im akademischen Kosmos: Die einen orientierten sich stärker an der Lehrer- und Berufsausbildung, die anderen am Ausbau der experimentellen Naturwissenschaften, sich darin von den philosophischen Fakultäten abgrenzend.

Auch wuchs die Konkurrenz außeruniversitärer Forschungsinstitute, Handels- und Technischer Hochschulen sowie verschiedener Akademietypen. Wissenschaftliches Arbeiten vollzog sich in neuen organisatorischen Formen: in Instituten, Seminaren, Kliniken und Sozietäten. Alles das absorbierte bei den Gelehrten Kräfte, die sie zuvor für ihre Beschäftigung mit allgemeinen politischen Angelegenheiten noch entbehren konnten. Sie gerieten in ein verzweigteres Kommunikationsnetz, das zugleich mehr Geld kostete. Die Staaten beschränkten sich mehr und mehr darauf, die rapide wachsenden materiellen Mittel bereitzustellen sowie in der Verwaltung und technischen Planung beizustehen. Wo vor 1848 noch Wissenschaftszensur vorkam, erwies sich in der zweiten Hälfte des 19. Jahrhunderts die mittelbare Förderung auf dem Wege der Wissenschaftspolitik als der geeignetere Weg. Die Konflikte verlagerten sich von der Verteidigung der Wissenschaftsfreiheit zum Ringen um die verfügbaren Finanzmittel für Ausstattungen und Personen. Im Laufe des Jahrhunderts verwandelten sich die Universitäten – idealtypisch gesprochen – von der überschaubaren „universitas litterarum" zum anonymen „Großbetrieb", wie ihn Adolph von Harnack bereits zu Ende des Jahrhunderts auf den Begriff gebracht hat.

Damit verlor der ehemalige politische Professor, der als Sachwalter eines überparteilichen Auftrags von Wissenschaft angetreten war, seinen scharf umrissenen Adressatenkreis. Er konnte nicht mehr beanspruchen, als Wortführer einer homogen gedachten „öffentlichen Meinung" für „das Recht", „die Verfassung" und „die Nation" aufzutreten. Auch die Wissenschaft geriet unter den gewandelten gesellschaftlichen Bedingungen in den Sog des Pluralismus konkurrierender Kräfte, wobei die Frage der „wertfreien Wissenschaft" den Diskussionen im Kaiserreich vorbehalten blieb.

Während die Universitäten der außerösterreichischen Länder untereinander konkurrierten, existierte in der Habsburgermonarchie schon seit dem frühen 17. Jahrhundert eine geschlossene Landeshoheit, die Lehrplan, Verfassung und Ausbau der Hochschulen koordinierte. Seit den Reformen Wilhelm von Humboldts in Preußen wurde die Autonomie der Universität gegenüber dem Staat als Ideal auch in vielen anderen deutschen Bundesstaaten propagiert und in akademischen Selbstverwaltungsrechten verankert. Die Wissenschaft in Österreich befand sich demgegenüber in stärkerer staatlicher Abhängigkeit. Das Ziel einer „Verstaatlichungspolitik" (Turner) seit dem Reformabsolutismus bestand darin, den barocken Ständestaat durch aufgeklärte, akademisch ausgebildete Beamte zu überwinden. Wegen ihrer Berufsorientierung waren viele Universitäten (Innsbruck, Graz, Olmütz, Krakau, Lemberg) zu Lyzeen herabgestuft worden. Erst im Laufe des Vormärz und der Universitätsreformen um 1848 erhielten sie ihren alten Status teilweise wieder zurück. Nur Wien und Prag blieben ohne Unterbrechung in ihrem Rang erhalten. Gerade im Bereich der philosophischen Fakultäten vergrößerte sich der Abstand zu den Wissenschaften im übrigen Deutschland. Erst in der zweiten Hälfte des 19. Jahrhunderts öffneten sich die österreichischen Hochschulen verstärkt auch für Professoren und Studenten aus den anderen Bundesländern.

## 2. Die Künste

### *a) Die Schöne Literatur und die Politik*

Im Jahre 1899 versuchte die Berliner Illustrierte Zeitung, eine Bilanz des 19. Jahrhunderts zu ziehen, und fragte ihr Publikum: „Welches Buch hat in diesem Jahrhundert den größten Einfluß gewonnen?" Weder die Bibel noch Darwins Werke erschienen in den Antworten an erster Stelle, sondern mit Abstand das Konversationslexikon. Das bewies eindrucksvoll den Glauben an die Macht des Wissens und der Bildung. Autoren unterschiedlichster politischer Färbung propagierten durch das Jahrhundert hindurch unermüdlich und in gegensätzlichen Medien diese Doktrin. „Bildung macht frei“ verhieß der Umschlag jeder Lieferung der „Miniaturbibliothek deutscher Klassiker“, welche der Verleger Carl Joseph Meyer einem breiten Publikum anbot; und der oppositionelle Literat Adolf Glaßbrenner textete in den 1840er Jahren:

> „Das Wissen löst die schwerste Kette;
> Der Geist zerbricht die Bajonette.
> Es stürzt, wo Geist und Wissen thronen,
> In Staub die Herrschaft der Kanonen.“[193]

Geist und Wissen wirkten nach diesem Glauben als politische Macht der Emanzipation. Das war gemeint für Kulturinhalt in weitem Sinne, für die kritische Tradition, nicht allein für hohe Kunst in Dichtung, Malerei, Musik und Bildender Kunst.

Allerdings hatte aber die Dichtkunst im Laufe des 18. Jahrhunderts die Rolle eines Vorkämpfers übernommen. So unterschiedlich die zahlreichen deutschen Mittel- und Kleinstaaten des 18. Jahrhunderts auch waren, hatten sie doch eines gemein: Die Fürsten beharrten auf ihrem Politikmonopol. Gerade das war ja ein wesentliches Merkmal des Absolutismus; Politik gehörte nach diesem Anspruch in das Arkanum der Kabinette und nicht auf den öffentlichen Markt. Wo in der Politik der Spielraum beschnitten war, eröffnete die Literatur ein neues Feld bürgerlicher Autonomie, getragen von einer sich ständig weitenden literarischen Öffentlichkeit. Bürger waren dabei in Deutschland vorwiegend jene Intellektuellen, die im Umkreis staatlicher Verwaltung und fürstlicher Höfe dienten: Juristen, Finanzbeamte, Professoren, Lehrer, Geistliche und auch Literaten und Künstler. Schriftsteller waren in diesem Prozeß der Selbstfindung und -befreiung noch lange auf ein öffentliches Amt, eine Professur, eine Sinekure, wie eine Pfründe ohne besondere Amtsgeschäfte hieß, oder eine fürstliche Pension, kurzum: auf einen fürstlichen Mäzen angewiesen. Im Horizont der gemeineuropäischen Aufklärung formierte sich in Deutschland jene Gelehrten- und Dichterrepublik, welche die deutsche Kulturnation propagierte und damit den gesamten deutschsprachigen Raum mit Einschluß der Schweiz und Österreichs meinte.

In vieler Hinsicht hatte das 18. Jahrhundert der bürgerlichen Befreiung in der Kultur vorgearbeitet, bevor das Ringen um politische Teilhabe im 19. Jahrhundert zur Geltung kam. Das Deutsche hatte sich der Vorherrschaft des Französischen und Lateinischen entwunden und seine Tauglichkeit als Literatur- und Gelehrtensprache erwiesen. Die Grundlagen für eine literarische Öffentlichkeit und ein modernes Verlagswesen waren gelegt. Friedrich Gottlieb Klopstock hatte ein neues Leitbild des Dichters propagiert, der unabhängig vom fürstlichen Mäzen als freiberuflicher Literat am Markt Fuß fassen sollte – womit Klopstock selbst freilich gescheitert war; er predigte das Selbstbewußtsein eines Dichters, der sich als ein von sozialen Zwängen freier nationaler Sänger verstand. Gotthold Ephraim Lessing demonstrierte eine engagierte Literatur, die für religiöse Toleranz, aber gegen Vorurteile, Konventionen und gesellschaftliche Normen focht. Er begründete in Hamburg das Theater als Forum nationaler Belange und Tribüne der Zeit. Christoph Martin Wieland wertete den zuvor als dichterisch minderwertig betrachteten Roman auf und begründete den psychologisierenden Bildungsroman. Die junge Generation des „Sturm und Drang" lehrte im letzten Viertel des 18. Jahrhunderts das Aufbegehren gegen politische und soziale Autoritäten und die neue Erkenntnis, schöpferische Literatur müsse individueller Ausdruck der Persönlichkeit, eines Originalgenies, sein. Johann Gottfried Herder öffnete den von kosmopolitischer Vernunft und zeitlosen Gesetzen erregten Zeitgenossen die Augen für die besonderen geschichtlichen und geographischen Bedingungen eines Landes, aus denen sich die Unterschiede zwischen den Völkern erklären ließen. Sein Historismus nahm in gewisser Weise die Milieulehre des 19. Jahrhunderts vorweg, verknüpft mit einer frühen Zivilisationskritik, welche die Hinwendung zum „Ursprünglichen" und „Natürlichen" predigte. Beim Sammeln von Volksliedern entdeckte und verbreitete er den literarischen Wert der mündlich überlieferten Traditionen niederer Schichten des Volkes. Herder berührte sich hier mit den „Stürmern", welche den vornehmen Geschmack bekämpften und in ihrer Literatur Alltagserfahrungen aufgriffen.

Der Aufbruch der deutschen Literatur im 18. Jahrhundert hatte also wesentliche Elemente und Probleme vorbereitet, welche die nachfolgenden Literaturepochen der Klassik, Romantik, des Biedermeiers und Jungen Deutschlands sowie des Realismus beherrschten. Freilich wäre es ein Irrtum, anzunehmen, die genannten Strömungen seien „im chronologischen Gänsemarsch vorbeigezogen" (Viktor Zmegač). Gerade in den deutschen Literaturepochen ist das Neben- und Gegeneinander frappierender als die Chronologie.

*Weimarer Klassik.* – Das verdeutlichten gerade auch jene Dichter, die zum Inbegriff der deutschen Klassik geworden sind: Johann Wolfgang Goethe und Friedrich Schiller. Schiller war durch seine frühen Dramen, Goethe durch seinen Roman „Die Leiden des jungen Werthers" dem „Sturm und Drang" eng verpflichtet. Doch bereits die Zeitgenossen erkannten das Epocheprägende ihres Dichtens, als sie gemeinsam in der großherzoglichen Residenzstadt Weimar wirkten und diese zu einem Zentrum nationalen Ranges machten, zu dem Kulturbeflissene aus ganz Deutschland pilgerten. Sie befürworteten die Zusammenarbeit des gebildeten Bürgertums mit dem aufgeklärten Adel. Viktor Zmegač hat darauf hingewiesen, daß sich die politische Anschauung beider Dichter beispielhaft in der Ankündigung der Zeitschrift „Rheinische Thalia“ äußerte, in der Schiller erklärte, das Publikum sei sein einziger Souverän, vor dem als einem Tribunal er sich stellen werde. Er verkündete: „Ich schreibe als Weltbürger, der keinem Fürsten dient“; das erste Heft der Zeitschrift widmete er aber dann doch dem sächsischen Herrscher. Die „Klassiker“ warben für die kulturelle, nicht die politische Einheit der Nation. In ihrem gemeinsamen Wirken in Weimar entwickelten sie ein Literaturideal, das antike und aufklärerisch-kosmopolitische Elemente zu einem Neuklassizismus verband. Versuche wie denjenigen Gottfried August Bürgers, sich einem „volkstümlichen“ Stil zu nähern, verschmähten sie ebenso, wie dem lesenden Volk Zugeständnisse zu machen; im Gegenteil sollte Dichtung den Geschmack und zugleich den Menschen erziehen. Indem sie Kunst und Dichtung für autonom erklärten, konnten sie die unmittelbare Erfahrung, das „Wirkliche“ und konkret die politischen Weltumwälzungen ignorieren, weil sie in der Dichtung das „Idealische“, die sittlichende Idee aufsuchten. Klassizistisch im stilistischen Sinne war ihre Dichtung, weil sie sie von allen lokalen Bezügen befreien und in einen universell gültigen Ausdruck verwandeln wollten. Die antike Klassik bot ihnen dazu ein universelles Kulturmodell. Goethe verwirklichte das beispielhaft in seinem Griechendrama „Iphigenie auf Tauris“, Schiller in seinen späten historischen Dramen wie der Wallenstein-Trilogie, der „Maria Stuart“ und der Tragödie „Die Jungfrau von Orléans“. Wie begrenzt solche Epochenzuordnungen selbst für die Klassiker sind, die ja von der Nachwelt zu solchen erklärt wurden, zeigt Schillers Schauspiel „Wilhelm Tell“, das dem Volksschauspiel nahesteht. Als politische Botschaft vermittelt es den gerechten Aufstand gegen fremde Unterdrücker; es hat lange Zeit in der Schweiz als nationales Bühnenstück gegolten. Noch mehr erweist sich das in Goethes zweiteiliger Faustdichtung, die sich einer klassizistischen Bestimmung eigentlich entzieht. Andererseits hat die Literaturgeschichtsschreibung den Begriff der Klassik geweitet, indem sie auch Dichter aus dem weiteren stilistischen und gedanklichen Umkreis wie Friedrich Hölderlin, Jean Paul (Johann Paul Friedrich Richter) und Heinrich von Kleist einbezog. Jeder von ihnen sprengte den engen Rahmen der Klassik, Hölderlin in seiner Begeisterung für die Französische Revolution, der tiefgründige Humorist Jean Paul, indem er Gedanken der Existenzphilosophie vorwegnahm („Rede des toten Christus vom Weltgebäude herab, daß kein Gott sei“ im Roman „Siebenkäs“), Kleist, indem seine Komödie „Der zerbrochene Krug“ das ländliche Milieu in Gestalt eines Kriminalstücks einfängt, in welchem der Vertreter des Rechts, der Dorfrichter, der eigentliche Rechtsbrecher ist.

*Romantik.* – Die teilweise zeitgleich mit den „Klassikern“ schreibenden Dichter der deutschen Romantik traten in kritische Distanz zu der klassizistisch-idealisierenden Ästhetik. Gegenüber der älteren traditionellen Naturnachahmung ebenso wie gegenüber der klassisch-gebändigten Gestaltung der sittlichen Idee hoben sie die freie Entfaltung der dichterischen Phantasie auf den Altar ihrer Poetik. Weit entfernt, nur die träumerische Idylle zu verkörpern, sympathisierten ihre frühen Künder wie Friedrich Schlegel und Ludwig Tieck anfangs mit der Französischen Revolution und begriffen ihr literarisches Konzept analog als eine Literaturrevolution. Sie operierten mit dem Gegensatz zwischen dem ästhetisch begabten, empfindsamen und phantasievollen Menschen, der in Widerstreit lag mit dem bornierten, nur praktisch denkenden „Philister". Hier spiegelte sich der Konflikt feinnerviger Intellektueller mit den erstarrten Formen und kleinmütigen Anschauungen des überkommenen, antiquierten Stadtbürgertums. Die Romantiker, meisterhaft verkörpert in den Dichtungen Ernst Theodor Amadeus Hoffmanns, suchten den Außenseiter der bürgerlichen Gesellschaft, bevor diese überhaupt schärfere Gestalt angenommen hatte; sie forschten nach dem abweichenden, ja dämonischen Verhalten, nach allem, was die Erfahrung überschritt, schließlich auch nach dem Wunderbaren, Okkulten, vom Zauber Belebten, und dies um so mehr, je stärker sie in die harte Erfahrungswelt eingebunden waren. Hoffmann beispielsweise arbeitete als Rat am Kammergericht in Berlin, und in dieser amtlichen Eigenschaft ernannte ihn der preußische König zum Mitglied einer Justizkommission, welche über die aufgespürten Demagogen zu urteilen hatte, darunter Ernst Moritz Arndt und Friedrich Ludwig Jahn. Hoffmann litt so sehr unter dieser ihm aufgenötigten Tätigkeit, daß er seinem tristen Justizalltag nur durch die Flucht in die Künste der Musik, Karikatur, Malerei und Literatur entkommen konnte. Das bis in absurde Verdächtigungen reichende Verfolgungsklima im Preußen der Restauration hat Hoffmann in seinem Kunstmärchen „Meister Floh" (1822) verarbeitet. Dort persifliert er den Chef der Demagogenverfolgungen, Ministerialrat Karl Albert von Kamptz, in der Gestalt des Geheimen Hofrats Knarrpanti mit ätzender Ironie. Die philosophische Sprengkraft der romantischen Anschauungen lag in dem Denken, welches das von der aufgeklärten Ratio zuvor anerkannte Wirklichkeitsprinzip, die angeblich naturgesetzliche Erfahrungswelt, leugnete.

Das hatte stilistische Konsequenzen, die ungemein modern anmuten: Verwischung der klassischen Gattungsgrenzen, Aufhebung der Trennung von Fiktion und Autorenkommentar, Vermischung von Visionen, Phantasien und empirischer Alltagswelt, Wechsel zwischen den Stilebenen des hohen Pathos und des prosaischen Berichts. Diese Techniken verkörperten zugleich stilistische Prinzipien und ein höchst komplexes Wirklichkeitsverständnis, für dessen Doppelbödigkeit der Begriff der „romantischen Ironie" geprägt wurde.

Die romantischen Autoren verfolgten keineswegs teilnahmslos die großen Umwälzungen ihrer Gegenwart. Angewidert von der Pariser Schrekkensherrschaft unter Robespierre, provoziert von der napoleonischen Politik in Deutschland, suchten sie nach einem Halt für die deutsche Nation und fanden ihn in deren Geschichte. Sie forschten nach den Spuren des „Volksgeistes“ und entdeckten ihn in Zeugnissen des Mittelalters, etwa dem Straßburger Münster, aber auch – dem Vorbild Herders folgend – in den zuvor als einfältig und vulgär angesehenen Märchen und Liedern des „einfachen Volkes“. Die Aufmerksamkeit für deutsche Sprachgeschichte, Sagenwelt und Mythologie konzentrierte sich in der Arbeit der Brüder Jacob und Wilhelm Grimm, die mit ihrer berühmten Sammlung der „Kinder- und Hausmärchen“ Weltliteratur vermittelten. Jacob Grimm ist zugleich ein gutes Beispiel, daß das neue historistische Nationalbewußtsein sich keineswegs in politischen Konservativismus kehren mußte wie bei Friedrich Schlegel, Novalis oder Joseph Freiherrn von Eichendorff. Jacob Grimm hing dem konstitutionellen Liberalismus an, widerstand 1837 mit Zivilcourage dem Verfassungsbruch des hannoverschen Königs und beteiligte sich 1848 in der Paulskirche an der Verfassungsgebung für eine geeinte deutsche Nation, hier übrigens gemeinsam mit dem demokratischer gesonnenen Romantiker Ludwig Uhland, dessen Lyrik im vormärzlichen Deutschland größte Popularität genossen hatte.

Die Hinwendung zum historischen „Volksgeist“ verharrte bei den Romantikern keineswegs in engen nationalen Schranken, sondern durchbrach im Gegenteil erstmals die bisher üblichen europabezogenen Wahrnehmungsbarrieren; durch ihre Aufmerksamkeit für arabische, persische und indische Dichtung vermittelten sie in Deutschland zum ersten Mal eine echte Anschauung von Weltliteratur. Überhaupt wandelte sich durch sie der Umgang mit der Literatur, die sie als historisch gewordene zugleich wissenschaftlich betrachteten. Friedrich Schlegel hielt 1812 Vorlesungen über „Geschichte der alten und neuen Literatur“ in Wien, während sein Bruder August Wilhelm Schlegel die Geschichte des Dramas seit der Antike in „Vorlesungen über dramatische Kunst und Literatur“ vortrug. Sie lieferten die literarhistorischen und kunsttheoretischen Instrumente für die neu entstehende Fachdisziplin Germanistik.

Im öffentlichen Bewußtsein haben sich besonders die lyrischen Schöpfungen der Romantik eingeprägt, wie sie aus dem Umkreis der Jenaer und später der Heidelberger Romantik hervorgegangen sind. Achim von Arnim, Clemens Brentano, Novalis, Adelbert von Chamisso, Ludwig Uhland, Eduard Mörike und Joseph Freiherr von Eichendorff schufen Stimmungsgedichte und Novellen, in denen sich Innigkeit, Mystik und Naturverehrung vereinten. Die Elemente dieser Lyrik verdichteten sich geradezu im Stereotyp von „Romantik“: Sehnsucht, friedliche Landschaften, Mondschein, Seen, Burgruinen, alte Städte, eine friedliche Tierwelt, geheimnisvolle Wälder, und alles geborgen in der Utopie vom harmonischen Einvernehmen zwischen Mensch und Natur. Eine solche Naturwahrnehmung wie überhaupt eine solche romantische Dichtung in Romanen, Erzählungen und der Lyrik waren angewiesen auf ein Deutschland der Ackerbauern, des Adels und der in engen Mauern begrenzten Städte. Die Erscheinungen der kommenden Zeit – Pauperismus, Verstädterung und Industrialisierung –, deren Vorzeichen bereits der alte Goethe sah, zerstörten den Wahrnehmungsraum der romantischen Poesie. Trotzdem in ihrem Stil weiter zu schreiben führte in das Biedermeier. Das sahen Dichter unterschiedlichster Prägung, denen die Jahre um Goethes Tod (1832) als Zeitenwende erschienen: Heinrich Heine, Karl Immermann und besonders Eichendorff, der in seinem biographischen Entwurf „Erlebtes" von 1839 den Umbruch festgehalten hat: „Diese Dampffahrten rütteln die Welt, die eigentlich nur noch aus Bahnhöfen besteht, unermüdlich durcheinander wie ein Kaleidoskop, wo die vorüberjagenden Landschaften, ehe man noch irgendeine Physiognomie gefaßt, immer neue Gesichter schneiden, der fliegende Salon immer andere Sozietäten bietet, bevor man noch die alten recht überwunden." Erst vier Jahre war es her, daß die erste Eisenbahn in Deutschland gefahren war, und schon vermißt er die „insularische Abgeschiedenheit, von der man sich heutzutage, wo Chausseen und Eisenbahnen Menschen und Länder zusammengerückt haben und zahllose Journale wie Schmetterlinge den Blütenstaub der Zivilisation in alle Welt vertragen, kaum mehr eine deutliche Vorstellung machen kann. Die fernen blauen Berge über den Waldesgipfeln waren damals wirklich noch ein unerreichbarer Gegenstand der Sehnsucht und Neugier, das Leben der großen Welt [...] erschien wie ein wunderbares Märchen".[194]

*Biedermeier.* – Die Zeit zwischen 1819 und 1848 trägt die Epochenbezeichnungen der Restauration und des Vormärz. Im Grunde handelte es sich um zwei Zeittendenzen, die sich zeitlich nicht nacheinander, sondern nahezu nebeneinander entfalteten, freilich zu Beginn mit Schwerpunkt auf den Kräften politischer Unterdrückung, gegen Ende im Vorfeld der Revolution mit Akzent auf den Äußerungen gesellschaftlicher Bewegung. In der Literatur- und Kulturgeschichte entsprechen ihnen die Stilepochen des Biedermeier und des Jungen Deutschland. Beide Stilrichtungen haben sich nicht selbst so bezeichnet, sondern dieses Etikett von ihren jeweiligen Gegnern erhalten.

Die kritischen Zeitgenossen der 1820er Jahre und des Vormärz sprachen nicht von Biedermeier, sondern von Philistertum, das in engem Zusammenhang mit der politischen Repression der Zeit begriffen wurde. Selbst der greise 79jährige Geheime Rat und Staatsminister in Weimar, Goethe, äußerte sich 1828 gegenüber seinem Vertrauten Johann Peter Eckermann in diesem Sinne über die Zeitlage: „Jetzt, wo die Frühlingssonne sie [die Nachbarskinder in Weimar] aus den Häusern lockt und sie mit ihresgleichen vor ihren Türen gerne ein Spielchen machten, sehe ich sie immer geniert, als wären sie nicht sicher und als fürchteten sie das Herannahen irgendeines polizeilichen Machthabers. Es darf kein Bube mit der Peitsche knallen oder singen oder rufen, sogleich ist die Polizei da, es ihm zu verbieten. Es geht bei uns alles dahin, die liebe Jugend frühzeitig zahm zu machen und alle Natur, alle Originalität und alle Wildheit auszutreiben, so daß am Ende nichts übrig bleibt als der Philister."[195]

Die politische Repression begünstigte den Rückzug ins Bürgerlich-Private. Die Epochenbezeichnung Biedermeier umgreift einen Zeitwandel, der viele Lebensbereiche erfaßte und sich bevorzugt in künstlerisch Geformtem äußerte: im Musikleben, in der Bildenden Kunst, in der Malerei, in der Literatur, aber auch im bürgerlichen Alltag. Der Ausdruck Biedermeier entstammte den satirischen Münchner „Fliegenden Blättern", die im Jahre 1855 eine humoristische Serie über den schwäbischen Schulmeister Gottlieb Biedermaier (!) brachten und in ihm das Zeit- und Lebensgefühl nach der Revolution von 1848 darstellten. Der Ausdruck entsprang also der Zeitsatire und bezeichnete zunächst die Zeitstimmung der 1850er Jahre; Literaturhistoriker übertrugen ihn auf die Restaurationsära und machten ihn zum Epochenbegriff für die gewandelte ästhetische Kultur und Mentalität jener Jahre. In der Literatur ordnete man ihm Adalbert Stifter, Annette von Droste-Hülshoff, Jeremias Gotthelf, Franz Grillparzer, Nikolaus Lenau und Ferdinand Raimund zu, mitunter auch Eduard Mörike. Sie richteten sich gegen die unbeherrschte und unbescheidene Subjektivität des Weltschmerzes, wie sie die romantischen Autoren verkündeten. Man wendete sich gegen das Übersteigerte, Selbstbezogene, bloß Aktuelle, Große, Laute, Prinzipielle, hochtönend Theoretische. Die Aufmerksamkeit galt dem Kleinen, Bescheidenen, Nahen, Konkreten, dem Erfahrbaren, und das konnten sein: Heimat und Familie, Volk und Arbeit, der Friede des Gemüts, das Stiftersche „sanfte Gesetz" der kleinen Dinge. Alles das offenbarte eine Neigung zu passiver Hinnahme der Welt. Thomas Nipperdey hat zu Recht darauf hingewiesen, daß das Biedermeier gerade in Österreich unter der dortigen „spezifischen hochgesteigerten Form der Metternichschen Restauration" „klassisch" geworden sei.[196]

Aber der vordergründige Blick trügt. Wer sich tiefer auf diese Literatur einläßt, wird ihr anmerken: Die scheinbar ruhige und vernünftige, harmonische, sittliche Ordnung, beispielhaft in Adalbert Stifters „Nachsommer" gestaltet, war dem Unheimlichen, Chaotischen abgerungen worden. Dieser Literatur lag das Gefühl der Unsicherheit und Bedrohung zugrunde, Erfahrungen, welche die eigene Zeit als Krise und drohenden Verlust wahrnahmen. Wohl nicht zufällig findet sich gerade unter den biedermeierlichen Literaten eine große Zahl höchst komplizierter Charaktere – Stifter und Raimund nahmen sich das Leben, Lenau verfiel dem Wahnsinn, Grillparzer endete in schweren Depressionen, Mörike lebte hart an der Grenze des Freitods.

*Junges Deutschland.* – Die Auswirkungen der Französischen Julirevolution 1830 auf Deutschland erregten eine Gruppe jüngerer Autoren, die sich als literarische Avantgarde verstand und sich kritisch sowohl von der Poetik der Klassiker als auch der Romantiker distanzierte. Ihre Repräsentanten folgten in den Gesinnungen und Motiven der Tradition der Aufklärung; sie wollten mit ihren Schriften politisch wirken und verabscheuten Literatur als bloßen Ausdruck privater Innerlichkeit. Als Gattungen bevorzugten sie die Novelle, den zeitkritischen Roman und das Reisefeuilleton. In den literarischen Formen eher konventionell, erschlossen sie neue Stoffe für die Literatur, indem sie etwa Fragen der Religion oder der Sexualmoral aufgriffen. Bezeichnenderweise prägten ihre Gegner, die Zensoren und politischen Spione aus Metternichs geheimem Mainzer Informationsbüro, den Gruppenbegriff, indem sie in ihren Berichten vom „Jungen Deutschland" sprachen. Höchsten Anstoß erregte Karl Gutzkows 1835 erschienener Roman „Wally, die Zweiflerin", der wegen einer Entkleidungsszene, antikirchlicher Polemik und seines Fortschrittspathos schnell in einzelnen deutschen Staaten verboten wurde und sogar zur Verhaftung des Autors in Baden führte. Dieser Roman bot den letzten Anlaß, bundeseinheitlich gegen die ganze Gruppe jener unbequemen Literaten vorzugehen. Der Bundesbeschluß vom 10. Dezember 1835 konstituierte sie höchstamtlich als literarische Schule. Die Bundesversammlung sah die Grundpfeiler aller gesetzlichen Ordnung untergraben, „nachdem sich in Deutschland in neuerer Zeit, und zuletzt unter der Benennung ‚das junge Deutschland' oder ‚die junge Literatur' eine literarische Schule gebildet hat, deren Bemühungen unverhohlen dahingehen, in belletristischen, für alle Klassen von Lesern zugänglichen Schriften die christliche Religion auf die frechste Weise anzugreifen, die bestehenden sozialen Verhältnisse herabzuwürdigen und alle Zucht und Sittlichkeit zu zerstören".[197]

Der Bundesbeschluß nannte namentlich Heinrich Heine, Karl Gutzkow, Heinrich Laube, Ludolph Wienbarg und Theodor Mundt und verbot allen Buchhändlern und Verlegern, deren Schriften zu vertreiben. Dem Verlag Hoffmann & Campe, der die meisten Schriften dieser Autoren im Programm hatte, schärfte der Beschluß noch eigens dieses Verbot ein.

Die auf diese Weise kriminalisierten Autoren wiesen es weit von sich, einer gemeinsamen literarischen Schule anzugehören. Spätere Literaturhistoriker haben in der Tat auch zahlreiche Bekundungen gegenseitiger Rivalität ans Tageslicht gefördert und die Bezeichnung „Junges Deutschland" als Begriff für die Literaturgeschichte angezweifelt. Vieles spricht jedoch dafür, diese Autoren – mit einiger Einschränkung bei Heine – als eine einheitliche Gruppierung anzusehen, denn sie stammten alle aus der unteren Mittelschicht.[198] Literatur diente ihnen als Mittel zum sozialen Aufstieg. Sie hatten studiert und wollten nun als Berufsschriftsteller auf dem literarischen Markt die politische Wirklichkeit durch Literatur, die Welt durch philosophisch-religiöse Deutungen verändern. Die staatliche Gegenwirkung bestätigte also mit gewisser Plausibilität die – freilich unerwünschte – politische Wirkungsabsicht der Autoren.

Einen besonderen Standort nahm Heine ein, der in der Sprache und manchem Stilmittel, besonders der Ironie, der Romantik verpflichtet war. Andererseits ironisierte er ihre Nachahmer. Durch seine zeitkritischen und psychologischen Analysen entsprach er den Tendenzen der engagierten Literatur und wurde deshalb von den deutschen Zensurbehörden besonders gefürchtet und verfolgt. Seine Gedichtbände „Das Buch der Lieder", „Neue Gedichte" und „Der Romanzero" machten ihn weltberühmt. In seinen „Reisebildern" entfernte er sich von dem gehobenen Kunststil der Romantiker und bewährte sich in seiner Kritik an deutscher Untertanentreue, am preußischen Kabinett und am Frankfurter Bundestag als der politische Schriftsteller, der seine Schöpfungen höchst ertragreich zu vermarkten verstand. Seine politischen Äußerungen machten ihm Paris, das er im Mai 1831 aus eigenem Antrieb aufgesucht hatte, schließlich zum dauerhaften Ort des Exils. Von dort veröffentlichte er auch sein zeitkritisches Versepos „Deutschland. Ein Wintermärchen". Aber wie die anderen Jungdeutschen ging er auf Distanz zu den niederen Schichten, anders als die beiden Ausnahmeerscheinungen Christian Dietrich Grabbe und Georg Büchner. Grabbe ließ in seinem Drama „Napoleon oder die Hundert Tage" von 1831 die „Masse" als geschichtliche Kraft hervortreten, und Büchner, der den Zeitgenossen als Dichter kaum bekannt wurde, schrieb in dem Fragment „Woyzeck" im Vorgriff auf den Naturalismus die Tragödie eines „kleinen Mannes", der an den gesellschaftlichen Umständen zugrunde geht. Büchner war auch darin eine Ausnahme, daß er sein literarisches Programm mit politischer Aktion verband, indem er seine anonyme revolutionäre Flugschrift „Der Hessische Landbote" mit dem Motto „Friede den Hütten, Krieg den Palästen" versah und unter der Landbevölkerung verbreiten ließ; nur mit Mühe entkam er dem Zugriff der Behörden durch Flucht ins Exil.

Während die Naturalisten Büchner wiederentdeckten, war die sozialistische Literatur der 1840er Jahre, die sich der sozialen Frage und der Lage der Unterschichten annahm, weitgehend verschollen. Namen wie Ernst Dronke, Hermann Püttmann, Karl Grün und Wilhelm Wolff erschienen nicht in den Literaturgeschichten, Georg Weerth nur in Ausnahmefällen.

Bereits in den Freiheitskriegen hatten Dichter wie Theodor Körner, Max von Schenkendorf und Ernst Moritz Arndt Kriegslieder als gereimte Agitation in den Dienst der Politik gestellt. Viele neue Impulse erhielt diese Gattung seit den 1830er und vor allen Dingen 1840er Jahren. Dabei polarisierte sie sich zwischen den Polen Einheit und Freiheit. Die Flut von Rheinliedern, die Nikolaus Beckers „Sie sollen ihn nicht haben" von 1840 folgten, drückten die nationale Begeisterung aus, gerichtet gegen Frankreich, wenig später ergänzt durch Schleswig-Holstein-Lieder gegen den dänischen Nachbarn. Georg Herwegh und Ferdinand Freiligrath beschworen demgegenüber die Erinnerung der Französischen Revolution und die kommende revolutionäre Tat; Herwegh machte die „Poesie der Hütte" zu seinem Programm. In solcher Weise konnten sich die Autoren für

Deutschland nur aus dem Exil äußern. In der Revolution von 1848 erlebte die kleine Form des politischen Gedichts oder Liedes, oft verbreitet in Aufrufen, Pamphleten, Zeitungen, Flugschriften und satirischen Blättern, die größte Verbreitung.

*Literarischer Realismus.* – Die gescheiterte Revolution und die nachfolgende politische Repression hinterließen ihre Spuren im deutschen Realismus, der seine programmatische Prägung gerade in den 1850er Jahren erhielt und insgesamt – ungeachtet seines Realismusanspruches – erheblich gezähmter anmutet als beispielsweise die Schöpfungen der großen westeuropäischen Protagonisten Honoré Balzac und Charles Dickens. Während im Vormärz konservative Autoren wie der Schweizer Pfarrer Gotthelf oder der Düsseldorfer Theaterleiter und Literat Immermann in der Stoffwahl auch die Unterschichten ins Gesichtsfeld rückten, Gotthelf einfache Bauern, Immermann die Industriearbeiter in Fabriken des Bergischen Lands, während Berthold Auerbach die Dorfgeschichte als literarische Neuerung bekanntgemacht hatte, mieden die Dichter des Realismus solche „niedrigen Sphären“. Ihre Leser bewegten sich im Alltag des Handwerkers, des Bildungsbürgers, verkehrten im Kaufmannskontor, Professorenkabinett, in der Stube des Gutsverwalters oder des Adligen. Gustav Freytag erntete mit seinem Roman aus dem Kaufmannsstand „Soll und Haben“ (1855) großen Erfolg. Keller, der Schweizer Demokrat, Raabe und Theodor Storm stellten das gesellschaftlich anerkannte Ethos in den Mittelpunkt, das aus redlicher Arbeit und gewissenhafter öffentlicher Tätigkeit erwuchs; kritisiert wurden Glücksritter und Spekulanten, die nur auf den vordergründigen materiellen Gewinn bedacht waren. Die in den Dichtungen des bürgerlichen Realismus vielfach auftauchende Ethik der Handwerker, Kaufleute und Gelehrten spiegelte den Durchbruch der Industrialisierung in den 1850er und 1860er Jahren wider; die Arbeitswelt erscheint als würdig, der Künstler als Sonderling und Außenseiter.

„Realismus“ als Signatur einer Literaturperiode war dabei keine nachträgliche Schöpfung der Literaturgeschichtsschreibung: Die Autoren selbst bezeichneten sich ihr als zugehörig; dieser sogenannte programmatische Realismus institutionalisierte sich, indem er sich als Zentralorgan seiner Ästhetik und Poetik die von Freytag herausgegebene Zeitschrift „Die Grenzboten“ schuf. Die Dichter bekundeten dadurch, daß sie sich ihrer selbst und ihres Andersseins im Vergleich zu vorausgegangenen Epochen bewußt waren. Das setzte voraus, geschichtlich zu denken; darin lag ein Merkmal und Ergebnis des Historismus zugleich, dessen Grund in der Literaturgeschichte die Romantik gelegt hatte. Während die Epochenbezeichnungen „Renaissance“ dem 19. Jahrhundert, „Barock“ dem 20. Jahrhundert entstammten, prägten die Romantiker, vorab Friedrich Schlegel, ihre Epochenbezeichnung selbst. Die Programmatiker des Realismus verstanden sich vor allem als Gegenbewegung zur Romantik. Sie verschmähten deren Regellosigkeit, Formen und Stoffe zu vermischen, deren Geniekult, aristokratische Exklusivität und Verachtung für die Vernunft, vor allem die Flucht ins Märchenhaft-Phantastische.[199] Zu diesem Programm gehörte die Poetisierung des Alltags, teilweise gefärbt durch eine humoristische Weltsicht: Bei allem Scharfblick für menschliche Verfehlungen, Schwächen und Leidenschaften, wie Keller, Raabe oder auch Fontane ihn zeigen, schlossen sie gleichwohl eine Versöhnung ein. Als Raabe mit seiner Novelle „Pfisters Mühle" das erste Beispiel eines literarisch gestalteten Umweltskandals aus der Feder eines deutschen Autors im 19. Jahrhundert bot, schreckten Verleger und Publikum davor zurück, obwohl solche Umwelterfahrungen sich mit fortschreitender Industrialisierung in der zweiten Hälfte des 19. Jahrhunderts häuften. Es kennzeichnet die Verzögerung im deutschen Realismus, daß Arbeits- und Alltagsleben der Arbeiterschaft und die zwingende Macht gesellschaftlicher Verhältnisse in Elendsquartieren der Städte erst im Kaiserreich unter den Vorzeichen der neuen Stilrichtung des Naturalismus eine durchdringende literarische Resonanz fanden.

### *b) Die Musik und der freischaffende Künstler*

Aus dem Musikleben der Gegenwart ist das Erbe des 19. Jahrhunderts nicht wegzudenken. Es ist so vielfältig, daß im hier vorgegebenen Rahmen nur Raum bleibt, an die bekanntesten Namen zu erinnern und herauszustellen, wie sich Schaffensbedingungen und Künstlerrolle wandelten. Auch in der Musik bewahrheitet sich für Deutschland die Beobachtung, daß der Weg zum Ruhm aus der Region kam. Eine kleine Umschau unter den Geburtsorten der heute noch Berühmten mag das veranschaulichen. Beethoven (Bonn), Schubert (Liechtental bei Wien), Weber (Eutin), Mendelssohn (Hamburg), Schumann (Zwickau), Liszt (Raiding im heutigen Burgenland), Offenbach (Köln), Wagner (Leipzig), Brahms (Hamburg), Bruckner (Ansfelden in Oberösterreich): es ist kein Zentrum erfindlich. Zugleich offenbaren diese Namen die überwältigende Dominanz des romantischen Stils in der Musik bis spät in das 19. Jahrhundert hinein. Kündigten sich dessen Elemente bereits bei Beethoven an, so kann Wagner wohl als dessen Vollender und Überwinder gelten.

Wie die Literatur war auch die Musik eingebunden in den großen Wandel von der höfischen zur bürgerlichen Gesellschaft. Seit dem Ausgang des 18. Jahrhunderts, verstärkt durch die Impulse der Französischen Revolution, wurde die Aristokratie als Mäzen der Künste entbehrlich. Das spiegelte sich anschaulich im Werdegang Ludwig van Beethovens wider. Sein Vater arbeitete noch als „Hofmusikus" des Kölner Erzbischofs und Kurfürsten in Bonn. Er selbst begann seine Laufbahn als Mitglied einer fürstlichen Kapelle und als Organist. Eine Begegnung mit Joseph Haydn ebnete ihm den Weg nach Wien. Er wandelte sich vom Musiker einer Provinzkapelle zum Gast in den Palästen der Wiener Innenstadt, wo er am Cembalo und Flügel eigene Werke vortrug. Er wurde freischaffender Künstler und beschritt damit die Bahn, die den bedeutenden Komponisten und Musikern des 19. Jahrhunderts vorgezeichnet war. Als Zeichen, der neuen Zeit anzugehören, legte Beethoven anders als Haydn und Mozart die Perücke ab. Er erwarb sich sehr bald eine überwältigende Anhängerschar. Er lebte vom Verkauf seiner Kompositionen, von Aufführungen und auch vom Klavierunterricht in aristokratischen Kreisen. Das hinderte ihn nicht, seinen demokratisch-republikanischen Gesinnungen anzuhängen.

Seine Werke bezeugten den Zeitwandel: Das höfische Menuett mußte „demokratischeren" Tänzen weichen; er komponierte Ländler und „Deutsche Tänze". Seine anfängliche Verehrung für Napoleon endete abrupt mit der von Beethoven verachteten Kaiserkrönung im Jahre 1804. Aus seiner dritten Sinfonie – der „Eroica" – tilgte er mit der ihm eigenen Leidenschaft die Widmung an den Franzosen, indem er an deren Stelle ein Loch in die Partitur radierte. Große Popularität gewann er unter den Zeitgenossen aus Werken, die ihre Nähe zu den Freiheitskriegen verraten – Schlachtenmusik mit Hymnen wie „Wellingtons Sieg". Seine fortschreitende Taubheit ließ ihn nach 1815 vereinsamen, obwohl sein Ansehen noch stieg, gekrönt durch die Uraufführung der großen Neunten Sinfonie (1824), die mit der eingearbeiteten Ode Schillers „An die Freude" zum Zeugnis eines alle Konventionen sprengenden Freiheitswillens wurde.

Die Beisetzung Beethovens im März 1827 kam einer Volkskundgebung gleich und zeigte, daß der Künstler bereits zu Lebzeiten eine Legende geworden war – und ein Vorbild, an dem sich zahlreiche Nachfolger maßen. Viele scheiterten, wohl am stärksten der frühbegabte Franz Schubert; ungeachtet seiner unbändigen Arbeitskraft, die ihm mehr als 1200 Kompositionen bescherte, erntete er zu Lebzeiten nicht die gebührende Anerkennung. Er erlebte nicht die Aufführung einer einzigen seiner Sinfonien. Erfolglose Bewerbungen als Kapellmeister, wechselnde Tätigkeit als Musiklehrer, ständiger Geldmangel, kärgliche Honorare: das war die andere Seite des freischaffenden Künstlers. Das einzige öffentliche Konzert mit Werken von ihm kurz vor seinem Tod im Jahre 1828 brachte ihm Geld ein wie nie zuvor, aber es gelang ihm nicht der große Durchbruch.

Der „Durchbruch" aber war für den neuen Typ des Künstlers erforderlich, wollte er sich behaupten. Die im Begriff der „Romantik" zusammenfallenden Neuerungen waren dazu geeignet. Bereits Beethoven hatte durch seine auffällige, mitunter exaltiert schroffe Art das Bild des „Genies" wachgerufen. Mehr noch galt das für die eigentlichen Musiker der Romantik. Sie arbeiteten nicht mehr im Auftrag, überantworteten sich dem „Markt", dem Publikum, oft unterstützt durch die emporsprießenden örtlichen Fördervereine für die Musik. Die Musiker begannen, auf die Nachwelt zu achten, mußten mit der Wirkung ihres Auftretens und dem Publikumsgeschmack kalkulieren. Sie hörten auf ihre „Inspiration". Sie fühlten durch die Musik, „malten" mit ihr, wählten die Bekenntniskunst im Lied und Gesang an den Freund und die Geliebte.

Als Inbegriff für die neue Zeit, die auch das Nationale in sich aufzunehmen bereit war, kann Carl Maria von Weber gelten. Er lebte als Kapellmeister und dirigierte unter anderem am Deutschen Theater in Prag, schließlich in Dresden. In Berlin fand im Jahre 1821 die Uraufführung der Oper „Der Freischütz" statt; sie begründete die *deutsche* Oper, die sich bewußt gegen das italienische Vorbild richtete. Der Schauplatz sollte ein deutscher Wald (in Böhmen) sein; die Bürgerlichen standen im Mittelpunkt und die einfache Handlung. Die Volkstümlichkeit der Gestalten sollte das verkörpern, was man als „deutsch" empfand. Zugleich wandelte sich das Hoftheater des 18. Jahrhunderts zur bürgerlichen Nationaloper.

Im Tanz bekundete sich der Wandel des Jahrhunderts. Das höfische Menuett lebte von der Achtung des Zeremoniells, der Etikette und einstudierter Bewegungen. Die neue Zeit war national; ihre Tänze hießen Polka, Mazurka und Walzer. Der Dreivierteltakt, im Menuett stilisiert und gebändigt, mahnte an ältere volkstümliche Ursprünge, die nun im Ländler und im „Deutschen Tanz" weiterwirkten. Die Bürgerlichen hielten dabei nicht mehr auf Distanz, sondern berührten und umschlangen einander im Tanz. Die unhöfische Form fand dort ihre genialen Künstler, wo das Höfische am längsten in Deutschland überlebte: in Wien in dem Schaffen von Vater und Sohn Johann Strauß.

Der Kapellmeisterberuf – das moderne Dirigententum – wurde zur bevorzugten Basis dieser neuen Künstlergeneration. Felix Mendelssohn, der sich nach seinem Onkel den Beinamen Bartholdy zulegte, gehörte zu den erfolgreichen dieser „Profession". Er dirigierte unter anderem die Gewandhaus-Konzerte in Leipzig. Er tauchte in die neue vormärzliche Festkultur ein, indem er 1833 das Niederrheinische Musikfest in Düsseldorf leitete, zwei Jahre später der Kölner Musikfest. Sich der Musik hinzugeben wurde tatsächlich zu einer „Profession", auf die hin man studieren konnte, wie Mendelssohn dokumentierte: Er begründete das Leipziger Konservatorium, an das er als ersten Lehrer seinen Freund Robert Schumann berief.

Die Karriere Johannes Brahms' läßt ermessen, wie es für Künstler im 19. Jahrhundert selbstverständlich war, den Deutschen Bund über die Ländergrenzen hinweg als geschlossenen nationalen Kulturraum zu betrachten und dort nach Resonanz und Anstellung zu suchen. Der Weg führte den gebürtigen Musikersohn und Hamburger über Hannover, Düsseldorf (bei Schumann) in die Residenzstadt Detmold, wo er in dem Lippischen Kleinstaat als Hofpianist wirkte. Den Durchbruch erfuhr Brahms aber 1862 in Wien, wo er sich dauerhaft niederließ und eine Zeitlang als Dirigent für die Wiener Gesellschaft der Musikfreunde tätig war.

Er erntete den Erfolg seines Talents noch zu Lebzeiten, so daß er aus seinen Einkünften sorgenlos leben konnte.

Auffällig an allen hier genannten Musikern ist ihr brennender Ehrgeiz, aus kleinen Verhältnissen aufzusteigen, aus den Früchten des Talents Anerkennung zu gewinnen und eine Existenz erst aufzubauen. Dazu gehörten Risikobereitschaft, häufiger Ortswechsel und persönliche Leistung – alles Eigenschaften, welche als kulturelle Mentalität der „neuen Bürgerlichen" seit dem Beginn des 19. Jahrhunderts hervorzustechen begannen.

Erfolg knüpfte sich dabei immer mehr daran, wie kundig man mit den Gesetzen der neuen bürgerlichen Öffentlichkeit und ihren Kulturstätten umzugehen verstand. Ein Meister darin war Franz Liszt, der zu seinen Lebzeiten mehr als Klaviervirtuose denn durch eigene Kompositionen geradezu Begeisterungsstürme entfachte. Er füllte die Konzertsäle und Salons Europas. Zugleich schuf er Grundlagen für den modernen Musikbetrieb; er förderte gewissermaßen die Vermarktung: Er protegierte durch seinen weitgespannten Einfluß junge Talente; er machte auf die Stücke anderer Künstler aufmerksam, entweder, indem er sie als Dirigent aufführte wie Wagners „Lohengrin" oder indem er Werke anderer (etwa von Schubert, Mendelssohn, Schumann, Berlioz, Tschaikowsky) pianistisch bearbeitete.

Die Komplexität der Stilrichtungen und Zeittendenzen schien kein anderer stärker zu verkörpern als Richard Wagner. Er war ein Revolutionär im Leben, in der Musik, in ihrer öffentlichen Präsentation und Ideologisierung, so daß die Urteile über ihn zwischen Hingabe und Verdammung schwanken, aber selten unbefangen bleiben. Auch Wagner hatte als Kapellmeister begonnen, vor 1848 noch am sächsischen Hof. Der Kampf auf den Dresdner Barrikaden im Mai 1849 hatte ihn zum Hochverräter gemacht, den die deutsche politische Polizei in allen Bundesländern steckbrieflich suchen ließ. Liszt besorgte ihm falschen Paß und Geld zur Flucht ins Exil nach Zürich. Nach der politischen Amnestie 1859 mußte er auf den Erfolg warten, weil die deutschen Theater seine Stücke ablehnten. Erst die Protektion durch den bayerischen König Ludwig II. 1864 bahnte ihm den Weg zum Durchbruch, nachdem seine Stücke an der Münchner Hofoper und am Nationaltheater aufgeführt wurden. Der Widerstand der Zuschauer und Kritiker vertrieb ihn schließlich wieder in die Schweiz. Seine Vorstellungen von einer Reform der Oper prägten das Ideal vom „Gesamtkunstwerk", das Sprache, Musik und Bühnenbild in einem nationalen Mythos aufgehen ließ und das Publikum in seinen Bann zog. Thomas Nipperdey erkennt zu Recht die Ursache für die gewaltige und zugleich zwiespältige Resonanz Wagners darin, daß er „einen Nerv der Zeit" getroffen habe, weil er höchste Gefühlsintensität, tragische Grundstimmung und religiöse Weltdeutung verbunden habe.[200] Den anderen Grundzug der zweiten Jahrhunderthälfte – die Erwartung einer unbegrenzten wissenschaftlichen Entzauberung, Durchdringung und Beherrschung der gesellschaftlichen, natürlichen und unbelebten Umwelt – vermochte Wagner jedoch nicht widerzuspiegeln. Vielleicht erscheint er deshalb manchen als „ungeheuer modern" (Nipperdey), weil er wesentliche Tendenzen der aufkommenden bürgerlichen Gesellschaft verfehlte.

### c) Die Architektur und die nationalen Denkmäler

Die großen repräsentativen Bauten der Herrschaftsarchitektur zu Beginn des 19. Jahrhunderts folgten noch dem letzten gemeinsam verbindlichen europäischen Stil: dem Klassizismus. Das Berliner Schauspielhaus und das Alte Museum Karl Friedrich Schinkels legten ebenso davon Zeugnis ab wie die Münchner Alte Pinakothek Leo von Klenzes. Der eigentliche Stil des Zeitalters wurde aber der sogenannte Historismus, der je nach dem Zweck einem Gebäude in historischer Anleihe einen passenden Stil überwarf, das Neubarock für den Berliner Dom, die Neugotik für das Londoner Parlamentsgebäude, die Neurenaissance für Gottfried Sempers Operngebäude in Dresden und das Burgtheater in Wien, die Neuromanik für Schloß Neuschwanstein. Der Architekt Heinrich Hübsch offenbarte bereits 1828 in seiner Schrift „In welchem Stil sollen wir bauen?" die tieferliegende Ratlosigkeit, und später sprach er gar von „architektonischem Karneval".[201]

Das Nebeneinander der Stile, die vermeintliche Stillosigkeit, verwies auf eine „Demokratisierung des Bauens" (Nipperdey), denn nicht mehr nur die aristokratische Gesellschaft zählte zu den Auftraggebern, hinzu traten beispielsweise auch städtische Magistrate oder Bürgervereine, also die wachsende politische Öffentlichkeit im 19. Jahrhundert. Das äußerte sich in starkem Maße bei der Errichtung sogenannter Nationaldenkmäler. Deshalb gehört besonders diese Variante der historistischen Architektur in dieses Buch. An den drei ausgewählten – noch heute zu besichtigenden – Beispielen der „Walhalla", des Kölner Doms und des Hermannsdenkmals soll sichtbar werden, wie weit der Radius der Nationalisierung im öffentlichen Leben reichte und wie widersprüchlich deren Inhalte waren.

Nationaldenkmäler sprechen noch heute als Zeugnisse eines vergangenen Bewußtseins. Sie begleiteten die deutsche Geschichte auf dem Weg „vom Staatenbund zum Nationalstaat"; sie müssen aber entschlüsselt werden. Das einzelne Bauwerk bleibt für den Betrachter stumm, solange er nicht den historisch tragenden Grund kennt: die fördernden Denkmalsbewegungen, die Rituale, Reden und Teilnehmer ihrer Einweihungsfeste, die Stifter, Geldgeber, Planer, Kritiker und Propagandisten. Nationaldenkmäler haben auf diese Weise teil an der Kunst-, Ideen- und Sozialgeschichte.

*Die „Walhalla".* – Der Name dieses Bildungstempels in der Nähe Regensburgs wies auf das germanische Elysium und sollte auf seine Eigenschaft als Nationaldenkmal deuten. Er entsprang einer Idee des bayerischen Königs Ludwig I., der diese nationale Stätte auch aus seinem „Privatvermögen" bezahlte. 1830 legte man den Grundstein, 1842 wurde die fertige Anlage unter großer Anteilnahme der umwohnenden Bevölkerung eingeweiht.

Der Betrachter stößt allerdings nicht auf einen Baustil, den man im 19. Jahrhundert auf historistische Weise für typisch „deutsch" halten mochte, also entweder romanisch oder gotisch oder beides gemischt. Ludwigs Architekt Leo von Klenze legte die Walhalla im Stile der Neurenaissance an, so daß man eher an einen griechischen Tempel, etwa an die Akropolis, denken mußte. Schon die zeitgenössischen Kritiker stießen auf dieses Paradoxon. Der preußische Architekt Ernst von Bandel, Erbauer des Hermannsdenkmals, rügte: „Auf griechischen Konsolen stehen die Büsten der deutschen großen Männer in einem Griechentempel, der den ehrwürdigen deutschen Namen Walhalla trägt [...] hoch über einer unserer schönsten Städte ragt stolz die fremde Siegerin". Und der Maler Peter Cornelius – Anhänger des altdeutschen Stils – hatte bereits 1820 den Philhellenen Kronprinz Ludwig über die Idee eines Nationaldenkmals zu belehren versucht: „Warum soll das größte deutsche und nur deutsche Ehrenmal so absolut griechisch sein? Geben wir uns nicht eine Blöße, indem wir unsere Nationalität durch ein großes Bauwerk verherrlichen wollen und zugleich den großen herrlichen echt original deutschen Baustil ignorieren?"[202]

Ludwig I. hegte noch die frühe Form des Nationalbewußtseins, das zugleich eine internationale Dimension hatte. Nationalität und das klassische Ideal des Griechentums gingen eine Synthese ein. Im Jahr der Grundsteinlegung 1830 befand sich Griechenland auf dem Wege, einen bayerischen König zu erhalten. Nationalität und universale Humanität in Form des Philhellenismus schlossen einander nicht aus.

Im Innern des Gebäudes reihten sich anfangs 95 Büsten aneinander: die großen Deutschen. Wo es an Abbildern fehlte, ließ man Inschriftentafeln anbringen. Bei der Auswahl der Deutschen war man überdies großzügig, denn man fand auch Wilhelm von Oranien, Katharina II. von Rußland und die Helden der germanischen Frühzeit darunter. In einem Giebelfeld war auch die Hermannsschlacht gegen die Römer dargestellt. Die ursprünglich zurückgehaltene Büste Luthers wurde erst später hinzugefügt.

Das Nationaldenkmal, das wirkt wie ein Museum, richtete sich eigentlich nicht an das ganze Volk, sondern an die Gebildeten der Nation, denen die Namen der deutschen Helden etwas sagten. Die Walhalla vereinte Geschichtsmythos und Humanitätsempfinden, das die Gleichberechtigung der Völker voraussetzte; sie war das Denkmal der Kulturnation. Ludwig selbst erhoffte sich anläßlich der Einweihung eine „Erstarkung und Vermehrung deutschen Sinns" im Gedenken an ein „gemeinsames Vaterland". Diese recht allgemeine Botschaft konkretisierte sich aber in der einzigen politischen Darstellung am Tempel in einem Giebelfries. Sie wurde auf ausdrücklichen Wunsch des Königs angebracht und zeigte die Begründung des Deutschen Bundes von 1815! Diese wohl einzige architektonische Verherrlichung des sonst vielgeschmähten Bundes verkörperte das föderative „Vaterland der Stämme“ und war weit entfernt vom Ideal der geeinten Staatsnation.

*Der Kölner Dom.* – Der Kölner Dom verwandelte sich in der ersten Hälfte des 19. Jahrhunderts in dem Maße zu einem Nationaldenkmal, wie er fertiggestellt wurde. Eine Abbildung aus dem Jahre 1819 läßt ihn mit den nicht über die Höhe der Seitenschiffe emporgezogenen Türmen eher als eine Baustelle denn als das idealisierte Meisterwerk der Gotik erscheinen.[203] Dieser Dom versinnbildlichte die Sehnsucht nach einem gesamtdeutschen Nationaldenkmal.

Als man sich 1814 nach der siegreichen „Völkerschlacht“ gegen Napoleon über ein würdiges Sieges- und Nationaldenkmal Gedanken zu machen begann, erinnerte Görres an den unvollendeten Dom als Symbol „von Teutschland in seiner Sprach- und Gedankenverwirrung“ und zugleich als Symbol eines noch kommenden „neuen Reiches, das wir bauen wollen“. Der unvollendete Dom stand für die nicht vollzogene deutsche Einheit. Er war eingebunden in christliche Vorstellungen und Umgebung, fern allem revolutionären Ursprung, wie es für die französische Nation 1789 typisch gewesen war. Der Dom schien sich geradezu anzubieten, das konfessionell geteilte Deutschland in christlich-nationalen Formen wieder zu vereinigen. Am 4. September 1842, wenige Wochen vor der Einweihung der Walhalla, wurde in einem feierlichen Dombaufest die Wiederaufnahme des Baus am Dom begangen. Es blieb nicht das einzige Fest während des Fortgangs der Arbeiten, und jedesmal trug das öffentliche Ereignis dazu bei, daß immer mehr Menschen anfingen, sich als Angehörige der deutschen Nation zu begreifen, unterstützt durch Fahnenschmuck, Feiertagskleidung und Ansprachen. Friedrich Wilhelm IV. benutzte das Dombaufest als sichtbares Zeichen für seinen Willen, mit den Katholiken im Rheinland nach dem Kölner Kirchenstreit Frieden zu schließen. Als erster deutscher Monarch hielt er dabei eine Ansprache vor zehntausenden von Menschen. Seine Festrede enthüllte das national-konservative Programm des Königs, für den der Leitsatz galt, er spreche nur unmittelbar zu „seinem“ Volk und lasse sich nicht durch ein „Stück Papier“ – eine Verfassung! – von diesem trennen. Zu dem Dombaufest von 1842 waren zahlreiche deutsche Fürsten erschienen, darunter auch Metternich.

Der Kölner Dom entwickelte sich jedoch nicht zu einem einigenden Nationalsymbol, wie sich bereits im Revolutionsjahr 1848 zeigte. Als man das sechshundertjährige Jubiläum der Grundsteinlegung von 1248 in Köln begehen wollte, nahmen der preußische König, der Reichsverweser Erzherzog Johann, der Parlamentspräsident der Paulskirche und eine Reihe Abgeordneter teil. Den kritischen Zeitgenossen aber war jener Dombaupatriotismus bereits frühzeitig verdächtig, schien sich doch dahinter ein staatenbündisches Konzept zu verbergen, das die eigentliche Reichsbildung unterlaufen könnte. So argumentierten die Demokraten in der Frankfurter Nationalversammlung. Konfessionell-Konservative lehnten den Dom als Nationaldenkmal ab, weil sie darin eine mißbräuchliche Instrumentalisierung des Sakralen erblickten. Angesichts solcher auseinanderstrebender Anschauungen war die Idee von einem katholischen Dom als Nationalsymbol gescheitert.

*Das Hermannsdenkmal.* – Wohin man bei den Anfängen der deutschen Nationalbewegung schaut: immer wieder trifft man auf den Namen Arndts. Er zählte zu den ersten, die vorschlugen, ein Nationaldenkmal zu errichten. Der Vorstellung von einer ungebrochenen Geschichte der Deutschen seit germanischer Frühzeit verpflichtet, erwog bereits Arndt ein Denkmal zum Gedenken an Hermann, den Cherusker, und an den Kampf der Germanen gegen die Römer im Teutoburger Wald.[204] Doch zum eigentlich treibenden Geist dieses monumentalen Vorhabens entwickelte sich der Architekt Ernst von Bandel. Er war 1799 in Ansbach als Sohn eines altpreußischen Beamten geboren worden und hatte die Zeit der französischen Besatzung als geradezu traumatische Kindheitserfahrung in Erinnerung behalten. In den Freiheitskriegen lagen denn auch die Wurzeln seiner monomanen Denkmalsbegeisterung, die ihn schließlich ein Leben lang gefangenhielt. Bandel begleitete den Bau unerschütterlich vom ersten Entwurf im Jahre 1819 bis zur Einweihung im Jahre 1875.

Die Grundsteinlegung fand 1838 im Rahmen einer gewaltigen Feier statt, zeitlich nahe der Einweihung der Walhalla und des Kölner Dombaufestes. Die Veranstaltungen zeigten rituellen Charakter, wie er sich bei dergleichen Festzeremonien nun bis weit in die Kaiserzeit hinein immer wiederholte, wenn Nationaldenkmäler „geweiht" werden sollten.[205] Die Symbolik, die das Denkmal vermitteln sollte, wurde dabei auf anschauliche Weise szenisch dargeboten. Hochschulstudenten wohnten in altdeutscher Tracht der Zeremonie bei. Männerchöre sangen Arndts Lied „Des Deutschen Vaterland". Eine in der Schlacht von Waterloo „befreite" Kanone donnerte die Begleitung.

Das Denkmal sollte Deutschlands ewig junge Kraft versinnbildlichen. Hermann steht riesig über der Ruhmeshalle, die als gewaltiger Sockel von 31 m Höhe dient. Er erscheint monumental und erinnert in seiner Ritterrüstung merkwürdigerweise eher an klassische griechisch-römische Vorbilder. Er hat das gezückte Schwert nach oben gerichtet, um – damit nach Westen deutend – den unsichtbaren Feind einzubeziehen und herauszufordern. Der Gestus ist aggressiv auf Kraft, Kampf und Sieg gerichtet.

Der Sockel besteht aus romanisch-gotischen Elementen und verkörpert dadurch beispielhaft, was man im 19. Jahrhundert als angeblich typisch deutschen Stil ansah. Ähnlich der Walhalla sollte der Sockel eine Ruhmeshalle mit Helden der deutschen Geschichte beherbergen, doch noch heute ist sie leer, so daß unverändert Platz für große Deutsche frei ist.

Zu Recht wird immer wieder die besondere Lage auf einem Hügel im Teutoburger Wald betont, denn der Ort war nicht nur wegen der geschlagenen Schlacht gewählt worden, sondern weil dort germanische Kulte ihre Spuren hinterlassen hatten. Hinzu kamen Elemente romantischer Weltauffassung: eine antiurbane Stimmung, verbunden mit einer Mythisierung des Waldes als der eigentlichen deutschen Seelenlandschaft.

In diesem Falle wie auch bei anderen vergleichbaren Bauvorhaben gefährdeten leere Kassen immer wieder den krönenden Abschluß. In den 1840er Jahren ließ die Bautätigkeit nach und kam 1846 endgültig zum Erliegen. Bandel konnte die Arbeit erst wieder vorantreiben, als die Zeit für nationale Emotionen abermals empfänglich war. Die Einigung Italiens zwischen 1859 und 1861 erregte auch die deutschen Nationalbewegung aufs neue. Das Schillergedenkjahr 1859, der hundertjährige Geburtstag, erfaßte Deutschland überdies mit einer gewaltigen Welle nationaler Feste, weil dieser Dichter der einzige war, in dem Deutschland einig war, wie eine zeitgenössische Zeichnung suggerierte.

Wie man sich die „Nationalisierung der Massen" (George Mosse) konkret vorstellen kann, veranschaulicht Bandels Idee, die dauernden Geldnöte wirkungsvoll zu beheben: Er schrieb an jeden Primus aller deutschen Mittelschulen und bedrängte diesen, Geld für die nationale Tat zu sammeln, daß man am Hermann weiterbauen könne. Diese schmerzhafte und schweißtreibende Handarbeit zahlte sich buchstäblich aus und vergrößerte zugleich Bandels Popularität. Auf die eingehenden Summen blickend, stellte er fest, daß das Hermannsdenkmal das erste nationale Monument sei, das vom ganzen deutschen Volk erbaut worden sei. Schließlich steuerten auch der König von Preußen und dann der Reichstag noch Geld bei. Kaiser Wilhelm I. stattete Bandel mit einer reichlichen Pension aus.

1875 wurde das Denkmal endlich unter großen Feierlichkeiten eingeweiht. Anwesend waren der Kaiser, viele Fürsten, wie gewohnt die Vereine der Sänger, Turner, Krieger und Studentenkorporationen. In Berichten wurde ausdrücklich die Teilnahme einiger hundert Amerikadeutscher, dann noch Holländer und Österreicher hervorgehoben. Die Volksnation, wie man sie verstand, wurde hier ebenso gefeiert wie die Staatsnation. Die Einladung des Kaisers und der Fürsten betonte die Einigkeit von Monarchen und Volk und verlieh dem ganzen Szenario einen nationalmonarchischen Charakter, obwohl der Denkmalbau gerade nicht staatlich gelenkt, sondern privat vorangetrieben worden war.

Das war Nationalismus als gesellschaftliche Bewegung, die von den regierenden Dynastien schließlich okkupiert wurde. Waren ursprünglich im Denkmalplan und in der Ausführung noch freiheitliche Elemente gegenwärtig, so gingen diese im neuen Kaiserreich völlig unter angesichts solcher markigen Sätze am Denkmal zur Person Wilhelms I. wie: „Der lang getrennte Stämme vereint mit starker Hand – der welsche Macht und Tücke siegreich überwand – der längst verlorne Söhne [die Elsaß-Lothringer] heimführt ins Deutsche Reich – Armin dem Retter ist er gleich". Zugleich diente das Denkmal den Besuchern als Geschichtsbuch, indem es sie belehrte: „Am 17. Juli 1870 erklärte Frankreichs Kaiser Louis Napoleon Krieg, da erstunden alle Volksstämme Deutschlands und züchtigten vom August 1870 bis Januar 1871 immer siegreich französischen Übermut unter Führung König Wilhelms von Preußen, den das deutsche Volk am 18. Januar zu seinem Kaiser erhob".[206]

Der ursprüngliche bürgerlich-demokratische Antrieb klang in der Wendung von den sich erhebenden Volksstämmen nur noch schwach an und wurde ganz vom monarchischen Nationalgefühl überwölbt. Die Frontstellung gegen den Feind bekundete sich nicht allein in der Haltung Hermanns, sondern auch in dem riesigen Schwert, dessen Inschrift lautete: „Deutschlands Einigkeit meine Stärke, meine Stärke Deutschlands Macht". Das Denkmal hatte seinen ursprünglichen Charakter geändert und beschwor nun die nationale Sammlung.

Dabei leistete es zugleich seinen ideologischen Dienst für das neue Kaiserreich, das von vielen seiner Angehörigen anfangs angefochten wurde: von großdeutschen Demokraten, Sozialdemokraten, Zentrumskatholiken, Polen in den preußischen Ostgebieten, Hannoveranern, die im Exil gar eine Legion gegen es aufstellen wollten. Der Geschichtsmythos vom Freiheitskrieg trat in den Dienst der Gegenwartspolitik innerer „Sammlung" und nahm Gestalt an in monumentaler Architektur. Diese wurde typisch für das 19. Jahrhundert, war aufs Ganze gesehen aber vieldeutig, wie der Vergleich zwischen Walhalla, Kölner Dom und Hermannsdenkmal zeigt: Sie band dynastische, kulturelle, religiöse, humanitäre Erwartungen und zog unterschiedliche soziale Träger an. Sie vereinte disparate Kräfte und Ziele und glich damit auf eigentümliche Weise dem schwierigen Weg zur Staatsnation.

## 3. Religionen, Kirchen und Konfessionen

### *a) Kirche und moderner Staat: auf der Suche nach einem neuen Verhältnis*

Säkularisationen prägten den Beginn des 19. Jahrhunderts, aber eigentlich reichen sie bis in die Reformationszeit zurück. Mit ihnen bezeichnet man im engen Sinne staatliche Eingriffe in kirchliches Vermögen: die Enteignung oder einseitige Aufhebung geistlicher Institutionen zu weltlichen Zwecken. Als *die* Säkularisation wird in Deutschland in der Regel die Auslöschung sämtlicher geistlicher Reichsstände benannt. Noch das alte Heilige Römische Reich hatte sie vollzogen, und zwar durch einen eigenen Rechtsakt: den Reichsdeputationshauptschluß, wie dieser besondere Beschluß des Reichstages vom Jahre 1803 heißt. Geistliche Kurfürstentümer, Erzbistümer, Bistümer, Klöster und Stifte wurden aufgehoben.

Diese Säkularisationen begründeten nicht unbeträchtliche finanzielle Verpflichtungen, welche die neuen Herren und ihre Rechtsnachfolger selbst unter längst veränderten Verfassungsverhältnissen zu tragen haben, bis heute. Der Artikel 140 des Grundgesetzes der Bundesrepublik Deutschland etwa definiert die fortbestehenden Staatsleistungen an die Kirchen und ist letztlich als ein spätes Ergebnis dieser Säkularisationen zu verstehen.

Auf dem Wiener Kongreß und speziell bei der Begründung des Deutschen Bundes im Jahre 1815 wurden diese Säkularisationen von Gut und Herrschaft der Geistlichkeit bestätigt. Hier wie in vielen anderen Bereichen auch verzichtete man auf eine Restauration. Dadurch war das künftige Verhältnis von Staat und Kirche vorgezeichnet: Die traditionelle Verbindung beider Gewalten sollte aufgelöst werden; das war die Tendenz des Jahrhunderts.

Die Kirchen waren in Deutschland also eine „eigentümliche Form der Staatsverbindung“ (Wolfgang Schieder) eingegangen, denn Staat und Kirche waren weder radikal getrennt wie in Frankreich noch bestand eine privilegierte Staatskirche wie in England.[207] Man versuchte demgegenüber einen schwierigen Mittelweg, der Staatsabhängigkeit und innerkirchliche Autonomie miteinander verbinden sollte. Die deutschen Staaten des 19. Jahrhunderts waren vom frühneuzeitlichen Kirchenregiment abgerückt, beanspruchten aber eine Kirchenhoheit. Diese wurde zum typischen Thema des Zeitraums, indem sie den Kampf um innerkirchliche Autonomie unter der Parole von der „Freiheit der Kirche“ hervorrief.

Diese Trennung vollzog sich freilich gleitend und konfliktreich, denn es existierten zu viele „Überschneidungspunkte“ (Nipperdey), in denen überkommene Leistungen der Kirche und neue Ansprüche des Staates aufeinanderstießen. Die Ehe beispielsweise wurde traditionell von der Kirche gestiftet; nun aber erhob der Staat den Anspruch, die Eheschließung zu sanktionieren, darüber hinaus Normen festzusetzen, die den Konfliktfall der Scheidung regelten. Sie waren der Bestimmungsmacht der Kirchen entzogen; letztlich trat neben die kirchliche Ehe die Zivilehe.

Die Kirche hatte sich von alters her der Erziehung und so auch des Schulwesens angenommen. Die neugebildeten Flächenstaaten seit 1815 betrachteten Organisation der Schulen, Lehrpläne und Lehrerausbildung als ihre Angelegenheiten; sie fochten die geistliche Aufsicht über die Elementarschulen und teilweise auch die Einrichtung von Konfessionsschulen an. Vor allem die katholische Kirche geriet in ein neues Verhältnis gegenüber dem Staat, nachdem sie ihre weltliche Herrschaft verloren hatte. Wie weit durfte die fortschreitende staatliche Durchdringung der Gesellschaft auch in die Kirchen reichen? War der unmittelbare amtliche Verkehr der Bischöfe mit dem Papst in Rom eine Beziehung mit einer auswärtigen Macht und als solcher genehmigungsbedürftig? Wie weit sollte der Staat bei der Besetzung kirchlicher Ämter, bei Bischofswahlen mitsprechen? Welches

Wort kam ihm bei der Ausbildung der Geistlichen an den staatlich eingerichteten und finanzierten Theologischen Fakultäten zu? Wer hatte zu schlichten, wenn die Geistlichen gegen Entscheidungen ihrer Kirchenoberen protestierten und an die staatliche Gerichtsbarkeit appellierten?

Es ließe sich entlang der viele konfliktträchtigen Überschneidungen eine Krisengeschichte im Verhältnis von Staat und Kirche im 19. Jahrhundert schreiben. Jeder größere Staat – Preußen, Hessen, Baden, Württemberg, Bayern, Österreich – war davon erfaßt. Der berühmte „Kulturkampf", welcher der frühen Bismarck-Zeit nach der Reichsgründung im Jahre 1871 seinen Namen gegeben hat, war nicht der einzige des Jahrhunderts: Die Geschichte des Verhältnisses von Staat und Kirche im 19. Jahrhundert war vielmehr eine Abfolge von immer wieder auflodernden Kulturkämpfen, und die Fronten nahmen keinerlei Rücksicht darauf, ob der regierende Fürst der katholischen oder protestantischen Konfession anhing.

### *b) Die innere Verfassung der Kirchen*

*Reorganisationen in der katholischen Kirche.* – Das weltliche Regiment geistlicher Fürsten im Rahmen des alten Reichskirchensystems war eine deutsche Besonderheit innerhalb der europäischen Geschichte. Mit dessen Untergang im Jahre 1806 verlor der Katholizismus seinen organisatorischen Rückhalt. Den Bischöfen wurde buchstäblich der Stuhl vor ihre ehemaligen Residenzen gesetzt. Die katholische Kirche mußte von innen her neu aufgebaut werden.

Überdies hatte der Wiener Kongreß mit seiner weitgreifenden Nivellierung die deutsche Staatenwelt so sehr verändert, daß die vielen neuen politischen Grenzen nicht mehr mit den überkommenen kirchlichen Verwaltungsgrenzen übereinstimmten: Die alte Gliederung der Bistümer in Amtsbezirke (Diözesen) überspannte mitunter die neuen Staatsgrenzen. Welcher Staat sollte nun aber sein traditionelles Recht, bei der Nominierung von Bischöfen mitzuwirken, wahrnehmen? Der Wiener Kongreß hatte vermieden, die Kirche im Rahmen des Deutschen Bundes zu reorganisieren. Der Kurie in Rom wurde beschieden, diese Frage in Sonderverhandlungen mit den einzelnen deutschen Staaten zu regeln. Daraus erwuchsen förmliche Verträge zwischen den Einzelstaaten und der Kurie, sogenannte Konkordate.

Das Konkordat des Vatikans mit dem Königreich Bayern aus dem Jahre 1817 wurde beispielgebend für die übrigen Regierungen in Südwestdeutschland. Auch ihnen ging es um Anpassung der Diözesangrenzen und weitere Vollmachten, nun aber in der Hand protestantischer Monarchen und Beamter. Aus den Verhandlungen der südwestdeutschen Regierungen mit der Kurie ging im Jahre 1821 die „Oberrheinische Kirchenprovinz" hervor. Sie unterstand einem neuen Erzbischof von Freiburg für Baden und gliederte sich in die Bistümer Mainz für Hessen-Darmstadt, Fulda für

Kurhessen, Rottenburg für Württemberg und Limburg für Nassau sowie die Freie Stadt Frankfurt. Jeder Staat erhielt auf diese Weise seinen eigenen Bischof. Das älteste Bistum Deutschlands, Konstanz, wurde darüber geopfert, weil der dortige Bischof Freiherr von Wessenberg sich wegen seiner unabhängigen Kirchenpolitik mit der Kurie überworfen hatte. Auch die Staaten dieser Oberrheinischen Kirchenprovinz wollten entschieden am Staatskirchentum festhalten; 1830 erließen sie, dem bayerischen Vorbild folgend, ähnliche verfassungsmäßige Schutz- und Aufsichtsrechte des Staates.

Preußens katholischer Bevölkerungsanteil war durch die territorialen Veränderungen des Wiener Kongresses auf zwei Fünftel der Gesamtbevölkerung angewachsen. Auch hier wurde die Kirchenorganisation neu gebildet; die Mitte lag beim Erzbistum Köln, dem die drei Bistümer Trier, Münster und Paderborn untergeordnet waren. Die Verhandlungen zwischen der Kurie und Preußen verliefen relativ problemlos. Die eigentlichen Schwierigkeiten kamen erst später. Insgesamt wurden in dem Jahrzehnt nach 1815 für die katholische Kirche jene Grundformen der Organisation und Verwaltung geschaffen, wie sie bis heute fortbestehen.

Bezeichnenderweise übernahm die katholische Kirche das Modell neuzeitlicher Staatsbildung, indem sie nun erst konsequent die Prinzipien von Hierarchie, Bürokratie und Disziplinierung auf ihre innere Verfassung übertrug. Die weitgehend unabhängige deutsche Bischofskirche, die den Rückhalt des Reiches verloren hatte, mußte sich der Obergewalt des Papstes unterordnen. Diese Ausrichtung des Katholizismus an der Kurie „jenseits der Berge", was „ultramontan" ja buchstäblich bedeutete, nannten die Zeitgenossen „Ultramontanismus". Die Konflikte, ihn durchzusetzen, kennzeichnen die innere Geschichte des Katholizismus im 19. Jahrhundert. Sie gipfelten im I. Vatikanischen Konzil von 1870, welches das Dogma der päpstlichen Unfehlbarkeit in Fragen des Glaubens verkündete, und führten zu kirchlichen Abspaltungen. Die sogenannten Altkatholiken mit ihrem Protest gegen das I. Vatikanum waren die Prominentesten. Widerstand äußerten auch die Geistlichen gegenüber der nun schärfer verordneten Disziplinierung, wie sie von der bürokratischen Ausgestaltung der Diözesen ausging. Leider ist noch viel zu wenig über Verhalten und Entwicklung des katholischen Klerus im 19. Jahrhundert bekannt.

*Die protestantische Kirchenverfassung.* – Für den Protestantismus existierte nicht jener Gegensatz zwischen Staat und Kirche, wie er im Katholizismus zwischen römischer Kurie und obrigkeitlicher Gewalt bestand. Seit der Reformationszeit lag in den evangelischen Territorien mit der Entmachtung des Papsttums die oberste Kirchengewalt in der Hand der evangelischen Fürsten: Sie rückten in die Rolle eines obersten Bischofs (summepiscopus) ihrer Landeskirche. Die Kirchenbehörden waren Teil der staatlichen Verwaltung, die Pfarrer dienten eigentlich als Staatsbeamte.

Dieses fürstliche Kirchenregiment im Protestantismus dauerte bis 1918 und prägte maßgeblich die Entwicklung der evangelischen Kirche im 19. Jahrhundert. Sie wurde dadurch tief in die Erschütterungen und Wandlungen der deutschen Einzelstaaten hineingezogen. Durch ihre Verquikkung mit der Landesherrschaft hatte sie Teil am deutschen Föderalismus. Das Ringen des Zeitalters um den Konstitutionalismus spiegelte sich innerhalb der protestantischen Landeskirchen im Konflikt um die innere Kirchenverfassung wider. Die Spannungspole lagen zwischen einer starken Bischofskirche, in welcher sich der Landesherr mit Hilfe der innerkirchlichen, bürokratisch verfestigten Verwaltung energisch Geltung verschaffte, und andererseits der Volkskirche, die dem Prinzip der Gemeindeautonomie folgte und in repräsentativ gewählten Synoden den Gläubigen gestattete, das kirchliche Leben mitzugestalten.

### *c) Frühe Kulturkämpfe*

*Katholischer Staat und katholische Kirche: Der bayerischer Kulturkampf 1817–1821.* – Am bayerischen Kulturkampf der Jahre 1817 bis 1821 offenbarte sich erstmals beispielhaft, wo die fundamentalen Konfliktlinien im Verhältnis von Staat und Kirche lagen. Sie traten an dem früh vereinbarten Bayerischen Konkordat zutage. Nach langwierigen Verhandlungen war es im Sommer 1817 zustandegekommen. Es bestätigte das königliche Nominationsrecht gegenüber Bischöfen und glich die Grenzen der Diözesen denen des Staates an. Bayern hatte fortan zwei Erzbistümer – München-Freising und Bamberg – und sechs Bistümer.

Eine Generalklausel im Konkordat löste nun in der Öffentlichkeit einen Proteststurm aus, weil sie auch die Protestanten der Rechtsprechung des Papstes – also dem kanonischen Recht – zu unterwerfen schien. Die Generalklausel besagte, alle in Bayern bestehenden Gesetze und Verordnungen seien aufgehoben, soweit sie dem Konkordat widersprächen; alles, was nicht im Konkordat ausdrücklich erwähnt sei, solle nach der Lehre der Kirche geordnet werden. Das aber schien die Garantien des Religionsedikts von 1809 in der Substanz aufzuheben, nämlich die dort zugesicherte Toleranz und Parität der Konfessionen. Davon war im Konkordat nicht mehr die Rede. Protestanten und antirömische Katholiken fürchteten nun, die staatliche Gesetzgebung und Verwaltung werde generell dem Urteil der Kirche unterworfen.

Die Regierung begegnete diesem Proteststurm 1818 mit einer Beilage zur Verfassung, dem „Edikt über die äußeren Rechtsverhältnisse der Einwohner des Königreichs Bayern in Beziehung auf Religion und kirchliche Gesellschaften". Dieses Edikt bestätigte die Parität der drei christlichen Hauptreligionen (Katholiken, Lutheraner, Reformierte); außerdem ergänzte es das Konkordat und beanspruchte, diese Verfassungsergänzung habe rechtlich Vorrang vor den Bestimmungen des Konkordats. Geistliche wurden zum Eid auf die Verfassung verpflichtet, und das schloß ein: auch auf die Verfassungsergänzung. Sie mußten zusätzlich nun billigen, was nicht im Konkordat stand, nämlich die Anerkennung des vollen Staatskirchentums; denn das Edikt verordnete, daß „alle inneren Kirchenangelegenheiten nur unter der obersten Staatsaufsicht" zu regeln seien. Hierzu zählten Glaubenslehre, Gottesdienst, geistliche Amtsführung, Religionsunterricht, Kirchendisziplin, Approbation und Ordination der Kirchendiener, Einweihung der gottesdienstlichen Gebäude und Kirchhöfe, Ausübung der Gerichtsbarkeit in rein geistlichen Sachen. Das Edikt galt für alle Konfessionen.

Papst Pius VII. protestierte nun seinerseits gegen das Vorgehen der bayerischen Regierung. In der Ständeversammlung erklärten mehrere Geistliche, sie könnten den Eid nur unter Vorbehalt leisten. Der Konflikt war offen ausgebrochen. Er wurde schließlich durch eine einseitige Erklärung König Maximilians I. Joseph beigelegt. In der sogenannten Tegernseer Erklärung von 1821 versicherte der Monarch, der Verfassungseid beziehe sich lediglich auf die bürgerlichen Verhältnisse; die katholischen Untertanen sollten zu nichts verpflichtet werden, „was den göttlichen Gesetzen oder den katholischen Kirchensatzungen widerspräche". Aber trotz ihrer offenkundigen Widersprüche erkannte die Erklärung das Konkordat und das ergänzende Verfassungsedikt gleicherweise für rechtsverbindlich an. Es bestanden also Konkordat, Religionsedikt und Tegernseer Erklärung nebeneinanderher; die Regierung beanspruchte für sich die staatskirchliche Praxis. Zunächst hatte man im Konkordat große Zugeständnisse gemacht, damit die römische Kurie Landesbistümer schuf und die königliche Nomination (statt des Wahlrechts der Domkapitel) bei der Bischofswahl akzeptierte. „Sobald diese Vorteile gesichert waren, hob man die Gegenleistungen, die man zugestanden hatte, praktisch wieder auf"(Franz Schnabel).[208]

Im Medium von Verfassungs- und Staatskirchenrecht wurden Konflikte um Macht und Kompetenz ausgetragen. Diese orientierten sich keineswegs an den traditionellen Konfessionsgrenzen; ein katholischer Fürst wie Bayerns Maximilian I. Joseph konnte ebenso darin verwickelt sein wie der Protestant Friedrich Wilhelm III. von Preußen im sogenannten Kölner Kirchenstreit. Im Kern traf der Konflikt jedesmal das Maß, mit dem Staat und Kirche ihre Bindung zueinander definierten.

*Protestantischer Staat und evangelische Kirche: die Entstehung der Altlutheraner.* – In Preußen entzündete sich ein bereits schwelender Konflikt paradoxerweise an einem Versuch König Friedrich Wilhelms III., inneren Frieden und Ausgleich zwischen den Konfessionen der Lutheraner und Calvinisten herzustellen. Der Herrscher, selber Calvinist, machte diese „Union" zu einem persönlichen Anliegen, wobei sich geistliche und politische Motive mischten, indem die Union eine geistige Klammer zwischen den reformiert-calvinistischen westlichen und lutherischen östlichen Provinzen Preußens herstellen sollte. Zum 300. Jahrestag der Reformation im Jahre 1817 proklamierte Friedrich Wilhelm III. eine solche freiwillige, von selbst zusammenwachsende Union. Eine Flugschriftenkampagne begleitete auf höchst moderne Weise mit mehr als 200 Broschüren dieses Vorhaben.

Ein scheinbares Detail führte zur Auseinandersetzung zwischen Staat und Kirche; ausgetragen wurde sie zwischen Monarch und protestantischen Gemeinden. Denn der König wollte im Zuge dieser Union zugleich eine einheitliche Gottesdienstordnung (Agende) mit einer für beide protestantischen Konfessionen verbindlichen Liturgie durchsetzen. Der König handelte dabei in doppelter Rolle, indem er einerseits kraft seiner oberstbischöflichen Gewalt für sich beanspruchte, vorzuschreiben, nach welcher Ordnung der Gottesdienst zu halten sei, indem er das andererseits als absolutistischer Monarch auf obrigkeitlichem Wege verfügte, ohne die Laien daran zu beteiligen. Das provozierte bei den Betroffenen die Verfassungsfrage: Sollte die evangelische Kirche durch obrigkeitliche Verfügungen als Staatskirche regiert, oder sollten die Laien durch synodale und presbyteriale Elemente an der Kirchenverwaltung beteiligt werden?

Die Fragen nach der Verfassung der Kirche und des Staates waren verknüpft, denn ein spätabsolutistisch regierter Staat würde schwerlich eine konstitutionell-synodale Kirchenordnung zulassen. Der Widerstand artikulierte sich in zeittypischen Formen. Die Gegner, voran der Breslauer Theologieprofessor Scheibel, riefen in rückwärtsgewandter Weise nach dem reinen Luthertum, und im Rückgriff auf die lutherischen Bekenntnisschriften erhoben sie zugleich moderne demokratische Forderungen, denn sie verlangten, ihr religiöses Leben ohne staatliche Reglementierung bestimmen zu wollen.

1830 kam es zur Abspaltung, als Scheibel die erste Gemeinde der Rechtgläubigen, die sich „Altlutheraner“ nannten, in Breslau begründete. Die preußische Regierung ging gegen diese neue Strömung scharf vor, indem sie einzelne Anhänger des Amtes enthob, auswies oder inhaftierte. Erst König Friedrich Wilhelm IV. lockerte die Verfolgung; 1845 gestand er den Altlutheranern das Korporationsrecht und eine selbständige Kirchenleitung zu. Wie die Bildung der Union über Preußen hinaus auch andere Bundesländer erfaßt hatte (Pfalz, Hessen-Darmstadt, Waldeck, Anhalt, Baden), bildeten sich nun auch in anderen Teilen des Deutschen Bundes Freikirchen der Altlutheraner, etwa in Nassau, Sachsen und Hannover. Weniger Proteste gab es in solchen Regionen, wo die Gemeinden in Abstimmungen zur Union befragt worden waren wie in der bayerischen Pfalz oder in Rheinhessen.

*Protestantischer Staat und katholische Kirche: Der Kölner Mischehen-Streit.* – Religiöse Bewegungen, die sich vereinsmäßig, publizistisch und öffentlich organisierten, zeigten an, daß hier ein neues gesellschaftliches Konfliktpotential anwuchs. Einen starken Impuls erhielt diese Entwicklung durch den sogenannten Kölner Kirchenstreit zwischen 1837 und 1840. Aus heutiger Sicht fällt es schwer, einzusehen, warum so leidenschaftlich um eine Spezialfrage gestritten wurde. Den Ausgangspunkt wird man in der konfessionellen Erneuerung des Katholizismus sehen müssen. Nicht zufällig brach der Streit gerade im Rheinland aus, denn in diese katholischen Westregionen, die Preußen 1815 teilweise hinzugewonnen hatte, wechselten zunehmend mobile protestantische Beamte und Offiziere über; hier suchten sie dann unter den katholischen Bürgers- oder Adelstöchtern ihre Frauen zur Heirat. Dazu brauchten die künftigen Ehepartner aber einen kirchlichen „Dispens", also eine besondere kirchliche Erlaubnis. Die Frage, nach welcher Konfession die Kinder erzogen werden sollten, machte aus diesen Mischehen einen Streitgegenstand. Ein päpstliches Breve von 1830 verordnete, grundsätzlich müßten die Kinder katholisch erzogen werden. Die künftigen Eltern sollten das bei der Eheschließung ausdrücklich versprechen. Freilich hatte sich in Preußen eine mildere Praxis ausgebildet, die dem Allgemeinen Landrecht folgte: Söhne wurden in der Konfession des Vaters, Töchter in dem Glauben der Mutter erzogen. Die Kirche sollte sich vor der Einsegnung der Ehe darauf beschränken, die religiöse Gesinnung des katholischen Ehepartners festzustellen.

Diese Regelung widersprach der päpstlichen Verordnung von 1830 und war das Resultat langer Verhandlungen der preußischen Regierung mit dem Kölner Erzbischof Ferdinand August Graf von Spiegel. Im Jahre 1834 hatte man sich in einer geheimen Vereinbarung auf diese Praxis verständigt. Auf dem Sterbebett gab der Kölner Erzbischof jedoch dieses geheime Abkommen preis. Es geriet sofort an die Öffentlichkeit, und sein Nachfolger, Clemens August von Droste zu Vischering, weigerte sich schroff, sich an dieses Geheimabkommen zu halten. Der heraufziehende Konflikt verschärfte sich noch, als der neue Erzbischof die staatliche Theologische Fakultät in Bonn für den Priesternachwuchs sperrte, weil dort ein Theologe, Georg Hermes, unterrichtet hatte, dessen Lehre von Rom verurteilt worden war. Die Regierung sah nun ihr Aufsichtsrecht, das sie für die Bonner Universität und Priesterausbildung beanspruchte, bedroht. Als Ausgleichsversuche scheiterten, verlangte die Regierung, der Erzbischof solle sein Amt niederlegen. Dieser weigerte sich hingegen. Der Konflikt gipfelte am 20. November 1837, als die Regierung den Erzbischof verhaften und auf eine Festung bringen ließ.

Die Empörung im katholischen Deutschland, im benachbarten Belgien und in Frankreich war außerordentlich. Im Januar 1838 eröffnete Görres seine bereits im Zusammenhang mit den Anfängen des politischen Katholizismus erwähnte Flugschriftenkampagne. Ein Ende fand der Konflikt erst nach der Thronbesteigung Friedrich Wilhelms IV. im Jahre 1840. Der Ausgleich führte zu einem weitgehenden Sieg der Kirche: Sie erhielt Zugeständnisse in der Mischehenfrage; die Regierung gewährte freien Verkehr der Bischöfe mit Rom (diese waren ja nach dem Ende der Reichskirche

Staatsuntertanen geworden) und verzichtete auf das Plazet bei der Wahl und Ernennung des Bischofs. Der alte Kölner Erzbischof blieb immerhin suspendiert, und unter seinem Nachfolger kam es zu einer Verständigung, die als „Bund von Thron und Altar" in die Geschichte eingegangen ist: Am 4. September 1842 wurde in Gegenwart des protestantischen Königs auf spektakuläre Weise das Dombaufest des katholischen Kölner Doms gefeiert, so daß ein nach außen hin sichtbares Symbol der Versöhnung von Staat und Kirche gesetzt war.

### *d) Der Weg zur Religions- und Glaubensfreiheit als Grundrecht*

Die frühkonstitutionellen Verfassungen und Gesetzgebungen sowie das Recht des Deutschen Bundes garantierten den Mitgliedern der drei großen Konfessionen Bekenntnisfreiheit. Die Angehörigen des jüdischen Glaubens wie auch Mitglieder kirchlicher Abspaltungen entbehrten einer solchen Rechtsgarantie. Die Revolution von 1848/49 änderte diese Lage grundlegend; die ganze Bandbreite möglicher Anschauungen, wie das Verhältnis zwischen Staat und Kirche zu regeln sei, kam in den Verfassungsverhandlungen des Paulskirchenparlaments noch einmal zur Sprache. Die Abgeordneten einigten sich aber schließlich auf eine grundrechtliche Formulierung, welche eine neue Qualität erreichte, weil sie nicht mehr das Verhältnis zwischen Staat und Kirche, sondern zwischen Staat und Religion regelte. Die Frankfurter Reichsverfassung vom 28. März 1849 garantierte erstmals ein umfassendes Grundrecht der Glaubensfreiheit und stellte Grundsätze des Staatskirchenrechts auf, die bis in das Bonner Grundgesetz hineinwirkten.[209]

Diese Grundsätze nivellierten den Unterschied von Kirchen und „Sekten", indem sie statt dessen von „Religionsgemeinschaften" oder noch strikter von „Religionsgesellschaften" sprachen. Dieser Begriff entstammte der Aufklärung und ebnete den Unterschied zwischen christlichen Kirchen, nichtchristlichen Religionen und Sekten ein, indem er alle Vereinigungen nach dem Prinzip des Vereinsrechts behandelte. Das Prinzip der Vereinigungsfreiheit galt mithin auch im religiösen Bereich, der nicht mehr als besonderer behandelt wurde, denn jedem Deutschen stand es nun frei, ohne staatliche Genehmigung Religionsgemeinschaften zu bilden. So war es nur konsequent, daß das Prinzip einer Staatskirche und die Privilegierung einzelner Religionsgesellschaften abgelehnt wurden. Die Religionsgesellschaften sollten ihre Angelegenheiten selbständig und autonom regeln, aber sie mußten sich alle den allgemeinen Staatsgesetzen unterwerfen. Damit war nun endlich auch die Gleichberechtigung des jüdischen Glaubens anerkannt.

Mit der Revolution scheiterte auch die Reichsverfassung. Ihre religionsrechtlichen Prinzipien lebten zu einem guten Teil jedoch fort, und zwar bereits unmittelbar in der revidierten preußischen Verfassung von 1850, welche individuelle Religionsfreiheit, die Freiheit der Vereinigung zu Religionsgesellschaften und die Freiheit öffentlicher Kultusausübung gewährleistete; auch sollten die Religionsgesellschaften ihre Angelegenheiten selbständig ordnen. Die Verfassung hatte sogar jegliche Staatskirchenhoheit abgestreift, weil sie auf die ausdrückliche Bindung an die Staatsgesetze verzichtete. In einem ging sie freilich weiter als die Frankfurter, weil sie bestimmten Religionsgesellschaften den Weg eröffnete, Korporationsrechte zu erlangen, also Körperschaften des öffentlichen Rechts zu werden. Hierin lag die Möglichkeit, einzelne Religionsgesellschaften wie vor allem christliche zu privilegieren. Freilich wurde auch das Recht, kirchliche Stellen zu besetzen, aufgehoben. Wie wertvoll die Rechtsgarantien der preußischen Verfassung waren, zeigte sich auf dem Höhepunkt des Kulturkampfs im Jahre 1873, als die preußische Regierung eigens die Verfassung ändern mußte, um das Recht der Kirche zur Selbstverwaltung und die Freiheit bei der Ämterbesetzung wieder beseitigen zu können.

### *e) Religiöse Erneuerung, Rekonfessionalisierung, Volksfrömmigkeit*

Der Begriff „Säkularisation" bezeichnet im strengen historischen Gebrauch die beschriebene Enteignung von Kirchengut sowie die Aufhebung der Reichskirche. Er wird aber auch in einem umfassenderen Sinn verwendet und meint dann – treffender auch „Säkularisierung" genannt – die seit der Aufklärung fortschreitende Entchristlichung und Entkirchlichung als Merkmale der Moderne. Das 19. Jahrhundert erscheint nach dieser Sicht als jenes Zeitalter, in dem die „Entzauberung der Welt" (Max Weber) die Oberhand gewonnen habe. Die neuere historische Forschung hat diese besonders bei Religionssoziologen verbreitete Deutung korrigiert. Religion und Religiosität wurden wiederentdeckt als bestimmende Kräfte in den Umbrüchen seit dem ausgehenden 18. Jahrhundert.

Das 19. Jahrhundert setzte, wie nun zunehmend schärfer gesehen wird, vor allem in der ersten Hälfte in der protestantischen und katholischen Kirche neue religiöse Energien frei, welche sogar zu einer Rekonfessionalisierung, einer bewußten Abgrenzung der christlichen Konfessionen voneinander, führten, wie sich etwa an den Feiern aus Anlaß des 300jährigen Jubiläums der „Augsburger Konfession" 1830 in Bayern zeigte.

Religiosität entfaltete sich jedoch nicht allein im Raum der verfaßten großen Kirchen, sondern mehr noch außerhalb oder gar gegen sie. Wo aber die überkommenen Kirchen ihre bindende Kraft verloren, rückte eine neue Gläubigkeit aus sogenannten Pseudo- oder Ersatzreligionen an deren Stelle; Bildungs-, Wissenschafts- und Fortschrittsgläubigkeit entwickelten einen neuen indoktrinierenden Zauber, allem voran aber die neue Heilslehre des 19. Jahrhunderts: der Nationalismus, der sich mehr und mehr kirchlicher Formen bemächtigte, indem er mit religiös gefärbten Ritualen, Liturgien, kultischen Versammlungen und Beschwörungen zelebriert wurde.

Viele Gläubige nahmen an ihren überkommenen Kirchen bürokratische Verhärtung beim Umgang mit den Gemeindemitgliedern und orthodoxe Erstarrung in der Lehre wahr. Sie suchten verstärkt ihr Heil in der innerkirchlichen Kritik, mehr noch aber in dem gewaltig anmutenden Anspruch, eine neue Kirche für alle begründen zu können. Das war die Hoffnung der vielen freireligiösen Gemeinden des Vormärz, der Altlutheraner, der protestantischen „Lichtfreunde“ oder der „Deutschkatholiken“, deren Begründer, der schlesische Prediger Johannes Ronge, sich als ein zweiter Luther verstand.

*Protestantische Erweckung und Kirchenkritik.* – Im Protestantismus hoben sich drei große Richtungen ab, die je für sich beanspruchten, den Glauben zu erneuern: der Pietismus, die Erweckungsbewegung und der theologische Rationalismus. Sie entwickelten auf der bunten religiösen Landkarte Deutschlands viele Schattierungen, denn entsprechend der föderativen Entwicklung der deutschen Geschichte hatte auch der Protestantismus vielgestaltige religiöse Kulturen entwickelt, welche über die geglaubten Dogmen hinaus durch Brauchtum und Lebensform, kurzum durch eigene Milieus geprägt waren.

Der Pietismus war verankert im pommerschen Adel, bei höheren Beamten in Berlin, am Niederrhein und im Bergischen Land, hier bei Handwerkern, Bauern und Fabrikanten, in Württemberg bei Handwerkern und Bauern. Der Reformeifer in der kirchlichen Liturgie und Agende erregte zahlreiche bäuerlich-ländliche Gemeinden in Württemberg, Niedersachsen und Holstein. Seit den Freiheitskriegen formierte sich hier ein neuer religiöser Fundamentalismus, der seit etwa 1820 als „Erweckungsbewegung“ eine bedeutende kirchenpolitische Kraft wurde. Im deutschen Südwesten beteiligten sich ländliche und kleinbürgerliche Gruppen, im Nordosten stärker der Adel. Man versammelte sich in Bibel- und Traktatsgesellschaften, die nach 1814 vielerorts entstanden und sich zunehmend auch der sozialen Fürsorge annahmen; Bibelfreizeiten und Missionsfeste belebten diese sozialen Impulse, denen die Diakonie und die Innere Mission ihre Entstehung verdanken.[210] Der theologische Rationalismus, der bis in die 1820er und 1830er Jahre die protestantischen Kirchenlehren beherrschte, mußte bei der Besetzung der theologischen Lehrstühle an den Universitäten, bei den Synoden, Konsistorien und Pfarrstellen orthodoxen und konfessionalistischen Vertretern weichen.

Aus den Positionen der verfaßten Kirche verdrängt, gewann der theologische Rationalismus im Vormärz zunehmend Rückhalt beim protestantischen Bildungsbürgertum, vor allem in Thüringen und im Rheinland. Die politische Aufbruchstimmung in den zwei Jahrzehnten vor der Revolution von 1848 richtete sich parallel gegen den bevormundenden Staat und die Orthodoxie der Kirche. Im Kampf gegen geistige Unfreiheit konstituierten sich Freie Gemeinden, die bevorzugt auch kleinbürgerliche und proletarische Anhänger in ihre Reihen zogen. Die Landeskirchen und staatlichen Behörden verfolgten sie, weil sie am konsequentesten die Religions- und Kirchenkritik der Aufklärung beibehielten, indem sie Jesus nur noch als vorbildlichen Menschen anerkannten, die Bibel allein als wichtige historische Quelle ethischer Normen benutzten. Sie plädierten für demokratische Wahl in Kirche und Staat, für Laienpriestertum und Gleichberechtigung der Stände. Als erste Vereinigungen räumten sie den Frauen das aktive und passive Wahlrecht zu den presbyterialen Gemeindegremien ein. Doch die Hoffnung, zur Basis einer neuen Kirche des freien Protestantismus zu werden, erfüllte sich nicht, denn die Mitgliederzahlen stagnierten nach der Jahrhundertmitte, nicht zuletzt unter dem massiven Verfolgungsdruck der Reaktionspolitik. Auch der erneute Versuch des „Protestantenvereins" in den 1860er Jahren, das liberale protestantische Bürgertum überregional zu vereinigen, scheiterte. Er fand Anhang beim badischen und hessischen Bürgertum, erregte aber erbitterten Widerstand in den konservativ und orthodox besetzten kirchlichen Institutionen.

*Katholische Volksfrömmigkeit.* – Inmitten und außerhalb der Institution Kirche lebte im 19. Jahrhundert eine Volksfrömmigkeit fort, die in auffälliger und eigentümlicher Weise ihren Charakter zu verändern schien, daß sie in der Forschung zu zwei unterschiedlichen Deutungen geführt hat. Einerseits figuriert sie als Wiederbelebung einer durch die Aufklärung des 18. Jahrhunderts kaum beeinflußten „unverfälschten Volksfrömmigkeit"; andererseits erblickte man in ihr die „amtskirchliche Organisation von Massenreligiosität".[211]

Beide Deutungen sind richtig, denn im Laufe des 19. Jahrhunderts änderte die katholische Kirche ihren Umgang mit der Volksfrömmigkeit. Im letzten Drittel des 18. Jahrhunderts hatte die Aufklärung einen großen Teil der katholischen Geistlichkeit erfaßt und ihn bis in die 1820er Jahre hinein geprägt. Das lag nicht zuletzt an einer verbesserten Ausbildung des Pfarrklerus. Dieser entwickelte ein tiefes Mißtrauen gegenüber einer weitgehend spontanen und von der Landbevölkerung getragenen Frömmigkeit, die sich äußerte in Wallfahrten, im ausgedehnten Prozessionswesen und an zahlreichen Feiertagen. Die älteren Formen einer „barocken, alltagsweltlich orientierten und symbolisch aufgeladenen Frömmigkeit" (Rudolf Schlögl) vertrugen sich nicht mit dem Leitbild vom vernunftgeleiteten Menschen, der sich selbst bestimmte. In Preußen arbeitete der Kölner Erzbischof Spiegel intensiv mit der Regierung zusammen, Wallfahrten und Prozessionswesen einzuschränken und Feiertage abzuschaffen. Die Amtskirche begründete dies mit der Gefährdung der Sittlichkeit und mit wirtschaftlichen Nachteilen, wenn Haushaltsvorstand oder Ehefrau wegen der Wallfahrten der eigenen Hauswirtschaft fernblieben. Überdies erschienen bestimmte Formen der Heiligenverehrung nicht mehr als zeitgemäß, vor allem die damit verbundene Vorstellung, der heilende oder strafende Gott könne sehr direkt in das Leben der Menschen eingreifen. Man warnte, die Heiligenverehrung nicht für irdische Absichten zu mißbrauchen, um etwa Krankheiten zu heilen, Naturkatastrophen abzuwehren oder andere Wunder zu bewirken. Verpönt war insbesondere, wenn sich „das Volk" unkontrolliert der Heilsmittel bemächtigte und gar die frommen Übungen wie Wallfahrten und Prozessionen mit weltlichen Belustigungen verband.

Die Erneuerung des Katholizismus geschah im Einzugsfeld der deutschen Romantik, etwa im Kreis um den Landshuter Professor und späteren Bischof Johann Michael Sailer. In gleicher Weise wirkten der Wiener Ordensgeistliche Clemens Maria Hofbauer, der Tübinger Kirchenhistoriker Johann Adam Möhler, allen voran aber Joseph Görres mit seinem in München um ihn versammelten Kreis von Sympathisanten. Diese avantgardistischen Zirkel des Ultramontanismus setzten sich den staatskirchlichen Tendenzen der Zeit entgegen und sahen überhaupt die Kirche durch Staat und Welt feindlich bedroht. Ein Zentrum der Bewegung lag in Mainz, wo seit 1821 die kirchenpolitische Zeitschrift „Der Katholik" erschien.

Die katholische Kirche änderte mithin seit den 1830er Jahren ihre abwehrende Einstellung zu Äußerungen der Volksreligiosität, indem sie nunmehr bestrebt war, diese in eine „formierte Frömmigkeit", in eine „organisierte Religiosität der Vielen" zu verwandeln.[212] Das zeigte sich erstmals in aufsehenerregender Weise bei der großen Wallfahrt nach Trier im Jahre 1844. Die Zeitgenossen erlebten eine ungeahnte „Entfachung der Massenreligiosität" (Michael N. Ebertz), die ältere Formen der Volksreligion verinnerlichte und zugleich modernste Mittel öffentlicher Meinungsbeeinflussung anwendete.

Die Verehrung von Maria und Joseph oder auch der Herz-Jesu-Kult und viele andere Formen der Heiligenverehrung lagen nun wieder fest in der Hand des Klerus, der jetzt begann, gleichermaßen Volksmissionen, Bußpredigten, Generalbeichten und wiederholte Kommunionen zu verwalten. Wie im politischen und weltlichen Vereinswesen zu beobachten, übernahm nun auch die Kirche das Mittel der Vergesellschaftung im religiösen Raum, indem sie Bruderschaften, Gebetsvereine und Laienorden förderte. Diese formierte Volksreligion enthielt neben den traditionalen Inhalten zugleich moderne Impulse, weil sie über religiöse Erbauungsschriften, Kirchenzeitungen und Vereinspublikationen die Fähigkeit des Lesens verbreitete. Die Revolution von 1848/49 belebte diese Massenreligiosität noch zusätzlich, indem sie neue Formen der Massenveranstaltung mit vielen tausenden Teilnehmern zuließ wie die seit 1848 jährlich stattfindenden Katholikentage. Die katholische Erweckungsreligion entwikkelte dabei charakteristische antibürgerliche Affekte, die sich teilweise mit der Ablehnung des Liberalismus verbanden. Bürgerliche Werte wie die Berufung auf Vernunft und Autonomie erschienen als Wurzel des modernen Unglaubens. Die moderne kirchlich geformte Massenreligosität erschien auf diese Weise als Antwort auf ein gleichfalls modernes Phänomen: die hervortretende „bürgerliche Gesellschaft“.

*Zweiter Teil*

# DAS WERDEN DER NATION: ENTSCHEIDUNGEN, EREIGNISSE UND UMBRÜCHE

Es gibt verschiedene Wege, sich dem Werden der deutschen Nation zu nähern. Entscheidend ist, auf welche Faktoren und Wirklichkeitsbereiche sich das Augenmerk jeweils richtet. Die moderne Nationalismusforschung hat hierzu hilfreiche Unterscheidungen gefunden. Danach vollzog sich die Entwicklung zum modernen Nationalstaat in vier Dimensionen; man wird in ihnen zugleich langfristige Entwicklungsprobleme in der Geschichte des 19. Jahrhunderts erkennen. Erst die Lösung aller vier verbürgte hinreichende politische Stabilität und Schutz vor schweren inneren Krisen.

1. Der Weg zur *Staatsnation;* diese Dimension meint die organisatorische Durchdringung einer Gesellschaft mit den Mitteln der Verwaltung, Rechtsprechung und des Militärs. Diese erschließen das Staatsgebiet von innen her und beziehen die Bevölkerung auf den Staat. Die Entwicklung in Deutschland war hier seit der Frühen Neuzeit zwiespältig verlaufen: der Zentralstaat – das Heilige Römische Reich – zerfiel, während seine Glieder, die landesherrlichen Territorien, sich zu souveränen Staaten emporarbeiteten, gipfelnd in der Lossagung vom Reich im Jahre 1806. Preußen und die mittelstaatlichen Regierungen erstrebten seit der Reformära zu Beginn des Jahrhunderts jene innere Durchdringung, welche in Frankreich von der Zentrale in Paris aus erfolgte; in Österreich geschah diese Entwicklung zeitlich verzögert.

2. Der Weg zur *Kulturnation;* er beschreibt die Stadien, in deren Verlauf die Bevölkerungen verschiedener deutscher Territorien und Regionen lernten, sich als Angehörige einer Nation zu begreifen. Als besondere Kulturleistungen ragten hierbei gemeinsame Bildung, Erziehung und Kommunikation heraus. Erst deren Angleichung erlaubte überhaupt, sich wechselseitig in gemeinsamen Zielen und Handlungen zu verstehen.

3. Der Weg zur *Staatsbürgernation;* die politische Demokratisierung, das hieß die Beteiligung der Bürger an der politischen Herrschaft, wurde zum durchgehenden Thema des 19. Jahrhunderts in allen Staatsbildungskonzepten und Einigungsversuchen. Konkret bedeutete das die Einführung von nationalen Institutionen einer parlamentarischen Vertretung. Das setzte eine Verfassung und das Bild eines politisch berechtigten Staatsbürgers voraus.

4. Der Weg zur *Solidarnation;* ohne ein Mindestmaß an gemeinsam akzeptierter, sozialer Gerechtigkeit mußte die Nationalstaatsbildung auf Dauer diskreditiert und unglaubwürdig werden. Nur eine hinreichend gerechte Verteilung der erwirtschafteten Güter und Leistungen einer Gesellschaft konnte vor schweren inneren Verteilungskämpfen bewahren; die Themen des 19. Jahrhunderts hießen hier Pauperismus und soziale Frage. Der extreme Nationalismus des ausgehenden 19. und der ersten Hälfte

des 20. Jahrhunderts hatte zu einem guten Teil seinen Rückhalt in Verteilungskämpfen und den sie begleitenden sozialen Ängsten.

Das folgende Kapitel soll die Entwicklung der deutschen Nation nicht von den Dimensionen des Staates und der Verfassung her, sondern aus der Perspektive gesellschaftlicher Kräfte beschreiben, welche die Einheit der Nation forderten, wie unterschiedlich auch ihre Ziele und Motive dabei gewesen sein mochten.

# I. Nationale Bewußtwerdung unter der napoleonischen Universalmonarchie 1806–1815

## 1. Nationale Konzeptionen um 1800

### *a) Das Alte Reich und der Reichspatriotismus*

Napoleon weckte in vielen Deutschen mit bisher ungeahnter Macht und Leidenschaft das Bewußtsein, einer Nation anzugehören, aber er war nicht der erste. Juristen des öffentlichen Reichsrechts, Publizisten und Dichter beriefen sich bereits im letzten Drittel des 18. Jahrhunderts auf die „deutsche Nation" und auf „Deutschland". Eine anonym erschienene Flugschrift entwarf im Jahre 1785 wie manche andere derartige Publikationen auch noch vor der Französischen Revolution das Wunschbild einer Reichsreform, die zu „echtem Reichszusammenhange" führen solle, zu „gemeinem Vaterlandsgeiste, damit wir endlich sagen dürften: Wir sind eine Nation!" Als Fernziel winkte sie mit dem „Ideal einer wohlgeordneten, in genügsamer Freiheit vorwärtsstrebenden Bundesrepublik".[213] Den Zeitgenossen mochten hier Assoziationen an die Schweizer Konföderation oder an die niederländischen Generalstaaten vorschweben. Die Flugschrift appellierte an einen Reichspatriotismus, der bereits Konturen eines deutschen Nationalbewußtseins enthielt. Die Nationalidee deckte sich hier mit dem durch Verfassung gestifteten Recht aller Deutschen.

Gewiß, das Reich erscheint zu Recht als letzter Ausdruck einer langen, universalistischen Tradition im öffentlichen politischen Leben Europas. Es entstammte einer Welt, in der Nationalität politisch unmaßgeblich war, in der Staaten keineswegs die volle Souveränität innehaben mußten. Der Zweck des Reiches lag vor allem darin, die Rechtsordnung zu wahren, fragmentierte Institutionen und vielfältige Loyalitäten auszubalancieren. Es war eine Vereinigung von Fürsten, Grafen, Reichsrittern und freien Städten mit einem Kaiser. Wenn einem Bürger oder Untertanen von seinem Landesherrn Unrecht geschah, konnte er bei den obersten Reichsgerichten, dem Reichshofrat oder dem Reichskammergericht, klagen. Theoretisch durfte ihm deshalb kein Leid geschehen.

Viele Deutsche betrachteten das Reich im 18. Jahrhundert deshalb als ihr zweites Vaterland. Dann wurde es gleichbedeutend mit „Deutschland" gebraucht. Für die bürgerlichen Propagandisten eines deutschen Patriotismus im Bereich der politischen Philosophie und Literatur hat sich nachweisen lassen, daß sie im kosmopolitischen, übernationalen Mainstream der europäischen Aufklärung eine „Nationalgeist“-Idee entwickelten, welche dem zeitgleichen englischen „public spirit“ und dem französischen „esprit de nation“ entsprach. Deutsche Schriftsteller ließen sich in den Bann dieser neuen Idee schlagen. Ohne ihn wäre der steile Aufstieg der deutschen Literatur zwischen 1750 und 1800 schwerlich gelungen.

Unter dem Ansturm der Französischen Revolution von 1789 erhielt die alte Reichsverfassung dann noch einmal neue Fürsprecher, die von ihr mehr Schutz vor Willkür erhofften als von den modernen „Konstitutionen“. So entstand kurzzeitig eine vom Reichspatriotismus genährte Propaganda, „wodurch das teutsche Volk von den Vorteilen seiner Vaterländischen Verfassung belehret und vor den Übeln gewarnt würde, wozu überspannte Begriffe von ungemessener Freiheit und idealischer Gleichheit führen“.[214]

Freilich verkörperte jene „deutsche Nation“ verfassungspolitisch nicht viel mehr als den Inbegriff der hohen Reichsstände – der Kurfürsten, Fürsten, Reichsgrafen, Reichsprälaten, Reichsstädte, wie sie auf dem alten Reichstag vertreten waren, vielleicht auch noch zusätzlich mit den dort nicht repräsentierten Reichsrittern. Dieses ältere Nationalbewußtsein geriet aber gegenüber einem neuen Nationalismus in die Defensive; dieser ging von der Atlantischen Revolution in Nordamerika und in Frankreich aus und begriff das um Herrschaft und Verfassung ringende Volk als revolutionäres Subjekt.

### *b) Das Vorbild der anderen: die Staatsnation*

Im englischen und französischen Sprachgebrauch bezeichnen „nationalité“ oder „nationality“ einfach Staatsbürgerschaft oder Staatsangehörigkeit. Anders als das Wort „Nationalismus“ ist dieser juristische Sprachgebrauch nicht wertend belastet; hinter ihm steckt ein tieferer historischer Vorgang, in dem sich Staat und Nation deckten. Man erwarb die Eigenschaft der Nationalität allein durch die Tatsache, Untertan, Angehöriger oder Bürger eines Staates zu sein. Wo der Untertan zum Bürger wurde, wie in der Amerikanischen und Französischen Revolution, erhielt dieser Begriff einer an den Staat geknüpften Nationalität noch eine besondere Bestimmung: Nationalität beruhte auf subjektiver Zustimmung des Souveräns; Souverän war das Volk; Volk war die Summe aller Bürger. Der einzelne verpflichtete sich mithin durch eigene subjektive Entscheidung seiner Nation gegenüber. Franzose war, wer sich zu den Ideen von 1789 und zur „Grande Patrie“ bekannte. Ein Royalist, ein Konterrevolutionär war demgemäß kein Franzose, wohl aber ein Elsässer, ein Lothringer, mochte er auch deutsch sprechen. Und gleichermaßen galt: Amerikaner war, wer sich der Konföderation und ihrer gemeinsamen Verfassung von 1787 anschloß. Nationalität in dieser Weise verstanden, verkörperte sich in der Staatsnation oder – nachabsolutistisch gesprochen – in der Staatsbürgernation. Sie war wohl der einzige Weg, aus dem Einwanderungsland und melting-pot der Völker in Nordamerika eine Union von Amerikanern werden zu lassen. Nationalität in diesem Sinne bestimmte sich durch eine Verfassung; Ansätze zu einem solchen Verständnis zeigte auch der späte Reichspatriotismus im Alten Reich. Freilich wurde ihm durch die Auflösung des Reichsverbandes im Jahre 1806 jeglicher Boden entzogen.

### *c) Das Ende des Alten Reiches und die Nation ohne Staat: Johann Gottfried Herder*

Aufmerksame Zeitgenossen zu Ende des 18. Jahrhunderts erwarteten den Zerfall des Alten Reiches; sie betrachteten es als ein nicht mehr lebensfähiges Gebilde. Damit wurde freilich dem deutschen „National-Geist" der sichere Ankerplatz einer Verfassung entzogen, und die Staatsbildung erfolgte in Deutschland von den Territorien aus, die nicht den Platz einer Staatsnation wie Frankreich oder England einnehmen konnten. Das sich unter der Intelligenz ausbreitende Nationalbewußtsein, ein Deutscher zu sein, wurde nun demgegenüber als Frucht kultureller Traditionen wahrgenommen. Was ist ein Volk ohne Staat? Auf diese Frage fand der Theologe und Geschichtsphilosoph Johann Gottfried Herder eine wegweisende Antwort. Aus Mohrungen in Ostpreußen gebürtig, lebte er viele Jahre inmitten verschiedener ostmitteleuropäischer Nationalitäten als Lehrer und Prediger in Riga. In seinem vierteiligen Werk „Ideen zur Philosophie der Geschichte der Menschheit", das zwischen 1784 und 1791 erschien, legte er das Fundament neuzeitlicher historischer Betrachtungsweisen. Er lehrte die Methode, die Unterschiede zwischen den Nationalitäten auf besondere historische Bedingungen, auf Umstände, Naturgegebenheiten wie Klima und geographische Lage zurückzuführen. In den kulturellen Überlieferungen der Völker, ihren Gebräuchen, Liedern und Sagen, erkannte er gültige Zeugnisse ihrer Identität, ihres „Nationalcharakters", wie er schrieb.

Obwohl er die Eigenart der Völker an kulturellen Merkmalen orientierte, enthielt seine Geschichtsphilosophie eine politische Botschaft, die sie zugleich zur Utopie machte. Gerichtet an die „slawischen Völker", prophezeite er, „daß in Europa die Gesetzgebung und Politik statt des kriegerischen Geistes immer mehr den stillen Fleiß und den ruhigen Verkehr der Völker untereinander befördern müssen und befördern werden: so werdet auch Ihr so tief versunkene, einst fleißige und glückliche Völker, endlich einmal von Eurem langen, trägen Schlaf ermuntert, von Euren Sklavenketten befreit".[215] Herder ging von der Gleichberechtigung der Nationalitäten aus; er schrieb an dem großen „Gemälde der Menschheit", das die Entwicklung zu vollkommener Humanität einschloß. Er unterschied nicht nach guten oder schlechten Völkern, sondern danach, welche durch die Umstände geformt seien und welche von ihren Sklavenketten befreit werden müßten.

Dieser kulturelle Nationbegriff Herders hatte ungeheure Wirkung auf die

„erwachenden" Nationalitäten Mittel-, Süd- und Osteuropas im 19. Jahrhundert. Er verkündete als erster die Utopie des anbrechenden Völkerfrühlings, welcher den noch „unerlösten", weil staatenlosen Nationalitäten Mitteleuropas in friedlichem Miteinander die Freiheit bringen würde. Das glaubten in der ersten Hälfte des 19. Jahrhunderts auch die Deutschen, die Partei nahmen für die Einigungsbewegungen der Griechen, der Polen, der Belgier, der Italiener – eine Utopie blieb es, weil diese den ganzen Vormärz erfassende Ideologie der Befreiung sich gegen einen angeblichen Besatzerstaat richtete und zugleich den eigenen Staat einforderte. Staatsbildung aber, das lehrte die Geschichte der Frühen Neuzeit, zog in der Regel eine Spur von blutigen Kriegen nach sich. Darin unterschied sich das 19. Jahrhundert nicht von den vorausgegangenen Epochen, wohl aber durch die Wucht, Dramatik und Qualität der Konflikte, welche die gesellschaftlichen Gruppen mit- und gegeneinander mobilisierten und nun durch den neuen Glauben an die Nation legitimiert wurden. Wo die Kulturnation in den Staat übergehen sollte, bedurfte sie der Staatsgrenzen. An den Versuchen, neue staatliche Grenzen nach nationalen Prinzipien zu ziehen, zerbrach der Traum vom Völkerfrühling während der Revolution 1848/49.

### *d) Säkulare Perspektiven der Nationalisierung*

Die fortschreitende Nationalisierung der Gesellschaft im 19. Jahrhundert war ein zwingender, keineswegs nur auf Deutschland beschränkter Prozeß. Das zeigen tieferliegende Zusammenhänge zwischen sozialem Wandel und dem Wunsch, in immer mehr gesellschaftlichen Bereichen national zu denken, zu fühlen und zu handeln. Denn die Entstehung des modernen Nationalismus ist eingebettet in den säkularen Wandel seit dem ausgehenden 18. Jahrhundert. Dazu gehörte die Auflösung der ständisch-feudalen Herrschaftsordnungen, in Frankreich durch die Revolution von 1789 beschleunigt, in England durch die vordringende Industrielle Revolution. Überkommene Produktionsmethoden wandelten sich, überlieferte gesellschaftliche Beziehungen wurden erschüttert; die alte vertraute Welt des Ancien Régime löste sich auf. Mit dem fortschreitenden Jahrhundert verunsicherten soziale Entwurzelung, vorindustrielle Massenarmut, Binnenwanderung, soziale Ungleichheit weite Teile der Bevölkerung, nicht nur den Mann am Schreibtisch, sondern gleichermaßen den Handwerker, den Geistlichen, den Landwirt. Traditionelle Wertordnungen – Kirche, die Obrigkeit „von Gottes Gnaden", Zünfte – verloren ihre Bindekraft. Die zerfallenden Autoritäten im regionalen und ständischen Raum schufen Platz für neue Loyalitäten. Hier vermochte der Nationalismus den Entwurf einer neuen Gesellschaft der Gleichen im Staat zu predigen, konnte er säkularisierte, pseudoreligiöse neue Bindungen stiften.

Dieser Prozeß vollzog sich jedoch in Brüchen, zeitversetzt in den einzelnen deutschen Staaten und in Schüben. Wichtige Voraussetzungen mußten im Laufe des Jahrhunderts erst geschaffen werden: der zusammenhängende Markt der Waren, Nachrichten und Verkehrsmittel, um die überregionale Kommunikation zuzulassen, eine hinreichende Elementarbildung und Lesefähigkeit der Bevölkerung, dann aber auch und vielleicht vor allem große politische Ereignisse, die geeignet waren, die Menschen nicht nur gedanklich, sondern auch emotional zu erregen und den Blick über den Horizont der örtlichen Gemeinde und des landesfürstlichen Territoriums hinaus zu richten.

Vier Konstellationen innerhalb der bündischen Epoche des 19. Jahrhunderts in Deutschland zwischen 1806 und 1871 hatten solche weitreichende Wirkung: 1. die napoleonische Hegemonie über Deutschland mit den von ihr ausgelösten Bewegungen (1806–1819), 2. die Auswirkungen der französischen Julirevolution in Deutschland (1830–1834), 3. die Revolution von 1848/49 einschließlich ihrer Vor- und Auslaufphase (1847–1850) sowie 4. die deutschen Einigungskriege der 1860er Jahre einschließlich ihres politisierenden Umfelds seit Anbruch der „Neuen Ära" (1858–1871). Alle vier Wirkungszusammenhänge erschütterten zugleich das europäische Mächtesystem. Die Zwischenphasen waren geprägt von staatlicher Politik, die fortschreitende Nationalisierung mit Verboten wenn nicht zu verhindern, so doch zu dämpfen und zu lähmen suchte. Freilich schritt die Nationalisierung auch in solchen Zwischenphasen der Restauration oder später der Reaktion weiter voran. Das geschah in offenem Konflikt zu den Verboten, im Verborgenen und bevorzugt auch in politischen Ersatzhandlungen: Indem man einerseits den Freiheitskampf der Griechen, Belgier, Polen und Italiener feierte, andererseits die vermeintlichen oder tatsächlichen Ansprüche der Dänen und Franzosen bekämpfte, stärkte man in solchen Zeiten das Bewußtsein, ein Deutscher zu sein, als es verboten und gefährlich war, sich öffentlich dazu zu bekennen.

## 2. Der Rheinbund als Ordnung deutscher Nation und Werkzeug militärischer Ausbeutung

Erst die Zusammenschau der Epoche von 1806 bis 1871 offenbart, daß Deutschland zwischen Altem Reich und Reichsgründung beständig die äußere staatliche Form des Bundes gewahrt hatte. Es lag keine Zufälligkeit in der Namensverwandtschaft von Rheinbund (1806–1813), Deutschem Bund (1815–1866) und Norddeutschem Bund (1867–1871). Die erstrebte *Reichs*-Einigung der Revolution von 1848/49 sprengte den Rahmen und verwies auf die zu jenem Zeitpunkt noch herrschenden elementaren Widerstände und Probleme, die einzelnen deutschen Länder in einem Nationalstaat so weit anzunähern, daß sie ihr föderatives Eigengewicht weitgehend preisgeben mußten. Die innere Geschichte Deutschlands in dieser Epoche ist erfüllt von dem widerstrebenden Ringen um mehr Annäherung bei gleichzeitiger Selbstbehauptung. Die unterschiedlichen Bundeslösungen verkörperten ein je verschiedenes Maß nationaler, wenn auch lockerer Integration, die nicht statisch blieb, denn selbst der Deutsche Bund, der für die längste Zeit zwischen den zwei „Reichen" bestand, machte eine Entwicklung durch, in der er das anfänglich lockere Gehäuse enger befestigte.

### *a) Der äußerliche Bruch mit dem Reich*

Das Ende des Alten Reiches und die Bildung des Rheinbundes waren undenkbar ohne die Erfolge der napoleonischen Heere. Gegen wechselnde Koalitionen suchte Napoleon seine europäische Vormachtstellung auszubauen. Eine solche – die dritte – Koalition stand im Jahre 1805 gegen Frankreich, nämlich Rußland, Österreich, England und Schweden, die die Wiederherstellung des europäischen Gleichgewichtes anstrebten. Mit Napoleon hatten sich Spanien und die süddeutschen Staaten verbunden. Preußen blieb neutral. Napoleon konnte sich in der berühmten Dreikaiserschlacht bei Austerlitz (Alexander I., Kaiser Franz II. und Napoleon) glänzend behaupten und den anschließenden Frieden diktieren. Im Gefolge dieses Friedens wurden Bayern und Württemberg zu Königreichen. Königtum bedeutete verfassungsrechtlich vollkommene Souveränität und somit schon faktisch den Austritt aus dem Reichsverband. Formell erfolgte dieser Schritt mit der Gründung des Rheinbundes; am 12. Juli 1806 unterzeichneten in Paris vier Kurfürsten (darunter jetzt zwei Könige) und zwölf Fürsten des ehemaligen Deutschen Reiches die Konföderationsakte der Rheinischen Bundesstaaten. Sie sagten sich hiermit von Kaiser und Reich los. Ihre Bevollmächtigten erklärten dann auch noch am 1. August 1806 vor dem Reichstag in Regensburg formell den Austritt aus dem Reich.

### *b) Reichstraditionen in der Rheinbundverfassung*

Die ältere deutsche Geschichtsschreibung, voran Heinrich von Treitschke, beurteilte das Rheinbundsystem als undeutsches Werkzeug napoleonischer Machtpolitik. Dieses inzwischen längst revidierte Fehlurteil verkannte die wichtige Brückenfunktion des Rheinbundes in der deutschen Geschichte zwischen Altem Reich und Deutschem Bund. So abrupt auch sein verfassungsgeschichtlicher Beginn anmutete, so sehr barg er doch alte Traditionen und wies zugleich voraus auf die Neukonstituierung Deutschlands im 19. Jahrhundert.

Sein Zweck, den äußeren und inneren Frieden seiner Mitgliedstaaten zu sichern, nahm bereits die Funktion des späteren Deutschen Bundes, wenn zunächst auch nur für ein begrenzteres Territorium, vorweg. Die Rheinbundakte bezeichnete zwar alle Reichsgesetze als „null und nichtig", schloß aber eines der wichtigsten, den Reichsdeputationshauptschluß (1803), ausdrücklich davon aus. Nur deshalb brauchten die Rheinbundstaaten nicht um ihre soeben erst aus Mediatisierungen und Säkularisationen gewonnene territoriale Integrität zu bangen. Im Gegenteil: die Konföderationsakte ging über den Reichsdeputationshauptschluß noch hinaus und schrieb ihn fort, indem sie die bisher von der Mediatisierung verschonten Reichsritter und kleineren Herrschaftsgebiete nun vollends den Rheinbundfürsten unterwarf. Auf diese Weise wurden noch über siebzig kleinere Fürstentümer und Herrschaften innerhalb der Rheinbundstaaten mediatisiert.

Selbst in der scheinbar äußerlichen Angelegenheit fürstlicher Titulaturen konnte die Rheinbundakte den Bezug auf das Alte Reich nur dadurch abschneiden, daß die konföderierten Mitglieder, wie bereits bei Bayern und Württemberg schon geschehen, im Rang erhöht wurden. Der Kurfürst von Baden wurde zum Großherzog. Der Landgraf von Hessen-Darmstadt wurde gleichfalls Großherzog. Auch die Großherzöge genossen ausdrücklich „die der königlichen Würde anhaftenden Rechte, Ehren und Vorzüge"; weil sie als „königliche Majestät" anzureden waren, besaßen auch sie das heißersehnte Souveränitätsetikett.

Dennoch waren die Brücken zur Vergangenheit nicht abgebrochen: Die konföderierten Staaten besaßen gleichfalls ein Vertretungsorgan, den Bundestag in Frankfurt, und zwar ebenso als Gesandtenkongreß, wie ihn der Immerwährende Reichstag in Regensburg zuvor darstellte. Auch in diesem Bundestag gab es kein gleiches Gewicht der Stimmen; im Zuge der allgemeinen Schrumpfung unter den Hoheitsgebieten waren allerdings aus den ehemals drei Kollegien der Kurfürsten, Fürsten und Städte nun die zwei der Könige und der Fürsten geworden. Der ehemalige Erzkanzler des Alten Reiches und Kurfürst von Mainz, Dalberg, verwandelte sich in den Primas des Rheinbundes, allerdings nur als Erster unter Gleichen. Die Souveränität der Mitglieder untereinander durfte nicht der des Fürstprimas nachstehen. Der französische Kaiser stand über allen Mitgliedern als der „Protektor" des Ganzen.

Souveränität besaßen die Mitgliedstaaten in der Gesetzgebung, der hohen Rechtsprechung, der Hohen Polizei, der Steuererhebung und der Rekrutierung von Soldaten. Es fehlte das Recht, selbständig Krieg zu erklären sowie Frieden und Bündnisse zu schließen, was seit dem Westfälischen Frieden den Kurfürsten zugestanden war, wenn sich dieses nicht gegen das Reich richtete. Das wollte der Rheinbundprotektor Napoleon selbstverständlich nicht mehr konzedieren.

### *c) Das nationale Band und das Scheitern*

Insgesamt vereinte die Rheinbundakte drei Eigenschaften: Sie galt als völkerrechtlich fixierter Bündnisvertrag mehrerer souveräner Staaten; sie normierte als Verfassungsurkunde die innere Organisation dieses föderativen Staatenbundes, auch wenn der vorgesehene Bundestag in der Realität nie zusammengetreten war; sie wirkte schließlich als Defensiv- und Offensivallianz und erfüllte darin aus der Sicht Napoleons ihren vordringlichsten Zweck.

Zweifellos gehörte der Rheinbund in das von Napoleon angestrebte Hegemonialsystem des französischen Empire. Es ist jedoch irrig, ihn ausschließlich als Militärallianz und Ausbeutungsobjekt zu bewerten. Das Rheinbundsystem verhinderte, daß Deutschland nach 1806 lediglich zu einem geographischen Begriff herabsank. Das erfaßte bereits ein hellsichtiger Zeitgenosse im Jahre 1808, als die Tragweite der militärischen Anforderungen sich noch nicht hinreichend überschauen ließ; er schrieb über „Deutschlands Erwartungen vom Rheinischen Bunde" und versprach sich von der neuen Föderation eine bleibende europäische Friedensordnung: „Baiern, Sachsen, Franken, Schwaben, Rheinländer, Westfälinger – sie reden und schreiben doch alle Deutsch, haben doch viele gemeinschaftliche Sitten, Bedürfnisse, Verbindungen. Jetzt umschlingt sie alle ein politisches Band, das ihnen gegen Auswärtige die Einheit des Staats wiedergibt, welche Deutschland schon seit 300 Jahren verloren hatte. Dieses Ereignis ist entscheidend, kann die wichtigsten Folgen haben, wenn die Regenten es in allen seinen Ausflüssen gehörig benutzen".[216] Hier kristallisierte sich jener Länderblock heraus, der sich nach 1815 unter der Hegemonie der beiden deutschen Vormächte Österreich und Preußen als das sogenannte „Dritte Deutschland" verstand.

Der Rheinbund scheiterte nicht an seinen inneren Reformen, sondern an der maßlosen Politik Napoleons. Die Soldatenaushebungen, die Kontinentalsperre und ungeheure ökonomische Kosten lasteten als Hypothek auf dem ganzen System, verschärft noch durch die hohen Blutopfer aus den Kriegen des französischen Kaisers. Das erklärt, warum es in der süddeutschen Bevölkerung an Rückhalt verlor. Gleichwohl bildet der Rheinbund das Fundament für ein neues, staatenbündisch gegliedertes Haus, in dem sich im 19. Jahrhundert der geeinte Verfassungs- und Nationalstaat entwickeln konnte. Denn die Reformen stärkten nicht nur jeweils die einzelstaatliche Macht im Innern, sondern bereiteten, wenn auch in ungewollter Weise, die nationale Einigung vor, indem sie die Verhältnisse der deutschen Einzelstaaten in Wirtschaft, Gesellschaft, Verfassung, Verwaltung und Militär untereinander auf lange Sicht angleichen halfen.

## 3. Der Kampf um die napoleonische Hegemonie: Gegner und Anhänger

### *a) Propaganda gegen Napoleon und ihre nationale Tiefenwirkung*

Nicht erst der berühmte Aufruf König Friedrich Wilhelms III. von Preußen „An mein Volk" vom 17. März 1813 gab das Fanal zu einer weit über

Preußen hinausreichenden Nationalisierung Deutschlands: Es war eine Flugschrift mit dem Titel „Deutschland in seiner tiefen Erniedrigung", die der Augsburger Buchhändler Johann Philipp Palm noch vor der katastrophalen Niederlage preußischer Truppen bei Jena und Auerstedt im Oktober 1806 verlegt hatte. Der bis heute unbekannte Verfasser forderte darin, „Deutschland von den Ketten Napoleons des Unersättlichen, sich selbst aber vor dessen Subordination zu sichern". Er beklagte leidenschaftlich die preußische Neutralität: „Weine laut auf, edler, biederer Deutscher, dessen ruhige Hütte, von den ersten Fürsten ungeschützt, den Heeren des allgemeinen Friedensstörers zum Aufenthalt dienen muß".

Solche Töne waren in der nationalen Publizistik des Alten Reiches zuvor nie zu hören gewesen. Die aufkommenden Flugschriften äußerten ein neues Nationalbewußtsein, in dem Deutschland nicht mehr als ein Gefüge von Grafschaften, Städten und Fürstentümern erschien, sondern als etwas Zusammenhängendes, das wertvoll in sich war und das es zu verteidigen galt. Hier passierte konkret, wovon in der Theorie als Identifikations- und Nationbildung die Rede ist. Deutschland wurde als erniedrigt angesehen; man fühlte und litt mit ihm, bejammerte es und war bereit zur Tat, zur Verteidigung. Öffentliche Blätter schalteten sich ein, informierten über die politischen Ereignisse und dienten als Beleg dafür, daß die Aussagen des Flugschriftenverfassers sich auf Tatsachen stützten. Das neue nationale Selbstbewußtsein, das sich mit Hilfe von Presse und Flugschrift äußerte, hob sich ab von dem schlechthin Bösen, von dem Unhold Napoleon, dem „Friedensstörer", dessen Heere Deutschland verwüsteten. Hier war es nicht mehr weit bis zu religiöser Überformung, wenn der „Friedensstörer" sich zum Antichristen verwandelte und der Kampf in der Propaganda die endzeitlichen Dimensionen einer Apokalypse annahm, wie es in der Publizistik Arndts geschah.

Schmähschriften gegen Napoleon waren damals als solche nichts Besonderes. Sie erschienen in kaum zu ermittelnder Zahl, meist anonym. Sie erregten in der Regel geringes Interesse der französischen Geheimpolizei; später kümmerte sich die Zensur der Rheinbundstaaten energisch um solche Druckwerke. Anders verhielt es sich mit der Schrift Palms. Sie war nicht nur klug geschrieben, mit auffallender Sachkenntnis der süddeutschen Territorien und der Stimmung in der Bevölkerung, sondern sie rief auch unverhüllt zum bewaffneten Aufstand gegen die französische Herrschaft in Deutschland auf und animierte dazu noch den bisherigen französischen Bündnispartner Preußen zum Abfall und zum Krieg. Bayerische Polizeibehörden griffen diese Flugschrift auf, und lange blieb sie auch Napoleon nicht verborgen. Palm wurde inhaftiert und nach Braunau gebracht. Weil er den Namen des Verfassers nicht preisgab, verurteilte ihn dort ein französisches Kriegsgericht am 26. August 1806 zum Tod – also noch vor dem preußischen Zusammenbruch im Oktober. Das Urteil wurde binnen drei Stunden vollstreckt.

Palm wurde zum Märtyrer deutscher Freiheit und Teil eines nationalen Geschichtsmythos der Freiheitskriege. Denn die Abschreckung, die Napoleon mit dieser exemplarischen Hinrichtung auf alle Journalisten, Literaten, Buchhändler und Verleger ausüben wollte, wirkte nur kurzzeitig und schlug dann in ihr Gegenteil um. Neue Flugschriften propagierten in Norddeutschland und Österreich den Befreiungskampf der Nation. Der Inhalt der von Palm verlegten Schrift und sein Schicksal wurden zum Signal, geheime Bünde und Vereine zu bilden, zu konspirieren und den Aufstand vorzubereiten. Im Umkreis des 1808 in Preußen gegründeten „Tugendbunds" wollten junge Akademiker, Beamte und Offiziere, Adlige und Literaten langfristig eine nationale Politik organisieren. In gleicher Weise wirkte die entstehende Burschenschaft, deren Anfänge bis in das Jahr 1811 zurückreichten. Die im Jahre 1810 von Friedrich Ludwig Jahn gegründete Turnbewegung entwickelte mit ihrem allgemeinverbindlichen „Du" eine weit über Berlin hinausreichende egalitäre Tendenz, die auch bei Handwerkern und selbst bei Bauernjungen, wie amtliche Berichte verraten, Anklang fand.

Mit dem offiziellen Ausbruch der Befreiungskriege, nachdem Preußen in die Front gegen Napoleon eingetreten war, erhielt die nationale Agitation eine neue Qualität. Ihr bedeutendster Publizist, Arndt, wirkte bis in das sogenannte ungebildete Volk hinein. Seine Flugschriften erreichten mit 10000 Exemplaren für damalige Verhältnisse Massenauflagen. Seine Liedsammlungen wie „Des Deutschen Vaterland", „Fünf Lieder für deutsche Soldaten", „Lob teutscher Helden" und auch die Flugschrift „Was bedeutet Landsturm und Landwehr?" erreichten Auflagen bis an die 100000 Stück; der „Katechismus für den teutschen Kriegs- und Wehrmann" reichte an 80000 Exemplare heran. Die Schriften Arndts wurden teilweise kostenlos an einfache Soldaten, Bauern und Bürger ausgeteilt. Ein Augenzeuge erinnerte sich, wie er im Dezember 1813 im Spessart und Odenwald in Privatquartieren und Wirtshäusern aus Arndts Flugschrift über Landsturm und Landwehr vorgelesen und geradezu überwältigende Reaktionen erlebt hatte: „Bauernweiber waren vorzüglich entzückt über dasselbe. Ach das ist prächtig, sagte eine, und alles mit Gott, alles mit Gott!"[217] Mindestens Arndt fand also auch bei den nicht schriftkundigen Teilen der Bevölkerung Anklang. Dabei kam die religiöse Durchfärbung seiner Publizistik der christlich geprägten Vorstellungswelt der Menschen gewiß entgegen. Unklar bleibt dabei, ob mehr das christliche oder mehr das nationale Pathos erwidert wurde, vermutlich aber beides.

Gleichwohl zeigt sich die neueste Forschung zu Recht skeptisch bei Aussagen, welche soziale Tiefenwirkung die nationalen Parolen gehabt haben mochten, sind doch die Befreiungskriege ideologisch mehrfach befrachtet durch nationale Legendenbildung. Hat auch die falsche Alternative, ob „Männer" oder die Massen Geschichte machen, ihre Kraft verloren, so schwanken noch heute die Urteile über die nationalisierende Wirkung der Befreiungskriege zwischen den Polen „Volkserhebung" und „konventioneller Fürstenkrieg" mit begleitender „eingehegter Elitenideologie".

Einige bedenkenswerte Erkenntnisse vermittelt die soziale Zusammensetzung der Kriegsfreiwilligen. Durch einen glücklichen Zufall sind nämlich die damals angelegten Konskriptionslisten für die Freiwilligen der preußischen Armeekorps aus dem ehemaligen preußischen Heeresarchiv überliefert. Unter den 279000 Soldaten des preußischen Heeres befanden sich 25363 Freiwillige. Unter diesen haben Handwerker einen Anteil von 41%, Angehörige der Land- und Forstwirtschaft von 16%, Tagelöhner und Knechte von 15%. Diese Zahlen relativieren doch gehörig, es habe sich beim Nationalismus der Befreiungskriege um ein bloßes Intellektuellen-Phänomen gehandelt.

Freilich wird man sagen können: Die Motive, sich als Freiwilliger zu melden, waren vielfältigen, keineswegs nur nationalen, vielleicht lediglich royalistischen Ursprungs. Und schließlich fanden eben doch nur vorwiegend Angehörige des Bildungsbürgertums zu organisatorischen Formen. Doch erreichte die öffentliche Erregung der Jahre auch die Illiteraten und außerbürgerlichen Schichten. Es ist bisher noch gänzlich unerforscht, welche politisierende oder auch nur mentale Wirkung es für einen einfachen Rekruten aus Baden, Württemberg, Bayern oder Westphalen haben mußte, auf Kriegszügen im Heere Napoleons durch ferne, fremde Regionen Europas zu kommen und dann mit dem Zusammenbruch des Empire als Geschlagener aus einem Kreis von wenigen Überlebenden zurückzukehren.

Viele Indizien sprechen für eine tieferreichende, wenn auch vorübergehende, Wirkung der nationalen Agitation. In Preußen warb man mit der Parole „Gold gab ich für Eisen", und das meinte, Trauringe herzugeben, um aus dem Erlös Eisen zu kaufen und daraus Waffen zu schmieden. In den damals veröffentlichten Listen der Spender tauchten auch Handwerker, Ackerwirte, Tagelöhner, Dienstboten, Manufakturarbeiter, Bergknappen und arme Witwen auf.[218] Anonyme Aufrufe zur Erhebung gegen Napoleon liefen im Württembergischen um, gerichtet an die Schultheißen dörflicher Gemeinden.

Insgesamt prägte das napoleonische Empire das entstehende deutsche Nationalbewußtsein in höchst zwiespältiger Weise. Es bildeten sich zwei Erscheinungsweisen heraus; die eine ist beispielhaft in Arndts politischem Lied „Des Deutschen Vaterland" aus dem Jahre 1813 verkörpert. Im Vormärz, als Deutschland in Gestalt des Deutschen Bundes über keine Nationalhymne verfügte, wurde dieses Lied zur heimlichen Hymne der Nation. In ihm vereinigen sich vor allem die Merkmale des kulturellen Nationalismus, da es die gemeinsame Geschichte, Sprache und Literatur beschwört. Die Zugehörigkeit zur Nation wird mit territorialen Landschaften verbunden, ohne daß die politische Zustimmung der einzelnen Bevölkerungen erfragt werden müßte. Die entscheidende Antwort auf die refrainartig durchgespielte Frage fällt in der siebten Strophe:

„Was ist des Deutschen Vaterland?
So nenne mir das große Land!
So weit die deutsche Zunge klingt
Und Gott im Himmel Lieder singt,
Das soll es sein!
Das, wackrer Deutscher, nenne dein!"

Dieses Nationalbewußtsein erschien religiös eingefärbt, so, als stehe Gott auf der Seite lediglich einer Nation. Das brachte zusätzlich mächtige Emotionen ins Spiel. Charakteristisch für die Zeitsituation und Entstehung dieses Nationalismus war, daß er sich in feindlicher Abgrenzung zu einer benachbarten Nation definierte, hier der französischen. Im Lied taucht das in der neunten Strophe auf:

„Das ist des Deutschen Vaterland,
Wo Zorn vertilgt den welschen Tand,
Wo jeder Franzmann heißet Feind,
Wo jeder Deutsche heißet Freund –
Das soll es sein!
Das ganze Deutschland soll es sein!"[219]

Das war 1813 anfangs ein Reflex auf die napoleonischen Okkupationen, stiftete aber langfristig einen politisierten Kulturnationalismus mit Denkmustern, die ein Feindbild förderten, das zu Ende des 19. Jahrhunderts in Chauvinismus überging. Bereits bei Arndt tauchte die Redeweise vom „Erbfeind" auf; im selben Jahre 1813 schrieb dieser einflußreichste Publizist der Freiheitskriege eine Flugschrift mit dem Titel „Über Volkshaß und den Gebrauch einer fremden Sprache".

Man macht es sich freilich zu einfach, diese Erscheinungsweise des Nationalismus, wie sie bei Arndt und Jahn hervortrat, auf ihre nach außen gerichtete Feindseligkeit zu reduzieren. Damit ließe sich seine Anziehungskraft auf weite Kreise der Intellektuellen nicht erklären. Als Befreiungsideologie sollte er zugleich nach innen wirken. Nationales sollte das Bindemittel einer sich befreienden Bevölkerung sein, die sich gegen auswärtige Besatzer erhob und – das ist wichtig – die sich auch gegenüber den eigenen Fürsten ihrer politischen Rechte bewußt geworden war. Der Anspruch auf Freiheitsrechte und politische Verfassung war auch bei Arndt vorhanden und verband sich mit dem Nationalen, und zwar in einer europäischen Dimension, indem man sich solidarisierte mit dem Freiheitskampf anderer Nationalitäten, vor allem der Spanier 1808 gegen Napoleon.

### *b) Propaganda für Napoleon*

Dennoch muß eine zweite Erscheinungsweise des Nationalismus hervorgehoben werden, die sich eben nicht in historisierendem Rückgriff ihre

Traditionen aus der eigenen deutschen Geschichte schuf, sondern die sich westeuropäischen Verfassungstraditionen im Horizont der Atlantischen Revolution verpflichtete, denn in den Rheinbundstaaten gab es eine bisher nur wenig beachtete napoleonfreundliche Publizistik, in der die bürgerliche Intelligenz gleichfalls ein nationales Pathos kundtat. Diese Autoren schrieben im Bewußtsein, in einer außergewöhnlichen Zeit zu leben, und dafür nahmen sie – der kommenden besseren Zukunft zuliebe – manche Bedrängnis der Gegenwart hin.

Angesichts des zusammengebrochenen Alten Reiches erkannten sie in Napoleon den einzigen Bürgen, welcher der zerfallenden deutschen Staatenwelt noch ein einigendes nationales Band erhalten konnte. Sie erwarteten von Napoleon „Deutschlands Wiedergeburt“, wie ein Aufsatz hieß, und verbanden mit dessen Rheinbundpolitik „Deutschlands politisches Interesse“, wie ein anderer Titel lautete. Sie glaubten, die Prinzipien der Französischen Revolution entwickelten sich unter der Hand des französischen Kaisers zu einem neuartigen europäischen Friedenssystem. Ihre Verfassungsvorstellungen wurden dabei sehr konkret: freie Konstitutionen, Trennung der Gewalten, Abschaffung der stehenden Heere, einen deutschen Föderativstaat, Nationalbewaffnung, Steuerreform, Repräsentativverfassung und freie Wahlen, Grundrechte. Diese süddeutsche Publizistik propagierte also einen Verfassungspatriotismus auf nationaler Grundlage.

Die Zukunftsvision verlor freilich immer mehr an Überzeugungskraft, je länger die Kriege Napoleons dauerten, je heftiger die betroffenen Nationalitäten darunter litten. Zeitweilig konnten manche Publizisten sich nur noch mit dem Bild behelfen: „Es muß das Erz durchs Feuer gehen, ehe es zur herrlichen Bildsäule sich gestaltet.“ Sie erkannten die Schwierigkeit, das Nationale mit dem Menschheitlichen, das Deutsche mit dem Europäischen, das Historische mit dem Gesellschaftlichen zu verbinden.

Es bleibt also festzuhalten: Das Nationalverständnis, das sich in der politischen Erhebung gegen Napoleon bildete, schuf Gräben zu den Verfassungstraditionen Frankreichs und Amerikas. Es suchte Anknüpfungspunkte in der eigenen deutschen, teutschen, germanischen Geschichte. Hermann der Cherusker, nicht Lafayette lautete die Losung. Demgegenüber wurde in der Rheinbundpublizistik ein Nationalverständnis propagiert, das an die westeuropäisch-atlantische Tradition anknüpfte; deren Substanz war in den beschriebenen Forderungskatalog eingegangen. Darin lag ein wichtiger Unterschied, der erklärt, warum die wachsende Nationalisierung der deutschen Gesellschaft an teilweise gegensätzlichen Komponenten teilhatte, so daß je nach Trägern und Zeitsituation zur Gewinnung nationaler Identität einerseits mehr die Abgrenzung und Feindbilder gesucht wurden, etwa gegenüber Dänemark und Frankreich, anderseits der kosmopolitische Völkerfrühling beschworen wurde, in Solidarität mit Spaniern, Italienern, Griechen und Polen, aber aus Sicht demokratischer Republikaner und der Frühsozialisten auch mit Frankreich. Die Epoche dieser ambivalenten Nationalisierung überdauerte das napoleonische Empire noch um vier Jahre, in denen die unterschiedlichsten Vereinigungen nationale Konzepte einer künftigen Gestaltung Deutschlands entwarfen, von der radikaldemokratischen Republik über nationalliberale Föderationen bis hin zu einem Kaisertum der Hohenzollern. Erst die Karlsbader Beschlüsse von 1819 mit ihren nachfolgenden Demagogenverfolgungen im Innern des Deutschen Bundes hemmten diese Nationalisierung.

### c) *Politische Konstellationen und der Krieg 1813/14*

In einem berühmten neunstündigen Gespräch äußerte Napoleon gegenüber Metternich: „Eure Herrscher, geboren auf dem Throne, können sich zwanzigmal schlagen lassen und doch immer wieder in ihre Residenz zurückkehren; das kann ich nicht, ich, der Sohn des Glücks! Meine Herrschaft überdauert den Tag nicht, an dem ich aufgehört habe, stark und folglich gefürchtet zu sein".[220] Diese Worte trafen die Schwäche des übermächtig scheinenden napoleonischen Systems in Europa: Es brauchte den Rückhalt der Heere und war fortwährend bedroht, durch eine Koalition von Alliierten einmal entscheidend und unwiderruflich geschlagen zu werden. In der Tat hatte Napoleon dauerhaft die elementaren Interessen der übrigen Großmächte Europas verletzt, daß deren Regierungen darauf warteten, den Einflußbereich Frankreichs wieder auf seinen ursprünglichen Raum zurückzudrängen.[221]

Es wäre nun falsch, die entscheidenden Handlungen beim Sturz des napoleonischen Herrschaftssystems ausschließlich in der Hand der Kabinette, bei den Gewehrläufen der Soldaten und im traditionellen Kabinettskrieg zu suchen. Es traf zu, daß die Freiwilligen, die sich in nationaler Erregung zu den Waffen gemeldet hatten, militärisch nicht kriegsentscheidend waren, aber die nationalen Lehren der Befreiung waren bis in die engsten Kreise am preußischen Hof vorgedrungen. Sie beeinflußten Entscheidungen, die ohne sie nicht zustandegekommen wären, so die Kriegserklärung Preußens an Frankreich und die Bereitschaft, an der Seite Rußlands einen Befreiungskrieg zu riskieren.

Die Ausgangslage Preußens war verzweifelt, weil es durch einen Unterwerfungsvertrag (24. Februar 1812) der französischen Macht vollständig ausgeliefert war. 20000 Mann Truppen für Napoleon, Teilnahme an allen dessen Kriegen, unbeschränkte Durchmarschrechte durch preußisches Gebiet: alles das machte Preußen zum Hauptlieferanten der Grande Armée und zum Aufmarschgebiet.

Diese Lage stärkte eine Kriegsfraktion am preußischen Hof, die Aufstandspläne schmiedete und über ein geheimes Agentennetz die Erhebung über die Monarchie hinaus in den Nachbarländern vorbereitete. Zu den eigentlichen diplomatischen Gegenspielern Napoleons wurden Metternich, der im Jahre 1809 österreichischer Außenminister geworden war, und

Zar Alexander I. Metternichs Politik bezweckte, durch vorsichtiges diplomatisches Lavieren so lange abzuwarten, bis die Stunde der Tat günstig sein würde. Er nahm dafür sogar eine Allianz mit Frankreich in Kauf (14. März 1812).

Der Beginn des Niedergangs war eingeleitet durch die Katastrophe der Grande Armée im frühen Winter 1812 in Rußland, wodurch der Nimbus der Unbesiegbarkeit Napoleons schwer erschüttert wurde. Der nächste wichtige Impuls ging von preußischen Militärs aus, die sich dem Befreiungskrieg verschrieben hatten. Der General Ludwig Yorck von Wartenburg hatte eigenmächtig in Tauroggen nahe der Memel mit den Russen ein Neutralitätsabkommen abgeschlossen (30. Dezember 1812), das das preußische Hilfskorps aus der französischen Nordarmee im Rußlandfeldzug ausgliederte und im nördlichen Ostpreußen festhielt. Der General rechnete auf die nachträgliche Zustimmung des immer zögernden Friedrich Wilhelm III. Das Abkommen öffnete den russischen Truppen den Weg nach Ostpreußen und bildete „den Auftakt zu den Befreiungskriegen" (Manfred Botzenhart); es bedeutete einen offenen Bruch der preußisch-französischen Allianz. Stein als Berater des Zaren, die Heeresreformer Scharnhorst, Gneisenau, Boyen und Clausewitz bedrängten unter dem Eindruck der herbeiströmenden Freiwilligen den König, Frankreich den Krieg zu erklären. Mit dem Aufruf „An mein Volk" – gemeint war das preußische – besiegelte der König den Schritt auch demonstrativ vor der Öffentlichkeit (17. März 1813).

Diese Entscheidung mußte angesichts der Kräfteverhältnisse eigentlich als tollkühn erscheinen, zumal Napoleon auch sämtliche Truppen der Rheinbundstaaten auf seiner Seite hatte. Drei Faktoren mußten zusammentreffen, sollte das Unternehmen überhaupt eine Chance haben: Glück (die Gunst der Stunde), der Beitritt Österreichs in den Krieg gegen Napoleon und der Zerfall des Rheinbunds, wobei dessen Mitglieder zu den Alliierten überzugehen hätten.

Das Glück stellte sich ein, als Napoleon mit den Kontingenten der Rheinbundstaaten gegenüber den verbündeten Preußen und Russen im Frühjahr 1813 Erfolge erzielte, im Juni aber einen Waffenstillstand anbot, um seine Truppen zu verstärken und die Allianz durch diplomatische Manöver zu entzweien. Er durchschaute die schlechte militärische Lage der Verbündeten nicht; die russischen Truppen wollten sich bereits nach Polen zurückziehen. Später bezeichnete er diesen Waffenstillstand als die größte Dummheit seines Lebens.

Metternich nutzte die Gunst der Stunde und versuchte, die Rheinbundstaaten zu den Alliierten herüberzuziehen. Entscheidend für den Erfolg war seine Zusicherung, für eine Neutralität ihnen die Souveränität und volle Integrität des Staatsgebietes zu garantieren.

Österreich trat im August 1813 in den Krieg ein; es bestätigte im September die antinapoleonische Koalition, der auch noch England beitrat. Die vier Verbündeten verpflichteten sich, nicht eher Frieden zu schließen, bis das europäische Gleichgewicht wiederhergestellt sei. Dadurch sah sich Napoleon erstmals einer militärischen Koalition aller vier europäischen Großmächte gegenüber. Napoleon mußte in einer Entscheidungsschlacht, an der insgesamt nahezu eine Million Soldaten beteiligt war, seine schwerste Niederlage hinnehmen. Diese „Völkerschlacht bei Leipzig“ (16.–18. Oktober 1813) forderte 120000 Gefallene und bedeutete den Zusammenbruch des napoleonischen Systems in Europa. Der Rheinbund fiel auseinander, nachdem Bayern bereits am 8. Oktober 1813 das Signal zum Übertritt gegeben hatte (Vertrag von Ried).

Die Alliierten setzten ihrer Abmachung gemäß den Feldzug bis zum Einmarsch in Paris fort (März 1814). Die Abdankung Napoleons am 12. April 1814 eröffnete den Weg für eine grundlegende Neuordnung Europas. Welche Gestalt diese annehmen sollte, rief unter den Alliierten bald schwere Differenzen hervor, die bis an den Rand des Krieges führten. Trotzdem wurde auf dem Wiener Kongreß noch ein Ausgleich gefunden. Selbst nach der – in der Schlacht von Waterloo vereitelten – erneuten Machtergreifung Napoleons erhielt Frankreich mit dem Zweiten Pariser Frieden noch einen Vertrag „der Vernunft, des Maßes und der Verständigungsbereitschaft“ (Botzenhart). Die Alliierten konnten es nicht schwächen, wollten sie nicht die Stabilität des restaurierten Königtums der Bourbonen von vornherein gefährden.

# II. Zwiespältige Politik: Gesellschaftliche Mobilisierung, Restauration und Wirtschaftsunionen 1815–1830/34

Epochenbezeichnungen sind notwendig und unzulänglich. Zumeist benennen sie ein Vorher oder Nachher, gruppiert um ein historisches Gipfelereignis, und versagen dadurch einer Epoche das Charakteristische oder den Eigenwert aus sich heraus. Die Zeit zwischen 1815 und 1848 trägt das Etikett Restauration für die Frühphase (1815–1829), aber Deutschland hatte während der napoleonischen Ära einen tiefgreifenden politischen Umbruch erlebt, der sich nicht mehr rückgängig machen ließ. Das Alte Reich war untergegangen, die Reichskirche war aufgehoben worden, viele deutsche Staaten und Herrschaften waren von der Landkarte verschwunden; ein neues staatenbündisches Leben trat an die Stelle, kann also nicht in dem Begriff Restauration aufgehen.

Der Begriff „Biedermeier“ (ca. 1820–1840) trifft ein Zeitgefühl, aber er verdeckt die antagonistischen Tendenzen des Zeitalters, etwa den immer selbstbewußter auftretenden Konstitutionalismus, der den politischen Gewalten Widerpart leistete und die Allmacht monarchischer Souveränität in Frage stellte; er unterschlägt das Gewicht der 1819 durchbrechenden Repressionspolitik und die Dynamik der niedergehaltenen oppositionellen Kräfte. Er macht die gesellschaftlichen Kräfte der Bewegung vergessen, etwa den ausgreifenden Privatkapitalismus, wie er bei der Gründung von Banken und Aktiengesellschaften sichtbar wurde; die beginnende Industrialisierung, die aufbrechende soziale Frage, und die Regierungen antworteten nicht allein repressiv, sondern auch präventiv mit politischen Maßnahmen: der Förderung der Agrarkultur, der Gewerbegesetzgebung, Zollvereinspolitik und des Eisenbahnbaus in staatlicher Hand.

„Vormärz“ schließlich lenkt alle Aufmerksamkeit auf die Revolution 1848 hin und verschließt sich damit den über die Revolution hinausreichenden Strukturen. Schlechthin unmöglich ist es, das geistige Leben auf einen einzigen Epochenbegriff zu bringen. Wieviel im Grunde doch Unvereinbares die Epoche umschloß, veranschaulichen stellvertretend die Namen von Zeitgenossen wie Goethe und Hegel, Stifter und Heine, Haller als Philosophen der Restauration oder Marx und Engels als Theoretikern der Revolution, Büchner, Grillparzer und Görres.

## 1. Der Wiener Kongreß und die Machtverschiebung in Deutschland 1814/15

Der Wiener Kongreß ordnete das europäische Staatensystem nach den vorausgegangenen Umwälzungen von Grund auf neu. Er tagte 1814/15 ein dreiviertel Jahr und vertrat die Angelegenheiten von rund 200 Staaten, Herrschaften, Städten und Körperschaften. Die wichtigen Entscheidungen fielen durch das Komitee der vier Großmächte Rußland (Zar Alexander I.), Großbritannien (Castlereagh), Österreich (Metternich) und Preußen (Hardenberg und Wilhelm von Humboldt); schließlich wurde Frankreich als fünfte Großmacht zugelassen (Talleyrand). Man bildete für einzelne Themenbereiche gesonderte Ausschüsse: für deutsche, europäische Angelegenheiten, Gebietsfragen, Flußschiffahrt und Sklavenhandel. Der Kongreß arbeitete nach fünf leitenden Prinzipien; das waren *Restauration* als Wiederherstellung politischer Ordnung, *Legitimität* zur Wiedereinsetzung der vertriebenen Dynastien (Bourbonen, Welfen, Haus Braunschweig usw.), *Autorität*, hergeleitet aus dem monarchischen Prinzip, *Solidarität* zur gemeinsamen Abwehr revolutionärer Bewegungen in Europa sowie das *europäische Gleichgewicht* als Grundlage eines stabilen internationalen Systems.

Da politische Macht an Raumbeherrschung geknüpft ist, hatten die Gebietsregelungen größte Bedeutung für die weitere Geschichte Mitteleuropas und insbesondere Deutschlands. Alle historischen Darstellungen weisen einhellig auf die Tragweite der geopolitischen Machtverschiebung hin, die der Wiener Kongreß in Deutschland vorgenommen hatte. Österreich gab seine Besitzungen im Westen auf: Belgien an die Niederlande, den Breisgau samt umliegenden Gebieten an Baden und Württemberg. Es gewann dafür seine alten Territorien zurück: Tirol, Vorarlberg, Kärnten, Krain, Triest, Galizien, Mailand, Venetien, Salzburg. Man kann von einem begrenzten Rückzug Österreichs aus Deutschland sprechen.

Umgekehrt gewann Preußen mehr als die Hälfte von Sachsen, dazu Westfalen, das Rhein- und Saarland, so daß es sich rund um das Doppelte vergrößerte und zugleich in den Kernbereich alter deutscher Territorien hineinwuchs. Man hat darin zu Recht eine wichtige Vorentscheidung für die spätere kleindeutsche Nationalstaatsgründung und die damit verbundene Ausgrenzung Österreichs erkannt: „Die Versetzung Preußens an den Rhein ist eine der fundamentalsten Tatsachen der deutschen Geschichte, eine der Grundlagen der Reichsgründung von 1866/1871" (Nipperdey).[222]

Der Wiener Kongreß hatte freilich ein entgegengesetztes Konzept verfolgt; für ihn lag die Ratio dieser Machtverschiebungen darin, unter allen Umständen eine zweite europäische Universalmonarchie vom Schlage der napoleonischen zu verhindern. Die kontinentale Ordnung sollte das Gleichgewicht wiederherstellen, und dazu galt es, Frankreich in seiner künftigen Entwicklung zu zähmen. Das sollte Preußens Aufgabe nach Westen hin sein. Es erhielt, wie die Zeitgenossen später sagten, die „Wacht am Rhein". Österreich hingegen sollte den Zugriff Frankreichs nach Süden, nach Italien hin, eindämmen. Mit Blick auf die deutschen Staaten war das System der Doppelhegemonie im Deutschen Bund so ausbalanciert, daß Österreich und Preußen einander die Waage halten sollten.

Wie die weitere geschichtliche Entwicklung zeigte, war das jedoch teilweise falsch kalkuliert, denn die Verlagerung Preußens nach Westen geschah um den Preis, ihm ein zerstückeltes Territorium zuzuordnen. Es mußte das Interesse dieses künstlichen Staates sein, die Landbrücke zwischen der preußischen Rheinprovinz und Westfalen einerseits und der Provinz Sachsen sowie Ostelbien andererseits zu schließen. Damit war der Weg vorgezeichnet, mindestens im Norden eine Vormacht zu werden.

In der Konstruktion von 1815 war also im Keim die Tendenz angelegt, die sorgfältig austarierten Gleichgewichte zugunsten einer Vormacht zu verschieben. Sehr geübt im Schätzen von Bevölkerungszahlen und der Anzahl von Territorien, um den Wert eines Landes zu ermitteln, entging den vertragstiftenden Staatsmännern von 1815, welcher potentielle Reichtum Preußen zufiel, als es das gewerblich-industriell fortgeschrittenste Gebiet im deutschen Westen erwarb. Die Industrialisierung verschaffte Preußen ein ökonomisches, militärisches und politisches Übergewicht nicht nur über Österreich, sondern über alle anderen deutschen Staaten. Frühzeitig bürgerte sich dazu passend in der Publizistik die Redeweise von der „deutschen Mission Preußens" ein. Diese strukturell wirkenden Vorentscheidungen und langfristigen Entwicklungen versetzten Preußen überhaupt erst in die Lage, 1866 den Austritt Österreichs aus Deutschland zu erzwingen. Es ist umstritten, ob es dadurch letztlich destabilisierend auf die europäische Ordnung gewirkt habe. Die Alliierten des Zweiten Weltkriegs sahen es jedenfalls so; das Kontrollratsgesetz vom 25. Februar 1947 beendete die Existenz Preußens als Staat, denn „weniger Deutschland als vielmehr Preußen galt als Sicherheitsrisiko für die künftige Friedensordnung".[223] Die Alliierten erstrebten nach 1945 ein ausgewogenes Größenverhältnis der deutschen Staaten untereinander. Eine funktionsfähige bundesstaatliche Organisation Deutschlands schien das am besten zu garantieren; für Preußen war darin deshalb kein Platz mehr. Auf einer neuen Ebene war damit dem alten Prinzip des Gleichgewichts innerhalb Deutschlands wieder Rechnung getragen worden.

## 2. Die „deutsche Frage" auf dem Wiener Kongreß: Wieviel Staatlichkeit verträgt der Föderalismus?

Seit der Französischen Revolution von 1789 und der napoleonischen Ära standen die große internationale und die innerdeutsche Politik bis hinab in die einzelstaatlichen Kabinette in enger Wechselwirkung. Dieses Ineinander setzte sich auf dem Wiener Kongreß von 1814/15 fort, als es um die territoriale Neuordnung Europas und insbesondere um eine neue Konstituierung Deutschlands ging. Anders, als die staatenbündische Lösung der späteren Bundesakte nahelegt, plante Metternich ebenso wie die preußischen Politiker, voran Hardenberg und Stein, ursprünglich eine erheblich zentralistischere Lösung der nationalen Frage. Es kursierten zahlreiche Entwürfe für eine neue Verfassung Deutschlands. Zwei Pläne bestimmten den Gang der Verhandlungen, einer aus der Feder Hardenbergs („Die 41 Artikel"); der zweite ging auf Metternich zurück („12-Punkte-Plan"). Beide Entwürfe stimmten in den Grundzügen überein. Das neue Deutschland sollte bundesstaatlich sein und starke Zentralorgane besitzen; das läßt sich gut am Plan Metternichs veranschaulichen, der die gemeinsame Basis Österreichs und Preußens darstellte. Dieser Entwurf sah eine kollektive Exekutive vor. In dem geplanten Rat der Kreisobersten waren Österreich, Preußen, Bayern, Württemberg und Hannover vertreten, aber in einer solchen Stimmenverteilung, daß die beiden deutschen Großmächte das hier vertretene „Dritte Deutschland" majorisieren konnten. Die fürstlichen Häuser und Freien Städte fanden ihre Vertretung im Fürsten- und Ständerat. Analog zur Zusammensetzung des Rats der Kreisobersten sollte Deutschland in sieben Kreise eingeteilt werden, wobei sich das Übergewicht Österreichs und Preußens wiederholte, da es zwei österreichische, zwei preußische sowie je einen bayerischen, württembergischen und hannoverschen Kreis geben sollte. Die Kreise wachten über die Ausführung der Bundesbeschlüsse, befehligten das Kriegswesen und bildeten die letzte Gerichtsinstanz. Damit wären alle übrigen deutschen Staaten mediatisiert worden.

Von seiten der betroffenen Mittel- und Kleinstaaten, die dieses Manöver sofort durchschauten, erfolgte ein Aufschrei. Sie empfanden den Entwurf als eine Unterwerfungsakte und Aufteilung Deutschlands zwischen Österreich und Preußen. Die drei mittelgroßen Staaten in ihren Kreisen wären als große Gewinner dagestanden, hätte es nicht auch noch den Plan eines Bundesgerichts gegeben, das auch die drei großen – Württemberg, Bayern und Hannover – unterworfen hätte. Schließlich schrieb der Entwurf für jeden einzelnen Bundesstaat eine landständische Verfassung vor.

Das mochte verwundern, denn welchen Zweck konnte es haben, den einzelnen Bundesmitgliedern landständische Verfassungen zu gewähren, wenn die Tendenz der gesamten Konstruktion auf eine Unterwerfung des Dritten Deutschlands hinauslief? Die Politik der beiden deutschen Großmächte zielte dahin, Bundesgenossen innerhalb der ehemaligen Rheinbundstaaten zu finden. Vor allem die alten adligen Führungsschichten im Süden und Südwesten hatte man im Auge: Reichsritter, landsässige Adlige, hohen Reichsadel, Geistlichkeit und Patrizier.

Dazu muß man wissen, daß es eine kleine Adelsrevolution in Deutschland seit etwa 1803 gab, als die erste große Welle der Mediatisierungen begann. Die bedrohten Fürsten und Mediatisierten wendeten sich mit Eingaben und Flugschriften hilfesuchend an die beiden deutschen Großmächte. Briefe, Stellungnahmen, Denkschriften, Verfassungsentwürfe des niederen Adels und der kleineren Fürsten gaben Stoff zu dieser Adelsrevolution ab, die eine neue Form politischer Öffentlichkeit herstellte. Die geplanten landständischen Vertretungen waren in diesem Zusammenhang geeignet, den absolutistischen Tendenzen der ehemaligen Rheinbundfürsten eine innere Opposition ins Haus zu setzen, eine adlig-patrizische Fronde. Deren Agitation lebte vor allem in Württemberg, Baden, Bayern, Hessen-Darmstadt und Nassau, wo es teilweise umfangreiche standesherrliche Besitzungen gab. Österreich, Preußen und auch Hannover waren demgegenüber nicht nennenswert betroffen. Auch die reichsritterschaftlichen Besitzungen lagen im Westen, Südwesten und Süden.

Der zugesicherte Schutz der landständischen Verfassungen bedeutete dabei nichts anderes für die deutschen Vormächte, als jederzeit – eben auch über das Bundesgericht – in die inneren Verhältnisse der Einzelstaaten eingreifen zu können. Das war eine starke Anknüpfung an das Alte Reich; denn auch dort gab es die Möglichkeit, über den Kopf des Landesherrn hinweg den Spruch des Kaisers anzurufen. Nun sollte es das Bundesgericht sein. Worin der Historiker des 19. Jahrhunderts eine Bahn zum Parlamentarismus erkennen kann, das vermag der Frühneuzeitler als Aufleben älterer Traditionen zu begreifen. Im 18. Jahrhundert erneuerten nicht wenige deutsche Landtage ihre Macht und ihr Prestige. Zu Ausgang des 18. Jahrhunderts gelang es manchen Landtagen gar, die landesherrliche Gewalt zu bedrohen oder zu beschränken, besonders offenkundig etwa in Württemberg, aber auch in Bayern. Man kann geradezu von einer „Renaissance des ständischen Gedankens und der realen Macht der Ständevertretung“ (Max Spindler) sprechen. Die Fürsten waren demgegenüber in jener Übergangszeit bis 1815 bestrebt, lästige Landtage abzuschaffen. Mit dem österreichisch-preußischen Deutschlandplan schien „das Rad der Geschichte in das Ancien Régime zurückgedreht“ (Wolfgang Mager).

Die liberal anmutenden Verfassungsparolen der Zeit, die sich dann vermeintlich auch im Artikel 13 der Bundesakte niederschlugen, hatten tatsächlich einen restaurativen Ursprung. Die sozialgeschichtliche Dimension hieß, mit den Landständen eine inkarnierte Wiedererweckung adlig-patrizischer Lebenskräfte zu bewirken. Sie stärkten die alten Führungsschichten des Ancien Régime und bremsten den absolutistischen Zugriff der mittelgroßen Fürsten. Es ist freilich keine seltene Begebenheit in der Geschichte, daß ein Phänomen seinen ursprünglichen Charakter wandelt. Die Landstände gerieten später im 19. Jahrhundert zur Plattform des Bürgertums; sie eröffneten den Durchbruch der bürgerlichen Gesellschaft auf der politischen Bühne, vor allem in den Zweiten Kammern. Die Landstände veränderten die Zielrichtung, entwickelten sogar fürstendienliche Züge, indem sie einen einheitlichen Untertanenverband, ein Staatsvolk stiften halfen.

Dieser Deutschlandplan hätte den Weg „vom Staatenbund zum Nationalstaat“ vermutlich beträchtlich beschleunigt. Nur die politische Geschichte erklärt, warum er in die Archive der ungeschehenen Geschichte geriet. Der Plan ruhte auf zwei Säulen: Preußen hätte sein Staatsgebiet stärken können, indem es die Kräfte im Norden auf sich zog und an sich band – Hannover ausgeschlossen. Das erschien der österreichischen Politik im europäischen Horizont als wünschenswert, denn der preußische Machtgewinn sollte in den Dienst der europäischen Gleichgewichtspolitik treten. Ein starkes Preußen im Norden, ein durch Süddeutschland flankiertes Österreich sollten in der Mitte Europas Schutz bieten gegen West und Ost, gegen einen neuen Napoleon aus Frankreich einerseits, gegen ein sich immer weiter ausdehnendes imperiales Rußland andererseits.

Dieses Konzept wurde durch die sogenannte polnisch-sächsische Krise jäh zerstört. Das geschah durch die preußische Politik, die den russischen Zaren darin unterstützte, ein großpolnisches Reich in Personalunion mit dem Zarenreich zu bilden. König Friedrich Wilhelm III. sah sich Zar Alexander I. als dem Befreier Preußens von der napoleonischen Unterdrückung zu großer persönlicher Dankbarkeit verpflichtet. Er förderte deshalb russische Expansionstendenzen und unterhöhlte damit das Konzept Metternichs.

Überdies war Preußen lebhaft daran interessiert, Sachsen zu annektieren. Das hätte eine der ältesten mitteleuropäischen Dynastien, das Haus Wettin, getroffen. Abgesehen von Vorbehalten der Legitimität mußte aber ein solcher Schritt in der Mitte des Kontinents eine neue – preußische – Machtanballung entstehen lassen, die weder England noch Frankreich wünschenswert erscheinen konnte. Aus österreichischer Sicht mußte diese preußische Expansion aber geradezu wie eine Bedrohung aussehen. Preußen begründete seine Absicht mit dem Ziel, eine Strafaktion für das napoleonhörige Sachsen durchzuführen. Doch das war kaum mehr als ein propagandistischer Vorwand. Die Absicht, den sächsischen Nachbarn zu annektieren, hatte in Preußens Geschichte Tradition. Bereits Friedrich II. wollte nach dem Gewinn Schlesiens noch ganz Sachsen vereinnahmen. Die Politik auf dem Wiener Kongreß war nichts anderes als eine Fortsetzung jener älteren Absichten. Als Preußen im Herbst 1814 in Wien hartnäckig und unnachgiebig auf jenem alten Vorhaben beharrte, darin noch unterstützt vom russischen Zaren, spitzte sich die Lage dermaßen zu, daß Metternich für Österreich, Castlereagh für England und Talleyrand für Frankreich am 3. Januar 1815 ein geheimes Kriegsbündnis gegen Preußen und Rußland schlossen. Der ursprüngliche Kriegsgegner und auf dem Kongreß fast noch Verfemte, Frankreich, rückte auf zum Alliierten! Bayern, Hannover und die Niederlande wurden eingeladen, sich dem antipreußisch-antirussischen Bündnis anzuschließen. Man stand nahe am Ausbruch eines Krieges.

Erst unter dem schweren Druck von allen Seiten begann man auf preußischer Seite, nach einem Ausweg zu sinnen. Einem Krieg durchaus abgeneigt, wählte man den in der Weltgeschichte bei solchen Auseinandersetzungen nicht selten begangenen Weg, das Land zu teilen: Es entstand eine preußische Provinz Sachsen und ein königliches „Restsachsen".

In diesem Konflikt war das preußische Expansionsstreben deutlich zutage getreten. Die sächsische Frage offenbarte unerwartete Dimensionen preußischer Politik gerade in jener Phase, als die Verhandlungen über die deutsche Frage anstanden. Die in Wien ausgebrochenen Streitigkeiten von europaweiter Tragweite wirkten tief in den Kern deutscher Verfassungsbildung zurück. Der unitarische Zwölf-Punkte-Plan mußte scheitern. Metternichs Konzept einer Doppelhegemonie mit Unterwerfung des Dritten Deutschlands war fehlgeschlagen.

Österreich wollte nun kontrollierend gegen Preußen in Deutschland herrschen. Dazu lehnte es sich an die Mittel- und Kleinstaaten an, vornehmlich im deutschen Süden. Der aufbrechende Gegensatz zwischen den beiden deutschen Großmächten wurde zur Chance Württembergs und Bayerns. Die Zentralgewalt als Exekutive und das Bundesgericht kamen zu Fall, und die föderativen Kräfte erhielten wieder so viel an Gewicht, daß sie sich in der Struktur der Bundesverfassung niederschlugen. Als Inbegriff der Föderation galt das Einstimmigkeitsprinzip, das dem kommenden Bund in gewissen Fragen auferlegt war. Dieses Prinzip war ehedem charakteristisch für die polnische Adelsrepublik des 18. Jahrhunderts, die unter der Herrschaft einer sächsischen Dynastie gestanden hatte. Das Einstimmigkeitsprinzip kam durch eben jenen Staat in die Bundesakte, der am meisten durch die Verhältnisse bedroht gewesen war: durch Sachsen.

Der Artikel für die landständischen Verfassungen blieb allerdings angesichts der Neuorientierung der Bundesverfassung als „Fremdkörper" (Mager) erhalten, bot er doch weiterhin die Einfallstür des Bundes in den Bereich der Einzelstaaten. In der Geschichte des Bundes häuften sich später in der Tat Fälle, in denen bedrohte Landstände über ihre Fürsten hinweg die Bundesversammlung anriefen. Der spektakulärste Fall ereignete sich mit dem Staatsstreich des hannoverschen Königs Ernst August im Jahre 1837. Die Bundesversammlung brauchte Jahre, um mit diesem Fall fertig zu werden, der eindeutig gegen das geltende Bundesrecht verstieß.

Der Artikel erhielt durch seinen Funktionswandel eine neue Existenzberechtigung, diente er doch nach den Erfahrungen mit der Französischen Revolution und der napoleonischen Herrschaft als monarchische Antwort auf die Lehre von der Volkssouveränität, indem die Beziehungen zwischen Regenten und Untertanen auf eine rechtsstaatliche Basis gestellt wurden. Frühkonstitutionelle Verfassungen bahnten also den Weg von der Staatsräson des aufgeklärten Absolutismus zum Rechtsstaat. Hier lag eine wichtige Parallele zur preußischen Verfassungskonzeption, „Gemeingeist“ im Volk und „Selfgovernment“ im Sinne des Reichsfreiherrn vom Stein anzuregen, was dort freilich nur durch die Städteordnung gelang.

## 3. Der Deutsche Bund als staatliche Ordnung der Nation

### *a) Europäische Dimensionen des Deutschen Bundes*

Der Deutsche Bund stand unter europäischer Garantie. Bereits als das Empire zusammenbrach, erwogen die gegen Napoleon verbündeten Alliierten, welche künftige Gestalt die deutsche Staatenwelt annehmen sollte. Schon der Erste Pariser Frieden (30. Mai 1814), der eigentlich dem kriegführenden Frankreich galt, enthielt eine Klausel über die deutschen Staaten; diese sollten unabhängig und zugleich durch ein „föderatives Band“ vereint werden. In diesem Sinne beriet und beschloß der Wiener Kongreß die künftige Verfassung Deutschlands. Am 8. Juni 1815 sanktionierten die versammelten europäischen Mächte das erste Grundgesetz des Deutschen Bundes: die Deutsche Bundesakte. Formal war sie ein Verfassungsvertrag seiner souveränen Mitgliedsstaaten. Zudem wurde die Bundesakte einen Tag später der Schlußakte des Wiener Kongresses eingefügt. Acht Kongreßmächte erschienen als Garanten der neuen deutschen Ordnung: Österreich, Preußen, Rußland, Großbritannien, Frankreich, Schweden, Portugal und Spanien. Die beteiligten Mächte verstanden diese völkerrechtlich gesicherte europäische Einbindung des Deutschen Bundes durchaus in dem Sinne, daß sie sich für berechtigt hielten zu intervenieren, wenn sie Rechte des Bundes für verletzt erkannten. Beispielsweise schalteten sich die französische und englische Regierung nach dem Frankfurter Wachensturm des Jahres 1833 ein, als Bundestruppen das Territorium der Stadt besetzt hatten: Das würde gegen die garantierte Unabhängigkeit der Einzelstaaten verstoßen, argumentierten sie. Der europäischen Bestandsgarantie entsprach andererseits auch eine besondere Rolle des Deutschen Bundes in Europa. Er sollte „für die Ruhe und das Gleichgewicht Europas“ bürgen, wie die Präambel der Deutschen Bundesakte verhieß.[224]

Auch durch die fremde Nationalität mancher seiner Mitglieder blieb der Bund Europa verpflichtet. Denn mehrere selbständige Bundesstaaten waren allein durch die Person ihres Herrschers – durch Personalunion – mit ausländischen Staaten verbunden. Auch die fremden Herrscher unterlagen für ihre bundeszugehörigen Gebiete den Bundesbeschlüssen: der König von England als König von Hannover (bis 1837), der König von Dänemark in seiner Eigenschaft als Herzog von Holstein und Lauenburg (bis 1864), der König der Niederlande als Großherzog von Luxemburg – alle konnten umgekehrt als Mitglieder auch Einfluß auf die Geschicke des Bundes nehmen.

Wenn ausländische Staatsoberhäupter zugleich deutsche Bundesfürsten sein konnten, widersprach das ebenso den Prinzipien eines modernen Nationalstaats wie die Tatsache, daß Österreich und Preußen territorial über die Bundesgrenzen hinausragten, indem sie auch noch über bundesfremde Gebiete herrschten. Preußens Provinzen im Osten, nämlich Ost- und Westpreußen sowie Posen, gehörten nicht zum Deutschen Bund, auch nicht das preußische Fürstentum Neuenburg (Neufchâtel) in der Schweiz. Die Habsburgermonarchie umfaßte, wie in der Darstellung der deutschen Länder gezeigt wurde, noch sehr viel mehr bundesfremde Gebiete.

Einen besonderen Anachronismus – nach den Maßstäben des 19. Jahrhunderts – stellten schließlich Schleswig und Holstein dar, die beide untereinander durch die geschilderten besonderen Rechtsbeziehungen, dann noch durch die Personalunion des dänischen Königs mit Dänemark verbunden waren. Auch Schleswig gehörte nicht zum Deutschen Bund. Wie das nationale Prinzip in das Völkerrecht drängte und die Bauprinzipien des Bundes sprengte, bekundeten die Paulskirchen-Parlamentarier von 1848. Es erschien ihnen nun selbstverständlich, bundesfremde Territorien wegen ihrer angeblichen oder tatsächlichen deutschen Nationalität – wie Ostpreußen, Westpreußen, Posen und Schleswig – ohne weiteres zum künftigen Deutschen Reich zu rechnen.

### *b) Das Erbe des Alten Reiches*

Diese Merkwürdigkeiten in der Bundeskonstruktion, die unter nationalstaatlicher Perspektive als widersinnig oder gar „ungerecht" anmuten mochten, lassen sich nur historisch erklären. Sie verwiesen auf ältere, fortdauernde, vornationale Strukturen, die der Deutsche Bund noch dem Alten Reich Deutscher Nation verdankte. Gehörten Territorien wie Schleswig, Ost-, Westpreußen, Posen, Ungarn ehemals nicht zum Alten Reich, so gingen sie auch nicht in den neuen Deutschen Bund über. Dessen Grenzziehung orientierte sich nicht an nationalen Maßstäben. Obwohl er das nationale Prinzip suggerierte, indem die Bundesakte als Verfassungsurkunde erstmals von „Deutschland" sprach, blieben die Kontinuitäten zu jenem vornationalen Gebilde des Alten Reiches frappierend. Ungeachtet aller Mediatisierungen und Verschiebungen war der Bund in seinen Grenzen weitaus weniger Neuschöpfung, als man vermuten mochte.

Gewiß, in seinem Inneren war der Prozeß der Staatskonzentration erheblich vorangeschritten, aber er übernahm das Erbe des Alten Reiches, daß Deutschland kein zentralverwalteter Staat, sondern ein Zusammenschluß ziemlich selbständiger Teilstaaten war, und dieses Gliederungsprinzip reichte der Deutsche Bund seinerseits als Hinterlassenschaft der deutschen Geschichte des 19. in das 20. Jahrhundert hinüber, denn seine späten Erben, die Staaten Deutschland und Österreich, sind in ihrem Staatsaufbau Bundesrepubliken geblieben, die in föderativer Weise auf Ländern mit eigenen Parlamenten beruhen. Das Maß der Staatskonzentration variierte freilich, denn der Rheinbund verkörperte eine staatenbündische Konföderation, der Deutsche Bund eine unauflösliche Ordnung mit der Tendenz, bundesstaatliche Institutionen zu bilden. Der Reichseinigungsversuch von 1848/49, der Norddeutsche Bund von 1867 sowie das Deutsche Reich von 1871 repräsentierten den Weg zu einer bundesstaatlichen Ordnung mit fortbestehenden Ländern als staatlichen Einheiten. Die Paralysierung oder Zerschlagung der deutschen Einzelstaaten, wie es durch die nationalsozialistische Herrschaft und die Deutsche Demokratische Republik geschah, widersprach den festverwurzelten Traditionen der deutschen Geschichte. Die 1990 wiederhergestellten neuen deutschen Bundesländer hingegen bestätigen dieses Erbe.

Am Anfang zählte der Bund 41 Mitgliedsstaaten: 37 erbliche Monarchien und vier freie Stadtrepubliken. Im Laufe seines 51jährigen Bestehens traten leichte Schwankungen auf, wenn eine Linie eines Herrscherhauses ausstarb und das Territorium einem in der Erblinie verwandten Staat zugeschlagen wurde.[225] Die Matrikel des Deutschen Bundes von 1831 verzeichnete noch 38 Staaten, was dann in der Regel als die gängige Mitgliederzahl angegeben wird. Ein Blick zurück zeigt, daß das Alte Reich der Epoche vor 1806, beispielsweise auf dem Reichstag von 1792, knapp 300 Staaten oder Hoheitsgebiete als Reichsstände verkörperte. Vor diesem Hintergrund hat man beim Deutschen Bund von einem deutlichen „Fortschritt an rationaler Gestaltung" gesprochen (Ernst Rudolf Huber). Trotzdem reichten die Extreme noch weit, von Österreich und Preußen als größten Mitgliedern bis zum kleinen Liechtenstein oder Luxemburg, ganz zu schweigen von den thüringischen Kleinstaaten.

### *c) Bundesorgane und Entwicklungschancen einer konstruktiven „Bundesinnenpolitik"*

Die Geschichte des Bundes vollzog sich von seiner Entstehung 1814/15 bis zu seinem Ende 1866 zwischen drei staatlichen Spannungspolen: der Doppelhegemonie Österreichs und Preußens sowie dem sogenannten „Dritten Deutschland". In den Phasen, in denen die österreichische und preußische Regierung ihre Politik koordinierten, degenerierte der Bund weitgehend zu einem Werkzeug, das die deutschen Mittel- und Kleinstaaten disziplinierte, sofern diese den gesellschaftlichen Kräften in Presse, Vereinen und Landtagen zuviel Freiheiten gewährten. Das geschah in den Phasen scharfer Restauration nach 1819 und Reaktion nach 1849. In Zeiten revolutionärer Erschütterung wie 1830 und 1848 und auch zu Zeiten des verstärkt aufbrechenden österreichisch-preußischen Dualismus seit 1840 oder 1858 erhielten die Staaten des Dritten Deutschland mehr Einfluß.

Jedoch entsprang die österreichisch-preußische Dominanz keineswegs der Konstruktion der Bundesverfassung; sie beruhte vielmehr auf Machtpolitik, die sich gegebenenfalls auch militärisch Geltung verschaffen konnte. Die Bundesverfassung bemaß das Gewicht der Staaten vor allem nach der Einwohnerzahl; das Übergewicht Preußens und Österreichs war dabei nicht zu übersehen, denn deren Einwohnerzahl machte in den bundeszugehörigen Gebieten allein 58% oder knapp drei Fünftel aus.[226] Trotzdem konnten die beiden deutschen Großmächte den Bund formal nicht majorisieren. Das zeigt sich an der Art und Weise, wie die beiden entscheidenden Gremien des Bundes gebildet wurden. Das zentrale Organ der Bundesverfassung hieß *Bundesversammlung* oder später auch *Bundestag* in Anlehnung an den Namen des alten Reichstags von Regensburg. Der neue war mit seinem Sitz in Frankfurt dem vorausgegangenen Rheinbund verpflichtet. Seiner Art nach war der Bundestag kein Parlament, also eine Vertretung gewählter Abgeordneter, sondern ein ständiger Gesandtenkongreß; denn in ihm waren Bundesstaaten, nicht etwa die Bevölkerung repräsentiert. Die Bundesversammlung konnte in zweierlei Form zusammentreten: als Plenum oder als sogenannter Engerer Rat.

Im *Plenum* waren alle Staaten stimmberechtigt, aber nach politischem Schwer- oder Leichtgewicht. Das Quantum der Länderstimmen bemaß sich hier nach der Bevölkerungszahl. In gleicher Weise wird die heutige Ländervertretung der Bundesrepublik, der Bundesrat, gebildet. Darin liegt eine echte verfassungsgeschichtliche Tradition, die noch weiter reicht, weil die Länder im heutigen Bundesrat gleichfalls – wie zuvor in der Bundesversammlung – nur geschlossen ihre Stimmen abgeben dürfen, also das Land nur als Ganzes votieren kann. Eine zusätzliche Kontinuität besteht darin, daß im Bundesrat ebenso wie in der Frankfurter Bundesversammlung Regierungsvertreter und nicht vom Volk unmittelbar für die Länderkammer gewählte Abgeordnete agieren. Der Parlamentarische Rat von 1948/49 hatte sich nach kontroversen Verhandlungen für das deutsche Bundesrats- und gegen das amerikanische Senatsprinzip entschieden, wonach die Länderkammer – der Senat – durch direkte Wahlen der Bevölkerung gebildet wird. Beim Bundesratsprinzip hingegen benennen die heutzutage freilich demokratisch legitimierten Regierungen die Ländervertreter. Insofern verdankt das Bonner Grundgesetz einer viel älteren verfassungshistorischen Tradition das Prinzip, wie in einem bundesstaatlichen Deutschland Länder zur Geltung kommen.

Das Plenum trat nur äußerst selten zusammen, wenn verfassungsändernde Grundsatzfragen oder die Einrichtung einer neuen Bundesinstitution verhandelt werden sollten. In solchen Fällen bedurfte es des einstimmigen Votums. Das wichtigere, weil regelmäßig tagende Organ war der *Engere Rat*, der gleichsam einen Extrakt des Plenums darstellte. Denn er zählte nur siebzehn Mitglieder; die größeren Staaten verfügten jeweils über eine sogenannte Virilstimme; das war ein auf den Einzelstaat bezogenes Votum. Kleinere Staaten mußten sich zu einer Kurie vereinigen, der dann die sogenannte Kuriatstimme zukam. Auch diese Unterscheidung zwischen Viril-

und Kuriatstimmen hatte man vom Reichstag des Alten Reiches übernommen.

Nach der Stimmenverteilung konnten die beiden deutschen Großmächte weder vom Plenum noch vom Engeren Rat her den Bundestag majorisieren, nicht einmal das Kaisertum Österreich und die fünf Königreiche zusammen (Preußen, Sachsen, Bayern, Hannover, Württemberg). Diese sechs größten Bundesstaaten zusammen mit ihren sechs Stimmen im Engeren Rat vermochten also formal die übrigen Mittel- und Kleinstaaten mit deren elf Stimmen nicht zu überstimmen. Von seiner Verfassungskonstruktion her kann man also den Deutschen Bund keineswegs als ein Synonym für das „System Metternich" nehmen. Er bot grundsätzlich eine viel offenere föderative Gliederung.

Diese prinzipielle Offenheit der Bundesverfassung bekundete sich auch in einigen grundrechtlichen Garantien der Bundesakte. Die Staatsbürger durften Grundeigentum erwerben. Das freie Wegzugsrecht löste sie aus der Abhängigkeit von Grundherrn und Boden und eröffnete rechtlich den Weg zur Auswanderung. Pressefreiheit wurde in Aussicht gestellt. Die Verschiedenheit christlicher Konfessionen durfte keine Benachteiligung in bürgerlichen und politischen Rechten begründen. Verbesserungen für „Bekenner des jüdischen Glaubens in Deutschland" sollten bewirkt werden.

Die Umrisse einer Bundesinnenpolitik zeichneten sich ab: auf dem Gebiet des Handels, Verkehrs und der Schiffahrt. Der berühmte Artikel 13 der Bundesakte bot den fundamentalen Angelpunkt für eine Entwicklung zu freiheitlicheren Verfassungsverhältnissen, weil er allen Bundesstaaten eine landständische Verfassung vorschrieb. Freilich hatte man auf dem Wiener Kongreß viele Fragen kommenden Beschlüssen überlassen. Die Zeit drängte unter dem Eindruck der Rückkehr Napoleons von Elba, so daß die Bundesakte unausgefüllt blieb, und damit war sie potentiell offen.

Die nachfolgende Zeit lehrte, daß ihre Möglichkeiten nicht ausgeschöpft wurden. Der große Einschnitt erfolgte in den Jahren zwischen 1817 und 1819, namentlich nach den politischen Attentaten. Die Offenheit, die sich zunächst als Chance für die Verfassung des Bundes darbot und in der bürgerlichen Intelligenz Hoffnungen auf eine nationale Entwicklung von Bundesinstitutionen weckte, empfanden viele deutsche Regierungen bald als Unschärfe und Defizit der Bundesakte. Erst in der Folge der großen restaurativen Wende zwischen 1819 und 1824 wurden der Bundesakte gleichsam die einengenden Schnürstiefel angepaßt.

### *d) Der Bund – ein Staat oder eine verhinderte Eidgenossenschaft?*

Zeitgenossen beschrieben von Anfang an den Charakter des Bundes zwiespältig: War er nun ein Staat oder lediglich ein Bündnis? Auffällig ist die Mischung aus Einheit und Vielheit. Einheit wird in der Bundesakte bereits sichtbar im Reden von „Deutschland", das in Europa Gleichgewicht garantieren, unabhängig und sicher bleiben soll. Die Vielheit kam in der formalen Unabhängigkeit der Einzelstaaten zum Ausdruck. Offensichtlich war der genaue Staatscharakter des Bundes nach seiner Stiftung selbst unter den Regierungen strittig geworden; denn 1820 hatten die in Wien versammelten Minister die Bundesakte in der Wiener Schlußakte durch ein Verfassungsergänzungsgesetz nachgebessert. Damals formulierte man: „Der Deutsche Bund ist ein völkerrechtlicher Verein der deutschen souveränen Fürsten und freien Städte [...]. Dieser Verein besteht in seinem Inneren als eine Gemeinschaft selbständiger, unter sich unabhängiger Staaten, mit wechselseitigen gleichen Vertragsrechten und Vertragsobliegenheiten, in seinen äußeren Verhältnissen aber als eine in politischer Einheit verbundene Gesamtmacht“.[227]

Schlagwortartig könnte man resümieren: nach außen Einheit, nach innen Vielheit. Doch einfache Polaritäten treffen in der Regel die Sache schlecht, auch wenn sie bis in die neuere Geschichtsschreibung hinein immer wiederholt werden. Ausgehend von der Doktrin der inneren Vielheit wird gerügt, der institutionelle Rahmen des Bundes sei nur schwach ausgebildet gewesen. „Kläglicher als das Gebäude des Alten Reiches“, so spottete bereits Treitschke. Die Mehrheit der Verfassungshistoriker neigt heute dazu, den Deutschen Bund auf einen bloßen Staatenbund zu reduzieren. Der rudimentäre Staatscharakter lasse sich am besten in einer Negativliste umschreiben: kein Oberhaupt, keine Regierung, keine Verwaltungsbehörden, kein Gericht und keine Volksvertretung, nur ein Organ: die Bundesversammlung in Frankfurt.

Dieses Bild ist zu statisch, denn es verkennt, wie sich der Bund im Laufe der Jahrzehnte immer mehr bundesstaatliche Elemente aneignete, um seine Politik durchzusetzen. Höchste politische Aktivitäten entwickelte er in der Abwehr revolutionärer, nationaler und liberaler Tendenzen. Hier erwies sich, daß der Deutsche Bund keineswegs so kraftlos war. In seinem Heer, das die Bundesmitglieder finanzieren mußten, lag eine bedeutende Klammer.

Die staatspolizeilichen Überwachungsbehörden von Mainz (1819–1828) und Frankfurt (1833–1842) prägten hierbei einseitig das öffentliche Urteil. Der Bund bearbeitete jedoch ein erheblich breiteres Feld der Politik, wobei er sich auch bereit zeigte, auf aktuelle soziale und wirtschaftliche Probleme zu reagieren, wie die Themen Auswanderung, Freizügigkeit, Gewerbefreiheit und Urheberrecht bewiesen. Er wirkte meinungs- und entscheidungsbildend durch eine Vielzahl teilweise zeitlich parallel arbeitender Ausschüsse, die bisher von der Forschung so gut wie übersehen worden sind. Wenn man genauer hinschaut, erkennt man Elemente und Tendenzen, die auf eine bundesstaatliche Konzentration drängten und an der Lockerheit eines Staatenbundes zweifeln lassen: Der Bund war unauflöslich, kein einmal beigetretenes Mitglied konnte wieder austreten – eine Bestimmung, die es fragwürdig macht, von der Bundesversammlung lediglich als Gesandtenkongreß zu sprechen, und welcher Gesandtenkongreß tagt nahezu ohne Unterbrechung über Jahrzehnte? Die Bundesversammlung war ein beständiges Organ, das seine Sitzungen im Jahr höchstens für vier Monate unterbrechen durfte. Welcher Staatenbund erarbeitet für seine inneren Verhältnisse so konkrete Gesetze wie eine gemeinsame Wechselordnung, die der Bund noch im Jahre 1864 zustande gebracht hat? Auf zaghafte Weise begann er, im Bereich von Wirtschaft und Finanzen einheitliche Grundlagen zu schaffen, die der Norddeutsche Bund 1867 und dann das geeinte Reich mit mehr Dynamik verbreiterten.

Im Staatscharakter scheint der Deutsche Bund doch eher der Schweizer Eidgenossenschaft als einem Staatenbund zu gleichen; jene hatte einen analogen Prozeß der inneren Staats- und Nationbildung zu durchlaufen; der Sonderbundskrieg von 1847 war dort die gelungene Revolution, welche den Strukturwandel legitimierte und festigte. Dieser war auch im Deutschen Bund als Tendenz angelegt, wurde dann freilich durch das massive Einschreiten der beiden Großmächte in der revolutionären Epoche abgeschnitten. Am Beginn dieser Staatenverbindung, bezieht man den Rheinbund noch mit ein, stand zweifellos das staatenbündische Verhältnis. Die historische Erfahrung zeigt, daß solche Gebilde eine ausgeprägte innere Dynamik haben: Sie sind nicht zu dauerhafter Existenz fähig, sondern stellen lediglich Durchgangsstufen dar, sei es zum Bundesstaat oder zu ihrer Rückbildung und Auflösung. Den Weg zum Bundesstaat fanden die Republik der Vereinigten Niederlande (1580–1795), die Nordamerikanische Konföderation (1778–1787) und die Schweizer Eidgenossenschaft (1815–1848);[228] anders als in diesen Beispielen beherrschte den Deutschen Bund der Dualismus zweier Großmächte; er scheiterte vor allem an der auseinanderstrebenden Entwicklung Österreichs und Preußens.

### *e) Die Militärgewalt des Bundes im Dienste innerer Repression und Befriedung*

Seit der Frühen Neuzeit und dem Absolutismus gehörte zur Staatsbildung größerer Territorien ein stehendes Heer. Dieser Vorgang setzte sich in das 19. Jahrhundert hinein fort, erhielt aber durch den Übergang von Kabinetts- zu Volkskriegen bisher unerhörte Dimensionen. Die durch Napoleon geführten Kriege und ausgelösten Aufstands- und Widerstandsbewegungen leisteten hierbei Geburtshilfe. Vor allem die Erfahrungen deutscher Staaten mit dem Rheinbund mögen dessen Mitglieder auch bewogen haben, einer zu starken militärischen Abhängigkeit vom Deutschen Bund zu widerstreben. Trotzdem entsprach der Deutsche Bund in militärischer Hinsicht keineswegs dem Bild schwacher staatlicher Potenz, wie es immer noch verbreitet wird. Wie hätte er sonst dann über mehr als fünfzig Jahre hinweg eine mitteleuropäische Friedensordnung stabilisieren helfen können?

Tatsächlich verfügte der Bund über eine Bundeskriegsverfassung und eine Exekutionsordnung, die ihm als Zwangsmittel dienen konnten. Sein Ziel war, innere Ruhe zu gewährleisten oder sich gegenüber widerspenstigen Einzelstaaten durchzusetzen. Aber auch gegenüber dem Ausland konnte er sich zur Geltung bringen. Er verfügte über einen Teil seiner bewaffneten Macht als stehendes, jederzeit abrufbares Heer. Zwar besaß er kein einheitliches Bundesheer nach Maßgabe moderner Nationalstaaten, wohl aber ein sogenanntes Kontingentsheer, was bedeutete, daß jeder Einzelstaat einen Anteil oder Pflichtbeitrag zu diesem Heer zu leisten hatte, das dann in Kontingenten zusammengefaßt wurde.

Von den insgesamt zehn Armeekorps des Bundesheeres stellten Österreich und Preußen jeweils drei, Bayern eines; die restlichen drei Armeekorps waren gemischte Verbände aus den übrigen Gliedstaaten. Wenn die These stimmt, daß die Staatsverfassung der Heeresverfassung entspreche, mußte sich die gerühmte Vielfalt deutscher Verhältnisse im föderativen Deutschen Bund auch in der Gliederung des Heeres äußern. Tatsächlich herrschten große Unterschiede in Bewaffnung, Waffenübung und Uniformierung, die man eigentlich Pluriformierung nennen müßte, wobei der für kurhessische Soldaten in den 1820er Jahren wiedereingeführte Zopf dem Truppenbild noch einen karikaturistischen Zug beigab.

Jeder Gliedstaat hatte im Verhältnis seiner Bevölkerungszahl Soldaten zu stellen. Das Übergewicht Österreichs und Preußens schlug also exakt auf die Truppenstärke durch. Nach der Mobilisierung betrug die Gesamttruppenstärke 300000 Mann. Außerhalb des Bundes unterhielten Preußen und Österreich zusätzlich noch weitere Truppen. Große militärische Bedeutung hatten die Bundesfestungen, die teilweise noch heute zu besichtigen sind. Dort befand sich der allseits präsente stehende Teil des Heeres. Solche Festungen lagen zunächst alle entlang der französischen Grenzen, denn aus dem Westen erwartete man Revolution und imperialistische Expansion; Festungen gab es in Mainz – dort war die größte –, in Luxemburg und Landau. Nach der Rheinkrise im Jahre 1840 kamen noch Rastatt und Ulm hinzu.

Der Bund kannte drei verschiedene Arten militärischer Gewalt: erstens gegen außenpolitische Gegner wie Dänemark in den Jahren zwischen 1848 und 1850 und abermals 1864, zweitens im Innern auf Hilferuf einzelner Regierungen und drittens unaufgefordert gegen innere Unruhen. Für die Bestimmung eines Oberbefehlshabers fand der Bund eine salomonische Lösung, die den Anschein eines Zentralismus oder der Hegemonie eines Staates vermied. Es existierte kein dauerhafter militärischer Oberbefehl, sondern die Bundesversammlung wählte von Fall zu Fall einen Bundesoberfeldherrn.

So geschah es etwa im Fall eines inneren Aufruhrs, als 1830 die französische Julirevolution auch Belgien ergriff und das Großherzogtum Luxemburg, das zum Deutschen Bund gehörte, von Belgien annektiert zu werden drohte. Der König der Niederlande rief in seiner gleichzeitigen Eigenschaft als Großherzog von Luxemburg den Bund um militärische Hilfe an. Der Bund kam dem Hilferuf nach und übertrug dem Land Hannover die Exekution, nicht etwa Preußen oder Österreich.

Gegen den Willen einer einzelstaatlichen Regierung intervenierten Bundestruppen nach dem Frankfurter Wachensturm von 1833 in der Freien Stadt, weil der Bundestag den Frankfurter Senat für angeblich handlungsunfähig erklärt hatte. Man bediente sich der österreichischen und preußischen Truppen aus der nahegelegenen Mainzer Bundesfestung.

Im Revolutionsjahr 1848/49 kamen die Bundestruppen in besonders massiver Weise zur Geltung, was allerdings noch wenig erforscht ist. Sie wurden mehrfach gegen die Revolution eingesetzt, zuerst noch auf Befehl des alten Bundestages: etwa in der badischen Aprilrevolution 1848, als Hecker und Struve ausloteten, welchen Rückhalt die Märzbewegung in der Bevölkerung hatte. Die entscheidende Anfangsdynamik wurde dadurch gedämpft. Im Sommer 1848 gingen dann die ursprünglichen Bundestruppen in den Festungen in die Befehls-Kompetenz der Provisorischen Zentralgewalt über. Sie hießen nun „Reichstruppen“ und wurden als solche in weiteren Einsätzen gegen die Bevölkerung benutzt: in Sachsenhausen bei Frankfurt, im September 1848 in Frankfurt, im Thüringischen, zuletzt bei der Beseitigung der republikanischen Regierung in Baden im Sommer 1849 mit Unterstützung preußischer Truppen. Überall bekundete sich nachdrücklich die gegenrevolutionäre Gewalt der alten Bundestruppen. Die spektakulärste Intervention nach der Revolution fand zwischen 1850 und 1852 in Kurhessen statt, als die reaktionäre Politik des Kurfürsten Friedrich Wilhelm den Widerstand des ganzen Landes auslöste und sogar das hessische Militär im Lande Widerstand leistete.

Eines steht bei diesen Einsätzen von Bundestruppen fest: Niemals hätte sich eine solche Maßnahme einseitig gegen Österreich oder Preußen richten können. Als Österreich 1866 formell gegen Preußen – wegen Bruch des Bundesrechts – eine Bundesexekution betrieb, wurde daraus der große innerdeutsche Krieg; er bezeichnete zugleich den Zusammenbruch des Bundes. Die tatsächlich vorhandene und vielfach verkannte militärische Exekutivgewalt des Bundes richtete sich in der Praxis hauptsächlich gegen das sogenannte Dritte Deutschland der Mittel- und Kleinstaaten. Allein die Drohung des Bundestages mit einer Exekution konnte für sich schon widerspenstige Bundesmitglieder gefügig machen, wie etwa im Falle Badens 1832, als es genötigt wurde, sein liberales Pressegesetz wieder zurückzunehmen.

Auf innerem Gebiet entwickelte der Bund Potenzen, die seinen föderativen Grundsätzen eigentlich widersprachen. Die Bundestruppen dienten als innenpolitische Polizeigewalt und unterstützten repressive Bundesbeschlüsse und ein System polizeilicher Überwachung in den Jahren, die jeweils Krisenzeiten nachfolgten (1819, 1830, 1848). Er schuf im negativen

– defensiven – Sinne nationale Einheit, jedoch nicht von der Art, wie es die neuentstehende öffentliche Meinung sich ursprünglich von ihm erhofft hatte. Denn er verzögerte zugleich in Schüben die konstitutionelle und gesellschaftliche Emanzipation in Deutschland. Er bot sich der wachsenden oppositionellen Bewegung im Bürgertum einem Vexierbild gleich: Er wirkte politisch und war doch über seine politische Institution nicht angreifbar. Die Opposition in Deutschland konnte anders als diejenige in Frankreich auch deshalb nicht stark werden, weil ihr der zentrale Angriffspunkt der nationalen Residenz fehlte, wo sie sich um die konzentrierte politische Macht sammeln konnte. Diese Residenzen lagen in Wien oder Berlin. Traf man den Nerv der deutschen Ordnung von 1815, wenn man in Frankfurt Revolution machte? Offensichtlich kaum, wie das Weiterleben des Deutschen Bundes nach der Revolution von 1848/49 bewies.

Doch dieses Bild von der inneren, gesellschaftlich repressiven Wirkung der Bundesgewalt – nicht nur der militärischen – ist einseitig und deshalb unvollständig. Es unterschlägt die friedensstiftende, föderativ schlichtende Wirkung *auf die einzelnen Länder untereinander*. Wieviel der Bund durch seine Schiedsgerichtsbarkeit zum inneren Frieden zwischen den einzelnen Bundesländern beigetragen hat, ist noch ein ungeschriebenes Kapitel in seiner Geschichte. Zu welchen Handlungen aber deutsche Einzelstaaten gegeneinander fähig waren, hatte die Ära zwischen 1792 – dem Beginn der Revolutionskriege – und dem Ende der napoleonischen Universalmonarchie 1815 gelehrt, als sie darum wetteiferten, einander zu übervorteilen, zu dezimieren, zu teilen, zu vertauschen, um sich selbst zu arrondieren. Die nachlassende rechtssichernde Substanz des Alten Reiches schien den Kampf aller gegen alle möglich werden zu lassen, und dies nach Wechsel der Zeitumstände in jeweils zweckmäßiger Anlehnung an einen mächtigen Bundesgenossen, an das revolutionäre Frankreich, an den Protektor Napoleon, an Österreich oder Rußland. Die „Lehre von der Macht der Staaten“, wie sie im 18. Jahrhundert unter dem Ancien Régime zur Stärkung staatlicher Potenz praktiziert wurde, wenn es darum ging, die Größe des Territoriums und die Zahl der Untertanen zu vermehren, fand in der bezeichneten Epoche noch einmal ein weites Betätigungsfeld. Der Krieg diente auch hier als letztes, freilich häufig geübtes Mittel. Es war deshalb eine besondere Leistung des Wiener Kongresses, eine europäische Ordnung des Gleichgewichts geschaffen zu haben, in der durch den Deutschen Bund mögliche Feindseligkeiten der deutschen Staaten untereinander paralysiert wurden.

Denn nicht nur die beiden deutschen Großstaaten Österreich und Preußen, sondern auch die Mittelstaaten hatten um 1815 noch keineswegs ihre Ambitionen auf eine expansive Außenpolitik aufgegeben. Der badische Staats- und Kabinettsminister Sigismund Freiherr von Reitzenstein betrieb eine Ausdehnung Badens in die deutschsprachige Schweiz hinein. Der württembergische König Friedrich I. und sein Nachfolger Wilhelm I. hingen dem Traum von einem wachsenden Württemberg an, wobei immer wieder der Gedanke an die Aufteilung des badischen Großherzogtums auftauchte, besonders während der badischen Revolution 1848/49. Bayern wiederum strebte danach, von Baden die rechtsrheinische Pfalz als Landbrücke zu den linksrheinischen Territorien zurückzugewinnen; nur dem lebhaften Widerspruch des Freiherrn vom Stein verdankte die Stadt Frankfurt, daß sie nicht bereits 1815 von Bayern annektiert wurde. Weit darüber hinaus reichten die bayerischen Pläne, über den Zugriff auf Griechenland zur europäischen Großmacht aufzusteigen. Unter dem Schirm des Bundes und unter der Hegemonie der beiden deutschen Vormächte entstand eine friedenssichernde Balance. Indem auf diese Weise kriegerische Eskalationen zwischen deutschen Staaten bis 1866 ausgeschlossen waren, war eine wichtige Voraussetzung gegeben, daß sich die Anfang des Jahrhunderts eingeleiteten Reformen langfristig und dauerhaft in den Bereichen von Wirtschaft und Verwaltung entfalten konnten. Mittelbar förderte der Deutsche Bund dadurch doch das Zusammenwachsen der Nation.

## 4. Fortschreitende Politisierung und Durchbruch der Restauration

### *a) Die Heilige Allianz*

Die nachnapoleonische Politik wurde in den ideologischen Rahmen der sogenannten „Heiligen Allianz“ gefaßt. Dieses Manifest rief zur christlichen Brüderlichkeit der Völker auf und wollte so konkurrieren mit der revolutionären Brüderlichkeit der Völker. Die drei großen Konfessionen sollten vereint sein in Person ihrer führenden Fürsten: die griechisch-orthodoxe durch Rußlands Zaren Alexander I., die protestantische durch Preußens König Friedrich Wilhelm III. und die katholische durch Österreichs Kaiser Franz I. In den Augen der liberalen Zeitgenossen erschien diese Allianz sehr bald als Inbegriff des Metternichschen Systems, aber damit tat man dem österreichischen Staatskanzler Unrecht, denn er hat sich über diese Utopie des russischen Zaren höchst abfällig geäußert. Er schrieb in seiner autobiographischen Denkschrift: „Die ‚Heilige Allianz' war nicht eine Stiftung zur Niederhaltung der Volksrechte, zur Beförderung des Absolutismus und irgendeiner Tyrannei. Sie war lediglich der Ausfluß einer pietistischen Stimmung des Kaisers Alexander und die Anwendung der Grundlagen des Christentums auf die Politik. [...] Niemand ist genauer als ich in der Kenntnis aller auf dieses ‚lauttönende Nichts' bezüglichen Verhältnisse“.[229] Metternichs Berater Gentz nannte die Allianz gar eine „politische Nullität“, ohne realen Gegenstand, ohne wirklichen Sinn, eine Theaterdekoration. Metternich selbst hatte Hand angelegt an Alexanders Entwurf und aus dem „Bund der Völker und Heere“ einen „Bund der Herrscher“ gemacht, die väterlich über „Völkern und Heeren“ standen.

Das drückte Balance und Intervention zugleich aus, Balance zwischen den Fürsten und Intervention bei den Völkern. Alles in allem blieb diese Allianz politisches Manifest; als konkretes Handlungsinstrument taugte sie kaum. Deshalb wohl traten ihr alle europäischen Staaten bei außer England – das Parlament verweigerte die Zustimmung –, außer dem Kirchenstaat, dessen alleiniger Anspruch auf die Katholizität den Beitritt versagte, und schließlich ohne die Türkei, weil sich der Sultan als Nichtchrist schlechterdings nicht beteiligen konnte.

Dieses Bündnis erscheint freilich in einem anderen Licht, wenn man es in der Tradition solcher Versuche erblickt, die das Zusammenleben vieler souveräner Staaten auf engem Raum den Prinzipien einer dauerhaften Friedensordnung unterwerfen wollten, wie es im 20. Jahrhundert der Völkerbund oder später die UNO erstrebten. Vor diesem Hintergrund war es „der erste Versuch, die Pläne für einen ewigen Frieden in die Realität zu überführen".[230]

Die Praxis hingegen vollzog sich in den 1820er Jahren nach den Prinzipien der Pentarchie. Für die deutsche Geschichte ging insbesondere der Kongreß von Aachen im Jahre 1818 auf die inneren Verhältnisse ein. Damals trat der russische Staatsrat Alexander Graf Stourdza hervor mit einer Denkschrift, die auf das Wartburgfest und die studentischen Bewegungen in Deutschland reagierte. Er verdankte seine Informationen dem in russischen Diensten stehenden Lustspielautor August von Kotzebue. Die Schrift richtete sich gegen die Universitäts- und Pressefreiheit und deutete die „demagogischen" Erscheinungen als deren Folge. Metternich stimmte der russischen Denkschrift lebhaft zu und war entschlossen, ihre Analyse zur Grundlage einer allgemeinen deutschen Universitätspolitik zu machen. In gewisser Weise nahmen die Aachener Vorschläge die Grundsätze der späteren Karlsbader Beschlüsse vorweg.

### *b) Fortdauernde politische Bewegungen nach 1815. Das Attentat auf Kotzebue*

Die Freiheitskriege gegen Napoleon hatten lebhafte nationale Strömungen ausgelöst und zu ersten Ansätzen politischer Parteibildung geführt. Eine wirkungsvolle Publizistik war seit 1812 mit Broschüren und Flugblättern in bisher nicht gekannten Massenauflagen entstanden. Es bildete sich eine politisierte, die Einzelstaaten überspannende Öffentlichkeit, deren Träger schließlich weit über Studenten und intellektuelles Bürgertum hinausreichten. Nach der Vertreibung Napoleons nach der Beendigung der Kriege und sahen sich die deutschen Regenten neuartigen politischen Forderungen aus der Bevölkerung gegenüber. Die Fürsten selbst hatten ihren Teil dazu beigetragen, indem sie sich in Aufrufen an das Volk gerichtet hatten. Der Appell Friedrich Wilhelms III. „An mein Volk" war nur einer der zahlreichen, wie sie auch der bayerische und württembergische König nach ihren

Koalitionswechseln erlassen hatten. Die in Bewegung geratene Öffentlichkeit stellte nun ihrerseits Forderungen. Diese ließen sich konzentrieren auf vier Essentials:

1. nationale Einheit, so wenig man in der Regel auch wußte, wie diese denn staatlich zu bewerkstelligen sei;

2. politische Teilhabe oder Partizipation; das sollte in der Form gewählter Vertretungskörperschaften geschehen: mit Parlamenten oder – wie man damals sagte – mit Kammern;

3. freie Presse und schließlich

4. Anerkennung politischer Vereinsbildung, also des Rechts, sich zu politischen Zwecken gesellschaftlich frei und ohne staatlichen Einfluß zusammenzuschließen.

Diese vier Basisforderungen nach Presse, Parteien, Parlamenten und politischer Einheit der Nation erzwangen der entstehenden bürgerlichen Gesellschaft im 19. Jahrhundert auf lange Sicht neue Handlungsräume. Ihre fortdauernde Bedeutung in der Geschichte des 20. Jahrhunderts ist unbestritten.

Die von den Freiheitskriegen her noch fortdauernde Erregung in der Gesellschaft sammelte sich 1817 in der ersten öffentlichen Demonstration mit nationalen Visionen in der Feier auf der Wartburg bei Eisenach; das geschah aus Anlaß des 300jährigen Jubiläums der Reformation (Luther galt den Teilnehmern als deutscher Freiheitskämpfer). Die Unruhe fand einen spektakulären Gipfel in einem politischen Attentat im März des Jahres 1819. Der Theologiestudent Carl Sand hatte mit einem Dolch den Schriftsteller Kotzebue ermordet, weil er in ihm einen russischen, deutsche Interessen verratenden Spion erblickte. Milieu und Sympathisantenkreis im Schwerpunkt der national verbreiteten Burschenschaften legten die Vermutung einer weit verzweigten Verschwörung nahe. Nie hatte eine solche bestanden; doch die Tat bot beiden deutschen Großmächten willkommenen Anlaß, ihren Plänen, die Bundesverfassung im restaurativen Sinne einzuengen, zum Durchbruch zu verhelfen. Friedrich von Gentz, der engste Berater Metternichs, sah nun die Chance, die Pressefreiheit in Deutschland einzuschränken. Metternich selbst äußerte sich gegenüber Gentz: „Ich für meinen Teil hege keinen Zweifel, daß der Mörder nicht aus eigenem Antriebe, sondern in Folge eines geheimen Bundes handelte. Hier wird wahres Übel noch einiges Gute erzeugen [...]. Meine Sorge geht dahin, der Sache die beste Folge zu geben, die möglichste Partie aus ihr zu ziehen, und in dieser Sorge werde ich nicht lau vorgehen“.[231]

### c) Deutsche und internationale Politik gegen die „Nationalisierung“

Der österreichische Staatskanzler benutzte das Attentat, um nun endlich mit Macht gegen die widerspenstigen Mittelstaaten vorzugehen, die ihn insbesondere durch die lebhafte politische Tätigkeit der Landtage erzürnten. Nach einer Vorabsprache Metternichs mit Preußen trafen sich handstreichartig und im geheimen zehn ausgewählte Staaten des Deutschen Bundes im böhmischen Badeort Karlsbad, um Maßnahmen vorzubereiten, mit denen dann das Plenum der Bundesversammlung zum Zweck verfassungsändernder Beschlüsse überrumpelt werden sollte. Der Bundestag dekretierte am 20. September 1819 unter massiven Pressionen, die jeglichem Respekt vor dem Föderalismus widersprachen, vier Maßnahmen, die nach ihrem Ursprungsort als „*Karlsbader Beschlüsse*" in die Geschichte eingegangen sind:

1. Das Universitätsgesetz, das sich gegen die Vereinigungsbestrebungen der Studenten richtete. Deren Verbindungen, vor allem die Burschenschaften, wurden verboten. Den Ländern mit Universitäten schrieb der Bund vor, landesherrliche Beauftragte zur Kontrolle und dauernden Überwachung der Hochschulen einzusetzen. Der Beschluß war ein Vorbote des 1832 folgenden Parteienverbots.

2. Das Pressegesetz, das bundeseinheitlich die Vorzensur für Bücher unter 20 Druckbogen – das sind 320 Buchseiten – einführte. Man vermutete mit gewissem Recht die politisch besonders anstößigen Äußerungen in aktuellen, kleinen Druckschriften: in Zeitungen, Zeitschriften, Broschüren, Flugschriften. Dicke Bücher deuteten demgegenüber auf Wissenschaftlichkeit, und dem dafür aufgeschlossenen, kleinen, aber finanziell potenten Publikum schien solche Kost am ehesten zumutbar. Immerhin stellte der Beschluß frei, auch generell für alle Druckschriften die Vorzensur einzurichten.

3. Das Untersuchungsgesetz, das eine zentrale staatspolizeiliche Untersuchungskommission einrichtete, die Mainzer Zentraluntersuchungskommission; sie sollte die vermutete Verschwörung, die dem Attentat angeblich zugrundelag, aufdecken.

4. Die Exekutionsordnung, die es möglich machte, daß der Bund die Durchführung seiner Beschlüsse notfalls auch mit militärischen Mitteln und gegen den Willen eines Einzelstaats erzwingen konnte.

Inzwischen hatte es sich erwiesen, daß die Bundesakte in der publizistischen Öffentlichkeit und bei den Abgeordneten der Landtage zu zahlreichen Deutungen geführt hatte, die den beunruhigten Regierungen ganz in dem Sinne bedrohlich erschienen wie jene von dem Zauberlehrling freigesetzten und nicht mehr beherrschten Geister. Man wählte den seit Karlsbad erprobten Weg der Klärung. Auf den *Wiener Ministerialkonferenzen* des Jahres 1820, die abermals unter Umgehung der Bundesversammlung verfassungsprägende Beschlüsse vorbereiteten, wurde das Verhältnis zwischen Bund und Einzelstaaten genauer festgelegt, als es die Bundesakte von 1815 getan hatte. Die nun beschlossene „Wiener Schlußakte" vom 15. Mai 1820 – das zweite Verfassungsgesetz des Bundes – erweiterte dessen Eingriffsmöglichkeiten in die inneren Verhältnisse der Einzelstaaten.

Andererseits garantierte sie den Konstitutionalismus! Darin lag ein bemerkenswertes Zeugnis Metternichscher Stabilitätspolitik, die keineswegs nur restaurativ orientiert war, denn sosehr der österreichische Staatskanzler die seit 1814 erlassenen Verfassungen, vor allem die süddeutschen, mißbilligt hatte, sosehr verurteilte er später alle Pläne der Landesfürsten, diese Verfassungen durch Staatsstreich umzustoßen oder einseitig zu verändern, wie es zeitweilig der bayerische und der württembergische König um 1819 erwogen hatten.

Die Wiener Schlußakte schrieb drittens das „monarchische Prinzip" fest, das den Monarchen somit als primäres Staatsorgan, die Kammern nur als sekundäres definierte. Wie sich bei der Beschreibung des deutschen einzelstaatlichen Verfassungswesens erwies, gehörte diese Doktrin zum Kernbereich der Herrschaftslegitimation im Konstitutionalismus.

Die deutsche Politik nach innen fügte sich in die anfangs koordinierte internationale Konferenzpolitik. Sie war seit 1815 zunächst davon bestimmt, das ehemals revolutionäre Frankreich unter Kontrolle zu halten. Die früheren vier Kriegsalliierten England, Rußland, Österreich und Preußen hatten sich nach dem Sieg über den zurückgekehrten Napoleon in einem Viererbund am 20. November 1815 darauf geeinigt, sich in Zukunft durch regelmäßige Kongresse zu verständigen, um die Ordnung Europas vor weiteren revolutionären Umstürzen zu sichern. Die Regierungen praktizierten hier das seit der Französischen Revolution vorherrschende Prinzip, Innen- und Außenpolitik miteinander zu vermischen.

Die beteiligten Mächte nahmen im Jahre 1818 Frankreich wieder in ihren Kreis der internationalen Konferenzpolitik auf, so daß sich nun die alte Pentarchie des europäischen Gleichgewichts der Abwehr revolutionärer Aufstände widmen konnte. Dazu bestand Anlaß, denn nicht nur die deutsche Staatenwelt, auch der europäische Süden hatte sich unter dem Eingreifen Napoleons grundlegend gewandelt, und zwar nicht nur die Staaten in ihrer inneren Verfassungsorganisation, sondern auch das Bewußtsein der Bevölkerung. Viele hatten erstmals erfahren, was es hieß und bedeutete, eine Nation zu sein: die Spanier im Abwehrkampf gegen Napoleon, die Italiener mit ihrem ersten nationalen Königreich, das sie dem französischen Kaiser verdankten; selbst die entfernten Griechen übernahmen nun die französischen Ideen von 1789 in ihren jahrhundertealten Widerstand gegen die fremde türkische Herrschaft. Es wurden soziale Schichten in die Politik hineingezogen, die niemals zuvor mit ihr unmittelbar zu tun gehabt hatten.

Die internationale Konferenzdiplomatie der fünf Mächte beschäftigte sich zwischen 1818 und 1822 in einer Folge von Kongressen mit der im europäischen Süden ausgebrochenen Revolutionswelle; diese erstreckte sich von ihrem Ausgangspunkt in Spanien über Portugal nach Italien. Die Regierungen antworteten mit untereinander abgesprochenen Interventionen: Österreich 1821 in Italien, Frankreich 1823 in Spanien.

Die österreichische Intervention in Italien beschädigte das Ansehen der Habsburger im Lande und darüber hinaus bei den nationalen Bewegungen im übrigen Europa beträchtlich. Hinzu kam, daß die Österreicher in ihrem Königreich Lombardo-Venetien aufsehenerregende Prozesse durchführten, die sich von 1821 bis 1824 hinzogen und den Oppositionellen eine weitreichende Publizität verschafften. Bis 1824 ergingen neunzehn Todesurteile. Sie wurden in Haftstrafen umgewandelt. Insgesamt mußten über vierzig Verurteilte auf der Festung Spielberg bei Brünn langjährige Haftstrafen verbüßen. Sie wurden erst 1832/33 begnadigt.

### *d) Bürgerliche Organisierung und Philhellenismus in den vermeintlich „halkyonischen Tagen" der 1820er Jahre*

Die Restaurationsepoche im engeren Sinne konzentrierte sich auf das Jahrzehnt nach den Karlsbader Beschlüssen von 1819. Sie hat das Etikett der „halkyonischen Tage" erhalten; so bezeichneten die Seefahrer im alten Griechenland die Zeiten der Windstille. In vieler Hinsicht wandelte sich aber trotzdem die Gesellschaft ungeachtet aller gegenläufigen politischen Repressionen.

Das gilt auch für die fortschreitende Nationalisierung, die nun freilich andere Formen annahm. Anhänger der neuen nationalen Bewegung in Deutschland durften sich jetzt nicht mehr ungeschützt öffentlich äußern, aber sie konnten eine Zeitlang ihre Sympathien für andere nationale Befreiungsbewegungen offenbaren. Die Aufmerksamkeit der kritischen Intelligenz für Vorgänge in Frankreich und Südeuropa, einmal in den Freiheitskriegen geweckt, blieb erhalten. Die Revolutionsversuche und Verfassungskämpfe der Jahre 1820 bis 1822 in Spanien und Italien hinterließen deutliche Spuren in der Presse deutscher Einzelstaaten, wo die Zensur noch nicht wirksam ausgebaut war. Die Deutsche Bundesversammlung versuchte, durch ihren Presseausschuß ein Bild über die Tragweite der Berichterstattung zu gewinnen. Mit Blick auf ein ihm besonders ärgerlich erscheinendes Stuttgarter Blatt – den „*Teutschen Beobachter*" – stellte das Gremium resümierend fest: „Der Ausschuß mußte sich am Schlusse der Prüfung der auf Spanien sich beziehenden Artikel die wiederholte Frage aufwerfen, zu was die Nationalisierung [!] der von dem *Teutschen Beobachter* hierbei entwickelten Ansichten in Deutschland [!] führen könne. Was alsdann entstehen müßte, wenn dieselben von der größeren Anzahl, für welche der Teutsche Beobachter schreibt, aufgefaßt und nach seinem Wunsche praktisch gemacht würden".[232] Hier erkannte man überraschend scharfsichtig die Wechselwirkungen zwischen den Nationalitätenbewegungen in Europa und deren Einfluß auf den politisierbaren Teil der Bevölkerung. Ebenso frappierend ist es, daß die Beobachter diesen Vorgang auf den Begriff „Nationalisierung" brachten. Man kann hier von einem funktionalen Nationalismus sprechen, indem der fremdländische Stellvertreterfunktion für den unterdrückten heimischen Nationalismus bekam. Besonders nachhaltig geschah das durch die Aufnahme des griechischen Unabhängigkeitskampfes gegen das Osmanische Reich in Deutschland. Die griechischen Proklamationen bekundeten einen Emanzipations-Nationalismus, der um eine eigene Staatlichkeit rang, gerichtet gegen eine übergeordnete Macht, die als Unterdrückungssystem definiert und begriffen wurde.

Diese Nationalbewegung erschien der liberalen Öffentlichkeit in Westeuropa als ein wirkungsvolles Mittel, die erstarrten politischen und sozialen Verhältnisse in den Jahren der Restauration aufzubrechen. Gleich einem Schneeballsystem teilten sich Nachrichten und Handlungen in Deutschland mit. Flugschriften über „Griechenlands Wiedergeburt“, Griechenlandgedichte, aktuelle Informationen erschienen in den Tageszeitungen und Zeitschriften, wobei die renommierte Augsburger „Allgemeine Zeitung“ eine wichtige Mittlerfunktion einnahm. Griechenvereine organisierten, weit über Deutschland verteilt, Hilfsaktionen, besonders rege in Württemberg, Bayern, Sachsen, Hessen, Baden, dem bayerischen Rheinkreis und den preußischen Westprovinzen. Es kam gar zur Bildung von Freikorps.

Den einzelstaatlichen Regierungen erschien das insgesamt als eine höchst bedenkliche Entwicklung, weil hier das von ihnen beanspruchte Politikmonopol grundsätzlich in Frage gestellt wurde. Die gesamte Griechenlandbegeisterung, der damalige Philhellenismus, verknüpfte in komplexer Weise bürgerliche Organisation, Parteibildung, Öffentlichkeit, Trägerschichten und nationalisierende Politisierung. Ein scharfsinniger Zeitbeobachter, der Schriftsteller Karl August Varnhagen von Ense, notierte bereits im April 1821 in sein Tagebuch, das Publikum sei nun einmal auf Revolution gespannt; es wende sich jetzt der griechischen zu, weil die anderen Revolutionen in Italien und Spanien schon erloschen seien. Damit überschätzte er gewiß die Tragweite der Erregung, denn insgesamt waren die europäisch-deutschen Freiwilligenexpeditionen nach Griechenland eine aus viel gutem Willen, aber aus manchem Mißverständnis heraus entstandene Fehlplanung. Als Brennpunkt fortdauernder Nationalisierung, und dies gar als eine internationale Erscheinung, verdient der Philhellenismus allerdings viel Beachtung, hielt er doch das Kommunikationsnetz, das zugleich in Deutschland den nationalen Horizont umspannte, über die Zeit der Repression hin aufrecht.

Im verborgenen erweiterte sich bereits in den 1820er Jahren die Trägerschaft nationaler Bestrebungen. Wo offene Nationalbekundung unerwünscht war, schufen sich deren Anhänger ein Forum im kryptopolitischen Raum, und als solches diente die neue Männergesangvereinsbewegung. Sie veranschaulicht sehr gut, wie im Bewußtsein der damaligen Zeitgenossen das Verständnis von „deutsch“ noch den Deutsch-Schweizer

Kulturraum einschloß. Denn ein Schweizer Musiklehrer und Verleger, Hans Georg Nägeli, gab die Idee, Männerchöre zu bilden. Er hatte in Zürich ein „Singinstitut für weltlichen gemischten und Kinder-Chorgesang“ eingerichtet. 1810 eröffnete er in dieser Gesangschule eine Männerchor-Abteilung. In den 1820er Jahren begann man, Männerchöre nach Nägelis Muster auch in Süddeutschland zu bilden. Der Männergesang hatte – zumal im Chor vorgetragen – für Nägeli eine nationaldeutsche Qualität. Noch „deutscher“ schienen ihm Lieddarbietungen durch den Inhalt der Lieder geraten zu können. Eindeutig überwogen patriotisch-deutsche Liedertexte, die er einüben ließ.

## 5. Deutsche Länder auf dem Wege zu einer nationalen Zollpolitik

Ungeachtet aller gesellschaftlichen Repressionen und Demagogenverfolgungen stand die Politik zwischen den deutschen Staaten nach 1819 nicht still. Sie rangen, voran Preußen, um Vorteile in der Zoll- und Handelspolitik. Nach dem Zusammenbruch der Kontinentalsperre überschwemmten englische Waren den wenig konkurrenzfähigen deutschen Markt, so daß sich deutsche Kaufleute und Gewerbetreibende am 20. April 1819 noch beflügelt von der mobilisierten Öffentlichkeit an die Deutsche Bundesversammlung wandten. Ihr Wortführer, der Tübinger Nationalökonom Friedrich List, klagte im Namen des Allgemeinen Deutschen Handels- und Gewerbevereins in einer Petition: „38 Zoll- und Mautlinien in Deutschland lähmen den Verkehr im Innern und bringen ungefähr dieselbe Wirkung hervor, wie wenn jedes Glied des menschlichen Körpers unterbunden wird, damit das Blut ja nicht in ein anderes überfließe. Um von Hamburg nach Österreich, von Berlin in die Schweiz zu handeln, hat man zehn Staaten zu durchschneiden, zehn Zoll- und Mautordnungen zu studieren, zehnmal Durchgangszoll zu bezahlen. Wer aber das Unglück hat, auf einer Grenze zu wohnen, wo drei oder vier Staaten zusammenstoßen, der verlebt sein ganzes Leben mitten unter feindlich gesinnten Zöllnern und Mautnern. Der hat kein Vaterland.“[233]

Wie recht List hatte, beweist ein Blick auf die Landkarte des Deutschen Bundes. Aber er richtete sich an den falschen Adressaten, denn der Deutsche Bund versagte an einer nationalen Zollpolitik, obwohl dessen Verfassung ihm eine solche erlaubt hätte. Die besondere Notlage Preußens dagegen trieb die zollpolitische Integration voran. Denn die Monarchie zerfiel in zwei voneinander getrennte Hälften, zwischen die sich wie ein Riegel die Staaten Hannover, Braunschweig, Kurhessen, das Großherzogtum Hessen und Nassau schoben. Andererseits umschloß preußisches Territorium Kleinstaaten als Enklaven, so das ganze Herzogtum Anhalt oder das Fürstentum Schwarzburg-Sondershausen, außerdem ein Stückchen Land von Braunschweig und Sachsen-Weimar. Preußens Zollinie erstreckte sich über mehr als 7000 km. Es holte 1818 nach, was die Rheinbundstaaten bereits verwirklicht hatten: Es beseitigte die geschichtlich überkommenen Zolllinien im Innern des Landes und verlegte die Zollerhebung an die Grenzen.

Diesen wichtigen Schritt auf dem Weg zur inneren Staatsbildung vollzog das *Zollgesetz vom 26. Mai 1818.* Es stellte die Wirtschaftseinheit der Monarchie her, soweit das bei ihrer Zersplitterung überhaupt möglich war. Das Gesetz schuf für Preußen ein einheitliches System niedriger Eingangszölle. Waren aus dem Ausland mußten nur geringfügig verzollt werden; Güter für die Ausfuhr blieben ganz im Zeichen des neuen Wirtschaftsliberalismus zollfrei.

Dieses Zollgesetz brachte Bewegung und Unruhe in die innerdeutsche Politik, denn es betraf nicht weniger als dreizehn Staaten, die sich innerhalb des preußischen Territoriums befanden oder daran angrenzten. Die Hohenzollernmonarchie erboste nun ihre Nachbarstaaten, weil sie an den relativ hohen Durchgangszöllen festhielt, um dadurch andere Staaten zum Anschluß an das preußische Zollsystem zu zwingen. Das Land sollte auf diese Weise ungeachtet seiner territorialen Zersplitterung zu einem einheitlichen Wirtschaftsraum zusammengeführt werden.

Die Anrainer fürchteten um ihre Souveränität, und die deutschen Mittelstaaten reagierten mit einem Konzept, das den Namen „Triaspolitik" erhalten hat und den dritten Weg der deutschen verbündeten Mittel- und Kleinstaaten zwischen den beiden Großmächten Österreich und Preußen meinte. Bis zum Ende des Deutschen Bundes erstrebte man in vielfachen Anläufen und doch schließlich erfolglos die Organisation des sogenannten „Dritten Deutschlands". Wie sich im Sommer 1819 zeigte, hing die Zollfrage eng an der Verfassungsstruktur des Bundes, eingespannt zwischen die Pole Bundesstaat und Staatenbund. Bayern regte die Bildung eines süddeutschen Handelsvereins an. Tatsächlich einigten sich am Rande der Wiener Konferenzen von 1820 Bayern, Württemberg, Baden, Hessen-Darmstadt und die thüringischen Staaten auf einen Zollvorvertrag. Auch Frankreich stützte diese Triaspolitik ganz im Sinne einer seit dem 18. Jahrhundert verfolgten Tradition, ein Übergewicht entweder Preußens oder Österreichs in Deutschland zu verhindern. Doch die Mittelstaaten scheiterten letztlich an ihren auseinanderstrebenden Interessen. Baden wünschte wegen seiner an Frankreich und die Schweiz angrenzenden Lage für seine relativ entwickelte gewerbliche Wirtschaft den Freihandel. Bayern befürwortete hingegen einen starken Zollschutz gegenüber dem Ausland. Württemberg und Hessen-Darmstadt lagen mit ihren Interessen in der Mitte. Auch fürchteten die übrigen Beteiligten eine bayerischen Hegemonie. Von der ursprünglichen Absicht, in Form der Triaskonzeption eine Alternative zu Preußen zu entwickeln, verblieben letztlich nur die gemeinsamen Interessen Württembergs und Bayerns, die sich in zweiseitigen Verträgen auf einen *süddeutschen Zollverein* verständigten.

Die preußische Regierung antwortete darauf ihrerseits mit einer zollpolitischen Offensive. Die Ideen dazu entwickelte seit 1825 der neue Finanzminister Friedrich Christian von Motz. In vorsichtigen geheimen Verhandlungen gelang es ihm, das Großherzogtum Hessen-Darmstadt im Jahre 1828 zum Abschluß eines *hessisch-preußischen Zollvertrages* zu bewegen. Darin lag auch ein politisches Signal; denn das preußische Zollsystem überschritt damit erstmals die Mainlinie und griff nach Süddeutschland aus. Preußen versuchte, diesen Vertrag vorbildlich für nachfolgende Länder zu gestalten, kam Hessen in der Organisation der Zollverwaltung entgegen und achtete streng auf die rechtliche Gleichheit der Partner. Es rechnete darauf, daß bald die thüringischen Staaten, Kurhessen und Nassau nachfolgen würden. Es konkurrierten fortan der süddeutsche und der preußisch-hessische Zollverein; in jedem bestanden freier Warenumlauf im Innern und ein einheitlicher Zolltarif an der Grenze.

Finanzminister von Motz verfolgte über die fiskalischen Interessen hinaus langfristige politische Ziele, wie er in einer Denkschrift an König Friedrich Wilhelm III. offenbarte. Er deutete Ein-, Aus- und Durchgangszölle als eine Folge politischer Trennung verschiedener Staaten. Umgekehrt müsse ein Zoll- und Handelsverband zwangsläufig auch zu einem gemeinsamen politischen System führen: „In dieser auf gleichem Interesse und natürlicher Grundlage beruhenden und sich notwendig noch in der Mitte von Deutschland erweiternden Verbindung wird erst wieder ein realverbündetes, von innen und von außen wahrhaft freies Deutschland unter dem Schutz und Schirm von Preußen entstehen und glücklich sein“.[234]

Damit rückte der preußische Finanzminister die sich anbahnende Zollunion in nationale Dimensionen. Tatsächlich betrieb Preußen seit dem Zollgesetz von 1818 eine zwiespältige Politik: Am Bundestag handelte es vollkommen einmütig mit Österreich im Dienste des sogenannten Metternichschen Systems; in der Zollpolitik verfolgte es dagegen konsequent das Ziel, angrenzende Staaten nach und nach handelspolitisch zu unterwerfen. Auf dieser Ebene schien es, jedenfalls nach der Konzeption des Finanzministers, langfristig gegen Österreichs Vorherrschaft im Deutschen Bund zu kämpfen.

Das blieb schon damals den Kabinetten nicht verborgen. Besonders empfindlich reagierten diejenigen Staaten, die Preußen mit seinem Territorium umklammerte. Durch den preußischen „Zollsprung über die Mainlinie“ (Karl-Georg Faber) fühlten sich auch die angrenzenden Staaten bedroht. Unterstützt von Österreich und Frankreich, schlossen sie sich im September 1828 im *„Mitteldeutschen Handelsverein“* zusammen. Diese Abwehrorganisation umfaßte Sachsen, Hannover, Kurhessen, Nassau, Braunschweig und einige thüringische Staaten. Sie legte sich wie ein Keil zwischen die beiden bereits bestehenden Zollverbände. Insbesondere Kurhessen durchkreuzte massiv die preußischen Pläne, denn es durchschnitt die zwei territorial getrennten Teile der preußischen Monarchie, und es konnte überdies die Verbindung nach Süden stören.

Preußen blieb bei seiner beharrlichen Politik, einen Bundesstaat nach dem anderen zu seinem System herüberzuziehen, teilweise mit Lockungen, teilweise mit Pressionen. Einen wichtigen Schritt nach vorn machte es in dem zollpolitischen Puzzle, als es die thüringischen Staaten Sachsen-Meiningen und Sachsen-Coburg-Gotha gewinnen konnte. Damit sicherte es sich eine direkte Verbindung nach Bayern und konnte die erste zollfreie Straße nach Süddeutschland bauen.

Konsequent erstrebte Preußen eine Annäherung an den deutschen Süden. Der Verleger Johann Friedrich Cotta bereitete aus dem Hintergrund die Verhandlungen vor, die dann offiziell im Mai 1829 in den Abschluß des *preußisch-süddeutschen Handelsvertrages* mündeten. Er brachte den Partnern grundsätzlich die Zollfreiheit für fast alle Warengattungen und sah die allmähliche Angleichung an das preußisch-hessische System vor. Damit bestand die Kernzelle des Deutschen Zollvereins. Es begann die Erosion des Mitteldeutschen Handelsvereins. Seinen entscheidenden Stoß erhielt er, als Kurhessen im August 1831 zum preußischen System übertrat. Damit fiel die Barriere zwischen den preußischen West- und Ostprovinzen. Im Jahre 1833 schlossen sich dann offiziell der Norddeutsche und der Süddeutsche Zollverband zusammen; Sachsen und Thüringen traten noch im selben Jahr bei. Zu Neujahr 1834 trat der Vertrag des auf diese Weise begründeten Deutschen Zollvereins in Kraft.

Zeitungen berichteten gespannt über den großen Augenblick, als die langen Reihen hochgeladener Frachtwagen in der Silvesternacht überall an den deutschen Binnengrenzen standen: „Als die Mitternachtsstunde dröhnte, öffneten sich die Schlagbäume, und unter lautem Jubel eilten die Wagenzüge über die Grenze, die sie künftig mit voller Freiheit überschreiten durften".[235] Es fielen die Zollschranken zwischen achtzehn deutschen Staaten mit 23 Millionen Einwohnern. In den folgenden Jahren traten noch Baden, Nassau und Frankfurt bei. 1840 umfaßte der Deutsche Zollverein bereits 23 Staaten mit 27 Millionen Einwohnern.

Seine Entstehung erinnert daran, worin innerdeutsche Politik in den 1820er Jahren jenseits der Restauration auch bestand und auf welchen Umwegen und mit wie vielen Einzelschritten dieser später so komplett wirkende Zollverein zustandekam. Er blieb lange Zeit ein Torso: Die nordwestdeutschen Küstenstaaten unter Führung Hannovers blieben bis zum Beitritt in den Zollverein (vertragswirksam ab 1. Januar 1854) in einem eigenen *Steuerverein* abgesondert, Schleswig-Holstein bis 1867, beide Mecklenburg und Lübeck bis 1868. Bremen hielt sich bis 1885, Hamburg gar bis 1888 dem Zollverein fern. Aus zahlreichen Einzelverträgen hervorgegangen, vereinigte er gleichberechtigte Mitglieder, unter denen Preußen nur darin die Oberhand hatte, daß sein Zolltarif den Verträgen zugrundelag; ändern ließ er sich nur mit Zustimmung aller Mitglieder. Finanzminister von Motz hatte in weiser politischer Zurückhaltung den

Mitgliedsstaaten die Einstimmigkeit in der Zollgesetzgebung zugebilligt und so Befürchtungen vor Souveränitätsverlust gemildert.

Der österreichische Staatskanzler Metternich beobachtete den Wandel höchst besorgt und zugleich außerordentlich scharfsichtig. Im Juni 1833 berichtete er Kaiser Franz I., der Zollverein, der vollkommen freien Warenverkehr zwischen seinen Mitgliedern herstelle, befördere die preußische Vormachtstellung im Deutschen Bund, obwohl dieser auf der Gleichheit der Rechte und Pflichten seiner Mitglieder aufbaue: „Mit allen Künsten diplomatischer Tätigkeit, mit allen Verlockungen durch materielle Interessen wird daher in der Zukunft Preußen dahin streben, an den seinem System verschriebenen Höfen den Einfluß Österreichs zu schwächen, deren Beziehungen mit uns zu mindern, die Höfe daran zu gewöhnen, ihre Blicke der Furcht wie der Hoffnung nur nach Berlin zu richten, Österreich endlich als das, was es in kommerzieller Beziehung allen diesen Staaten gegenüber allerdings bereits ist, [...] als Ausland ansehen zu machen. Und wenn dieser Zweck heute, wo die Höfe in ihren Gesinnungen noch schwankend und die Grundpfeiler des Systems noch in der Ausführung begriffen sind, als entfernt sich darstellt, so kann doch der unbefangene Beobachter nach den Lehren der Geschichte und Staatsklugheit nicht daran zweifeln, daß die Beziehungen Österreichs zu den anderen deutschen Bundesstaaten [...] auf die Länge erschlaffen und schließlich ganz abreißen würden.“[236]

Metternich beschrieb hier wie ein Visionär den Weg kleindeutsch-preußischer Einigung Deutschlands, der in der Tat im Jahre 1866, sieben Jahre nach seinem Tode, Österreich zum Ausland für Deutschland machte. In suggestiver Weise deutete er in die Geschichte des Zollvereins eine nationale Zielstrebigkeit hinein, die sein erbitterter Kritiker Heinrich von Treitschke auch darin entdeckte, als er beim Zollverein vom „glorreichen Beginn einer glorreichen Geschichte“ sprach. Heute bemühen manche Anhänger der europäischen Einigung den Zollverein als Präfiguration eines wirtschaftlich geeinten Marktes, der auch eine politische Einigung nach sich ziehen könne. Es lassen sich aber Probleme aus dem Zeitalter der Frühindustrialisierung nicht mit den Verhältnissen hochentwickelter marktwirtschaftlicher Gesellschaften der Gegenwart vergleichen. Nicht die nationalen, sondern die fiskalischen Interessen waren bei der Gründung des Zollvereins ursprünglich bedeutsam. Indem die Vertragspartner ein einheitliches Zollgebiet herstellten und den Warenverkehr untereinander freigaben, erwirtschafteten sie durch die Erhebung der gemeinsamen Grenzzölle zugleich Erträge, die in die Zollvereinskasse flossen. Diese Gelder verteilte man nach der Kopfzahl der Bevölkerung auf die Mitgliedsstaaten. Da es im vormärzlichen, kaum industrialisierten Deutschland noch keine Einkommenssteuer gab, mußten die Staaten neben Grund- und Verbrauchssteuern als Haupteinnahmequelle vor allem auf die Zölle zurückgreifen. Zollpolitik im frühen 19. Jahrhundert hieß vor allem Finanzpolitik. Die Bedürfnisse der Staatskassen und nicht so sehr die des Handels gaben den Anstoß, den Zollverein zu bilden. Wolfram Fischer korrigierte deshalb die Wendung Treitschkes in der Weise, daß der Zollverein zu betrachten sei „nicht als glorreicher Beginn einer glorreichen Geschichte, sondern als ein System von Behelfen, das aufgebaut wurde, um dringenden Bedürfnissen nachzukommen."[237]

Als Markstein für den Beginn der Industrialisierung eignet sich die Gründung des Zollvereins ebensowenig; denn der vermutete Interessendruck eines deutschen Wirtschaftsbürgertums (Bourgeoisie), den nationalen Markt herzustellen, läßt sich für den Zollverein kaum begründen. Schon das preußische Zollgesetz von 1818 entstand ohne Beteiligung des Wirtschaftsbürgertums. Es war ein Werk der politischen Staatsbürokratie, die vor allem die Staatsverwaltung vereinheitlichen und die Staatseinnahmen verbessern wollte. Wirtschaftliche Interessen sahen vor allem die am Getreideexport orientierten ostelbischen Agrarier erfüllt, die tatsächlich vom Zollverein profitierten, weil sie jetzt kostengünstig und ungehindert Getreide und Holz ausführen konnten. Allerdings ließen sich nun – ebenso ungehindert – englische Maschinen einführen. Überdies riefen rheinisch-westfälische und oberschlesische Unternehmer nach Schutzzöllen, so etwa die Betreiber der Hochofenwerke, weil sie dem englischen Ansturm an Roheisen nicht gewachsen waren. Insgesamt war das Wirtschaftsbürgertum in seinen Interessen gespalten, profitierten doch immerhin auch große Handelsstädte wie Köln, Frankfurt und Leipzig von dem preußischen Zolltarif.

Auch das nationalpolitische Potential des Zollvereins wird angezweifelt; süd- und mitteldeutsche Staaten wollten eher ihre partikularen Interessen als nationale Bestrebungen im deutschen Bürgertum befriedigen. Der Zollanschluß an Preußen verschaffte ihnen beträchtliche Einkünfte, die politisch kostenlos schienen. Vor allem unterlagen sie mit diesen Einnahmen nicht der Bewilligung der Landtage, wo die liberale Opposition gerade auf dem Wege über die Steuerbewilligung die monarchischen Rechte auszuhöhlen begann. Eine Erklärung aus einer Wurzel wird dem Zollverein nicht gerecht; seine Gründung war ein politischer Akt; er diente fiskalischen, wirtschaftlichen, einzelstaatlichen Interessen, schloß aber zugleich langfristige, von den Urhebern nicht vorhersehbare Wirkungen ein.

# III. Revolutionäre Erschütterungen, nationaler Aufbruch und das Versagen des alten Systems 1830–1847

## 1. Die Auswirkungen der Julirevolution auf Deutschland

Der Ausbruch der Revolution im Juli 1830 in Paris erschien vielen Zeitgenossen kurzzeitig wie das Morgenrot einer allgemeinen Erhebung der Völker in ganz Europa. Die Erschütterungen reichten von den belgischen Niederlanden bis nach Oberitalien, von der Schweiz bis nach Polen. In der deutschen Geschichte markiert sie einen deutlichen Wendepunkt: Seit Anfang des 19. Jahrhunderts waren die Impulse zur Erneuerung der Staaten und Gesellschaft vorwiegend von staatlicher Seite ausgegangen. Aufgeklärte, reformfreudige Beamte in den Bürokratien Preußens und der Rheinbundstaaten, weniger in der Habsburgermonarchie, hatten diesen Prozeß vorangetrieben, den die erstarkende Restauration zunehmend abschwächte. Seit der Julirevolution gaben gesellschaftliche Kräfte die Anstöße zur Veränderung, während die Staaten mehr und mehr defensiv darauf reagierten und entweder stückchenweise mit Reformen oder aber mit massiver Repression antworteten. Die Jahre zwischen 1830 und 1834 waren gekennzeichnet durch eine revolutionsähnliche Erregung gesellschaftlicher Kräfte, durch einen Konstitutionalisierungsschub bei vielen in ihrer Verfassungsentwicklung zurückgebliebenen deutschen Mittelstaaten und durch massive, vom Deutschen Bund ausgehende Beschlüsse gegen Presse, Parteibildungen und Parlamente.

### *a) Volksrevolutionen*

Die Julirevolution fand zahlreiche Sympathisanten in Deutschland. Begeistert über die Nachrichten aus der französischen Hauptstadt, machte sich beispielsweise der Frankfurter Publizist und Schriftsteller Ludwig Börne im September 1830 auf die Reise nach Paris, um mit eigenen Augen am Schauplatz jener unerhörten Ereignisse den Umbruch der Weltgeschichte mitzuerleben. In solchen Dimensionen schilderte er in seinen „Briefen aus Paris“ das dort Wahrgenommene. Am 18. September 1830 schrieb er: „Ich komme aus dem Lesekabinett. Aber nein, nein, der Kopf ist mir ganz verwirrt von allen den Sachen, die ich aus Deutschland gelesen! Unruhen in Hamburg; in Braunschweig das Schloß angezündet und den Fürsten verjagt; Empörung in Dresden! [...] Hätte ich dem Volke Unrecht getan? Hätten sie unter Schlafmützen und Schlafrock heimlich Helm und Harnisch getragen?“[238]

In den deutschen Staaten rührte das französische Vorbild Gefühle auf, Zustimmung oder Schrecken; es forderte den Betrachter zu Vergleichen mit den heimischen Verhältnissen heraus und schürte die Unzufriedenheit, wo denn eine solche bereits angelegt war. Sie erreichte auch die außerbürgerlichen Kreise, selbst die Bauern. Und nicht nur Zeitungen, das gedruckte Wort, sondern auch Symbole hatten ungeheure Bedeutung, bekamen die Funktion politischer Botschaften, sei es die Trikolore, seien es die Kokarden, jene farbigen Stoffstreifen, die man sich an Kragen oder Hut stecken und so seine politische Gesinnung zu erkennen geben konnte. Denn auch das gehörte dazu: die politische Gesinnung zu zeigen und damit zu werben. Die in Paris ausgelöste Bewegung schien sich in Form einer Kettenreaktion über die deutschen Staaten auszubreiten. Die Zeitgenossen gingen von einem inneren Zusammenhang aus, wo es an einer planenden Hand, an einem organisatorischen, revolutionären Zentrum in jeder Hinsicht fehlte. Erstmals, wie später verstärkt im Jahre 1848, setzte der sozialökonomische Konfliktstau Volksunruhen frei, die die bürgerlichen Wünsche nach Demokratisierung und Nationalisierung der Politik auf gewaltsame Weise verstärkten. In *Aachen* hörte man Parolen wie „Es leben die Belgier! Vivat Napoleon!“, und mit dem Ruf „Es lebe Napoleon! Es lebe die Freiheit!“ stürmten Handwerker und Arbeiter das Gelände eines Fabrikanten; ihre Aktion zeigte Züge frühindustrieller Tumulte, die aus Lohnkämpfen und Handwerkerprotesten gegen maschinell überlegene Konkurrenz erwuchsen.

In *Leipzig* griffen Handwerkslehrlinge und Gesellen, besonders vom Schmiede- und Schlosserhandwerk, die unbeliebte örtliche Polizei an. Die Aufständischen trugen die französischen Nationalfarben und stießen Hochrufe auf die Julirevolution aus. Der Schneidergeselle Wilhelm Weitling, später Wortführer des deutschen Frühsozialismus, beobachtete und beschrieb damals als Augenzeuge die Dimensionen eines Handwerkeraufstandes. In *Dresden* stürmten Demonstranten, die Marseillaise absingend, das Rathaus, verbrannten die Akten, zerstörten das Polizeiamt und schlugen 400 Mann des Linienmilitärs durch Steine zurück. Mehr als dreißig Orte schlossen sich den Unruhen an; schließlich empörten sich auch die Bauern und – in den Oberlausitzer Weberdörfern – die Heimarbeiter. Handwerksmeister klagten über Gewerbefreiheit und Konkurrenz; die Bauern des Erzgebirges und Vogtlandes verlangten Aufhebung der Fronarbeiten, die Stadtbevölkerung wollte gerechtere Verteilung der Steuern, die politisch bewußten Bürger riefen nach Pressefreiheit, kommunaler Selbstverwaltung und Proklamation einer liberalen Verfassung. Das Resultat der gesamten Bewegung in Sachsen lautete schließlich: Regierungswechsel, Verfassungsgebung, Städteordnung und Übergang der Herrschaft an einen neuen Monarchen aus der Dynastie.

In *Braunschweig* wurde die Julirevolution zum Fanal, um die verfassungswidrige Mißwirtschaft des regierenden Herzogs Karl II. in die

Schranken zu weisen. Das Militär weigerte sich, auf die Bevölkerung zu schießen, während diese erbost das herzogliche Schloß in Brand setzte. Die Stände erreichten, daß der Thron an den Bruder des Fürsten, Wilhelm, überging. Im *Kurfürstentum Hessen* rebellierten die Stadtarmen in der Residenzstadt Kassel; sie stürmten die Bäckerläden, nachdem die Brotpreise erhöht worden waren. Die Tumulte richteten sich vielfach gegen die Repräsentanten staatlicher Macht: gegen die Justiz-, Rent-, Forst- und Zollämter, aber auch gegen Bäcker und Juden. Analoge Vorgänge ereigneten sich im Herzogtum *Hessen-Darmstadt,* und im Königreich *Hannover* probten im Jahre 1831 die Studenten in der Residenzstadt den Aufstand.

Heinrich Volkmann ermittelte aus einer großen Zahl von Protestfällen die eigentlichen Träger der Unruhen. Er rückt damit die Krise der traditionellen Wirtschaft und den Pauperismus ins Blickfeld, denn die Initiative ging überall von den unterbürgerlichen Schichten aus. Entsprechend der Sozialstruktur überwog bei ihnen das handwerkliche Element gegenüber den Tagelöhnern oder Fabrikarbeitern. Sie lähmten mit gewohnten Protestmitteln die alten Autoritäten, aber sie verfügten über kein formuliertes Programm. Sie erschütterten die restaurativen Systeme und schufen in den deutschen Klein- und Mittelstaaten Spielraum für freie Meinungsäußerung und öffentliche politische Kritik. Das eröffnete dem bürgerlichen Organisationsbedürfnis bisher verwehrte Handlungsmöglichkeiten: Bürgerwehren, politische Vereine und Wahlkomitees begannen allenthalben, sich zu öffentlichen Angelegenheiten zu äußern.

### *b) Die Presse als Vorhut des Parlamentarismus*

In Baden entzündete sich der Kampf zwischen Landtag und Regierung um ein liberales Presserecht. Der Freiburger Staatsrechtler Karl Theodor Welcker hatte sich am 25. November 1830 mit einer Petition an die Bundesversammlung gewandt, sie möge für ganz Deutschland Pressefreiheit herstellen. Die liberale Mehrheit in der badischen Abgeordnetenkammer verabschiedete im Dezember ein Pressegesetz, das die Schranken des Bundesbeschlusses von 1819 weit überstieg, indem es die Vorzensur aufheben und die Öffentlichkeit bei Presseprozessen zulassen wollte. Unter massivem Druck der Bundesversammlung mußte der Großherzog das Pressegesetz, das rechtmäßig durch die Ständeversammlung zustandegekommen war, auf verfassungswidrigem, einseitigem Verordnungswege zurücknehmen (28. Juli 1832).

Die Journalisten Wirth und Siebenpfeiffer riefen in Zweibrücken in der linksrheinischen bayerischen Pfalz, wo noch liberale Rechtsverhältnisse aus napoleonischer Zeit herrschten, zur Gründung eines nationalen „Preß- und Vaterlandsvereins“ auf (3. Februar 1832). Er wurde bereits im Rahmen der vormärzlichen Parteibildung beschrieben. Die bayerische Regierung und der Bund verboten alsbald Anfang März diesen Versuch, der nationalkonstitutionellen Bewegung einen organisatorischen Unterbau zu verleihen.

Man wird freilich den inneren Zusammenhalt dieser bundesweiten Erregung und deren nationale Einfärbung nicht überschätzen dürfen. Es agierte vor allem die bürgerliche Intelligenz der Literaten, Journalisten und Studenten, welche die öffentliche Unruhe für nationale Zwecke ausnutzen wollten. Das „Vaterland" im Titel des Vereins von Wirth und Siebenpfeiffer deutete auf die nationalen Ambitionen.

Angesichts des noch wenig ausgebildeten Parlamentarismus entwickelten die Propagandisten eine Theorie von der Stellvertreterfunktion der öffentlichen Meinung, in der Journalisten gleichsam als Vertreter des Volkes auftraten und berufen waren, für ein politisch geeintes Deutschland zu werben: „Den Widerstand der Aristokraten zu überwinden ist die Aufgabe unseres Zeitalters. Das Mittel dazu ist die Presse. So gewiß Frankreich seine Freiheit vorzugsweise den Journalisten zu verdanken hat, so gewiß würde auch die Wiedergeburt Deutschlands durch die periodische Presse nach langen, heißen Kämpfen errungen werden, wenn Gemeinsinn im Volke erwacht, der gebildete Teil des Publikums den freisinnigen, zum Kampf auf Tod und Leben entschlossenen Journalen volle Aufmerksamkeit und nach Umständen auch Unterstützung gewährt. Die periodische Presse wird unüberwindlich, wenn sie, der treue Widerhall der Gesinnung der Nation, im Volke auch eine feste Stütze findet."[239]

Damit war einer der nationalen Töne angestimmt, die sich nun im Medium der Journale, Zeitschriften, Proklamationen an öffentlichen Orten und Versammlungen zu einem Chor vereinigten. Welcker forderte im badischen Landtag, beim Bundestag eine Nationalrepräsentation zu bilden. Das hatte es in einem einzelstaatlichen Parlament bisher noch nicht gegeben.

Die mitteldeutschen Staaten – unter dem Druck der mobilisierten Öffentlichkeit – gaben der Bewegung mit neuen oder revidierten Verfassungen nach: Kurhessen am fortschrittlichsten mit Einkammersystem, Gesetzesinitiative des Landtages, Verfassungseid des Militärs und Ministeranklage (5. Januar 1831), Sachsen mit einer Verfassung (4. September 1831), Hannover nach dem revolutionären Aufstand in Göttingen (Januar 1831) mit einer Verfassung (September 1833), Braunschweig mit einer Neuen Landschaftsverordnung (12. Oktober 1832). Die süddeutschen Verfassungsstaaten Bayern, Baden und Württemberg erlebten heftige Verfassungskämpfe; in Württemberg entwickelten sich die Wahlklubs zu Vorformen politischer Parteien (Hartwig Brandt).

### *c) Hambach und der Drang zur Tat: der Wachensturm*

In einer politischen Massendemonstration, wie sie zuvor in der deutschen Geschichte noch nicht vorgekommen war, versammelten sich Ende Mai

1832 Liberale und Demokraten auf dem Schloß zu Hambach in der Pfalz, um den nationalen und konstitutionellen Forderungen Nachdruck zu verleihen. Dieses Fest lenkte die Nationalisierung auch in Kreise des Handwerks und der unterbürgerlichen Schichten. Bereits hier war es unter den Wortführern zu einer bemerkenswerten Strategie- und Organisationsdebatte gekommen, bei der sich ein reformistisch-legaler und ein revolutionärer Flügel voneinander trennten und die spätere Spaltung zwischen Demokraten und Liberalen vorzeichneten.

Ähnliche Richtungskämpfe machte die verbotene, nun aber wiederbelebte Burschenschaft durch. Sie konspirierte auf geheimen Zusammenkünften über ihr Ziel: „Herbeizuführen ein frei und gerecht geordnetes, in Volksfreiheit gesichertes Staatsleben im deutschen Volke".[240] Es bildeten sich die beiden Flügel der gemäßigten „Arminia" und der revolutionären „Germania". In der Zeitspanne zwischen dem Frankfurter und Stuttgarter Burschentag (1831/32) setzte sich der radikale Flügel der organisierten Burschenschafter durch, der die revolutionäre Aktion propagierte und das Feld für den späteren Frankfurter Wachensturm am 3. April 1833 bereitete.

Einen Gipfel fanden die vielen unkoordinierten Aktionen und Aufstände der Jahre 1831/32 in eben jenem Angriff auf die Frankfurter Hauptwache. Der Vorgang teilt noch heute die Meinungen. War er lediglich ein „Studentenstreich" oder eine „Attacke einiger idealistisch-radikaler Brauseköpfe" (Wehler)? Eher erscheint er als die chancenlose Aktion der revolutionären Intelligenz, die auf die Kettenwirkung der vorbildhaften revolutionären Tat rechnete und sich der Unterstützung des Preß- und Vaterlandsvereins sicher sein konnte, der seinen Sitz nach Frankfurt verlegt hatte und dort im Untergrund weiterarbeitete. Als soziale Träger und Hintermänner des Wachensturms stellten sich, obwohl die Frankfurter Behörden die ganze Tragweite des Ereignisses zu vertuschen versuchten, über den Kreis der Studenten hinaus Handwerker, Kaufleute, Gesellen, polnische Offiziere und Teile der Landbevölkerung heraus.

Die spektakuläre Aktion des Wachensturms hob sich von der großen Zahl vorausgegangener Aktionen des sozialen Protests durch ihre weitreichenden politischen Ziele ab. So dilettantisch Vorbereitung und Durchführung auch anmuten mochten, so sehr es auch an revolutionärem Sachverstand mangelte: die Beteiligten verfolgten klare Ziele, mit denen sie die Ereignisse von 1848 gleichsam vorwegnahmen. Eine provisorische Regierung sollte die liberalen Führer zu einem Vorparlament einberufen. Dieses hätte die Wahlen zur verfassungsgebenden Abgeordnetenversammlung auszuschreiben. Diese „Constituante" sollte dann darüber entscheiden, ob Deutschland einen Freistaat – sprich Republik nach Schweizer oder nordamerikanischem Vorbild – oder eine konstitutionelle Monarchie bilden solle.

### *d) Der erste internationale „Völkerfrühling": Polenfreundschaft und „Junges Europa"*

Die französische Julirevolution von 1830 löste in einem Maße nationalisierte Erregungen aus, daß es die Zeitgenossen – je nach Blickwinkel – schockierte oder begeisterte. Vor allem das gleichzeitige Hervortreten von Nationalbewegungen in so zahlreichen, verschiedenen europäischen Ländern wurde als etwas Neues begriffen, nachdem die erste Revolutionswelle Anfang der 1820er Jahre noch auf den europäischen Süden begrenzt gewesen war.

Nun belebte sich die bisher noch wenig formierte deutsche „Bewegung" im Chor mit der polnischen, italienischen, griechischen und belgisch-separatistischen. Bereits in den Volksrevolutionen zeigte sich, wie Nachrichten über Ereignisse aus anderen Gegenden Europas vor Ort umliefen.

Die innerdeutsche Nationalisierung verstärkte sich seit dem Philhellenismus der 1820er Jahre durch einen funktionalen, von außen angeregten Nationalismus. Diese Rolle erhielt mit der Julirevolution auf geradezu massive Weise die Polenfreundschaft, als nach dem Scheitern des Warschauer Aufstands im November 1830 mehr als 8000 Polen zur Flucht in den Westen gezwungen waren. Eine regelrechte Polenbegeisterung griff in Deutschland um sich. Sie lebte vom Glauben an gleiche Ideale und Interessen. Eine Massenmobilisierung, die an die Freiheitskriege erinnerte, drückte sich in immer neuen Aktionsformen aus: Flugschriften, Zeitungsnotizen, Briefe, Eingaben an die Fürsten, Bekanntmachungen, Aufrufe, Freiwilligenwerbung, Aufführungen von Singspielen zum Polenthema, Unterstützung polnischer Verwundeter, Entsendung von Ärzten mit Verbandsmaterial nach Warschau, Geld- und Kleiderspenden, Konzerte von Liederkränzen, Bildung von Polenvereinen, Durchführung von Lotterien zur Unterstützung der flüchtigen Polen: alles das kam zusammen, und bei allem fehlten auch nicht die nationalen Symbole; gemeinsam stimmte man ein in das „Lied der Polen", die spätere polnische Nationalhymne (es wurde zweisprachig auf Handzetteln ausgeteilt). Ein weithin sichtbares Symbol setzte auch hier das Hambacher Fest, als die Teilnehmer dort gemeinsam die deutsche und polnische Fahne hißten.

Diese Dimensionen der Nationalisierung alarmierten die Deutsche Bundesversammlung auf das höchste. Überdies sah sie sich in aller Öffentlichkeit als Hort des Absolutismus und Rückschritts angegriffen. Die Vorwürfe lauteten: Stärkung des Feudalismus, Hemmung des Handels durch Zollgrenzen, Lähmung der Industrie durch Zunftschranken, Einschnürung der politischen und bürgerlichen Freiheit, Herrschaft der Verwaltung über die Justiz, Allmacht des Fiskus, despotische Gesetzgebung, geheime Gerichtsbarkeit, Zensur und politische Verfolgungen. Dieses Sündenregister stammte vom Vorkämpfer der Pressefreiheit Wirth und hatte zu allem Übel noch die Überschrift „Der Undeutsche Bund" erhalten.[241]

Die führenden Regierungen der Restauration, voran die österreichische unter Metternich, deuteten diese Erscheinungen in einem europäischen Zusammenhang und fühlten sich vollends durch den Wachensturm bestärkt, den sie als Werk einer europaweit agierenden „Revolutionspartei" bewerteten. Die Realität hielt dem nicht stand, bot aber Indizien, die sich wirkungsvoll für eine amtliche Gegenpropaganda ausnutzen ließen. Man muß aber zugleich in Rechnung stellen, daß auch die führenden Theoretiker der revolutionären Demokratie und des Frühsozialismus daran glaubten, durch kleine, zwischenstaatlich koordinierte Aktionen Massenbewegungen auslösen zu können. Nicht anders ist der Versuch des Italieners Giuseppe Mazzini zu verstehen, ganz im Sinne der kosmopolitischen Völkerverbrüderung ein „Junges Europa" mit einem „Jungen Deutschland", „Jungen Polen" und „Jungen Ungarn" zu gründen, das die noch „unerlösten" Nationalitäten in konspirativen Zirkeln vereinigte. Anfang 1834 gipfelten seine Anstrengungen in dem sogenannten Savoyer Zug, mit dem Mazzini von der Schweiz aus die Revolution in das Königreich Sardinien-Piemont und von da aus nach ganz Italien hineintragen wollte. Auch dieses Unternehmen scheiterte kläglich.

## 2. Das vormärzliche System staatspolizeilicher Verfolgungen

Für die deutschen Regierungen bildeten das Hambacher Fest, der Frankfurter Wachensturm, nicht zuletzt aber auch solche Aktionen wie die Mazzinis Kulminationspunkte in der Folge öffentlicher Unruhen, Versammlungen und Aktionen. Der hessen-darmstädtische Staatsminister Freiherr du Thil beschrieb den vorherrschenden Eindruck bei allen deutschen Regierungen nach den Hambacher Festlichkeiten: „Man kann das Gesagte in dem Satz zusammenfassen, daß wir dem Ausbruche einer Revolution nahe stehen".[242] Preußen und Österreich betrachteten die Vorgänge wie ehedem das Sand-Attentat aber auch als willkommenen Anlaß, mit harten polizeilichen Maßnahmen gezielt gegen die gesamte politische Bewegung in Presse, Vereinen, Volksversammlungen und Landtagen vorzugehen. Metternichs kühl kalkulierendes Urteil lautete, „daß ich mir aus dem Ergebnisse nichts mache, oder vielmehr, daß mir dasselbe manche gute Seite darbietet. Mir sind die Dinge, welche offen vorliegen, stets lieber als die verkappten. [...] Wir werden in Deutschland zum Zuschlagen kommen".[243]

Der Staatskanzler stimmte in seinem Urteil bruchlos mit dem engsten Berater König Friedrich Wilhelms III., dem Kammerherrn Fürst Wittgenstein, überein. Mit ihm koordinierte Metternich auf vertraulichem Wege die österreichisch-preußische Verfolgungspolitik. Wittgenstein kommentierte das Hambacher Fest geradezu zynisch, indem er wünschte: „Mir sind die Sachen noch nicht toll genug, und ich hätte gewünscht, daß von p. [dem besagten] Wirth und Consorten die Absetzung des Königs von Bayern förmlich dekretiert, ein Protokoll darüber aufgenommen und von allen Anwesenden unterzeichnet worden wäre".[244] Der Ausspruch macht deutlich, daß nun die Zeit der vor Gericht verwertbaren Schriftstücke gekommen war. Die Absicht, „zum Zuschlagen" zu kommen, offenbart die zielstrebige, systematische und breit angelegte Vorgehensweise.

Die Julirevolution hatte sogar die Regierungen der konstitutionellen Staaten aufgerüttelt, so daß sie darauf drangen, zu zwischenstaatlichen Polizeikoordinationen zu kommen. Der erste Anstoß ging ausgerechnet vom badischen Großherzog Leopold aus, der mit der liberalen Kammeropposition im Lande wegen des Pressegesetzes zu kämpfen hatte. Der badische Innenminister Ludwig Georg Winter schlug das Verbot aller politischen Vereine und Versammlungen, gegenseitige Auslieferung „politischer Verbrecher" (der Begriff wurde damals geprägt) und Bestrafung der Untertanen für ihre im Ausland begangenen Untaten vor.

Aus dieser Initiative ging die erste zwischenstaatliche, förmliche politisch-polizeiliche Verständigung zwischen deutschen Bundesstaaten außerhalb des Bundestags und unter Umgehung des üblichen diplomatischen Wegs hervor. Man wollte einen *südwestdeutschen „Sicherheits-Verein"* bilden. Daran beteiligten sich Vertreter Badens, Hessen-Darmstadts und Württembergs. Das Resultat der Verhandlungen hielt man in einer „Punktation" „zur Erhaltung der öffentlichen Ruhe und Ordnung" mit achtzehn Paragraphen fest (15. Juni 1832).

Doch es bedurfte dieser separaten Verständigung nicht, denn die Bundesversammlung riß das Gesetz des Handelns an sich. Dabei bediente sie sich der Vorarbeit der konstitutionellen Staaten. Deren Forderungskatalog ging wörtlich in den zentralen Bundesbeschluß vom 5. Juli 1832 ein, der den Namen *„Maßregelngesetz"* erhalten hat und das Instrumentarium zum „Zuschlagen" bereitstellte. Es lohnt, ihn aus der langen Serie von Bundesbeschlüssen, Erlassen und Einzelmaßnahmen zwischen 1830 und 1834 hervorzuheben, weil sich an ihm exemplarisch zeigen läßt, wo man die Urheber der Unruhen vermutete.

Die Aufmerksamkeit richtete sich nämlich gegen jene vier Essentials, die sich in den Freiheitskriegen als konstitutiv für die entstehende organisierte bürgerliche Öffentlichkeit herauskristallisiert hatten. Der Bundesbeschluß zielte gegen die *Presse:* Bei der Zensur wurde die Vorschrift, alles unter 320 Seiten zu zensieren, nochmals eingeschärft und eine Zensurgeneralinstruktion für die Länder ins Auge gefaßt. Er unterdrückte die *politischen Vereine.* Der weitreichende Satz lautete: „Alle Vereine, welche politische Zwekke haben oder unter andern Namen zu politischen Zwecken benutzt werden, sind in sämtlichen Bundesstaaten zu verbieten". Dieses absolute Parteienverbot galt bis 1848; bezeichnenderweise rechnete es auch mit getarnten – kryptopolitischen – Vereinen. Der Beschluß kriminalisierte Forderungen nach *nationaler Einheit.* Schwarz-rot-goldene Farben waren nun ebenso zu unterdrücken wie Volksfeste und -versammlungen.

Gegen die *Landtage* als Hort oppositioneller bürgerlicher Öffentlichkeit, wo nun auch die deutsche Volksvertretung begehrt wurde, ging ein spezieller Bundesbeschluß vor, der untersagte, die Bewilligung des Staatshaushalts an politische Forderungen zu knüpfen; auch setzte er eine zentrale Überwachungskommission speziell für die einzelstaatlichen Kammern ein. Das bedeutete einen Eingriff des Bundes in das Verfassungsleben der Mittelstaaten. Er höhlte deren Unabhängigkeit aus und verlor dadurch zugleich wieder ein Stück seines föderativen Charakters.

Ein knappes halbes Jahr, von Januar bis Juni 1834, berieten Ministerkonferenzen in Wien, die noch intensiver in die Natur der politischen Bewegungen zu dringen versuchten. Dabei forschte man jedoch stets nur nach den Trägern, nicht nach den tieferen Motiven einer in Bewegung geratenen Gesellschaft. Man bildete fünf Konferenzausschüsse; jeder widmete sich einer brisanten Materie, die bisher die staatlichen Fesseln gelockert hatte. Das waren 1. das Problem, wie die Mitwirkung der Stände eingeschränkt werden könne, 2. die Öffentlichkeit der Landtagsverhandlungen, 3. das Schul- und Universitätswesen, 4. die Presse und 5. die Frage, ob Bundesrecht dem Landesrecht übergeordnet sei. Das Resultat der Beratungen waren die berüchtigten „Wiener Geheimen Sechzig Artikel" vom 12. Juni 1834. Sie erschienen den Regierungen als so prekär, daß die Bundesversammlung sie nur teilweise öffentlich bekanntgeben durfte.

Die Regierungen ließen es nicht bei Beschlüssen bewenden, sondern schufen exekutive Behörden, die Überwachung und Verfolgung bewerkstelligten. In ihrer Gesamtheit erzeugten sie jenen Eindruck von „Polizeistaatlichkeit", der dem Vormärz in den Augen der kritischen Literaten, Journalisten, Beamten, kurzum: der „neuen Bürgerlichen" anhaftete. Viele waren mit ihr in Berührung gekommen, und fast jeder mittlere deutsche Einzelstaat hatte seine spektakulären Fälle politischer Willkürjustiz.

Als Mittelpunkt arbeitete die vom Bund eingesetzte *Frankfurter Zentraluntersuchungsbehörde.* Sie sollte ursprünglich „die näheren Umstände, den Umfang und den Zusammenhang des gegen den Bestand des Bundes und gegen die öffentliche Ordnung in Deutschland gerichteten Komplotts" aufdecken. Sie war kein Gericht, sondern eine staatspolizeiliche Verfolgungsbehörde, die mit Informationen umging und an die Einzelstaaten zur gerichtlichen Anklage weiterreichte. Darin lag ihre vielfach noch unterschätzte tatsächliche Bedeutung. Die Behörde korrespondierte mit den Gerichtsämtern und vermittelte auf diese Weise das zentral angesammelte Aktenmaterial. Sie gewann eine Gesamtschau über 2140 Gerichtsverfahren, in denen politisch Beschuldigte zwischen 1830 und 1842 vor deutschen Gerichtshöfen verurteilt worden waren. So viele Einträge zählte das berühmte sogenannte „Schwarze Buch" dieser Behörde – ein Verzeichnis politisch Verdächtigter, bei denen Gerichtsverfahren stattgefunden hatten. Kein Gerichtsverfahren vor einem Landgericht in einem Einzelstaat konnte beendet werden, bevor nicht die Frankfurter Behörde den Abschluß ihrer Ermittlungen bekanntgegeben hatte. Gefangene in Untersuchungshaft konnten nicht eher freigelassen oder abgeurteilt werden, bis die Frankfurter Behörde ihre Ermittlungen eingestellt hatte. Das bedeutete Vorrang der Bundesinstitution vor der Justiz der Einzelstaaten.

Mehrere Mittelstaaten hatten ihrerseits sogenannte *Ministerialkommissionen* eingerichtet. Sie sollten die Kriminalverfahren innerhalb eines Landes steuern. Es gab solche in Preußen, Österreich, auffälligerweise auch in konstitutionellen Staaten wie Bayern und Württemberg. In der württembergischen Abgeordnetenkammer wies der liberale Oppositionsführer Friedrich Römer zutreffend darauf hin, es solle in Stuttgart „eine oberste Untersuchungs-Junta bestehen, welche aus einigen der höchsten Staatsbeamten zusammengesetzt sei und mit den Verschwörungs-Inquirenten [Untersuchungsrichtern] zu Tübingen, Ludwigsburg und Hohenasperg unmittelbar zu kommunizieren habe".[245] Römer sah die verfassungsmäßig garantierte Selbständigkeit der Gerichte gefährdet, zu Recht, wie man den überlieferten, ihm nicht zugänglichen Akten entnehmen kann.

Die Ministerialkommission in Preußen ermittelte zwischen 1833 und 1836 gegen mehr als 1000 Beschuldigte. An ihrem Funktionskreis läßt sich beobachten, wie staatspolizeiliche Recherchen und Kontrollen bei den Studenten ineinandergriffen. Seit dem 17. Mai 1834 war vorgeschrieben, daß wegen Anstellung oder Beförderung eines Geistlichen oder öffentlichen Lehrers vorab eine Nachfrage an die Minsterialkommission zu richten sei, ob etwas Belastendes im Zusammenhang mit verbotenen politischen Verbindungen vorliege. Der zuständige Dezernent prüfte, ob für die einzelnen Kandidaten Personalakten vorhanden waren, und versah die Anfragen dann mit Vermerken und Formulierungen wie: „Der Anstellung stehen in politisch-polizeilicher Hinsicht keine Bedenken entgegen". Rechtskandidaten, die ein Gesuch um Eintritt in den Staatsdienst stellten, mußten ihren Antrag generell der Kommission einreichen, daß ihre Unverdächtigkeit überprüft werden konnte. Überdies beauftragte die Ministerialkommission die Regierungspräsidenten, „dem Treiben auf den Schulen eine besondere Aufmerksamkeit zu widmen". Man habe beobachtet, daß schon auf den Schulen verschiedentlich „ein Verbindungsunfug" stattfinde.[246] Der Dezernent, Geheimrat Gustav Adolph Tzschoppe, war für seine Arbeit bestens vorbereitet, weil auf seinem Schreibtisch auch die Akten zu den preußischen „Demagogenverfolgungen" der 1820er Jahre zusammengelaufen waren. Die Ministerialkommission wurde mit dem Thronantritt Friedrich Wilhelms IV. aufgelöst.

Die genannten Behörden waren amtlich erkennbar eingesetzt. Daneben existierte seit 1833 in Mainz eine geheimpolizeiliche Nachrichtenzentrale, die dort auf Metternichs Initiative eingerichtet worden war: das sogenannte *Mainzer Informationsbüro*. Es überwachte bis 1848 das literarische Leben und das verborgen operierende politische Vereinswesen sowie sämtliche anderen irgendwie auffälligen öffentlichen Bekundungen mit politischer Tendenz. Seine Mitarbeiter waren akademisch gebildet, teilweise promoviert, hatten Erfahrungen als Redakteur oder Zeitungskorrespondent. Auch im Spionagedienst, in dessen wahre Organisation sie teilweise nicht einmal eingeweiht waren, hielten sie ihre Verbindungen zur Presse aufrecht. Das Büro war Drehpunkt für geheimen Informationsaustausch zwischen Österreich, Preußen, Hessen-Darmstadt und Nassau. Die jeweiligen Monarchen waren über vertraute Mittelsmänner (in Preußen war es Wittgenstein) stets genauestens in den Gang der Recherchen eingeweiht.

Im Laufe der Zeit sammelte dieses Büro einen beträchtlichen Fundus an Informationen über die politische Opposition in Deutschland an. Man suchte nach harten, polizeilich verwertbaren Fakten und legte Dossiers sowie ein Zentralregister an, das über die Verdächtigten deren Tätigkeit in der Publizistik, den Grund für Entlassung aus dem Staatsdienst, die Abgeordnetentätigkeit, Korrespondenzverbindungen, besonderen Talente usw. verzeichnete. Dieses Büro arbeitete bis Februar 1848. Die von ihm angelegten Akten sind heute eine reiche Quelle für die entstehenden organisierten liberalen, demokratischen und nationalen Bewegungen im Vormärz.

## 3. Die nationale Mobilisierung während der 1840er Jahre

Es charakterisiert den Vormärz gegenüber der folgenden Reaktionsdekade nach 1849, daß noch so viele staatliche Vorkehrungen die gesellschaftlichen Kräfte in ihrem Aufbegehren nicht stillstellen konnten. Im Gegenteil regten sich seit 1840 deren Geister um so lebhafter. In der Dynamik des Jahrhunderts – das ist eine der zentralen Beobachtungen dieses ganzen Buches – lagen die vorwärtstreibenden Elemente vor 1848 in der sich freikämpfenden Gesellschaft, während nach der Revolution das Gesetz des Handelns bis zur Reichsgründung an die Regierungen, die Verwaltung und das Militär der Einzelstaaten überging.

Das läßt sich an den in dieser Darstellung im Mittelpunkt stehenden Impulsen zur Formierung der Staatsnation gut beobachten. Zwar galt der Einsatz für die deutsche Einheit – so der Sprachgebrauch der 1830er Jahre – als „politisches Verbrechen", weil dadurch die bestehende Bundesverfassung umgestoßen würde, aber die einmal erfolgte Nationalisierung ließ sich auch mit Polizeigewalt nicht mehr steuern, geschweige denn ungeschehen machen. Sie blieb latent erregbar. Während der 1840er Jahre im Vorfeld der Revolution erreichte sie nach Zielrichtung und Tragweite eine neue Qualität.

Zur Zielrichtung: Bisher hatten unter den Mustern nationaler Konzepte in Deutschland der Verfassungspatriotismus und der funktionale Nationalismus des Völkerfrühlings dominiert, während der integrale Kulturnationalismus, wie er in der überhitzten Arndtschen Rhetorik während der Befreiungskriege sichtbar geworden war, eine Ausnahme bildete. „Integral" meint hier die einigende Wirkung als Sammlungsideologie nach innen, die gleichzeitig des äußeren Feindes bedurfte. Nun verschoben sich die Gewichte, indem die Anhänger der deutschen Nationalbewegung ihre typischen Eigenschaften immer mehr in Abgrenzung zur französischen und dänischen Politik aufspürten und befestigten. Unabhängig davon entdeckte die religiöse Avantgarde der Rationalisten, Deutschkatholiken und Lichtfreunde das Nationale als neues Bindemittel, nachdem sie aus der Orthodoxie der überkommenen Konfessionen geflüchtet waren.

Zur neuen Tragweite: Die bisher eher diffuse Nationalbewegung begann, sich immer mehr als „organisierter gesellschaftlicher Nationalismus" (Dieter Düding) zu verdichten. Erkennbar gewann die Nationalisierung um so mehr an sozialer Breite, je mehr sie sich in Vereinen und organisierten Bewegungen verfestigte. Das zeigt der folgende Vorgang.

### *a) Die internationale Orientfrage als Ferment nationaler Leidenschaften: die Rheinkrise*

Die politischen Mächtebeziehungen in Europa folgten nach dem Wiener Kongreß von 1815 formal den Prinzipien des Gleichgewichts, inhaltlich den Maximen der Legitimität und Stabilität. Auf deutsche Verhältnisse übertragen, wurden sie oft als „Metternichsches System" charakterisiert. Zu Anfang der 1820er Jahre war dieses Ineinander von Außen- und Innenbeziehungen begleitet von Militärinterventionen in den revolutionierten Staaten des europäischen Südens. Die Griechische Frage, die 1829, manifestiert im Frieden von Adrianopel, die Ostmächte Österreich und Rußland entzweit hatte, sowie die belgische Revolution und nachfolgende Unabhängigkeit Belgiens im Jahre 1830 durchkreuzten jene mächtige europäische Vierer-Allianz, die sich ursprünglich 1815 gegen das revolutionäre Frankreich gerichtet hatte. Aber dieses System der Balance, das expansive Tendenzen Frankreichs verhindern sollte, war nicht tot. Im Jahre 1840 lebten in Westeuropa Erinnerungen an die Französische Revolution, die napoleonischen Kriege und den Kampf um die Rheingrenze auf.

Das hing mit der Orientpolitik Frankreichs zusammen. Sie war eines der sich häufenden Beispiele im 19. Jahrhundert, wie außenpolitische Ereignisse auf dem Wege über die entstehende politische Öffentlichkeit in die innere Politik zurückwirkten und dadurch neue außenpolitische Konflikte stifteten.

Die Türkei gehörte zum europäischen System des Gleichgewichts. Die Schwäche dieses riesigen Reiches, sein Zerfall gar, drohten die bisherige Verteilung der politischen Gewichte einseitig zu verschieben. Den Anstoß gab der vom Sultan abhängige Vizekönig Mehmed Ali von Ägypten. Er versuchte, auf Kosten der Türkei ein großes arabisches Erbreich im Vorderen Orient zu errichten. Bereits 1832 hatte er durch einen Krieg der Türkei

Syrien abgezwungen, und nur das Eingreifen Rußlands verhinderte die endgültige Niederlage der Türkei.

Im Jahre 1839 unternahm Mehmed Ali einen neuen Vorstoß; das alarmierte die europäischen Großmächte. Frankreich unterstützte die ägyptische Politik in der Tradition Napoleons; überdies schien das Engagement in Ägypten auch die seit 1830 betriebene Algerienpolitik zu verankern, denn Frankreich versuchte sich machtpolitisch stärker in Nordafrika festzusetzen. Damals am Ende der Bourbonenmonarchie hatte der französische Außenminister Polignac eine innenpolitische Krise durch außenpolitische Erfolge zu kompensieren versucht, bis er darüber in der Julirevolution scheiterte. Diese ehrgeizige Politik erneuerte der französische Ministerpräsident Adolphe Thiers.

Als die militärische Niederlage der Türkei abzusehen war, schalteten sich Rußland, England und Österreich ein. Jede Macht folgte eigenen Interessen, die sich aber in der Gemeinsamkeit des Gleichgewichts bündelten: Der Zar wollte die Kontrolle über den Bosporus gewinnen, England unter seinem Ministerpräsidenten Lord Palmerston mochte die imperialen Verbindungen nach Indien nicht durch eine ägyptische Macht blockiert sehen, welche von Frankreich abhängig war, und Metternich folgte den altbekannten Prinzipien des europäischen Gleichgewichts und Legitimismus. Preußen schlug sich auf seine Seite.

Als Frankreich isoliert dastand, lebte die Erinnerung an die kaum eine Generation zurückliegende große antinapoleonische Koalition von 1813 wieder auf. Durch Verhandlungen in London – ohne Beteiligung Frankreichs – kamen die fünf Mächte (Rußland, England, Österreich, Preußen und die Türkei) im Vertrag vom 15. Juli 1840 zu einer Einigung: Das Osmanische Reich blieb erhalten; Mehmed Ali mußte Syrien räumen, das er seit 1832 besetzt hielt. Allerdings wurde ihm die erbliche Herrschaft über Ägypten zugestanden. Im Herbst 1840 begannen die Mächte, dieses Programm durchzusetzen, und die Regierung der französischen Julimonarchie sah sich außenpolitisch isoliert.

In der französischen Öffentlichkeit wurden die Erinnerungen an 1813 lebhaft propagiert. Die Macht der öffentlichen Meinung nahm gewissermaßen die Politik der Regierung ins Schlepptau. Die Orientkrise weitete sich zu einer nationalen Prestigefrage aus. Von verletzter Nationalehre war in den Debatten der Abgeordnetenkammer die Rede. Eine gewaltige publizistische Kampagne bemächtigte sich fast der gesamten bürgerlichen Presse in Frankreich. Eine im September 1840 erschienene Schrift bündelte die Erinnerungen. Sie stammte von Edgar Quinet und hatte den Titel „1815 et 1840“; sie propagierte die These, die innenpolitische Stagnation der Julimonarchie hänge mit ihrer außenpolitischen Schwäche zusammen. Frankreich müsse sich wieder auf seine revolutionäre Tradition besinnen. Dabei trat eine folgenschwere Themenverschiebung ein: Wohl ausgelöst durch die napoleonischen Erinnerungen, war plötzlich nicht mehr der Orient, sondern die Rheingrenze das Ziel. Der Ruf, Frankreichs natürliche Grenze zurückzugewinnen, ertönte in der Presse.

Ministerpräsident Thiers konnte sich dieser Kampagne schwer entziehen und richtete seine Politik gegen zwei der beteiligten Londoner Vertragspartner, gegen Preußen und Österreich. Mit aktiven Rüstungsmaßnahmen im Osten Frankreichs zur Rheingrenze hin versuchte er, die beiden deutschen Mächte unter Druck zu setzen und eine Revision des Londoner Vertrags zu erreichen. Dieses Waffengeklirre verlor an Wirksamkeit, als im Oktober 1840 Mehmed Ali militärisch geschlagen war. Der riskante Kurs von Thiers gefährdete letztlich aber die Julimonarchie insgesamt, so daß sich König Louis Philippe zu einer Kabinettsumbildung entschloß. Er entließ Thiers und ernannte den Historiker Guillaume Guizot zum Nachfolger. Dieser knüpfte unverzüglich an die traditionelle Europapolitik Metternichs an, so daß Frieden und Stabilität der europäischen Ordnung gewahrt blieben.

Hätte es sich im Jahre 1840 allein um Außenpolitik gehandelt, wäre damit die gesamte Orientkrise erledigt gewesen. Hier zeigte sich eine neuartige Erscheinung des 19. Jahrhunderts, daß letztlich nicht mehr die Kabinette und Generäle den Gang zwischenstaatlicher Konflikte besiegelten – die Freiheitskriege von 1813 hatten diesen Wandel bereits angedeutet –, sondern daß Politik mit Rücksicht auf die öffentliche Meinung gemacht werden mußte, wobei diese eine Eigendynamik entwickelte und die traditionellen Kabinette unter Druck setzte. Diese Konstellationen wiederholten sich fortan in der deutschen ebenso wie in der französischen Politik in Schüben, etwa 1848, wieder 1859, als es abermals eine Rheinkrise gab, dann erneut anläßlich des Deutsch-Französischen Krieges von 1870, wiederum bei der Flotteneuphorie und Propaganda des Wilhelminischen Kaiserreichs sowie letztlich beim Ausbruch des Ersten Weltkriegs. Öffentliche Leidenschaften entwickelten sich fortan zu einem besonderen und nicht mehr gering zu schätzenden Faktor in der Politik, was in England übrigens angesichts der dort herrschenden Pressefreiheit traditionellerweise schon längst bekannt war.

### *b) Rheinliedbewegung und Umrisse des organisierten Nationalismus*

Als sich der aufkommende Zorn in der französischen Presse gegen die europäischen Verträge von 1815 richtete und den Ruf nach dem Rhein als Grenze laut werden ließ, war damit ein Reizthema angesprochen, das in der deutschen Öffentlichkeit ein unerwartet vielstimmiges Echo hervorrief. Vor allem Sänger und Turner betätigten sich nun als Vorkämpfer für „den freien deutschen Rhein".

Der sonst völlig unbedeutende kleinstädtische Autor Nikolaus Becker schlug mit seinem Lied „Der deutsche Rhein" gewissermaßen den zündenden Funken. Das Lied ist nach Bildlichkeit und Diktion simpel, hat einen leicht eingängigen Rhythmus und einen unkomplizierten Aufbau. Aber es wirkte wie „das rechte Wort im rechten Augenblick und war sofort in aller Munde“ (Irmline Veit-Brause). Seine erste Strophe lautet:

> „Sie sollen ihn nicht haben,
> den freien deutschen Rhein,
> ob sie wie gier'ge Raben,
> sich heiser darnach schrei'n.“

Das Lied erschien am 18. September 1840 in der Trierischen Zeitung und nahm dann dem Schneeballsystem ähnlich seinen Lauf durch die deutschen Zeitungen; es brach eine regelrechte „Sie-sollen-ihn-nicht-haben-Manie“ aus, die alle territorialen und ständischen Grenzen überschritt. König Friedrich Wilhelm IV. von Preußen bot Becker ein Stipendium für weitere juristische Studien oder eine damals heiß begehrte Stelle im mittleren Justizdienst an. Juristische Studien lehnte Becker aus Gesundheitsgründen ab, so erhielt er ein Geschenk von 1000 Talern. König Ludwig I. von Bayern übersandte Becker mit einem lobenden Begleitschreiben einen Silberpokal. Man sang das Lied auf den Straßen, in den Kasinos und Salons. Unter den mehr als dreißig Vertonungen gab es auch eine von Robert Schumann.

Eine Flut gleichgesinnter patriotischer Lieder folgte. Auch das „Lied der Deutschen“ des Heinrich Hoffmann von Fallersleben entstammte dieser Stimmung. Auch er bot die nationalen, angeblich „deutschen“ Requisiten Wein, Weib, Gesang und deutsche Dome. Alles erschien etwas martialisch verpackt, und „Volk“ bezog sich hier nicht auf Volkssouveränität und Konstitutionalismus. „Frei“ bedeutete hier, unabhängig von einer fremden Macht zu sein, also defensiv – wie auch anders, wo es doch den deutschen, einigen nationalen Staat nicht gab?

Man wird sich auch hüten müssen, in diese nationalen Bekundungen unzeitgemäß einen imperialistischen Chauvinismus hineinzulesen. Hoffmann, ein freisinniger Demokrat, der vor und nach 1848 mehrfach polizeilichen Nachstellungen ausgesetzt war, hatte sein Lied im August 1841 auf dem damals noch englischen Helgoland gedichtet. Diese Lyrik beschwor die herbeigewünschte geeinte Nation angesichts der Realität des Deutschen Bundes. Diesen konnte man nicht mehr als Vaterland begreifen. Die Grenzen der Nation wollte man landschaftlich sprachnational abstecken, „von der Maas bis an die Memel“, ohne lange darüber zu sinnen, ob dabei möglicherweise die Interessen anderer Nationalitäten betroffen seien. Genauso riefen die Franzosen nach „ihrem“ Rhein. Welche Konflikte dieses Denken barg, stellte sich erst heraus, als man sich tatsächlich ans Grenzenziehen machte und gemischt besiedelte Gebiete zum Nachteil der jeweils anderen Nation beanspruchte. Das geschah in der Paulskirche, als man die Ausmaße von „Großdeutschland“ als politischem Gebilde erörterte.

Jedoch darf man bei aller historisch relativierenden Einordnung nicht die aggressiven Töne übersehen, die seit 1840 die Emotionen zwischen Deutschen und Franzosen zunehmend zu vergiften begannen. Arndt hatte wieder einen lebhaften Anteil daran. Er schrieb ein Lied „Als Thiers die Wälschen aufgerührt hatte". Darin rief er nicht nur zur Verteidigung Deutschlands auf, sondern zur Wiedereroberung von Elsaß und Lothringen. Er prägte die berüchtigten Zeilen: „So klinge die Losung: zum Rhein! übern Rhein!/All Deutschland in Frankreich hinein!" Dieser Zeile verdankte der spätere „Alldeutsche Verband" des Zweiten Kaiserreichs seinen Namen.

Das nationale Pathos fand aber auch seine Kritiker und Spötter. Mehrfach wurde das Rheinlied parodistisch nachgedichtet. Als man es eine „deutsche Marseillaise" nannte, gar statt dessen „Colognaise" vorschlug, schrieb ein Spötter, richtiger müsse das Lied heißen „Geilenkirchaise", da doch der Dichter aus Geilenkirchen stamme. Nachdenklichere Intellektuelle wie Heinrich Heine, Arnold Ruge oder Karl Marx blickten angesichts der nationalen Woge nach Frankreich und mahnten, die dortigen Errungenschaften wie Verfassungsstaat und Bürgerrechte nicht zu verachten.

Mit solchem Liedgut als Rüstzeug breitete sich in der erregten politischen Atmosphäre seit 1840 die Bewegung der Männergesangvereine geradezu explosionsartig aus. Unter dem Diktum des absoluten Parteienverbots von 1832 erlaubten sie es, sich unter dem Deckmantel des Gesangvereins patriotisch zu betätigen und trotzdem politisch harmlos zu erscheinen. Der Gesangverein teilte in der Tat wichtige Elemente mit den politischen Vereinen: Er organisierte und betätigte sich öffentlich; seit 1827 jährlich erst in Süddeutschland, dann aber ab 1845 auf nationaler Ebene fanden Sängerfeste statt. Weit über 1000 Teilnehmer versammelten sich in Würzburg (1845), Köln (1846) und Lübeck (1847). Köln wurde erstmals unter verkehrsstrategischen Gesichtspunkten gewählt, weil es von Nord und Süd so schnell mit der Eisenbahn oder der Dampfschiffahrt zu erreichen war. Nationale Organisation wurde zugleich zu einem kommunikativen Ereignis.

Die in den 1840er Jahren auflebende Schleswig-Holstein-Frage verstärkte zusätzlich den integralen Nationalismus. Das national überspannende Band war hergestellt, als der Schleswig-Holsteinische Gesangverein im deutschen Süden in Würzburg 1845 unter großer Begeisterung das vielstrophige Schleswig-Holstein-Lied vorgesungen hatte. Viel war darin die Rede vom „Vaterland", von „wanke nicht" und „stehe fest" und „harre aus" oder „bleibe treu".[247] Die Männergesangvereine faßten, ausgehend vom deutschen Süden, im Westen, Norden, schließlich auch in Österreich und Böhmen Fuß. Die Selbstgewißheit, Deutscher zu sein, begrenzte sich zu dieser Zeit noch keineswegs auf das Gebiet, das später „Kleindeutschland" oder gar „Preußen-Deutschland" unter Ausschluß Deutsch-Österreichs hieß. Rund 1100 solcher Vereine mit etwa 100000 Mitgliedern sollen vor der Revolution von 1848 im deutschsprachigen Raum verbreitet gewesen sein.[248]

Hier zeichneten sich die Umrisse einer nationalen Massenorganisation ab. Anders als auf dem spontanen, regional begrenzten Hambacher Fest 1832 agierten die organisierten Patrioten mit dem Blick für die nationale Weite. An den Sängern lassen sich geradezu beispielhaft jene Bedingungen herausstellen, die es erlauben, bereits vor 1848 von einer *organisierten* nationalen Bewegung in Deutschland zu sprechen: Vereine bildeten den formalen Halt; jeder Gesangverein strebte durch Aufführungen und Feste nach Öffentlichkeit; immer neue Vereinsgründungen trieben die geographische Ausbreitung in nationale Weite; überregionale Kommunikation wurde durch die periodischen Sängerfeste hergestellt; die Vereine hielten sich sozial offen und benutzten nationale Symbole wie die deutschen Farben und Fahnen; schließlich hingen sie kulturnationalen Vorstellungen und dem politischen Ziel nationalstaatlicher Einheit an.

Die Turnvereinsbewegung erfüllte gleiche Voraussetzungen, nachdem auch sie in den 1840er Jahren erneuten Auftrieb erhielt. In Preußen hatte Friedrich Wilhelm IV. durch besondere Kabinettsordre im Jahre 1842 das Turnen an den Gymnasien wieder erlaubt. Seitdem gewann in einer zweiten großen Gründungswelle die Turnerschaft an die 100000 Mitglieder: Sie ist als zweite große nationale Massenbewegung vor der Revolution faßbar. Die Turner reichten weit über die in der Burschenschaft organisierten Studenten hinaus, die ja zwangsläufig vorwiegend auf die Universitätsorte angewiesen waren. Konnten die Studenten als sozial homogene Gruppe mit ihrem hohen Elan als Jugendbewegung zweifellos dem Eliten-Nationalismus zugerechnet werden, erreichten die Turner den bereits berufstätigen bürgerlichen, handwerklichen und kaufmännischen Mittelstand.

Die neuere Forschung hat außerdem die deutschkatholische Bewegung als eine wichtige Form nationaler Assoziation entdeckt. Ihr Urheber, Ronge, und seine Anhänger erstrebten eine deutsche Nationalkirche, die sich in jährlichen nationalen Konzilien zusammenfand. Man rechnet mit annähernd 70000 bis 80000 Mitgliedern in rund 240 Gemeinden.

Sozial besehen erschlossen die Massenbewegungen der Sänger, Turner und Deutschkatholiken dem nationalen Selbstverständnis neue Schichten. Sie erfaßten nun Mittelständische und Kleinbürger, also Kaufleute, Gewerbetreibende, Handwerker, Kleinmeister und Gesellen, aber auch bürgerliche Intelligenz wie Advokaten, Mediziner, Lehrer, Schriftsteller und Publizisten. Im Vormärz der 1840er Jahre entstand somit ein nationales Kommunikationsnetz, in dem personelle Querverbindungen zwischen Deutschkatholiken, Turnern, Burschenschaftern und führenden Sängerfunktionären existierten.

### *c) Friedrich Wilhelm IV. als mißverstandener nationaler Hoffnungsträger*

Es gehört zu den Merkwürdigkeiten der Geschichte, daß zwei voneinander unabhängige, aber parallel stattfindende Ereignisse sich in der Wirkung steigern und damit Entwicklungen plötzlich eine vermehrte Dynamik verleihen können. Das geschah durch die sogenannte Orientkrise und den preußischen Thronwechsel des Jahres 1840, nachdem Friedrich Wilhelm III. gestorben war. Die nationalistische Rheinkrise und das innenpolitische Tauwetter, das die deutschen Staaten mit dem Thronantritt Friedrich Wilhelms IV. erfaßte, verstärkten sich zu einer Bewegung, die sich als umfassende Krise der bestehenden politischen Ordnung herausstellte. Die Ereignisse der 1840er Jahre, die Häufung von Konflikten in den Bereichen von Verfassung und Gesellschaft, erschütterten die Glaubwürdigkeit der traditionellen überkommenen Regierungstechniken. Vom Adligen über den Bürger der Bildung, des Handwerks und der Industrie bis hin zum Landmann und Landlosen breitete sich eine mehr oder weniger diffuse Sicht der Dinge aus, es müsse grundlegend anders werden; etwas ganz Neues müsse an die Stelle des Lavierens von einem Kleinstaat zum nächsten kommen. Das Versagen des alten Systems schien offenkundig. In dieses Erwartungsvakuum stieß später die revolutionäre Bewegung der Märztage 1848.

Für Deutschland erschien das erstaunlich, da eine lebhafte öffentliche Meinung zu politischen Fragen unter den Bedingungen der Zensur kaum einen Spielraum hätte finden dürfen. Hierin kündigte sich bereits an, daß den deutschen Einzelregierungen die Zügel zu entgleiten begannen. Die drohende aggressive Politik aus dem Westen rief eine ungeheure Welle nationaler Leidenschaft und patriotischen Protests wach. Die nationalen Bekundungen, zuvor geprägt von Vorstellungen des Völkerfrühlings, des Philhellenismus und der Polenfreundschaft, verengten sich zu einem aggressiv-kämpferischen Tenor, den es ja auch schon 1813 gegeben hatte.

Mit der Rheinkrise wurde das Nationale gesellschaftsfähig. Es durchbrach die Schranken der Zensur und tönte fortan die politische Erregung der 1840er Jahre. Die Auseinandersetzung um Schleswig-Holstein ließ die nationalen Wogen nur noch höher steigen.

Friedrich Wilhelm IV. griff diese Bewegung auf, machte sich gleichsam zu deren Fürsprecher. Rheinromantik, Abwehr der französischen Rheinbedrohung, Worte vom „Brudersinn aller Deutschen“ und von der Einigkeit der Fürsten und Stämme, der deutschen Nation waren in der Festansprache des Königs zu hören. Das mußte Hoffnungen beleben. Überhaupt erweckte der Thronwechsel in Preußen selbst bei kritischen Publizisten, deren Bücher auf der Verbotsliste standen, überschwengliche Zuversicht. Einer von ihnen, Gustav Bacherer, hielt 1842 Rückschau auf die Entwicklung des Deutschen Bundes seit 1815 und erkannte im Fürsten Metternich die Seele des seitdem herrschenden Unterdrückungssystems, während er die Gründung des Zollvereins als nationale Tat Preußens feierte und Friedrich Wilhelm IV. als freisinnigen und hochgebildeten König pries.

Die ersten Regierungsmaßnahmen, mit denen der König die Herrschaft einleitete, gaben durchaus Grund zu hochfliegenden Hoffnungen. Er begann mit Handlungen der Versöhnung: Er amnestierte politische Häftlinge, bewirkte, daß die Frankfurter Zentraluntersuchungsbehörde ihre Tätigkeit einstellte; Arndt, der ehemals als „Demagoge" Verfolgte, durfte wieder in Bonn lehren; Jahn, der angebliche „Verführer der Jugend" und Turnvater, wurde rehabilitiert. Drei der Göttinger Sieben erhielten Anstellungen in Preußen, Friedrich Christoph Dahlmann an der Universität in Bonn, Jacob und Wilhelm Grimm an der Berliner Akademie der Wissenschaften. Im Herbst 1842 berief der König eine Delegation, die aus der Mitte der acht Provinziallandtage gewählt wurde. Diese Vereinigten Ausschüsse mit 96 Vertretern der Ritterschaft, der Städte und Landgemeinden erschienen wie eine Vorwegnahme des kommenden preußischen Nationalparlaments. Der Kölner Kirchenstreit wurde beigelegt.

Was zunächst als Freisinn und Ausdruck des Liberalismus erschien, entpuppte sich allmählich als Bündel halbherziger Konzessionen, die – wenn es ums Grundsätzliche ging – immer wieder zurückgenommen wurden. Es gab doch wieder Entlassungen von Professoren und Privatdozenten: Bruno Bauer in Bonn, Karl Ludwig Nauwerck in Berlin und Hoffmann von Fallersleben in Breslau. Vor allem in der Verfassungsfrage blieb der König unnachgiebig. Dem besorgten Metternich schrieb er im Dezember 1844: „Ich will bestimmt und entschieden 1. keine Nationalrepräsentation, 2. keine Charte, 3. keine periodischen Fieber, d.h. periodische Reichstage, 4. keine Reichtagswahlen, [...] weil ich König von Preußen bleiben, weil ich Preußens Stellung in Europa nicht umwerfen will".[249]

Der kritische Zeitbeobachter Varnhagen von Ense hatte bereits im Sommer 1842 die wankelmütige, nach Popularität haschende, aber im Prinzip unnachgiebig monarchische Haltung des Königs durchschaut. Er schrieb in sein Tagebuch: „Mittelalter, Liberalismus, Kirchlichkeit, Aufsichtsstrenge und Preßfreiheit, Adelsvorliebe und Bürgerlichkeit, alles läuft nebeneinander her, und Maß und Ziel fehlen in allem".

Doch die gesellschaftliche Entwicklung überholte auch das antikonstitutionelle Preußen mit einem ebenso geprägten Monarchen an der Spitze. Die Provinziallandtage, eingerichtet als Blockade gegen eine Gesamtstaatsvertretung, forderten nun eben eine solche. Der Bau einer Eisenbahn nach Ostpreußen war nicht mehr finanzierbar ohne Staatsschulden. Aber Schulden aufzunehmen war nach dem Staatsschuldengesetz von 1820 nur möglich, wenn der König Reichsstände, also quasi ein Parlament einberief. Am 3. Februar 1847 erließ Friedrich Wilhelm IV. ein Patent, das einen Vereinigten Landtag versammelte. In seiner eröffnenden Thronrede rief der König tiefe Verstimmung und bittere Kritik der Öffentlichkeit hervor, als er gelobte, nimmermehr zulassen zu wollen, „daß sich zwischen unserem Herr Gott im Himmel und dieses Land ein beschriebenes Blatt gleichsam als eine zweite Vorsehung eindränge, um uns mit seinen Paragraphen zu regieren und durch sie die alte, heilige Treue zu ersetzen."[250] Diese Einstellung prägte das Verhalten des Königs gegenüber dem Konstitutionalismus, wenn er auch erzwungenermaßen Ende 1848 für Preußen eine Verfassung hinnahm, sie freilich 1850 revidieren und durch verfassungsfeindliche Aktionen seiner politischen Polizei in Preußen unterlaufen ließ. 1847 wich er dem Verfassungskonflikt aus, indem er den Vereinigten Landtag auflöste, nachdem die Abgeordneten den Staatsschulden für die Ostbahn nach Königsberg nicht zustimmten, solange sie nicht die Gewähr hatten, der Landtag würde zu einer dauerhaften Institution. Der König experimentierte, gab der konstitutionellen Bewegung Auftrieb, ohne sie befriedigen zu können, zog dann zurück und hinterließ Enttäuschung. Das Gefühl der Frustration und Stagnation wurde zu einem wesentlichen Impuls, in den Märztagen endlich eine Wende der Verhältnisse herbeizuwünschen.

Während in Preußen in den 1840er Jahren der Weg zum Verfassungsstaat scheiterte, erlebten die süd- und mitteldeutschen Staaten, wo es bereits Verfassungen gab, zahlreiche parlamentarische Kämpfe, und diese versuchten in der Regel, die Grenzen des Konstitutionalismus auszuloten und die Befugnisse des Parlaments gegenüber der Regierung auszuweiten. In Bayern kritisierte der Landtag das Gebaren König Ludwigs I., mit öffentlichen Mitteln umzugehen. Man verurteilte die Finanzpolitik der „Erübrigungen“, wie man es nannte, also die Praxis, Einsparungen im laufenden Staatshaushalt beliebig für andere Zwecke, vor allem für die Kunstpflege, zu verwenden. Der König sah darin einen Angriff auf das monarchische Prinzip, berief als neuen Minister Karl von Abel, und dieser machte dem Landtag das Leben schwer: Liberalen Beamten und Advokaten verweigerte er die Beurlaubung, um sie davon abzuhalten, das Mandat anzutreten. Gleicher Mittel bedienten sich die leitenden Minister in Baden, Württemberg und Hessen-Darmstadt.

Dabei gerieten die Landtage zunehmend unter den Druck sozialer Spannungen. Nach Ausweis differenzierter Protestanalysen markierten die frühen 1840er Jahre eine deutliche Schwelle, hinter der sich die Zahl sozialökonomisch bedingter Unruhen vervielfachte. Nach den Mißernten der Jahre 1845 und 1846 ergriff Deutschland noch einmal eine Ernährungs- und Teuerungsnot jenes alten agrarischen Typs. Eine Welle sozialen Protests erfaßte im Frühjahr 1847 Deutschland. In Berlin, Ulm, Stuttgart, Tübingen, in Pommern, Ost- und Westpreußen sowie in Sachsen stürmte die Bevölkerung die Marktstände und Läden, um die Kartoffelhändler anzugreifen. Hier kristallisierten sich die städtischen Aktionsträger von 1848 heraus: die kleinen Handwerker, Handwerksgesellen, Lehrlinge, insgesamt die beruflich in Ausbildung Stehenden, weniger die Bauern und Tagelöhner; doch nicht allein die Ökonomie lenkte den Ausbruch der Revolution, sonst hätte sie schon im Frühjahr 1847 stattfinden müssen, nicht aber im März 1848, als sich die Ernährungslage wieder konsolidiert hatte. Hier mußten sehr viel mehr Faktoren zusammentreten, um jene Bewegung auszulösen, die dann die meisten Staaten des europäischen Kontinents erfaßte.

# IV. Die Revolutionen von 1848/49

## 1. Europäische Zusammenhänge

Seit 1789 erschütterten Europa Revolutionen, so daß sich zeitgenössischen Historikern wie Georg Gottfried Gervinus oder Karl Hagen für die erste Hälfte des 19. Jahrhunderts die Erfahrung eines europäischen Revolutionszeitalters einprägte. Dazu rechneten sie die von Spanien 1820 ausgehende, Portugal, Italien und Griechenland erfassende Revolutionswelle ebenso wie die erneute Erschütterung im Juli 1830 in Paris, als Mitteleuropa abermals revolutionäre Aufstandsbewegungen sah. Gervinus erkannte darin sogar in Anlehnung an Hegels Geschichtsphilosophie einen Fortschritt der Menschheit zu immer mehr Freiheit, angestoßen durch die „Glorious Revolution" von 1688 in England, fortgesetzt durch die Amerikanische und die Französische Revolution, bis die Bewegungen dann Mittel- und Südeuropa erfaßten, indem sie sich immer mehr räumlich ausweiteten und an sozialer Tiefe gewannen. Die Revolutionen von 1848/49 bildeten in dieser Kette den Höhepunkt.

Auch die moderne Geschichtsforschung erkennt den tieferen Zusammenhang der Epoche zwischen 1789 und 1848, sieht sie aber nicht mehr lediglich beherrscht von immer stärker vorwärtstreibenden fortschrittlichen Kräften, hat sie doch zunehmend eine aus dem 18. Jahrhundert noch herüberreichende Krise des Ancien Régime entdeckt, deren Ausläufer in Form überkommener wirtschaftlicher und sozialer Traditionen den neuen, durch den Bevölkerungsdruck verstärkten Problemen nicht mehr gewachsen waren.

Man versteht Dynamik, Entfaltung und Scheitern der deutschen Revolution nicht, wenn man ihre Abhängigkeit von den zeitgleichen Bewegungen in den anderen europäischen Staaten vernachlässigt. Der Blick nach Paris reicht dabei nicht aus. Zweifellos ging von dem Sturz Louis Philippes im Februar 1848 in Frankreich ein wichtiger Anstoß auch für die deutschen Ereignisse aus. Aber ehe der Umsturz in Paris ausbrach, hatte die Spannung und Unruhe der 1840er Jahre den Umschlag in erste revolutionäre Aktionen gefunden, zunächst in dem Schweizer Sonderbundskrieg. Im Kampf der konservativen mit den liberalen Kantonen obsiegten im November 1847 die liberalen, und sie verwandelten die ehedem staatenbündische Schweiz in einen Bundesstaat mit fester Zentralgewalt und einer Bundeshauptstadt in Bern. Die Eidgenossenschaft vollzog dabei jenen entscheidenden Schritt im Nationbildungsprozeß, den deutsche Liberale und Demokraten auch vom Deutschen Bund erhofften. Überdies blieben diese

Erfolge nicht ohne Wirkung auf die revolutionär gesonnene Opposition im deutschen Südwesten. Dort riefen die Organisatoren von Freischaren auf, nach dem Vorbild der Schweiz eine deutsche Freiheits- und Einheitspolitik zu verfolgen.

Die internationale Situation begünstigte die Schweiz, die immerhin eigenmächtig die Regelungen der Wiener Verträge von 1815 umgestoßen hatte. Aber die militärischen Kräfte Österreichs, das am meisten geneigt war, einzugreifen, waren in den habsburgischen Einflußzonen in Italien gebunden.

Seit dem Pontifikatswechsel im Jahre 1846 befand sich das Land auf dem Wege einer nationalen Sammlung, und der neue Papst Pius IX. erschien zunächst als Schirmherr dieses Aufbruchs. Erste Aufstände richteten sich bereits im September 1847 gegen die absolutistischen Einzelherrscher. Am 27. Januar 1848 war die Revolution im Süden Italiens erfolgreich: Der König von Neapel-Sizilien versprach als erster Souverän Italiens eine Verfassung. Schon am 16. Februar 1848 wurde sie erlassen. Dieses Beispiel beschleunigte wiederum die Entwicklungen im übrigen Italien; noch im Februar erhielten Florenz und das andere Königreich im Norden, Sardinien-Piemont, gleichfalls Verfassungen.

Es ist also falsch, die 1848er Revolutionen ausschließlich bei einer auf Frankreich zentrierten Blickweise von Paris ausgehend zu deuten. Die Schweiz und wesentliche Teile Italiens waren bereits revolutioniert, bevor der Pariser Umsturz erfolgte, der dann seinerseits die Unruhen in Wien auslöste, so daß die österreichische Herrschaft in Oberitalien – in Lombardo-Venetien – vollends zusammenbrach. Am 17. und 18. März 1848 erhoben sich die Venezianer und Mailänder und drängten den österreichischen Feldmarschall Johann Graf Radetzky samt Garnisonskräften aus Mailand zurück bis zur Etsch. Nun begannen sich auch in den übrigen Teilen der Habsburgermonarchie die Nationalitäten zu regen: in Krakau die Polen, im Preßburger Reichstag die Ungarn, schließlich auch die Tschechen in Prag. Nicht jede Nationalität zielte von vornherein auf einen eigenen, autonomen Staat, aber der Wunsch nach mehr Autonomie innerhalb der Monarchie war unverkennbar.

Versucht man, die tieferen Triebkräfte aller dieser revolutionären Bewegungen zu abstrahieren, wird man von vier Grundgegebenheiten auszugehen haben:

1. Die unerfüllten bürgerlichen Forderungen nach politischer Teilhabe trieben die Staaten der monarchisch-legitimistischen Restauration seit 1815 um; seit 1830 gewannen vor allem in Frankreich, Spanien, Italien und in den deutschen Staaten die bürgerlichen Oppositionskräfte an Gewicht. Das Typische der Revolutionen lag darin, daß sie zugleich als Verfassungsbewegung auftraten. Sie mündeten in die Verkündigung und Garantie einer Verfassung – vorneweg in der Eidgenossenschaft, dann in Neapel, Florenz und Piemont, später auch in Rom, Venedig und in der Frankfurter Pauls-

kirche, ganz abgesehen von den deutschen Einzelstaaten, die ihre vorhandenen Verfassungen demokratisierten.

2. Die Verfassungsbewegungen waren überformt durch Bestrebungen nach nationaler Selbstbestimmung und Unabhängigkeit, verkörpert in der deutschen, polnischen, tschechischen, ungarischen und italienischen Nationalbewegung.

3. Die vorindustrielle Strukturkrise hatte den Glauben an die bestehenden politischen Systeme ausgehöhlt. Die gefährliche Entwicklung verwies auf die Krise handwerklicher Berufe, die Auswirkungen der Übervölkerung sowie die anfangende Proletarisierung in Großstädten, vor allem in den Residenzen, schließlich auf die Verarmung weiter Teile des flachen Landes und in den Kleinstädten, von den Zeitgenossen als „Pauperismus" registriert.

4. Die aktuellen, europaweiten Hunger- und Teuerungskrisen der Jahre 1845 bis 1847 verliehen der angestauten Unruhe einen zusätzlichen, wenn nicht entscheidenden Impuls zur Aktion.

Es mischten sich mithin Demokratisierungstendenzen, Nationalisierung und sozioökonomischer Konfliktstau. Die plötzliche Beschleunigung politischer Vorgänge, die schnellste Erfüllung von Forderungen, die kurz zuvor noch als Hochverrat geahndet worden wären, schließlich die sich verselbständigende Volksbewegung prägten sich den Zeitgenossen als ungeheuerlich ein, nachgerade als „toll", so daß die Rede vom „tollen Jahr 1848" bald umging.

Die neuere und neueste Forschung ist der Vielzahl einzelner Bestrebungen lokal, regional, auf verschiedenen Handlungsebenen nachgegangen und tut es weiterhin. Vorschnelle Urteile über Chancen, Ziele, Triebkräfte und Gründe des Scheiterns abweisend, hat sich das Urteil von der „Komplexität von 1848" (Dieter Langewiesche) durchgesetzt.

## 2. Handlungsebenen und Kräfteverhältnisse

Die vielgestaltigen Motive der Unruhe und Unzufriedenheit riefen im Moment ihrer Freisetzung zugleich eine gigantische Hoffnung hervor, durch eine tiefgreifende Reform, durch neue Männer und zeitgemäße Institutionen, durch eine volksnähere Politik insgesamt könnten alle Gebrechen der Zeit mit einem Mal behoben werden. Wo solche zukunftsorientierten Hoffnungen emporfliegen, bleiben Enttäuschungen nicht lange aus. Sie traten im weiteren Fortgang der Revolution dann auch hervor.

In der Stunde der Einigkeit – nicht der Einheit – liefen die vier „Märzforderungen" durchs Land: 1. Volksbewaffnung mit freien Wahlen der Offiziere, 2. unbedingte Pressefreiheit, 3. Schwurgerichte nach dem Vorbild Englands, 4. sofortige Herstellung eines deutschen Parlaments.

Überblickt man die Vorgänge aus dem historischen Abstand, frappiert die Gleichzeitigkeit des Ungleichzeitigen auch hier: das Ineinander von Traditionalität und Modernität. Gleichlaufende Aktionen konnten widersprüchlichen Motiven folgen; städtisch bestimmte, von Handwerkern getragene Volksunruhen ereigneten sich neben traditionalen Agrarrevolutionen mit Bauernumzügen ganzer Dorfgemeinschaften, und diese verliefen wiederum neben „modernen", hochgradig organisierten Massenbewegungen mit zielgerichteter Petitions-, Vereins- und Versammlungstätigkeit. Die Wucht gleichzeitigen Auftretens wie im März 1848 gehorchte nicht einem einzigen Plan, etwa dem Konzept einer sogenannten „bürgerlich-demokratischen Revolution".

Nicht nur die Verschränkung von Traditionalität und Modernität, nicht nur das Gewicht rückwärtsgerichteter Utopien im revolutionären Gewand prägten die Eigenart der Revolution, sondern auch das für die Revolutionsdynamik wichtige Spannungsverhältnis zwischen Peripherie und Zentrum. Damit ist gemeint das Verhältnis zwischen Frankfurt als Sitz der Nationalversammlung mit der Provisorischen Zentralgewalt und den politischen Kraftzentren in den Einzelstaaten, die Beziehung zwischen großstädtischer Residenz, Stadt, Kleinstadt, ländlicher Kommune und flachem Land.

Die Protestforschung hat den Blick für die unterschiedlichen sozialen Erwartungshorizonte der Revolutionsbeteiligten und für die Handlungsfelder der Revolution überhaupt freigegeben. Trotzdem finden sich immer noch Charakterisierungen zu 1848, die in ihrer Wertung einseitig von der Paulskirche geprägt sind, diese dabei überdies auch verzeichnen, indem sie Klischees wiedergeben, mit denen bereits Zeitgenossen die Tätigkeit des Parlaments verächtlich machten wie: „Schattengefechte", „Tragikomödie", „geisterhaftes Wirken des Rumpfparlaments", „Traum vom Nationalstaat", „Versammlung einiger idealistischer Liberaler" und „Uferlosigkeit der Professorendebatten".[251] Solche Urteile ignorieren Spielräume und Handlungsebenen der Revolution.

### *a) Die Basisrevolution*

Besonders während der März- und Apriltage trat das Handlungsfeld der Basisrevolution in den Vordergrund des Geschehens; sie äußerte sich in allen deutschen Staaten mit spontanen und unkoordinierten Volksbewegungen. Das geschah auf den Straßenbarrikaden in Berlin und Wien und verlieh der Revolution den oft geleugneten gewalthaften Ausdruck; mehr noch taten sie sich aber in friedlicher, wenn auch lautstarker Weise kund auf Protestversammlungen vor Rathäusern und Residenzen, auf Volksversammlungen, aus deren Mitte Resolutionen hervorgingen. Sie zeigten sich aber auch im Aufbruch ganzer Dorfgemeinschaften vor die Schlösser der Standesherrn und riefen bei den Fürsten das Schreckbild von Bauernrevolutionen und überhaupt der Empörung des „Volks" hervor, worunter man die städtischen und ländlichen Unterschichten verstand. In der Bewegung der Basisrevolution waren alle Schichten des Volkes zu sehen; auch sozialrevolutionäre Töne wurden laut, schaute man auf die Gewaltaktionen in den Vorstädten Wiens, wo sich lang angestauter Unmut der Unterschichten Gehör verschaffte.

Es trifft Tragweite und Bedeutung der Bewegung, wenn man sie als Fundamentalpolitisierung der Bevölkerung versteht. Das registrierten schon die Zeitgenossen wie etwa der Redakteur der „Breslauer Zeitung", der seine Verwunderung am 23. März 1848 in die Worte faßte: „Noch vor acht Tagen verhielt sich der größte Teil unserer Bevölkerung in betreff politischer und sozialer Fragen ganz indifferent; jetzt interessiert sich alles für die Tagesfragen, und es ist etwas ganz Gewöhnliches, Männer aus der untersten Klasse des Volkes, ja selbst Frauen über politische und soziale Fragen so klare und gesunde Ansichten entwickeln zu hören, als wenn sie darüber jahrelange Studien gemacht hätten."[252] Das wird im Pathos der ersten Märztage etwas übertrieben sein, dokumentiert aber doch die soziale Tiefenwirkung der revolutionären Bewegung. Die durchdringende Politisierung blieb auch nach der Revolution als dauerhaftes Phänomen präsent und abrufbar, in den 1860er Jahren etwa, als die angesprochenen Frauen nach ersten Anfängen 1848 zu öffentlichkeitswirksamen Interessenvertretungen gelangten.

Diese Massenbewegungen der Straße verhalfen der 1848er Politik überhaupt erst zum Durchbruch. Schaut man genau auf die Träger dieser Basisrevolution, wird man der verbreiteten Charakterisierung der Erhebung von 1848 als „bürgerlich-demokratischer Revolution" nur wenig abgewinnen können. Genauere Untersuchungen über die Art der Protestfälle während der März- und Apriltage vermitteln ein klareres Bild der Träger revolutionärer Handlungen. Ländlich bestimmte Aktionen der Bauern und Unterschichten hatten einen Anteil von 35%. Diese Agrarrevolution weckte Erinnerungen an die Bauernkriege von 1525 und die nie abreißende Kette sozialer Tumulte und Aufstände von der Frühen Neuzeit bis in den Vormärz. Mehr als jede städtische Unruhe schreckte die Fürsten, wenn sich der „gemeine Mann" erhob. Die ländliche Bevölkerung stand im Revolutionsjahr am Ende des sogenannten Feudalzeitalters. Überkommene bäuerliche Lasten und Abgaben, die auf dem grundherrlichen Herrschaftsverband ruhten, waren seit Anfang des 19. Jahrhunderts nur schleppend und unvollständig aufgehoben worden. In der Revolution wurde dieser Prozeß der „Bauernbefreiung" wesentlich beschleunigt und in den beiden nachfolgenden Jahrzehnten vollends zum Abschluß gebracht. Da auch die Regierungen der Reaktionsära die Ergebnisse der Revolution auf dem Agrarsektor akzeptierten, kann sie in dieser Beziehung nicht als gescheitert angesehen werden.

Die Bauern, vor allem die Kleinbauern, zeigten in ihren Aktionen dabei ein auffallend zwiespältiges Verhalten, indem sie in revolutionärer Situation einer rückwärtsgerichteten Utopie anhingen und sich dabei doch einer modernen Begrifflichkeit bedienten. Der kulturkritische Beobachter Riehl hatte das als kundiger Zeitgenosse im Nassauischen wahrgenommen. Dort tauchte das Gerücht auf, die Bauern seien Anhänger des Kommunismus. Dieser Verdacht hatte einen realen Erfahrungshintergrund. Streulaub und Leseholz zu sammeln war seit undenklichen Zeiten Sache der ganzen Gemeinde gewesen; auch Kleinstbauern hatten ein Anrecht auf die Nutzung des dörflichen Gemeindebesitzes, der Allmende. Mit der modernen Umwandlung genossenschaftlicher Verhältnisse des Gemeindeeigentums in privatwirtschaftliche Formen war während des Vormärz die Allmende an die wohlhabenderen Bauern aufgeteilt worden. Die Kleinstbauern verloren ihre Nutzungsrechte, die ihnen von alters her besonders in extremen Notzeiten ein Existenzminimum sichern halfen, und es fehlte ihnen das neuzeitliche Rechtsbewußtsein, wonach Eigentum die ausschließende Herrschaft über eine Sache bedeutete. Sie fühlten sich unrechtmäßig enteignet und entwikkelten ihre eigene Vorstellung von „Communismus". Riehl schrieb, es habe sich „angesichts der alten Gerechtsame [gemeint ist die Allmende] eine sehr kommunistische Auffassung über das Waldeigentum bei den Bauern vererbt [...]. Und als dieser Gedanke beim Ausbruche der Volksbewegung des Jahres 1848 sofort den gesamten Nassauer Bauernstand durchzuckte, lag ihm viel weniger eine revolutionäre als eine konservative Tendenz zugrunde".[253] Im gleichen Sinne sind die umlaufenden Reminiszenzen an die Bauernaufstände von 1525 zu begreifen. Auf Flugblättern brachten sie ihre Forderungen gar in der Form der „Zwölf Artikel der Bauernschaft" vor.

Konservative Revolutionäre – das erscheint nur verständlich, wenn der besondere bäuerliche Erfahrungshintergrund gegenwärtig ist, der seine Grenzen fand in der konkreten dörflichen Lebenswelt, religiös geprägt, ohne weite politische Perspektive, aber reich an Erfahrungen im Umgang mit der grundherrlichen Gewalt. Die Bauern assimilierten ihrem Vorstellungsvermögen bürgerlich geprägte Begriffe und ließen sich – in augenscheinlicher „Begriffsverwirrung", wie es schon die Zeitgenossen nannten – teilweise zur Tat mobilisieren. „Preßfreiheit" hieß für sie Freiheit von Pressionen und Verweigerung jeglicher Dienste und Abgaben. So, wie die in den Dörfern umlaufenden Begriffe bei Revolutionsbeginn zu Aktionen ermunterten, blieben diese Bauern später untätig, als sie über ihre „Begriffsverwirrung" aufgeklärt waren oder aber, nachdem sie, wie im Wiener Reichstag, ihre Forderungen nach Dienst- und Abgabenentlastung hatten durchsetzen können und sich befriedigt vom Revolutionsgeschehen zurückgezogen hatten. Detaillierte Protestanalysen haben erwiesen, daß die Bauern als aktiver einflußreicher Revolutionsträger bereits im Herbst 1848 während der zweiten Revolutionswelle ausgeschieden waren. Dennoch förderte die neueste Revolutionsforschung bürgerlich-bäuerliche Aktionseinheiten wie in Schlesien, der Lausitz, in Nassau, Baden oder Franken zutage, welche bäuerliches politisches Urteil über den Dorfhorizont hinaus offenbarten.

Zur Basisrevolution zählten auch die städtischen Unterschichten, zu denen Handarbeiter, Lehrlinge, Gesellen, verarmte Handwerker gehörten, die in den Märztagen allesamt zu rund 20% von der Gesamtzahl der Protestaktionen vertreten waren. In die Handlungen mischten sich auch Arbeitskonflikte: Im April gab es eine Streikwelle, die oft zu handfesten Auseinandersetzungen in Fabriken und besonders beim Eisenbahnbau führte. Diese Arbeiter im weitesten Sinne begleiteten mit ihren Konflikten die Revolution noch zu 10%. An den Maschinenstürmen bekundete sich, ähnlich wie bei den Bauern, traditionales Handeln im revolutionären Gewand. Die Masse der Arbeiter kam 1848 jedoch nicht aus den Fabriken, auch nicht vom Eisenbahnbau, sondern aus der kleingewerblich-handwerklichen und dörflichen Lebenswelt.

Einander widersprechende Sozialkonzepte konkurrierten miteinander: rückwärtsgewandte Industriefeindlichkeit, zweckgerichtete Sozialpolitik in autonomen Selbsthilfeassoziationen und Strategien revolutionären Systemwandels, wie sie etwa der „Bund der Kommunisten" anstrebte. Das alles lief teilweise unverbunden nebeneinanderher oder lähmte sich wechselseitig. Hellsichtige Arbeiter wie etwa Autoren in der „Zeitung des Arbeiter-Vereines zu Köln" hielten den spontanen Gewalttätigkeiten den Aufruf entgegen, sich durch aufgeklärtes, politisch organisiertes Handeln in Gesellschaften den Fabrikanten entgegenzustellen, um einzelne ihrer Interessen gesetzlich garantiert zu bekommen. Die Revolution förderte die Klassenbildung und die Bereitschaft, sich als Arbeiterbewegung zu organisieren.

Die Gruppen der Bauern, Handwerker und Arbeiter umfaßten unter den Revolutionsbeteiligten rund 66% oder zwei Drittel. Das bedeutete: Die meisten Aktionsträger der Basisrevolution waren unmittelbar von sozialen, wirtschaftlichen Krisen der vorausgegangenen Zeit geprägt und gehörten vorwiegend unter- oder außerbürgerlichen Schichten an, wenn auch – wie bei den Handwerksgesellen und Lehrlingen – teilweise mit kleinbürgerlichem Bewußtsein.

Ein Blick auf die Opfer von Barrikadenkämpfen verdeutlicht diese Beobachtung. Die damaligen preußischen Behörden hatten eine Übersicht der Opfer angefertigt, welche im März auf den Barrikaden in Berlin gefallen waren. Die kleinen Handwerker, die Gesellen und Lehrlinge sah man an der vordersten Front. Das Bild wird bestätigt durch vergleichbare Aufschlüsselungen von Barrikadenkämpfen in Frankfurt und Wien. Die jahrzehntealte Krise des Handwerks fand darin ihren sichtbaren Ausdruck.

Diese Kleinhandwerker, Gesellen und aufstiegsorientierten Lehrlinge verstanden sich aber nicht als Proletarier, sondern als entrechteter Mittelstand. Sie waren im Frühjahr 1847 bereits als Aktionsträger während zahlreicher Hungertumulte in Deutschland in Erscheinung getreten und hatten einem Beobachter den Kommentar abgenötigt, es seien keineswegs die wahrhaft Hungernden, sondern heruntergekommene kleine Handwerker,

Handwerksgesellen, Lehrlinge und Frauen auf den Wochenmärkten, insgesamt Personen, die durch eine eigene Bildungslaufbahn Bauern und Tagelöhnern überlegen waren.

Die Basisrevolution verschaffte nun Männern in der Öffentlichkeit und vor allem bei den Regierungen Gehör, die fortan als Vertreter des Bürgertums das Bild der Revolution prägten, einfach, weil sie ihr Worte verliehen. Das erste Mal und geradezu idealtypisch geschah das am 27. Februar 1848 auf der großen Volksversammlung in Mannheim. Der Anwalt Friedrich Hecker, der Hofgerichtsrat Adam von Itzstein sowie der Buchhändler Friedrich Daniel Bassermann traten als Redner auf und mußten die Versammlung zur Ruhe mahnen, sie davon abhalten, mit einer Petition nach Karlsruhe zu marschieren und dort vom Großherzog die Lossagung vom Deutschen Bund zu fordern. Der Anwalt Gustav von Struve fand schließlich die zündenden Worte. Er verfaßte eine Adresse an die Regierung in Karlsruhe und stellte darin erstmals die vier berühmten „Märzforderungen" auf, die nun in Windeseile ihren Weg durch ganz Deutschland machten und in jeder Gemeinde erhoben wurden. In ihnen bündelten sich die schlechten Erfahrungen der Restauration und des Vormärz. Sie dokumentierten zugleich, daß die Basisrevolution einer weiteren Ebene des Handelns, der Presse und dem Vereinswesen, Spielraum verschaffte.

### *b) Organisierte politische Öffentlichkeit: Presse und Vereine*

Die fürstlichen Kabinette sahen sich allenthalben genötigt, Pressefreiheit zu gewähren und die freie Bildung von politischen Vereinen zuzulassen. Es entfaltete sich sprunghaft eine außerparlamentarische politisch-publizistische Öffentlichkeit von nationaler Weite. Ansätze dazu während der Freiheitskriege 1813 und im Umkreis der Julirevolution von 1830 waren zuvor stets an den scharfen Bundesmaßnahmen gescheitert. Anders als die spontanen Volksversammlungen und Protestaktionen orientierten sich Presse und Vereine auf Stetigkeit hin; sie bedurften dauerhafter Strukturen.

Für die Presse versank eine Zeit, die ihre Techniken zur Kontrolle politischer Blätter beständig perfektioniert hatte. Die im Dezember 1848 separat verkündeten Grundrechte der Frankfurter Nationalversammlung nahmen es mit der Pressefreiheit als Grundrecht besonders genau, weil sie alle zuvor erlittenen Unfreiheiten ganz sicher ausschließen wollten und noch einmal das ganze Spektrum der Repressionsmittel dokumentierten: Zensur, Entzug der Gewerbekonzession, Kautionsleistungen, Staatsauflagen wie Stempelsteuern, Beschränkungen der Druckereien oder des Buchhandels und Postverbote.

Die Fundamentalpolitisierung ließ sich auch an der Provinzpresse ablesen. Der „Dortmunder Anzeiger" vom 25. März 1848 schrieb etwa: „Die Bürger Dortmunds haben jetzt zu verlangen, daß ihr Anzeiger ihnen nicht bloß Rat gibt, wenn sie Butter und Bücklinge kaufen wollen, sondern auch, wie sie am besten für das Wohl der Stadt und des Vaterlandes zu handeln haben."[254] Dortmund war nun gewissermaßen überall. Die Provinzzeitungen brachten die kleine und große Politik in die heimatlichen Gemeinden. Zählungen in dem damaligen Blätterwald haben mindestens 1700 Zeitungen nachgewiesen. Das läßt auf ein dichtes, bis in dörfliche Gemeinden reichendes Informationsnetz schließen, das durch Gemeinschaftsabonnements noch enger geknüpft war. In fast allen Regionen wurden mehr Zeitungen gegründet, als dort zuvor bestanden hatten. Freilich verteilten sich die Neugründungen nicht gleichmäßig flächendeckend, sondern konzentrierten sich auf die größeren Städte.

Insgesamt eröffnete sich ein Meer an Informationen und Bekundungen, welche die moderne Forschung noch kaum in Angriff genommen, geschweige denn bewältigt hat. Die Dimensionen mag ein Blick in die preußische Rheinprovinz verdeutlichen: In Köln bestanden Anfang 1848 acht Blätter; in den folgenden drei Jahren kamen 20 neue Blätter hinzu. In der gesamten Rheinprovinz existierten Anfang 1848 sechsundachtzig Zeitungen. Bis Ende 1850 kamen weitere 122 Neugründungen hinzu. Anfang 1848 entfielen 9,3% aller rheinischen Blätter auf den Verlagsort Köln; bei den Neugründungen waren es 16,4%, und solche Bilanzen lassen sich in gesteigerten Dimensionen für alle deutschen Metropolen wiederholen.

Die Zeitungen wirkten wie ein Seismograph; sie registrierten öffentliche Stimmungen und dokumentierten, daß die zuvor ziemlich homogene, durch die Zensur geförderte Oppositionshaltung der Presse nunmehr zerfiel. Die Presse folgte dem allgemeinen Vorgang, der die deutsche Gesellschaft seit den Märztagen in öffentlich konkurrierende Interessengruppen gliederte. Nicht die große, ungeteilte freiheitlich-nationale Einheitsmeinung, sondern deren Auffächerung in widerstrebende Richtungen war die neue Zeiterfahrung. Praktizierte Meinungsfreiheit wurde zwangsläufig öffentlicher Meinungskampf, in den sich Spott, Kritik, Belehrung, Rat und Urteil, erfüllt durch lebhafte Leidenschaften, einmischten.

Nach einigen Wochen der Gewöhnung und des Staunens stellten sich erste Bedenken und Räsonnements ein, wo denn die Schranken zügelloser „Preßfrechheit" seien. Besonders Buchhändler und Buchdrucker klagten über das Massenschrifttum, das ihren Produkten den Markt streitig machte. Das ging sogar so weit, daß Wiener Buchhändler im November 1848 an den Fürsten Schwarzenberg für die erfolgreiche Niederschlagung der Wiener Oktoberrevolution eine Dankadresse richteten. Wie Bauern und Handwerker offenbarten auch Teile des gewerblichen Bürgertums ihre unterschiedlichen Erwartungshorizonte. Wo beispielsweise der Berliner Buchhändler Julius Springer unter persönlichem Risiko der Kerkerhaft für Freiheit des Buchhandels gefochten hatte, befürworteten auf der anderen Seite Teile seiner Standeskollegen die Einschränkung eben dieser Freiheit. Insgesamt hatte die Presse einen Prozeß der Meinungsbildung in Gang gebracht, der sich in der nachfolgenden Reaktionsära kurzzeitig dämpfen, unter günstigeren Bedingungen aber jederzeit wieder beleben ließ. Auch das war eine bleibende Revolutionserfahrung.

Der andere Pol innerhalb dieses Prozesses öffentlicher Meinungsbildung lag bei den politischen Vereinen, die sich teilweise auch ihre eigenen Blätter schufen. Auf sie wurde bereits im ersten Teil im Zusammenhang mit dem langen Weg der Parteibildung in Deutschland eingegangen.

### *c) Die Parlamente*

Alle Regungen der Basisrevolution, der Presse und der Parteien drängten auf politischen Einfluß, und diesen sah man konzentriert in den Landtagen und in der Frankfurter Nationalversammlung. Es wird oft übersehen, daß im Revolutionsjahr nicht nur in Frankfurt, sondern auch in München, Stuttgart, Oldenburg, Bremen, Altenburg usw. getagt wurde, eben überall dort, wo es Verfassungen gab oder wo solche noch beschlossen werden sollten. In Berlin trat ein Landtag zusammen, der sich Nationalversammlung nannte, in Wien hieß er Reichstag, und beide Namen dokumentieren den Anspruch, eine Staatsnation zu verkörpern. Konflikte mit dem deutschen Parlament in Frankfurt konnten da nicht ausbleiben. In Berlin und Wien tagten konstituierende Versammlungen, denn sie hatten überhaupt erst einmal eine Verfassung neu auszuarbeiten. In der Regel aber revidierten die einzelstaatlichen Landtage eine bereits vorhandene Verfassung. Hier ist zu bedenken: Die meisten Landtage des Revolutionsjahres waren noch unter dem alten Modus des Zensuswahlrechts gebildet worden und repräsentierten immer noch ihre alte vormärzliche Zusammensetzung, die keineswegs eine energische revolutionäre Politik verhieß. Unter dem Druck der Verhältnisse mußten sie nun das Recht an die neuen Gegebenheiten anpassen. Die Märzforderungen, vor allem Presse-, Vereinsfreiheit und Schwurgerichte, erhielten ihre gesetzliche Form. Beim Wahlrecht mußte der Zensus fallen. In allen Landtagen förderten bis in den Sommer 1849 hinein die Beschlüsse eine Demokratisierung der Rechtsverhältnisse.

Insgesamt läßt sich an den parlamentarischen Versammlungen in der Revolution von 1848 ein durchgehender Vorgang der Verrechtlichung beobachten, nämlich das Bestreben, die spontane politische Bewegung in rechtliche Bahnen zu lenken. Die eigentlich revolutionäre Versammlung des Jahres tagte Ende März im Frankfurter Vorparlament: Ohne gesetzlichen Auftrag und ohne unmittelbare Legitimation hatten die dort versammelten Abgeordneten aus den einzelstaatlichen Landtagen beschlossen, es sollten Wahlen zu einem deutschen Parlament stattfinden; sie klärten den Wahlmodus und das Procedere, bildeten dazu einen Ausschuß von fünfzig Männern, welche die Durchführung der Wahlen konkret vorzubereiten hatten.

Daneben existierte aber noch weiterhin der Frankfurter Bundestag. Die gesamte vom Vorparlament ausgegangene Bewegung erhielt erst dadurch eine rechtliche Bestätigung, daß sich der Bundestag die Beschlüsse des Fünfziger-Ausschusses zu eigen machte und sie zu Bundesbeschlüssen erhob! Folglich wurde die Frankfurter verfassungsgebende Nationalversammlung, die am 18. Mai 1848 in der Paulskirche zusammentrat, kraft eines Bundestagsbeschlusses einberufen und gewählt. Nachdem das Frankfurter Parlament eine Provisorische Zentralgewalt als deutsche Regierung eingesetzt hatte, löste der Bundestag sich selbst auf, indem er seine Kompetenzen an die Zentralgewalt abtrat. Die Versammlung in der Paulskirche stellte sich auf den Boden der Volkssouveränität und nahm sich das Recht zur Gesetzgebung. Ihre einzelnen Gesetze wurden im Reichsgesetzblatt publiziert, so auch die im Dezember beschlossenen und vor Fertigstellung der Reichsverfassung publizierten Grundrechte: Sie wurden – wenigstens ihrem Anspruch und ihrer Rechtsqualität nach – unmittelbar geltendes Recht.

Ebenso verfuhren die Landtage auf Landesebene. Sie hielten sich für befugt, die Verfassung zu ändern, und die Fürsten gaben den neuen Gesetzen ihre Zustimmung. Das absorbierte zwar viele politische Energien, die im deutschen Föderalismus untergingen. Andererseits vermittelten diese in rechtlichen Bahnen erfolgenden Veränderungen den Zeitgenossen ein Gefühl der Sicherheit. Vor allem im Bürgertum folgte man dem Ziel, „die Revolution zu schließen", wie man sagte, und deren Errungenschaften rechtlich zu sichern.

In den Parlamenten dominierte das Bürgertum. Es bildeten sich moderne Parlamentsfraktionen, und diese standen durch ihre Abgeordneten mit den Wahlkreisen und der Bevölkerung unmittelbar in Verbindung. Dabei blieben auch Spannungen zwischen Basis und Gewählten nicht aus. Gegenüber der Paulskirche entlud sich im September 1848 ein heftiger Unmut aus der Bevölkerung, als während der Diskussion über die Schleswig-Holstein-Frage die Nationalversammlung Gefahr lief, durch einen revolutionären Aufstandsversuch gesprengt zu werden.

Wenn auch bereits die Zeitgenossen wie etwa der republikanische Dichter Georg Herwegh die Paulskirche als ein „Professorenparlament" verspotteten, ändert das doch nichts daran, daß dieses Urteil falsch ist. Nach der beruflichen Stellung war die Nationalversammlung ein Beamtenparlament, nach der Ausbildung ein Akademikerparlament (mehr als 600 hatten eine Universitätsausbildung erfahren), nach der vorherrschenden Ausbildung aber war es ein Juristenparlament. 491 oder 60% der Abgeordneten hatten eine akademische rechtswissenschaftliche Ausbildung hinter sich. Man könnte noch schärfer formulieren: Die Mehrheit verdankte ihre Grundbegriffe und Wertungen über den Staat ihrerseits dem Staat.

Die neuere Forschung hat sich genauer für die konkreten Abläufe und Meinungsbildungsprozesse innerhalb des Parlaments interessiert. Es erwies sich, daß die Abgeordneten keineswegs unpraktische Theoretiker waren. Früher bekrittelte man die einhergehenden Konflikte und Fraktionierungen. Daraus sprach noch das alte Vorurteil gegenüber dem sogenannten Parteienstreit. Er gehört notwendig zum Repräsentativsystem, und Fraktionen zu formen, um die Willensbildung zu vereinfachen, entspricht eher dem Vorgehen von Praktikern als individualistischen Theoretikern. Nach damaliger Verfassungstheorie in Frankfurt bildeten Regierung und Parlament eigentlich getrennte Organe. Die Reichszentralgewalt setzte sich zusammen aus dem Reichsministerrat und dem Ministerpräsidenten als Vorsitzendem. Aber nicht das Parlament, sondern der Fürst ernannte die Minister: der gewählte Reichsverweser Erzherzog Johann. Das entsprach dem System des Konstitutionalismus, der die Regierung nicht unmittelbar an den Willen des Parlaments band. Allerdings begann auch in Frankfurt die Nationalversammlung mitzuregieren; sie beeinflußte massiv Um- und Neubildung der Regierung im September 1848 im Zusammenhang mit der Krise um Schleswig-Holstein. Sie theoretisierte nicht, sondern wirkte unmittelbar in die Politik hinein, und die Minister wurden aus den Reihen des Parlaments genommen. Deutschland befand sich 1848 auf dem Weg zum Parlamentarismus.

Die Paulskirche bewältigte fast alle zum parlamentarischen Leben gehörenden Probleme: Sie hatte sich auseinanderzusetzen mit dem Einfluß kleiner, ausschlaggebender Minderheiten, etwa bei der Fraktion um den Abgeordneten Heinrich Simon, die eine Brücke schlug zwischen zwei ursprünglich nicht mehrheitsfähigen Fragen. Indem man das Erbkaisertum mit dem allgemeinen Wahlrecht koppelte, fand es über einen parlamentarischen Kompromiß die Mehrheit. Vorausgegangen war eine Politik mit wechselnden Mehrheiten, mit blockierenden Negativkoalitionen. Das Problem der Fraktionsdisziplin kollidierte erstmals mit der Freiheit des Abgeordnetenmandats. Auch der Einfluß außerparlamentarischer Interessenverbände ist greifbar, die sich als Lobbies mit Petitionen und Anträgen an ihre Abgeordneten wandten: die Handwerker, die Bauern, die Unternehmer und Fabrikanten, sei es als Freihändler oder als Schutzzöllner, die Lehrer und viele andere Berufsverbände. Die Paulskirche wurde auf diese Weise Hoffnungsträger und sah sich entsprechend einem gewaltigen außerparlamentarischen Druck der Öffentlichkeit ausgesetzt. Es zeugt von politischer Reife, daß sie trotz immenser äußerer und innerer Schwierigkeiten in scheinbar ausweglosen Situationen gleichwohl zu parlamentarisch vermittelten Kompromissen gelangte. Auch ein Zerbrechen des Parlaments an inneren Gegensätzen hätte plausibel erscheinen können. Statt dessen einigte es sich auf die Reichsverfassung vom 28. März 1849, die die modernste Verfassung im damaligen Europa war. Kein anderer europäischer Staat hatte überdies ein so weit gefaßtes demokratisches Wahlrecht.

Die Reichsverfassung sollte das einlösen, was die Bundesverfassung bisher immer vermissen ließ: Schutz des Bürgers vor staatlicher Willkür und Herstellung staatsbürgerlicher Gleichheit durch einen umfangreichen Grundrechtskatalog sowie eine starke Reichsgewalt; die Außenpolitik und der Oberbefehl über das Reichsheer gingen in die Hoheitsgewalt des Reiches über. Einheit des Handels und Verkehrs, der Zölle, Münze und Post sollten den geschlossenen Wirtschaftsraum vorbereiten. Die Gesetzgebungsgewalt des Reichstages mit dem Grundsatz „Reichsrecht bricht Landesrecht", die für alle Einzelstaaten verbindlichen Grundrechte aller Reichsbürger und ein Reichsverfassungsgericht verliehen der Staatsorganisation stark unitarische Züge.

Doch Prinzipien aus der Zeit des Bundes wirkten kräftig nach. Alle Pläne, die Zahl der Kleinstaaten durch erneute Mediatisierungen zu verringern, scheiterten. Die im Föderalismus begründete Polarität zwischen Zentral- und Ländergewalt kam im Aufbau des Reichstages zum Ausdruck, der sich in ein Volkshaus und ein Staatenhaus gliederte. Das Staatenhaus zollte zu einem Teil der alten Bundesversammlung Tribut, indem die Hälfte seiner Mitglieder durch die jeweiligen Landesparlamente, die andere Hälfte aber durch die Landesregierungen zu benennen waren. Auf diese Weise konnten sich die ehemaligen Bundestagsgesandten zu Vertretern der Landesregierungen in der Ersten Kammer des Reiches verwandeln.

Noch deutlicher knüpfte die Reichsverfassung in ihrer Definition, was denn nun Deutschland sei, an den Deutschen Bund an. Ihr erster Paragraph lautete: „Das Deutsche Reich besteht aus dem Gebiete des bisherigen Deutschen Bundes". Die Parlamentarier, emporgetragen durch eine Revolution, verfielen nicht den großdeutschen Träumen mancher Redner, welche den Einflußbereich des neuen Reiches bis in die Ukraine hin ausdehnen wollten. Abgesehen von den Gebieten Ost- und Westpreußen, Posen und Schleswig, die durch besondere Beschlüsse dem Reichsverband inkorporiert wurden, existierte die deutsche Einheit vom territorialen Bestand her bereits seit 1815. Denn das Grundgesetz des Bundes, die Bundesakte von 1815, bezeichnete in der Präambel als Absicht seiner Gliedstaaten die „feste und dauerhafte Verbindung für die Sicherheit und Unabhängigkeit *Deutschlands*". Staatsrechtlich war Deutschland seit 1815 nicht mehr zu einigen. Es war als solches auch völkerrechtlich anerkannt. Die wichtigsten europäischen Staaten hatten beim Bundestag in Frankfurt Gesandte akkreditiert. Die nationale Einigung, von der man 1848/49 sprach, war im wesentlichen die Einheit im Innern, die innere Nationbildung. Nicht zuletzt deshalb waren die europäischen Mächte 1848/49 auch bereit, die angestrebte nationale Staatsgründung hinzunehmen.

Für Österreich änderte die Reichsverfassung folgerichtig auch nichts an dem Charakter der ehemals bundesfremden Gebiete, die zwar zur Habsburgermonarchie, nicht aber zum Bund gehört hatten. Die Reichsverfassung sah den Beitritt Österreichs nur mit seinen deutschen Gebieten vor, wobei „deutsch" und ehemals „bundeszugehörig" gleichgesetzt wurden, mochten auch starke andere Nationalitäten wie etwa Tschechen, Slowaken oder Italiener als Minderheiten dort ansässig sein. Faktisch zerschnitt diese Reichseinigung die Habsburgermonarchie, weil die ehemals bundeszugehörigen und bundesfremden Gebietsteile nun eine jeweils eigene Verfassung, Regierung und Verwaltung bekommen sollten. Das folgte zwingend aus dem Nationalstaatsprinzip, wenn die staatliche Verbindung nicht mehr Staatenbund, sondern Bundesstaat heißen sollte. „Großdeutsch" bedeutete 1848/49, die Habsburgermonarchie in ihrem einen Teil auf den Rahmen des Deutschen Bundes zu reduzieren, also zum Torso zu machen.

Es war die österreichische Seite, konkret die Politik des Ministerpräsidenten Felix Fürst zu Schwarzenberg, die diese Option – Bundesstaat nur unter Einschluß der Deutsch-Österreicher zu werden – scheitern ließ. Es ist müßig, darüber zu spekulieren, wie die deutsche Geschichte verlaufen wäre, wenn sich Deutsch-Österreich unter Einschluß seiner böhmischen, mährischen und Südtiroler Regionen als Staat mit eigener Verfassung im Reichsverband konsolidiert hätte und es zugleich den Weg der außenstehenden Nationalitäten – der Ungarn, Polen, Slowaken, Italiener, Slowenen und Kroaten – zu eigener Verfassung und mehr Autonomie freigegeben hätte. Daß dieser Weg prinzipiell unvermeidlich war, scheint als erster Schritt der österreichisch-ungarische Ausgleich von 1867 zu bestätigen, der unter dem Dach einer gemeinsamen Monarchie beiden Teilen der Monarchie getrennte Verfassung, Regierung und Verwaltung zugestand. Das geschah freilich in den 1860er Jahren, als Österreich im Jahre 1861 nach der harschen Phase des Neoabsolutismus selbst den konstitutionellen Weg beschritten hatte.

### *d) Die Märzministerien*

Mit dem Ausbruch der Märzrevolution beriefen die Fürsten Bürgerliche und liberale Adlige aus den Kreisen der Opposition in ihre Kabinette. Es entstanden die sogenannten „Märzministerien". Damit verhalfen die Fürsten der vormärzlichen Opposition in den Landtagen zur Regierung. Die Umbildung der Kabinette schien den lang erhofften Durchbruch des Bürgertums anzuzeigen. Da sie durch das Wort der Fürsten geschah, fehlte es auch nicht an Legalität. Es war die Fortentwicklung auf dem bisherigen „Rechtsboden".

Auf breite Kreise des Bürgertums mußte es beruhigend wirken, fortan konstitutionelle Politik zu betreiben und zugleich den „Willen des Volkes" zu hören. So viel schien erreicht, daß es an der Zeit war, „die Revolution zu schließen".

Die Märzministerien zeigten das Bürgertum an der Macht, und hier war nun ein charakteristischer Wandel zu beobachten. Aus der ursprünglich kompakten Märzbewegung kristallisierten sich die unterschiedlichen Interessenlagen heraus. Vor Ausbruch der Revolution ist in Teilen des Bürgertums eine Strategie nachweisbar, sich den sozialen Protest für die eigene Politik dienstbar zu machen und den Fürsten mit der Revolution zu drohen. Das betraf das Verhältnis des Bürgertums zur Basisrevolution. Die

Revolutionsereignisse selbst leiteten dann seit dem März 1848 für den konstitutionell-liberalen Mittelstand einen klassendifferenzierenden Lernprozeß ein. Mittelstand und unterbürgerliche Schichten wurden in vielen Bereichen in der Folgezeit zu politischen Gegnern.

Das zeigte sich bereits im April 1848 nach Bildung der Märzministerien, als Friedrich Hecker in Baden die Republik ausrief und die Revolution in diese Richtung weitertreiben wollte. Angesichts der fortdauernden Protestaktionen aus den Unterschichten wuchsen im Bürgertum starke Bedrohungsängste. Das Gespenst vom „Kommunismus", von „roter Republik" und die Furcht vor drohendem Jakobinertum, wie ehemals 1789, durchzogen zunehmend auch die Debatten der Frankfurter Nationalversammlung. Schlagwortartig stand Anarchie gegen Ordnung, und die überlieferten persönlichen Zeugnisse in Briefen und Memoiren sind zu zahlreich, um an einer wachsenden Sorge vor den unterbürgerlichen Schichten zu zweifeln. Sie verstärkte sich besonders nach den Septembermorden an den Paulskirchenabgeordneten Hans von Auerswald und Felix von Lichnowsky sowie nach dem auf der Straße öffentlich verübten Mord an dem österreichischen Kriegsminister Theodor Graf von Latour.

Die Morde in Frankfurt wurden gedeutet als ein Attentat auf die neue Verfassungsordnung, weil sie an Vertretern des frei gewählten deutschen Parlaments geschahen. Auch an diesem Punkt eröffnete sich in der 1848er Bewegung ein Problem, das zur Geschichte von Verfassungen gehört: das ihres Schutzes. Die Paulskirche erließ am 10. Oktober 1848 ein „Reichsgesetz zum Schutze der verfassunggebenden Reichsversammlung", ein Verfassungsschutzgesetz. Die Zentralgewalt ihrerseits befahl den Einzelstaaten eine allgemeine polizeiliche Überwachung des politischen Vereinswesens. Dem kamen die meisten Staaten mit großer Gründlichkeit nach; in ihren Recherchen des Winters 1848/49 sammelten sie bereits über die vorhandenen Vereine einen guten Teil des Aktenmaterials an, das den neuen Amtsinhabern während der nachfolgenden Reaktion zur Durchführung der Vereinsunterdrückung diente.

Außerdem verwandten die neuen Märzregierungen ihre exekutive Gewalt vorwiegend darauf, gegenüber fortbestehenden revolutionären Errungenschaften „Ruhe und Ordnung" herzustellen. Es gab eine Vielzahl kleinerer militärischer Einsätze, die für die einzelnen deutschen Staaten in Summe und Wirkung bisher noch unerforscht sind. Auch die Reichszentralgewalt beteiligte sich wesentlich daran, denn sie warf alle ihre machtpolitischen Möglichkeiten in die Waagschale, um fortdauernde Aufstandsbewegungen niederzuschlagen. Das zeigten die Maßnahmen im September und Oktober 1848. Denn die Reichszentralgewalt als Rechtsnachfolgerin des Deutschen Bundes konnte nun über die Bundestruppen verfügen, so etwa über die preußischen und österreichischen Kontingente in der nahen Bundesfestung Mainz. Am 18. September verhängte der Reichsverweser den Belagerungszustand über Frankfurt; er setzte das Kriegsrecht in Kraft und suspendierte alle Vereine dort. Gegen Widerstand drohte er mit dem Standrecht. Überdies zog die Zentralgewalt die ihr verfügbaren Bundestruppen in fünf Beobachtungslagern zusammen: bei Ulm, am Mittel- und Oberrhein, bei Frankfurt und in Thüringen „zur schnellen und kräftigen Unterdrückung anarchischer Bewegungen und Aufstände", wie es hieß. Freilich war die Zentralgewalt dabei auf das Einverständnis der Einzelstaaten angewiesen; da diese aber das gleiche Interesse teilten, stand dem Einsatz der Truppen nichts im Wege. Zentralgewalt und Märzministerien erfüllten dabei, ohne vermutlich die ganze Tragweite zu überschauen, die eigentliche Funktion, die ihnen die Fürsten zugedacht hatten: der Revolution die Dynamik zu entziehen. Die aus der Revolution hervorgegangene, bürgerlich getragene Zentralgewalt hatte ihre Hand dazu gereicht, die spätere Vereinsunterdrückung durchzuführen – nicht willentlich, aber faktisch.

Manche Kritiker machten es sich leicht, vom „Verrat des Bürgertums" zu reden; aber was waren die politischen Ziele des konstitutionell-liberalen Bürgertums? Heinrich von Gagern, dessen Exponent, gewählter Parlamentspräsident in der Paulskirche und dann Reichsministerpräsident der Zentralgewalt, hatte einmal als die politischen Ziele des von ihm vertretenen Bürgertums formuliert: „Den Mittelklassen den überwiegenden Einfluß im Staate zu sichern ist die Richtung unserer Zeit". Seit dem Frühjahr 1848 schien ein wesentliches politisches Ziel weitgehend erreicht zu sein, denn die Fürsten hatten Konzessionen gemacht, die zusammengenommen den Charakter eines Systemwandels andeuteten. Die bürgerliche Organisierung staatlicher Macht schien Wirklichkeit geworden zu sein. Deutschland besaß eine Provisorische Zentralgewalt, der alte Bundestag war abgeschafft; eine Monarchie auf demokratischer Grundlage für ganz Deutschland zeichnete sich ab. Bürgerliche saßen in den Märzministerien an den Schalthebeln der Macht; alle persönlichen Freiheitsrechte waren gewährleistet und wurden lebhaft wahrgenommen: Vereins-, Presse-, Gewissensfreiheit; Wahlgesetze wurden in den Landtagen der neuen Zeitlage angepaßt. Es hatte Wahlen auf so allgemeiner Basis in Deutschland gegeben wie in keinem anderen europäischen Staat zuvor. Die Erklärungen der Fürsten schienen glaubwürdig – und warum sollte sich der weitere verfassungspolitische und gesellschaftliche Gang nicht ähnlich entwickeln wie im fortgeschrittenen England oder in der benachbarten Schweiz? Hatte man in England nicht auch die Monarchie beibehalten, aber durch parlamentarische, vom Volk her legitimierte Institutionen gezähmt? So etwa konnte sich die Sachlage in den Augen der Märzminister darbieten. Angesichts dieser Perspektive mochten fortdauernder sozialer Protest und demokratische Agitation um mehr politischen Einfluß und Kontrolle staatlicher Macht als Gefährdung des Erreichten, ja, als Angriff auf die neuen Verfassungsverhältnisse erscheinen. Das ließ die Bereitschaft wachsen, antirevolutionäre Gewalt einzusetzen, wie es auf allen Ebenen geschah, von seiten der Zentralgewalt und Märzministerien bis hinab zu den zahlreichen Bürgerwehren in den Kommunen.

*e) Reservate fürstlicher Gewalt: Militär und Verwaltung*

Die Revolution war „vor den Thronen stehengeblieben", wie die Zeitgenossen sich ausdrückten. Während ihres gesamten Verlaufs verlor – mit Ausnahme des badischen Großherzogs – kein Monarch durch äußere Gewalt seine Herrschaft. Die Fürsten verfügten weiterhin über ihre drei zentralen Reservatrechte: den letzten entscheidenden Befehl über das Militär, die alleinige Kompetenz für innere Verwaltung einschließlich Polizei sowie über die Vertretung des Landes nach außen, die Diplomatie.

Offiziersadel und Beamte verkörperten die Säulen monarchischer Gewalt; sie blieben nahezu problemlos für die Stunde des gegenrevolutionären Umschwungs verfügbar. In dem Maße, wie das Militär siegte, verdüsterte sich das soeben gezeichnete Bild von der Loyalität der Fürsten gegenüber ihren Versprechungen. Am Ende entpuppte es sich als Trugbild. Die Märzminister hatten geirrt. Die Chronologie der Gegenrevolution auf den Spitzen der Bajonette hieß: April 1848 österreichisches Militär in Krakau, Mai 1848 preußisches Militär in Posen, Juni 1848 Fürst Windischgrätz in Prag, im gleichen Monat Kriegsminister Cavaignac in Paris, Juli/August 1848 Feldmarschall von Radetzky in Oberitalien, September 1848 General Nobili in Frankfurt, Oktober 1848 Fürst Windischgrätz in Wien, November 1848 General von Wrangel in Berlin, April/Mai 1849 preußische und Reichstruppen in Dresden, der bayerischen Pfalz und in Baden zur Niederschlagung der Reichsverfassungskampagne.

Wo das Militär nicht zur Revolution überging, da scheiterte sie, und das war die Regel. Wo aber das Militär überlief – etwa in Baden, in der Rheinpfalz, in Wien – da war sie kurzzeitig erfolgreich, bis sie der Übermacht fremder Truppen erlag. Die deutsche Revolution endete am 23. Juli 1849 mit der schriftlichen Kapitulation der rund 6000 in der Festung Rastatt eingeschlossenen Revolutionskämpfer. In Baden betrieben preußische Standgerichte anders als in Sachsen und der Pfalz eigenhändig die Liquidation der Revolution; hinzu kamen hier noch die Kriegsgerichte und ordentlichen Gerichte. Insgesamt wurden in Baden rund 1000 Verurteilungen ausgesprochen.

Bei alledem ist zu bedenken: Die deutsche Revolution von 1848/49 war noch in ihrer letzten Phase Teil einer europäischen Bewegung, als das Militär in der ‚Reichsverfassungskampagne' den Ausschlag gab. Dieser zeitgenössische Ausdruck bezeichnet die Phase revolutionärer Aufstandsbewegungen nach der Ablehnung der Kaiserkrone durch Friedrich Wilhelm IV. Die Bewegung erfaßte Teile Preußens, Sachsens, die Pfalz, Baden, griff durch die Agitationen des Zentralmärzvereins auch auf Bayern und Württemberg über. Im Frühjahr 1849 strömten Revolutionäre des Auslands auf den deutschen Schauplatz: Der russische Offizier Bakunin kam von Dresden her, ein polnischer General war Oberbefehlshaber in der Pfalz; unter ihm diente ein ungarischer Oberst; ein polnischer General – von Mieroslawski – dirigierte die Truppen in Baden. Legionäre aus der Schweiz und aus Frankreich eilten herbei. Polen, Franzosen, Schweizer und Ungarn bildeten eigene Freischaren-Legionen im Kampf um die Durchführung der Reichsverfassung. Die traditionellen Heere zeigten sich der revolutionären Herausforderung gegenüber jedoch in der Regel unempfänglich. Im Kampf bewiesen sie durchweg ihre Überlegenheit, unterstützt durch die moderne Technik. Preußische Zündnadelgewehre zerstörten den nationalen Barrikadenmythos.

Waren die Fürsten wortbrüchig geworden? Man möchte dem zustimmen, wenn man die vernichtenden Urteile Friedrich Wilhelms IV. über die fertige Reichsverfassung hört, nachdem ihm die Frankfurter Nationalversammlung die Kaiserwürde in dem neuen Deutschen Reich angeboten hatte. Er wolle nicht die Krone „mit ihrem Ludergeruch der Revolution", den „imaginären Reif, aus Dreck und Letten gebacken", nicht er, ein „legitimer König von Gottes Gnaden". In derselben Korrespondenz des Königs steht eine Sentenz, die er der Publizistik entnommen hatte: „Gegen Demokraten helfen nur Soldaten".[255]

Nach erfolgreicher Gegenrevolution in Berlin unter dem Belagerungszustand General von Wrangels äußerte derselbe König gegenüber dem bayerischen Gesandten Graf Lerchenfeld: „Nun bin ich wieder ehrlich".[256] War das Vorausgegangene zielstrebige Berechnung? Eine ähnliche Äußerung des württembergischen Königs Wilhelm ist belegt. Er teilte dem russischen Gesandten Gorčakow am 10. März 1848 mit: „Ich versuche, Zeit zu gewinnen, um zu sehen, ob die deutschen Großmächte mir zur Hilfe eilen können und wollen [...]. Durch die Ernennung des neuen Ministeriums gewinne ich Zeit und vermeide blutige Szenen. Das kann aber nicht dauern."[257] Zeit gewinnen bis zu einer günstigen Lage, das Gegebene wieder zurückzunehmen – das war ein zentrales Motiv. Faßt man alle Beobachtungen zusammen, bleibt die Tatsache: Kein Herrscher der führenden deutschen Staaten war willig zu einem konstitutionellen Kompromiß *auf der demokratischen Basis* von 1848. Das bewies nicht zuletzt die nachfolgende Reaktion.

Aber man wird nicht sagen können, die Herrscher, voran Friedrich Wilhelm IV., seien zu keinerlei konstitutionellem Kompromiß auf einer nationalen Basis bereit gewesen. Es gehört zu den Paradoxien dieser Revolution, daß derselbe Monarch, dessen Truppen die Revolution entscheidend niedergekämpft hatten, der die angebotene Kaiserwürde ausgeschlagen hatte, bereit war, gleich unmittelbar danach für ein Konzept kleindeutscher Einigung zu werben, das der Frankfurter Verfassung nicht fernstand. Der nachfolgende verfassungsgebende Reichstag in Erfurt und das Vorhaben, mit dessen Hilfe eine kleindeutsche Union unter Preußens Führung herbeizuführen, gehört noch zur Revolutionsära. Das Scheitern dieses Projekts offenbarte neue Schranken der Revolution, welche durch die wiedererstarkte Habsburgermonarchie errichtet wurden.

## 3. Die Tiefendimension des Nationalen in der Revolution

Die Revolution von 1848/49 trieb die Nationalisierung der deutschen Bevölkerung voran wie kein Ereignis in der Geschichte des 19. Jahrhunderts, auch nicht die Einigungskriege der 1860er Jahre. Denn zu keiner Zeit gab es eine solche durch alle gesellschaftlichen Schichten gehende Bereitschaft, sich im nationalen Rahmen und zugleich gegenüber einem nationalen Forum – der Frankfurter Nationalversammlung in der Paulskirche – politisch zu äußern. Das bedeutet keineswegs, alle Revolutionsbeteiligten hätten nur ein Ziel verfolgt; doch es gab eine Zeit in der Frühphase der Revolution, in der alle einander noch so widersprechenden Beweggründe im Paulskirchenparlament als einem vermeintlichen Handlungszentrum ihr Ziel fanden; es wurde „Deutschlands große Hoffnung" (Frank Eyck).

Das bezeugen besonders augenfällig die schier unzähligen Petitionen, die aus allen Teilen Deutschlands und allen Schichten der Bevölkerung von den süddeutschen mediatisierten Standesherrn bis zu den schlesischen Landarbeitern nach Frankfurt kamen. Was konnte das anderes bedeuten als Hoffnung auf die sich konstituierende Nation? Wenn die Wirklichkeit dieser Erwartung nicht standhalten konnte und zwangsläufig Enttäuschung folgen mußte, ändert das doch nichts an dem Handeln und Fühlen in nationaler Dimension. Bei genauerem Hinsehen erweist sich der Vorgang der fortschreitenden Nationalisierung freilich als sehr viel komplexer; das zeigt der Blick auf die unterschiedlichen Varianten des Nationalismus: Bereits während der Frühphase im März und April 1848 vermischten sich in der nationalen Erregung auf schwer zu trennende Weise Vorstellungen von „Völkerfrühling", Verfassungsbildung und äußerer, mit Feindbildern operierender Bedrohung.

„Einheit und Freiheit" war zunächst die dominierende Parole, die sich nach innen richtete – gegen die Einzelstaaten und den Deutschen Bund – und den national geeinten Verfassungsstaat erstrebte. Dieser Verfassungspatriotismus äußerte sich bereits vor Ausbruch der Revolution in den Forderungen der Kammerabgeordneten Friedrich Daniel Bassermann und Heinrich von Gagern, beim Deutschen Bund eine Nationalvertretung einzurichten. Er fand sein stärkstes Zentrum in der konstituierenden Nationalversammlung in Frankfurt und erlebte seinen Todeskampf mit den Truppen der gegenrevolutionären Regierungen in der „Reichsverfassungskampagne" im Frühjahr und Sommer 1849. Das Fanal ging zu Ausbruch der Revolution von den sogenannten Märzforderungen aus, die in ganz Deutschland umliefen und durchweg die Einsetzung eines nationalen Parlaments forderten. Bereits die früheste Massenpetition, diejenige der Mannheimer Volksversammlung vom 27. Februar 1848, hatte eine nationale Vision, die zugleich den vormärzlichen Glauben an den Völkerfrühling wachhielt: „Das alte System wankt und zerfällt in Trümmer. Allerorten haben die Völker mit kräftiger Hand die Rechte sich selbst genommen, welche ihre Machthaber ihnen vorenthielten. Deutschland darf nicht länger geduldig zusehen, wie es mit Füßen getreten wird. Das deutsche Volk hat das Recht zu verlangen: Wohlstand, Bildung und Freiheit für alle Klassen der Gesellschaft, ohne Unterschied der Geburt und des Standes.“[258]

Der auf den Verfassungsstaat bezogene Nationalismus wurde zu einer tragfähigen Perspektive in der deutschen Geschichte des 19. Jahrhunderts, insbesondere, wenn er den Schutz nationaler Minderheiten bei Achtung ihrer heimischen Sprachen und Religiosität einschloß, wie es in der Reichsverfassung von 1849 (Paragraph 188) geschehen ist. Ähnlich gelang der Ausgleich im Entwurf, den der Verfassungsausschuß des Wiener Reichstages für den Vielvölkerstaat der Habsburgermonarchie vorlegte. Wenn auch beide Verfassungen in dieser Form nicht verwirklicht wurden, boten sie doch den Weg eines friedlichen Miteinanders verschiedener Nationalitäten in einem geeinten Nationalstaat.

Denn welche Sprengkraft in dem Nationalitätsprinzip lag, enthüllte mit der Erschütterung des Systems der Wiener Verträge von 1815 gerade die Revolution 1848. Die vormärzliche Utopie des Völkerfrühlings zerbrach an der nun plötzlich sichtbaren Möglichkeit, die Nationalität in die Staatsnation zu überführen. Hans Rothfels hat einmal treffend die Nationalitäten des 19. Jahrhunderts als „eine Art Nationsanwärter“ bezeichnet: ethnische Minderheiten, die nach mehr Eigenständigkeit strebten und ihre politische Einheit noch suchten.[259] Einschneidend zeigte sich das am Beispiel der deutschen Polenfreundschaft. Am 20. März 1848 waren unter dem Druck der Berliner Revolutionäre die polnischen politischen Gefangenen aus preußischer Haft freigelassen worden. Ihr Wortführer, der Offizier Ludwik von Mieroslawski, stellte sich an die Spitze des polnischen Unabhängigkeitskampfes in Posen und warb dort für eine nationalpolnische Armee mit der Parole: „Laßt uns dem zaristischen Rußland im Bunde mit dem befreiten Deutschland entgegentreten!“ Noch im Frankfurter Vorparlament befürworteten die versammelten Landtagsabgeordneten mit überwältigender Mehrheit die Wiederherstellung Polens als Staat. Selbst das preußische Märzministerium hatte die „nationale Reorganisation“ Polens verheißen. Anfang Mai 1848 verleugneten preußische Truppen das ursprüngliche Versprechen und intervenierten in Posen. Preußische Soldaten zwangen die polnischen Streitkräfte zur Kapitulation und hatten die erste Probe ihrer Zuverlässigkeit im Kampf gegen Revolutionäre bestanden. Seit dem 4. Juni 1848 zertrennte eine Demarkationslinie die Provinz Posen.

An dieses Resultat knüpfte die Mehrheit der Frankfurter Nationalversammlung an. Sie sah sich dem Vorwurf der demokratisch-republikanischen Minderheit ausgesetzt, welche die nationalen Unabhängigkeitsbewegungen international gegen „die Reaktion" – wie man sagte – stützen wollte. Die von der Paulskirche mehrheitlich akzeptierte Grenzlinie hingegen teilte zwei Drittel eines ehemals bundesfremden Gebietes als „Deutsch-Posen" ab. Die Wiederherstellung Polens wurde in das Reich der Illusionen versetzt. In einer berühmten Debatte der Frankfurter Nationalversammlung über die Polenfrage prallten die gegensätzlichen Nationalismuskonzeptionen aufeinander. Der Linkshegelianer Arnold Ruge folgte noch dem Konzept der nationalen Befreiungsbewegungen, die sich in einem gemeinsamen Völkerbunde in Europa vereinigen sollten. Die Mehrheit hielt das für unzeitgemäß, besonders ein ehemaliger Linkshegelianer, Wilhelm Jordan, der seine früheren demokratischen Prinzipien verleugnete und nun Anschauungen kundtat, die sich schon damals verheerend auf das Urteil ausländischer Beobachter über die Nationalitätenfragen in Frankfurt auswirkten und bis heute bei den geschichtskundigen europäischen Nachbarn nicht vergessen sind.

Jordan bezeichnete den Wunsch, einen Staat Polen wiederherzustellen, als „eine schwachsinnige Sentimentalität"; er berief sich auf den berüchtigten „gesunden Volksegoismus", auf das „Recht des Stärkeren", gar auf das „Recht der Geschichte". Dieser integrale Nationalismus durchdrang in der zweiten Hälfte des Jahrhunderts zunehmend die Staatsbildungsprozesse, und diese waren begleitet von nationalen Kriegen der Italiener, der Deutschen, der anderen Nationalitäten im ost- und südosteuropäischen Raum.

Immer wenn es darum ging, die Zugehörigkeit von Territorien zu entscheiden und Grenzen zu ziehen, enthüllte der moderne Nationalismus seine zerstörerische, kriegsträchtige Sprengkraft. Erschien der Streit der Staaten um territorialen Zugewinn im Ancien Régime noch als „Länderschacher" der Fürsten und ihrer Kabinette, so stießen nun Nationen aufeinander, die angeblich um ihre Existenz rangen. Die Freiheitskriege waren nur ein Vorspiel in der deutschen Geschichte des 19. Jahrhunderts; die Deutschen erlebten sich in der Schleswig-Holstein-Frage nun ein zweites Mal als Nation, indem sie Krieg führten, nun nicht gegen die Besatzer im Land, sondern gegen die nördlichen Nachbarn außerhalb. Es kennzeichnete die Nationalitätenkonflikte der kommenden Zeit, daß jede Seite sich im Recht fühlte und versuchte, die gesamte Nation zu mobilisieren: die Fraktion der Eiderdänen in der dänischen Ständeversammlung, die deutsche Bevölkerung Schleswigs, die sich auf uraltes historisches Recht berief, das die Herzogtümer Holstein und Schleswig als „up ewig ungedelt" bestimmte. Die Bundesversammlung führte seit dem Annexionsbeschluß Dänemarks vom 21. März 1848 einen Bundeskrieg gegen das Land. Die Provisorische Zentralgewalt übernahm diesen Krieg als „Reichskrieg". Er wurde geführt durch preußische Truppen und durch das zehnte Bundesarmeekorps (Hannover, Mecklenburg, Oldenburg, Braunschweig, die Hansestädte). Der Deutsche Bund führte als völkerrechtliches Subjekt Krieg gegen eine Macht, die im Zeitalter der Nationen als auswärtige erscheinen mußte, tatsächlich aber über Holstein dem Bund als Mitglied verbunden war. Revolution und Krieg verknüpften sich auf eine höchst gefährliche Art und Weise. Gerade die Demokraten, die sonst das Selbstbestimmungsrecht der Nationalitäten und das friedliche Miteinander der Nationen beschworen, erkannten in dem Krieg um Schleswig die Möglichkeit, der Revolution einen erneuten gewaltigen Impuls zu verleihen. Sie hofften auf einen großen europäischen Befreiungskampf gegen das Zarenreich als die dominierende Macht im noch nicht vollends erschütterten System der „Reaktion". Noch längst nicht ist es in der Forschung hinreichend ausgelotet, wie stark der nationale Konflikt um Schleswig die Qualität der Revolution veränderte, weil sie sich zum Teil dem Verfassungspatriotismus entfremdete und dem integralen Nationalismus zukehrte.

Das meint konkret: Die Agitation um Schleswig rief eine Massenbewegung hervor; zahlreiche Freiwillige aus allen Teilen Deutschlands strömten nach Schleswig-Holstein. Die Erfolge der überlegenen dänischen Flotte verhalfen dem Ruf nach einer starken deutschen Flotte zu einem lebhaften Echo. Fast täglich meldete der Protokollführer in der Paulskirche die eingehenden Spenden zum Aufbau einer deutschen Flotte. In den Debattenbeiträgen der Abgeordneten häuften sich Wendungen vom Anspruch Deutschlands als „Weltmacht", von der „Ehre" Deutschlands und seiner Geltung auf den Weltmeeren. Als sich die konstitutionell-liberale Mehrheit der Frankfurter Nationalversammlung unter heftigen Zerwürfnissen schließlich dazu durchrang, den Waffenstillstand von Malmö anzuerkennen, den Preußen eigenmächtig mit der dänischen Regierung abgeschlossen hatte, beugte sie sich damit der Realpolitik, mied das Risiko eines unkalkulierbaren europäischen Krieges und verzichtete darauf, Schleswig für das Reich zu erobern. Das löste eine nationale Welle der Empörung aus, die im September 1848 mit Barrikadenkämpfen und Aufständen im deutschen Südwesten zu einem erneuten Ausbruch der Revolution führte.

Hinzu kam: In Schlesien, Sachsen, Bayern, im badischen Oberland, im Odenwald, selbst in Mecklenburg wiederholten sich im September bei Bauern und Landarbeitern Kundgebungen sozialen Protestes, weil ihnen die Aufhebung bäuerlicher Abgaben und Leistungen zu schleppend voranschritt. Es ertönte der Ruf nach der „sozialen Republik". Soziale Enttäuschung, lokaler Protest, antipreußisches Ressentiment wegen Schleswig-Holstein, demokratische Furcht vor dem Sieg der „Reaktion" verbanden sich in explosiver Weise mit nationaler Begeisterung. Von der Zentralgewalt eingesetzte Truppen unterdrückten schließlich diese Aufstandsbewegungen.

Wie weit wurde Österreich als Gliedstaat des Deutschen Bundes in diesen Prozeß der Nationalisierung hineingezogen? Die deutschsprachige kulturelle Elite dachte und publizierte gesamtdeutsch, wenn auch rigide Zensurschranken den Austausch zwischen Österreich und den übrigen

Bundesländern vor 1848 gehemmt hatten. Erstmals im Frühjahr 1848 erfaßte diese Nationalisierung uneingeschränkt auch die österreichischen Länder, wobei hier, wie übrigens auch in den anderen Bundesländern, der Blick auf das nationale Frankfurter Zentralparlament gebrochen wurde durch die Bestrebungen, mit einem eigenen verfassungsgebenden Reichstag in Wien den Staatsumbau im Innern des Landes zu bewerkstelligen. Am nachhaltigsten prägte die Bewegung für Wahlen zum Frankfurter Parlament die österreichische Bevölkerung im gesamtdeutschen Sinne, galt es doch, im heimischen Wahlkreis geeignete Kandidaten für die Politik im fernen Frankfurt zu gewinnen.

Dabei zeichnete sich eine Konstellation ab, die ein Ausscheiden Österreichs aus dem gesamtdeutschen Einigungsversuch vorzeichnete. Die Mischung der Nationalitäten in den Bundesgebieten Böhmen und Mähren stellte sich als ein besonderes Problem heraus. In Böhmen war die Bevölkerung zu zwei Fünfteln deutsch, drei Fünfteln tschechisch. Die Revolution begann hier wie in den deutschpolnischen Mischgebieten oder unter Österreichern und Ungarn mit einer gefühlsbetonten Verbrüderung. Man beschwor auch hier den Völkerfrühling, die Abdankung des Ancien Régime und die Befreiung der bisher geknechteten Nationalitäten. Aber bald zeigte sich, daß das tschechische Bürgertum nicht gesonnen war, sich der Dominanz eines deutschen Nationalstaats zu unterwerfen. Die österreichische Oberherrschaft schien ihm besser eine eigene böhmische Entwicklung zu garantieren. Der Prager Historiker und Exponent böhmischer Autonomie, Franz Palacký, lehnte es ab, sich an Wahlen zur Frankfurter Nationalversammlung zu beteiligen. Ein Anschluß Böhmens an ein Deutsches Reich schien ihm die bisher stets bewahrte Selbständigkeit zu gefährden. Palacký verfaßte ein berühmtes Antwortschreiben auf die Einladung nach Frankfurt. Am 17. April 1848 erklärte er, die kleinen Nationen besäßen in dem „Völkerverein" der Donaumonarchie ihren natürlichen Schutz: „Wahrlich, existierte der österreichische Kaiserstaat nicht schon längst, man müßte im Interesse Europas, im Interesse der Humanität selbst sich beeilen, ihn zu schaffen."[260] Konsequenterweise weigerte sich die Mehrheit der Wahlkreise in Böhmen und Mähren, Abgeordnete nach Frankfurt zu schicken: von 68 Berechtigten erschienen nur zwanzig. Nichtdeutsche Nationalitäten, die später den Bestand der Habsburgermonarchie sprengten, erwiesen sich 1848 noch als deren Stütze, nicht nur die Tschechen und Slowaken, auch die Kroaten; aus ihnen rekrutierten sich die Truppen, welche die Wiener Oktoberrevolution im Herbst 1848 erfolgreich niederzuschlagen halfen. Der europäische, übernationale Charakter Österreichs wurde gewissermaßen als Präfiguration eines Völkerbundes begriffen. Nichtdeutsche Minderheiten waren bestrebt, sich von dem ursprünglichen Staatsverband, dem Deutschen Bund, loszusagen, um ihre nationale Eigenständigkeit bewahren zu können.

Das verstieß gegen das alte Bundesrecht, in dessen Kontinuität sich auch die Paulskirche verstand. Ihre Mitglieder, auch die meisten Demokraten, die sonst das Selbstbestimmungsrecht für Nationalitäten hochhielten, unterstützten Maßnahmen, die Tschechen in das künftige Reich zu zwingen. Die überraschende neue Erkenntnis im Revolutionsjahr lautete: Mochte die Habsburgermonarchie als traditionelle Vormacht im alten Reichsverband und Präsidialmacht im bisher bestehenden Deutschen Bund fraglos in das nationale Einigungswerk einzuschließen sein, stärkten seine nichtdeutschen Nationalitäten gleichwohl die Tendenz, sich von der in Frankfurt eingeleiteten Reichsgründung auszuschließen. Es war eine paradoxe Situation, daß die Revolution, die eine staatliche Einigung Deutschlands bewirken sollte, die Habsburgermonarchie vorübergehend in ihrem Bestand so erschütterte, daß sie nur mit dem Rückhalt der nichtdeutschen Nationalitäten, nicht zuletzt in der Zusammensetzung des Heeres, überleben konnte. Das bedeutete, Abstand von einem Deutschen Reich zu nehmen oder es gar zu verhindern. Diese Politik betrieb konsequent der neue österreichische Ministerpräsident Schwarzenberg seit dem Dezember 1848, indem er kategorisch eine Abtrennung der deutschösterreichischen Gebiete und deren Angliederung an ein Deutsches Reich verweigerte. Er beharrte auf dem unveränderten Bestand der Gesamtmonarchie und war nur bereit, einen lockeren Staatenverband in der Gestalt des Deutschen Bundes zu tolerieren. Es wird in der Regel übersehen, daß diese vorgeblich machtpolitisch-dynastische Politik tatsächlich einen gesellschaftlichen Rückhalt besaß, der allerdings nicht den Interessen der großdeutsch orientierten Österreicher entsprach.

Die Nationbildung auf revolutionärer Basis „von unten" wurde bis zur letzten Konsequenz in der Reichsverfassungskampagne vom Frühjahr und Sommer 1849 verfochten, als in einer letzten Revolutionswelle versucht wurde, die einzelnen Landesregierungen auf die in Frankfurt beschlossene Reichsverfassung zu verpflichten. Diese Aktionen bekundeten noch einmal den europäischen Charakter der Revolutionen von 1848/49. Sie vereinigten gewissermaßen die Akteure des vergangenen und kommenden Exils auf einem Schauplatz. Als die Erhebungen in den außerdeutschen Staaten bereits weitgehend unterdrückt waren, flüchteten sich die Revolutionäre des Auslands zu den letzten Bastionen in der Rheinpfalz und in Baden. Polen, Franzosen, Schweizer und Ungarn bildeten eigene Legionen. Zunächst preußische, dann österreichische und russische Truppen besiegelten das Schicksal der europäischen Revolution, die an ihrem Ende in der geeinten Abwehr noch etwas von jenem vormärzlichen Völkerfrühling spüren ließ. Die Bildung der unabhängigen Verfassungsstaaten Polen und Deutschland scheiterte an inneren Gegensätzen ebenso wie an den Ausläufern der Heiligen Allianz; es obsiegten erneut und für ein Jahrzehnt Machtpolitik, Staatsräson und der fürstlich-bürokratische Anstaltsstaat. Zugleich waren – nicht zuletzt in den Debatten der Paulskirche – die Ambivalenzen des modernen Nationalprinzips offenbar geworden.

## 4. Die „Komplexität" von 1848/49

In Urteilen über die Revolution ist immer noch viel von „Schuld", „Versagen", „Illusionen" oder gar „Verrat" die Rede. Das unterstellt, es lasse sich in Form monokausaler Zuschreibung ein einzelner Verantwortlicher ausmachen, ein Angelpunkt, ein zentrales Ereignis, von dem der Ausgang der Revolution maßgeblich bestimmt wurde. Angesichts der „Komplexität von 1848" ist eine solche eindeutige Zuschreibung der Sache nach nicht möglich. Aktionen verliefen gegenläufig und parallel, auf verschiedenen Ebenen, auf unterschiedlichen Schauplätzen, sich steigernd und lähmend, insgesamt aber in einem Wirkungszusammenhang, der das Urteils- und Entscheidungsvermögen aller Beteiligten bei weitem überstieg. Es ließ sich nicht ausmachen, ob sich die jeweils maßgeblichen Handlungsträger in der Provinz, in der Residenz, in den konkurrierenden Parlamentsfraktionen, in der publizistischen Öffentlichkeit oder beim Militär und auf Volksversammlungen befanden.

Es gab außerdem die zweite Komplexität der unterschiedlichen Handlungserwartungen. Die Handelnden von 1848/49 hatten nicht nur ein einziges, klar bestimmbares Ziel vor Augen, mit dem sie dann gescheitert waren. Die Revolution überstieg das Ziel der Reichsverfassung. Sie war erwachsen aus einer Gesellschaft, die im wesentlichen noch vorindustriell geprägt war, landwirtschaftlich, kleingewerblich, handwerklich, eine Lebenswelt, die erschüttert war durch tiefgreifende Agrar-, Hunger- und Teuerungskrisen. Vor diesem Hintergrund erschienen viele der sozialen Protestbewegungen von 1848 als letzter verzweifelter und vergeblicher Versuch, den Zwängen einer heraufkommenden neuen Lebenswelt zu entgehen, die sich gliederte in widersprüchliche Interessengruppen und die vom Industriesystem beherrscht werden sollte. Wie in den europäischen Nachbarstaaten auch erwuchs ein Strang der Revolution aus einer *vorindustriell geprägten Entwicklungskrise.* In dieser Eigenschaft wies sie mehr auf das 18. Jahrhundert zurück als auf die Moderne mit ihren Entwicklungstendenzen der Parlamentarisierung, Demokratisierung und Nationbildung.

Mit Hilfe dieser modernen Strukturen entwickelte die Revolution einen zweiten, zukunftweisenden Handlungsstrang, der sie zugleich zur *politischen Emanzipationskrise* werden ließ. Denn in der Gesellschaft von 1848 reiften Formen heran, die besser geeignet waren, die Probleme der Zukunft zu bewältigen: wirtschaftliche und gewerbliche Interessenverbände, politische Parteien, eine wirkungsvolle Tagespresse, gemeindeutsche Wahlen nach allgemeinem Männerwahlrecht; auf dem Feld der Parteien, Presse, Parlamente und Verbände zeichnete sich eine politische Emanzipation der deutschen Gesellschaft ab, die unter der Vorherrschaft der vorrevolutionären Eliten nicht möglich gewesen war. Aber nach der Revolution folgte die

Reaktion. Was 1848/49 angebahnt war, wurde für ein Jahrzehnt verzögert. Erst die 1860er Jahre ließen die herrschenden Eliten zu der Erkenntnis kommen, daß eine konkurrierende öffentliche Meinung und politische Vereine den Staat nicht gleich der Revolution und dem Untergang nahebrachten. Was man 1848 nur unwillig in der Stunde der angeblichen Schwäche geduldet, was man danach schnellstens zurückgenommen hatte: damit zu operieren, war man seit den 1860er Jahren bereit. Die Regierungen suchten in Presse und Parteien willkommene Bündnispartner. Hier kündigte sich ein grundlegender Wandel an, für den es auf dem Boden des Deutschen Bundes zuvor nur wenig Spielraum gegeben hatte.

# V. Aufbruch, Kriege und Einigung 1850–1871

## 1. Deutschlandpolitische Optionen 1849 bis 1851

Das Scheitern der Revolution von 1848 und der mit ihr verbundenen Nationalversammlung in Frankfurt schuf für die politische Organisation Deutschlands ein Vakuum; denn der Frankfurter Bundestag hatte im Juli 1848 seine Tätigkeit suspendiert und die Aufgaben der revolutionären Provisorischen Zentralgewalt in Frankfurt übertragen. Deren Wirksamkeit ging zu Ende, nachdem das Projekt einer Reichseinigung in Gestalt einer preußischen Erbmonarchie auf demokratischer Grundlage gescheitert war. Dem teilnehmenden und fragenden Zeitgenossen eröffneten sich nun eigentlich nur noch drei bereits bekannte Optionen, wie es mit Deutschland weitergehen könne. Erstens: Kleindeutschland unter Preußens Vormacht, aber ohne Österreich; zweitens eine deutsche Trias, welche die Selbständigkeit der deutschen Mittelstaaten einigermaßen sichern würde – diese Politik fand ihre Anhänger besonders in Bayern, Württemberg und Hannover. Die programmatischen Impulse gingen vor allem von Sachsen aus und stammten aus der Feder des dortigen Ministerpräsidenten Graf Beust. Die dritte Option zielte auf eine Reorganisation unter Einschluß Österreichs, das bedeutete, eine Reaktivierung des Deutschen Bundes.

In der nachrevolutionären Ära rivalisierten anfangs alle drei Möglichkeiten miteinander, getragen von teilweise einflußreichen politischen Kräften. Die Handlungsträger hatten sich wieder verlagert von der Ebene der Straße, politischen Klubs und Parlamente auf das Podium der Regierungen und Diplomatie, gestützt auf Bajonette, eingeschüchterte Justiz und willfährige Beamte. Darin unterschied sich das nun anbrechende Zeitalter grundlegend von der Periode der Bewegung seit der Julirevolution 1830. Zu jenem Zeitpunkt ging die Initiative zu politischen Veränderungen an die gesellschaftlichen Kräfte über, an entstehende Parteien, eine freimütig sich äußernde Presse, an politisierte Landtage, alles gestützt durch revolutionäre Aufstandsbewegungen, vielfach auch getragen von dem massiven Druck der Unterschichten. Diese Bewegung erschütterte und lähmte die politischen Handlungsträger in den einzelnen deutschen Staaten ungeachtet der zahlreichen Reaktionsbeschlüsse des Deutschen Bundes und der nachfolgenden einzelstaatlichen Maßnahmen so sehr, daß sich der öffentliche Spielraum politischen Handelns zunehmend erweiterte, bis er in der Revolution 1848 seinen größten Radius erreichte.

Mit dem Anbruch der Reaktionsperiode 1849/50 ging die Initiative wieder an die politischen Instanzen und ihre militärischen exekutiven Organe über. Vor allem trat mit der deutlich nachlassenden stabilisierenden Wirkung des Deutschen Bundes in Mitteleuropa, verbunden mit der Auflösung der traditionellen Solidarität der Ostmächte Rußland, Österreich und Preußen, ein neues Konzept, Politik zu machen, auch für den deutschen Raum immer mehr in den Vordergrund. Die Zeit zwischen dem Ausbruch des Krimkrieges 1853 und dem Deutsch-Französischen Krieg von 1870/71 gewann eine neue Dimension, zu der das Risiko des kalkulierten Krieges zwischen rivalisierenden Staaten gehörte.

Krieg, oft unter dem Schlagwort von der „Realpolitik" legitimiert, ging nun offen in die Planungen der Politik ein. Dabei handelte es sich nicht mehr um Interventionskriege gegen revolutionäre Aufstände in abtrünnigen Territorien, wie es noch Anfang der 1820er Jahre der Fall war, sondern Staaten traten gegeneinander an, wobei die Kriege, besonders der Krimkrieg und der Österreichisch-Italienische Krieg, eine neue Qualität des Schreckens offenbarten. Nicht zu Unrecht hat Winfried Baumgart bereits den Krimkrieg als einen „unvollendeten, unausgefochtenen Weltkrieg" bezeichnet. Ein neues Zeitalter kurzfristiger und augenblicksbezogener Bündnisse löste die nach dem Wiener Kongreß betriebene Politik relativ fester Bündnissysteme im Zusammenspiel der fünf europäischen Großmächte ab. Den Kriegen war gemeinsam, daß mindestens ein beteiligter Staat territoriale Veränderungen zu seinen Gunsten erstrebte. Man nahm das militärische Risiko in Kauf, weil man erwartete, Krieg lasse sich kontrollieren und eindämmen, und zugleich mischten sich in alle Auseinandersetzungen Zwecke ein, die auf einen Nationalstaat zielten.

Insofern offenbaren diese Kriege, wenn sie auch regional und zeitlich voneinander getrennt ausgefochten wurden, eine innere Logik. Diese ließ die fragwürdige Seite des nationalen Prinzips deutlich werden, da Kriege und Nationbildung eine kaum auflösbare Symbiose eingingen und sich die gesellschaftlichen Kräfte in Presse, Parteien und Parlamenten als willkommene Gefolgschaft botmäßig machten. Auch der preußische Verfassungskonflikt erhält in diesem Zusammenhang eine andere Bedeutung, verteidigte die Krone darin doch letztlich mit Erfolg gegenüber dem vordringenden Parlament die Kommandogewalt über das Heer.

Die Mittelstaaten um Sachsens Ministerpräsident Beust konnten die Richtung dieser Entwicklung nicht aktiv bestimmen, zu verzögern und zu blockieren vermochten sie sie allerdings doch. Einen echten Machtkampf bis an den Rand eines militärischen Zerwürfnisses lieferten sich indessen bereits 1850 die beiden deutschen Großstaaten Österreich und Preußen.

## 2. Preußens kleindeutsche Unionspolitik 1849/50

Ein merkwürdiger Vorgang prägte den Ausgang der deutschen Revolution; allerdings wird er durch ein langlebiges Revolutionsbild verdeckt, das diese Ära mit der gewaltsamen Auflösung des Rumpfparlaments in Stuttgart und der Kapitulation der Revolutionskämpfer im Rastatt enden läßt. Es greift aber zu kurz, weil es jene Paradoxie verbirgt, daß sich Preußen an die Spitze einer deutschen Verfassungsbewegung setzte, nachdem es auf blutige Weise in Sachsen, der Rheinpfalz und in Baden die Reichsverfassungskampagne hatte niederkämpfen lassen. Diese zielte ja auf eine deutsche Einheit mit Verfassung und preußischer Erbmonarchie. Nun, nachdem die Volksbewegung erstickt worden war, betrieb die preußische Regierung eine nationale Einigung auf der Ebene der Kabinette.

Als treibende Kraft trat hierbei der Politiker Joseph Maria von Radowitz hervor, der ehedem im Vorfeld der Revolution eine Bundesreform unter Einschluß Österreichs verfochten hatte; nun stellte er sich – kurzzeitig auch als preußischer Außenminister – an die Spitze einer kleindeutschen Einigung. Die Paradoxie lag darin, daß Friedrich Wilhelm IV. am 28. April 1849 offiziell und endgültig die Kaiserkrone aus Frankfurt abgelehnt hatte. Selbst eine Zirkularnote von 28 deutschen Einzelstaaten hatte ihn nicht zur Zustimmung bewegen können. Doch an ebendiesem Tag ließ er durch seinen Ministerpräsidenten, Graf Brandenburg, erklären, die preußische Regierung fordere alle deutschen Regierungen auf, gemeinsam einen deutschen Bundesstaat zu vereinbaren. Der Ministerpräsident schlug dazu Konferenzen in Berlin vor. Das hieß doch nichts anders als: Preußen hielt am Konzept des geeinten nationalen Verfassungsstaates fest.

Diese Tatsache verbietet, die Reaktion als neue Epoche bruchartig beginnen zu lassen. Im Gegenteil schienen die Zeichen der Zeit noch weiterhin in jene Richtung zu deuten, welche die Revolution eröffnet hatte: zum nationalen Verfassungsstaat. Radowitz griff im April/Mai 1849 jenen Plan eines „Doppelbundes" auf, den die Paulskirche zuletzt unterstützt hatte. Im „Engeren Bund" sollten Preußen und alle deutschen Bundesstaaten außer Österreich vereinigt sein; die Habsburgermonarchie sollte in Gestalt eines Weiteren Bundes in lockerer Weise einbezogen werden. Dabei setzte Radowitz an demjenigen Punkt an, der sich als Schwäche der Reichsverfassungskampagne erwiesen hatte: bei den widerstrebenden Mittelstaaten. War erst deren Zustimmung gewonnen, würden die übrigen 28 wie ehedem nicht zögern. Die preußische Regierung lud also zunächst die Vertreter der vier anderen Königreiche – Hannover, Bayern, Württemberg und Sachsen – zum 17. Mai 1849 nach Berlin ein, drei Wochen nach Ablehnung der Kaiserkrone.

Bereits hier zeigte sich die geringe Tragfähigkeit dieses Konzepts. Bayern und Württemberg verweigerten von vornherein die Mitwirkung. Hannover und Sachsen ließen sich dagegen bereitwillig zu dem sogenannten *Dreikönigsbündnis* herbei; es bestand aus Friedrich Wilhelm IV., sodann aus dem mit ihm befreundeten König Friedrich August II. von Sachsen, der eine vergleichbare Entwicklung wie der preußische König vom politischen Schwärmer zum Konservativen durchlaufen hatte. In der sächsischen Revolution hatte er flüchten müssen und vermochte nur dank preußischer Truppen wieder auf seinen Thron zurückzukehren. Als dritter im Bunde beteiligte sich Ernst August von Hannover, der nicht nur den Verfassungskonflikt von 1837, sondern auch die Revolution noch überdauert hatte und keineswegs als warmherziger Freund des Konstitutionalismus gelten konnte. Die drei Staaten verpflichteten sich, an der Errichtung eines deutschen Bundesstaates ohne Österreich mitzuwirken.

Das preußische Konzept wurde noch dadurch aufgeweicht, daß selbst Sachsen und Hannover sich nur unter Vorbehalt beteiligen wollten; sie fühlten sich nur dann verpflichtet, wenn sich der neuen Reichsverfassung alle deutschen Staaten außer Österreich anschlössen. Dadurch erhielt jeder deutsche Einzelstaat praktisch ein Vetorecht beim Zustandekommen dieser Einigung.

Die drei Verbündeten verständigten sich immerhin am 26. Mai 1849 auf eine Ordnung, die auch sie „Reichsverfassung" nannten und die der Frankfurter vom März 1849 teilweise wörtlich folgte, wenn auch einige demokratische Elemente herausgestrichen waren. Ein zusätzliches Fürstenkollegium als weiteres Reichsorgan neben Volks- und Staatenhaus sowie das absolute Vetorecht des Monarchen gegen Parlamentsbeschlüsse minderten die demokratische Substanz. Das Wahlrecht, eigentlich nicht Teil der Verfassung, wurde zum Dreiklassenwahlrecht reduziert. Das sagte zweifellos jenen Liberalen zu, die als Erbkaiserliche in der Paulskirche gegen ein allgemeines Wahlrecht gestimmt hatten. Kurzum, die Reichsverfassung wurde auf autoritäre Weise von oben nachgebessert. Preußen setzte seinen Weg beharrlich fort, die deutsche Einheit nach seinem Muster voranzutreiben.

Merkwürdigerweise erstrebte es weiterhin den Verfassungsstaat. Im Vormärz hatte Preußen zwar konsequente Bestrebungen zu einer größeren Union innerhalb des Deutschen Bundes erkennen lassen. Der Zollverein bildete den sichtbaren Ausdruck dafür. Wer freilich die tieferen Beweggründe und Gedankengänge Friedrich Wilhelms IV. kennt, zweifelt an der Ratio einer nationalen *Verfassungs*politik vor dem Gang der bisherigen preußischen Geschichte. Das berührt die Frage, welches Gewicht dem persönlichen Element in der Geschichte zukommt, hier im besonderen Falle konzentriert auf die Person des Generals von Radowitz.

Die preußischen Erklärungen blieben ja keineswegs nur leere Versprechungen. Gemäß den Absprachen der beigetretenen Staaten erfolgten Wahlen zu einer verfassungsgebenden Versammlung. Am 20. März 1849 trat dieses Parlament in Erfurt zusammen. Hier fand sich der Kern der Erbkaiserlichen Partei auf den Bänken wieder – der Kern der Casinofraktion aus Frankfurt. Prominenteste Namen waren vereinigt wie Gagern, Bassermann und Dahlmann. Diese Liberalen glaubten noch an die deutsche Einigung unter Preußens Vorhut. Um keine Zeit zu verlieren, nahm man den vorgelegten Verfassungsentwurf en bloc an. Der Abgeordnete

Otto von Bismarck lehnte ab. Sechzehn Jahre später trat unter seinen Auspizien ein Reichstag zusammen, der eine ähnliche Verfassung beriet.

Bismarck wich im Jahre 1850 zurück, weil er unbedingt eine drohende militärische Konfrontation mit Österreich vermeiden wollte. Österreich war auch um den Preis des Krieges bereit, das preußische Unionskonzept zu Fall zu bringen. Vor dem preußischen Abgeordnetenhaus erklärte Bismarck rückblickend am 8. Januar 1851: „Sollten wir trotzdem dahin getrieben werden, für die Idee der Union Krieg zu führen, meine Herren, es würde nicht lange dauern, daß den Unionsmännern von kräftigen Fäusten die letzten Fetzen des Unionsmantels heruntergerissen würden, und es würde nichts bleiben als das rote Unterfutter dieses sehr leichten Kleidungsstückes. Am wenigsten kann ich glauben, daß die Staatsmänner, die im Sommer 1848 der Freundschaftsbezeugungen einer Handvoll Berliner Proletarier sich nicht erwehren konnten, stark genug sein würden, wenn einmal der Brand entzündet ist, im Kampfe mit der Übermacht die dargebotene Hand der polnischen, italienischen, ungarischen und deutschen Demokraten zurückzuweisen."[261]

In dieser Deutung der Erfurter Union schimmert noch das revolutionäre Erbe durch; um so mehr mag man an dem ernsthaften Willen des preußischen Monarchen zweifeln, diesen Weg zu beschreiten, und zwar dazu noch gegen Österreich, hatte er doch selbst geäußert, ein Deutschland ohne Tirol sei ein Gesicht ohne Nase. Auch die inzwischen erschienenen Biographien zu diesem König konnten das Rätsel seiner „deutschen Politik" nicht lösen. Für Bismarck hieß die Alternative: Wiederherstellung des Deutschen Bundestags unter österreichisch-preußischer Doppelhegemonie.

## 3. Die Politik des „Dritten Deutschlands"

Die Erfurter Union scheiterte am energischen Widerstand Österreichs, aber auch an der hinhaltenden, zermürbenden Resistenz der Mittelstaaten. Die borussische Geschichtsschreibung der Tonart Heinrich von Treitschkes unterstellte denn auch schnell egoistischen Partikularismus. Die neuere österreichische Geschichtsschreibung versucht demgegenüber, besonders die mittelstaatliche Triaspolitik ernst zu nehmen und auch deren nationale Dimension herauszustellen.

Als deren Protagonist wirkte nun der sächsische Ministerpräsident Beust. Unter seiner Ägide vereinigten sich am 7. Februar 1850 die vier Königreiche Bayern, Sachsen, Hannover und Württemberg zu einem sogenannten *Vierkönigsbündnis.* Die Mittelstaaten bekannten sich zur Herstellung der deutschen Einheit im Rahmen des ehemaligen Deutschen Bundes, den sie als noch fortexistierend ansahen. Der Verfassungshistoriker Ernst Rudolf Huber erkannte darin einen Verzicht auf die nationalstaatliche

Einigung Deutschlands, weil jener Plan Gesamtösterreich samt dessen nichtdeutschen Landesteilen einschließen wollte. Tatsächlich aber forderte das Vierkönigsbündnis ein ganzes Arsenal an Bundeskompetenzen, welche sich die vormärzlichen Kritiker stets für den Bund gewünscht hatten: wirklich wahrgenommene völkerrechtliche Vertretung, Entscheidung über Krieg und Frieden, militärischen Oberbefehl, Erhaltung der inneren Sicherheit, Oberaufsicht über Verkehr, Schiffahrt, Post, Eisenbahn, Telegraphie, Förderung einheitlicher Münze, Maße und Gewichte, dazu als Bundesorgane eine siebenköpfige *Bundesregierung*, gebildet aus den sieben größten Bundesstaaten, eine *Nationalvertretung* und schließlich ein *Bundesgericht*. Über alle drei Organe hatte der frühere Bund bisher nicht verfügt. Wichtig erscheint, daß eine Nationalvertretung wie selbstverständlich aufgenommen wurde – freilich gegen den Wunsch Österreichs. Das Nationalparlament sollte sich zusammensetzen aus einhundert Österreichern, einhundert Preußen und einhundert Angehörigen der übrigen deutschen Staaten. In diesem echten Triasmodell sollten die Abgeordneten indirekt über die Landtage gewählt werden. Deutlicher hätte man den gewünschten gleichgewichtigen Rang des Dritten Deutschlands in einem Bundesreformprojekt nicht formulieren können.

Österreichs Ministerpräsident Fürst zu Schwarzenberg stimmte dem Entwurf nur unter größten Vorbehalten zu. Er willigte kurzzeitig in eine Bundesreform ein, wie die Habsburgermonarchie erst 1863 unter gewandelten inneren Verhältnissen zu akzeptieren bereit war. 1863 befand Österreich sich auf dem Wege in den Konstitutionalismus, 1850 hingegen in den Neoabsolutismus. Deshalb wird man in Schwarzenbergs Zustimmung kaum mehr als eine taktische Konzession erkennen können. Das wäre im Revolutionszeitalter nichts Ungewöhnliches gewesen. Dazu passend urteilte Schwarzenberg: „Der Entwurf selbst enthält manches Absurde und vieles Unnötige, was man aber zur Zeit in Deutschland noch für vortrefflich und wesentlich hält"; er habe sich deshalb „herbeigelassen, bis auf einen gewissen Punkt mit den Wölfen zu heulen".[262]

Bemerkenswerterweise war das preußische Staatsministerium in seiner Mehrheit gar nicht abgeneigt, auf diesen Plan einzugehen. Schwarzenberg hatte zugleich signalisiert, daß er einer preußischen Machterweiterung in Norddeutschland nicht widerstehen werde. Es kam zu einer Spaltung auf höchster preußischer Regierungsebene – im Staatsministerium und im Kreis der Berater des Königs. Radowitz bestand auf der Durchführung seines Plans einer kleindeutschen Einigung und kalkulierte dabei auch eine bewaffnete Auseinandersetzung mit Österreich ein.

## 4. Bundespolitik im Zeichen von Reaktion und Reform

### *a) Die Wiederbelebung des Deutschen Bundes*

Bei der offenkundigen Abneigung der Politik Österreichs gegenüber allen nationalen Vertretungsorganen lag die Wiederherstellung des Bundes in der Logik seiner Prinzipien, sofern es sie durchsetzen konnte. Die innerdeutsche Kraftprobe entfaltete sich am Konflikt um Kurhessen, der zugleich den Streit um das kleindeutsche Unionsprojekt widerspiegelte. Kurhessen hatte sich unter seinem noch fortregierenden Märzministerium der von Preußen geleiteten Union angeschlossen. Im Februar 1850 hatte der Kurfürst Friedrich Wilhelm seine liberalen Minister entlassen und statt ihrer den ultrakonservativen Justizbeamten Ludwig Hassenpflug zum Staatsminister gemacht. Dieser hatte sich bereits in seiner vormärzlichen Amtsperiode den Ruf eines Reaktionärs erworben. Seine Wiederberufung bedeutete allein schon wegen der innenpolitischen Signalwirkung einen offenen Affront gegenüber dem Landtag, aber auch in außenpolitischer Hinsicht. Hassenpflug betrieb nämlich den Austritt aus der preußischen Union und die Anlehnung an Österreich. Damit stieß er auf den entschiedenen Protest der Kammer. Diese verweigerte den Staatshaushalt. Der Widerstand breitete sich noch aus: Die Landstände, die Gerichte und die Beamten wandten sich einmütig gegen die verfassungswidrige Politik des Kurfürsten, der versuchte, mit Notverordnungen ohne Etat zu regieren, was die Landesverfassung nicht erlaubte. Sogar die Armee – auf die Verfassung vereidigt – verweigerte den Gehorsam.

Kurfürst Friedrich Wilhelm vermochte sich nicht mehr zu helfen und rief den Bundestag an, der bereits als Rumpforgan existierte. Der Kurfürst verlangte nach altem Bundesrecht eine Intervention. Der Bundestag antwortete wie gewünscht militärisch mit Truppen. Das ganz Land wurde mit bayerischem Militär belegt. In der Hauptstadt Kassel standen sich österreichische und preußische Truppen feindlich gegenüber. Denn Preußen beanspruchte seinerseits, dem bedrängten Staat als Mitglied seiner Union zu Hilfe zu kommen. Am 8. November 1850 lagen sich bei Bronnzell österreichische, bayerische und preußische Truppen in Schußnähe gegenüber. Zar Nikolaus I. verschärfte die Situation noch dadurch, daß er sich bereiterklärte, im Falle eines Krieges auf die Seite Österreichs zu treten. Eine solche Situation hatte es seit der Gründung des Deutschen Bundes im Jahre 1815 nicht gegeben.

Das preußische Kabinett war innerlich zerrissen. Ein engerer Kreis der Berater des Königs, die „Kamarilla“, wollte sich mit Österreich verständigen; Radowitz hingegen wäre zum Krieg bereit gewesen, wenn er noch den nötigen Rückhalt gehabt hätte. Statt dessen mußte er nach einer kurzen Phase als Außenminister zurücktreten. Es siegten die Revisionisten vor den

Reformpolitikern. Revision hieß in diesem Falle Wiederherstellung des Einvernehmens mit Österreich. Das geschah in jenem berühmt gewordenen Vertrag, der in dem kleinen böhmischen Städtchen Olmütz am 29. November 1850 geschlossen wurde. Preußen verzichtete darin auf die Erfurter Union; es erklärte sich zum Rückzug aus Kurhessen bereit und konzedierte außerdem die Preisgabe Schleswig-Holsteins.

Die Nationalgesinnten damals und in der nachfolgenden Geschichtsschreibung klagten über die angebliche „Schmach von Olmütz", der Preußen erlegen sei. Hier kündigte sich abermals die Bereitschaft an, die Nationbildung auch um den Preis eines großen mitteleuropäischen Krieges anzustreben. Die Kritiker verkannten die eigentliche politische Ratio der Punktation von Olmütz. Seit diesem Kurswechsel milderte sich für ein Jahrzehnt die offene Rivalität in der innerdeutschen Politik zwischen den Großmächten. Seit Olmütz datiert eine gemeinsame, koordiniert betriebene antirevolutionäre Innenpolitik der beiden deutschen Vormächte. In einer Debatte im preußischen Abgeordnetenhaus sprach der neue Ministerpräsident Otto von Manteuffel nach dem Tod Graf Brandenburgs das auch ungeschminkt aus: „Ja, es ist dies ein Wendepunkt in unserer Politik: Es soll entschieden mit der Revolution gebrochen werden!"[263]

Man muß sich die frische Erinnerung an die jüngst zurückliegende Revolution von 1848 vergegenwärtigen, um diese Argumentation zu durchschauen. Die drohende kriegerische Auseinandersetzung zwischen Preußen und Österreich erregte die deutsche Öffentlichkeit so sehr, daß man an die Schleswig-Holstein-Begeisterung im Revolutionsjahr erinnert sein konnte. Konstitutionelle Liberale und sogar demokratische Gruppen machten sich nun für die „Ehre Preußens" stark, für die Rettung der Erfurter Union. Preußen wurde auf einmal stilisiert zum Exponenten im Kampf gegen die Mächte der Reaktion in Rußland und Österreich. Es darf dabei nicht vergessen werden, daß das Militär der zusammenbrechenden Habsburgermonarchie deren Erhalt gesichert hatte. Die Revolution von 1848/49 scheiterte nicht zuletzt an ihrer Desorganisation an Einzelschauplätzen gegenüber den jeweils kompakt auftretenden stehenden Heeren. Ein innerdeutscher Krieg hätte zweifellos die Kraft der Monarchien geschwächt. Die Hoffnungen der Revolutionäre ebenso wie die Befürchtungen der Regierungen richteten sich auf das Menetekel: „Es geht wieder los". Die Vereinbarung zwischen Österreich und Preußen ließ den Einigungsplan des Generals von Radowitz ebenso wie das Triasmodell als Optionen deutscher Einigung scheitern; beide Pläne erstrebten noch die Nationalvertretung des gesamten Volkes. Im Zeichen der nun vollständig durchbrechenden Reaktion gab es keinen Gedanken mehr an eine Volksvertretung, nicht einmal mehr beim nach Olmütz wiederbelebten Deutschen Bund. Schwarzenberg hatte es nicht mehr nötig, „mit den Wölfen zu heulen".

Die Regierungen begannen nun dort, wo sie unmittelbar vor Ausbruch der Revolution geendet hatten: mit der Einberufung von Ministerkonferenzen nach Dresden. Zwischen dem 3. Dezember 1850 und dem 15. Mai 1851 tagten hier einzelne Arbeitsgruppen nach dem Muster, wie es bereits 1820 in Wien zur Ergänzung der Bundesverfassung praktiziert worden war. Aber an den Tagungen nahmen diesmal sämtliche deutschen Regierungen teil. Schwarzenberg verfolgte weiterhin das Ziel eines *Siebzig-Millionen-Reichs*, das in Mitteleuropa einen umfangreichen Staatenbund umfassen sollte. Geleitet von einem Direktorium, war es als großösterreichisch-großdeutsches Reich auf föderativer Grundlage mit Zoll- und Handelsunion als ökonomischer Basis geplant. Hier hätten Österreich und die vier Königreiche des Dritten Deutschlands Preußen majorisieren können.

Die preußischen Patrioten wandelten mahnend ein Wort Friedrich Wilhelms IV. ab; dieser hatte im März 1848 pathetisch erklärt, Preußen werde fortan in Deutschland aufgehen. Nun fürchtete man, Preußen werde in Österreich aufgehen. Deshalb erwies sich die Forderung Preußens nach Parität mit Österreich in dem neuen Bund als der entscheidende Streitpunkt. Was aussah wie eine Prestigefrage, muß man im Grunde als eine Machtfrage betrachten, welche die Konferenzen letztlich ergebnislos enden ließ. Damit waren auch die zweifellos vorhandenen Absichten, den Bund zu reformieren, gescheitert. Gerade die Dresdner Konferenzen bereiten jenen Interpreten, die in dem Deutschen Bund eine Alternative deutscher Einigung erkennen wollen, Kopfzerbrechen. Denn mehr noch als in den Jahren 1819 und 1830 bis 1834 instrumentalisierten die beiden deutschen Vormächte den Bund für ihre gemeinsamen Zwecke. Preußen reihte sich nun in die Bundespolitik ein, indem es die Mitglieder der Erfurter Union aufforderte, vom 12. Mai 1851 an wieder die Frankfurter Bundesversammlung mit Vertretern zu beschicken. Österreich schlug vor, die in Dresden erarbeiteten Reformentwürfe anzunehmen. Preußen setzte sich aber mit seinem Antrag durch, alle Ergebnisse dem wiedereröffneten Bundestag zu überweisen. Das hieß aber, die Dresdner Konferenzen ergebnislos abzubrechen. Parallel dazu schlossen Österreich und Preußen einen geheimen Allianzvertrag, in dem sie sich gegenseitig Beistand gegenüber allen Angriffen von dritter Seite zusicherten. Damit erwarb Österreich sich eine preußische Beistandsgarantie auch für diejenigen Gebiete, die fernerhin außerhalb des Deutschen Bundes blieben wie Oberitalien. Schwarzenbergs Siebzig-Millionen-Reich hätte diese Gebiete ja noch eingeschlossen. Der Vertrag signalisierte eine Gemeinsamkeit, wie sie nach innen durch die gegenrevolutionäre Politik des Bundes nun drastisch zutage trat.

### *b) Reaktionspolitik im Deutschen Bund 1851–1857*

Alle Wege zu einem engeren nationalen Zusammenschluß der deutschen Staaten scheiterten zu dem Zeitpunkt, als die Bundesversammlung wiederbelebt wurde und sie den beiden deutschen Vormächten lediglich als Instrument diente, die Mittel- und Kleinstaaten zu disziplinieren. Durch seine konsequente Reaktionspolitik wirkte der Bund freilich in negativer Hinsicht integrierend, indem er der Opposition der 1860er Jahre den Boden bereitete.

Das auf diese Weise repressiv konstituierte Deutschland erlebte nun eine Politik, wie sie erstmals mit der restaurativen Wende im Jahre 1819 eine Zeitlang betrieben worden war. Es begann ein Kapitel, das allen Historikern große Probleme bereitet, welche die Entwicklungspotenzen des Bundes innerhalb der deutschen Geschichte herausstellen möchten. Die meisten legen über die Phase zwischen 1851 und 1857 einen Schleier des Stillschweigens. Die Ignoranz reicht bis in angesehene Handbücher hinein.

Die ersten Reaktionsbeschlüsse gingen von Anträgen Österreichs und Preußens aus, die fortan häufig als gemeinsame Antragsteller auftraten. Sie drangen darauf, sämtliche aus der Revolution hervorgegangenen Veränderungen wieder weitgehend rückgängig zu machen. Die Revolution hatte ja eine starke Tendenz zur Verrechtlichung entwickelt und ihre Spuren in den Landesverfassungen und einzelstaatlichen Gesetzen hinterlassen. Der Verfassungseid des Heeres, die umfassende Budgetgewalt der Parlamente, das allgemeine Männerwahlrecht, das liberale zensurfreie Presserecht und ein auf Parteibildung zielendes Vereinswesen konnten unter den neuen gegenrevolutionären Verhältnissen nicht mehr als zeitgemäß erscheinen. Der Bund begann – negativ integrierend – elementar in innere Landes- und Verfassungsverhältnisse einzugreifen. Die wegweisenden Beschlüsse ergingen am 23. August 1851, als die Bundesversammlung die Grundrechte der Frankfurter Reichsverfassung, die für alle deutschen Staaten geltendes Recht geworden waren, ausdrücklich aufhob.

Ein zweiter Beschluß erhielt frühzeitig das Etikett „Bundesreaktionsbeschluß". Er machte den Bundestag zur obersten Kontrollbehörde für alle einzelstaatlichen Verfassungszustände. Er erklärte ihn für zuständig, darüber zu wachen, daß in keinem Einzelstaat „Institutionen und Zustände" fortbestünden, die für die öffentliche Ruhe und Ordnung und daher für die allgemeine Sicherheit des Bundes bedrohlich werden könnten. Diese Terminologie rief dem geschulten Ohr die Revolutionstage in Erinnerung. Das machte der Auftrag noch deutlicher, „die in den einzelnen Bundesstaaten namentlich seit dem Jahre 1848 getroffenen staatlichen Einrichtungen und erlassenen gesetzlichen Bestimmungen einer sorgfältigen Prüfung zu unterwerfen und dann, wenn sie mit den Grundgesetzen des Bundes nicht in Einklang stehen, diese notwendige Übereinstimmung ohne Verzug wieder zu bewirken."[264] Das war amtlich definierte Rechts-Reaktion. Die vorausgegangene Verrechtlichung von 1848 wurde zurückgedrängt.

Der Bund stiftete zugleich eine überwachende Behörde, den sogenannten Reaktionsausschuß. Formal wieder Gesandtenkongreß, institutionalisierte er auf einem speziellen Gebiet eine starke Bundesgewalt. Dieser Ausschuß begnügte sich nicht mit seinen Kompetenzen, sondern übte praktische Politik, seitdem er vom Oktober 1851 an nacheinander die Landesverfassungen, die Wahl-, Presse- und Vereinsgesetze überprüfte. Seine Recherchen boten der Bundesversammlung die Handhabe, konkrete Weisungen und Drohungen an säumige Regierungen auszusprechen. Dieser zentralistischen Gewalt im angeblich föderativen Bund mußten sich unterwerfen: Sachsen-Coburg, Anhalt, Liechtenstein, Waldeck, Lippe, Hessen-Homburg sowie die Freien Städte Frankfurt, Bremen und Hamburg, allesamt Kleinstaaten. Aber auch Hannover als ein größerer Staat war vor Eingriffen nicht sicher. In manchen Fällen schritt der Bund auch zu militärischen Aktionen.

Wie weit und konkret der Bund in innerstaatliche Verhältnisse eingriff, bewies einmal mehr seine Politik nach der Intervention in Kurhessen. Den Schlußstein setzte er dadurch, daß die Bundeskommissare für das Land eine neue Verfassung entwarfen. Die Bundesversammlung billigte sie in Gestalt eines Bundesbeschlusses, und der Kurfürst oktroyierte sie am 13. April 1852, begleitet durch ein neues Wahlgesetz. Das allgemeine, gleiche Wahlrecht mußte einem beschränkten, den Grundbesitz bevorzugenden weichen. Da die wiederhergestellten alten Bundesgrundgesetze von 1815 und 1820 den Einzelstaaten Verfassungsautonomie zubilligten, durfte die Bundesversammlung keineswegs eine Landesverfassung als ganze aufheben oder durch eine neue ersetzen. Außerdem schrieb die Wiener Schlußakte die Mitwirkung der Kammer vor. Der Bund beging einen eklatanten Verfassungsbruch. Wie in der Rücknahme der Märzerrungenschaften trat hier der instrumentelle Umgang mit dem Recht zutage, das opportunistisch politischen Zwecken unterworfen, gebeugt und auch gebrochen wurde. Eben dies wurde zu einem Wesensmerkmal des Reaktionsjahrzehnts.

Man wird jedoch kein schrankenloses Walten Österreichs und Preußens am Bundestag annehmen dürfen. Das zeigte sich besonders deutlich, als beide deutsche Großmächte mit ihrem Antrag, eine Bundeszentralpolizei zu errichten, scheiterten. Der Plan mißriet vor allem deshalb, weil er Kommissaren der Zentralbehörde in allen deutschen Staaten an Ort und Stelle Nachforschungen ermöglichen sollte; die Kommissare sollten notfalls sogar „selbständig", also eigenmächtig einschreiten können.

Der bayerische Ministerpräsident Freiherr von der Pfordten entwickelte sich zum Wortführer der betroffenen Mittel- und Kleinstaaten, indem er in dem Entwurf „eine teilweise Mediatisierung der einzelnen Staaten" erkannte. Recht plastisch veranschaulichte er das an einem Beispiel: „Es würde offenbar als ein Eingriff in die Souveränitätsrechte erscheinen müssen, wenn zum Beispiel ohne Vorwissen der bayerischen Regierung fragliche Zentralbehörde einen Kommissär nach Nürnberg oder Würzburg schickte und durch diesen daselbst Verhaftungen, Haussuchungen und polizeiliche Akte jeder Art vornehmen ließe".[265]

Gerade das hatten die Großmächte beabsichtigt. Aber hier erwies sich wiederum doch die Kraft föderativer Tendenzen, wenn es darum ging, Bundesinstitutionen einzurichten, welche Souveränitätsrechte tangierten. Daraus zu folgern, daß gerade die deutschen Mittelstaaten unter dem Dach des Bundes an liberalen Errungenschaften von 1848 zu retten versuchten, was sich noch retten ließ, wäre ein eklatanter Trugschluß. Nicht die Absicht zu polizeilicher Verfolgung war das Problem, sondern die verfassungsmäßige oder organisatorische Regelung. In dieser Hinsicht fanden die interessierten sieben größten Bundesstaaten eine Form, die ihnen erlaubte, auch außerhalb der Kompetenz der Bundesversammlung eine wirkungsvolle politische Unterdrückung zu betreiben.

### *c) Die innerdeutsche geheime Polizeikooperation*

Seit dem April 1851 verständigten sich zunächst vier, dann sieben Mitgliedsstaaten auf einen „Polizeiverein“ oder ein „Polizeikartell“ zu wechselseitigem Nachrichtenaustausch. Der Name ist offizieller Art und stammt aus den damaligen Akten. Diese Kooperation sah folgendermaßen aus: Österreich, Preußen, Hannover, Sachsen, Bayern, Württemberg und Baden hatten das Gebiet des Deutschen Bundes – teilweise auch über ihre Ländergrenzen hinaus die Kleinstaaten erfassend – in Zuständigkeitsbezirke, sogenannte „Rayons“, eingeteilt. In regelmäßigen Abständen trafen sich führende Polizeibeamte der Mitgliedsstaaten zu „Polizeikonferenzen“, auf denen man das neueste Material über die „revolutionäre Propaganda“ und das „Treiben der Umsturzpartei“ austauschte. So lautete der damalige Polizeijargon. Dahinter verbarg sich die seit den Freiheitskriegen in Zeiten politischer Erschütterung immer wieder erneuerte Überwachung der Presse, Vereine, Landtage und einzelner prominenter oppositioneller Persönlichkeiten. Der damalige Sprachgebrauch in den Akten nannte diese Tätigkeit die „Handhabung der politischen Polizei“.

Jedes Mitglied eines Landes erhielt von der einheimischen Zentralbehörde, dem Innenministerium, mit Billigung des Monarchen das Recht, Nachrichten aus dem ganzen Inland einzuziehen und die relevanten Informationen im direkten Austausch an die übrigen auswärtigen Polizeibehörden mitzuteilen. Es war ein Novum in der deutschen Geschichte, daß sich einzelne Landesbehörden über die Grenzen hinweg unter Umgehung des diplomatischen Weges kontinuierlich miteinander kurzschließen durften. Der preußische Generalpolizeidirektor Karl Ludwig von Hinckeldey korrespondierte so unmittelbar mit dem Dresdner Polizeirat Friedrich Eberhardt. Der traditionelle Weg einer Recherche hätte früher demgegenüber beispielsweise von der Polizeidirektion in Berlin an die vorgesetzte Mittelbehörde (das Oberpräsidium) laufen müssen, von dort an das Innenministerium, weiter an das Außenministerium, von diesem an die preußische Gesandtschaft in Dresden. Weiter ging der Weg zum jenseitigen Außenministerium, Innenministerium, zur örtlichen Polizeidirektion. Nach Erledigung der Recherche lief der Informationsgang den umgekehrten Weg.

Allein diese Neuerung beschleunigte und verdichtete den Nachrichtenaustausch, der durch sogenannte „Wochenberichte" in eine kontinuierliche Bahn der Wechselseitigkeit gelenkt wurde. Die gegenseitig mitgeteilten Materialien umfaßten Listen politischer Flüchtlinge, beschlagnahmte revolutionäre Druckschriften, regierungskritische Äußerungen oppositioneller Zeitungen, Indizien über fortlebende politische Vereine, biographische Einzelheiten zu unerwünschten oder verfolgten Journalisten und politischen Wortführern der Revolutionszeit, versehen mit genauen Angaben über Reiserouten, ausgehändigte Pässe, vorgekommene Kontakte mit anderen Personen. Erst die Kenntnis dieser Polizeivereinsarbeit macht begreiflich, warum sich die Gegenrevolution in Deutschland so schnell, flächendeckend und tiefgreifend durchzusetzen vermochte. In den 1850er Jahren existierte bald keine oppositionelle Presse demokratisch-republikanischen oder gar sozialistischen Zuschnitts mehr, wo selbst konstitutionell-liberale Blätter es schwer hatten zu überleben. Die politische Parteibildung war vollkommen abgeschnitten. Jegliche institutionelle Brücke zwischen den Parteien von 1848 und den Neugründungen der 1860er Jahre war zerschlagen.

Insgesamt fügte sich die Bundespolitik in den 1850er Jahren in ein Szenario staatlicher Defensivpolitik, der Öffentlichkeit auf allen Ebenen unerwünscht war. Wo noch Landtage fortexistierten – und das war die Regel, der Rückfall Österreichs in den Absolutismus die Ausnahme –, schrumpfte deren politischer Handlungsspielraum. Zaghafte Opposition war nur noch selten vorzufinden. Oft nach massiven politischen Wahlmanipulationen gebildet, neigten die Kammern dahin, mit regierungsabhängigen Mehrheiten die amtliche Politik zu stützen.

Erst im Zuge der „Neuen Ära" ab 1858 lockerten sich die staatlichen Fesseln. Innen- und Bundespolitik standen im Wechselspiel. Als sich Vereine und Presse wieder freier äußern konnten, meldete sich auch der Bund wieder – ein letztes Mal – mit Vorschlägen zu seiner eigenen Reform zu Wort. Vielleicht waren die Bundesreformvorschläge der 1860er Jahre diejenigen, die tatsächlich am ehesten ernst gemeint und realisierbar gewesen wären, wenn nicht der nun unbestreitbare Dualismus zwischen Österreich und Preußen diesen Weg verstellt hätte.

### *d) Innenpolitische Lockerungen seit 1858*

Im Herbst 1858 trat in Berlin Prinzregent Wilhelm die Regentschaft an; er übernahm die Herrschaft stellvertretend für den geistig erkrankten Friedrich Wilhelm IV. Im Oktober 1858 begann in Preußen die sogenannte „Neue Ära". Sie war verbunden mit einer Entlassung des Ministeriums

Manteuffel. Das neue Reformministerium rechnete rückhaltlos mit den polizeistaatlichen Methoden des vorausgegangenen Jahrzehnts ab. Wilhelm selbst trat in seiner Thronrede mit einer aufsehenerregenden Proklamation an die Öffentlichkeit: „In Deutschland muß Preußen moralische Eroberungen machen, durch eine weise Gesetzgebung bei sich, durch Hebung aller sittlichen Elemente und durch Ergreifung von Einigungselementen, wie der Zollverband es ist, der indes einer Reform wird unterworfen werden müssen."[266] Diese Worte riefen bei Zuhörern Erwartungen an den „nationalen Beruf" Preußens in Deutschland wach, sofern sie aus der Erklärung nur das ihnen Zusagende herauslasen und ignorierten, daß die Heeresorganisation einen wichtigen Teil dieser Ansprache ausmachte.

Wilhelm beschleunigte mit dieser Rede eine bereits in Gang gekommene innenpolitische Lockerung. Die bisher niedergehaltene politische Öffentlichkeit regte sich wieder in der Presse, auf Versammlungen, Abgeordnetentagen und politischen Festen. Es formierten sich Parteirichtungen neu, welche die Fronten im Kampf um den rechten Kurs widerspiegelten: für oder gegen Österreich. Die Gründung des „Deutschen Nationalvereins" im Juli 1859 in Frankfurt dokumentierte in der Öffentlichkeit besonders scharf den aufbrechenden Graben zwischen Österreich und Preußen. Die dort zusammengekommenen „Vaterlandsfreunde" verfochten das Programm, nur in Anlehnung an Preußen könne eine deutsche Einheit erreicht werden. Dem Deutschen Bund erteilte man eine Absage. Der Nationalverein gründete allenthalben im Bund Zweigniederlassungen.

Das ließ Österreich bei Preußen die Einhaltung des Bundesvereinsbeschlusses einklagen, der Filialvereine zu bilden untersagte. Preußen hingegen, auf dem Wege „moralischer Eroberungen in Deutschland", ließ den ihm gewogenen Nationalverein gewähren. Die öffentliche Meinung wurde in die politische Konkurrenz der beiden deutschen Vormächte hineingezogen, denn die österreichfreundlichen Großdeutschen im Deutschen Bund formierten sich ihrerseits mit der Gründung eines „Deutschen Reformvereins" im Jahre 1862.

Die Neue Ära beschränkte sich nicht allein auf Preußen, sondern hatte den Bann auch in anderen deutschen Staaten gebrochen, wo gleichermaßen eine beginnende Liberalisierung und Rückbesinnung auf rechtsstaatliche Prinzipien um sich griff, in Bayern, Württemberg, Baden, Kurhessen etwa, also in den deutschen Mittelstaaten, teilweise auch begleitet von heftigen Verfassungskonflikten.

Die wichtigste innenpolitische Wandlung aber erlebte das Kaisertum Österreich. Der verlorene Krieg gegen die Allianz von Italien und Frankreich im Jahre 1859 hatte das neoabsolutistisch-bürokratische Regiment zutiefst erschüttert und dann zusammenbrechen lassen. Kaiser Franz Joseph bildete die Regierung grundlegend um und berief am 13. Dezember 1860 den liberalen Anton Ritter von Schmerling zum Staatsminister. Das mochte bei manchem ungläubiges Staunen hervorrufen, hatte doch eben dieser Schmerling im Revolutionsjahr 1848 als Ministerpräsident zeitweilig die Provisorische Reichszentralgewalt in Frankfurt, also eine aus der Revolution hervorgegangene Instanz, geleitet. Der ehemalige Achtundvierziger eröffnete nun der Habsburgermonarchie den Weg zum Verfassungsstaat. Schmerling gelang der große Durchbruch mit dem sogenannten Februarpatent von 1861. Das Land erhielt eine Repräsentativverfassung mit einem Zweikammersystem. Zwei Jahre nach dem Tode Metternichs hatte sich auch sein System überlebt. Diese neue Innenverfassung ermöglichte es Österreich, nun auch aktiv eine Bundesreformpolitik zu beginnen. Als Verfassungsstaat wuchs ihm in der deutschen Öffentlichkeit neue Autorität zu, sich einer Bundesreform anzunehmen.

Mit der Lockerung der Innenpolitik war es plötzlich wieder möglich, die deutsche Frage auf die Tagesordnung öffentlicher Diskussionen in den Landtagen und in der Presse zu heben. Der seit 1848 abgeschnittene Kampf um die richtige Konzeption setzte ein weiteres Mal ein. Die nicht entschiedenen drei Optionen zwischen kleindeutsch-preußischer Einigung (vormals Radowitz), dem Triasmodell des Dritten Deutschland (Beust) und schließlich dem großdeutschen Siebzig-Millionen-Reich in Mitteleuropa (Schwarzenberg) lebten in neuen Formen auf.

Bei genauerem Hinsehen überrascht die Konstanz, mit der seit 1859 wiederum in der Dreiheit der bekannten Grundkonzeptionen operiert wurde. Seit 1815 beschränkten sich offensichtlich auf der Ebene der Regierungen die Wahlmöglichkeiten auf eben diese drei, und sie blieben in der Schwebe, solange der Bund bestand und nicht auf gewaltsamem Wege eine der drei Konzeptionen die Oberhand gewann. Auch der Deutsche Bund geriet wieder in die Diskussion, ob er reformiert werden solle und überhaupt noch könne.

### *e) Die Würzburger Koalition und der Triasplan*

Wie schon zu Ausgang der Revolutionszeit ergriff der sächsische Ministerpräsident Beust die Initiative für das Dritte Deutschland. Er berief im November 1859 eine Reihe von Klein- und Mittelstaaten zu einer Konferenz nach Würzburg. Unter den Teilnehmern sah man Vertreter aus Sachsen, Bayern, Württemberg, Hessen-Darmstadt, Kurhessen, beiden Mecklenburg, Nassau und weiteren Kleinstaaten. Man einigte sich auf Grundzüge zur Reform der Bundesverfassung: Bundesgericht, Rechtsvereinheitlichung, einheitliches Münz-, Maß- und Gewichtssystem. Österreich war gesuchter, aber nur zögernder Bündnispartner.

Die Überlegungen der Mittelstaaten gipfelten in einem Reformplan, welchen der sächsische Ministerpräsident im Oktober 1861 vorlegte. Er versuchte damit, dem Nationalverein den Wind aus den Segeln zu nehmen und der Bundesversammlung die Initiative zu gewinnen. Grundgedanke war, den staatenbündischen Charakter des Bundes zu erhalten und der

Trias-Idee zum Durchbruch zu verhelfen. Das ließ sich ablesen an der geplanten „Abgeordnetenversammlung". Abgesandte der Länderparlamente sollten dort vertreten sein. Nach dem Plan hätten die deutschen Mittel- und Kleinstaaten mehr Mitglieder entsandt als Österreich und Preußen zusammen. Das mochte paradox klingen, entsprach aber zweifellos auch der Konstruktion der Bundesversammlung, nach der es ja möglich war, daß die Großmächte durch die mittleren und kleineren Staaten überstimmt werden konnten. Die Regierung des Bundes – seine Exekutive – sollte aus einem Triumvirat bestehen: dem Kaiser von Österreich, dem König von Preußen und einem von den übrigen Mächten berufenen deutschen Souverän. Ernst Rudolf Huber nannte in Kenntnis der späteren Reichseinigung diesen Plan „ein sonderbares Mißverständnis der politischen Grundrichtung der Zeit".[267] Er mißt ihn an den Bestrebungen des Nationalvereins, den geeinten deutschen Nationalstaat zu propagieren. Wie auch schon der württembergische Verfechter der Trias-Idee im Vormärz erlebte nun Beust, daß er im eigenen Lager nicht den nötigen Rückhalt bekam. Bayern war empört, weil die dritte Position in der Exekutivgewalt wechseln und nicht ihm ständig zufallen sollte, während Württemberg auf den Turnus gerade besonderen Wert legte.

Österreich ging auf Distanz zu den bündniswilligen Mittelstaaten und lehnte sich statt dessen stärker an Preußen an. Das beklagen moderne österreichische Historiker als einen Kardinalfehler. Preußen wies den Triasplan rundweg zurück, konterte ihn dann aber mit einem Gegenplan, der als zweite Option einer Bundesreform erschien.

### *f) Der preußische Unionsplan vom Dezember 1861*

Der preußische Außenminister Albrecht Graf von Bernstorff überraschte die übrigen deutschen Regierungen damit, daß er im Dezember 1861 die alte Radowitz-Idee wieder aufnahm, eine engere bundesstaatliche Union aller deutschen Staaten ohne Österreich zu bilden; die Habsburgermonarchie sollte in einem Weiteren Bund eingeschlossen werden. Der engere Bundesstaat sollte eine einheitliche militärische Organisation bekommen. Dieser Vorschlag bewegte sich ganz auf der Linie des deutschen Nationalvereins – bis auf einen Unterschied: es fehlte noch an einer Nationalrepräsentation. Bernstorff, eigentlich ein Angehöriger der konservativen preußischen Oberschicht, machte sich zum Anwalt der bürgerlichen Liberalen. Es ging sogar das Wort um, er präsentiere sich als ein „deutscher Cavour" dem wartenden „deutschen Piemontismus". Mit dieser Assoziation wurde zugleich die soeben erfolgte italienische staatliche Einigung zum Modell für deutsche Verhältnisse erklärt. Die Annäherung Preußens an eine gewichtige öffentliche Strömung war außerdem unverkennbar, und das bereits vor der Berufung Bismarcks.

Dieser Vorstoß rief den damals denkbar stärksten Widerspruch hervor. Österreich und die Würzburger Koalition einigten sich im Januar 1862 auf ein Manifest, das die Unterzeichner festlegte, keiner Bundesreform zuzustimmen, welche Österreich ausschließen wollte. Außerdem übte man ein Verfahren, das gegenüber Preußen besonders brüskierend wirken mußte. Man entsandte sogenannte „identische Noten“ an Preußen. Das hieß: Österreich, Bayern, Württemberg, Hannover, Hessen-Darmstadt, Sachsen, Nassau, Sachsen-Meiningen schrieben Briefe an Preußen, und in jeder dieser diplomatischen Noten stand dasselbe. Die fleißigen Briefschreiber widersprachen im identischen Wortlaut dem preußischen Unionsvorschlag und vergaßen nicht den Hinweis, ein ähnliches Projekt habe Preußen zur Niederlage von Olmütz geführt. Das Verfahren allein schon, noch mehr aber diese Erinnerung, mußten sich für preußische Ohren höchst verletzend anhören.

Im Ringen um den richtigen Weg zur nationalen Annäherung oder zur Staatsnation wuchs die Distanz zwischen Österreich und Preußen, wobei es typisch für derartige Auseinandersetzungen im 19. Jahrhundert war, daß machtpolitische und tieferliegende Interessengegensätze im Medium des Rechts, also auf verfassungspolitischem Gebiet, ausgetragen wurden. Auf einem anderem Feld geschah das nun zusätzlich. Denn Preußen erkannte das Königreich Italien völkerrechtlich an, was wiederum von Österreich als gefährlicher Affront begriffen wurde. Dieser Pakt Preußens mit einem Partner, der jüngst im Krieg mit Österreich gestanden hatte, wurde noch übertroffen durch den Abschluß eines preußisch-französischen Handelsvertrages. Frankreich war ja Bündnispartner im Kriege Italiens gegen Österreich gewesen. Mit diesem Handelsvertrag von 1862 wurde der Eintritt Österreichs in den Zollverein vollends unmöglich. Preußen erweiterte damit den Freihandelsbereich und auf diese Weise seine Wirtschaftshegemonie. Die Gefahr einer Sprengung des Bundes zeichnete sich hier bereits ab.

### *g) Die große Bundesreform auf dem Frankfurter Fürstentag 1863*

Österreich versuchte nun, mit einem großen Bundesreformplan die Initiative im Ringen um die Öffentlichkeit an sich zu reißen. Der Bund sollte als Exekutive eine Regierung in Gestalt eines Fünferdirektoriums erhalten. An die Stelle der seitherigen Bundesversammlung sollte als Ländervertretung ein Bundesrat treten, der um eine Fürstenvertretung und ein Repräsentativorgan zu ergänzen sei. Erstmals ließ sich Österreich ernsthaft auf den Gedanken ein, die Nation über Abgeordnete am Bundestag vertreten zu sehen.

Dieser Plan entwickelte sich zu einem gefährlichen Angriffsmittel, denn für den Fall, Preußen wollte sich verweigern, zeichnete sich eine kleindeutsch-österreichische Lösung ab, also das alte Projekt eines Engeren Bundes, nun aber unter Ausschluß Preußens, das dann nur durch einen

Weiteren Bund einzubeziehen wäre. Das Verfahren, den Plan durchzusetzen, war so sorgfältig ausgeklügelt, daß der gewiegte Taktiker Bismarck kommentierte: „Ich rase mit Ruhe". Denn der Plan sollte so lange wie möglich geheim bleiben und dann um die Ministerien der einzelnen Länder herum direkt von den Fürsten der deutschen Staaten beschlossen werden. Alles war mithin darauf angelegt, die Teilnehmer zu überrumpeln.

Entsprechend wurden die Reformverhandlungen auf die allerhöchste Ebene eines Fürstenkongresses gelegt. Dieser begann am 16. August 1863 in Frankfurt. Erst hier am Ort erhielten die Minister, die ihre Monarchen begleiteten, den Plan ausgehändigt. Große Vorabsprachen waren dadurch nicht mehr möglich.

Alles schien auf Erfolg zu deuten; von den 35 eingeladenen Ländern waren dreißig Oberhäupter erschienen. Frankfurt erlebte die glanzvollste Versammlung deutscher Souveräne seit dem Wiener Kongreß. Dergleichen sah man erst wieder zu den Jahrhundertfeierlichkeiten der Befreiungskriege im Jahre 1913 in Leipzig. Auf dem Bundespalais wehten gar die schwarz-rot-goldenen Farben.

Entscheidend für das Scheitern der gesamten Strategie war die Haltung Preußens, das von der Überrumpelung nicht ausgenommen wurde. Kaiser Franz Joseph hatte König Wilhelm zum 3. August 1863 nach Gastein geladen. Mündlich wollte er ihn insgeheim auf das Frankfurter Treffen vorbereiten. König Wilhelm machte sich eigenhändige Aufzeichnungen von dem Gespräch, und diese lassen seine Vorbehalte erkennen. Vor allem wünschte er vorab eine Außenministerkonferenz, um mit Sachkunde über den Reformplan beraten zu können.

Bismarck sollte bei dem gesamten Verfahren nach österreichischem Wunsch zunächst übergangen werden. Als er erst einmal eingeweiht war, versuchte er mit dem Einsatz aller Mittel – auch mit Rücktrittsdrohung –, Wilhelm davon abzuhalten, zum Fürstentag nach Frankfurt zu fahren. Der König nahm diesen Rat an und begründete das der Öffentlichkeit gegenüber damit, daß er eine Entscheidung erst treffen könne, wenn er mit seinen Beratern und Ministern die beabsichtigten Änderungen der Bundesverfassung erörtert habe. Er argumentierte also als streng konstitutioneller Monarch, der ohne das Votum seiner Minister nicht entscheiden wollte. Das Fernbleiben untergrub die Chancen dieser Bundesreform. Ohne Preußen sahen sich die Mittelstaaten einer hoffnungslosen Übermacht Österreichs ausgeliefert; das wollten sie nun gerade auch nicht. Die anfänglich einheitliche Front zerbröckelte angesichts der vielfältigen Interessengegensätze, die sich bei Mitwirkung Preußens vielleicht noch hätten überwinden lassen. Kurzum: Der großangelegte Reformplan Österreichs scheiterte und bewies einmal mehr, daß mit den Mitteln der Bundesreform ein machtpolitischer Kampf zwischen Österreich und Preußen ausgefochten wurde.

Preußen parierte diesen Vorschlag überdies vor dem Bundestag mit der Forderung nach einer direkt gewählten Nationalversammlung, etwas, das für den Vielvölkerstaat Österreich völlig undenkbar schien. Bereits im Januar 1863 hatte der preußische Gesandte in Frankfurt auf Weisung Bismarcks erklärt, nur ein Parlament, das aus unmittelbaren Wahlen der Bevölkerung jedes Bundesstaats hervorgegangen sei, könne das richtige Organ für die politische Mitwirkung der deutschen Nation sein.

Die Forderung nach einem direkt gewählten, unitarischen Nationalparlament hatte man, abgesehen von der Revolutionszeit 1848, in den Reihen der Bundesversammlung zuvor noch nicht gehört. Bismarck erschien als Wortführer liberaler und nationaler Forderungen der neu entstehenden bürgerlichen Parteien. Diese Politik trug ihm das Etikett eines „weißen Revolutionärs" ein. Der Bismarck-Biograph Ernst Engelberg hatte für diesen Sachverhalt ein treffendes Zitat von Karl Marx gefunden, das mit Blick auf Bismarcks und Napoleons III. Rolle besagte: „Die Totengräber der Revolution von 1848 waren ihre Testamentvollstrecker geworden."

Bismarcks Politik zeigte Parallelen zur nationalen Bewegung, und damit verengte sich zugleich zusehends der Spielraum einer Reform am Bunde unter Einschluß Österreichs. Österreich untergrub schließlich selbst seine Position am Bund. Bis zum Fürstentag hatte es sich auf den Rückhalt der Staaten des Dritten Deutschlands gestützt. Mit der erneut ausbrechenden Krise um Schleswig-Holstein kehrte es zu seiner alten Politik zurück, zentrale europäische Fragen in Kooperation mit Preußen ohne Rücksicht auf den Bund zu regeln. Das war eine Grundgröße seit 1815.

## 5. Nationalisierungen im preußischen Verfassungskonflikt

Eigentlich war die Revolution von 1848/49 erst in den 1860er Jahren mit dem Ausgang des preußischen Verfassungskonflikts „geschlossen" worden. Die innenpolitische Lockerung seit 1858 in Deutschland belebte wesentliche Forderungen der 1848er neu. Die deutschen Nationalfarben, die liberale Presse, die sich wieder freier äußern konnte, und die Redner auf sogenannten Abgeordnetentagen riefen nach einem Nationalparlament, einer Reichsgewalt beim Bund oder gar einer staatlichen Einigung Deutschlands unter Preußens Führung. Alle weltanschaulichen Spielarten der nationalen Bewegung im Konservativismus, im Liberalismus, in der Demokratie und im Sozialismus äußerten sich nun in Flugschriften, Büchern und Zeitschriften. Ihre „aktivistische Absicht" (Hans Rosenberg) machte diese Publizistik zum nationalen Politikum. Die Art, wie sich die zeitgemäßen Massenmedien „für Deutschland" erregen ließen, erinnerte gleichfalls an 1848/49.[268] Sogar die Reichsverfassung vom 28. März 1849 und das damalige allgemeine Männerwahlrecht tauchten in dem Wunschkatalog wieder auf. Entscheidend war, daß sich die politische Öffentlichkeit seit Beginn der „Neuen Ära" ausdrücklich auf die Revolutionszeit zurückbezog.

In dieser reizbaren Atmosphäre entzündete sich der preußische Verfassungskonflikt, und zwar bezeichnenderweise in einer Konstellation, welche die Streitfrage von 1848, ob in der Stunde der Tat „Einheit" oder „Freiheit" Vorrang haben sollte, in aktualisierter Form neu herausforderte. Die Alternative lautete nun: Sollte man die militärische Macht, die letztendlich die staatliche Einheit verbürgte, stärken oder sollte man für die Priorität des Parlaments vor der monarchischen Gewalt kämpfen?

Der Konflikt hätte wohl kaum die Ausmaße erlangt und das liberale Bürgertum so sehr erschüttert, verunsichert und polarisiert, wenn nicht Wilhelm ihn ausgefochten hätte. Wie immer ist der besondere Anteil einer Persönlichkeit in historischen Vorgängen schwer zu ermessen. Im Falle Wilhelms muß er bedeutend gewesen sein. Er urteilte und handelte noch intensiv aus den Erfahrungen des revolutionären Zeitalters heraus, allerdings so, wie sie sich einem in den militärischen Traditionen Preußens großgewordenen Offizier darboten.

Der zu Beginn der Regentschaft 61jährige Wilhelm war 1797 geboren worden. Bereits als Zehnjähriger war er in das Heer eingetreten. Mit 28 avancierte er zum Kommandeur des Gardekorps. Er hatte sich im Mai/Juni 1849 den Beinamen „Kartätschenprinz" erworben, weil er die preußischen Truppen gegen die Reichsverfassungskampagne in die Pfalz und nach Baden geführt hatte. Seit 1854 war er Gouverneur der Bundesfestung Mainz. Er war durch die Revolutionen von 1830 und 1848 wesentlich geprägt und schenkte dem Militär im Rahmen der Gesamtpolitik besondere Aufmerksamkeit. Heeresreform bedeutete für ihn zugleich Revolutionsabwehr.

Wilhelm war kein Militarist, sondern ein prinzipienfester preußischer Monarch, der darauf beharrte, Militär und Verwaltung unter alleiniger Verfügungsgewalt zu halten. Wilhelm hatte sogleich nach Herrschaftsbeginn eine Reform des Heeres angekündigt. Kriegsminister Eduard von Bonin entwickelte dazu ein Konzept, das eine Verständigung mit dem 1858 neugewählten Abgeordnetenhaus notwendig machte. Der Regent wollte jedoch eine Reform ohne Zugeständnisse, so daß der Kriegsminister seinen Rücktritt erklärte.

Sein Nachfolger, General Albrecht von Roon, folgte als entschlossener Royalist den Vorgaben Wilhelms. Roons Reformplan konzentrierte sich auf drei Bereiche. Er wollte die Präsenzstärke des stehenden Heeres von 150000 auf 220000 Mann steigern. Die bisher zweijährige Dienstzeit sollte auf drei Jahre ausgedehnt werden. Schließlich sollte die seitherige Landwehr aufgeteilt werden, so daß die jüngeren Jahrgänge der Linie zugeschlagen würden, die älteren sich auf Etappen-, Festungs- und Garnisonsdienst zu beschränken hätten. Die Reform belastete den Staatshaushalt um zusätzliche 9,5 Millionen Reichstaler.

Am 10. Februar 1860 brachte der Kriegsminister die Militärvorlage im Abgeordnetenhaus ein. Sie gliederte sich in zwei Entwürfe: in ein Militärgesetz, das die Organisation des Heeres und die Dauer der Dienstzeit regelte, und in ein Finanzgesetz, das die Bewilligung der 9,5 Millionen

Taler vorsah. Der eigens eingesetzte Ausschuß des Abgeordnetenhauses beschloß nun, die Heeresvermehrung nur zu billigen, wenn die Dienstzeit auf zwei Jahre beschränkt und die Landwehr ein Teil des Feldheeres bleibe. Wilhelm lehnte dieses Junktim als Verkettung wehrrechtlicher und haushaltsrechtlicher Angelegenheiten entschieden ab. Er bestand darauf, Aufbau, Gliederung und Stärke der Armee lägen allein in der Kompetenz des Monarchen und könnten durch einen einfachen Kommandoakt geregelt werden, also ohne Zustimmung der Kammer.

Die zusätzlichen Geldmittel waren allerdings an deren Placet gebunden. Der Finanzminister verfiel auf den Ausweg, das Finanzgesetz in der Form eines Nachtragsetats zu behandeln und es als Provisorium auszugeben. In dieser Form bewilligten die Abgeordneten die Vorlage. Allerdings barg dieses Verfahren ein Risiko, denn mit den bewilligten Finanzmitteln konnten die Reorganisationsmaßnahmen des Heeres bereits beginnen. Das schuf vollendete Tatsachen. Nach dem Tode Friedrich Wilhelms IV. fand am 2. Januar 1861 der Thronwechsel statt. In seiner Thronrede erklärte Wilhelm nun die militärischen Organisationsmaßnahmen für endgültig. Auch in diesem Jahr 1861 ging trotzdem der Zusatzhaushalt nochmals als Provisorium durch. Die Abgeordnetenkammer steuerte also keineswegs von Anfang an auf einen Konflikt zu.

Hier ist nun zunächst zu klären, worin denn das besondere bürgerliche Interesse lag, scheinbar rein militärtechnischen Fragen eine eigene Aufmerksamkeit zu schenken. Die tieferen Motive der Abgeordneten lassen sich nur aus ihrer besonderen Ansicht erklären, daß die Entwicklung der Militärverfassung mit der Demokratisierung des Staates zusammenhänge. An der *Landwehr* hingen die glorreichen Erinnerungen der Freiheitskriege. Denn um Frankreich 1813 den Krieg erklären zu können, reichten die stehende Armee samt Reservisten und die Freiwilligen nicht aus. Im Konzept der preußischen Reformen von Staat und Gesellschaft tauchten deshalb Pläne zu einer Nationalmiliz auf, die schließlich den Namen Landwehr erhielt. Sie bestand aus älteren gedienten und ungedienten Männern bis zum 40. Lebensjahr und wurde neben das traditionelle stehende Heer, die sogenannte Linie, gestellt.

Die Landwehrkorps bildeten das Kernstück der preußischen Heeresreform, denn sie hoben die überlieferte Trennung von Heer und Volk auf. Hinter der damaligen Parole vom „Volk in Waffen“ stand die Erwartung, der Bürger, der sein Leben für den Staat zu opfern bereit sei, müsse auch an dessen Politik mitwirken dürfen. Die Idee vom „Volk in Waffen“ entstammte ursprünglich den französischen Revolutionsheeren und war in der Tat auf die Nation bezogen. Landwehr erschien als Wehrreform, die zugleich staatsbürgerliche Mündigkeit und Mitwirkung an der Politik voraussetzte.

Der ursprüngliche Elan der Reform endete mit Anbruch der Restaurationszeit, als die preußische Regierung bestrebt war, den demokratischen

Ruch von den Truppen wieder zu beseitigen. Man beanstandete, Landwehrrekruten seien mangelhaft ausgebildet; auch war es während der Adelsrestauration nicht mehr zeitgemäß, die Landwehroffiziere aus dem Stand der bürgerlichen Honoratioren und nicht aus dem adligen Offizierskorps zu entnehmen.

Landwehr-Zeughäuser galten als „Waffenarsenale der Revolution". 1848 hatte Wilhelm es selbst erlebt, wie im November und Dezember einberufene Landwehrmänner in Berlin, in Schlesien, in der Provinz Sachsen, in Westfalen und im Rheinland sich widersetzten, auch dem Einberufungsbefehl nicht folgten und teilweise sogar zum offenen Widerstand übergingen, weil sie die gewaltsame Schließung der Berliner Nationalversammlung verurteilten. Besonders bedrohlich wurde die Lage im nördlichen Rheinland und in Westfalen, als Landwehrmänner sich beteiligten, die Durchsetzung der Reichsverfassung zu erzwingen. Für Wilhelm lebten Erinnerungen an 1848 auf. Er war als Befehlshaber der preußischen Interventionstruppen auf den Widerstand einzelner Landwehrformationen gestoßen. Auch dürfte ihm nicht entgangen sein, daß an manchen Orten die Linie gegen die Landwehr kämpfen mußte, um den Aufstand niederzuschlagen, so etwa in Iserlohn, wo der Kampf über einhundert Tote forderte.

Das Bürgertum hingegen empfand die Zurücksetzung der Landwehr, wie es die Heeresreform plante, als einen Rückfall in den Absolutismus. Die Wehrpflicht galt zugleich als Recht auf Landwehr, die im Kriegsfall in selbständigen Formationen mit eigenen Offizieren und eigenem Kommando gleichberechtigt neben den stehenden Linienverbänden auftreten sollte. Das Leitbild des Bürgers in Waffen schien in Gefahr. Vermutlich schwebte über der ganzen Diskussion auch noch ein Hauch von „Volksbewaffnung", die 1848 zu den Märzforderungen gehört hatte.

Die Frage der *zwei- oder dreijährigen Dienstzeit* verließ sehr bald die Zirkel der Sachverständigen und bohrte sich in Prinzipienstandpunkten fest, hinter denen nichtmilitärische Motive wirkten. Wiederum ist mit der Revolutionserfahrung Wilhelms zu rechnen, diesmal bereits bis in die Julirevolution von 1830 zurückreichend. Im April 1832 hatte der damals 35jährige in einer Denkschrift festgehalten: „Die Disziplin, der blinde Gehorsam sind aber Dinge, die nur durch eine lange Gewohnheit erzeugt werden und Bestand haben und zu denen daher eine längere Dienstzeit gehört, damit im Augenblick der Gefahr der Monarch sicher auf die Truppe rechnen könne. Dieser blinde Gehorsam ist es aber gerade, was den Revolutionären am störendsten entgegentritt".[269] Hier blieb kein Raum fürs Räsonieren über mögliche Verfassungswidrigkeit. Wilhelm glaubte, in drei Jahren wandele sich der exerzierende Bürger in einen Soldaten um.

Landwehr und Dauer der Dienstzeit führten in der Tat zu der prinzipiellen Frage, wie staatsbürgerlich der Soldat in einem konstitutionellen System werden konnte, dessen Oberhaupt auf dem monarchischen Prinzip beharrte und in allen Situationen, für die die Verfassung keine Regelung bereit hatte, das entscheidende Votum für sich beanspruchte. Hier wurde ein Grundproblem zwischen monarchisch-konstitutionellem Staat und staatsbürgerlicher Gesellschaft angesprochen, das sich in der Stellung des Soldaten zuspitzte. Von Anfang an hatten die lebhafteren Kammern im deutschen Konstitutionalismus um den Verfassungseid des Heeres gekämpft; auch die Frankfurter Provisorische Zentralgewalt von 1848/49 versuchte, freilich weitgehend vergeblich, die Truppen der Länder auf den Reichsverweser zu vereidigen. Am Eid des Militärs auf die Verfassung hatte sich auch der kurhessische Verfassungskonflikt des Jahres 1852 entzündet. Es ging in der Tat um die Alternative, ob der Soldat letztlich dem Wort des Königs oder dem Spruch des Parlaments verpflichtet war.

Preußen hatte in dieser Beziehung nach der Revolution klare Verhältnisse geschaffen. Die preußische revidierte Verfassung von 1850 stellte lapidar in ihrem Artikel 108 fest: „Eine Vereidigung des Heeres auf die Verfassung findet nicht statt". Demgegenüber galt unverändert der Fahneneid, der dem König geleistet werden mußte, in seiner Fassung vom 5. Juni 1831, auch über die Revolution von 1848 hinweg. Unter den drei Bereichen der Heeresreform bot die Heeresvermehrung, die ja auch mit Mehrkosten verbunden war, keinen Anstoß beim Abgeordnetenhaus, denn gerade die liberalen und demokratischen Abgeordneten waren einem starken Preußen nach außen und im Kräftefeld der nationalen Frage zugeneigt.

Die Wahlen am 6. Dezember 1861 zum Abgeordnetenhaus schufen eine völlig veränderte Situation in der Frage der Heeresreform. Erstmals seit 1848 war in Preußen eine politische Vereinigung zu Wahlen angetreten, die den Charakter einer Partei hatte und sich auch als solche verstand: die „Deutsche Fortschrittspartei". Sie hatte in ihrem Wahlprogramm vom 6. Juni 1861 die Prinzipien der „Neuen Ära" formuliert: Einigung Deutschlands, starke Zentralgewalt in den Händen Preußens mit einem gemeinsamen deutschen Parlament, für Preußen eine „feste liberale Regierung, welche ihre Stärke in der Achtung der verfassungmäßigen Rechte der Bürger sieht". Der Verfassungskonflikt wurde nun festgeschrieben, denn das Programm forderte die Aufrechterhaltung der Landwehr bei zweijähriger Dienstzeit, wobei man sich auf das „preußische Volk in Waffen" berief. Die Heeresverstärkung wurde befürwortet.

Die Wahlen führten zu einer vollständig veränderten Zusammensetzung des Abgeordnetenhauses, denn die Konservativen erlitten eine vernichtende Niederlage, während die Liberalen (Altliberale, Linkes Zentrum) und die Fortschrittspartei in überwältigender Stärke aus den Wahlen hervorgegingen. In den Reihen der Fortschrittspartei befanden sich mehrere Abgeordnete, deren Namen mit spektakulären Ereignissen der Revolution von 1848 verbunden waren, etwa Johann Jacoby, Wilhelm Löwe-Calbe, Hans Viktor von Unruh, Hermann Schulze-Delitzsch, Benedikt Franz Waldeck. Diese neue Kammer ließ sich auf keine Provisorien mehr ein. Sie überwarf sich mit der Regierung, so daß der König sie bereits am 11. März 1862 auflöste. Aus den Neuwahlen am 6. Mai ging der sogenannte „Konfliktlandtag" hervor. Alle Parteien, die den Konfliktkurs nicht gebilligt hatten, mußten empfindliche Einbußen hinnehmen. Den Konservativen verblieben elf Mandate; kein Minister, der kandidiert hatte, errang einen Platz. Die Katholische Fraktion hatte nur noch 28 (statt 54) Mitglieder; Linkes Zentrum und Fortschrittspartei hingegen errangen von den 352 Sitzen des Abgeordnetenhauses für sich etwa 230, die übrigen Sitze teilten sich auf fraktionslose Abgeordnete auf. Der Widerstand des neuen Landtages setzte sich fort, und zwischen dem 11. und 18. September 1862 erlebte die Zweite preußische Kammer die bedeutendste und erregteste Debatte seit der Revolutionszeit. Die Kammer forderte die zweijährige Dienstzeit, der König ging nicht einen Fuß breit von der dreijährigen Dienstzeit ab. Schließlich sah der König keinen Ausweg mehr, als seine Abdankungsurkunde zu entwerfen. Als Nachfolger wäre Kronprinz Friedrich Wilhelm – der spätere Kaiser Friedrich III. – in Frage gekommen. Preußen stand am Scheideweg zum Parlamentarismus, sei es nun mit altem oder neuem königlichen Oberhaupt.

Das Ziel des Abgeordnetenhauses war, die Kommandogewalt des Fürsten demokratischer Kontrolle zu unterwerfen. Was 1848/49 mißlungen war, wollte man nun ohne Revolution durchsetzen. Das erschien Wilhelm, wie er sich ausdrückte, als „kalte Revolution", als „Nullifizierung des Königs", der zum „Sklaven des Parlaments" werde. Der König vermißte überdies den Rückhalt seiner Minister. Nur Kriegsminister Roon stützte unverändert den Kurs des Königs. Ein eigenmächtiger Schachzug löste schließlich den Knoten, als Roon den Gesandten in Paris, Bismarck, nach Berlin berief und eine Begegnung mit dem König vermittelte. Bismarck hat diese Unterredung ausführlich in seinen Memoiren dargelegt. In seiner Erinnerung stellte sich das Prinzipielle dieses Verfassungskampfes folgendermaßen dar: „Es gelang mir, ihn [den König] zu überzeugen, daß es sich für ihn nicht um konservativ oder liberal in dieser oder jener Schattierung, sondern um königliches Regiment oder Parlamentsherrschaft handle, und daß die letztere notwendig und auch durch eine Periode der Diktatur abzuwenden sei. Ich sagte: ‚In dieser Lage werde ich, selbst wenn Eure Majestät mir Dinge befehlen sollten, die ich nicht für richtig hielte, Ihnen zwar diese meine Meinung offen entwickeln, aber wenn Sie auf der Ihrigen schließlich beharrten, lieber mit dem König untergehen, als Eure Majestät im Kampfe mit der Parlamentsherrschaft im Stiche zu lassen' ".[270]

Bismarck bot bedingungslose Vasallentreue, auch um den Preis des Verfassungsbruchs, um notfalls mit einer Diktatur zu regieren. Man muß aber betonen, daß er es soweit nicht kommen ließ. Er war nicht mehr der altständische Reaktionär und Junker von 1848, der mit seinen Bauern am liebsten dem König zu Hilfe geeilt wäre. Er ließ sich nicht auf die Einflüsterungen der Staatsstreichfraktion am Hofe ein. Allerdings gehörte er auch nicht zur Kompromißfraktion, die fürs Nachgeben und für die Annahme einer zweijährigen Dienstzeit plädierte.

Als erste Maßnahme zog die Regierung des neuen Ministerpräsidenten den Staatshaushaltsplan für 1863 zurück. Auf diese Weise konnte sich das Abgeordnetenhaus gar nicht erst mit dem Militäretat des folgenden Jahres beschäftigen. Es war erkennbar, daß die Regierung auf das ganze Etatgesetz zu verzichten bereit war und ohne rechtmäßige Bewilligung regieren wollte. Als ein Abgeordneter sich darauf berief, daß die Regierung ohne Bewilligung des Landtages keine Ausgaben leisten dürfe, entwickelte Bismarck seine berühmte „Lückentheorie": Wenn die Vereinbarung zwischen König und Kammer über das Budget scheitere, ergebe sich ein Notrecht der Regierung. Denn der Krone seien alle Rechte, welche die Verfassung nicht ausdrücklich anderen Staatsorganen übertragen habe, verblieben. Die Verfassung habe aber keine Regelung für den Fall, daß ein Etatgesetz scheitere. Was die Verfassung nicht regele, liege in der Kompetenz der Regierung. Angesichts der Verfassungslücke sei es Sache der Regierung, den Staatsstillstand zu verhüten. Deshalb müsse sie die Staatsausgaben ohne Etatgesetz leisten.

Bismarck ließ auch gegenüber der Kammer keinen Zweifel daran, daß er die Auseinandersetzung als Machtfrage begriff. Die Verfassung sah zwar das Instrument einer Ministeranklage (Artikel 61) vor, aber es fehlte das ausführende Gesetz, so daß diese Waffe stumpf blieb. Das Abgeordnetenhaus behalf sich mit der traditionellen Form einer Adresse, in der es die Berufung eines neuen Ministerpräsidenten forderte. Das hätte den offenen Übergang zum parlamentarischen Regierungssystem bedeutet. In allen parlamentarisch regierten Staaten entstand der Parlamentarismus auf solche Weise. Die 1860er Jahre bildeten deshalb im Rahmen der deutschen Verfassungsgeschichte des 19. Jahrhunderts eine Schlüsselphase, die sie um so mehr an die vergangene Revolution heranrückte, als hier der Prozeß des demokratischen Umbaues in wesentlicher Weise vorangetrieben werden sollte. Nicht aus normativem Verfassungsrecht ging das parlamentarische System in Westeuropa hervor, etwa in England, sondern aus effektiven Präzedenzfällen. Das Parlament nahm sich das Recht und gewann es dadurch. In Preußen war die Heeresreform der effektive Präzedenzfall, übrigens wegen der Bedeutung des Landes innerhalb der deutschen Staatenwelt auch weit über Preußen hinaus.

Bismarck regierte zwischen 1863 und 1865 ohne verfassungsmäßig verabschiedetes Etatgesetz. Er handelte nach seiner Lückentheorie und nach dem Recht des Stärkeren. Die beamteten Mitglieder des Abgeordnetenhauses sahen sich empfindlichen Repressionen ausgesetzt, vor allem die Verwaltungsbeamten und Richter. Bismarck erblickte in der Opposition „katilinarische Existenzen" und mahnte die Liberalen, den „Konflikt nicht tragisch" zu nehmen. Nicht durch Reden und Mehrheitsbeschlüsse würden die großen Fragen der Zeit entschieden, sondern durch „Blut und Eisen".

Das war die berühmte Formulierung, die seitdem viele Kommentare zur Reichseinigung durch Bismarck begleitete. Sie entsprang dem Verfassungskonflikt und signalisierte: Nicht durch Verfassungsdebatten, sondern durch den außenpolitisch durchgefochtenen Krieg würden die entscheidenden nationalen Fragen gelöst. Das hieß man dann auch Realpolitik.

Auf dem außenpolitischen Feld besiegte Bismarck schließlich doch die innenpolitische Opposition. Er benutzte die mobilisierte öffentliche Meinung und die nationalen Leidenschaften für seine Politik. Die große Schwäche des Abgeordnetenhauses lag in der Tatsache, daß es mit seiner Kraftprobe mittelbar die militärische Macht schwächte, der die Liberalen und Demokraten die Verwirklichung ihres höchsten politischen Ziels, die Herstellung der Staatsnation unter Preußens Führung, verdankten. Die militärischen Erfolge, zunächst im Krieg um Schleswig-Holstein im Jahre 1864, dann im Krieg gegen Österreich 1866, schienen Bismarck im Nachhinein Recht zu geben. Als am Tag der Schlacht von Königgrätz am 3. Juli 1866 Neuwahlen zum Abgeordnetenhaus stattfanden, hatte sich ein Umschwung der öffentlichen Meinung vollzogen, wie ihn die Regierung seit langem erhofft hatte. Die Konservativen stiegen von 35 auf 136 Mandate; das Linke Zentrum dagegen und die Fortschrittspartei fielen zusammen von 247 auf 148 Mandate zurück. Bismarcks Erfolge in der nationalen und europäischen Politik untergruben die Fundamente der liberalen Opposition.

In einem geschickten Schachzug vermochte der preußische Ministerpräsident der ganzen zurückliegenden Zeit, in der er ohne verfassungsmäßige Bewilligung des Staatshaushalts regiert hatte, den Mantel der Legitimität überzuwerfen. Das geschah durch das sogenannte Indemnitätsgesetz. In dem Wort steckt das lateinische „damnare“, also verurteilen. Indemnität meinte demnach eine Schuldloserklärung. Das sollte nicht so verstanden werden, als ob die Regierung nachträglich ein Schuldbekenntnis ablege. Diese Indemnitätserklärung verlangte lediglich die nachträgliche Zustimmung der Kammern zu den ohne Budget geleisteten Ausgaben. Die Regierung erhielt die Billigung zu ihrer Politik in der Weise, „wie wenn die Verwaltung in der erwähnten Zeit auf Grund gesetzlich festgestellter und rechtzeitig publizierter Staatshaushaltsetats geführt worden wäre“.[271]

Über diesem Gesetz zerbrach die liberal-demokratische Opposition von Linkem Zentrum und Fortschrittspartei. Am 3. September 1866 nahm das Abgeordnetenhaus mit großer Mehrheit von 230 gegen 75 Stimmen das Gesetz an. Der Verfassungskonflikt war beigelegt.

Manche Historiker erkennen in dieser Entscheidung einen Markstein im sogenannten „deutschen Sonderweg“. Die damaligen Liberalen selbst mußten nicht unbedingt eine solche prinzipielle Wende in dieser Entscheidung erkennen, wenn man ihr Zukunftsbild mit einberechnet. Der größere Teil von ihnen folgte einer Hoffnung, die Ludwig Bamberger öffentlich als Weg „durch Einheit zur Freiheit“ bezeichnet hat. Die Erfahrung der Liberalen aus dem Verfassungskonflikt lautete: Da sie die Fronten im eigenen Land wenig hatten bewegen können, hofften sie, daß die Strukturen des preußischen, vom Militär und monarchischen Prinzip geprägten Staates durch eine Einigung Deutschlands aufgebrochen werden könnten. Die Einigung schien dem Bürgertum auch eine gerechtere Verteilung der Militärlasten zu bringen.[272] Das könnte wiederum – so hoffte man – Preußen entlasten und mehr Spielraum für eine freiheitliche Politik bieten.

Im übergreifenden Horizont dieses Buches kommt dem Verfassungskonflikt jedoch noch eine tiefere Bedeutung zu, offenbarte er doch einmal mehr die Verlagerung der politischen Dynamik von den gesellschaftlichen Kräften hin zu den Institutionen des Militärs und der vom monarchischen System abhängigen Verwaltung. Die Verfassungsfrage war eben in ihrem wesentlichen Teil auch Heeresfrage, und die Entscheidung gegen das Parlament durchgesetzt zu haben war in der Tat eine wesentliche Weichenstellung für die weitere preußische und deutsche Politik auf dem Weg in das Zweite Kaiserreich.

## 6. Die „Einigungskriege" von 1864/1866 und das Ende des Deutschen Bundes als nationaler Wendepunkt

Fast eine ganze Generation war wegen der Frage, ob Schleswig zu Dänemark oder zu Deutschland gehöre, in nationale Erregung versetzt worden, und das zu beiden Seiten der Grenze. Stets erneuerte sich der Konflikt, wenn Dänemark es abermals versuchte, über eine Gesamtstaatsverfassung zugleich auch Schleswig dem dänischen Staatsverband einzuverleiben. Das widersprach dem auch völkerrechtlich festgelegten, erwähnten Grundsatz des „up ewig ungedelt", der das Herzogtum mit Holstein verband.

Im März 1863 meldete Dänemark wieder seinen Anspruch auf Schleswig an. Am 13. November 1863 gliederte es durch eine neue Verfassung Schleswig seinem Territorium ein. Da Dänemark als Mitglied des Bundes gegen Bundesrecht verstieß, entwickelte sich die Annexion Schleswigs zu einem Problem der Bundesversammlung. Diese reagierte denn auch mit dem ihr zu Gebote stehenden Mittel einer militärischen Bundesexekution. Bundestruppen aus Sachsen und Hannover marschierten in den Herzogtümern ein. Der nachfolgende Deutsch-Dänische Krieg, der rechtlich eigentlich nur eine Bundesexekution war, endete im Friedensschluß von Wien im Oktober 1864. Dänemark trat die Herzogtümer Schleswig, Holstein und Lauenburg an den Deutschen Bund ab.

Die Frage, wie nun mit den Herzogtümern zu verfahren sei, offenbarte, wie Preußen und Österreich den Bund geringschätzten. Denn es existierten unbestreitbare Erbansprüche des Herzogs Friedrich von Augustenburg. Die Öffentlichkeit forderte die Bildung eines eigenen neuen Staats mit gewählter Ständeversammlung und dem Herzog als regierendem Fürsten.

Statt dessen verständigten sich Österreich und Preußen auf ein sogenanntes Kondominium. Beide wollten gemeinsam über die Herzogtümer herrschen. Eine spezielle Konvention, 1865 in Gastein abgeschlossen, regelte das Verfahren. Schleswig ging in preußische, Holstein in österreichische Verwaltung über. Dagegen protestierte der Nationalverein mit markigen Worten: „Unerträglich lastet seit dem Wiener Frieden (1864) und dem Gasteiner Vertrag auf dem von dänischer Willkürherrschaft befreiten Lande die Vergewaltigung durch deutsche Bundesgenossen, welche die Herzogtümer vollkommener Rechtlosigkeit preisgibt, ja nicht einmal vor der gänzlichen Zerreißung der alten Verbindung Schleswig-Holsteins zurückgeschreckt ist."[273] Die geteilte Verwaltung erschien als Verrat am überkommenen Landesrecht und am politischen Selbstbestimmungsrecht der Herzogtümer zugleich. Der Protest richtete sich besonders heftig gegen Österreich, das in den Augen der Öffentlichkeit die Trias verraten hatte.

Zugleich lag in der Regelung der Schleswig-Holstein-Frage der Keim für den Untergang des Bundes. Denn die einmal mobilisierte öffentliche Meinung ließ sich nicht mehr ruhigstellen. Eine hoch emotionalisierte Bewegung erfaßte die nördlichen Herzogtümer und mobilisierte Vereine, Versammlungen und die Presse.

Am 23. Januar 1866 spitzten sich die Agitationen krisenhaft zu. Auf einer Volksversammlung in Altona fanden sich 3000 Teilnehmer aus Schleswig-Holstein und aus dem übrigen Deutschland ein. Liberale und Demokraten forderten die Einberufung der Ständeversammlung und brachten ein Hoch auf den „rechtmäßigen geliebten Fürsten Herzog Friedrich" von Augustenburg aus.

Altona lag im Verwaltungsbereich Österreichs. Die preußische Regierung beklagte sich nun nachdrücklich, daß man österreichischerseits solche Agitationen duldete. Österreich erwiderte mit gewissem Recht, daß sich Preußen am Bundestag geweigert habe, „ein Verbot solcher Versammlungen, wie sie in Altona stattgefunden, für das gesamte Bundesgebiet zu beantragen". Hier schlug Preußens Duldung des Nationalvereins auf das Land selbst zurück. Die österreichische Antwort vom 7. Februar 1866 ließ den Graben zwischen den Ländern unüberbrückbar erscheinen. Im Kronrat am 28. Februar 1866 erklärte König Wilhelm den Krieg für unvermeidlich. Trotzdem betrieb Preußen bis in den April hinein am Bundestag weitere Vorschläge zur Bundesreform.

Der preußische Einmarsch in Holstein schuf dann vollendete Tatsachen. Damit hatte Preußen nicht eigentlich das Territorium Österreichs angegriffen, wohl aber Bundesrecht verletzt. Es hat das militärische Mitbesatzungsrecht Österreichs berührt. Konkret handelte es sich um den Bruch des Gasteiner Vertrages, der die getrennte Verwaltung der Herzogtümer vorsah.

Folglich vollzog sich der nachfolgende innerdeutsche Krieg auch in den Formen des Bundesrechts. Am 8. Juni 1866 protestierte Österreich förmlich gegen den Einmarsch Preußens in Holstein. Dann leitete es eine Bundesexekution ein. Bemerkenswert war die Reaktion Preußens: Es richtete gleichlautende diplomatische Noten an neunzehn norddeutsche Staaten. Das geschah am 16. Juni 1866. Es gelang Preußen, innerhalb weniger Tage siebzehn deutsche Staaten zu einem norddeutschen Staatenblock zu vereinigen. In den Bündnisverträgen unterstellten die Beitretenden ihre Truppen dem preußischen Oberkommando. Das verstieß gegen die Bundespflichten und bedeutete die Sprengung des Bundes. In der historischen Erinnerung konnte man darin eine Analogie zu den abtrünnigen Rheinbundstaaten des Jahres 1805/06 erkennen, die mit ihrem Beitritt zu der neuen Konföderation zugleich ihren Bruch mit dem Alten Reich bekundeten. Bis Ende Juli 1866 hatten sich die siebzehn Verbündeten Preußens vom Deutschen Bund getrennt. Eine einzige Schlacht mit dem preußischen Sieg bei Königgrätz am 3. Juli 1866 hatte bereits den gesamten Krieg entschieden.

Die Schlacht reichte nicht an die Ausmaße der Leipziger „Völkerschlacht" heran, zeigte aber doch, mit welchen Risiken und Opfern die nationale Staatsbildung verbunden war. Das Besondere lag in der außerordentlichen Massierung der Truppen auf engstem Raum: Auf einer Fläche von ca. drei bis fünf Kilometern in der Länge und zehn Kilometern in der Breite standen rund 215 000 von Österreich geführte Soldaten 221 000 Preußen und Verbündeten gegenüber. Auch die Zahl der Geschütze (je ca. 770) hielt sich beinahe die Waage. Die Entscheidung fiel an den Flügeln, wo die österreichischen Truppen umfaßt wurden und sich fast panikartig auflösten. Entsprechend fielen auf österreichischer Seite 42 812, auf preußischer Seite 9153 Soldaten. Das Bundesheer hatte sich im Falle dieser Exekution nicht bewährt, denn es fehlte den süddeutschen Armeen an Aufklärung und Informationen; überdies sorgten sie sich um den Schutz des eigenen Gebietes und behinderten dadurch ihre Einsatzfähigkeit. Die Bayern weigerten sich, ihre Truppen für den böhmischen Hauptkriegsschauplatz zur Verfügung zu stellen. Die hannoversche Armee mußte wegen Munitionsmangels und Erschöpfung kapitulieren. Der preußische Generalstab hingegen hatte seit Olmütz einen Vormarsch nach Böhmen geplant, weil von dort der kürzeste Weg zu einem österreichischen Einfall nach Preußen gegeben war. Die Habsburgermonarchie verfügte aber dorthin nur über eine eingleisige Bahnlinie, Preußen hingegen über deren fünf. Dadurch war es möglich, die Schlacht von vornherein ins böhmische Gebiet zu verlagern.

Bismarck widersetzte sich nach dem schnellen Sieg den Plänen König Wilhelms und des Generalstabschefs Helmuth von Moltke, nach Wien zu marschieren und umfangreiche Annexionen in Böhmen vorzunehmen. Hier äußerte sich der typische Konflikt zwischen Armee- und politischer Führung. Bismarck befürchtete ein Eingreifen Frankreichs in den Krieg mit katastrophalen Folgen, da die preußischen Truppen ohne rückwärtige

Verbindungen in Böhmen gebunden waren. Er kommentierte deshalb die Absichten der Militärs: „Es würde dann das Geratenste sein, auf Konstantinopel zu marschieren, ein neues byzantinisches Reich zu gründen und Preußen seinem Schicksal zu überlassen".[274]

Die innerdeutsche Auseinandersetzung endete im Prager Friedensvertrag zwischen Preußen und Österreich. Der Frieden ließ den unterlegenen Teil bis auf die Abtretung Venetiens an Italien territorial unversehrt. Österreich erkannte darin die Auflösung des Deutschen Bundes an. Zu dem eigentlich dafür notwendigen einstimmigen Plenumsbeschluß der Bundesmitglieder ist es freilich nicht mehr gekommen. Österreich billigte in dem Friedensvertrag zweitens die Neugestaltung Deutschlands unter Ausschluß der Habsburgermonarchie. Nun war es möglich, was sich seit der Revolution von 1848 als undurchführbar erwiesen hatte: eine Einigung ohne Österreich. Drittens gingen die Rechte Österreichs an Holstein auf Preußen über. Viertens erhielt Preußen freie Hand für alle Gebietserwerbungen in Norddeutschland, und dazu zählten auch die Territorien der abgesetzten Herrscher von Hannover, Kurhessen und Nassau sowie die Annexion Frankfurts. Österreich hatte schließlich eine Kriegsentschädigung von 40 Millionen Talern an Preußen zu zahlen.

Mit dem Ende des Bundes gipfelte jener langwierige Prozeß, in dem Österreich aus Deutschland ausgegrenzt worden war oder in dem es sich selbst ausgegrenzt hatte. Bei aller Betonung der Kontinuitäten zeigten sich in den frühen 1860er Jahren die Grenzen, wieweit der Deutsche Bund aus sich heraus zu einer Reform im nationalstaatlichen Sinne in der Lage war. Die österreichische Regierung versuchte 1863 auf dem Frankfurter Fürstentag, den Bund als nationale Staatsbildung zu stärken, denn sie schlug neue Bundesinstitutionen wie ein Direktorium für die fehlende Zentralregierung und eine Delegiertenversammlung vor, deren Mitglieder von den Länderparlamenten benannt werden sollten. Doch es war keine bloße Propaganda, daß Bismarck am Bundestag und vor der deutschen Öffentlichkeit darauf beharrte, die Nation müsse durch ein aus Volkswahlen hervorgegangenes Bundesparlament vertreten sein. Er setzte den Vorschlag später in die Tat um. Der preußische Ministerpräsident, der „Weiße Revolutionär", griff auf das Verfassungskonzept von 1849 zurück, das aber schon damals für Österreich unakzeptabel war und es auch vor 1866 blieb. Bismarcks Plan eines Bundesparlaments führte zu einer engeren Staatsnation. Der damit verbundene Ausschluß von zehn Millionen Deutschen – den Deutsch-Österreichern – erschien für Heinrich Lutz langfristig als ein Verhängnis, als unberechenbarer Faktor der nationalen wie internationalen Politik.[275] Diese Sicht geht davon aus, die Alternative habe damals Kleindeutschland ohne Deutsch-Österreich und Großdeutschland mit Deutsch-Österreich gelautet; sie übersieht, daß eine Einigung „mit den zehn Millionen" den Bestand der Habsburgermonarchie, deren wesentliche Klammer in der Dynastie lag, in Frage gestellt hätte. Die Erfahrungen seit 1848 hatten jedoch gezeigt, daß die Monarchie mit allen Mitteln um ihre Selbstbehauptung als ganze kämpfte und ihr darin auch das nationale Prinzip unterordnete.

Noch während des Krieges 1866 hatte Bismarck mit den siebzehn verbündeten norddeutschen Staaten einen Bündnisvertrag geschlossen. Dieser sicherte den Mitgliedern ihren Besitzstand zu und knüpfte an einen Reformvorschlag an, den Preußen am 10. Juni 1866 für eine Bundesreform der Bundesversammlung unterbreitet hatte. Daraufhin trat ein konstituierender Reichstag zusammen, der die Verfassung für einen norddeutschen Bundesstaat erarbeitete.

Diese Ordnung des nördlichen Deutschlands trat an die Stelle des Deutschen Bundes und nahm die Verfassung des Kaiserreichs bis auf einige Anpassungen im Jahre 1871 vorweg. Der neue Staat – der „Norddeutsche Bund" – begann erheblich staatenbündischer, als der Eindruck des späten wilhelminischen Kaiserreichs mit seiner Konzentration politischer Macht auf Berlin nahelegen würde. Die Spuren zum Deutschen Bund blieben bis in Einzelheiten zunächst unverkennbar. Das zeigte sich vor allem am Verhältnis der drei zentralen Bundesorgane zueinander. Im *Bundesrat* vereinigte sich die souveräne Bundesgewalt. Denn es herrschte keine echte Gewaltenteilung, weil die Länderkammer sowohl die Gesetzgebung als auch die Exekutive bestimmte. Sie folgte den Spuren des Frankfurter Bundestages, weil sie als Versammlung weisungsgebundener Vertreter der Landesregierungen an den alten „Gesandtenkongreß" des Bundestags in Frankfurt erinnerte. In der neuen Länderkammer besaß Preußen das Schwergewicht, aber nicht die Mehrheit der Stimmen.

Das *Bundespräsidium* übte die Exekutive aus. Es arbeitete als Geschäftsleitung des Bundesrats mit dem Bundeskanzler als Vorsitzendem. Damit besaß Deutschland, wenn zunächst auch nur das nördliche, im Gegensatz zur Bundes-Zeit zuvor eine eigene exekutive Zentralgewalt. Wie gering diese zunächst jedoch ausgeprägt und wie föderativ die Konstruktion geplant war, zeigte sich am anfänglichen Fehlen jeglicher Ressortminister. Erst die spätere Entwicklung im Kaiserreich ergänzte zentrale Beamte („Staatssekretäre") in der Funktion von Reichsministern für Auswärtiges, Inneres, Marine, Post, Eisenbahn, Justiz, Finanzen, Kolonien, Ernährung, Wirtschaft und Arbeit.

Der *Reichstag* verkörperte die Volksvertretung, zu welcher der Deutsche Bund nicht hatte gelangen können. Auch er begann wie die Zentralgewalt mit einer denkbar schwachen Stellung und mußte sich seine faktische Macht erst in den folgenden Jahrzehnten erstreiten, denn formal stieß er allenthalben an Grenzen: Seine Budgetgewalt reichte nicht an die militärischen Bundesausgaben für Marine und Heer heran; die beschlossenen Gesetze mußten das mögliche Veto des Bundesrats vermeiden. Von der Regierungsbildung und Regierungstätigkeit blieb er ausgeschlossen, wie es streng konstitutionellem Regiment entsprach. Freilich ließ sich ohne die Zustimmung des Reichstags auch kein Gesetz mehr ins Leben rufen.

Der neugeschaffene Norddeutsche Bund begann jedoch sogleich nach seiner Gründung mit einer lebhaften Gesetzgebung und bereitete damit die Reichseinigung von 1871 vor. Seine Kompetenzen erstreckten sich auf fast alle Felder, auf denen der Deutsche Bund zuvor weitgehend versagt hatte. Er erließ Gesetze zum Zoll- und Handelswesen, für Eisenbahnen, Post, Telegraphie, Marine, Schiffahrt, Konsulatwesen, Kriegswesen und Finanzen. Es war ein Staat entstanden, der binnen weniger Jahre von 1867 bis 1870 die Einheit von Maß, Münze, Gewicht, Handel und Gewerbe energisch vorantrieb und zugleich durch das allgemeine, gleiche, unmittelbare und geheime Männerwahlrecht – das Erbe von 1849 – die neue Ordnung auf eine breite demokratische Grundlage stellte. Äußerlich war dadurch der Weg Deutschlands vom Staatenbund zum Nationalstaat abgeschlossen.

## 7. Die Lösung Österreichs vom entstehenden deutschen Nationalstaat

Es fällt schwer, für die Trennung Österreichs von dem entstehenden deutschen Nationalstaat Worte zu finden, welche diesen Vorgang nicht von vornherein mit unterstellten Verantwortlichkeiten oder gar Schuldzuschreibungen versehen. Solche Wertungen vermitteln Begriffe wie „Ausgrenzung", „Verdrängung", „Entfremdung" usw. Die Frage läßt sich nicht trennen von dem übergeordneten Problem, warum der Deutsche Bund als Organisation auf dem Weg zum Nationalstaat keinen Bestand haben konnte. Die Frage soll hier enger zugespitzt werden darauf, warum Österreich den Anschluß an dieses neue Deutschland verloren hat und welche Faktoren dazu beigetragen haben, daß die Verbindung eines Jahrtausends im Jahrhundert der nationalen Staatsbildung aufgelöst wurde. In vier Perspektiven soll das näher beleuchtet werden: 1. in der Handels- und Finanzpolitik, 2. in der Orientierung Österreichs innerhalb des Deutschen Bundes, 3. durch Rolle und Stellung des Bundes in der Sicht Europas und 4. in der Eigenart und Bedeutung des Deutschen Bundes als staatlicher Organisation Deutschlands in Mitteleuropa.

Bereits in der Frühphase des Zollvereins zu Beginn der 1830er Jahre hatte Metternich weitsichtig dessen ausgrenzende Wirkung für Österreich vorhergesehen, wenn es nicht gelänge, ihm beizutreten. Letztlich würde Österreich für Deutschland zum Ausland werden, hatte er prophezeit. Damit gab er zugleich zu erkennen, daß er das Gewicht materieller Interessen richtig einschätzte, und diese gingen in Deutschland – Österreich eingeschlossen – soweit auseinander, daß sie auf Dauer den Bund sprengen konnten.

Erstmals war in aller Offenheit während der Revolution von 1848 über die gegensätzlichen Handelsinteressen in Deutschland debattiert worden, in der Paulskirche ebenso wie in den sich neu bildenden wirtschaftlichen Interessenverbänden. Es gelang in der Revolution nicht, eine Zolleinheit zwischen dem freihändlerischen Norden und dem protektionistischen Österreich herzustellen. In der nachrevolutionären Ära versuchte der österreichische Ministerpräsident Schwarzenberg, die Ausgrenzung Österreichs aus dem Zollverein zu überwinden. Österreich sollte beitreten und sich dabei stufenweise auf eine gemeinsame Basis der Zollvereinstarife zubewegen.

Das wirtschaftliche Entwicklungsgefälle war aber bereits so gewaltig, der wirtschaftliche Strukturunterschied so tiefgreifend, daß sich eine Brücke zwischen Nord und Süd kaum noch schlagen ließ. Das mögen einige handfeste Wirtschaftsdaten demonstrieren, welche die Größenverhältnisse im Entwicklungsstand zwischen Preußen samt Zollvereinsstaaten einerseits und Österreich zum andern verdeutlichen.

Der Nettowert der gewerblichen Produktion lag im Zollverein um 1850 bei einem Pro-Kopf-Betrag von etwa 23 Gulden; eine einzelne Arbeitskraft erwirtschaftete also im Zollverein im gewerblichen Bereich diesen Betrag. In den deutschen, böhmischen und italienischen Gebieten der Habsburgermonarchie erbrachte eine Arbeitskraft in der gleichen Zeit nur zwölf Gulden; in den östlichen Kronländern erreichte sie nicht einmal vier Gulden.[276] Das war ein deutliches Gefälle.

Das Eisenbahnnetz des Zollvereins war um 1846 bereits fast zweieinhalbmal so groß wie das der Habsburgermonarchie; genau gesagt: den 3245 km im Zollverein standen 1367 km in Österreich gegenüber. Das signalisierte einen beträchtlichen technologischen Rückstand, der noch krasser hervortritt, wenn man die Verbreitung der Dampfmaschinen anschaut. Man hat als Vergleichsgröße errechnet, wieviel PS auf eine Million Einwohner entfallen. Im Zollverein waren es im Jahre 1847 889 PS, in Westösterreich noch 306 PS, in Ungarn und Galizien lediglich 46 PS. Es fällt dabei auf, daß innerhalb Österreichs noch einmal ein Entwicklungsgefälle zwischen den westlichen und östlichen Kronländern bestand.

Dampfmaschinen- und Eisenbahnbau gehörten zu den Leitsektoren der einsetzenden Industrialisierung. Der Abstand zwischen Österreich und den Zollvereinsstaaten vergrößerte sich also in den 1850er Jahren weiter. Es war jenes Jahrzehnt, als der Take-off der deutschen Wirtschaft begann und sie ihre erste vollständig durchgeführte, industriell bedingte Konjunkturperiode erlebte. Der Durchbruch der Industrialisierung in Deutschland vollzog sich während der 1850er und 1860er Jahre in zwei Konjunkturaufschwüngen. In den Leitsektoren der Industrialisierung, der Steinkohleförderung und Eisenerzeugung, offenbarte sich dementsprechend ein deutlicher Abstand: Jeweils doppelt so hoch lag die Produktion im Zollverein gegenüber der Habsburgermonarchie. Dieser Entwicklung vermochte Österreich längst nicht zu folgen. Es hatte im Gegenteil mit zusätzlichen wirtschaftshemmenden Ereignissen zu tun, vor allem mit den Auswirkungen des verlorenen Krieges von 1859. Österreich war als Staat immens verschuldet, was sich sehr negativ auf die wirtschaftliche Entwicklung auswirkte. Diese Finanzmisere spitzte sich nach dem Italienischen Krieg sogar noch dramatisch zu. Dadurch konnte Österreich den deutschen Mittel- und Kleinstaaten weit weniger bieten als Preußen über den Zollverein. Auch hier sind Zahlenangaben aufschlußreich. Im Jahre 1865 betrug Österreichs Staatsverschuldung 1670 Millionen Taler; Preußen hingegen brachte es lediglich auf 290 Millionen Taler.

Der österreichische Plan zum Anschluß an den Zollverein sah auch vor, den Modus zu ändern, nach dem die Zolleinnahmen auf die Einzelmitglieder ausgeschüttet werden sollten. Preußen hingegen garantierte die Einnahmen, auf die gerade die kleineren Staaten besonders angewiesen waren, und das geschah teilweise auf eigene Kosten.

Schließlich fiel stark ins Gewicht, wohin und wie sich die Handelsströme orientierten. Diejenigen Preußens und zunehmend der anderen Zollvereinsstaaten flossen immer stärker nach Westeuropa. Die Außenhandelsverflechtungen mit Frankreich und England nahmen zu. Es lag also im Interesse der Zollvereinsstaaten, die eigenen Zolltarife zu senken, um sich die westeuropäischen Märkte leichter zugänglich zu machen. Auch hier sprachen Zahlen eindeutig: Österreich mit Ungarn war im Jahre 1860 erst mit 5,4% am europäischen Handel beteiligt, die Zollvereinsstaaten hingegen schon mit 16,8%; und der Anteil stieg beschleunigt, parallel zur Wachstumsperiode.

Preußen verfolgte hierbei die zielstrebige Politik, sich dem westeuropäischen freihändlerischen System anzuschließen. Als die Zollvereinsstaaten zögerten, schloß es einseitig im Jahre 1862 einen Handelsvertrag mit Frankreich ab. Dieser sah umfassende Zollsenkungen vor. Dahinter stand in Berlin auch eine konsequente politische Strategie. Bereits Friedrich Wilhelm IV. hatte das Ziel verfolgt, „mit einer solchen Ermäßigung des Zollvereins vorzugehen", daß Österreich mit seiner rückständigeren Wirtschaft „nicht sobald nachfolgen" könne. Das war allerdings bewußte Ausgrenzung. Die Mittelstaaten, die sich politisch nach Österreich hin orientierten, mußten sich im wirtschaftlichen Bereich Preußen fügen. Ein Austritt aus der Zollunion schien undenkbar, weil die Mittelstaaten inzwischen auf den Binnenmarkt des Zollvereins und die Einkünfte aus der gemeinsamen Zollvereinskasse angewiesen waren.

Das Dritte Deutschland, am stärksten das industrialisierte Sachsen, lebte in dem Dilemma, daß man von Preußen wirtschaftlich quasi mediatisiert wurde, politisch aber Österreich anhängen wollte. Das vertrug sich nicht auf lange Sicht. Die Vorentscheidungen für eine dauerhafte Bindung an Preußen waren schon längst im Vormärz gefallen; politisch gewendet hieß das: Das Dritte Deutschland, das die Triaskonzeption favorisierte, war gelähmt und kaum handlungsfähig und deshalb auch nicht in der Lage, in der Bundesreformfrage geschlossen mit einer Stimme aufzutreten.

Wirtschaftlich fand eine Polarisierung zwischen zwei großen Markträumen in Mitteleuropa statt, so sehr sich die deutschen Mittelstaaten dagegen sträubten. Die Ausgrenzung Österreichs war im vollen Gange, und der früher bemühte Artikel 19 der Bundesakte, einen einheitlichen Handels- und Wirtschaftsraum in Deutschland herzustellen, blieb lediglich Programm. Mit Österreich war das nicht mehr möglich.

Man würde aus dieser Deutung falsche Schlüsse ziehen, wollte man aus ihr eine einseitige Determination durch die Ökonomie herleiten. Auch politische Entscheidungen hatten beträchtliches Gewicht. Frühe Handlungsspielräume blieben durch die österreichische Politik ungenutzt, so vor allem in der napoleonischen Ära, als Preußen und die deutschen Mittelstaaten aus der Existenzkrise heraus einen großen Reformsprung wagten. Die österreichische Politik stagnierte in ihren inneren Verhältnissen, zog aus dem Staatsbankrott von 1811 keine entscheidenden Reformimpulse und konzentrierte sich nach 1815 zunächst mehr auf die Restauration und Abwehr „demagogischer" Bewegungen als auf die wirtschaftliche Entwicklung.

Der Föderalismus als solcher mußte keineswegs wirtschaftspolitische Fortschritte verhindern, wie der locker organisierte Zollverein bewiesen hatte.[277] Grundorientierungen der österreichischen Politik bezogen sich auf das Verhältnis zu Preußen, zum Konstitutionalismus und zu möglichen Bundesreformen. Österreich hing Reformen des Bundes aus begreiflichen inneren Interessen nur halbherzig an. Auch bei dem Fürstentagsprojekt von 1863 stieß eine nationale Vertretung als Delegiertenversammlung nur auf begrenzte Gegenliebe. Österreich war ein dynastisch gelenkter Vielvölkerstaat mit einer protektionistischen Wirtschaft. Passivität, Hinhalten, Ausweichen, Aufschieben, taktische Konzession – das sind Vokabeln, welche immer wieder bei der Charakterisierung der österreichischen Politik vorkommen, und gerade auch diejenigen, welche die habsburgische Politik verteidigen wollen, bringen diese Kritik vor. Der österreichische Historiker Michael Derndarsky etwa hebt die Versäumnisse Österreichs während der 1850er Jahre hervor, besonders den Rückfall in den Absolutismus. Der verspätete Weg der Monarchie zum Verfassungsstaat habe den Anschluß an die nationale und liberale Bewegung verzögert. Im Jahre 1848 konnten die Verfassungsgeber in Wien auf eine Konstitutionsfindung mit einem gelungenen Nationalitätenausgleich hinweisen; sie wurde dann aber mit einem Federstrich des Monarchen beiseite geschoben. Erst 1867 gelang schließlich mühsam der Nationalitätenausgleich, den man schon 1848 hätte haben können. Statt dessen orientierte sich Österreich an der überkommenen Konsenspolitik mit Preußen, die in der Phase innenpolitischer Reaktion vorübergehend noch vorzüglich funktionierte. Der Deutsche Bund als gemeinsame Klammer der Nation wurde dabei wie ehedem in den Dienst der Ordnungspolitik gestellt.

Schaut man auf die konkreten Schwerpunkte der Bundestätigkeit, wie sie sich in ihren jeweiligen Kommissionen äußerte, kristallisieren sich sieben kontinuierliche Arbeitsfelder heraus. Sie beschäftigten sich mit dem Kassen- und Finanzwesen, mit der Überwachung des Vollzugs der Bundesbeschlüsse, mit Militärangelegenheiten, Petitionen, der Pressekontrolle, dem Verfassungsschutz des Bundes und mit der Verfassungskontrolle oder -revision in den Mitgliedsstaaten. Mit Bundesexekution, Militärangelegenheiten, Presseüberwachung und Staatsschutz gegenüber den Einzelstaaten dominierten eindeutig gerade jene zentralen Kontrollinstanzen, welche die Gesamtmacht des Bundes nach innen verstärkten und vom föderativen Weg fortführten. Den wechselhaften Konjunkturen eines halben Jahrhunderts folgend, betätigte sich der Bund, der doch eigentlich gemeinsame nationale Klammer aller deutschen Staaten hätten werden können, eben doch vornehmlich gegen die inneren gesellschaftlichen Kräfte der Bewegung, die er als Gefahren begriff, und das waren Tendenzen der Presse, Parteien und Parlamente. Die regierenden Eliten, zumindest in den deutschen Hauptstädten Berlin und Wien, fühlten sich seit der Begründung des Bundes 1815 bis zum Anbruch der Neuen Ära 1858 staatsbedrohlich herausgefordert durch Teile des deutschen Bürgertums, das auf politische Mitsprache zu pochen versuchte, durch Aufstandsbewegungen der Unterschichten, die auf eine gerechtere Verteilung sozialer Chancen und eine Verbesserung ihrer wirtschaftlichen Existenz zielten. Echte Reformanstöße kamen vom Bund erst, als die Regierungen selbst Partei wurden und um die öffentliche Meinung rivalisierten – in den 1860er Jahren.

In der langen Entwicklung von 1815 bis 1860 blieb jedoch die österreichische Politik so sehr auf Preußen und die inneren Verhältnisse fixiert, daß am Ende der Bund nur als hohler, nicht ausgefüllter Torso dastand. Er hätte sich ausfüllen lassen, wie manche Phasen in der deutschen Geschichte seit 1815 zeigten, in denen eine innere Ausgestaltung hätte stattfinden können: zwischen 1815 und 1823, erneut zwischen 1830 und 1834, um 1840, 1847 und nach der Revolution noch auf den Dresdner Konferenzen des Jahres 1850. Was an deutscher Geschichte in Gestalt des Bundesgehäuses faßbar wird, war keineswegs durchweg von Unbeweglichkeit und Starrheit geprägt. Man muß auch keine Ketten-Geschichte vertaner Chancen konstruieren wollen. Der Historiker soll die Geschichte nicht reparieren oder nachbessern; er soll sie analysieren und darüber aufklären, warum bestimmte Entwicklungen sich so und nicht anders vollzogen haben.

Aus der Sicht europäischer Politik bestätigt sich abermals das Torsohafte des Bundes, nun von außen gesehen. Der amerikanische Historiker Paul W. Schroeder nennt den Bund in seiner europäischen Konstellation „a non-event“. Denn er zählte nicht wirklich als europäische Macht. *Großbritannien* war nicht sonderlich an ihm interessiert; es beschäftigte sich mit eigenen inneren Fragen, dann mit der italienischen Einigung, dem amerikanischen Bürgerkrieg und Problemen des englischen Empires. Es herrschte vielleicht eine leichte Abneigung gegenüber Österreich vor, gegenüber Katholiken und dem Bund, aber die war unerheblich. *Italien* war mit der eigenen Einigung beschäftigt, betrachtete das Deutschland des Bundes skeptisch als möglichen Kriegspartner Österreichs und orientierte sich an Preußen als künftigem Alliierten. *Rußland* hing am zähesten an der Ordnung von 1815, wurde dann aber in den 1860er Jahren durch die eigene Reformpolitik beschäftigt, nachdem der Krimkrieg die Interessen des Landes auf innere Verhältnisse gelenkt hatte. Überdies begannen sich seine Interessen zum Kaukasus, nach dem Ural und in den Fernen Osten zu richten. Auch *Frankreich* ging von der Brüchigkeit und Wirkungslosigkeit des Bundes aus. Am liebsten sah man dort eine Reform unter preußischer Ägide, weil dies Österreich geschwächt hätte.

Die europäische Gleichgültigkeit spiegelte nach dem plausiblen Urteil Schroeders die Haltungen Österreichs und Preußens in einer deutschen Politik wider, die keine größeren Spielräume für eine gemeinsame nationale Politik duldete. Eine gemeinsame Regierung und ein nationales Parlament hätten sofort ein neuartiges Kraftzentrum des Bundes hergestellt, das sich analog zu den modernen Entwicklungen der westeuropäischen Nachbarländer mehr oder weniger auf den Rückhalt der in Bewegung geratenen Gesellschaft hätte stützen können. Es gab Phasen, in denen der Deutsche Bund auf internationaler Bühne Gewicht hätte gewinnen können: in der Luxemburg-Krise 1830, in der Rheinkrise 1840, im Krimkrieg (1853–56) und im Italienischen Krieg (1859), wo jedes Mal ein Anlaß zur Intervention bestanden hatte und in der Bundesversammlung auch erwogen worden war. Was den einen hier als angeblich vertane Chancen erscheint, betrachten andere gerade als friedenssichernde europäische Leistung.

Das Heilige Römische Reich war inmitten einer gewaltigen Erschütterung der europäischen Staatenwelt untergegangen. Das Zerbrechen des Bundes erregte kein übermäßiges Aufsehen bei den europäischen Nachbarn. Sie registrierten noch nicht, daß mit seinem Ende sich ein qualitativer Wandel in der europäischen Politik ankündigte, zumindest in der deutschen, italienischen und südosteuropäischen. Wie das Alte Reich konnte auch die Bundesordnung noch als Inbegriff einer Rechtsordnung erscheinen, die auch kleineren Mitgliedern Rückhalt verschaffte. Über ein bloßes mechanisches Gleichgewicht politischer Kräfte hinaus verbürgte sie dauerhafte Verfahren und zwischenstaatliche Institutionen, die auch die Schwächeren und Schwächsten vor der nackten Machtpolitik schützten. Die neuere historische Forschung konstatiert eindringlich den grundlegenden Wandel einer kollektiven Mentalität seit 1850. Nicht eigentlich bewußte Wahl, sondern Hinnahme neuer Prinzipien war für die europäischen Staatsmänner des 19. Jahrhunderts maßgeblich geworden. Statt Rechtsordnung schoben sich Real- und Machtpolitik an die Stelle, aus denen nach der Jahrhundertwende die Nationalstaaten Italien und Deutschland hervorgingen, und dies um den Preis mehrerer blutiger Kriege.

## Schluß: Die Reichsgründung – Vollendung und Neubeginn

Die Weichen waren gestellt. Der innerdeutsche Krieg hatte das Übergewicht Preußens im Kreis der deutschen Staaten hergestellt. Seine Dominanz war das Ergebnis einer langfristig kalkulierten Politik, wie der Chef des preußischen Generalstabs, Moltke, gegen Ende seines Lebens offenbarte: „Der Krieg von 1866 ist nicht aus Notwehr gegen die Bedrohung der eigenen Existenz entsprungen, auch nicht hervorgerufen durch die öffentliche Meinung und die Stimme des Volkes; es war ein im Kabinett als notwendig erkannter, längst beabsichtigter und ruhig vorbereiteter Kampf nicht für Ländererwerb, Gebietserweiterung oder materiellen Gewinn, sondern für ein ideales Gut – für Machtstellung. Dem besiegten Österreich wurde kein Fußbreit seines Territoriums abgefordert, aber es mußte auf die Hegemonie in Deutschland verzichten."[278]

Diese „Machtstellung" bewirkte, daß sich die Ereignisse in den nachfolgenden Jahren geradezu überstürzten. Die Politik Bismarcks operierte dabei mit einander ergänzenden Strategien, indem er die Gunst der Stunde und die langfristig vollzogenen Annäherungen im Prozeß der Nationbildung nutzte. Er konnte die „Revolution von oben", wie bereits die Zeitgenossen die Reichseinigung bewerteten, vorantreiben.[279] Seine Strategie war eine „Mischung aus militanter Risiko- und Pazifizierungspolitik, von Repression und Modernität" (Wehler).

Elemente der machtpolitischen Strategie lagen in den *Militärallianzen* Preußens mit den Unterlegenen. Die süddeutschen Staaten glichen dadurch ihre militärischen Systeme dem preußischen an und verpflichteten sich durch sogenannte „Schutz- und Trutzbündnisse", ihre Truppen im Kriegsfall preußischem Oberbefehl zu unterstellen. Sogar ein gemeinsamer Aufmarsch- und Mobilmachungsplan war festgelegt worden. Preußen war gerüstet, als der Krieg mit Frankreich im Juli 1870 ausbrach, und es hatte die süddeutschen Staaten als Rückhalt.

Modernität lag in der Zielstrebigkeit, die innere Angleichung zwischen den deutschen Staaten verfassungs- und wirtschaftspolitisch voranzutreiben. Zur *Konstituierung des Norddeutschen Bundes* bedurfte es weniger als sechs Wochen. Am 4. März 1867 brachte Bismarck den Verfassungsentwurf im versammelten Reichstag ein; am 16. April nahm dieser die Vorlage nach intensiven Beratungen mit überwältigender Mehrheit an (230 gegen 53 Stimmen).

Der neue Bundesstaat in Norddeutschland existierte seit dem 1. Juli 1867, an dem die Verfassung in Kraft trat. Er verkörperte ein einheitliches Zoll- und Handelsgebiet und bedeutete zugleich das Ende des alten Zollvereins. Bereits im Juni 1867 hatten sich die deutschen Staaten auf einer gemeinsamen Zollkonferenz über einen neuen *Zollvereinsvertrag* (8. Juli 1867) geeinigt. Er nahm in seinen Verfassungsorganen den geeinten Nationalstaat vorweg: Der *Zollbundesrat* war nichts anderes als die Erweiterung der Ländervertretung des Norddeutschen Bundes um Vertreter der süddeutschen Regierungen. Die Stimmenverteilung folgte dem Modus, nach dem das Plenum der alten Frankfurter Bundesversammlung zusammengesetzt gewesen war! Das *Zollparlament* wurde gebildet, indem der Norddeutsche Reichstag um die fehlende Anzahl hinzugewählter Abgeordneter der süddeutschen Staaten Hessen, Baden, Württemberg und Bayern ergänzt wurde. Das Zollparlament wies voraus auf den Reichstag des Kaiserreichs. Zwischen 1868 und 1870 löste es die strittigen Probleme wie Schutzzoll und Freihandel sowie zahlreiche Einzelprobleme des deutschen Föderalismus (Tabak-, Zuckersteuer, Petroleumzoll), aber auch die große Frage eines Handelsvertrags mit Österreich. Es bereitete die Wirtschaftseinheit vor, auf der das 1871 gegründete Reich schon aufbauen konnte.

Bei aller erkennbaren Zielstrebigkeit der deutschen Politik Preußens wird man aber nicht von einem Plan sprechen können, der nationalen Konzentration durch einen bewußt gewollten Krieg mit Frankreich vollends zum Durchbruch zu verhelfen. Allerdings muß man im preußisch-französischen Verhältnis zwischen tieferen Gründen und den Verstrickungen der Julikrise von 1870 unterscheiden. Napoleon III. war bestrebt, den Einfluß Preußens auf Norddeutschland zu begrenzen, während Bismarck sich auf lange Sicht in der deutschen Politik keine Zügel anlegen lassen wollte. Machtpolitische Rivalitäten zwischen Staaten, nicht Konflikte um Märkte, Zollgrenzen, Kolonien oder auch nur Territorialgewinn lagen den wachsenden Spannungen zugrunde. Vor Ausbruch des Krieges war Elsaß-Lothringen kein Thema.

1866 hatte sich Preußen im Frieden von Prag noch verpflichtet, sein Einflußgebiet nicht über die Mainlinie hinaus nach Süden auszudehnen. Seitdem reagierte die französische Diplomatie immer empfindlicher, wenn sie Zeichen preußischer Expansion vermutete. Eine Kette kleiner Verstimmungen fand eine dramatische Zuspitzung in der sogenannten Hohenzollernkandidatur. Spanische Militärs favorisierten den Erbprinzen Leopold von Hohenzollern-Sigmaringen als einen geeigneten spanischen Thronfolger. Eine preußische Dynastie in Norddeutschland und zugleich in Spanien erschien der französischen Regierung aber wie die Wiederauferstehung des Universalreiches Karls V., das ehedem im 16. Jahrhundert Frankreich umklammert hatte.

Der *Deutsch-Französische Krieg* brach aus, als die französische Öffentlichkeit von der Thronkandidatur erfuhr und die Kammer in einer Woge nationaler Leidenschaften die Regierung unter Druck setzte, wobei diese die Krise mit kräftigen Worten noch schürte. Eigentlich hätte die Frage am 12. Juli 1870 mit dem Verzicht des Erbprinzen auf die Kandidatur beigelegt sein müssen. Jedoch forderte die französische Regierung eine förmliche Garantieerklärung, daß Preußen auch künftig keine Kandidatur eines Hohenzollern unterstützen werde. Da Preußen nach außen erkennbar nicht die Kandidatur betrieben hatte (im geheimen wohl), war ein solches – im diplomatischen Verkehr ohnehin unübliches – Bekenntnis nicht zu erwarten. Der französische Botschafter versuchte gleichwohl, dem in Bad Ems weilenden König Wilhelm eine solche Erklärung abzunötigen. Dieser schickte die berühmte „Emser Depesche" an Bismarck, der sie verschärfend redigierte und dann an die Presse gab. Der kriegauslösende Satz hieß: „Seine Majestät der König hat es darauf abgelehnt, den Französischen Botschafter nochmals zu empfangen, und demselben durch den Adjutanten vom Dienst sagen lassen, daß Seine Majestät dem Botschafter nichts weiter mitzuteilen habe."[280] In den Augen der europäischen Presse und der Diplomatie außerhalb Frankreichs reichte es nicht aus, wegen dieses fehlgeschlagenen Versuchs, von Preußen eine Verzichterklärung zu erhalten, einen Krieg zu eröffnen. Die französische Regierung befand sich jedoch unter einem so massiven Druck der Abgeordnetenkammer und der Öffentlichkeit im Lande, daß sie schließlich Preußen den Krieg erklärte. Napoleon III. selbst gestand seinem Ministerpräsidenten Émile Ollivier: „Sehen Sie, in welcher Lage sich die Regierung manchmal befinden kann: Wir haben keinen richtigen Kriegsgrund, trotzdem werden wir uns für den Krieg entscheiden müssen, um dem Willen des Landes zu gehorchen".[281]

Nationale Leidenschaften und Eigendynamik einer freigesetzten öffentlichen Meinung, letztlich aber auch die Entschlossenheit der Regierung, Preußen endlich Schranken zu setzen, führten in den Krieg. Der Feldzug fand ein überaus schnelles Ende mit der Kapitulation der Armee MacMahons am 2. September 1870 bei Sedan nahe der belgisch-französischen Grenze. Hier wurde auch Kaiser Napoleon III. gefangengenommen. Bereits zwei Tage später war Frankreich Republik. Während im Oktober und November einzelne Kampfhandlungen noch fortdauerten, verhandelte Bismarck bereits mit den süddeutschen Staaten über den Zusammenschluß mit dem Norddeutschen Bund. Der letzte entscheidende Abschnitt der militärischen Konfrontation endete mit der Kapitulation von Paris am 28. Januar 1871. Sie erhielt nachträglich eine symbolische Bedeutung, denn bereits am 18. Januar 1871 war König Wilhelm im Spiegelsaal des Schlosses von Versailles zum Kaiser der Deutschen erklärt worden.

Der Frankfurter Friede vom 10. Mai 1871 bildete in doppelter Hinsicht einen Wendepunkt der deutschen und der europäischen Geschichte. Er besiegelte die Gründung des Deutschen Reiches auf europäischer Ebene; er beendete aber auch ein System der Friedenssicherung, das die europäischen Staaten bisher miteinander getragen hatten. Der Deutsch-Französische Krieg war der letzte kalkulierbare, begrenzbare militärische Konflikt zwischen europäischen Großmächten. Bereits 1870/71 erwies sich, daß ein einmal begonnener Krieg zwischen Staaten unter dem Druck öffentlicher nationaler Leidenschaften eine Dynamik freisetzte, welche die alteuropäischen Traditionen, ihn zum Abschluß zu bringen, zu sprengen drohte. Der Weltkrieg von 1914 offenbarte später die neuen Dimensionen nationaler Kriege.

In der Stunde der Einigung war in Deutschland der Jubel vor allem im Lager der Liberalen groß. Man schien am Ziel aller Hoffnungen, und es wirkte wie ein symbolischer Akt, als der ehemalige Parlamentspräsident der Frankfurter Nationalversammlung von 1848/49, Martin Eduard Simson, an der Spitze einer Reichstagsdeputation nach Versailles kam – er hatte schon 1849 die Kaiserdeputation angeführt –, um Wilhelm I. die Bitte um Annahme der Kaiserwürde vorzutragen. Der 54jährige nationalliberale Historiker Heinrich von Sybel jubelte: „Wodurch hat man die Gnade Gottes verdient, so große und mächtige Dinge erleben zu dürfen? Und wie wird man nachher leben? Was zwanzig Jahre der Inhalt alles Wünschens und Strebens gewesen, das ist nun in so unendlich herrlicher Weise erfüllt! Woher soll man in meinen Lebensjahren noch einen neuen Inhalt für das weitere Leben nehmen?“[282]

Doch diese Begeisterung trog. Der neue deutsche Bundesstaat mußte seine eigentlichen Herausforderungen erst noch bewältigen, um seine Gegner und Kritiker zu versöhnen: die Katholiken, die großdeutschen Demokraten im Süden, die entstehende Arbeiterbewegung, die hannovertreuen „Welfen“, die zeitweilig vor 1870 sogar in den Niederlanden und Frankreich Legionäre versammelt hatten, schließlich auch die preußischen Konservativen, die Bismarcks Zusammenwirken mit der nationalen Bewegung grundsätzlich verurteilten.

Der neue Nationalstaat mußte eine zweite, die „innere Nationbildung“ meistern. Kulturkampf, Sozialistengesetz – also die versuchte Ausgrenzung ganzer Bevölkerungsteile – liefen dieser Aufgabe zuwider. Die Annexion Elsaß-Lothringens belastete dauerhaft die Beziehungen zum französischen Nachbarn; die „Große Depression“ von 1873, also der erste industriell bedingte Konjunkturrückgang nach einer andauernden Phase wirtschaftlichen Booms, der entstehende Chor der Interessenverbände zwischen Schutzzoll und Freihandel, nicht zuletzt der aus dem Krisenbewußtsein genährte organisierte Antisemitismus bauten Konfliktpotentiale auf, die nach einer Politik innerer Befriedung riefen.

In welchem Maße das gelang, welches Gewicht die deutschen Einzelstaaten in diesem Prozeß noch zur Geltung bringen konnten und insgesamt, wie „zentralistisch“ sich der ursprünglich föderativ angelegte Bundesstaat entwickelte: das sind Themen des anschließenden Bandes in dieser Reihe. Das Zweite Kaiserreich führte in die Hochindustrialisierung, die forcierte Urbanisierung, in die Kulturindustrie der „zweiten Leserevolution“. Rechnet man nur die Friedenszeit, bestand es 43 Jahre, also ebensolange wie die Zeitspanne dauerte, die zwischen der Gründung des Rheinbunds und der

Revolution 1848/49 lag oder von der Bundesgründung 1815 bis zum Ende der Reaktionsdekade reichte.

In der gesamten Epoche zwischen den Reichen von 1806 bis 1871 hatte sich die Welt in Deutschland von Grund auf gewandelt. Es war eine alte Ordnung „versunken“ und eine „moderne“ hervorgetreten. Die Erkennungszeichen dieses Wandels gehörten zum Stoff dieses Buches. Die Epoche selbständiger mittelstaatlicher Bündnispolitik war vorbei. Die Zeit einer „innerdeutschen“ Politik Preußens und Österreichs war mit dem „alten Deutschland“ und seiner Trias untergegangen. Das Nationale hingegen hatte in einer fragwürdigen Vieldeutigkeit nahezu alle Bereiche von Politik, Gesellschaft, Wirtschaft und Kultur berührt, wenn nicht durchdrungen. Der Weg „vom Staatenbund zum Nationalstaat“ war erst noch unvollkommen beschritten, wenn man ihn mißt an der Idee der Staatsbürgergesellschaft; sie war dem werdenden Nationalstaat eingeboren, wo er auf Verfassungspatriotismus ruhte. Dieser hatte aber zunächst seine stärksten Stützen in den deutschen Ländern.

# ANHANG

# Bibliographie

Diese Bibliographie orientiert sich an der Kapitelgliederung des Buches. Die angegebenen Titel sollen helfen, einzelne Themen durch weiterführende Lektüre zu vertiefen. Jedes Werk wurde nur einmal aufgeführt. Aufsätze aus einem Sammelwerk werden gekürzt notiert, wenn das Sammelwerk als ganzes separat aufgeführt wird. Quellen und Darstellungen erscheinen unter den thematischen Rubriken vereint, um die Bibliographie nicht zu stark aufzugliedern. Weiterführende Hinweise zu Quellen des behandelten Zeitraums finden sich in den Quellenkunden von Klaus Müller: Absolutismus und Zeitalter der Französischen Revolution (1715 bis 1815), sowie Wolfram Siemann: Restauration, Liberalismus und nationale Bewegung (1815 bis 1870). Darmstadt 1982.

## Darstellungen zur gesamten Epoche, Sammlungen, Handbücher


Aubin, Hermann/Zorn, Wolfgang (Hrg.): Handbuch der deutschen Wirtschafts- und Sozialgeschichte. 2 Bde. Stuttgart 1971/76

Bergeron, Louis/Furet, François/Koselleck, Reinhart: Das Zeitalter der europäischen Revolution 1780–1848. Frankfurt a.M. 1969

Birtsch, Günter (Hrg.): Grund- und Freiheitsrechte im Wandel von Gesellschaft und Geschichte. Beiträge zur Geschichte der Grund- und Freiheitsrechte vom Ausgang des Mittelalters bis zur Revolution von 1848. Göttingen 1981

Birtsch, Günter (Hrg.): Grund- und Freiheitsrechte von der ständischen zur spätbürgerlichen Gesellschaft. Göttingen 1987

Boldt, Hans: Deutsche Verfassungsgeschichte. Bd. 2: Von 1806 bis zur Gegenwart. München 1990

Bußmann, Walter (Hrg.): Europa von der Französischen Revolution zu den nationalstaatlichen Bewegungen des 19. Jahrhunderts. = Handbuch der europäischen Geschichte. Hrg. von Theodor Schieder. Bd. 5. Stuttgart 1981

Craig, Gordon A.: Geschichte Europas im 19. und 20. Jahrhundert. Bd. 1: 1815–1914. München 1978 (engl. 1974)

Faber, Karl-Georg: Deutsche Geschichte im 19. Jahrhundert. Restauration und Revolution. Von 1815 bis 1851. Wiesbaden 1979

Grimm, Dieter: Deutsche Verfassungsgeschichte 1776–1866. Vom Beginn des modernen Verfassungsstaats bis zur Auflösung des Deutschen Bundes. Frankfurt a.M. 1988

Gruner, Wolf Dieter: Die deutsche Frage. Ein Problem der europäischen Geschichte seit 1800. München 1985

Hamerow, Theodore S.: Restoration, Revolution, Reaction. Economics and Politics in Germany. 1815–1871. Princeton/N.J. 1958

Hobsbawm, Eric J.: Europäische Revolutionen 1789 bis 1848. Zürich 1962 (engl. 1962)

Huber, Ernst Rudolf (Hrg.): Dokumente zur deutschen Verfassungsgeschichte. Bd. 1: Deutsche Verfassungsdokumente 1803–1850. 3. erg. Aufl. Stuttgart u.a. 1978. Bd. 2: 1851–1918. 2. Aufl. 1964

Huber, Ernst Rudolf: Deutsche Verfassungsgeschichte seit 1789. 7 Bde. u. Reg.bd. 2. Aufl. Stuttgart u.a. 1970ff.

Jedin, Hubert (Hrg.): Handbuch der Kirchengeschichte. Bd. 6, 1–2. 2. Aufl. Freiburg 1971–73

Jeserich, Kurt G. A./Pohl, Hans/Unruh, Georg-Christoph von (Hrg.): Deutsche Verwaltungsgeschichte. Bd. 2. Stuttgart 1983

Langer, William L.: Political and Social Upheaval. 1832–1852. New York 1969

Langewiesche, Dieter (Hrg.): Revolution und Krieg. Zur Dynamik historischen Wandels seit dem 18. Jahrhundert. Paderborn 1989

Langewiesche, Dieter: Reich, Nation und Staat in der jüngeren deutschen Geschichte. In: Historische Zeitschrift 254 (1992), S. 341–381

Lutz, Heinrich: Zwischen Habsburg und Preußen. Deutschland 1815–1866. Berlin 1985

Messerschmidt, Manfred: Militärgeschichte im 19. Jahrhundert 1814–1890. Die politische Geschichte der preußisch-deutschen Armee. München 1975

Militärgeschichtliches Forschungsamt (Hrg.): Handbuch zur deutschen Militärgeschichte 1648–1939. Bd. 2: Militärgeschichte im 19. Jahrhundert 1814–1890. München 1979

Möller, Horst: Fürstenstaat oder Bürgernation. Deutschland 1763–1815. Berlin 1989

Münch, Paul: Lebensformen in der frühen Neuzeit. 1500 bis 1800. Frankfurt a.M. 1992

Nipperdey, Thomas: Deutsche Geschichte 1800–1866. Bürgerwelt und starker Staat. München. 6. Aufl. 1993

Obermann, Karl: Deutschland von 1815 bis 1849. 5. Aufl. Berlin (Ost) 1983

Rürup, Reinhard: Deutschland im 19. Jahrhundert. 1815–1871. Göttingen 1984. 2. Aufl. 1992

Sachße, Christoph/Tennstedt, Florian: Geschichte der Armenfürsorge in Deutschland. Vom Spätmittelalter bis zum ersten Weltkrieg. Stuttgart 1980

Schieder, Theodor: Staatensystem als Vormacht der Welt 1848–1918. Frankfurt a.M., Berlin, Wien 1975. Ndr. 1982 = Propyläen Geschichte Europas. Bd. 5

Schnabel, Franz: Deutsche Geschichte im 19. Jahrhundert. 4. Bde. Freiburg 1929–37. Ndr. hrg. von Eberhard Weis. München 1987

Schulze, Hagen (Hrg.): Nation-Building in Central Europe. Leamington 1987

Seier, Hellmut (Hrg.): Akten und Dokumente zur kurhessischen Parlaments- und Verfassungsgeschichte 1848–1866. Marburg 1987

Sheehan, James J.: German History 1770–1866. Oxford 1989

Siemann, Wolfram: „Deutschlands Ruhe, Sicherheit und Ordnung“. Die Anfänge der politischen Polizei 1806–1866. Tübingen 1985

Steitz, Walter (Hrg.): Quellen zur deutschen Wirtschafts- und Sozialgeschichte im 19. Jahrhundert bis zur Reichsgründung. Darmstadt 1980

The New Cambridge Modern History. Bd. 9: War and Peace in an Age of Upheaval 1793–1830. Bd. 10: The Zenith of European Power 1830–1870. Hrg. von J. P. T. Bury, Cambridge 1960. Hrg. von G. N. Clark u.a. 1965 u.ö.

Treitschke, Heinrich von: Deutsche Geschichte im 19. Jahrhundert. 5 Bde. Leipzig 1879–94

Wehler, Hans-Ulrich: Deutsche Gesellschaftsgeschichte. Bd. 1: Vom Feudalismus des Alten Reiches bis zur defensiven Modernisierung der Reformära 1700–1815. Bd. 2: Von der Reformära bis zur industriellen und politischen „Deutschen Doppelrevolution" 1815–1848/49. München 1989

Weis, Eberhard: Der Durchbruch des Bürgertums 1776–1847. Frankfurt a. M., Berlin, Wien 1975. Ndr. 1982 = Propyläen Geschichte Europas. Bd. 4

## I. Teil: Von der Ständeordnung zur Staatsbürgergesellschaft

### *I.1 Das Deutschland der Staaten und Landschaften, Konstitutionalismus der Länder*

Aretin, Karl Otmar Freiherr von: Bayerns Weg zum souveränen Staat. Landstände und konstitutionelle Monarchie, 1714–1818. München 1976

Aretin, Karl Otmar Freiherr von: Metternichs Verfassungspläne. In: Historisches Jahrbuch der Görresgesellschaft 74 (1955), S. 718–727

Bade, Klaus J. (Hrg.): Deutsche im Ausland, Fremde in Deutschland. Migration in Geschichte und Gegenwart. München 1992

Berding, Helmut: Napoleonische Herrschafts- und Gesellschaftspolitik im Königreich Westfalen 1807–1813. Göttingen 1973

Bertier de Sauvigny, Guillaume A. de: Metternich. Gernsbach 1988 (französisch 1986)

Bibl, Viktor: Die niederösterreichischen Stände im Vormärz. Wien 1911

Blasius, Dirk: Friedrich Wilhelm IV. Göttingen 1992

Bosl, Karl (Hrg.): Handbuch der Geschichte der böhmischen Länder. Bd. 2: Hanke, Gerhard/Richter, Karl: Die böhmischen Länder in der Hochblüte der Städteherrschaft bis zum Erwachen eines modernen Nationalbewußtseins. Stuttgart 1974

Botzenhart, Manfred: Deutscher Parlamentarismus in der Revolutionszeit 1848–1850. Düsseldorf 1977

Brandt, Harm-Hinrich: Der österreichische Neoabsolutismus. Staatsfinanzen und Politik 1848–1860. 2 Bde. Göttingen, Zürich 1978

Brandt, Hartwig: Landständische Repräsentation im deutschen Vormärz. Politisches Denken im Einflußfeld des monarchischen Prinzips. Neuwied 1968

Brandt, Hartwig: Parlamentarismus in Württemberg 1819–1870. Anatomie eines deutschen Landtages. Düsseldorf 1987

Brandt, Otto: Geschichte Schleswig-Holsteins. 8. Aufl. Kiel 1981

Büsch, Otto/Neugebauer, Wolfgang (Hrg.): Moderne preußische Geschichte 1648–1947. 3 Bde. Berlin, New York 1981

Bußmann, Walter: Zwischen Preußen und Deutschland. Friedrich Wilhelm IV. Eine Biographie. Berlin 1990

Chroust, Anton (Bearb.): Gesandtschaftsberichte aus München 1814–1848. Abt. 1–3. München 1935–51

Demandt, Karl E.: Geschichte des Landes Hessen. 2. Aufl. Kassel 1972

Demel, Walter: Der bayerische Staatsabsolutismus 1806/08 bis 1817. Staats- und gesellschaftspolitische Motivationen und Hintergründe der Reformära in der ersten Phase des Königreichs Bayern. München 1983

Die auswärtige Politik Preußens 1858–71: Diplomatische Akten. Hrg. von der Historischen Reichskommission. 10 Bde. Oldenburg 1931–41

Die Ministerratsprotokolle Österreichs und der Österreichisch-Ungarischen Monarchie. Serie 1: 1848–1867. Wien 1970ff.

Düwell, Kurt/Köllmann, Wolfgang (Hrg.): Rheinland-Westfalen im Industriezeitalter. Bd. 1. Wuppertal 1983

Ehrle, Peter Michael: Volksvertretung im Vormärz. Studien zur Zusammensetzung, Wahl und Funktion der deutschen Landtage im Spannungsfeld zwischen monarchischem Prinzip und ständischer Repräsentation. 2 Bde. Frankfurt, Bern 1979

Faber, Karl-Georg: Die Rheinlande zwischen Restauration und Revolution. Probleme der rheinischen Geschichte von 1814 bis 1848 im Spiegel der zeitgenössischen Publizistik. Wiesbaden 1966

Fehrenbach, Elisabeth: Traditionale Gesellschaft und revolutionäres Recht. Die Einführung des Code Napoléon in den Rheinbundstaaten. Göttingen 1974. 3. Aufl. 1983

Fehrenbach, Elisabeth: Verfassungsstaat und Nationsbildung 1815–1871. München 1992

Fischer, Heinz/Silvestri, Gerhard (Hrg.): Texte zur österreichischen Verfassungsgeschichte (1713–1966). Wien 1970

Friedjung, Heinrich: Österreich von 1848 bis 1860. 2 Bde. 4. Aufl. Stuttgart, Berlin 1918

Gollwitzer, Heinz: Ludwig I. von Bayern. Königtum im Vormärz. Eine politische Biographie. München 1986

Grünthal, Günther: Parlamentarismus in Preußen. 1848/49–1857/58. Preußischer Konstitutionalismus. Parlament und Regierung in der Reaktionsära. Düsseldorf 1982

Gutkas, Karl: Geschichte des Landes Niederösterreich. 3. Aufl. St. Pölten, Wien 1973

Heckmann, Hermann (Hrg.): Historische Landeskunde Mitteldeutschlands. 5 Bde. (Brandenburg, Mecklenburg-Vorpommern, Sachsen, Sachsen-Anhalt, Thüringen). Würzburg 1986–89

Heinemeyer, Walter (Hrg.): Das Werden Hessens. Marburg 1986

Hoffmann, Alfred (Hrg.): Österreich-Ungarn als Agrarstaat. Wirtschaftliches Wachstum und Agrarverhältnisse in Österreich im 19. Jahrhundert. Wien 1978

Hubatsch, Walther (Hrg.)/Botzenhart, Erich (Bearb.): Freiherr vom Stein. Briefe und amtliche Schriften. 10 Bde. Stuttgart 1957–74

Hubatsch, Walther: Stein-Studien. Die preußischen Reformen des Reichsfreiherrn Karl vom Stein zwischen Revolution und Restauration. Köln, Berlin 1975

Ibbeken, Rudolf: Preußen 1807–1813. Staat und Volk als Idee und in Wirklichkeit. Köln 1970

Kann, Robert A.: Das Nationalitätenproblem der Habsburgermonarchie. 2 Bde. Graz, Köln 1964

Kleinschmidt, Arthur: Geschichte des Königreichs Westfalen. Gotha 1893

Klueting, Harm: Die Lehre von der Macht der Staaten. Das außenpolitische Machtproblem in der „politischen Wissenschaft“ und in der praktischen Politik im 18. Jahrhundert. Berlin 1986

Knemeyer, Franz L.: Regierungs- und Verwaltungsreformen in Deutschland zu Beginn des 19. Jahrhunderts. Köln 1970

Koch, Rainer: Grundlagen bürgerlicher Herrschaft. Verfassungs- und sozialge-

schichtliche Studien zur bürgerlichen Gesellschaft in Frankfurt am Main (1612–1866). Wiesbaden 1983
Kohl, Wilhelm (Hrg.): Westfälische Geschichte. Bd. 2. Düsseldorf 1983
Koselleck, Reinhart: Preußen zwischen Reform und Revolution. Allgemeines Landrecht, Verwaltung und soziale Bewegung von 1791–1848. 3. Aufl. Stuttgart 1981
Langewiesche, Dieter: Liberalismus und Demokratie in Württemberg zwischen Revolution und Reichsgründung. Düsseldorf 1974
Loose, Hans D. (Hrg.): Hamburg. Geschichte der Stadt und ihrer Bewohner. Bd. 1. Hamburg 1982
Lutz, Heinrich/Rumpler, Helmut (Hrg.): Österreich und die deutsche Frage im 19. und 20. Jahrhundert. Probleme der politischen, staatlichen und soziokulturellen Differenzierung im deutschen Mitteleuropa. München 1982
Maass, Ferdinand (Hrg.): Der Josephinismus. Quellen zu seiner Geschichte in Österreich 1760–1850. 5 Bde. Wien 1951–1961
Mikoletzky, Hanns Leo: Österreich – Das entscheidende 19. Jahrhundert. Wien 1972
Montgelas, Maximilian Joseph Graf von: Denkwürdigkeiten über die innere Staatsverwaltung Bayerns (1799–1817). Hrg. von G. Laubmann und M. Doeberl. München 1908
Obenaus, Herbert: Anfänge des Parlamentarismus in Preußen bis 1848, Düsseldorf 1984
Oberschelp, Reinhard: Politische Geschichte Niedersachsens 1803–1866. Hildesheim 1988
Patze, Hans/Schlesinger, Walter (Hrg.): Geschichte Thüringens. Bd. 5. Köln 1978
Petri, Franz/Droege, Georg (Hrg.): Rheinische Geschichte. Bd. 2–3. Düsseldorf 1976, 1979
Philippovich, Eugen von (Hrg.): Auswanderung und Auswanderungspolitik in Deutschland. Berichte über die Entwicklung und den gegenwärtigen Zustand des Auswanderungswesens in den Einzelstaaten und im Reich. Leipzig 1892
Press, Volker: Landtage im Alten Reich und im Deutschen Bund. Voraussetzungen ständischer und konstitutioneller Entwicklungen 1750–1830. In: Zeitschrift für Württembergische Landesgeschichte 39 (1980), S. 100–140
Puhle, Hans-Jürgen/Wehler, Hans-Ulrich (Hrg.): Preußen im Rückblick. Göttingen 1980
Ritter, Gerhard A. (Hrg.): Gesellschaft, Parlament und Regierung im 19. und 20. Jahrhundert. Zur Geschichte des Parlamentarismus in Deutschland. Düsseldorf 1974
Ritter, Gerhard: Stein. Eine politische Biographie. 3. Aufl. Stuttgart 1958. Nachdruck 1981
Sante, Georg Wilhelm (Hrg.): Geschichte der deutschen Länder. Territorien-Ploetz. 2 Bde. Würzburg 1964/71
Sauer, Paul: Der schwäbische Zar. Friedrich – Würtembergs erster König. Stuttgart 1984
Schmidt-Brentano, Antonio: Die Armee in Österreich. Militär, Staat und Gesellschaft 1848 bis 1867. Boppard am Rhein 1975
Schoeps, Hans-Julius (Hrg.): Neue Quellen zur Geschichte Preußens im 19. Jahrhundert. Berlin 1968

Schultz, Uwe (Hrg.): Die Geschichte Hessens. Stuttgart 1984
Schwarzmaier, Hansmartin (Hrg.): Handbuch der baden-württembergischen Geschichte. Bd. 3. Stuttgart 1992
Sked, Alan: The Decline and Fall of the Habsburg Empire 1815–1918. London 1989
Speitkamp, Winfried: Restauration als Transformation. Untersuchungen zur kurhessischen Verfassungsgeschichte 1813–1830. Darmstadt, Marburg 1985
Sperber, Jonathan: Rhineland Radicals. The Democratic Movement and the Revolution of 1848–1849. Princeton 1991
Spindler, Max (Hrg.): Handbuch der bayerischen Geschichte. Bd. 4: 1800–1970. München 1974
Srbik, Heinrich von: Metternich, der Staatsmann und der Mensch. 3 Bde. München 1925/54. 2. Aufl. 1957
Stenographische Berichte über die Verhandlungen der zur Vereinbarung der preußischen Staats-Verfassung berufenen Versammlung. 3 Bde. Berlin 1848
Treichel, Eckhardt: Der Primat der Bürokratie. Bürokratischer Staat und bürokratische Elite im Herzogtum Nassau 1806–1866. Frankfurt a. M. 1991
Vogel, Barbara (Hrg.): Preußische Reformen 1807–1820. Königstein 1980
Vogel, Barbara: Allgemeine Gewerbefreiheit. Die Reformpolitik des preußischen Staatskanzlers Hardenberg (1810–1820). Göttingen 1983
Wandruszka, Adam/Urbanitsch, Peter (Hrg.): Die Habsburgermonarchie 1848–1918. Bde. 1ff. Wien 1973ff.
Weis, Eberhard (Hrg.): Reformen im rheinbündischen Deutschland. München 1984
Weis, Eberhard: Napoleon und der Rheinbund. In: Reden-Dohna: Deutschland und Italien, S. 57–80
Wunder, Bernd: Privilegierung und Disziplinierung. Die Entstehung des Berufsbeamtentums in Bayern und Württemberg (1780–1825). München, Wien 1978
Zöllner, Erich: Geschichte Österreichs von den Anfängen bis zur Gegenwart. 8. Aufl. München 1990

### *I.2 Bevölkerungsbewegungen (Demographie, Urbanisierung)*

Adams, William Paul (Hrg.): Die deutschsprachige Auswanderung in die Vereinigten Staaten. Berichte über Forschungsstand und Quellenbestände. Berlin 1980
Bretting, Agnes/Bickelmann, Hartmut: Auswanderungsagenturen und Auswanderungsvereine im 19. und 20. Jahrhundert. Stuttgart 1991
Buschmann, Walter: Linden: Geschichte einer Industriestadt im 19. Jahrhundert. Hildesheim 1981
Crew, David F.: Bochum: Sozialgeschichte einer Industriestadt 1860–1914. Frankfurt a.M., Berlin, Wien 1980
Engeli, Christian/Haus, Wolfgang (Bearb.): Quellen zum modernen Gemeindeverfassungsrecht in Deutschland. Stuttgart, Berlin, Köln, Mainz 1975
Erickson, Charlotte (Hrg.): Emigration from Europe. 1815–1914. Select Documents. London 1976
Evans, Richard J.: Tod in Hamburg. Stadt, Gesellschaft und Politik in den Cholera-Jahren 1830–1910. Reinbek 1990 (engl. 1987)
Fisch, Stefan: Stadtplanung im 19. Jahrhundert. Das Beispiel München bis zur Ära Theodor Fischer. München 1988
Gall, Lothar (Hrg.): Stadt und Bürgertum im 19. Jahrhundert. München 1990

Hauser, Susanne: „Reinlichkeit, Ordnung und Schönheit“ – Zur Diskussion über Kanalisation im 19. Jahrhundert. In: Die alte Stadt 19 (1992), S. 292–312
Heffter, Heinrich: Die deutsche Selbstverwaltung im 19. Jahrhundert. 2. Aufl. Stuttgart 1969
Heineberg, Heinz (Hrg.): Innerstädtische Differenzierung und Prozesse im 19. und 20. Jahrhundert. Köln, Wien 1987
Helbich, Wolfgang/Kamphoefner, Walter D./Sommer, Ulrike: Briefe aus Amerika. Deutsche Auswanderer schreiben aus der Neuen Welt 1830–1930. München 1988
Hilger, Marie-Elisabeth: Seuchen verändern die Stadt. Soziale Ungleichheit vor Krankheit und Tod im 19. Jahrhundert. In: Die alte Stadt 18 (1991), S. 154–172
Hippel, Wolfgang von: Auswanderung aus Süddeutschland. Studien zur württembergischen Auswanderung und Auswanderungspolitik im 18. und 19. Jahrhundert. Stuttgart 1984
Imhof, Arthur E.: Die gewonnenen Jahre. Von der Zunahme unserer Lebensspanne seit dreihundert Jahren oder von der Notwendigkeit einer neuen Einstellung zu Leben und Sterben. München 1981
Kaelble, Hartmut (Hrg.): Geschichte der sozialen Mobilität seit der industriellen Revolution. Königstein 1978
Köllmann, Wolfgang (Hrg.): Quellen zur Bevölkerungs-, Sozial- und Wirtschaftsgeschichte Deutschlands 1815–1875. Bd. 1: Quellen zur Bevölkerungsgeschichte Deutschlands. Bearb. von Antje Kraus. Boppard 1980
Köllmann, Wolfgang: Bevölkerung in der industriellen Revolution. Göttingen 1974
Kriedtke, Peter: Eine Stadt am seidenen Faden. Haushalt, Hausindustrie und soziale Bewegung in Krefeld in der Mitte des 19. Jahrhunderts. Göttingen 1991
Lenger, Friedrich: Urbanisierungs- und Stadtgeschichte – Geschichte der Stadt, Verstädterungsgeschichte oder Geschichte in der Stadt? In: Archiv für Sozialgeschichte 25 (1986), S. 429–479
Lenger, Friedrich: Urbanisierungs- und Stadtgeschichte als Sozialgeschichte. In: Archiv für Sozialgeschichte 30 (1990), S. 376–422
Lindenthal, Bernd: Aus Wetzlar in die Neue Welt. Die Auswanderung nach Amerika aus Stadt und Kreis Wetzlar 1850–1869. In: Mitteilungen des Wetzlarer Geschichtsvereins Heft 27 (1980), S. 139–191
Marschalck, Peter: Bevölkerungsgeschichte Deutschlands im 19. und 20. Jahrhundert. Frankfurt a. M. 1984
Marschalck, Peter: Deutsche Überseewanderung im 19. Jahrhundert. Stuttgart 1973
Matz, Klaus-J.: Pauperismus und Bevölkerung. Die gesetzlichen Ehebeschränkungen in den süddeutschen Staaten während des 19. Jahrhunderts. Stuttgart 1980
Moltmann, Günter (Hrg.): Aufbruch nach Amerika. Die Auswanderungswelle von 1816/17. Stuttgart 1989
Naunin, Helmut (Hrg.): Städteordnungen des 19. Jahrhunderts. Köln, Wien 1984
Ogris, Werner: Die Stadt in der österreichischen Gemeindegesetzgebung des 19. Jahrhunderts. In: Naunin, Städteordnungen, S. 103–134
Reulecke, Jürgen: Geschichte der Urbanisierung in Deutschland. Frankfurt a. M. 1985
Senger von Etterlin, Stefan von: Neu-Deutschland in Nordamerika. Massenaus-

wanderung, nationale Gruppenansiedlungen und liberale Kolonialbewegung. 1815–60. Baden-Baden 1991
Teuteberg, Hans Jürgen (Hrg.): Urbanisierung im 19. und 20. Jahrhundert. Köln, Wien 1983
Unruh, Georg-Christoph von: Die Entwicklung der Kommunalverfassung in Deutschland im Zeitalter des Konstitutionalismus. In: Naunin, Städteordnungen, S. 1–18
Walker, Mack: German Home Towns. Community, State, and General Estate 1618–1871. Ithaca, London 1971
Walker, Mack: Germany and the Emigration. 1816–1885. Cambridge/Mass. 1964

*I.3 Die Trennung von „Land und Herrschaft“ (Adel, Bauern, Landwirtschaft)*

Abel, Wilhelm: Agrarkrisen und Agrarkonjunktur. Eine Geschichte der Land- und Ernährungswirtschaft Mitteleuropas seit dem hohen Mittelalter. 3. Aufl. Hamburg, Berlin 1978
Abel, Wilhelm: Geschichte der deutschen Landwirtschaft vom frühen Mittelalter bis zum 19. Jahrhundert. 2. Aufl. Stuttgart 1967
Abel, Wilhelm: Massenarmut und Hungerkrisen im vorindustriellen Europa. Hamburg, Berlin 1974
Braun, Rudolf: Konzeptionelle Bemerkungen zum Obenbleiben: Adel im 19. Jahrhundert. In: Wehler, Adel, S. 87–95
Brunner, Max: Die Hofgesellschaft. Die führende Gesellschaftsschicht Bayerns während der Regierungszeit König Maximilian II. München 1987
Carsten, Francis L.: Geschichte der preußischen Junker. Frankfurt a.M. 1988
Conze, Werner (Hrg.): Die preußische Reform unter Stein und Hardenberg. Bauernbefreiung und Städteordnung. 3. Aufl. Stuttgart 1973
Conze, Werner (Hrg.): Quellen zur Geschichte der deutschen Bauernbefreiung. Göttingen 1957
Conze, Werner: Adel, Aristokratie. In: Geschichtliche Grundbegriffe. Bd. 1. Stuttgart 1972, S. 1–48
Demel, Walter: Die wirtschaftliche Lage des bayerischen Adels in den ersten Jahrzehnten des 19. Jahrhunderts. In: Reden-Dohna/Melville, Adel, S. 237–269
Dipper, Christof: Adelsliberalismus in Deutschland. In: Dieter Langewiesche (Hrg.): Liberalismus im 19. Jahrhundert. Göttingen 1988, S. 172–192
Dipper, Christof: Die Bauernbefreiung in Deutschland 1790–1850. Stuttgart 1980
Dipper, Christof: Probleme einer Wirtschafts- und Sozialgeschichte der Säkularisation in Deutschland (1803–1813). In: Reden-Dohna, Armgard von (Hrg.): Deutschland und Italien im Zeitalter Napoleons. Wiesbaden 1979, S. 123–170
Eckhardt, Hans Wilhelm: Herrschaftliche Jagd, bäuerliche Not und bürgerliche Kritik. Zur Geschichte der fürstlichen und adeligen Jagdprivilegien im südwestdeutschen Raum. Göttingen 1976
Fehrenbach, Elisabeth: Adel und Bürgertum im deutschen Vormärz. In: Historische Zeitschrift 258 (1994), S. 1–28
Fehrenbach, Elisabeth (Hrg.): Adel und Bürgertum in Deutschland 1770–1848. München 1994
Feigl, Helmuth/Rosner, Willibald (Hrg.): Adel im Wandel. Wien 1991
Feigl, Helmuth: Der Adel in Niederösterreich 1780–1861. In: Reden-Dohna/Melville, Adel, S. 191–223

Gall, Lothar: Bismarck. Der weiße Revolutionär. Frankfurt a.M., Berlin, Wien 1980
Gollwitzer, Heinz: Die Standesherren. Die politische und gesellschaftliche Stellung der Mediatisierten 1815–1918. 2. Aufl. Göttingen 1964
Harnisch, Hartmut: Kapitalistische Agrarreform und industrielle Revolution. Agrarhistorische Untersuchungen über das ostelbische Preußen zwischen Spätfeudalismus und bürgerlich-demokratischer Revolution von 1848/49 unter besonderer Berücksichtigung der Provinz Brandenburg. Weimar 1984
Henning, Friedrich-Wilhelm: Landwirtschaft und ländliche Gesellschaft in Deutschland. Bd. 2. Paderborn 1978
Henning, Friedrich-Wilhelm: Wirtschafts- und Sozialgeschichte. Bd. 1: Das vorindustrielle Deutschland. 800–1800. 3. Aufl. Paderborn 1977. Bd. 2: Die Industrialisierung in Deutschland. 1800–1914. 6. Aufl. Paderborn 1984
Henning, Hansjoachim (Hrg.): Quellen zur sozialgeschichtlichen Entwicklung in Deutschland von 1815 bis 1860. Paderborn 1977
Hippel, Wolfgang von: Die Bauernbefreiung im Königreich Württemberg. 2 Bde. Boppard 1977
Hofmann, Hanns Hubert (Hrg.): Das deutsche Offizierskorps 1860–1960. Büdinger Vorträge 1977. Boppard am Rhein 1980
Hofmann, Hanns Hubert: Adlige Herrschaft und souveräner Staat. Studien über Staat und Gesellschaft in Franken und Bayern im 18. und 19. Jahrhundert. München 1962
Kircher, Walter-Siegfried: Ein fürstlicher Revolutionär aus dem Allgäu. Fürst Constantin von Waldburg-Zeil 1807–1862. Kempten 1980
Klein, Ernst: Geschichte der deutschen Landwirtschaft im Industriezeitalter. Wiesbaden 1973
Köllmann, Wolfgang: Sozialgeschichte der Stadt Barmen im 19. Jahrhundert. Tübingen 1960
Lacey, Robert: Aristocrats. Fontana/Collins 1984
Lütge, Friedrich: Geschichte der deutschen Agrarverfassung vom Frühen Mittelalter bis zum 19. Jahrhundert. 2. Aufl. Stuttgart 1967
Mayer, Arno J.: The Persistence of the Old Regime. New York 1981 (dt.: Adelsmacht und Bürgertum. Die Krise der europäischen Gesellschaft 1848–1914. München 1984)
Möckl, Karl: Der deutsche Adel und die fürstlich-monarchischen Höfe 1750–1918. In: Wehler, Europäischer Adel, S. 96–111
Mooser, Josef: Ländliche Klassengesellschaft 1770–1848. Bauern und Unterschichten, Landwirtschaft und Gewerbe im östlichen Westfalen. Göttingen 1984
Müller, Michael: Säkularisation und Grundbesitz. Zur Sozialgeschichte des Saar-Mosel-Raumes 1794–1813. Boppard 1980
Myska, Milan: Der Adel der böhmischen Länder. Seine wirtschaftliche Basis und ihre Entwicklung. In: Reden-Dohna/Melville, Adel, S. 169–189
Preradovich, Nikolaus von: Die Führungsschichten in Österreich und Preußen. 1804–1918. 2. Aufl. Wiesbaden 1966
Press, Volker: Adel im 19. Jahrhundert. Die Führungsschichten Alteuropas im bürgerlich-bürokratischen Zeitalter. In: Reden-Dohna/Melville, Adel, S. 1–20
Reden-Dohna, Armgard von/Melville, Ralph (Hrg.): Der Adel an der Schwelle des bürgerlichen Zeitalters 1770–1860. Wiesbaden 1988

Reif, Heinz: Der Adel in der modernen Sozialgeschichte. In: Schieder, Wolfgang/ Sellin, Volker (Hrg.): Sozialgeschichte in Deutschland. Göttingen 1987, S. 34–60
Reif, Heinz: Westfälischer Adel 1770–1860. Vom Herrschaftsstand zur regionalen Elite. Göttingen 1979
Rosenberg, Hans: Bureaucracy, Aristocracy and Autocracy: The Prussian Experience 1660–1815. Cambridge, Mass. 1958
Rosenberg, Hans: Die Demokratisierung der Rittergutbesitzerklasse. In: Zur Geschichte und Problematik der Demokratie. Festgabe für Hans Herzfeld. Hrg. von Wilhelm Berges. Berlin 1958
Rosenberg, Hans: Die Weltwirtschaftskrise 1857–1859. 2. Aufl. Göttingen 1974
Rosenberg, Hans: Probleme der deutschen Sozialgeschichte. Frankfurt a.M. 1969
Schier, Rolf: Standesherren. Zur Auflösung der Adelsvorherrschaft in Deutschland 1815–1918. Heidelberg, Karlsruhe 1977
Schissler, Hanna: Preußische Agrargesellschaft im Wandel. Wirtschaftliche, gesellschaftliche und politische Transformationsprozesse von 1763–1847. Göttingen 1978
Schreiner, Klaus: „Grundherrschaft". Entstehung und Bedeutungswandel eines geschichtswissenschaftlichen Ordnungs- und Erklärungsbegriffs. In: Hans Patze (Hrg.): Die Grundherrschaft im späten Mittelalter. Bd. 1. Sigmaringen 1983, S. 11–74
Stekl, Hannes: Österreichs Aristokratie im Vormärz. Herrschaftsstil und Lebensformen der Fürstenhäuser Liechtenstein und Schwarzenberg. München 1973
Stekl, Hannes: Zwischen Machtverlust und Selbstbehauptung. Österreichs Hocharistokratie vom 18. bis ins 20. Jahrhundert. In: Wehler, Europäischer Adel, S. 144–165
Tilly, Charles, Louise u. Richard: The Rebellious Century 1830–1930. Cambridge/ Mass. 1975
Vetter, Klaus: Kurmärkischer Adel und preußische Reformen. Weimar 1979
Vierhaus, Rudolf: Vom aufgeklärten Absolutismus zum monarchischen Konstitutionalismus. Der deutsche Adel im Spannungsfeld von Revolution, Reform und Restauration (1789–1848). In: Hohendahl, Peter/Lützeler, Paul Michael (Hrg.): Legitimationskrisen des deutschen Adels 1200–1900. Stuttgart 1979, S. 110–135
Wehler, Hans-Ulrich (Hrg.): Europäischer Adel 1750–1950. Göttingen 1990
Wunder, Bernd: Der württembergische Personaladel (1806–1913). In: Zeitschrift für Württembergische Landesgeschichte 40 (1981), S. 494–518

### *I.4 Der Umgang mit der Natur*

Andersen, Arne/Ott, René/Schramm, Engelbert: Der Freiberger Hüttenrauch 1849–1865. Umweltauswirkungen, ihre Wahrnehmung und ihre Verarbeitung. In: Technikgeschichte 53 (1986), S. 169–200
Bausinger, Hermann/Beyrer, Klaus/Korff, Gottfried (Hrg.): Reisekultur. Von der Pilgerfahrt zum modernen Tourismus. München 1991
Brüggemeier, Franz Josef/Rommelspacher Thomas (Hrg.): Besiegte Natur. Geschichte der Umwelt im 19. und 20. Jahrhundert. München 1987
Calließ, Jörg/Rüsen, Jörn/Striegnitz, Meinfried (Hrg.): Mensch und Umwelt in der Geschichte. Pfaffenweiler 1989
Kauschinger, G.: Die Lehre vom Waldschutz und der Forstpolizei. Aschaffenburg 1848

Lepenies, Wolf: Das Ende der Naturgeschichte. Wandel kultureller Selbstverständlichkeiten in den Wissenschaften des 18. und 19. Jahrhunderts. München, Wien 1976

Liebig, Justus: Die organische Chemie in ihrer Anwendung auf Agricultur und Physiologie. Braunschweig 1840

Radkau, Joachim: Umweltprobleme als Schlüssel zur Periodisierung der Technikgeschichte. In: Technikgeschichte 57 (1990), S. 345–361

Schivelbusch, Wolfgang: Geschichte der Eisenbahnreise. Zur Industrialisierung von Raum und Zeit im 19. Jahrhundert. München, Wien 1977. 2. Aufl. Frankfurt 1993

Schramm, Engelbert: Historische Umweltforschung und Sozialgeschichte des 19. und 20. Jahrhunderts. In: Archiv für Sozialgeschichte 27 (1987), S. 439–455

Schramm, Engelbert: Ökologie-Lesebuch. Ausgewählte Texte zur Entwicklung ökologischen Denkens. Vom Beginn der Neuzeit bis zum Club of Rome. Frankfurt 1984

Sieferle, Rolf Peter (Hrg.): Natur. Ein Lesebuch. München 1990

Sieferle, Rolf Peter: Fortschritte der Naturzerstörung. Frankfurt 1988

Stöckhardt, Adolph: Der Chemische Ackersmann. Naturkundliches Zeitblatt. Leipzig 1. Jg. ff. 1855 ff.

Stolberg, Michael: Gewerbliche Luftverschmutzung und Umweltwissenschaft in Europa 1800–1860. Wahrnehmung, Konflikte, Lösungsstrategien. Diss. phil. München 1994 [im Druck]

Zwierlein, Konrad Anton: Vom großen Einfluß der Waldungen auf Cultur und Beglückung der Staaten mit bes. Hinsicht auf Polizei. Würzburg 1806

### *I.5 Die Geburtskrise der „bürgerlichen Gesellschaft" (Bürger, Handwerker, Industrialisierung, Lohnarbeiterschaft, Frauen, Juden)*

Ashton, Rosemary: Little Germany. Exile and Asylum in Victorian England. Oxford, New York 1986

Bauer, Edgar: Konfidentenberichte über die europäische Emigration in London 1852–1861. Hrg. von Erich Gamby. Texte bearb. von Margret Dietzen und Elisabeth Neu. Trier 1989

Berding, Helmut: Moderner Antisemitismus in Deutschland. Frankfurt 1988

Blasius, Dirk: Bürgerliche Rechtsgleichheit und die Ungleichheit der Geschlechter. Das Scheidungsrecht im historischen Vergleich, in: Frevert, Bürgerinnen, S. 67–84

Borchardt, Knut: Die industrielle Revolution in Deutschland. München 1972

Borchardt, Knut: Wirtschaftliches Wachstum und Wechsellagen 1800–1914. In: Aubin/Zorn, Handbuch, Bd. 2, S. 198–275

Born, Karl E. (Hrg.): Moderne deutsche Wirtschaftsgeschichte. Köln 1966

Borscheid, Peter: Textilarbeiterschaft in der Industrialisierung. Soziale Lage und Mobilität in Württemberg (19. Jahrhundert). Stuttgart 1978

Braun, Rudolf/Fischer, Wolfram/Grosskreutz, Helmut/Volkmann, Heinrich (Hrg.): Industrielle Revolution. Wirtschaftliche Aspekte. Köln, Berlin 1972

Brunner, Otto: Das ‚ganze Haus' und die alteuropäische Ökonomik. In: Familie und Gesellschaft. Tübingen 1966, S. 23–56

Bulst, Neithard/Goy, Joseph/Hoock, Jochen (Hrg.): Familie zwischen Tradition und Moderne. Göttingen 1981

Cipolla, Carlo M./Borchardt Knut (Hrg.): Europäische Wirtschaftsgeschichte. Bd. 3–4. Stuttgart, New York 1976–77 (engl. 1973)

Conze, Werner/Engelhardt, Ulrich (Hrg.): Arbeiterexistenz im 19. Jahrhundert: Lebensstandard und Lebensgestaltung deutscher Arbeiter und Handwerker. Stuttgart 1981

Conze, Werner/Kocka, Jürgen/Koselleck, Reinhart/Lepsius, M. Rainer (Hrg.): Bildungsbürgertum im 19. Jahrhundert. 4 Bde. Stuttgart 1985–92

Dowe, Dieter: Aktion und Organisation. Arbeiterbewegung, sozialistische und kommunistische Bewegung in der preußischen Rheinprovinz 1820–1852. Hannover 1970

Engelhardt, Ulrich (Hrg.): Handwerker in der Industrialisierung. Stuttgart 1984

Engelhardt, Ulrich/Sellin Volker/Stuke, Horst (Hrg.): Soziale Bewegung und politische Verfassung. Beiträge zur Geschichte der modernen Welt. Stuttgart 1976

Fischer, Wolfram u.a. (Hrg.): Europäische Wirtschafts- und Sozialgeschichte, Bd. 5. Stuttgart 1985

Fischer, Wolfram/Krengel, Jochen/Wietog, Jutta: Sozialgeschichtliches Arbeitsbuch Bd. 1: Materialien zur Statistik des Deutschen Bundes 1815–1870. München 1982

Fischer, Wolfram: Bergbau, Industrie und Handwerk 1850–1914. In: Aubin/Zorn, Handbuch, Bd. 2, S. 527–562

Fischer, Wolfram: Der Staat und die Anfänge der Industrialisierung in Baden 1800–1850. Bd. 1. Berlin 1962

Fischer, Wolfram: Wirtschaft und Gesellschaft im Zeitalter der Industrialisierung. Göttingen 1972

Fremdling, Rainer: Eisenbahnen und deutsches Wirtschaftswachstum 1840–1879. Dortmund 1973

Frevert, Ute (Hrg.): Bürgerinnen und Bürger. Geschlechterverhältnisse im 19. Jahrhundert. Göttingen 1988

Frevert, Ute: Bürgerliche Meisterdenker und das Geschlechterverhältnis. Konzepte, Erfahrungen, Visionen an der Wende vom 18. zum 19. Jahrhundert. In: Frevert, Bürgerinnen, S. 17–48

Frevert, Ute: Ehrenmänner. Das Duell in der bürgerlichen Gesellschaft. München 1991

Gall, Lothar: „... ich wünschte ein Bürger zu sein." In: Historische Zeitschrift 245 (1987), S. 601–623

Gall, Lothar: Bürgertum in Deutschland. Berlin 1989

Gall, Lothar: Liberalismus und „bürgerliche Gesellschaft". Zu Charakter und Entwicklung der liberalen Bewegung in Deutschland. In: Historische Zeitschrift 220 (1975), S. 324–356

Gerhard, Ute: Über die Anfänge der Deutschen Frauenbewegung um 1848. Frauenpresse, Frauenpolitik, Frauenvereine. In: Karin Hausen (Hrg.): Frauen suchen ihre Geschichte. München 1983, S. 196–220

Gerlach, Antje: Deutsche Literatur im Schweizer Exil. Die politische Propaganda der Vereine deutscher Flüchtlinge und Handwerksgesellen in der Schweiz von 1833–1845. Frankfurt a.M. 1975

Grab, Walter/Schoeps, Hans-Julius (Hrg.): Juden im Vormärz und in der Revolution von 1848. Bonn 1983

Gugel, Michael: Industrieller Aufstieg und bürgerliche Herrschaft. Sozioökonomische Interessen und politische Ziele des liberalen Bürgertums in Preußen zur Zeit des Verfassungskonfliktes 1857–1867. Köln 1975

Hahn, Hans-Werner: Altständisches Bürgertum zwischen Beharrung und Wandel. Wetzlar 1689–1870. München 1991

Hamburger, Ernest: Juden im öffentlichen Leben Deutschlands. 1848–1914. Tübingen 1968

Hausen, Karin /Rürup, Reinhard (Hrg.): Moderne Technikgeschichte. Köln 1975

Henderson, William Otto: Britain and Industrial Europe. 1750–1870. 2. Aufl. London 1965

Henning, Friedrich Wilhelm: Die Einführung der Gewerbefreiheit und ihre Auswirkungen auf das Handwerk in Deutschland. In: W. Abel, (Hrg.): Handwerksgeschichte in neuer Sicht. Göttingen 1970, S. 142–172

Hippel, Wolfgang von: Industrieller Wandel im ländlichen Raum. Untersuchungen im Gebiet des mittleren Neckar 1850–1914. In: Archiv für Sozialgeschichte 19 (1975), S. 43–122

Hoffmann, Walther G. u.a.: Das Wachstum der deutschen Wirtschaft seit der Mitte des 19. Jahrhunderts. Berlin, Heidelberg, New York 1965

Hull, Isabel V.: ‚Sexualität' und bürgerliche Gesellschaft. In: Frevert, Bürgerinnen, S. 49–66

Jantke, Carl/Hilger, Detlef (Hrg.): Die Eigentumslosen. Der deutsche Pauperismus und die Emanzipationskrise in Darstellungen und Deutungen der zeitgenössischen Literatur. Freiburg, München 1965

Kaelble, Hartmut: Der Mythos von der rapiden Industrialisierung in Deutschland. In: Geschichte und Gesellschaft 9 (1983), S. 106–118

Kaschuba, Wolfgang: Lebenswelt und Kultur der unterbürgerlichen Schichten im 19. und 20. Jahrhundert. München 1990

Kaschuba, Wolfgang: Volkskultur zwischen feudaler und bürgerlicher Gesellschaft. Frankfurt a.M. 1988

Katz, Jacob: Zur Assimilation und Emanzipation der Juden. Darmstadt 1982

Kaufhold, Karl H.: Gewerbefreiheit und gewerbliche Entwicklung in Deutschland im 19. Jahrhundert. In: Blätter für deutsche Landesgeschichte 118 (1982), S. 73–114

Kiesewetter, Hubert: Industrielle Revolution in Deutschland 1815–1914. Frankfurt 1989

Kocka, Jürgen (Hrg.): Bürger und Bürgerlichkeit im 19. Jahrhundert. Göttingen 1987

Kocka, Jürgen (Hrg.): Bürgertum im 19. Jahrhundert. 3 Bde. München 1988

Kocka, Jürgen: Arbeitsverhältnisse und Arbeiterexistenzen. Grundlagen der Klassenbildung im 19. Jahrhundert. Bonn 1990

Kocka, Jürgen: Die Angestellten in der deutschen Geschichte 1850–1980. Vom Privatbeamten zum angestellten Arbeitnehmer. Göttingen 1981

Kocka, Jürgen: Lohnarbeit und Klassenbildung. Arbeiter und Arbeiterbewegung in Deutschland 1800–1875. Bonn-Bad Godesberg 1983

Kocka, Jürgen: Unternehmensverwaltung und Angestelltenschaft am Beispiel Siemens 1847–1914. Zum Verhältnis von Kapitalismus und Bürokratie in der deutschen Industrialisierung. Stuttgart 1969

Kocka, Jürgen: Unternehmer in der deutschen Industrialisierung. Göttingen 1975

Kocka, Jürgen: Weder Stand noch Klasse. Unterschichten um 1800. Bonn 1990

Koselleck, Reinhart: Kritik und Krise. Eine Studie zur Pathogenese der bürgerlichen Welt. 6. Aufl. Frankfurt 1989

Kriedtke, Peter/Medick, Hans/Schlumbohm, Jürgen: Industrialisierung vor der Industrialisierung. Gewerbliche Warenproduktion auf dem Land in der Formationsperiode des Kapitalismus. 2. Aufl. Göttingen 1978

Kriedtke, Peter/Medick, Hans/Schlumbohm, Jürgen: Die Proto-Industrialisierung auf dem Prüfstand der historischen Zunft. Antwort auf einige Kritiker. In: Geschichte und Gesellschaft 9 (1983), S. 87–105

Kroneberg, Lutz/Schloesser, Rolf (Hrg.): Weber-Revolte 1844. Der schlesische Weberaufstand im Spiegel der zeitgenössischen Publizistik und Literatur. Köln 1980

Kuczynski, Jürgen: Die Geschichte der Lage der Arbeiter unter dem Kapitalismus. 38 Bde. Berlin 1961–72

Landes, David S.: Der entfesselte Prometheus. Technologischer Wandel und industrielle Entwicklung in Westeuropa von 1750 bis zur Gegenwart. Köln 1973 (engl. 1969)

Langewiesche, Dieter/Schönhoven, Klaus (Hrg.): Arbeiter in Deutschland. Studien zur Lebensweise der Arbeiterschaft im Zeitalter der Industrialisierung. Paderborn 1981

Langewiesche, Dieter: Liberalismus in Deutschland. Frankfurt a.M. 1988

Lenger, Friedrich: Sozialgeschichte der deutschen Handwerker seit 1800. Frankfurt a.M. 1988

Liebeschütz, Hans/Pauker, Arnold (Hrg.): Das Judentum in der deutschen Umwelt 1800–1850. Tübingen 1977

McCagg Jr., William O.: A History of Habsburg Jews 1670–1918. Bloomington 1989

Mitterauer, Michael/Sieder, Reinhard: Vom Patriarchat zur Partnerschaft. Zum Strukturwandel der Familie. München 1977

Mitterauer, Michael: Sozialgeschichte der Jugend. Frankfurt a.M. 1986

Möhrmann, Renate (Hrg.): Frauenemanzipation im deutschen Vormärz. Stuttgart 1978

Mommsen, Hans/Schulze, Winfried (Hrg.): Vom Elend der Handarbeit. Probleme historischer Unterschichtenforschung. Stuttgart 1981

Mottek, Hans: Wirtschaftsgeschichte Deutschlands. Bd. 2: Von der Zeit der Französischen Revolution bis zur Zeit der Bismarckschen Reichsgründung. 2. Aufl. Berlin 1974

Otruba, Gustav (Hrg.): Wiener Flugschriften zur sozialen Frage 1848. Bd. I: Arbeiterschaft, Handwerk und Handel. Wien 1978; Bd. II: Hof und Adel, Klerus und Kirchen, Bürokratie, Militärs, Bürger und Nationalgarde. Wien 1980

Paletschek, Silvia: Frauen und Dissens. Frauen im Deutschkatholizismus und in den freien Gemeinden 1841–1852. Göttingen 1990

Pollard, Sidney: Peaceful Conquest. The Industrialization of Europe 1760–1970. Oxford 1981

Pöls, Werner: Deutsche Sozialgeschichte. Dokumente und Skizzen. Bd. 1: 1815–1870. 2. Aufl. München 1976

Radkau, Joachim: Technik in Deutschland. Frankfurt a.M. 1989

Reiter, Herbert: Politisches Asyl im 19. Jahrhundert. Die deutschen politischen Flüchtlinge des Vormärz und der Revolution von 1848/49 in Europa und den USA. Berlin 1992

Riehl, Wilhelm Heinrich: Die Naturgeschichte des Volkes als Grundlage einer deutschen Social-Politik. 4 Bde. Stuttgart u.a. 1854–69 [darin Bd. 2: Die bürgerliche Gesellschaft]
Rostow, Walt W.: Stadien wirtschaftlichen Wachstums. 2. Aufl. Göttingen 1967
Rürup, Reinhard: Emanzipation und Antisemitismus. Studien zur „Judenfrage" der bürgerlichen Gesellschaft. Göttingen 1975
Schlumbohm, Jürgen (Hrg.): Kinderstuben. Wie Kinder zu Bauern, Bürgern und Aristokraten wurden 1700–1850. München 1983
Schomerus, Heilwig: Die Arbeiter der Maschinenfabrik Esslingen. Forschungen zur Lage der Arbeiterschaft im 19. Jahrhundert. Stuttgart 1977
Schraepler, Ernst (Hrg.): Quellen zur Geschichte der sozialen Frage in Deutschland. 2 Bde. 2. Aufl. Göttingen, Berlin, Frankfurt a.M. 1964
Schraepler, Ernst: Handwerkerbünde und Arbeitervereine 1830–1853. Berlin, New York 1972
Sedatis, Helmut: Liberalismus und Handwerk in Südwestdeutschland. Wirtschafts- und Gesellschaftskonzeptionen des Liberalismus und die Krise des Handwerks im 19. Jahrhundert. Stuttgart 1979
Sheehan, James J.: Der deutsche Liberalismus. Von den Anfängen im 18. Jahrhundert bis zum ersten Weltkrieg 1770–1914. München 1983 (engl. 1978)
Sieder, Reinhard: Sozialgeschichte der Familie. Frankfurt a.M. 1987
Spree, Reinhard: Wachstumstrends und Konjunkturzyklen in der deutschen Wirtschaft von 1820 bis 1913. Göttingen 1978
Stegmann, Dirk/Wendt, Bernd-J./Witt, Peter-Christian (Hrg.): Deutscher Konservatismus im 19. und 20. Jahrhundert. Bonn 1983
Sterling, Eleonore: Judenhaß. Die Anfänge des politischen Antisemitismus in Deutschland (1815–1850). Frankfurt a.M. 1969
Tenfelde, Klaus: Ländliches Gesinde in Preußen. Gesinderecht und Gesindestatistik 1810 bis 1861. In: Archiv für Sozialgeschichte 19 (1979), S. 189–229
Tenfelde, Klaus: Sozialgeschichte der Bergarbeiterschaft an der Ruhr im 19. Jahrhundert. Bonn-Bad Godesberg 1977
The Cambridge Economic History of Europe. Bd. VI-VII. Cambridge 1965/78
Tilly, Richard: Kapital, Staat und sozialer Protest in der deutschen Industrialisierung. Göttingen 1980
Tilly, Richard: Verkehrs- und Nachrichtenwesen, Handel, Geld, Kredit- und Versicherungswesen 1850–1914. In: Aubin/Zorn, Handbuch, Bd. 2, S. 563–596
Tilly, Richard: Vom Zollverein zum Industriestaat. Die wirtschaftlich-soziale Entwicklung Deutschlands 1834 bis 1914. München 1990
Toury, Jakob: Soziale und politische Geschichte der Juden in Deutschland 1847–1871. Zwischen Revolution, Reaktion und Emanzipation. Düsseldorf 1977
Treue, Wolfgang/Pönike, Herbert/Manegold, Karl-Heinz (Hrg.): Quellen zur Geschichte der industriellen Revolution. Berlin 1966
Ullmann, Hans-Peter: Staatsschulden und Reformpolitik. Die Entstehung moderner öffentlicher Schulden in Bayern und Baden 1780–1820. 2 Bde. 2. Aufl. Göttingen 1986
Urner, Klaus: Die Deutschen in der Schweiz. Von den Anfängen bis zum Ausbruch des Ersten Weltkrieges. Frauenfeld, Stuttgart 1976
Weber-Kellermann, Ingeborg: Die Familie. Geschichte, Geschichten und Bilder. Frankfurt a.M. 1976

Wende, Peter: Radikalismus im Vormärz. Wiesbaden 1975
Winter, Eduard: Frühliberalismus in der Donaumonarchie. Nationales und religiöses Denken von 1790 bis 1868. Berlin (Ost) 1968
Zunkel, Friedrich: Der rheinisch-westfälische Unternehmer 1834–1879. Köln 1962
Zwahr, Hartmut: Zur Konstituierung des Proletariats als Klasse. Strukturuntersuchungen über das Leipziger Proletariat während der industriellen Revolution. Berlin (Ost) 1978

### *I.6 Nationbildung durch Kommunikation (Verkehr, Buchhandel, Presse, Vereine, Parteien)*

Alter, Peter: Nationalismus. 3. Aufl. Frankfurt a.M. 1990
Balser, Frolinde: Sozial-Demokratie. 1848–1863. Die erste deutsche Arbeiterorganisation „Allgemeine deutsche Arbeiterverbrüderung". 2 Bde. 2. Aufl. Stuttgart 1965
Bergsträsser, Ludwig: Geschichte der politischen Parteien in Deutschland. 11. Aufl. München 1965
Boldt, Werner: Die Anfänge des deutschen Parteiwesens. Fraktionen, politische Vereine und Parteien in der Revolution 1848. Darstellung und Dokumentation. Paderborn 1971
Brandt, Hardtwig: Landständische Repräsentation im deutschen Vormärz. Politisches Denken im Einflußfeld des monarchischen Prinzips. Neuwied 1968
Breuer, Dieter: Geschichte der literarischen Zensur in Deutschland. Heidelberg 1982
Breuilly, John (Hrg.): The State of Germany. The National Idea in the Making, Unmaking and Remaking of a Modern Nation-State. London 1992
Buchheim, Karl: Ultramontanismus und Demokratie. Der Weg der deutschen Katholiken im 19. Jahrhundert. München 1963
Büsch, Otto/ Sheehan, James J. (Hrg.): Die Rolle der Nation in der deutschen Geschichte und Gegenwart. Berlin 1985
Conze, Werner/Groh, Dieter: Die Arbeiterbewegung in der nationalen Bewegung. Die deutsche Sozialdemokratie vor, während und nach der Reichsgründung. Stuttgart 1966
Conze, Werner: Gesellschaft – Staat – Nation. Stuttgart 1992
Dann, Otto (Hrg.): Lesegesellschaften und bürgerliche Emanzipation. Ein europäischer Vergleich. München 1981
Dann, Otto (Hrg.): Nationalismus und sozialer Wandel. Hamburg 1978
Dann, Otto (Hrg.): Vereinswesen und bürgerliche Gesellschaft in Deutschland (Beiheft 9 Historische Zeitschrift) München 1984
Dann, Otto: Die Anfänge der politischen Vereinsbildung in Deutschland. In: Soziale Bewegung und politische Verfassung. Festschrift für Werner Conze. Stuttgart 1976, S. 197–232
Dann, Otto: Die bürgerliche Vereinsbildung in Deutschland und ihre Erforschung. In: Sociabilité et société bourgeoise en France, en Allemagne et en Suisse 1750–1850. Sous la direction d'Étienne François. Paris 1986, S. 43–51
Dann, Otto: Nation und Nationalismus in Deutschland 1770–1990. München 1993
Der Bund der Kommunisten. 3 Bde. Berlin (Ost) 1970–84
Deutsch, Karl Wolfgang: Nationalism and Social Communication. An Inquiry into the Foundation of Nationality, New York 1953

Die bürgerlichen Parteien in Deutschland. Handbuch der Geschichte der bürgerlichen Parteien und anderer bürgerlicher Interessenorganisationen vom Vormärz bis zum Jahre 1945. 4 Bde. Leipzig 1968–70

Dittrich, Eckhard: Arbeiterbewegung und Arbeiterbildung im 19. Jahrhundert. Bensheim 1980

Dotzauer, Winfried: Freimaurergesellschaften am Rhein. Aufgeklärte Sozietäten auf dem linken Rheinufer vom Ausgang des Ancien Régime bis zum Ende der Napoleonischen Herrschaft. Wiesbaden 1977

Düding, Dieter: The Nineteenth-Century German Nationalist Movement as a Movement of Societies. In: Schulze, Nation-Building, S. 19–49

Dülmen, Richard van: Der Geheimbund der Illuminaten. Darstellung, Analyse, Dokumentationen. Stuttgart 1975

Eisfeld, Gerhard: Die Entstehung der liberalen Parteien in Deutschland 1858–1870. Hannover 1969

Engelhard, Ulrich: „Nur vereinigt sind wir stark". Die Anfänge der deutschen Gewerkschaftsbewegung 1862/63–1869/70. 2 Bde. Stuttgart 1977

Engelsing, Rolf: Analphabetentum und Lektüre. Zur Sozialgeschichte des Lesens in Deutschland zwischen feudaler und industrieller Gesellschaft. Stuttgart 1973

Engelsing, Rolf: Der Bürger als Leser. Lesergeschichte in Deutschland 1500 bis 1800. Stuttgart 1974

Eßbach, Wolfgang: Die Junghegelianer. München 1988

Faber, Karl-Georg: Die nationalpolitische Publizistik Deutschlands von 1866 bis 1871. Eine kritische Bibliographie. 2 Bde. Düsseldorf 1963

Fischer, Heinz-Dietrich (Hrg.): Deutsche Kommunikationskontrolle des 15. bis 20. Jahrhunderts. München 1982

Fischer, Heinz-Dietrich/Schöttle, Rainer (Hrg.): Kampf um publizistische Libertät. Schriften und Aktivitäten zu Konzeption, Realisierung und erneuter Einbuße von Pressfreiheit 1830–1833 von Carl Theodor Welcker. Bochum 1981

Foerster, Cornelia: Der Preß- und Vaterlandsverein von 1832/33. Sozialstruktur und Organisation der bürgerlichen Bewegung in der Zeit des Hambacher Festes. Trier 1982

Fricke, Dieter (Hrg.): Die bürgerlichen Parteien in Deutschland. 4 Bde. Leipzig 1983–86

Gall, Lothar (Hrg.): Liberalismus. Köln 1976

Gall, Lothar/Koch, Rainer (Hrg.): Der europäische Liberalismus im 19. Jahrhundert. 4 Bde. Frankfurt a.M., Berlin, Wien 1981

Gall, Lothar: Der Liberalismus als regierende Partei. Das Großherzogtum Baden zwischen Restauration und Reichsgründung. Wiesbaden 1968

Garber, Joern (Hrg.): Revolutionäre Vernunft. Texte zur jakobinischen und liberalen Revolutionsrezeption in Deutschland 1789–1810. Kronberg 1974

Gerteis, Klaus: Bürgerliche Absolutismuskritik im Südwesten des Alten Reiches vor der Französischen Revolution. Trier 1983

Göpfert, Herbert G./Weyrauch, Erdmann (Hrg.): „Unmoralisch an sich ...". Zensur im 18. und 19. Jahrhundert. Wiesbaden 1988

Göpfert, Herbert G.: Vom Autor zum Leser. Beiträge zur Geschichte des Buchwesens. München 1977

Grab, Walter (Hrg): Deutsche revolutionäre Demokraten. 5 Bde. Stuttgart 1971–1978

Hahn, Hans-Henning: Möglichkeiten und Formen politischen Handelns in der Emigration. In: Archiv für Sozialgeschichte 23 (1983), S. 123–161
Hansen, Joseph (Hrg.): Rheinische Briefe und Akten zur Geschichte der politischen Bewegung 1830–1850. Bd. 1–2,2 (Bd. 2,2 bearb. von Hans Boberach). Essen 1919, Bonn 1942, 1976
Hardtwig, Wolfgang: Protestformen und Organisationsstrukturen der deutschen Burschenschaft 1815–1833. In: Reinalter: Protestbewegungen, S. 37–76
Hardtwig, Wolfgang: Strukturmerkmale und Entwicklungstendenzen des Vereinswesens in Deutschland. In: Dann, Vereinswesen, S. 11–50
Hardtwig, Wolfgang: Verein. In: Geschichtliche Grundbegriffe. Bd. 6. Stuttgart 1990, S. 789–829
Hardtwig, Wolfgang: Vereinswesen in Deutschland 1620–1870. Sozialgeschichte der Idee freier Vereinigung anhand der Begriffe Gesellschaft, Geheimgesellschaft, Verein, Assoziation, Genossenschaft, Gewerkschaft. Stuttgart 1987
Hauch, Gabriella: Frau Biedermeier und die Barrikaden. Frauenleben in der Wiener Revolution 1848. Wien 1990
Heyderhoff, Julius/Wentzcke, Paul: Deutscher Liberalismus im Zeitalter Bismarcks. Eine politische Briefsammlung. 2 Bde. Bonn, Leipzig 1925/26. (Ndr. Osnabrück 1967)
Hobsbawm, Eric J.: Nationen und Nationalismus: Mythos und Realität seit 1780 (Aus dem Engl. von Udo Rennert). 2. Aufl. Frankfurt a. M. u. a. 1992
Hölscher, Lucian: Öffentlichkeit. In: Geschichtliche Grundbegriffe. Bd. 4 (1978), S. 413–467
Illner, Eberhard: Bürgerliche Organisierung in Elberfeld 1775–1850. Neustadt/Aisch 1982
Jäger, Georg/Schönert, Jörg (Hrg.): Die Leihbibliothek als Institution des literarischen Lebens im 18. und 19. Jahrhundert. Hamburg 1980
Koch, Rainer: Demokratie und Staat bei Julius Fröbel 1805–1893. Liberales Denken zwischen Naturrecht und Sozialdarwinismus. Wiesbaden 1978
Kohn, Hans: Die Idee des Nationalismus. Ursprung und Geschichte bis zur französischen Revolution. Frankfurt a. M. 1962
Koszyk, Kurt: Deutsche Presse im 19. Jahrhundert. Berlin 1966
Kowalski, Werner (Hrg.): Vom kleinbürgerlichen Demokratismus zum Kommunismus. Die Hauptberichte der Bundeszentralbehörde in Frankfurt am Main von 1838 bis 1842 über die deutsche revolutionäre Bewegung. Berlin (Ost) 1978
Kuhlemann, Frank-Michael: Modernisierung und Disziplinierung. Sozialgeschichte des preußischen Volksschulwesens 1794–1872. Göttingen 1992
Langewiesche, Dieter (Hrg.): Liberalismus im 19. Jahrhundert. Deutschland im europäischen Vergleich. Göttingen 1988
Lemberg, Eugen: Nationalismus. 2 Bde. Hamburg 1964
Lipp, Carola (Hrg.): Schimpfende Weiber und patriotische Jungfrauen. Frauen im Vormärz und in der Revolution 1848/49. Moos-Baden-Baden 1986
Luys, Karin: Die Anfänge der dt. Nationalbewegung von 1815–1819. Münster 1992
McClelland, Charles E.: The German Experience of Professionalization. Modern Learned Professions and their Organisations from the Early Nineteenth Century to the Hitler Era. Cambridge 1991
Mommsen, Wilhelm (Hrg.): Deutsche Parteiprogramme. 2. Aufl. München 1964
Na'aman, Shlomo: Der Deutsche Nationalverein. Die politische Konstituierung des deutschen Bürgertums. 1859–1867. Düsseldorf 1987

Naujoks, Eberhard: Bismarcks auswärtige Pressepolitik und die Reichsgründung (1865–1871). Wiesbaden 1968
Nipperdey, Thomas: Der Verein als soziale Struktur in Deutschland im späten 18. und frühen 19. Jahrhundert. In: Ders. (Hrg.): Gesellschaft, Kultur, Theorie. Ges. Aufsätze zur Neueren Geschichte. Göttingen 1976, S. 174–205
Nipperdey, Thomas: Nationalidee und Nationaldenkmal in Deutschland im 19. Jahrhundert. In: Historische Zeitschrift 206 (1968), S. 529–585
Obenaus, Sibylle: Literarische und politische Zeitschriften 1830–1848. Stuttgart 1986
Offermann, Toni: Arbeiterbewegung und liberales Bürgertum in Deutschland. 1850–1863. Bonn 1979
Piereth, Wolfgang: Propaganda im 19. Jahrhundert. Die Anfänge aktiver staatlicher Pressepolitik in Deutschland (1800–1871). In: Ute Daniel, Wolfram Siemann (Hrg.): Propaganda. Meinungskampf, Verführung und politische Sinnstiftung 1789–1989. Frankfurt a.M. 1994, S. 21–43
Real, Willy: Der deutsche Reformverein. Großdeutsche Stimmen und Kräfte zwischen Villafranca und Königgrätz. Lübeck, Hamburg 1966
Reinalter, Helmut (Hrg.): Demokratische und soziale Protestbewegungen in Mitteleuropa 1815–1848/49. Frankfurt a.M. 1986
Ritter, Gerhard A. (Hrg.): Die deutschen Parteien vor 1918. Köln 1973
Ritter, Gerhard A.: Die deutschen Parteien 1830–1914. Parteien und Gesellschaft im konstitutionellen Regierungssystem. Göttingen 1985
Ritter, Gerhard A.: Staat, Arbeiterschaft und Arbeiterbewegung in Deutschland. Vom Vormärz bis zum Ende der Weimarer Republik. Berlin, Bonn 1980
Rogalla von Bieberstein, Johannes: Die These von der Verschwörung 1776–1945. Philosophen, Freimaurer, Juden, Liberale und Sozialisten als Verschwörer gegen die Sozialordnung. Bern 1976
Rosenberg, Hans: Die nationalpolitische Publizistik Deutschlands. Vom Eintritt der Neuen Ära in Preußen bis zum Ausbruch des Deutschen Krieges. Eine kritische Bibliographie. 2 Bde. München, Berlin 1935
Ruckhäberle, Hans Joachim (Hrg.): Bildung und Organisation in den deutschen Handwerksgesellen- und Arbeitervereinen in der Schweiz. Tübingen 1983
Ruckhäberle, Hans Joachim (Hrg.): Frühproletarische Literatur. Die Flugschriften der deutschen Handwerksgesellenvereine zu Paris. 1832–1839. Kronberg 1972
Salomon, Felix (Hrg.): Die deutschen Parteiprogramme vom Erwachen des politischen Lebens in Deutschland bis zur Gegenwart. H. 1: Bis zur Reichsgründung 1845–1871. H. 2: Im Deutschen Kaiserreich 1871–1918. 3. Aufl. Leipzig, Berlin 1924
Schäfer, Karl Heinz: Ernst Moritz Arndt als politischer Publizist. Studien zu Publizistik, Pressepolitik und kollektivem Bewußtsein im frühen 19. Jahrhundert. Bonn 1974
Schellberg, Wilhelm u.a. (Hrg.): Joseph Görres, Gesammelte Schriften. 16 Bde. Köln 1926ff.
Schenda, Rudolf: Volk ohne Buch. Studien zur Sozialgeschichte der populären Lesestoffe 1770–1910. Frankfurt a.M. 1970 (München 1977)
Schieder, Theodor: Der Nationalstaat als historisches Phänomen. Köln, Opladen 1964
Schieder, Wolfgang (Hrg.): Liberalismus in der Gesellschaft des deutschen Vormärz. Göttingen 1983

Schieder, Wolfgang: Anfänge der deutschen Arbeiterbewegung. Die Auslandsvereine im Jahrzehnt nach der Julirevolution von 1830. Stuttgart 1963

Schlechte, Horst (Bearb.): Die allgemeine Deutsche Arbeiterverbrüderung 1848–1850. Dokumente des Zentralkomitees für die deutschen Arbeiter in Leipzig. Weimar 1979

Schneider, Franz: Presse, Pressefreiheit, Zensur. In: Geschichtliche Grundbegriffe Bd. 4 (1978), S. 899–927

Schneider, Franz: Pressefreiheit und politische Öffentlichkeit. Studien zur politischen Geschichte Deutschlands bis 1848. Neuwied 1966

Schneider, Gustav Heinrich: Der Preß- und Vaterlandsverein 1832/33. Ein Beitrag zur Geschichte des Frankfurter Attentats. Berlin 1897

Schulze, Hagen: Der Weg zum Nationalstaat. Die deutsche Nationalbewegung vom 18. Jahrhundert bis zur Reichsgründung. 2. Aufl. München 1986

Schulze, Hagen: Gibt es überhaupt eine deutsche Geschichte? Berlin 1989

Schwentker, Wolfgang: Konservative Vereine und Revolution in Preußen 1848/49. Die Konstituierung des Konservativismus als Partei. Düsseldorf 1988

Seier, Hellmut: Liberalismus und Staat in Deutschland zwischen Revolution und Reichsgründung. In: Archiv für Frankfurter Geschichte und Kunst 54 (1974), S. 69–95

Siemann, Wolfram: Ideenschmuggel. Probleme der Meinungskontrolle und das Los deutscher Zensoren im 19. Jahrhundert. In: Historische Zeitschrift 245 (1987), S. 71–106

Siemann, Wolfram: Kampf um Meinungsfreiheit im deutschen Konstitutionalismus. In: Schwartländer, Johannes/Willoweit, Dietmar (Hrg.): Meinungsfreiheit. Grundgedanken und Geschichte in Europa und USA. Kehl, Straßburg 1986, S. 173–188

Tenfelde, Klaus: Die Entfaltung des Vereinswesens während der industriellen Revolution in Deutschland (1850–1873). In: Dann, Vereinswesen, S. 55–114

Tormin, Walter: Geschichte der deutschen Parteien seit 1848. Stuttgart u.a. 1966

Treml, Manfred: Bayerns Pressepolitik zwischen Verfassungstreue und Bundespflicht (1815–1837). Ein Beitrag zum bayerischen Souveränitätsverständnis und Konstitutionalismus im Vormärz. Berlin 1977

Trox, Eckhard: Militärischer Konservativismus. Stuttgart 1990

Valjavec, Fritz: Die Entstehung der politischen Strömungen in Deutschland 1770–1815. Neudruck Kronberg/Taunus 1978

Voigt, Fritz: Verkehr. Bd. 2, 1–2: Die Entwicklung des Verkehrssystems. Berlin 1965

Weber, Rolf: Kleinbürgerliche Demokraten in der deutschen Einheitsbewegung 1863–1866. Berlin 1962

Wentzcke, Paul/Klötzer, Wolfgang (Hrg.): Deutscher Liberalismus im Vormärz. Heinrich von Gagerns Briefe und Reden 1815–1848. Göttingen 1959

Winkler, Heinrich August (Hrg.): Nationalismus – Nationalitäten – Supranationalität. Stuttgart 1993

Winkler, Heinrich August (Hrg.): Nationalismus in der Welt von heute. Göttingen 1982

Winkler, Heinrich August (Hrg.): Nationalismus. Königstein/Taunus. 1978

Winkler, Heinrich August/Schnabel, Thomas (Hrg.): Bibliographie zum Nationalismus. Göttingen 1979

Winkler, Heinrich August: Preußischer Liberalismus und deutscher Nationalstaat. Studien zur Geschichte der Deutschen Fortschrittspartei 1861–1866. Tübingen 1964
Wittmann, Reinhard: Buchmarkt und Lektüre im 18. und 19. Jahrhundert. Beiträge zum literarischen Leben 1750–1880. Tübingen 1982
Wittmann, Reinhard: Geschichte des deutschen Buchhandels. München 1992
Ziegler Edda: Julius Campe. Der Verleger Heinrich Heines. Hamburg 1976
Ziegler, Edda: Literarische Zensur in Deutschland 1819–1848. Materialien, Kommentare. München 1983

### *I.7 Kultur (Bildung, Kunst, Religion und Kirchen)*

Aschoff, Hans-Georg: Das Verhältnis von Staat und katholischer Kirche im Königreich Hannover 1813–1866. Hildesheim 1976
Becker, Josef: Liberaler Staat und Kirche in der Ära von Reichsgründung und Kulturkampf. Geschichte und Strukturen ihres Verhältnisses in Baden 1860–1876. Mainz 1973
Birke, Adolf M.: Bischof Ketteler und der deutsche Liberalismus. Eine Untersuchung über das Verhältnis des liberalen Katholizismus zum bürgerlichen Liberalismus in der Reichsgründungszeit. Mainz 1971
Blessing, Werner K.: Staat und Kirche in der Gesellschaft. Institutionelle Autorität und mentaler Wandel in Bayern während des 19. Jahrhunderts. Göttingen 1982
Brecht, Martin/de Boor, Friedrich (Hrg.): Pietismus und Neuzeit. Jahrbuch zur Geschichte des neueren Protestantismus. Bd. 5: Die evangelischen Kirchen und die Revolution von 1848. Göttingen 1980
Brederlow, Jörn: „Lichtfreunde" und „Freie Gemeinden". Religiöser Protest und Freiheitsbewegung im Vormärz und in der Revolution von 1848/49. München 1976
Conzemius, Victor: Katholizismus ohne Rom. Die altkatholische Kirchengemeinschaft. Zürich, Einsiedeln, Köln 1969
Diemer, Alwin (Hrg.): Die Struktur wissenschaftlicher Revolutionen und die Geschichte der Wissenschaften. Meisenheim 1977
Diemer, Alwin (Hrg.): Konzeption und Begriff der Forschung in den Wissenschaften des 19. Jahrhunderts. Referate und Diskussionen des 10. wissenschaftstheoretischen Kolloquiums. Meisenheim 1978
Ebertz, Michael N.: „Ein Haus voll Glorie schauet...". Modernisierungsprozesse der römisch-katholischen Kirche im 19. Jahrhundert. In: Schieder, Religion, S. 62–85
Franz, Georg: Kulturkampf. Staat und katholische Kirche in Mitteleuropa von der Säkularisation bis zum Abschluß des preußischen Kulturkampfes. München 1954
Giese, Gerhardt (Hrg.): Quellen zur deutschen Schulgeschichte seit 1800. Göttingen 1961
Glaser, Horst Albert (Hrg.): Deutsche Literatur. Eine Sozialgeschichte. Bde. 5–7. Reinbek 1980–82
Gooch, George Peabody: Geschichte und Geschichtsschreiber im 19. Jahrhundert. Frankfurt a. M. 1964 (engl. 1961)
Graf, Friedrich Wilhelm: Die Politisierung des religiösen Bewußtseins. Die bür-

gerlichen Religionsparteien im deutschen Vormärz: Das Beispiel des Deutschkatholizismus. Stuttgart-Bad Cannstatt 1978
Greschat, Martin: Das Zeitalter der Industriellen Revolution. Das Christentum vor der Moderne. Stuttgart u.a. 1980
Heinen, Ernst (Hrg.): Staatliche Macht und Katholizismus in Deutschland. 2 Bde. Paderborn 1969–79
Hermand, Jost/Windfuhr, Manfred (Hrg.): Zur Literatur der Restaurationsepoche 1815–1848. Stuttgart 1970
Herrmann, Ulrich (Hrg.): Schule und Gesellschaft im 19. Jahrhundert. Sozialgeschichte der Schule im Übergang zur Industriegesellschaft. Weinheim, Basel 1977
Hohendahl, Peter Uwe: Literarische Kultur im Zeitalter des Liberalismus 1830–1870. München 1985
Hölscher, Lucian: Bürgerliche Religiosität im protestantischen Deutschland des 19. Jahrhunderts. In: Schieder, Religion, S. 157–180
Huber, Ernst Rudolf/Huber, Wolfgang (Hrg.): Staat und Kirche im 19. und 20. Jahrhundert. Bd. 1. Berlin 1973
Jeismann, Karl Ernst (Hrg.): Staat und Erziehung in der preußischen Reform 1807–1819. Göttingen 1969
Jeismann, Karl Ernst/Lundgreen, Peter (Hrg.): Handbuch der deutschen Bildungsgeschichte. Bd. 3: 1800–1870. München 1987
Jeismann, Karl Ernst: Das preußische Gymnasium in Staat und Gesellschaft. Die Entstehung des Gymnasiums als Schule des Staates und der Gebildeten. 1787–1817. Stuttgart 1974
Kelly, Alfred: The Descent of Darwin: The Popularization of Darwinism in Germany. 1860–1914. Chapel Hill 1981
Korff, Gottfried: Bemerkungen zum politischen Heiligenkult im 19. und 20. Jahrhundert. In: Stephenson, Gunther (Hrg.): Der Religionswandel unserer Zeit im Spiegel der Religionswissenschaft. Darmstadt 1976, S. 216–230
Köster, Udo: Literatur und Gesellschaft in Deutschland 1830–1848. Die Dichtung am Ende der Kunstperiode. Stuttgart u.a. 1984
Kupisch, Karl: Die deutschen Landeskirchen im 19. und 20. Jahrhundert. Göttingen 1966
Landau, Peter: Die Entstehung des Staatskirchenrechts in der deutschen Rechtswissenschaft der zweiten Hälfte des 19. Jahrhunderts. In: Schieder, Religion, S. 29–61
Lönne, Karl-Egon: Politischer Katholizismus im 19. und 20. Jahrhundert. Frankfurt a.M. 1986
Lundgreen, Peter: Sozialgeschichte der deutschen Schule im Überblick. Bd. 1: 1770–1918. Göttingen 1980
Lundgreen, Peter: Techniker in Preußen während der frühen Industrialisierung. Ausbildung und Berufsfeld einer entstehenden sozialen Gruppe. Berlin 1975
Martino, Alberto: Die deutsche Leihbibliothek. Wiesbaden 1990
McClelland, Charles E.: State, Society, and University in Germany. 1700–1914. Cambridge 1980
Metz, Karl Heinz: Grundformen historiographischen Denkens. Wissenschaftsgeschichte als Methodologie. Dargestellt an Ranke, Treitschke und Lamprecht. Mit einem Anhang über zeitgenössische Geschichtstheorie. München 1979

Mooser, Josef: Katholische Volksreligion, Klerus und Bürgertum in der zweiten Hälfte des 19. Jahrhunderts. Thesen. In: Schieder, Religion, S. 144–156

Mosse, George L.: Die Nationalisierung der Massen. Politische Symbolik und Massenbewegungen in Deutschland von dem Napoleonischen Krieg bis zum Dritten Reich. Frankfurt, Berlin, Wien 1976 (amerik. Originalausgabe 1975) [Neuerscheinung mit verändertem Untertitel: Politische Symbolik und Massenbewegungen von den Befreiungskriegen bis zum Dritten Reich. Frankfurt a.M. 1993]

Pfetsch, Frank R.: Zur Entwicklung der Wissenschaftspolitik in Deutschland 1750–1914. Berlin 1974

Rauscher, Anton (Hrg.): Der soziale und politische Katholizismus: Entwicklungslinien in Deutschland 1803–1963. 2 Bde. München, Wien 1981/82

Rauscher, Anton (Hrg.): Deutscher Katholizismus und Revolution im frühen 19. Jahrhundert. Paderborn 1975

Richarz, Monika (Hrg.): Jüdisches Leben in Deutschland. Selbstzeugnisse zur Sozialgeschichte. Bd. 1: 1780–1871. Stuttgart 1976

Sagarra, Eda: Tradition und Revolution. Deutsche Literatur und Gesellschaft 1830–1890. München 1972

Scharf, Helmut: Kleine Kunstgeschichte des deutschen Denkmals. Darmstadt 1984

Scharfe, Martin: Die Religion des Volkes. Kleine Kultur- und Sozialgeschichte des Pietismus. Gütersloh 1980

Schieder, Wolfgang (Hrg.): Religion und Gesellschaft im 19. Jahrhundert. Stuttgart 1993

Schieder, Wolfgang: Sozialgeschichte der Religion im 19. Jahrhundert. Bemerkungen zur Forschungslage. In: Schieder, Religion, S. 11–28

Schlögl, Rudolf: Katholische Kirche, Religiosität und gesellschaftlicher Wandel. Rheinisch-westfälische Städte 1750 bis 1830. In: Schieder, Religion, S. 86–112

Schulin, Ernst: Zeitgeschichtsschreibung im 19. Jahrhundert. In: Festschrift für Hermann Heimpel. Hrg. v. den Mitarbeitern des Max-Planck-Instituts für Geschichte. Bd. 1. Göttingen 1971, S. 102–139

Sengle, Friedrich: Biedermeierzeit. Deutsche Literatur im Spannungsfeld zwischen Restauration und Revolution 1815–1848. 3 Bde. Stuttgart 1971–1980

Shanahan, William O.: Der deutsche Protestantismus vor der sozialen Frage 1815–1871. München 1962

Sperber, Jonathan: Popular Catholicism in the Nineteenth-Century Germany. Princeton/N. J. 1984

Stache, Christa: Bürgerlicher Liberalismus und katholischer Konservativismus in Bayern 1867–1871. Kulturkämpferische Auseinandersetzungen vor dem Hintergrund von nationaler Einigung und wirtschaftlich-sozialem Wandel. Bern, Frankfurt a.M. 1981

Treue, Wilhelm (Hrg.): Deutsche Technikgeschichte. Vorträge vom 31. Historikertag am 24. 9. 1976 in Mannheim. Göttingen 1977

Winter, Eduard: Der Josefinismus. Die Geschichte des österreichischen Reformkatholizismus 1740–1848. Berlin (Ost) 1962

Zmegač, Viktor (Hrg.): Geschichte der deutschen Literatur vom 18. Jahrhundert bis zur Gegenwart. Bde. 1,1–2 und 2,1–2. 3. Aufl. Frankfurt a.M. 1992

## II. Teil: Das Werden der Nation

### *II.1 Nationale Bewußtwerdung. 1806–1815*

Andreas, Willy: Das Zeitalter Napoleons und die Erhebung der Völker. Heidelberg 1955

Aretin, Karl Otmar Freiherr von: Heiliges Römisches Reich 1776–1806. Reichsverfassung und Staatssouveränität. Teil I: Darstellung; Teil II: Ausgewählte Aktenstücke. Wiesbaden 1967

Aretin, Karl Otmar Freiherr von: Reichspatriotismus. In: Aufklärung 4 (1989), S. 25–36

Aretin, Karl Otmar Freiherr von: Vom Deutschen Reich zum Deutschen Bund. Göttingen 1980

Berding, Helmut (Hrg.): Napoleonische Herrschaft und Modernisierung = Geschichte und Gesellschaft Sdbd. 6 (1980)

Berding, Helmut/Düwell, Kurt/Gall, Lothar/Mommsen, Wolfgang/Wehler, Hans-Ulrich (Hrg.): Vom Staat des Ancien Regime zum modernen Parteienstaat. Festschrift für Theodor Schieder. München 1978

Berding, Helmut/Ullmann, Hans Peter (Hrg.): Deutschland zwischen Revolution und Restauration. Königstein 1981

Berding, Helmut: Freiheitskriege. In: Sowjetsystem und demokratische Gesellschaft. Eine vergleichende Enzyklopädie. Hrg. v. Claus Dieter Kernig. Bd. 2 (1968). Freiburg, Basel, Wien. Sp. 681–693

Berding, Helmut: Staatliche Identität, nationale Integration und politischer Regionalismus. In: Blätter für deutsche Landesgeschichte 121 (1985), S. 371–393

Bergeron, Louis/Lovie, Jacques/Palluel-Guillard, André: L'épisode napoléonien. 2 Bde. Paris 1972

Botzenhart, Manfred (Hrg.): Die deutsche Verfassungsfrage 1812–1815. Göttingen 1968

Conze, Werner: „Deutschland" und „deutsche Nation" als historische Begriffe. In: Büsch, Otto/Sheehan, James J. (Hrg.): Die Rolle der Nation in der deutschen Geschichte und Gegenwart. Berlin 1985, S. 20–38

Crouzet, Francois: Kriege, Kontinentalsperre und wirtschaftliche Veränderungen in Europa 1792–1815. In: Sieburg: Napoleon und Europa, S. 231–250

Droz, Jacques: Deutschland und die Französische Revolution. Wiesbaden 1955

Dufraisse, Roger (Hrg.): Revolution und Gegenrevolution 1789–1830. Zur geistigen Auseinandersetzung in Frankreich und Deutschland. München 1991

Dyroff, Hans-Dieter (Hrg.): Der Wiener Kongreß 1814/15. Die Neuordnung Europas. München 1966

Fehrenbach, Elisabeth: Vom Ancien Régime zum Wiener Kongreß. München 1981. 2. überarb. Aufl. 1986

Godechot, Jacques: L'Europe et l'Amérique à l'époque napoléonienne. 1800–1815. 2. Aufl. Paris 1970

Griewank, Karl: Der Wiener Kongreß und die europäische Restauration 1814/15. 2. Aufl. Leipzig 1954

Hardenberg, Karl August Graf von: Briefwechsel des Fürsten Karl August von Hardenberg mit dem Fürsten Wilhelm Ludwig von Sayn-Wittgenstein 1806–1822. Hrg. von Hans Branig. Berlin 1972

Hardenberg, Karl August Graf von: Denkwürdigkeiten des Staatskanzlers Fürsten Hardenberg. 5 Bde. Leipzig 1877–1881

Heitzer, Heinz: Insurrectionen zwischen Weser und Elbe. Volksbewegungen gegen die französische Fremdherrschaft im Königreich Westfalen (1806–1813). Berlin 1959

Hofmann, Hanns Hubert (Hrg.): Quellen zum Verfassungsorganismus des Heiligen Römischen Reichs Deutscher Nation. 1495–1815. Darmstadt 1976

Klein, Tim (Hrg.): Der Vorkampf deutscher Einheit und Freiheit. Erinnerungen, Urkunden, Berichte, Briefe. Ebenhausen bei München 1925

Klüber, Johann Ludwig (Hrg.): Acten des Wiener Kongresses in den Jahren 1814 und 1815. 8 Bde. Erlangen 1815–1833

Mager, Wolfgang: Das Problem der landständischen Verfassungen auf dem Wiener Kongreß 1814–15. In: Historische Zeitschrift 217 (1973), S. 296–346

Molitor, Hansgeorg: Vom Untertan zum Administré. Studien zur französischen Herrschaft und zum Verhalten der Bevölkerung im Rhein-Mosel-Raum von den Revolutionskriegen bis zum Ende der Napoleonischen Zeit. Wiesbaden 1980

Raumer, Kurt von/Botzenhart, Manfred: Deutsche Geschichte im 19. Jahrhundert. Deutschland um 1800. Krise und Neugestaltung. 1789–1815 = Handbuch der deutschen Geschichte. Hg. von Just, Leo. Bd. 3. Abschn. 1, 1. Teil. Wiesbaden 1980

Reden-Dohna, Armgard von (Hrg.): Deutschland und Italien im Zeitalter Napoleons. Deutsch-Italienisches Historikertreffen in Mainz 29. Mai – 1. Juni 1975. Wiesbaden 1979

Rothfels, Hans: Die Nationalidee in westlicher und östlicher Sicht. In: Ders. (Hrg.): Osteuropa und der deutsche Osten. Köln 1956, S. 7-18

Rothfels, Hans: Grundsätzliches zum Problem der Nationalität. In: Historische Zeitschrift 174 (1952), S. 339–358

Sieburg, Heinz-Otto (Hrg.): Napoleon und Europa. Köln 1971

Stein, Karl Freiherr vom: Briefwechsel, Denkschriften und Aufzeichnungen. Hrg. von Erich Botzenhart. 7 Bde. Berlin 1931–1937

Stolleis, Michael: Reichspublizistik und Reichspatriotismus vom 16. bis zum 18. Jahrhundert. In: Aufklärung 4 (1989), S. 7–23

Tulard, Jean: Napoléon ou le mythe du sauveur. Paris 1977. Dt. Übersetzung: Napoleon oder Der Mythos des Retters. 2. Aufl. Tübingen 1979

Wohlfeil, Rainer: Spanien und die deutsche Erhebung 1808–1814. Wiesbaden 1965

Wohlfeil, Rainer: Untersuchungen zur Geschichte des Rheinbundes 1806 bis 1813. Das Verhältnis Dalbergs zu Napoleon. In: Zeitschrift für Geschichte des Oberrheins 108 (1960), S. 85–108

### *II.2 Zwiespältige Politik. 1815–1830/34*

Berding, Helmut: Die Entstehung des Deutschen Zollvereins als Problem der historischen Forschung. In: Berding, Helmut u.a. (Hrg.): Vom Staat des Ancien Régime zum modernen Parteienstaat. Festschrift für Theodor Schieder. München, Wien 1978, S. 225–237

Birke, Adolf M./Heydemann, Günther (Hrg.): Die Herausforderung des europäischen Staatensystems. Nationale Ideologie und staatliches Interesse zwischen Restauration und Imperialismus. Göttingen, Zürich 1989

Bleiber, Helmut: Der Deutsche Bund und die Geschichtsschreibung der DDR. In: Historische Zeitschrift 248 (1989), S. 33–50

Brandt, Hartwig (Hrg.): Restauration und Frühliberalismus 1814–1840. Darmstadt 1979

Burg, Peter: Der Wiener Kongreß. Der Deutsche Bund im europäischen Staatensystem. München 1984

Burg, Peter: Die deutsche Trias in Idee und Wirklichkeit. Vom alten Reich zum deutschen Zollverein. Stuttgart 1989

Büssem, Eberhard: Die Karlsbader Beschlüsse von 1819. Die endgültige Stabilisierung der restaurativen Politik im Deutschen Bund nach dem Wiener Kongreß 1814/15. Hildesheim 1974

Conze, Werner (Hrg.): Staat und Gesellschaft im deutschen Vormärz. 1815–1848. 2. Aufl. Stuttgart 1970

Hahn, Hans-Werner: Geschichte des deutschen Zollvereins. Göttingen 1984

Hahn, Hans-Werner: Mitteleuropäische oder kleindeutsche Wirtschaftsordnung in der Epoche des Deutschen Bundes. In: Rumpler: Deutscher Bund, S. 186–214

Hardtwig, Wolfgang: Vormärz. Der monarchische Staat und das Bürgertum. München 1985

Hauser, Christoph: Anfänge bürgerlicher Organisation. Philhellenismus und Frühliberalismus in Südwestdeutschland. Göttingen 1990

Heer, Georg: Geschichte der Deutschen Burschenschaft. Bd. 2: Die Demagogenzeit. Von den Karlsbader Beschlüssen bis zum Frankfurter Wachensturm. 1820 [!]–1833

Henderson, William Otto: The Zollverein. 1939. 3. Aufl. London 1984

Ilse, Leopold Friedrich: Geschichte der deutschen Bundesversammlung, insbesondere ihres Verhaltens zu den deutschen Nationalinteressen. 3 Bde. Marburg 1861/62 (Ndr. Hildesheim 1972)

Katzenstein, Peter J.: Disjoined Partners. Austria and Germany since 1815. Berkeley 1976

Kiesewetter, Hubert: Region und Nation in der europäischen Industrialisierung. 1815–1871. In: Rumpler: Deutscher Bund, S. 162–185

Kissinger, Henry Alfred: Großmacht Diplomatie. Von der Staatskunst Castlereagh und Metternichs. Frankfurt a.M./Berlin/Wien 1962 (engl. 1957)

Koch, Rainer: Deutsche Geschichte 1815–1848. Restauration oder Vormärz? Stuttgart 1985

Kraehe, Enno E.: Metternichs German Policy. 2 Bde. Princeton 1963/83

Langewiesche, Dieter: Europa zwischen Revolution und Restauration 1815–1849. 3. Aufl. München 1993

Metternich, Klemens Lothar Fürst von: Aus Metternich's nachgelassenen Papieren. Hg. von dem Sohn des Staatskanzlers Richard Fürsten Metternich-Winneburg. 8 Bde. Wien 1880-84

Müsebeck, Ernst (Hrg.): Gold gab ich für Eisen. Deutschlands Schmach und Erhebung in zeitgenössischen Dokumenten, Briefen und Tagebüchern aus den Jahren 1806–1815. Berlin u.a. 1913

Nichols jr., Irby C.: The European Pentarchy and the Congress of Verona 1822. The Hague 1971

Oncken, Hermann/Saemisch, Friedrich Ernst M. (Hrg.): Vorgeschichte und Begründung des Deutschen Zollvereins. 1815–1834. Akten der Staaten des Deutschen Bundes und der europäischen Mächte. 3 Bde. Berlin 1934

Opitz, Alfred: Sachsen und die sächsische Frage in den Jahren der napoleonischen Fremdherrschaft und des Wiener Kongresses. In: Blätter für deutsche Landesgeschichte 121 (1985), S. 229–261
Ottomeyer, Hans (Hrg.): Biedermeiers Glück und Ende... Die gestörte Idylle 1815–1848. München 1987
Quack-Eustathiades, Regine: Der deutsche Philhellenismus während des griechischen Freiheitskampfes 1821–1827. München 1984
Röper, Erich: Die Verfassung des Deutschen Bundes. In: Geschichte in Wissenschaft und Unterricht 28 (1977), S. 648–668
Rumpler, Helmut (Hrg.): Deutscher Bund und deutsche Frage. 1815–1866. Europäische Ordnung, deutsche Politik und gesellschaftlicher Wandel im Zeitalter der bürgerlich-nationalen Emanzipation. München 1990
Schroeder, Paul W.: Metternich's Diplomacy at its Zenith: Austria and the Congresses of Troppau, Laibach and Verona. Austin 1962
Seier, Hellmut: Zur Frage der militärischen Exekutive in der Konzeption des Deutschen Bundes. In: Kunisch, Johannes (Hrg.): Staatsverfassung und Heeresverfassung in der europäischen Geschichte der frühen Neuzeit. Berlin 1986, S. 397–445
Siemann, Wolfram: Der Deutsche Bund in der Spannung zwischen „Gesammt-Macht" und „völkerrechtlichem Verein". In: Rumpler: Deutscher Bund S. 59–73
Siemann, Wolfram: Heere, Freischaren, Barrikaden. Die bewaffnete Macht als Instrument der Innenpolitik in Europa 1815–1847. In: Langewiesche: Revolution und Krieg, S. 87–102
Sked, Alan (Hrg.): Europe's Balance of Power 1815–1848. London 1979
Spies, Hans-Bernd (Hrg.): Die Erhebung gegen Napoleon. 1806–1814/15. Darmstadt 1981
Tischler, Andreas: Die philhellenische Bewegung der 1820er Jahre in den preußischen Westprovinzen. Diss. Köln 1981
Walker, M. (Hrg.): Metternichs Europe. 1813–1848. New York 1968
Webster, Charles: Palmerston, Metternich and the European System. 1830–1941. London 1934
Webster, Charles: The Foreign Policy of Castlereagh. 1815–1822. London 1925. 3. Aufl. 1963
Wirtz, Rainer: „Widersetzlichkeiten, Exzesse, Crawalle, Tumulte und Skandale". Soziale Bewegung und gewalthafter sozialer Protest in Baden 1815–1848. Frankfurt a.M., Berlin 1981
Wunder, Bernd: Landstände und Rechtsstaat. Zur Entstehung und Verwirklichung des Art. 13 DBA. In: Zeitschrift für Historische Forschung 5 (1978), S. 139–185.

### *II.3 Revolutionäre Erschütterungen. 1830–1847*

Adler, Hans (Hrg.): Literarische Geheimberichte. Protokolle der Metternich-Agenten. 2 Bde. Köln 1977/81
Bleiber, Helmut/Kosim, Jan (Hrg.): Dokumente zur Geschichte der deutsch-polnischen Freundschaft 1830–1832. Berlin 1982
Bock, Helmut: Die Illusion der Freiheit. Deutsche Klassenkämpfe zur Zeit der französischen Julirevolution 1830 bis 1831. Berlin (Ost) 1980
Düding, Dieter/Friedemann, Peter/Münch, Paul (Hrg.): Öffentliche Festkultur. Politische Feste in Deutschland von der Aufklärung bis zum Ersten Weltkrieg. Reinbek bei Hamburg 1988

Düding, Dieter: Organisierter gesellschaftlicher Nationalismus in Deutschland (1808–1847). Bedeutung und Funktion der Turner- und Sängervereine für die deutsche Nationalbewegung. München 1984

Fenske, Hans (Hrg.): Vormärz und Revolution 1840–1848. [Quellensammlung]. 2. Aufl. Darmstadt 1991

Glossy, Karl (Hrg.): Literarische Geheimberichte aus dem Vormärz. 3 Bde. Wien 1912

Hahn, Hans-Henning: Außenpolitik in der Emigration. Die Exildiplomatie Adam Jerzy Czartoryskis 1830–1840. München, Wien 1978

Hoefer, Frank Thomas: Pressepolitik und Polizeistaat Metternichs. Die Überwachung von Presse und politischer Öffentlichkeit in Deutschland durch das Mainzer Informationsbüro (1833–1848). München 1982

Hroch, Miroslav: Der soziale Charakter des Frankfurter Wachensturms 1833. In: Obermann, Karl/Polisensky, Josef (Hrg.): Aus 500 Jahren deutsch-tschechoslowakischer Geschichte. Berlin 1958, S. 149–169

Husung, Hans-Gerhard: Protest und Repression im Vormärz. Norddeutschland zwischen Restauration und Revolution. Göttingen 1983

Ilse, Leopold Friedrich: Geschichte der politischen Untersuchungen, welche durch die neben der Bundesversammlung errichteten Commissionen [...] in den Jahren 1819 bis 1827 und 1833 bis 1842 geführt sind. Frankfurt a.M. 1860 (Neudruck Hildesheim 1974)

Kolb, Eberhard: Polenbild und Polenfreundschaft der deutschen Frühliberalen. Zu Motivation und Funktion außenpolitischer Parteinahme im Vormärz. In: Saeculum 26 (1975), S. 111–127

Langewiesche, Dieter: „...für Volk und Vaterland kräftig zu würken..." Zur politischen und gesellschaftlichen Rolle der Turner zwischen 1811 und 1871. In: Ommo Grupe (Hrg.): Kulturgut oder Körperkult? Sport- und Sportwissenschaft im Wandel. Tübingen 1990, S. 22–61

Muhs, Rudolf: „Wie die geheimen Wiener Konferenzbeschlüsse an das Tageslicht gezogen wurden". Zur Publikation des Schlußprotokolls von 1834 und zur Rolle des Hallgarten-Kreises. In: Archiv für Sozialgeschichte 26 (1986) S. 321–343

Pelger, Hans: Das Schlußprotokoll der Wiener Ministerialkonferenzen von 1834 und seine Veröffentlichungen 1843–1848. In: Archiv für Sozialgeschichte 22 (1983), S. 439–472

Poidevin, Raymond/Sieburg, Heinz-Otto (Hrg.): Aspects des Relations Franco-Allemandes 1830–1848. Actes du colloque d'Otzenhausen 3–5 octobre 1977. Deutsch-französische Beziehungen. Metz 1978

Veit-Brause, Irmline: Die deutsch-französische Krise von 1840. Studien zur deutschen Einheitsbewegung. Diss. Köln 1967

Volkmann, Heinrich/Bergmann, Jürgen (Hrg.): Sozialer Protest. Studien zu traditioneller Resistenz und kollektiver Gewalt in Deutschland vom Vormärz bis zur Reichsgründung. Opladen 1984.

Welcker, Carl Theodor (Hrg.): Wichtige Urkunden über den Rechtszustand der deutschen Nation, mit eigenhändigen Anmerkungen von Johann Ludwig Klüber. Aus dessen Papieren mitgeteilt und erläutert. Mannheim 1844

### *II.4 Die Revolutionen von 1848/49*

Bergmann, Jürgen: Wirtschaftskrise und Revolution. Handwerker und Arbeiter 1848/49. Stuttgart 1986
Berlin 1848. Das Erinnerungswerk des Generalleutnants Karl Ludwig von Prittwitz. Berlin 1985
Best, Heinrich: Die Männer von Bildung und Besitz. Struktur und Handeln parlamentarischer Führungsgruppen in Deutschland und Frankreich 1848/49. Düsseldorf 1990
Best, Heinrich: Interessenpolitik und nationale Integration 1848/49. Handelspolitische Konflikte im frühindustriellen Deutschland. Göttingen 1979
Blackbourn, David/Eley, Geolf: Mythen deutscher Geschichtsschreibung. Die gescheiterte bürgerliche Revolution von 1848. Frankfurt a.M., Berlin, Wien 1980 (erweiterte engl. Fassung 1984)
Droz, Jacques: Les Révolutions Allemandes de 1848. Paris 1957
Eyck, Frank: Deutschlands große Hoffnung. Die Frankfurter Nationalversammlung 1848/49. München 1973 (engl. 1968)
Gailus, Manfred: Straße und Brot. Sozialer Protest in den deutschen Staaten unter besonderer Berücksichtigung Preußens. 1847–1849. Göttingen 1990
Grab, Walter (Hrg.): Die Revolution von 1848. München 1980
Haenchen, Karl (Hrg.): Revolutionsbriefe 1848. Ungedrucktes aus dem Nachlaß König Friedrich Wilhelms IV. von Preußen. Leipzig 1930
Häusler, Wolfgang: Von der Massenarmut zur Arbeiterbewegung. Demokratie und soziale Frage in der Wiener Revolution von 1848. Wien, München 1978
Hildebrandt, Gunther: Politik und Taktik der Gagern-Liberalen in der Frankfurter Nationalversammlung 1848/49. Berlin (Ost) 1989
Hummel, Karl-Joseph: München in der Revolution von 1848/49. Göttingen 1987.
Hummel-Haasis, Gerlinde (Hrg.): Schwestern, zerreißt eure Ketten. Zeugnisse zur Geschichte der Frauen in der Revolution von 1848/49. München 1982
Illustrierte Geschichte der deutschen Revolution 1848/49. Berlin (Ost) 1973. 2. Aufl. 1975
Klötzer, Wolfgang/Moldenhauer, Rüdiger/Rebentisch, Dieter (Hrg.): Ideen und Strukturen der deutschen Revolution 1848. Frankfurt a.M. 1974
Kühne, Jörg-Detlef: Die Reichsverfassung der Paulskirche. Vorbild und Verwirklichung im späten deutschen Rechtsleben. Neuwied 1985
Langewiesche, Dieter (Hrg.): Die deutsche Revolution von 1848/49. Darmstadt 1983
Langewiesche, Dieter: Die Agrarbewegungen in den europäischen Revolutionen von 1848. In: Jürgen Heideking u.a. (Hrg.): Wege in die Zeitgeschichte. Berlin 1989, S. 275–289
Langewiesche, Dieter: Die deutsche Revolution von 1848/49 und die vorrevolutionäre Gesellschaft: Forschungsstand und Forschungsperspektiven. Teil I. In: Archiv für Sozialgeschichte 21 (1981), S. 458–498. Teil II. In: Ebd. 31 (1991), S. 331–443
Mann, Bernhard: Die Württemberger und die deutsche Nationalversammlung 1848/49. Düsseldorf 1975
Mosse, Werner E./Paucker, Arnold/Rürup, Reinhard (Hrg.): Revolution and Evolution 1848 in German-Jewish History. Tübingen 1981

Obermann, Karl: Die Wahlen zur Frankfurter Nationalversammlung Frühjahr 1848. Die Wahlvorgänge in den Staaten des Deutschen Bundes im Spiegel der zeitgenössischen Quellen. Berlin 1987

Scholler, Heinrich (Hrg.): Die Grundrechtsdiskussion in der Paulskirche. Eine Dokumentation. Darmstadt 1973

Siemann, Wolfram: Die deutsche Revolution von 1848/49. Frankfurt a.M. 1985. 5. Aufl. 1993

Stuke, Horst/Forstmann, Wilfried (Hrg.): Die europäischen Revolutionen von 1848. Königstein 1979

Taylor, Alan John Persivale: The Struggle for Mastery in Europe 1848–1918. Oxford 1954 3. Aufl. Oxford 1980

Valentin, Veit: Geschichte der deutschen Revolution von 1848–1849. 2 Bde. Berlin 1930f. Köln 1970

Verhandlungen des österreichischen Reichstages nach der stenographischen Aufnahme. 5 Bde. Wien 1849 (1870)

Weber, Rolf: Die Revolution in Sachsen 1848/49. Berlin (Ost) 1970

Wettengel, Michael: Die Revolution von 1848/49 im Rhein-Main-Raum. Politische Vereine und Revolutionsalltag im Großherzogtum Hessen, Herzogtum Nassau und in der Freien Stadt Frankfurt. Wiesbaden 1989

Wigard, Franz (Hrg.): Stenographischer Bericht über die Verhandlungen der constituirenden Nationalversammlung zu Frankfurt a.M. 9 Bde. u. Regbd. Frankfurt a.M. 1848–50

Wollstein, Günter: Das „Großdeutschland" in der Paulskirche. Nationale Ziele in der bürgerlichen Revolution von 1848/49. Düsseldorf 1977

Wollstein, Günter: Deutsche Geschichte 1848/49. Stuttgart 1986

### *II.5 Aufbruch, Kriege und Einigung. 1850–1871*

Austensen, Roy A.: Austria and the „Struggle for Supremacy in Germany 1848–1864". In: Journal of Modern History 52 (1980), S. 195–225

Baumgart, Winfried: Die Aktenedition zur Geschichte des Krimkriegs. Eine Zwischenbilanz auf Grund der österreichischen Akten. In: Ostmitteleuropa. Berichte und Forschungen. Hrg. v. Ulrich Haustein,/Georg W. Strobel/Gerhard Wagner. Stuttgart 1981, S. 217–236

Baumgart, Winfried: Probleme der Krimkriegsforschung. Eine Studie über die Literatur des letzten Jahrzehnts (1961–1970). In: Jahrbücher für die Geschichte Osteuropas 19 (1971), S. 49–109, 243–264, 371–400

Bismarck, Otto von: Die gesammelten Werke. Hrg. Hermann von Petersdorff u.a. 15 Bde. Berlin 1924–33

Bismarck, Otto von: Werke in Auswahl. 8 Bde. Darmstadt 1962–83

Böhme, Helmut: Deutschlands Weg zur Großmacht. Studien zum Verhältnis von Wirtschaft und Staat während der Reichsgründungszeit 1848–1881. 3. Aufl. Köln 1974

Böhme, Helmut: Probleme der Reichsgründungszeit 1848 bis 1879. Köln 1968

Derndarsky, Michael: Habsburg zwischen Preußen und Deutschland. In: Rumpler, Deutscher Bund, S. 292–313

Derndarsky, Michael: Österreich und die Deutsche Frage zwischen 1848 und 1866/71. Konzeptionelles Dilemma und situative Probleme der Donaumonarchie ge-

genüber Deutschland. In: Josef Becker/Andreas Hillgruber(Hrg.): Die Deutsche Frage im 19. und 20. Jahrhundert. München 1983, S. 63–90
Dülffer, Jost: Vom autoritären zum liberalen Bonapartismus. Der politische Systemwechsel in Frankreich 1858/60. In: Historische Zeitschrift 230 (1980), S. 537–551
Engelberg, Ernst (Hrg.): Im Widerstreit um die Reichsgründung. Eine Quellensammlung zur Klassenauseinandersetzung in der deutschen Geschichte von 1849 bis 1871. Bearb. v. Rolf Weber. Berlin 1970
Engelberg, Ernst: Deutschland von 1849 bis 1891. Von der Niederlage der bürgerlich-demokratischen Revolution bis zur Reichsgründung. 2 Bde. Berlin 1965
Faber, Karl-Georg: Realpolitik als Ideologie. Die Bedeutung des Jahres 1866 für das politische Denken Deutschlands. In: Historische Zeitschrift 203 (1966), S. 1-45
Fenske, Hans (Hrg.): Der Weg zur Reichsgründung. 1850–1870. [Quellensammlung]. Darmstadt 1977
Gall, Lothar: Bismarck und der Bonapartismus. In: Historische Zeitschrift 223 (1976), S. 618–637
Grebing, Helga: Der „deutsche Sonderweg" in Europa 1806–1946. Eine Kritik. Stuttgart 1986
Hardtwig, Wolfgang: Von Preußens Aufgabe in Deutschland zu Deutschlands Aufgabe in der Welt. Liberalismus und borussianisches Geschichtsbild zwischen Revolution und Imperialismus. In: Historische Zeitschrift 231 (1980), S. 265–324
Haupts, Leo: Die liberale Regierung in Preußen in der Zeit der „Neuen Ära". Zur Geschichte des preußischen Konstitutionalismus. In: Historische Zeitschrift 227(1978), S. 45–85
Hess, Adalbert: Das Parlament, das Bismarck widerstrebte. Zur Politik und sozialen Zusammensetzung des preußischen Abgeordnetenhauses in der Konfliktzeit 1862–1866. Köln, Opladen 1964
Hildebrand, Klaus: Lord Clarendon, Bismarck und das Problem der europäischen Abrüstung 1870. Möglichkeiten und Grenzen im britisch-deutschen Verhältnis am Vorabend des deutsch-französischen Krieges. In: Lothar Kettenacker u.a. (Hrg.): Studien zur Geschichte Englands und der deutsch-britischen Beziehungen. München 1981, S. 130–152
Hobsbawm, Eric J.: Die Blütezeit des Kapitals. München 1977 (engl. 1976)
Hope, Nicholas Martin: The Alternative to German Unification. The Anti-Prussian Party. Frankfurt, Nassau and the two Hessen 1859–1867. Wiesbaden 1973
Kolb, Eberhard (Hrg.): Europa und die Reichsgründung. Preußen-Deutschland in der Sicht der großen europäischen Mächte 1860–1880. München 1980
Kolb, Eberhard: Der Kriegsausbruch 1870. Politische Entscheidungsprozesse und Verantwortlichkeiten in der Julikrise 1870. Göttingen 1970
Kolb, Eberhard: Der schwierige Weg zum Frieden. Das Problem der Kriegsbeendigung 1870/71. München 1985
Langewiesche, Dieter: „Revolution von oben?" Krieg und Nationalstaatsgründung in Deutschland. In: Ders.: Revolution und Krieg, S. 117–133
Lutz, Heinrich: Österreich-Ungarn und die Gründung des Deutschen Reiches. Europäische Entscheidungen 1867–1871. Frankfurt a.M., Wien, Berlin 1979
Meinecke, Friedrich: Radowitz und die deutsche Revolution. Berlin 1913
Mosse, Werner E.: The European Powers and the German Question 1848–71. With Special Reference to England and Russia. Cambridge 1958

Pflanze, Otto: Bismarck and the Development of Germany. The Period of Unification 1815–1871. Princeton 1963
Pflanze, Otto: Bismarcks Herrschaftstechnik als Problem der gegenwärtigen Historiographie. In: Historische Zeitschrift 234 (1982), S. 561–599
Poschinger, Heinrich Ritter von (Hrg.): Preußen im Bundestag 1851–1859. Dokumente der Königlich Preußischen Bundestagsgesandtschaft. 4 Bde. Leipzig 1882–84
Rosenberg, Hans: Große Depression und Bismarckzeit. Wirtschaftsablauf, Gesellschaft und Politik in Mitteleuropa. 3. Aufl. Berlin 1976
Rumpler, Helmut: Die deutsche Politik des Freiherrn von Beust 1848–1850. Zur Problematik mittelstaatlicher Reformpolitik im Zeitalter der Paulskirche. Wien 1972
Schoeps, Hans Julius: Von Olmütz nach Dresden. Ein Beitrag zur Geschichte der Reformen am Deutschen Bund. Darstellung und Dokumente. Köln, Berlin 1972
Schroeder, Paul W.: Austria, Great Britain and the Crimean War. The Distruction of the European Concert. Ithaca, London 1972
Schroeder, Paul W.: Europe and the German Confederation in the 1860's. In: Rumpler: Deutscher Bund, S. 281–291
Schwabe, Klaus: Das Indemnitätsgesetz vom 3. September 1866 – eine Niederlage des deutschen Liberalismus? In: Heinrich Bodensieck (Hrg.): Preußen, Deutschland und der Westen. Festschrift für Oswald Hauser. Göttingen 1980, S. 83–102
Siemann, Wolfram (Hrg.): Der „Polizeiverein" deutscher Staaten. Eine Dokumentation zur Überwachung der Öffentlichkeit nach der Revolution von 1848/49. Tübingen 1982
Siemann, Wolfram: Gesellschaft im Aufbruch. Deutschland 1849–1871. 2. Aufl. Frankfurt a.M. 1993
Stenographischer Bericht über die Verhandlungen des Deutschen Parlaments zu Erfurt. 2 Bde. Erfurt 1850
Wehler, Hans-Ulrich: Bismarck und der Imperialismus. 4. Aufl. München 1976
Wilhelm, Rolf: Das Verhältnis der süddeutschen Staaten zum Norddeutschen Bund (1867–1870). Husum 1978
Winkler, Heinrich August: 1866 und 1878: Der Machtverzicht des Bürgertums. In: Carola Stern/Heinrich August Winkler (Hrg.): Wendepunkte deutscher Geschichte 1848–1945. Frankfurt a.M. 1979, S. 37–60
Zorn, Wolfgang: Die wirtschaftliche Integration Kleindeutschlands in den 1860er Jahren und die Reichsgründung. In: Historische Zeitschrift 216 (1973), S. 304–334
Zorn, Wolfgang: Wirtschafts- und sozialgeschichtliche Zusammenhänge der deutschen Reichsgründungszeit. 1850–1870. In: Historische Zeitschrift 197 (1963), S. 314–324
Zorn, Wolfgang: Zwischenstaatliche Integration im Deutschen Zollverein 1867–1870. Ein quantitativer Versuch. In: Vierteljahrschrift für Sozial- und Wirtschaftsgeschichte 65 (1978), S. 38–76

# Anmerkungen

*Hinweis: Werke, die in die Bibliographie aufgenommen wurden, erscheinen in den folgenden Anmerkungen mit gekürztem Titel.*

1. Vgl. J. Kocka, Arbeitsverhältnisse.
2. Karl Heinrich Kaufhold, Arbeiterklasse und Lohnarbeit – ein neues fruchtbares Konzept, in: Archiv für Sozialgeschichte 32 (1992), S. 477f.
3. Diesem Akzentwandel hat der Amerikaner James J. Sheehan durch seine bedeutende „German History 1770–1866" ein gutes Stück vorgearbeitet.
4. Zit. nach E. Fehrenbach, Vom Ancien Régime (2. Aufl.), S. 80.
5. Vgl. E. R. Huber, Dokumente, Bd. 1 (3. Aufl.), S. 88 u. 99.
6. Vgl. E. R. Huber, Verfassungsgeschichte Bd. 1, S. 656f. mit einer Übersicht der Verfassungsgebungen.
7. Zit. nach Theodor Schieder, Partikularismus und nationale Bewegung im Denken des Vormärz, in: Werner Conze (Hrg.), Staat und Gesellschaft im deutschen Vormärz 1815–1848, Stuttgart 1962, S. 28.
8. Vgl. K.-G. Faber, Deutsche Geschichte, S. 102.
9. Vgl. E. R. Huber, Dokumente, Bd. 1 (3. Aufl.), S. 99.
10. Vgl. D. Langewiesche, Liberalismus und Demokratie in Württemberg, S. 73.
11. Vgl. H. Fenske in: Handbuch d. baden-württ. Gesch., Bd. 3, S. 11f.
12. Vgl. H. Seier, Akten und Dokumente, S. LXVII.
13. Vgl. D. Grille, in: H. Heckmann (Hrg.), Thüringen, S. 66.
14. Vgl. Wortlaut bei Huber, Dokumente, Bd. 1, S. 72.
15. Abgedruckt neben anderen Reformedikten bei E. R. Huber, Dokumente, Bd. 1, S. 61f.
16. Vgl. den Wortlaut ebd.
17. R. Koselleck, in: R. Bollack, Zeitalter der europ. Revolution, S. 214.
18. Vgl. Th. Nipperdey, Deutsche Geschichte, S. 68.
19. Die zwölf Provinzen waren: 1. Österreich unter der Enns (Niederösterreich) mit der Hauptstadt Wien, 2. Österreich ob der Enns (Oberösterreich) mit Salzburg, Inn- und Hausruckviertel mit der Hauptstadt Linz, 3. Steiermark mit der Hauptstadt Graz, 4. Tirol-Voralberg mit der Hauptstadt Innsbruck, 5. Königreich Böhmen mit der Hauptstadt Prag, 6. Grafschaft Mähren einschließlich Österreichisch-Schlesiens mit der Hauptstadt Brünn, 7. Königreich Galizien/Lodomerien mit der Hauptstadt Lemberg, 8. Königreich Venetien/Lombardei, geteilt in zwei Gubernien; Venetien hatte Venedig zur Hauptstadt, die Lombardei hatte Mailand, 9. Königreich Dalmatien mit der Hauptstadt Zara, 10. Königreich Illyrien, das auch in zwei Gubernien zerfiel: Kärnten mit Laibach als Hauptstadt und Krain mit Triest, 11. Königreich Ungarn einschließlich Kroatien und Südslawien mit der Hauptstadt Pest, 12. Fürstentum Siebenbürgen mit der Hauptstadt Kronstadt; vgl. E. R. Huber, Verfassungsgeschichte, Bd. 2, S. 12; R. Hoke in: G. A. Jeserich (u. a.), Deutsche Verwaltungsgeschichte, Bd. 2, S. 369.

20. Zu diesen und den folgenden Nationalitätenzahlen vgl. die Tabelle bei P. Urbanitsch in: Wandruszka/Urbanitsch, Habsburgermonarchie, Bd. 3,1, zwischen S. 38 u. 39.
21. Vgl. C. Hellbling, in: Wandruszka/Urbanitsch, Habsburgermonarchie, Bd. 2, S. 244.
22. Vgl. R. Hoke, in: G. A. Jeserich (u.a.), Deutsche Verwaltungsgeschichte, Bd. 2, S. 348.
23. H. Lutz, Zwischen Habsburg und Preußen, S. 22.
24. Ebd.
25. R. Koselleck, in: R. Bollack, Zeitalter der europ. Revolution, S. 216.
26. W. Fischer u.a. (Hrg.), Sozialgeschichtliches Arbeitsbuch, Bd. 1, S. 16.
27. H.-U. Wehler, Gesellschaftsgeschichte, Bd. 2, S. 7.
28. Vgl. J. Kocka, Arbeitsverhältnisse, S. 40–49.
29. W. Siemann, Deutschlands Ruhe, Sicherheit und Ordnung, S. 87.
30. Vgl. F. W. Weitershaus, „Wir ziehen nach Amerika", S. 185.
31. Vgl. W. Helbich (u.a.), Briefe aus Amerika, S. 89f.
32. Rößler in K. J. Bade, Deutsche im Ausland, S. 155.
33. Vgl. J. Reulecke, Urbanisierung, S. 14.
34. Ebd., S. 28.
35. Zitat ebd., S. 44f.
36. Vgl. J. Kocka, Arbeitsverhältnisse, bes. S. 53–60.
37. S. Hauser, Reinlichkeit, S. 298.
38. Vgl. F. J. Bauer, Von Tod und Bestattung.
39. S. Hauser, Reinlichkeit, bes. S. 305–311.
40. W. Raabe, Der Hungerpastor = Sämtliche Werke. Braunschweiger Ausgabe, Bd. 6. Freiburg 1953, S. 101–103.
41. J. Reulecke, Urbanisierung, S. 56f.
42. Ebd., S. 30.
43. [Carl Georg] Wermuth, [Wilhelm] Stieber, Die Communisten-Verschwörungen des neunzehnten Jahrhunderts, 2 Teile, Berlin 1853/54, Ndr. Berlin (West) 1976.
44. J. Reulecke, Urbanisierung, S. 35.
45. Vgl. insgesamt C. Zimmermann, Wohnungsfrage.
46. H. Naunin, Städteordnungen, S. XV.
47. S. Hauser, Reinlichkeit, S. 294.
48. Vgl. W. Ogris, in: Naunin, Städteordnungen, S. 105.
49. Vgl. H.-U. Wehler, Europäischer Adel, S. 9–18.
50. R. Braun, in: Wehler, Europäischer Adel, S. 94f.
51. K. Möckl, in: Wehler, Europäischer Adel, S. 99.
52. Nach R. Braun, in: Wehler, Europäischer Adel, S. 93.
53. H.-U. Wehler, Gesellschaftsgeschichte, Bd. 2, S. 153.
54. Vgl. E. Fehrenbach, Adel und Bürgertum im deutschen Vormärz.
55. Vgl. H. Feigl, in: Reden/Dohna, Der Adel an der Schwelle.
56. Vgl. M. Myska, in: Reden/Dohna, Der Adel an der Schwelle, S. 170.
57. Vgl. ebd., S. 182.
58. Vgl. H. Henning, Quellen, S. 45–51.
59. Vgl. R. Koselleck, in: Bollack, Zeitalter der europäischen Revolution, S. 236–257.

60. Abgedruckt in: F. Wigard, Stenographischer Bericht, Bd. 4, S. 2388–2401, Zitat S. 2388.
61. Vgl. H. Henning, Quellen, S. 43.
62. Th. Nipperdey, Deutsche Geschichte, S. 161.
63. F.-W. Henning, Landwirtschaft, Bd. 2, S. 58.
64. Vgl. H.-U. Wehler, Gesellschaftsgeschichte, Bd. 2, S. 165.
65. Th. Nipperdey, Deutsche Geschichte, S. 161.
66. So J. Radkau, Umweltprobleme als Schlüssel zur Periodisierung, S. 353.
67. Johann Georg Andreas Schöttle, Probschrift von der wirthschaftlichen Behandlung der Nadelwaldungen, Stuttgart 1780, S. 83f.
68. Georg Ludwig Hartig, Anweisung zur Taxation und Beschreibung der Forste, 2 Teile, 1. Teil (2. Aufl.) Gießen, Darmstadt 1804, S. 1.
69. Ebd., S. 2.
70. Grundsätze der rationellen Landwirthschaft, 4 Bde. u. Suppl.bd. Berlin 1809–12, 1823, Bd. 1, S. 12.
71. Ebd., Bd. 1, S. 3.
72. Ebd., Bd. 3, S. 106.
73. Vgl. Wolfgang Böhm, Carl Sprengel (1787–1859). Braunschweigs bedeutendster Landbauwissenschaftler im 19. Jh., in: Mitteilungen der TU Braunschweig 24 (1989), S. 40–46.
74. J. Liebig, Die organische Chemie in ihrer Anwendung auf Agricultur und Physiologie. Braunschweig 1840, S. 167.
75. A. Stöckhardt, Der Chemische Ackersmann 11 (1865), S. 68–70.
76. Ebd., S. 73.
77. Die Ausführungen über Rauchschäden stützen sich weitgehend auf die im Druck befindliche Dissertation von Michael Stolberg, Gewerbliche Luftverschmutzung und Umweltwissenschaft in Europa 1800–1860. Wahrnehmung, Konflikte, Lösungsstrategien (Diss. phil. masch. München 1994).
78. Zit. ebd. S. 159f.
79. Vgl. ebd. S. 251.
80. Vgl. ebd., S. 48–121.
81. Vgl. zum folgenden A. Andersen (u.a.), Freiberger Hüttenrauch.
82. Zit. ebd., S. 177.
83. Zit. ebd., S. 191.
84. K. A. Zwierlein, Einfluß der Waldungen, S. 5.
85. St. Behlen/C. P. Laurop (Hrg.), Systematische Sammlung der Forst- und Jagdgesetze der deutschen Bundesstaaten von den ältesten bis auf die neuesten Zeiten. 4 Teile, Mannheim (u.a.) 1827–31.
86. G. Kauschinger, Die Lehre vom Waldschutz und der Forstpolizei. Aschaffenburg 1848.
87. Ebd., S. 94.
88. Verhandlungen der Württembergischen Kammer der Abgeordneten, I. Beilagenband 1875, 1. Abtlg., Beilage 26, S. 128ff.
89. Vgl. W. Schivelbusch, Eisenbahnreise, S. 24.
90. Vgl. W. Kaschuba, in: Bausinger (u.a.), Reisekultur, S. 165–173.
91. Ludwig Bechstein, Wanderungen durch Thüringen, Leipzig 1838, S. 96f.
92. Vgl. H.-U. Wehler, Gesellschaftsgeschichte, Bd. 2, S. 283.
93. Vgl. die zugleich auch auf deutsche Verhältnisse eingehende Rezension des

Engels-Buches des Nationalökonomen Bruno Hildebrand, abgedruckt bei Jantke/Hilger, Die Eigentumslosen, S. 406–25.

94. Vgl. hierzu insgesamt H. Sedatis, Liberalismus und Handwerk, sowie F. Lenger, Sozialgeschichte der deutschen Handwerker.
95. Zit. nach Sedatis, S. 125.
96. Vgl. H. Henning, Quellen, S. 123f.
97. Vgl. W. Pöls, Sozialgeschichte, S. 237f.
98. J. Kocka, Bürgertum im 19. Jahrhundert.
99. Vgl. Allgemeines Landrecht für die Preußischen Staaten von 1794, II. Teil, Titel 8, Ndr. Frankfurt 1970, S. 452.
100. Vgl. H.-W. Hahn, Kultur der Bürger, S. 161.
101. Vgl. zum folgenden R. Boch, Grenzenloses Wachstum?
102. Ebd., S. 285.
103. Ebd., S. 286.
104. Vgl. zu den „Bassermanns" L. Gall, Bürgertum in Deutschland.
105. K. Borchardt, Industrielle Revolution, S. 98.
106. Die Gegenwart, Bd. 3, Leipzig 1849, S. 37.
107. K. Borchardt, in: Handbuch der deutschen Wirtschafts- und Sozialgeschichte, Bd. 2, S. 239.
108. Zit. nach H.-W. Hahn, Der hessische Wirtschaftsraum im 19. Jahrhundert, in: Heinemeyer, Das Werden Hessens, S. 414.
109. Vgl. J. Kocka, Arbeitsverhältnisse, S. 69.
110. Vgl. Herbert Matis und Karl Bachinger, in: Wandruszka/Urbanitsch, Habsburgermonarchie, Bd. 1, S. 105–150.
111. Vgl. ebd., S. 119.
112. Ebd., S. 10.
113. Vgl. Nachum Th. Gross, in: Ebd., Bd. 1, S. 6.
114. Vgl. R. Wirtz, „Widersetzlichkeiten, Exzesse".
115. Vgl. J. Kocka, Arbeitsverhältnisse, S. 5.
116. Die Klassifizierung folgt J. Kocka, Arbeitsverhältnisse, der die ältere von W. Conze revidiert und verfeinert.
117. Vgl. J. Kocka, Arbeitsverhältnisse, S. 130.
118. Ebd., S. 140.
119. Ebd., S. 120.
120. Vgl. F. Spielhagen, Finder und Erfinder. Leipzig 1890, Bd. 1, S. 183.
121. Vgl. J. Kocka, Arbeitsverhältnisse, S. 208.
122. Vgl. zur Typologie ebd., S. 227f.
123. Vgl. ebd., S. 283.
124. Ebd., S. 282.
125. Vgl. ebd., S. 342.
126. Vgl. ebd., S. 361–371.
127. Vgl. W. Siemann, Revolution 1848/49, S. 165–167.
128. Vgl. J. Kocka, Arbeitsverhältnisse, S. 224f. u. S. 513f.
129. So U. Frevert, Einleitung, S. 15f., in: Frevert, Bürgerinnen und Bürger.
130. Vgl. D. Blasius, Bürgerliche Rechtsgleichheit, in: Frevert, Bürgerinnen und Bürger.
131. Vgl. ebd., S. 76f.
132. Vgl. zum folgenden U. Frevert, Die Rechtsstellung der Frau, in: J. Kocka, Bürgertum, Bd. 1, S. 439–468.

133. Vgl. D. Langewiesche, „...für Volk und Vaterland kräftig zu würken...", S. 43.
134. Vgl. U. Gerhard, Anfänge der Deutschen Frauenbewegung um 1848, S. 202.
135. Vgl. dazu K. Hausen, in: Frevert, Bürgerinnen und Bürger.
136. Vgl. ebd., S. 97.
137. Vgl. I. Hull, in: Frevert, Bürgerinnen und Bürger, bes. S. 50–55.
138. Vgl. Walter Grab (Hrg.), Die Französische Revolution. Eine Dokumentation. München 1993, S. 93f.
139. Vgl. zum folgenden S. Volkov, Juden in Deutschland.
140. Vgl. ebd., S. 10.
141. Vgl. E. R. Huber, Dokumente, Bd. 1, S. 49.
142. Artikel 16, vgl. ebd., S. 89f.
143. J. Toury, Soziale und politische Geschichte, S. 290f.
144. Vgl. S. Volkov, S. 17.
145. Vgl. Karl Marx, Friedrich Engels, Histor.-krit. Gesamtausgabe. 1. Abt., Bd. 6: Werke und Schriften. Von Mai 1846 bis März 1848. Ndr. Glashütten 1970, S. 525–557.
146. Vgl. F. Voigt, Verkehr, Bd. 2,1, S. 433f.
147. Vgl. ebd., S. 322.
148. Vgl. zu den folgenden Beispielen ebd., Bd. 2,1, S. 517–520.
149. Vgl. R. Wittmann, Buchhandel, S. 199.
150. Vgl. ebd., S. 174.
151. Vgl. F.-M. Kuhlemann, Modernisierung, S. 128f.
152. Vgl. P. Münch, Lebensformen, S. 510.
153. Vgl. R. Wittmann, Buchhandel, S. 201f.
154. Ebd., S. 266.
155. Vgl. U. Köster, Literatur und Gesellschaft, S. 43.
156. Vgl. E. Ziegler, Campe, S. 188–190.
157. Vgl. so die Darstellung bei Robert W. Scribner, Flugblatt und Analphabetentum, in: Hans-Joachim Köhler (Hrg.), Flugschriften als Massenmedium der Reformationszeit, Stuttgart 1981, S. 65–76, hier bes. S. 66.
158. Vgl. W. Piereth, Propaganda im 19. Jahrhundert.
159. Vgl. Michaela Breil, Die Augsburger „Allgemeine Zeitung" und die Pressepolitik Bayerns. Ein Verlagsunternehmen zwischen 1815 und 1848. Diss. phil. Trier 1994 (Druck in Vorber.).
160. Vgl. E. R. Huber, Dokumente, Bd. 1, S. 134.
161. Ebd., S. 503.
162. Börsenblatt für den Deutschen Buchhandel Nr. 87 (27. 9. 1850), S. 1173.
163. Vgl. W. Siemann, Polizeiverein, S. 120–122.
164. Vgl. J. Kocka, Arbeitsverhältnisse, S. 4.
165. Vgl. insgesamt Ch. E. McClelland, Professionalization.
166. Vgl. W. Hardtwig, Strukturmerkmale, S. 18f.
167. Vgl. K. Tenfelde, Entfaltung des Vereinswesens, S. 110–114.
168. Vgl. zum folgenden W. Hardtwig, Verein, in: Geschichtliche Grundbegriffe, Bd. 6, S. 789–829.
169. Alle Zitate aus August Lehman (Hrg.), Der Tugendbund. Berlin 1867.
170. E. Botzenhart, Stein, (Gutachten vom 10. 8. 1808), Bd. 2, S. 476–481.
171. Vgl. E. R. Huber, Verfassungsgeschichte, Bd. 1, S. 703.

172. Verordnung 6. 1. 1816 bei E. R. Huber, Dokumente, Bd. 1, S. 62f.
173. W. Hardtwig, Verein, in: Geschichtliche Grundbegriffe, Bd. 6, S. 804.
174. C. Foerster, Preß- und Vaterlandsverein, S. 181.
175. Vgl. Wilhelm Herzberg, Das Hambacher Fest. Ludwigshafen 1908, S. 67f.
176. E. R. Huber, Dokumente, Bd. 1, S. 134.
177. Vgl. H. Brandt, Landständische Repräsentation, S. 158f.
178. Ebd., S. 275.
179. Abgedruckt bei H. Brandt, Restauration und Frühliberalismus, S. 481f., 489.
180. Neue Preußische Zeitung vom 31. 8. 1848, zit. nach Botzenhart, Parlamentarismus, S. 392.
181. Vgl. S. Na'aman, Nationalverein, S. 318.
182. Vgl. W. Tormin, Geschichte der deutschen Parteien, S. 71.
183. Vgl. G. A. Ritter, Parteien 1830–1914, S. 15.
184. Vgl. Madame de Staël, Über Deutschland, hrg. v. Monika Bosse, Frankfurt a.M. 1985, S. 19 u. 94.
185. Ebd., S. 95.
186. Vgl. F.-M. Kuhlemann, Modernisierung, S. 43f. und 343.
187. Ebd., S. 268f.
188. Ebd., S. 133.
189. Th. Nipperdey, Deutsche Geschichte, S. 457.
190. K.-G. Faber, Deutsche Geschichte, S. 79.
191. Vgl. R. Steven Turner, Universitäten, in: Jeismann/Lundgreen, Bildungsgeschichte, S. 221.
192. Vgl. hierzu die vorzügliche Tabelle ebd., S. 224.
193. V. Zmegač, Geschichte der deutschen Literatur, Bd. 1,2, S. 326.
194. Lienhard Wawrzyn und Rüdiger Safranski, in: Zmegač, Geschichte der deutschen Literatur, Bd. 1,2, S. 152f.
195. Am 12. März 1828, in: J. W. Goethe, Sämtliche Werke (Münchner Ausgabe), Bd. 19, München, Wien 1986, S. 620.
196. Vgl. Th. Nipperdey, Deutsche Geschichte, S. 576f.
197. E. R. Huber, Dokumente, Bd. 1, S. 150f.
198. Vgl. U. Köster, Literatur und Gesellschaft, S. 166.
199. Vgl. V. Zmegač, Geschichte der deutschen Literatur, Bd. 2,1, S. 15–21.
200. Vgl. Th. Nipperdey, Deutsche Geschichte, S. 551.
201. Vgl. ebd., S. 555 u. 557.
202. Vgl. Th. Nipperdey, Nationalidee und Nationaldenkmal, S 553.
203. Vgl. O. Dann, Religion, Kunst, Vaterland, S. 43.
204. Vgl. Th. Nipperdey, Nationalidee und Nationaldenkmal, S 567–573.
205. Vgl. G. Mosse, Die Nationalisierung der Massen.
206. Vgl. Th. Nipperdey, Nationalidee und Nationaldenkmal, S. 572f.
207. Vgl. W. Schieder, Religion und Gesellschaft, S. 19.
208. Vgl. F. Schnabel, Deutsche Geschichte, Bd. 4, S. 35.
209. Vgl. P. Landau, in: W. Schieder, Religion und Gesellschaft, S. 34.
210. Vgl. L. Hölscher, in: W. Schieder, Religion und Gesellschaft, S. 195f.
211. Vgl. R. Schlögl, in: Ebd., S. 86f.
212. Vgl. J. Mooser, in: Ebd., S. 146 u. 156.
213. Deutschlands Erwartungen vom Fürstenbunde, (von Friedrich II. inspiriert), o.O. 1788 (ein Exemplar in der Univ. bibl. Tübingen).

214. Günther Heinrich von Berg, Ueber Teutschlands Verfassung und die Erhaltung der öffentlichen Ruhe in Teutschland, Göttingen 1795, S. 57.
215. Johann Gottfried Herder, Ideen zur Philosophie der Geschichte der Menschheit. Wiesbaden 1985, S. 435.
216. H. B. Spies, Erhebung, S. 67; der Text der Rheinbundakte in französischem und deutschem Wortlaut findet sich in der Quellensammlung von Hanns Hubert Hofmann.
217. Vgl. K. H. Schäfer, Arndt, S. 231.
218. Vgl. E. Müsebeck, Gold gab ich für Eisen, S. 221–224.
219. Abgedruckt bei H.-B. Spies, Erhebung, S. 256f.; die teilweise noch schärfere (gegen Fürsten und Frankreich), in späteren Drucken gemilderte Erstfassung ist abgedruckt bei K. H. Schäfer, Arndt, S. 102f.
220. Vgl. E. Fehrenbach, Vom Ancien Régime, S. 121.
221. Vgl. zum folgenden M. Botzenhart, in: Deutsche Geschichte, S. 553–577.
222. Vgl. Th. Nipperdey, Deutsche Geschichte, S. 91.
223. Vgl. W. D. Gruner, Die deutsche Frage, S. 69.
224. Vgl. E. R. Huber, Dokumente, Bd. 1, S. 85.
225. Vgl. E. R. Huber, Verfassungsgeschichte, Bd. 1, S. 585.
226. Vgl. die Matrikel von 1831, abgedruckt bei E. R. Huber, Dokumente, Bd. 1, S. 128f.
227. Ebd., Bd. 1, S. 91.
228. Vgl. E. Röper, Die Verfassung des Deutschen Bundes, S. 649.
229. Metternich, Nachgelassene Papiere, Bd. 1, S. 216.
230. R. Koselleck, in: Bergeron u.a., Europäische Revolution, S. 220.
231. Metternich, Nachgelassene Papiere, Bd. 3, S. 227.
232. Vgl. Protokolle der Deutschen Bundesversammlung, Jg. 1823, S. 205–207.
233. F. List, Schriften, Reden, Briefe. Hrg. v. E. von Beckerath u.a. Bd. 1,2. Berlin 1933, S. 492ff.
234. Vgl. H. Oncken/F. E. M. Saemisch (Hrg.), Zollverein, Bd. 3, S. 534.
235. Vgl. F. Schnabel, Deutsche Geschichte, Bd. 3, S. 334.
236. Metternich, Nachgelassene Papiere, Bd. 5, S. 504ff.
237. W. Fischer, in: Berding, Entstehung des Deutschen Zollvereins, S. 228.
238. Ludwig Börne, Briefe aus Paris. Dreieich 1986, S. 24.
239. Zit. bei Wilhelm Herzberg, Geschichte der revolutionären Bestrebungen in Rheinbayern um das Jahr 1832. Ludwigshafen a.Rh. 1908. Neudr. Leipzig 1974, S. 52.
240. Vgl. G. Heer, Burschenschaft, Bd. 2, S. 238.
241. Deutsche Tribüne Nr. 3 vom 3. Januar 1832, hrg. von Johann Georg August Wirth, Sp. 21–23.
242. Vgl. W. Siemann, Deutschlands Ruhe, S. 87.
243. Ebd.
244. Ebd., S. 88.
245. Verhandlungen der Kammer der Abgeordneten. 2. Landtag 1833, Bd. 6 (1833), 32. Sitzung (14. 8. 1833), S. 67.
246. Vgl. W. Siemann, Deutschlands Ruhe, S. 192f.
247. Vgl. insgesamt D. Düding, Organisierter Nationalismus, bes. S. 272f.
248. Vgl. ebd., S. 201–204.
249. Vgl. E. R. Huber, Verfassungsgeschichte, Bd. 2, S. 491.

250. Ebd., Bd. 2, S. 495.
251. So noch 1985 die Urteile bei H. Schulze, Der Weg zum Nationalstaat.
252. Zit. bei M. Gailus, in: Volkmann/Bergmann, Sozialer Protest, S. 105, hier auch die folgende Protestanalyse.
253. Die Gegenwart, Bd. 5 (1850), S. 274f.
254. Zit. nach W. Schulte, Volk und Staat. Westfalen im Vormärz und in der Revolution 1848/49, Münster 1954, S. 251.
255. Leopold von Ranke, Aus dem Briefwechsel Friedrich Wilhelms IV. mit Bunsen. Leipzig 1873, S. 272.
256. Vgl. V. Valentin, Geschichte, Bd. 2, S. 284 u. 641, Anm. 172.
257. Vgl. ebd., Bd. 1, S. 352.
258. Text in H. Fenske, Vormärz und Revolution, S. 264f.
259. H. Rothfels, Grundsätzliches zum Problem der Nationalität, S. 343.
260. Vgl. E. R. Huber, Verfassungsgeschichte, Bd. 2, S. 643.
261. H. Fenske, Reichsgründung, S. 63–66.
262. Vgl. E. R. Huber, Verfassungsgeschichte, Bd. 3, S. 894.
263. Vgl. Heinrich von Poschinger (Hrg.), Unter Friedrich Wilhelm IV., Denkwürdigkeiten des Ministers Otto Freiherrn von Manteuffel, Bd. 1, Berlin 1901, S. 384.
264. E. R. Huber, Dokumente, Bd. 2, S. 1f.
265. Vgl. W. Siemann, Deutschlands Ruhe, S. 253.
266. Abgedruckt bei H. Fenske, Reichsgründung, S. 136.
267. Vgl. E. R. Huber, Bd. 3, S. 410.
268. Vgl. die Sammlung von H. Rosenberg, Nationalpolitische Publizistik.
269. Vgl. [Wilhelm I.], Militärische Schriften. Bd. 1. Berlin 1897, S. 154.
270. O. v. Bismarck, Erinnerung und Gedanke (= GW 15), S. 178.
271. Vgl. E. R. Huber, Dokumente, Bd. 2, S. 102.
272. Vgl. H. A. Winkler, 1866 und 1878, in: Stern/Winkler, Wendepunkte, S. 41.
273. Vgl. E. R. Huber, Verfassungsgeschichte, Bd. 3, S. 508.
274. Vgl. Karl-Volker Neugebauer (Hrg.), Grundzüge der Militärgeschichte. Bd. 1. Freiburg 1993, S. 184.
275. Vgl. H. Lutz, Zwischen Habsburg und Preußen, S. 477.
276. Vgl. H.-W. Hahn, in: Rumpler, Deutscher Bund, S. 203.
277. Vgl. ebd., S. 214.
278. Helmut von Moltke, in: Gesammelte Schriften und Denkwürdigkeiten, Bd. 3, Berlin 1891, S. 426.
279. Vgl. D. Langewiesche, „Revolution von oben?", in: Ders., Revolution und Krieg.
280. Vgl. Ernst Walder (Hrg.), Die Emser Depesche. 2. Aufl. Bern 1972.
281. Vgl. E. Kolb, Kriegsausbruch 1870. S. 142f.
282. Vgl. D. Langewiesche, Liberalismus in Deutschland, S. 128.

# Register

Das Register verzeichnet die Namen von Personen, Landschaften, Territorien, Staaten und Orten. Bei den Personen sind die Lebensdaten mitgenannt. Folgende Abkürzungen werden verwendet:

| | | | |
|---|---|---|---|
| Ehg. | Erzherzog | Hgt. | Herzogtum |
| Frhr. | Freiherr | Kf. | Kurfürst |
| Fs. | Fürst | Kft. | Kurfürstentum |
| Fst. | Fürstentum | Kg. | König |
| Gf. | Graf | Kgr. | Königreich |
| Ghg. | Großherzog | Ks. | Kaisertum |
| Ghgt. | Großherzogtum | Mgft. | Markgrafschaft |
| Hg. | Herzog | Prov. | Provinz |

# Karten

Deutschland im Jahre 1812 aus: F. W. Putzger, Historischer Schulatlas, 35. Auflage, © 1911, Velhagen & Klasing, Bielefeld, Leipzig.

Auf die wichtigsten geschichtlichen Ereignisse ist durch Ausfüllung der Ortszeichen (•) hingewiesen.
OSTSEE
KÖNIGREICH PREUSSEN
Ost-Preußen
West Preußen
Pommern
REP. DANZIG
HZM. WARSCHAU
West-Galizien
RUSZLAND
Schlesien
Böhmen
Mähren
Österreich
Steiermark
ILLYRISCHE PROVINZEN
Königsberg
Memel
Tilsit
Wilna
Grodno
Stettin
Thorn
Posen
Warschau
Praga
Krakau
Breslau
Prag
Brünn
Austerlitz
Wien
Preßburg
Triest
Frankreich
Staaten unter Napoleoniden
Festungen mit französischer Besatzung. Die Staaten des Rheinbundes haben Flächenfärbung. Die Karte dient auch für die Feldzüge 1803-1815. Fr. - zu Frankreich, Gr. G. - Groß-Görschen, K. - Kitzen, L.D. - Lippe-Detmold, N. - Napoleons-(Wilhelms-)höhe, Pa. - Passeier Tal, R. - Fürstentümer Reuß, S. - Fürstentümer Schwarzbg., S.H. - zu den Sächs. Herzogtümern, S.L. - Schaumbg.-Lippe, Zl. - Zillertal.
Maßstab 1:6000000.
Kilometer
Napoleons Feldzug in Rußland
Zug nach Moskau 1812.
Rückzug
1:12000000.
Kilometer
Moskau
Borodino
Smolensk
Witebsk
Beresina
Borisow
Kowno
EUROPA 1812.
Französisches Kaiserreich.
Von Napoleon abhängige Staaten.
Mit " verbündete "
Von " unabhängige "
Maßstab 1:50000000.
Kilometer
Kgr. Großbritannien
Kgr. Schweden
Kgr. Dänemark u. Norwegen
Kaiserrch. Rußland
Kgr. Preußen
Hzm. Warschau
Rheinbund
Kaiserrch. Frankreich
Kaiserrch. Österreich
Schweiz
Kgr. Spanien
Kgr. Sardinien
Kgr. Sizilien
Osmanisches Reich
Gibraltar (Brit.)

Der Deutsche Bund 1815–1866 aus: Großer Historischer Weltatlas, 3. Teil: Neuzeit, Bayerischer Schulbuch-Verlag, München [4]1991, S. 48.

Memel
Tilsit
Königsberg
Arnau
Gumbinnen
Pregel
Ost-
Preussen
Elbing
Boyen
Danzig
Köslin
West
Marienburg
Allenstein
Marienwerder
Graudenz
Kulm
Deutschen Bund
Lomscha
Ostrolenka
Bromberg
Schneidemühl
Rypin
Thorn
Ossek
Pultusk
Narew
Nur
KSRR
Radjejew
Wloclawsk
Plock
Modlin
Weichsel
Bug
Posen
Gnesen
Praga
Grochow
Siedlce
Warschau
RUSSLAND
Rogalin
Bardo
Schroda
Xions
Skierniewice
Warka
Lissa
Kalisch
Lodz
Kgr.
Iwangorod
Grünberg
Koschmin
Pilica
Radom
Petrokow
Polen
Liegnitz
Öls
Breslau
Warthe
Kielce
Schweidnitz
Oder
Tschenstochau
Sandomir
Landeshut
Oppeln
Trautenau
Silberberg
Neiße
Kosel
Tarnow
Skalitz
Nachod
Glatz
Sadowa
Josefstadt
Ratibor
Königgrätz
Troppau
Republik
Krakau
1848 an Österr.
Auschwitz
Galizien
Neu-Sandec
Pardubitz
Teschen
seit 1818 z. Dtsch. Bund
Dukla
Olmütz
Tobitschau
Kremsier
Budatin
Zips
Iglau
Mähren
Leutschau
Preschau
Spielberg
Brünn
Waag
Kremnitz
Neusohl
Kaschau
Nikolsburg
STERREICHISCH-
Altsohl
Schemnitz
Nieder
Nagyszombat
(Tyrnau)
Leopoldstadt
Losoncz
Tokaj
Krems
Wien
Blumenau
Preßburg
Nagy-Saro
Ipolság
Miskolcz
Bruck
Wieselburg
Komorn
Waitzen
Gyöngyös
Kapolna
reich
Ödenburg
Raab
UNGARISCHE
Tisza-Füred
Csorna
Ofen
Pest
Gödöllö
Theiß
Kgr.
Mor
Ungarn
Szolnok
Steinamanger
Stuhlweißenburg
Donau
Czegléd
Graz
Kecskemet
Plattensee
Ozora
Paks
Felegyhaza
Csongrád
Szentes
Brau
MONARCHIE
Marburg
Gr.-Kanizsa
Tolna
Szegedin
Mures
Warasdin
Szöreg
Cilli
Fünfkirchen
Maria-Theresiopel
Gr. Kikinda
Sau
Batschka
Kis-Hegyes
Banat
Agram
Bjelovár
Drau
Sombor
O-Becse
Melencze
Kroatien
Sz-Tamás
Gr. Becskerek
Karlstadt
Slawonien
Esseg
(Wojwodina)
Peterwardein
Neusatz
Karlowitz
Pozega
Vinkovci
Syrmien
Banater Militärgrenze
Ogulin
Brod
Mitrovica
Semlin
Pancs
Zengg
Belgrad
Osm. Kroatien
Save
Bihatsch
Banjaluka
Bosnien
OSMANISCHES REICH
Serbien
tribut. Fsm. 1815/17
Gospitsch
H
I
K
L
M
16
18
20
22